主　编　李　昊
副主编　徐海雷
参　编　罗广斌　尚凡童　沈建辉　唐坤甲
　　　　王晓龙　翟旭峰　张旭泽　张莹莹

中华人民共和国民法典
总则编
物权编
合同编
人格权编
婚姻家庭编
继承编
侵权责任编

《民法典》及相关司法解释新旧、旧新对照表

中华人民共和国民法通则
中华人民共和国民法总则
中华人民共和国物权法
中华人民共和国合同法
中华人民共和国婚姻法
中华人民共和国收养法
中华人民共和国继承法
中华人民共和国侵权责任法

法典全文
新旧对照
旧新对照

北京大学出版社
PEKING UNIVERSITY PRESS

图书在版编目(CIP)数据

《民法典》及相关司法解释新旧、旧新对照表 / 李昊主编. —北京：北京大学出版社, 2024.3
ISBN 978-7-301-33786-8

Ⅰ. ①民… Ⅱ. ①李… Ⅲ. ①民法—法典—研究—中国 Ⅳ. ①D923.04

中国国家版本馆 CIP 数据核字(2023)第 069537 号

书　　　名	《民法典》及相关司法解释新旧、旧新对照表 《MINFADIAN》JI XIANGGUAN SIFAJIESHI XINJIU、JIUXIN DUIZHAOBIAO
著作责任者	李　昊　主编
策划编辑	陆建华
责任编辑	陆建华　张文桢
标准书号	ISBN 978-7-301-33786-8
出版发行	北京大学出版社
地　　　址	北京市海淀区成府路 205 号　100871
网　　　址	http://www.pup.cn　http://www.yandayuanzhao.com
电子邮箱	编辑部 yandayuanzhao@pup.cn　总编室 zpup@pup.cn
新浪微博	@北京大学出版社　@北大出版社燕大元照法律图书
电　　　话	邮购部 010-62752015　发行部 010-62750672 编辑部 010-62117788
印　刷　者	三河市博文印刷有限公司
经　销　者	新华书店
	650 毫米×980 毫米　16 开本　42.25 印张　607 千字 2024 年 3 月第 1 版　2024 年 3 月第 1 次印刷
定　　　价	128.00 元

未经许可，不得以任何方式复制或抄袭本书之部分或全部内容。
版权所有，侵权必究
举报电话: 010-62752024　电子邮箱: fd@pup.cn
图书如有印装质量问题，请与出版部联系，电话: 010-62756370

编写说明

《中华人民共和国民法典》由中华人民共和国第十三届全国人民代表大会第三次会议于 2020 年 5 月 28 日审议通过后，《〈中华人民共和国民法典〉与既有民事法律对照表》于 2020 年 7 月第一次印刷。

2020 年 12 月，最高人民法院为切实实施民法典、保证国家法律统一正确适用，分别于 12 月 29 日与 12 月 31 日发布了《最高人民法院关于废止部分司法解释及相关规范性文件的决定》（法释〔2020〕16 号）、《最高人民法院关于修改〈最高人民法院关于在民事审判工作中适用〈中华人民共和国工会法〉若干问题的解释〉等二十七件民事类司法解释的决定》（法释〔2020〕17 号），以及《最高人民法院关于适用〈中华人民共和国民法典〉有关担保制度的解释》（法释〔2020〕28 号）等十三个司法解释文件，其内容均与《中华人民共和国民法典》密切相关。2021 年 4 月 6 日，最高人民法院又印发了《全国法院贯彻实施民法典工作会议纪要》（法〔2021〕94 号）。此外，与《民法典》相关的《股权出质登记办法》《国务院关于实施动产和权利担保统一登记的决定》等部门规章和行政规范性文件也经过修订并于 2021 年生效。《〈中华人民共和国民法典〉与既有民事法律对照表》在此后的三次加印中，除在不同程度上修订了内容和形式上的错漏之处外，还增补了与部分新修或新增法律、行政法规和司法解释等法律文件的关联对照。

2022 年 2 月 24 日，最高人民法院公布了《最高人民法院关于适用〈中华人民共和国民法典〉总则编若干问题的解释》。2023 年 12 月 4 日，最高人民法院为正确审理合同纠纷案件以及非因合同产生的债权债务关系纠纷案件，公布了《最高人民法院关于适用〈中华人民共和国民法典〉合同编通则若干问题的解释》。此外，2023 年 9 月 1 日，全国人民代表大会常务委员会修正了《民事诉讼法》，12 月 29 日修订通过了《公司法》和《慈善法》。据此，本书相对《〈中华人民共和国民法典〉与既有民事法律对照表》在内容上进行了较大修订，主要包括：

一、删除《〈中华人民共和国民法典〉与既有民事法律对照表》第一部分《民法典》正文，突出本书的功能性与实用性；同时将其第二部分，即"《中华人民共和国民法典》与既有民事法律及司法解释对照表"，调整为本书的第一部分，并删除了该部分中与已废止的司法解释的条文对照。

二、将包括于2023年3月1日施行的《最高人民法院关于适用〈中华人民共和国民法典〉总则编若干问题的解释》、于2023年12月5日施行的《最高人民法院关于适用〈中华人民共和国民法典〉合同编通则若干问题的解释》纳入本书第一部分对照内容。

三、将包括将于2024年7月1日施行的《公司法》、于2024年1月1日施行的《民事诉讼法》及其关联司法解释等在内的商事法、程序法条文，以及与《民法典》相关的行政法规、部门规章和国务院的规范性文件等纳入第一部分的关联内容。

四、新增第二部分"重要民事司法解释新旧对照表"和第四部分"重要民事司法解释旧新对照表"，其中，第二部分所涉司法解释首先按照与《民法典》各编的直接对应关系进行排列（一至六），其余按照各自缩略名拼音首字母降序排列（七至三十）；第四部分的司法解释排序同此逻辑。同时，《〈中华人民共和国民法典〉与既有民事法律对照表》的第三部分"既有民事法律与《中华人民共和国民法典》对照表"位置和内容保持不变。

五、与正文相对应，修订了附录"相关规范性法律文件缩略语表"。

本书编排说明：

（1）第一部分第一列中加粗、加下划线的内容为《民法典》对既有民事法律增补或调整的内容；第二、三列中加粗的内容为《民法典》删除的内容；第三部分第一列中加粗、加下划线的内容为新司法解释对原对应司法解释的增补或调整；第二列中加粗的内容为新颁布或修订的司法解释删除的内容。

（2）在第一部分中，已失效的法律的条文内容与《民法典》相同的，列出条文序号，并另行注明"同《民法典》第×条"。在第二部分中，《民法典》明确没有对应条文的，表格用"（删除）"标注。在第三部分中，未发现有直接对应关系的条文的，表格内保持空白；已失效司法解释的条文内容与新司法解释相同的，列出条文序号，并另行注明"同《××司法解释》第×条"。在第四部分中，新司法解释明确没有对应条文的，表格用"（删除）"标注。

（3）为使阅读效果更佳，本书将表格中第一、二部分对照内容的行首作"退一格"处理，并将条文序号简化为阿拉伯数字。

由于时间紧迫，编辑工作难免存在疏漏，敬请读者批评指正。

李　昊
2024年1月

目 录

第一部分 《中华人民共和国民法典》与既有和现行民商事法律及新司法解释对照表

第一编　总则 …………………………………………………… 003
第二编　物权 …………………………………………………… 090
第三编　合同 …………………………………………………… 154
第四编　人格权 ………………………………………………… 289
第五编　婚姻家庭 ……………………………………………… 299
第六编　继承 …………………………………………………… 323
第七编　侵权责任 ……………………………………………… 333
附　　则 ………………………………………………………… 369

第二部分 重要民事司法解释新旧对照表

一、《总则编解释》关联对照表 ……………………………… 373
二、《物权编解释（一）》新旧对照表 ………………………… 381
三、《担保制度解释》关联对照表 …………………………… 384
四、《合同编通则解释》关联对照表 ………………………… 425
五、《婚姻家庭编解释（一）》新旧对照表 …………………… 461
六、《继承编解释（一）》新旧对照表 ………………………… 474
七、《城镇房屋租赁合同解释》新旧对照表 ………………… 479
八、《道路交通事故损害赔偿解释》新旧对照表 …………… 482
九、《国有土地使用权合同解释》新旧对照表 ……………… 487
十、《环境侵权责任解释》新旧对照表 ……………………… 491
十一、《技术合同解释》新旧对照表 ………………………… 495
十二、《建设工程施工合同解释（一）》新旧对照表 ………… 506

十三、《建筑物区分所有权纠纷解释》新旧对照表 ······ 513

十四、《精神损害赔偿解释》新旧对照表 ······ 517

十五、《矿业权纠纷解释》新旧对照表 ······ 519

十六、《旅游纠纷解释》新旧对照表 ······ 523

十七、《买卖合同解释》新旧对照表 ······ 527

十八、《民间借贷规定》新旧对照表 ······ 533

十九、《农村土地承包纠纷解释》新旧对照表 ······ 542

二十、《人身损害赔偿解释》新旧对照表 ······ 546

二十一、《融资租赁合同解释》新旧对照表 ······ 550

二十二、《商品房买卖合同解释》新旧对照表 ······ 553

二十三、《生态环境损害赔偿规定》新旧对照表 ······ 557

二十四、《食品药品纠纷规定》新旧对照表 ······ 561

二十五、《诉讼时效制度规定》新旧对比表 ······ 564

二十六、《铁路运输损害赔偿解释》新旧对照表 ······ 568

二十七、《铁路运输人身损害赔偿解释》新旧对照表 ······ 571

二十八、《网络侵害人身权益规定》新旧对照表 ······ 574

二十九、《物业服务纠纷解释》新旧对照表 ······ 577

三十、《医疗损害责任解释》新旧对照表 ······ 578

第三部分 既有民事法律与《中华人民共和国民法典》对照表

一、《民法通则》《民法总则》与《民法典》对照表 ······ 585

二、《物权法》与《民法典》对照表 ······ 590

三、《合同法》与《民法典》对照表 ······ 593

四、《婚姻法》与《民法典》对照表 ······ 598

五、《收养法》与《民法典》对照表 ······ 599

六、《继承法》与《民法典》对照表 ······ 600

七、《侵权责任法》与《民法典》对照表 ······ 601

八、《担保法》与《民法典》对照表 ······ 603

第四部分 重要民事司法解释旧新对照表

一、《民通意见》旧新对照表 ······ 607

二、《物权法解释(一)》旧新对照表 …………………………………………… 614

三、《担保法解释》旧新对照表 ……………………………………………… 615

四、《合同法解释(一)》旧新对照表 ………………………………………… 620

五、《合同法解释(二)》旧新对照表 ………………………………………… 622

六、《婚姻家庭编解释(一)》旧新对照表 …………………………………… 624

七、《继承编解释(一)》旧新对照表 ………………………………………… 626

八、《城镇房屋租赁合同解释》旧新对照表 ………………………………… 627

九、《道路交通事故损害赔偿解释》旧新对照表 …………………………… 628

十、《国有土地使用权合同解释》旧新对照表 ……………………………… 629

十一、《环境侵权责任解释》旧新对照表 …………………………………… 630

十二、《技术合同解释》旧新对照表 ………………………………………… 631

十三、《建设工程施工合同解释(一)》旧新对比表 ………………………… 632

十四、《建筑物区分所有权纠纷解释》旧新对照表 ………………………… 633

十五、《精神损害赔偿解释》旧新对照表 …………………………………… 634

十六、《矿业权纠纷解释》旧新对照表 ……………………………………… 635

十七、《旅游纠纷解释》旧新对照表 ………………………………………… 636

十八、《买卖合同解释》旧新对照表 ………………………………………… 637

十九、《民间借贷规定》旧新对照表 ………………………………………… 638

二十、《农村土地承包纠纷解释》旧新对照表 ……………………………… 639

二十一、《人身损害赔偿解释》旧新对照表 ………………………………… 640

二十二、《融资租赁合同解释》旧新对照表 ………………………………… 641

二十三、《商品房买卖合同解释》旧新对照表 ……………………………… 642

二十四、《生态环境损害赔偿规定》旧新对照表 …………………………… 643

二十五、《食品药品纠纷规定》旧新对照表 ………………………………… 644

二十六、《诉讼时效规定》旧新对照表 ……………………………………… 645

二十七、《铁路运输损害赔偿解释》旧新对照表 …………………………… 646

二十八、《铁路运输人身损害赔偿解释》旧新对照表 ……………………… 647

二十九、《网络侵害人身权益规定》旧新对照表 …………………………… 648

三十、《物业服务纠纷解释》旧新对照表 …………………………………… 649

三十一、《医疗损害责任解释》旧新对照表 ………………………………… 650

附录　相关规范性法律文件缩略语表 …………………………………………… 651

第一部分

《中华人民共和国民法典》与既有和现行民商事法律及新司法解释对照表

说明：第一列为《民法典》的内容；第一列中加粗、加下划线的内容为《民法典》对既有民事法律增补或调整的内容；第二、三列中加粗的内容为《民法典》删除的内容。

第一编 总 则

《民法典》	《民法总则》	《民法通则》	相关规范性法律文件
第一编 总 则			
第一章 基本规定	第一章 基本规定	第一章 基本原则	
第1条 为了保护民事主体的合法权益,调整民事关系,维护社会和经济秩序,适应中国特色社会主义发展要求,弘扬社会主义核心价值观,根据宪法,制定本法。	第1条 同《民法典》第1条	第1条 为了保障公民、法人的合法的民事权益,正确调整民事关系,适应社会主义现代化建设事业发展的需要,根据宪法和我国实际情况,总结民事活动的实践经验,制定本法。	
第2条 民法调整平等主体的自然人、法人和非法人组织之间的人身关系和财产关系。	第2条 同《民法典》第2条	第2条 中华人民共和国民法调整平等主体的公民之间、法人之间、公民和法人之间的财产关系和人身关系。	
第3条 民事主体的人身权利、财产权利以及其他合法权益受法律保护,任何组织或者个人不得侵犯。	第3条 同《民法典》第3条	第5条 公民、法人的合法的民事权益受法律保护,任何组织和个人不得侵犯。	
第4条 民事主体在民事活动中的法律地位一律平等。	第4条 同《民法典》第4条	第3条 当事人在民事活动中的地位平等。	
第5条 民事主体从事民事活动,应当遵循自愿原则,按照自己的意思设立、变更、终止民事法律关系。	第5条 同《民法典》第5条	第4条 民事活动应当遵循自愿、公平、等价有偿、诚实信用的原则。	
第6条 民事主体从事民事活动,应当遵循公平原则,合理确定各方的权利和义务。	第6条 同《民法典》第6条	第4条 民事活动应当遵循自愿、公平、等价有偿、诚实信用的原则。	
第7条 民事主体从事民事活动,应当遵循诚信原则,秉持诚实,恪守承诺。	第7条 同《民法典》第7条	第4条 民事活动应当遵循自愿、公平、等价有偿、诚实信用的原则。	
第8条 民事主体从事民事活动,不得违反法律,不得违背公序良俗。	第8条 同《民法典》第8条	第6条 民事活动必须遵守法律,法律没有规定的,应当遵守国家政策。	

《民法典》	《民法总则》	《民法通则》	相关规范性法律文件
		第7条 民事活动应当尊重社会公德,不得损害社会公共利益,扰乱社会经济秩序。	
第9条 民事主体从事民事活动,应当有利于节约资源、保护生态环境。	第9条 同《民法典》第9条	(无)	
第10条 处理民事纠纷,应当依照法律;法律没有规定的,可以适用习惯,但是不得违背公序良俗。	第10条 同《民法典》第10条	(无)	《总则编解释》第1条第1款 民法典第二编至第七编对民事关系有规定的,人民法院直接适用该规定;民法典第二编至第七编没有规定的,适用民法典第一编的规定,但是根据其性质不能适用的除外。 《总则编解释》第2条 在一定地域、行业范围内长期为一般人从事民事活动时普遍遵守的民间习俗、惯常做法等,可以认定为民法典第十条规定的习惯。 当事人主张适用习惯的,应当就习惯及其具体内容提供相应证据;必要时,人民法院可以依职权查明。适用习惯,不得违背社会主义核心价值观,不得违背公序良俗。
第11条 其他法律对民事关系有特别规定的,依照其规定。	第11条 同《民法典》第11条	(无)	《总则编解释》第1条第2,3款 就同一民事关系,其他民事法律的规定属于对民法典相应规定的细化的,应当适用该民事法律的规定。民法典规定适用其他法律的,适用该法律的规定。 民法典及其他法律对民事关系没有具体规定的,可以遵循民法典关于基本原则的规定。
第12条 中华人民共和国领域内的民事活动,适用中华人民共和国法律。法律另有规定的,依照其规定。	第12条 同《民法典》第12条	第8条 在中华人民共和国领域内的民事活动,适用中华人民共和国法律,法律另有规定的除外。	

《民法典》	《民法总则》	《民法通则》	相关规范性法律文件
		本法关于公民的规定,适用于在中华人民共和国领域内的外国人、无国籍人,法律另有规定的除外。	
第二章 自然人	第二章 自然人	第二章 公民(自然人)	
第一节 民事权利能力和民事行为能力	第一节 民事权利能力和民事行为能力	第一节 民事权利能力和民事行为能力	
第13条 自然人从出生时起到死亡时止,具有民事权利能力,依法享有民事权利,承担民事义务。	第13条 同《民法典》第13条	第9条 公民从出生时起到死亡时止,具有民事权利能力,依法享有民事权利,承担民事义务。	
第14条 自然人的民事权利能力一律平等。	第14条 同《民法典》第14条	第10条 公民的民事权利能力一律平等。	
第15条 自然人的出生时间和死亡时间,以出生证明、死亡证明记载的时间为准;没有出生证明、死亡证明的,以户籍登记或者其他有效身份登记记载的时间为准。有其他证据足以推翻以上记载时间的,以该证据证明的时间为准。	第15条 同《民法典》第15条	(无)	
第16条 涉及遗产继承,接受赠与等胎儿利益保护的,胎儿视为具有民事权利能力。但是,胎儿娩出时为死体的,其民事权利能力自始不存在。	第16条 涉及遗产继承,接受赠与等胎儿利益保护的,胎儿视为具有民事权利能力。但是胎儿娩出时为死体的,其民事权利能力自始不存在。	(无)	《总则编解释》第4条 涉及遗产继承,接受赠与等胎儿利益保护,父母在胎儿娩出前作为法定代理人主张相应权利的,人民法院依法予以支持。
第17条 十八周岁以上的自然人为成年人。不满十八周岁的自然人为未成年人。	第17条 同《民法典》第17条	第11条第1款 十八周岁以上的公民是成年人,具有完全民事行为能力,可以独立进行民事活动,是完全民事行为能力人。	
第18条 成年人为完全民事行为能力人,可以独立实施民事法律行为。十六周岁以上的未成年人,以自己的劳动收入为主要生活来源的,视为完全民事行为能力人。	第18条 同《民法典》第18条	第11条第2款 十六周岁以上不满十八周岁的公民,以自己的劳动收入为主要生活来源的,视为完全民事行为能力人。	《贯彻实施民法典纪要》第12条 除上述内容外,对于民通意见、合同法解释一、合同法解释二的实体性规定所体现的精神,与民法典及有关法律不冲突且在司法实践中行之有效的,如民通意见第2条关于以自己的劳动收入为主要生活来源的认定规则等,人民法院可以在裁判文书说理时阐述。……

《民法典》	《民法总则》	《民法通则》	相关规范性法律文件
第19条 八周岁以上的未成年人为限制民事行为能力人，实施民事法律行为由其法定代理人代理或者经其法定代理人同意、追认；但是，可以独立实施纯获利益的民事法律行为或者与其年龄、智力相适应的民事法律行为。	第19条 八周岁以上的未成年人为限制民事行为能力人，实施民事法律行为由其法定代理人代理或者经其法定代理人同意、追认，但是可以独立实施纯获利益的民事法律行为或者与其年龄、智力相适应的民事法律行为。	第12条第1款 十周岁以上的未成年人是限制民事行为能力人，可以进行与他的年龄、智力相适应的民事活动；其他民事活动由他的法定代理人代理，或者征得他的法定代理人的同意。	《总则编解释》第5条 限制民事行为能力人实施的民事法律行为是否与其年龄、智力、精神健康状况相适应，人民法院可以从行为与本人生活相关联的程度，本人的智力、精神健康状况能否理解其行为并预见相应的后果，以及标的、数量、价款或者报酬等方面认定。
第20条 不满八周岁的未成年人为无民事行为能力人，由其法定代理人代理实施民事法律行为。	第20条 同《民法典》第20条	第12条第2款 不满十周岁的未成年人是无民事行为能力人，由他的法定代理人代理民事活动。	
第21条 不能辨认自己行为的成年人为无民事行为能力人，由其法定代理人代理实施民事法律行为。 八周岁以上的未成年人不能辨认自己行为的，适用前款规定。	第21条 同《民法典》第21条	第13条第1款 不能辨认自己行为的精神病人是无民事行为能力人，由他的法定代理人代理民事活动。	
第22条 不能完全辨认自己行为的成年人为限制民事行为能力人，实施民事法律行为由其法定代理人代理或者经其法定代理人同意、追认；但是，可以独立实施纯获利益的民事法律行为或与其智力、精神健康状况相适应的民事法律行为。	第22条 不能完全辨认自己行为的成年人为限制民事行为能力人，实施民事法律行为由其法定代理人代理或者经其法定代理人同意、追认，但是可以独立实施纯获利益的民事法律行为或者与其智力、精神健康状况相适应的民事法律行为。	第13条第2款 不能完全辨认自己行为的精神病人是限制民事行为能力人，可以进行与他的精神健康状况相适应的民事活动；其他民事活动由他的法定代理人代理，或者征得他的法定代理人的同意。	《总则编解释》第5条 限制民事行为能力人实施的民事法律行为是否与其年龄、智力、精神健康状况相适应，人民法院可以从行为与本人生活相关联的程度，本人的智力、精神健康状况能否理解其行为并预见相应的后果，以及标的、数量、价款或者报酬等方面认定。
第23条 无民事行为能力人、限制民事行为能力人的监护人是其法定代理人。	第23条 同《民法典》第23条	第14条 无民事行为能力人、限制民事行为能力人的监护人是他的法定代理人。	
第24条 不能辨认或者不能完全辨认自己行为的成年人，其利害关系人或者有关组织，可以向人民法院申请认定该成年人为无民事行为能力人或限制民事行为能力人。 被人民法院认定为无民事行为能力人或者限制民事行为能力人的，经	第24条 同《民法典》第24条	第19条 精神病人的利害关系人，可以向人民法院申请宣告精神病人为无民事行为能力人或者限制民事行为能力人。 被人民法院宣告为无民事行为能力人或者限制民事行为能力人的，根据他健康恢复的状况，经本人或者利害关系人申请，人民法院可以宣告他	《民事诉讼法》第198条 申请认定公民无民事行为能力或者限制民事行为能力，由利害关系人或者有关组织向该公民住所地基层人民法院提出。 申请书应当写明该公民无民事行为能力或者限制民事行为能力的事实和根据。

《民法典》	《民法总则》	《民法通则》	相关规范性法律文件
本人、利害关系人或者有关组织申请,人民法院可以根据其智力、精神健康恢复的状况,认定该成年人恢复为限制民事行为能力人或者完全民事行为能力人。 　　本条规定的有关组织包括:居民委员会、村民委员会、学校、医疗机构、妇女联合会、残疾人联合会、依法设立的老年人组织、民政部门等。		为限制民事行为能力人或者完全民事行为能力人。	《民事诉讼法》第199条　人民法院受理申请后,必要时应当对被请求认定为无民事行为能力或者限制民事行为能力的公民进行鉴定。申请人已提供鉴定意见的,应当对鉴定意见进行审查。 《民事诉讼法》第200条　人民法院审理认定公民无民事行为能力或者限制民事行为能力的案件,应当由该公民的近亲属为代理人,但申请人除外。近亲属互相推诿的,由人民法院指定其中一人为代理人。该公民健康情况许可的,还应当询问本人的意见。 　　人民法院经审理认定申请有事实根据的,判决该公民为无民事行为能力或者限制民事行为能力人;认定申请没有事实根据的,应当判决予以驳回。 《民事诉讼法》第201条　人民法院根据被认定为无民事行为能力人、限制民事行为能力人本人、利害关系人或者有关组织的申请,证实该公民无民事行为能力或者限制民事行为能力的原因已经消除的,应当作出新判决,撤销原判决。 《民诉解释》第350条　申请认定公民无民事行为能力或者限制民事行为能力的案件,被申请人没有近亲属的,人民法院可以指定经被申请人住所地的居民委员会、村民委员会或者民政部门同意,且愿意担任代理人的个人或者组织为代理人。

《民法典》	《民法总则》	《民法通则》	相关规范性法律文件
			没有前款规定的代理人的,由被申请人住所地的居民委员会、村民委员会或者民政部门担任代理人。 代理人可以是一人,也可以是同一顺序中的两人。
第25条 自然人以户籍登记或者其他有效身份登记记载的居所为住所;经常居所与住所不一致的,经常居所视为住所。	第25条 同《民法典》第25条	第15条 公民以他的户籍所在地的居住地为住所,经常居住地与住所不一致的,经常居住地视为住所。	
第二节 监护	第二节 监护	第二节 监护	
第26条 父母对未成年子女负有抚养、教育和保护的义务。 成年子女对父母负有赡养、扶助和保护的义务。	第26条 同《民法典》第26条	(无)	
第27条 父母是未成年子女的监护人。 未成年人的父母已经死亡或者没有监护能力的,由下列有监护能力的人按顺序担任监护人: (一)祖父母、外祖父母; (二)兄、姐; (三)其他愿意担任监护人的个人或者组织,但是须经未成年人住所地的居民委员会,村民委员会或者民政部门同意。	第27条 同《民法典》第27条	第16条第1、2款 未成年人的父母是未成年人的监护人。 未成年人的父母已经死亡或者没有监护能力的,由下列人员中有监护能力的人担任监护人: (一)祖父母、外祖父母; (二)兄、姐; (三)关系密切的其他亲属、朋友愿意承担监护责任,经未成年人的父、母的所在单位或者未成年人住所地的居民委员会、村民委员会同意的。	《总则编解释》第6条 人民法院认定自然人的监护能力,应当根据其年龄、身心健康状况、经济条件等因素确定;认定有关组织的监护能力,应当根据其资质、信用、财产状况等因素确定。 《总则编解释》第7条 担任监护人的被监护人父母通过遗嘱指定监护人,遗嘱生效时被指定的人不同意担任监护人的,人民法院应当适用民法典第二十七条、第二十八条的规定确定监护人。 未成年人由父母担任监护人,父母中的一方通过遗嘱指定监护人,另一方在遗嘱生效时有监护能力,有关当事人对监护人的确定有争议的,人民法院应当适用民法典第二十七条第一款的规定确定监护人。

《民法典》	《民法总则》	《民法通则》	相关规范性法律文件
第28条 无民事行为能力或者限制民事行为能力的成年人，下列有监护能力的人按顺序担任监护人： （一）配偶； （二）父母、子女； （三）其他近亲属； （四）其他愿意担任监护人的个人或者组织，但是须经被监护人住所地的居民委员会、村民委员会或者民政部门同意。	**第28条** 同《民法典》第28条	**第17条第1款** 无民事行为能力或者限制民事行为能力的精神病人，由下列人员担任监护人： （一）配偶； （二）父母； （三）成年子女； （四）其他近亲属； （五）关系密切的其他亲属、朋友愿意承担监护责任，经精神病人的所在单位或者住所地的居民委员会、村民委员会同意的。	《总则编解释》**第7条第1款** 担任监护人的被监护人父母通过遗嘱指定监护人，遗嘱生效时被指定的人不同意担任监护人的，人民法院应当适用民法典第二十七条、第二十八条的规定确定监护人。
第29条 被监护人的父母担任监护人的，可以通过遗嘱指定监护人。	**第29条** 同《民法典》第29条	（无）	《总则编解释》**第7条** 担任监护人的被监护人父母通过遗嘱指定监护人，遗嘱生效时被指定的人不同意担任监护人的，人民法院应当适用民法典第二十七条、第二十八条的规定确定监护人。 未成年人由父母担任监护人，父母中的一方通过遗嘱指定监护人，另一方在遗嘱生效时有监护能力，有关当事人对监护人的确定有争议的，人民法院应当适用民法典第二十七条第一款的规定确定监护人。
第30条 依法具有监护资格的人之间可以协议确定监护人。协议确定监护人应当尊重被监护人的真实意愿。	**第30条** 同《民法典》第30条	（无）	《总则编解释》**第8条** 未成年人的父母与其他依法具有监护资格的人订立协议，约定免除具有监护能力的父母的监护职责的，人民法院不予支持。 协议约定在未成年人的父母丧失监护能力时由该具有监护资格的人担任监护人的，人民法院依法予以支持。 依法具有监护资格的人之间依据民法典第三十条的规定，约定由民法典第二十七条第二款、第二十八条规定的不同顺序的人共同担任监护人，或者由顺序在后的人担任监护人的，人民法院依法予以支持。

《民法典》	《民法总则》	《民法通则》	相关规范性法律文件
第31条 对监护人的确定有争议的,由被监护人住所地的居民委员会、村民委员会或者民政部门指定监护人,有关当事人对指定不服的,可以向人民法院申请指定监护人;有关当事人也可以直接向人民法院申请指定监护人。 居民委员会、村民委员会、民政部门或者人民法院应当尊重被监护人的真实意愿,按照最有利于被监护人的原则在依法具有监护资格的人中指定监护人。 **依据**本条第一款规定指定监护人前,被监护人的人身权利、财产权利以及其他合法权益处于无人保护状态的,由被监护人住所地的居民委员会、村民委员会、法律规定的有关组织或者民政部门担任临时监护人。 监护人被指定后,不得擅自变更;擅自变更的,不免除被指定的监护人的责任。	第31条 对监护人的确定有争议的,由被监护人住所地的居民委员会、村民委员会或者民政部门指定监护人,有关当事人对指定不服的,可以向人民法院申请指定监护人;有关当事人也可以直接向人民法院申请指定监护人。 居民委员会、村民委员会、民政部门或者人民法院应当尊重被监护人的真实意愿,按照最有利于被监护人的原则在依法具有监护资格的人中指定监护人。 依照本条第一款规定指定监护人前,被监护人的人身权利、财产权利以及其他合法权益处于无人保护状态的,由被监护人住所地的居民委员会、村民委员会、法律规定的有关组织或者民政部门担任临时监护人。 监护人被指定后,不得擅自变更;擅自变更的,不免除被指定的监护人的责任。	第16条第3款 对担任监护人有争议的,由未成年人的父、母的所在单位或者未成年人住所地的居民委员会、村民委员会在近亲属中指定。对指定不服提起诉讼的,由人民法院裁决。 第17条第2款 对担任监护人有争议的,由精神病人的所在单位或者住所地的居民委员会、村民委员会在近亲属中指定。对指定不服提起诉讼的,由人民法院裁决。	《总则编解释》第9条 人民法院依据民法典第三十一条第二款、第三十六条第一款的规定指定监护人时,应当尊重被监护人的真实意愿,按照最有利于被监护人的原则指定,具体参考以下因素: (一)与被监护人生活、情感联系的密切程度; (二)依法具有监护资格的人的监护顺序; (三)是否有不利于履行监护职责的违法犯罪等情形; (四)依法具有监护资格的人的监护能力、意愿、品行等。 人民法院依法指定的监护人一般应当是一人,由数人共同担任监护人更有利于保护被监护人利益的,也可以是数人。 《总则编解释》第10条 有关当事人不服居民委员会、村民委员会或者民政部门的指定,在接到指定通知之日起三十日内向人民法院申请指定监护人的,人民法院经审理认为指定并无不当,依法裁定驳回申请;认为指定不当,依法判决撤销指定并另行指定监护人。 有关当事人在接到指定通知之日起三十日后提出申请的,人民法院应当按照变更监护关系处理。
第32条 没有依法具有监护资格的人的,监护人由民政部门担任,也可以由具备履行监护职责条件的被监护人住所地的居民委员会、村民委员会担任。	第32条 同《民法典》第32条	第16条第4款 没有第一款、第二款规定的监护人的,由未成年人的父、母的所在单位或者未成年人住所地的居民委员会、村民委员会或者民政部门担任监护人。 第17条第3款 没有第一款规定的监护人的,由精神病人的所在单位或者住所地的居民委员会、村民委员会或者民政部门担任监护人。	《民诉解释》第83条 在诉讼中,无民事行为能力人、限制民事行为能力人的监护人是他的法定代理人。事先没有确定监护人的,可以由有监护资格的人协商确定;协商不成的,由人民法院在他们之中指定诉讼中的法定代理人。当事人没有民法典第二十七条、第二十八条规定

《民法典》	《民法总则》	《民法通则》	相关规范性法律文件
			的监护人的,可以指定民法典第三十二条规定的有关组织担任诉讼中的法定代理人。
第33条 具有完全民事行为能力的成年人,可以与其近亲属、其他愿意担任监护人的个人或者组织事先协商,以书面形式确定自己的监护人,<u>在自己</u>丧失或者部分丧失民事行为能力时,<u>由该监护人</u>履行监护职责。	第33条 具有完全民事行为能力的成年人,可以与其近亲属、其他愿意担任监护人的个人或者组织事先协商,以书面形式确定自己的监护人。协商确定的监护人在该成年人丧失或者部分丧失民事行为能力时,履行监护职责。	(无)	《总则编解释》第11条 具有完全民事行为能力的成年人与他人依据民法典第三十三条的规定订立书面协议事先确定自己的监护人后,协议的任何一方在该成年人丧失或者部分丧失民事行为能力前请求解除协议的,人民法院依法予以支持。该成年人丧失或者部分丧失民事行为能力后,协议确定的监护人无正当理由请求解除协议的,人民法院不予支持。 该成年人丧失或者部分丧失民事行为能力后,协议确定的监护人有民法典第三十六条第一款规定的情形之一,该条第二款规定的有关个人、组织申请撤销其监护人资格的,人民法院依法予以支持。
第34条 监护人的职责是代理被监护人实施民事法律行为,保护被监护人的人身权利、财产权利以及其他合法权益等。 监护人依法履行监护职责产生的权利,受法律保护。 监护人不履行监护职责或者侵害被监护人合法权益的,应当承担法律责任。 **因发生突发事件等紧急情况,监护人暂时无法履行监护职责,被监护人的生活处于无人照料状态,被监护人住所地的居委会、村民委员会或者民政部门应当为被监护人安排必要的临时生活照料措施。**	第34条 监护人的职责是代理被监护人实施民事法律行为,保护被监护人的人身权利、财产权利以及其他合法权益等。 监护人依法履行监护职责产生的权利,受法律保护。 监护人不履行监护职责或者侵害被监护人合法权益的,应当承担法律责任。	第18条 监护人应当履行监护职责,保护被监护人的人身、财产及其他合法权益,除为被监护人的利益外,不得处理被监护人的财产。 监护人依法履行监护的权利,受法律保护。 监护人不履行监护职责或者侵害被监护人的合法权益的,应当承担责任;给被监护人造成财产损失的,应当赔偿损失。人民法院可以根据有关人员或者有关单位的申请,撤销监护人的资格。	
第35条 监护人应当按照最有利于被监护人的原则履行监护职责。	第35条 同《民法典》第35条		

《民法典》	《民法总则》	《民法通则》	相关规范性法律文件
监护人除为维护被监护人利益外,不得处分被监护人的财产。 未成年人的监护人履行监护职责,在作出与被监护人利益有关的决定时,应当根据被监护人的年龄和智力状况,尊重被监护人的真实意愿。 成年人的监护人履行监护职责,应当最大程度地尊重被监护人的真实意愿,保障并协助被监护人实施与其智力、精神健康状况相适应的民事法律行为。对被监护人有能力独立处理的事务,监护人不得干涉。			
第36条 监护人有下列情形之一的,人民法院根据有关个人或者组织的申请,撤销其监护人资格,安排必要的临时监护措施,并按照最有利于被监护人的原则依法指定监护人: (一)实施严重损害被监护人身心健康**的行为;** (二)怠于履行监护职责,或者无法履行监护职责且拒绝将监护职责部分或者全部委托给他人,导致被监护人处于困境状态; (三)实施严重侵害被监护人合法权益的其他行为。 本条规定的有关个人、组织包括:其他依法具有监护资格的人,居民委员会、村民委员会、学校、医疗机构、妇女联合会、残疾人联合会、未成年人保护组织、依法设立的老年人组织、民政部门等。 前款规定的个人和民政部门以外的组织未及时向人民法院申请撤销监护人资格的,民政部门应当向人民法院申请。	第36条 监护人有下列情形之一的,人民法院根据有关个人或者组织的申请,撤销其监护人资格,安排必要的临时监护措施,并按照最有利于被监护人的原则依法指定监护人: (一)实施严重损害被监护人身心健康行为**的;** (二)怠于履行监护职责,或者无法履行监护职责并且拒绝将监护职责部分或者全部委托给他人,导致被监护人处于困境状态**的;** (三)实施严重侵害被监护人合法权益的其他行为**的。** 本条规定的有关个人和组织包括:其他依法具有监护资格的人,居民委员会、村民委员会、学校、医疗机构、妇女联合会、残疾人联合会、未成年人保护组织、依法设立的老年人组织、民政部门等。 前款规定的个人和民政部门以外的组织未及时向人民法院申请撤销监护人资格的,民政部门应当向人民法院申请。		**《婚姻家庭编解释(一)》第62条** 无民事行为能力人的配偶有民法典第三十六条第一款规定行为,其他有监护资格的人可以要求撤销其监护资格,并依法指定新的监护人;变更后的监护人代理无民事行为能力一方提起离婚诉讼的,人民法院应予受理。 **《总则编解释》第9条** 人民法院依据民法典第三十一条第二款、第三十六条第一款的规定指定监护人时,应当尊重被监护人的真实意愿,按照最有利于被监护人的原则指定,具体参考以下因素: (一)与被监护人生活、情感联系的密切程度; (二)依法具有监护资格的人的监护顺序; (三)是否有不利于履行监护职责的违法犯罪等情形; (四)依法具有监护资格的人的监护能力、

《民法典》	《民法总则》	《民法通则》	相关规范性法律文件
			意愿、品行等。 人民法院依法指定的监护人一般应当是一人,由数人共同担任监护人更有利于保护被监护人利益的,也可以是数人。 《总则编解释》第11条 具有完全民事行为能力的成年人与他人依据民法典第三十三条的规定订立书面协议事先确定自己的监护人后,协议的任何一方在该成年人丧失或者部分丧失民事行为能力前请求解除协议的,人民法院依法予以支持。该成年人丧失或者部分丧失民事行为能力后,协议确定的监护人无正当理由请求解除协议的,人民法院不予支持。 该成年人丧失或者部分丧失民事行为能力后,协议确定的监护人有民法典第三十六条第一款规定的情形之一,该条第二款规定的有关个人、组织申请撤销其监护人资格的,人民法院依法予以支持。
第37条 依法负担被监护人抚养费、赡养费、扶养费的父母、子女、配偶等,被人民法院撤销监护人资格后,应当继续履行负担的义务。	第37条 同《民法典》第37条	(无)	
第38条 被监护人的父母或者子女被人民法院撤销监护人资格后,除对被监护人实施故意犯罪的外,确有悔改表现的,经其申请,人民法院可以在尊重被监护人真实意愿的前提下,视情况恢复其监护人资格,人民法院指定的监护人与被监护人的监护关系同时终止。	第38条 同《民法典》第38条	(无)	

《民法典》	《民法总则》	《民法通则》	相关规范性法律文件
第39条 有下列情形之一的,监护关系终止: (一)被监护人取得或者恢复完全民事行为能力; (二)监护人丧失监护能力; (三)被监护人或者监护人死亡; (四)人民法院认定监护关系终止的其他情形。 监护关系终止后,被监护人仍然需要监护的,应当依法另行确定监护人。	第39条 同《民法典》第39条	(无)	《总则编解释》第12条 监护人、其他依法具有监护资格的人之间就监护人是否有民法典第三十九条第一款第二项、第四项规定的应当终止监护关系的情形发生争议,申请变更监护人的,人民法院应当依法受理。经审理认为理由成立的,人民法院依法予以支持。 被依法指定的监护人与其他具有监护资格的人之间协议变更监护人的,人民法院应当尊重被监护人的真实意愿,按照最有利于被监护人的原则作出裁判。
第三节 宣告失踪和宣告死亡	第三节 宣告失踪和宣告死亡	第三节 宣告失踪和宣告死亡	
第40条 自然人下落不明满二年的,利害关系人可以向人民法院申请宣告该自然人为失踪人。	第40条 同《民法典》第40条	第20条第1款 公民下落不明满二年的,利害关系人可以向人民法院申请宣告他为失踪人。	《民事诉讼法》第190条 公民下落不明满二年,利害关系人申请宣告其失踪的,向下落不明人住所地基层人民法院提出。 申请书应当写明失踪的事实、时间和请求,并附有公安机关或者其他有关机关关于该公民下落不明的书面证明。 《贯彻实施民法典纪要》第1条 申请宣告失踪或宣告死亡的利害关系人,包括被申请宣告失踪或宣告死亡人的配偶、父母、子女、兄弟姐妹、祖父母、外祖父母、孙子女、外孙子女以及其他与被申请人有民事权利义务关系的民事主体。宣告失踪不是宣告死亡的必经程序,利害关系人可以不经申请宣告失踪而直接申请宣告死亡。但是,为了确保各方当事人权益的平衡保护,对于配偶、父母、子女以外的其他利害关

《民法典》	《民法总则》	《民法通则》	相关规范性法律文件
			系人申请宣告死亡,人民法院审查后认为申请人通过申请宣告失踪足以保护其权利,其申请宣告死亡违背民法典第一百三十二条关于不得滥用民事权利的规定的,不予支持。
第41条 自然人下落不明的时间自其失去音讯之日起计算。战争期间下落不明的,下落不明的时间自战争结束之日或者有关机关确定的下落不明之日起计算。	第41条 自然人下落不明的时间从其失去音讯之日起计算。战争期间下落不明的,下落不明的时间自战争结束之日或者有关机关确定的下落不明之日起计算。	第20条第2款 战争期间下落不明的,下落不明的时间从战争结束之日起计算。	《总则编解释》第14条 人民法院审理宣告失踪案件时,下列人员应当认定为民法典第四十条规定的利害关系人: (一)被申请人的近亲属; (二)依据民法典第一千一百二十八条、第一千一百二十九条规定对被申请人有继承权的亲属; (三)债权人、债务人、合伙人等与被申请人有民事权利义务关系的民事主体,但是不申请宣告失踪不影响其权利行使、义务履行的除外。 《总则编解释》第17条 自然人在战争期间下落不明的,利害关系人申请宣告死亡的期间适用民法典第四十六条第一款第一项的规定,自战争结束之日或者有关机关确定的下落不明之日起计算。
第42条 失踪人的财产由其配偶、成年子女、父母或者其他愿意担任财产代管人的人代管。 代管有争议,没有前款规定的人,或者前款规定的人无代管能力的,由人民法院指定的人代管。	第42条 同《民法典》第42条	第21条 失踪人的财产由他的配偶、父母、成年子女或者关系密切的其他亲属、朋友代管。代管有争议的,没有以上规定的人或者以上规定的人无能力代管的,由人民法院指定的人代管。 失踪人所欠税款、债务和应付的其他费用,由代管人从失踪人的财产中支付。	《民诉解释》第341条 宣告失踪或者宣告死亡案件,人民法院可以根据申请人的请求,清理下落不明人的财产,并指定案件审理期间的财产管理人。公告期满后,人民法院判决宣告失踪的,应当同时依照民法典第四十二条的规定指定失踪人的财产代管人。

《民法典》	《民法总则》	《民法通则》	相关规范性法律文件
第43条 财产代管人应当妥善管理失踪人的财产,维护其财产权益。 失踪人所欠税款、债务和应付的其他费用,由财产代管人从失踪人的财产中支付。 财产代管人因故意或者重大过失造成失踪人财产损失的,应当承担赔偿责任。	第43条 同《民法典》第43条	(无)	《总则编解释》第15条 失踪人的财产代管人向失踪人的债务人请求偿还债务的,人民法院应当将财产代管人列为原告。 债权人提起诉讼,请求失踪人的财产代管人支付失踪人所欠的债务和其他费用的,人民法院应当将财产代管人列为被告。经审理认为债权人的诉讼请求成立的,人民法院应当判决财产代管人从失踪人的财产中支付失踪人所欠的债务和其他费用。
第44条 财产代管人不履行代管职责、侵害失踪人财产权益或者丧失代管能力的,失踪人的利害关系人可以向人民法院申请变更财产代管人。 财产代管人有正当理由的,可以向人民法院申请变更财产代管人。 人民法院变更财产代管人的,变更后的财产代管人有权**请求**原财产代管人及时移交有关财产并报告财产代管情况。	第44条 财产代管人不履行代管职责、侵害失踪人财产权益或者丧失代管能力的,失踪人的利害关系人可以向人民法院申请变更财产代管人。 财产代管人有正当理由的,可以向人民法院申请变更财产代管人。 人民法院变更财产代管人的,变更后的财产代管人有权要求原财产代管人及时移交有关财产并报告财产代管情况。	(无)	《民诉解释》第342条 失踪人的财产代管人经人民法院指定后,代管人申请变更代管的,比照民事诉讼法特别程序的有关规定进行审理。申请理由成立的,裁定撤销申请人的代管人身份,同时另行指定财产代管人;申请理由不成立的,裁定驳回申请。 失踪人的其他利害关系人申请变更代管的,人民法院应当告知其以原指定的代管人为被告起诉,并按普通程序进行审理。
第45条 失踪人重新出现,经本人或者利害关系人申请,人民法院应当撤销失踪宣告。 失踪人重新出现,有权**请求**财产代管人及时移交有关财产并报告财产代管情况。	第45条 失踪人重新出现,经本人或者利害关系人申请,人民法院应当撤销失踪宣告。 失踪人重新出现,有权要求财产代管人及时移交有关财产并报告财产代管情况。	第22条 被宣告失踪的人重新出现或者确知他的下落,经本人或者利害关系人申请,人民法院应当撤销对他的失踪宣告。	《民诉解释》第346条 人民法院受理宣告失踪、宣告死亡案件后,作出判决前,申请人撤回申请的,人民法院应当裁定终结案件,但其他符合法律规定的利害关系人加入程序要求继续审理的除外。
第46条 自然人有下列情形之一的,利害关系人可以向人民法院申请宣告该自然人死亡: (一)下落不明满四年; (二)因意外事件,下落不明满二年。 因意外事件下落不明,经有关机关证明该自	第46条 同《民法典》第46条	第23条 公民有下列情形之一的,利害关系人可以向人民法院申请宣告他死亡: (一)下落不明满四年的; (二)因意外事故下落不明,从事故发生之日起满二年的。	《民事诉讼法》第191条 公民下落不明满四年,或者因意外事件下落不明满二年,或者因意外事件下落不明,经有关机关证明该公民不可能生存,利害关系人申请宣告其死亡的,向下落不明人住

《民法典》	《民法总则》	《民法通则》	相关规范性法律文件
然人不可能生存的,申请宣告死亡不受二年时间的限制。		战争期间下落不明的,下落不明的时间从战争结束之日起计算。	所地基层人民法院提出。 申请书应当写明下落不明的事实、时间和请求,并附有公安机关或者其他有关机关关于该公民下落不明的书面证明。 《民诉解释》第 343 条　人民法院判决宣告公民失踪后,利害关系人向人民法院申请宣告失踪人死亡,自失踪之日起满四年的,人民法院应当受理,宣告失踪的判决即是该公民失踪的证明,审理中仍应依照民事诉讼法第一百九十二条规定进行公告。 《贯彻实施民法典纪要》第 1 条　申请宣告失踪或宣告死亡的利害关系人,包括被申请宣告失踪或宣告死亡人的配偶、父母、子女、兄弟姐妹、祖父母、外祖父母、孙子女、外孙子女以及其他与被申请人有民事权利义务关系的民事主体。宣告失踪不是宣告死亡的必经程序,利害关系人可以不经申请宣告失踪而直接申请宣告死亡。但是,为了确保各方当事人权益的平衡保护,对于配偶、父母、子女以外的其他利害关系人申请宣告死亡,人民法院审查后认为申请人通过申请宣告失踪足以保护其权利,其申请宣告死亡违背民法典第一百三十二条关于不得滥用民事权利的规定的,不予支持。 《总则编解释》第 16 条　人民法院审理宣告死亡案件时,被申请人的配偶、父母、子女,以及依据民法典第一千一百二十九条规定对被申请人有继承权的亲属应当认定为

《民法典》	《民法总则》	《民法通则》	相关规范性法律文件
			民法典第四十六条规定的利害关系人。 符合下列情形之一的,被申请人的其他近亲属,以及依据民法典第一千一百二十八条规定对被申请人有继承权的亲属应当认定为民法典第四十六条规定的利害关系人: (一)被申请人的配偶、父母、子女均已死亡或者下落不明的; (二)不申请宣告死亡不能保护其相应合法权益的。 被申请人的债权人、债务人、合伙人等民事主体不能认定为民法典第四十六条规定的利害关系人,但是不申请宣告死亡不能保护其相应合法权益的除外。 《总则编解释》第17条 自然人在战争期间下落不明的,利害关系人申请宣告死亡的期间适用民法典第四十六条第一款第一项的规定,自战争结束之日或者有关机关确定的下落不明之日起计算。
第47条 对同一自然人,有的利害关系人申请宣告死亡,有的利害关系人申请宣告失踪,符合本法规定的宣告死亡条件的,人民法院应当宣告死亡。	第47条 同《民法典》第47条	(无)	
第48条 被宣告死亡的人,人民法院宣告死亡的判决作出之日视为其死亡的日期;因意外事件下落不明宣告死亡的,意外事件发生之日视为其死亡的日期。	第48条 同《民法典》第48条	(无)	《民事诉讼法》第192条 人民法院受理宣告失踪、宣告死亡案件后,应当发出寻找下落不明人的公告。宣告失踪的公告期间为三个月,宣告死亡的公告期间为一年。因意外事件下落不明,经有关机关证明该公民不可能生存的,宣告死亡的公告期间为三个月。

《民法典》	《民法总则》	《民法通则》	相关规范性法律文件
			公告期间届满,人民法院应当根据被宣告失踪、宣告死亡的事实是否得到确认,作出宣告失踪、宣告死亡的判决或者驳回申请的判决。
第49条 自然人被宣告死亡但是并未死亡的,不影响该自然人在被宣告死亡期间实施的民事法律行为的效力。	第49条 同《民法典》第49条	第24条 被宣告死亡的人重新出现或者确知他没有死亡,经本人或者利害关系人申请,人民法院应当撤销对他的死亡宣告。 有民事行为能力人在被宣告死亡期间实施的民事法律行为有效。	
第50条 被宣告死亡的人重新出现,经本人或者利害关系人申请,人民法院应当撤销死亡宣告。	第50条 同《民法典》第50条	(无)	《民事诉讼法》第193条 被宣告失踪、宣告死亡的公民重新出现,经本人或者利害关系人申请,人民法院应当作出新判决,撤销原判决。
第51条 被宣告死亡的人的婚姻关系,自死亡宣告之日起**消除**。死亡宣告被撤销的,婚姻关系自撤销死亡宣告之日起自行恢复。但是,其配偶再婚或者向婚姻登记机关书面声明不愿意恢复的除外。	第51条 被宣告死亡的人的婚姻关系,自死亡宣告之日起消灭。死亡宣告被撤销的,婚姻关系自撤销死亡宣告之日起自行恢复,但是其配偶再婚或者向婚姻登记机关书面声明不愿意恢复的除外。	(无)	
第52条 被宣告死亡的人在被宣告死亡期间,其子女被他人依法收养的,在死亡宣告被撤销后,不得以未经本人同意为由主张收养**行为**无效。	第52条 被宣告死亡的人在被宣告死亡期间,其子女被他人依法收养的,在死亡宣告被撤销后,不得以未经本人同意为由主张收养关系无效。	(无)	
第53条 被撤销死亡宣告的人有权请求依照**本法第六编**取得其财产的民事主体返还财产;无法返还的,应当给予适当补偿。 利害关系人隐瞒真实情况,致使他人被宣告死亡而取得其财产的,除应当返还财产外,还应当对由此造成的损失承担赔偿责任。	第53条 被撤销死亡宣告的人有权请求依照继承法取得其财产的民事主体返还财产。无法返还的,应当给予适当补偿。 利害关系人隐瞒真实情况,致使他人被宣告死亡取得其财产的,除应当返还财产外,还应当对由此造成的损失承担赔偿责任。	第25条 被撤销死亡宣告的人有权请求返还财产。依照继承法取得他的财产的公民或者组织,应当返还原物;原物不存在的,给予适当补偿。	

《民法典》	《民法总则》	《民法通则》	相关规范性法律文件
第四节 个体工商户和农村承包经营户	第四节 个体工商户和农村承包经营户	第四节 个体工商户、农村承包经营户	
第54条 自然人从事工商业经营,经依法登记,为个体工商户。个体工商户可以起字号。	第54条 同《民法典》第54条	第26条 公民在法律允许的范围内,依法经核准登记,从事工商业经营的,为个体工商户。个体工商户可以起字号。	
第55条 农村集体经济组织的成员,依法取得农村土地承包经营权,从事家庭承包经营的,为农村承包经营户。	第55条 同《民法典》第55条	第27条 农村集体经济组织的成员,在法律允许的范围内,按照承包合同规定从事商品经营的,为农村承包经营户。	
第56条 个体工商户的债务,个人经营的,以个人财产承担;家庭经营的,以家庭财产承担;无法区分的,以家庭财产承担。 农村承包经营户的债务,以从事农村土地承包经营的农户财产承担;事实上由农户部分成员经营的,以该部分成员的财产承担。	第56条 同《民法典》第56条	第29条 个体工商户、农村承包经营户的债务,个人经营的,以个人财产承担;家庭经营的,以家庭财产承担。	
第三章 法人	第三章 法人	第三章 法人	
第一节 一般规定	第一节 一般规定	第一节 一般规定	
第57条 法人是具有民事权利能力和民事行为能力,依法独立享有民事权利和承担民事义务的组织。	第57条 同《民法典》第57条	第36条第1款 同《民法典》第57条	
第58条 法人应当依法成立。 法人应当有自己的名称、组织机构、住所、财产或者经费。法人成立的具体条件和程序,依照法律、行政法规的规定。 设立法人,法律、行政法规规定须经有关机关批准的,依照其规定。	第58条 同《民法典》第58条	第37条 法人应当具备下列条件: (一)依法成立; (二)有必要的财产或者经费; (三)有自己的名称、组织机构和场所; (四)能够独立承担民事责任。	《公司法》第29条第2款 法律、行政法规规定设立公司必须报经批准的,应当在公司登记前依法办理批准手续。
第59条 法人的民事权利能力和民事行为能力,从法人成立时产生,到法人终止时消灭。	第59条 同《民法典》第59条	第36条第2款 同《民法典》第59条	
第60条 法人以其全部财产独立承担民事责任。	第60条 同《民法典》第60条	(无)	《公司法》第3条第1款 公司是企业法人,有独立的法人财产,享有法人财产权。公司以其全部财产对公司的债务承担责任。

《民法典》	《民法总则》	《民法通则》	相关规范性法律文件
第61条　依照法律或者法人章程的规定，代表法人从事民事活动的负责人，为法人的法定代表人。 法定代表人以法人名义从事的民事活动，其法律后果由法人承受。 法人章程或者法人权力机构对法定代表人代表权的限制，不得对抗善意相对人。	第61条 同《民法典》第61条	第38条　依照法律或者法人组织章程规定，代表法人行使职权的负责人，是法人的法定代表人。	《公司法》第10条第1款　公司的法定代表人按照公司章程的规定，由代表公司执行公司事务的董事或者经理担任。 《公司法》第11条第1,2款　法定代表人以公司名义从事的民事活动，其法律后果由公司承受。 公司章程或者股东会对法定代表人职权的限制，不得对抗善意相对人。 《公司法》第15条 公司向其他企业投资或者为他人提供担保，按照公司章程的规定，由董事会或者股东会决议；公司章程对投资或者担保的总额及单项投资或者担保的数额有限额规定的，不得超过规定的限额。 公司为公司股东或者实际控制人提供担保的，应当经股东会决议。 前款规定的股东或者受前款规定的实际控制人支配的股东，不得参加前款规定事项的表决。该项表决由出席会议的其他股东所持表决权的过半数通过。 《担保制度解释》第7条　公司的法定代表人违反公司法关于公司对外担保决议程序的规定，超越权限代表公司与相对人订立担保合同，人民法院应当依照民法典第六十一条和第五百零四条等规定处理： （一）相对人善意的，担保合同对公司发生效力；相对人请求公司承担担保责任的，人民法院应予支持。 （二）相对人非善意的，担保合同对公司不发生效力；相对人请求

《民法典》	《民法总则》	《民法通则》	相关规范性法律文件
			公司承担赔偿责任的,参照适用本解释第十七条的有关规定。 法定代表人超越权限提供担保造成公司损失,公司请求法定代表人承担赔偿责任的,人民法院应予支持。 第一款所称善意,是指相对人在订立担保合同时不知道且不应当知道法定代表人超越权限。相对人有证据证明已对公司决议进行了合理审查,人民法院应当认定其构成善意,但是公司有证据证明相对人知道或者应当知道决议系伪造、变造的除外。 《担保制度解释》第8条 有下列情形之一,公司以其未依照公司法关于公司对外担保的规定作出决议为由主张不承担担保责任的,人民法院不予支持: (一)金融机构开立保函或者担保公司提供担保; (二)公司为其全资子公司开展经营活动提供担保; (三)担保合同系由单独或者共同持有公司三分之二以上对担保事项有表决权的股东签字同意。 上市公司对外提供担保,不适用前款第二项、第三项的规定。 《担保制度解释》第9条 相对人根据上市公司公开披露的关于担保事项已经董事会或者股东大会决议通过的信息,与上市公司订立担保合同,相对人主张担保合同对上市公司发生效力,并由上市公司承担担保责任的,人民法院应予支持。

《民法典》	《民法总则》	《民法通则》	相关规范性法律文件
			相对人未根据上市公司公开披露的关于担保事项已经董事会或者股东大会决议通过的信息，与上市公司订立担保合同，上市公司主张担保合同对其不发生效力，且不承担担保责任或者赔偿责任的，人民法院应予支持。 相对人与上市公司已公开披露的控股子公司订立的担保合同，或者相对人与股票在国务院批准的其他全国性证券交易场所交易的公司订立的担保合同，适用前两款规定。 《担保制度解释》第10条　一人有限责任公司为其股东提供担保，公司以违反公司法关于公司对外担保决议程序的规定为由主张不承担担保责任的，人民法院不予支持。公司因承担担保责任导致无法清偿其他债务，提供担保时的股东不能证明公司财产独立于自己的财产，其他债权人请求该股东承担连带责任的，人民法院应予支持。 《合同编通则解释》第20条第2款　合同所涉事项未超越法律、行政法规规定的法定代表人或者负责人的代表权限，但是超越法人、非法人组织的章程或者权力机构等对代表权的限制，相对人主张该合同对法人、非法人组织发生效力并由其承担违约责任的，人民法院依法予以支持。但是，法人、非法人组织举证证明相对人知道或者应当知道该限制的除外。

《民法典》	《民法总则》	《民法通则》	相关规范性法律文件
			《九民纪要》第17条 　　为防止法定代表人随意代表公司为他人提供担保给公司造成损失,损害中小股东利益,《公司法》第16条对法定代表人的代表权进行了限制。根据该条规定,担保行为不是法定代表人所能单独决定的事项,而必须以公司股东(大)会、董事会等公司机关的决议作为授权的基础和来源。法定代表人未经授权擅自为他人提供担保的,构成越权代表,人民法院应当根据《合同法》第50条关于法定代表人越权代表的规定,区分订立合同时债权人是否善意分别认定合同效力:债权人善意的,合同有效;反之,合同无效。 《九民纪要》第18条 　　前条所称的善意,是指债权人不知道或者不应当知道法定代表人超越权限订立担保合同。《公司法》第16条对关联担保和非关联担保的决议机关作出了区别规定,相应地,在善意的判断标准上也应当有所区别。一种情形是,为公司股东或者实际控制人提供关联担保,《公司法》第16条明确规定必须由股东(大)会决议,未经股东(大)会决议,构成越权代表。在此情况下,债权人主张担保合同有效,应当提供证据证明其在订立合同时对股东(大)会决议进行了审查,决议的表决程序符合《公司法》第16条的规定,即在排除被担保股东表决权的情况下,该项表决由出席会议的其他股东所持表决权的过半数通过,签字人员也符合公司章程的规定。另

《民法典》	《民法总则》	《民法通则》	相关规范性法律文件
			一种情形是,公司为公司股东或者实际控制人以外的人提供非关联担保,根据《公司法》第16条的规定,此时由公司章程规定是由董事会决议还是股东(大)会决议。无论章程是否对决议机关作出规定,也无论章程规定决议机关为董事会还是股东(大)会,根据《民法总则》第61条第3款关于"法人章程或者法人权力机构对法定代表人代表权的限制,不得对抗善意相对人"的规定,只要债权人能够证明其在订立担保合同时对董事会决议或者股东(大)会决议进行了审查,同意决议的人数及签字人员符合公司章程的规定,就应当认定其构成善意,但公司能够证明债权人明知公司章程对决议机关有明确规定的除外。 　　债权人对公司机关决议内容的审查一般限于形式审查,只要求尽到必要的注意义务即可,标准不宜太过严苛。公司以机关决议系法定代表人伪造或者变造、决议程序违法、签章(名)不实、担保金额超过法定限额等事由抗辩债权人非善意的,人民法院一般不予支持。但是,公司有证据证明债权人明知决议系伪造或者变造的除外。 　　**《九民纪要》第 19 条** 　　存在下列情形的,即便债权人知道或者应当知道没有公司机关决议,也应当认定担保合同符合公司的真实意思表示,合同有效: 　　(1)公司是以为他人提供担保为主营业务的担保公司,或者是开

《民法典》	《民法总则》	《民法通则》	相关规范性法律文件
			展保函业务的银行或者非银行金融机构; (2)公司为其直接或者间接控制的公司开展经营活动向债权人提供担保; (3)公司与主债务人之间存在相互担保等商业合作关系; (4)担保合同系由单独或共同持有公司三分之二以上有表决权的股东签字同意。
第62条 法定代表人因执行职务造成他人损害的,由法人承担民事责任。 法人承担民事责任后,依照法律或者法人章程的规定,可以向有过错的法定代表人追偿。	第62条 同《民法典》第62条	第43条 企业法人对它的法定代表人和其他工作人员的经营活动,承担民事责任。	《公司法》第11条第3款 法定代表人因执行职务造成他人损害的,由公司承担民事责任。公司承担民事责任后,依照法律或者公司章程的规定,可以向有过错的法定代表人追偿。 《合同编通则解释》第20条第3款 法人、非法人组织承担民事责任后,向有过错的法定代表人、负责人追偿因越权代表行为造成的损失的,人民法院依法予以支持。法律、司法解释对法定代表人、负责人的民事责任另有规定的,依照其规定。 《九民纪要》第20条 依据前述3条规定,担保合同有效,债权人请求公司承担担保责任的,人民法院依法予以支持;担保合同无效,债权人请求公司承担担保责任的,人民法院不予支持,但可以按照担保法及有关司法解释关于担保无效的规定处理。公司举证证明债权人明知法定代表人超越权限或者机关决议系伪造或者变造,债权人请求公司承担合同无效后的民事责任的,人民法院不予支持。

《民法典》	《民法总则》	《民法通则》	相关规范性法律文件
			《九民纪要》第 21 条 法定代表人的越权担保行为给公司造成损失,公司请求法定代表人承担赔偿责任的,人民法院依法予以支持。公司没有提起诉讼,股东依据《公司法》第 151 条的规定请求法定代表人承担赔偿责任的,人民法院依法予以支持。
第 63 条　法人以其主要办事机构所在地为住所。依法需要办理法人登记的,应当将主要办事机构所在地登记为住所。	第 63 条 同《民法典》第 63 条	第 39 条　法人以它的主要办事机构所在地为住所。	《公司法》第 8 条 公司以其主要办事机构所在地为住所。
第 64 条　法人存续期间登记事项发生变化的,应当依法向登记机关申请变更登记。	第 64 条 同《民法典》第 64 条	(无)	《公司法》第 34 条第 1 款　公司登记事项发生变更的,应当依法办理变更登记。
第 65 条　法人的实际情况与登记的事项不一致的,不得对抗善意相对人。	第 65 条 同《民法典》第 65 条	(无)	《公司法》第 34 条第 2 款　公司登记事项未经登记或者未经变更登记,不得对抗善意相对人。
第 66 条　登记机关应当依法及时公示法人登记的有关信息。	第 66 条 同《民法典》第 66 条	(无)	《公司法》第 32 条 公司登记事项包括: (一)名称; (二)住所; (三)注册资本; (四)经营范围; (五)法定代表人的姓名; (六)有限责任公司股东、股份有限公司发起人的姓名或者名称。 公司登记机关应当将前款规定的公司登记事项通过国家企业信用信息公示系统向社会公示。
第 67 条　法人合并的,其权利和义务由合并后的法人享有和承担。 法人分立的,其权利和义务由分立后的法人享有连带债权,承担连带债务,但是债权人和债务人另有约定的除外。	第 67 条 同《民法典》第 67 条	第 44 条　企业法人分立、合并或者有其他重要事项变更,应当向登记机关办理登记并公告。 企业法人分立、合并,它的权利和义务由变更后的法人享有和承担。	《公司法》第 221 条 公司合并时,合并各方的债权、债务,应当由合并后存续的公司或者新设的公司承继。 《公司法》第 223 条 公司分立前的债务由分立后的公司承担

《民法典》	《民法总则》	《民法通则》	相关规范性法律文件
			连带责任。但是，公司在分立前与债权人就债务清偿达成的书面协议另有约定的除外。
第68条　有下列原因之一并依法完成清算、注销登记的，法人终止： （一）法人解散； （二）法人被宣告破产； （三）法律规定的其他原因。 　　法人终止，法律、行政法规规定须经有关机关批准的，依照其规定。	第68条 同《民法典》第68条	第45条　企业法人由于下列原因之一终止： （一）依法被撤销； （二）解散； （三）依法宣告破产； （四）其他原因。	《公司法》第37条 　　公司因解散、被宣告破产或者其他法定事由需要终止的，应当依法向公司登记机关申请注销登记，由公司登记机关公告公司终止。
第69条　有下列情形之一的，法人解散： （一）法人章程规定的存续期间届满或者法人章程规定的其他解散事由出现； （二）法人的权力机构决议解散； （三）因法人合并或者分立需要解散； （四）法人依法被吊销营业执照、登记证书，被责令关闭或者被撤销； （五）法律规定的其他情形。	第69条 同《民法典》第69条		《公司法》第229条 　　第1款　公司因下列原因解散： （一）公司章程规定的营业期限届满或者公司章程规定的其他解散事由出现； （二）股东会决议解散； （三）因公司合并或者分立需要解散； （四）依法被吊销营业执照、责令关闭或者被撤销； （五）人民法院依照本法第二百三十一条的规定予以解散。
第70条　法人解散的，除合并或者分立的情形外，清算义务人应当及时组成清算组进行清算。 　　法人的董事、理事等执行机构或者决策机构的成员为清算义务人。法律、行政法规另有规定的，依照其规定。 　　清算义务人未及时履行清算义务，造成损害的，应当承担民事责任；主管机关或者利害关系人可以申请人民法院指定有关人员组成清算组进行清算。	第70条 同《民法典》第70条	第47条　企业法人解散，应当成立清算组织，进行清算。企业法人被撤销、被宣告破产的，应当由主管机关或者人民法院组织有关机关和有关人员成立清算组织，进行清算。	《公司法》第232条 　　公司因本法第二百二十九条第一款第一项、第二项、第四项、第五项规定而解散的，应当清算。董事为公司清算义务人，应当在解散事由出现之日起十五日内组成清算组进行清算。 　　清算组由董事组成，但是公司章程另有规定或者股东会决议另选他人的除外。 　　清算义务人未及时履行清算义务，给公司或者债权人造成损失的，应当承担赔偿责任。

《民法典》	《民法总则》	《民法通则》	相关规范性法律文件
			《公司法》第233条　公司依照前条第一款的规定应当清算,逾期不成立清算组进行清算或者成立清算组后不清算的,利害关系人可以申请人民法院指定有关人员组成清算组进行清算。人民法院应当受理该申请,并及时组织清算组进行清算。 　　公司因本法第二百二十九条第一款第四项的规定而解散的,作出吊销营业执照、责令关闭或者撤销决定的部门或者公司登记机关,可以申请人民法院指定有关人员组成清算组进行清算。 《公司法》第238条　清算组成员履行清算职责,负有忠实义务和勤勉义务。 　　清算组成员怠于履行清算职责,给公司造成损失的,应当承担赔偿责任;因故意或者重大过失给债权人造成损失的,应当承担赔偿责任。 《公司法解释(二)》第2条　股东提起解散公司诉讼,同时又申请人民法院对公司进行清算的,人民法院对其提出的清算申请不予受理。人民法院可以告知原告,在人民法院判决解散公司后,依据民法典第七十条、公司法第一百八十三条和本规定第七条的规定,自行组织清算或者另行申请人民法院对公司进行清算。 《公司法解释(二)》第7条　公司应当依照民法典第七十条、公司法第一百八十三条的规定,在解散事由出现之日起十五日内成立清算组,开始自行清算。

《民法典》	《民法总则》	《民法通则》	相关规范性法律文件
			有下列情形之一,债权人、公司股东、董事或其他利害关系人申请人民法院指定清算组进行清算的,人民法院应予受理: (一)公司解散逾期不成立清算组进行清算的; (二)虽然成立清算组但故意拖延清算的; (三)违法清算可能严重损害债权人或者股东利益的。 **《公司法解释(二)》第9条** 人民法院指定的清算组成员有下列情形之一的,人民法院可以根据债权人、公司股东、董事或其他利害关系人的申请,或者依职权更换清算组成员: (一)有违反法律或者行政法规的行为; (二)丧失执业能力或者民事行为能力; (三)有严重损害公司或者债权人利益的行为。
第71条 法人的清算程序和清算组职权,依照有关法律的规定;没有规定的,参照适用公司**法律**的有关规定。	**第71条** 法人的清算程序和清算组职权,依照有关法律的规定;没有规定的,参照适用公司法的有关规定。	(无)	**《公司法》第234条** 清算组在清算期间行使下列职权: (一)清理公司财产,分别编制资产负债表和财产清单; (二)通知、公告债权人; (三)处理与清算有关的公司未了结的业务; (四)清缴所欠税款以及清算过程中产生的税款; (五)清理债权、债务; (六)分配公司清偿债务后的剩余财产; (七)代表公司参与民事诉讼活动。 **《公司法》第235条** 清算组应当自成立之日起十日内通知债

《民法典》	《民法总则》	《民法通则》	相关规范性法律文件
			权人,并于六十日内在报纸上或者国家企业信用信息公示系统公告。债权人应当自接到通知之日起三十日内,未接到通知的自公告之日起四十五日内,向清算组申报其债权。 债权人申报债权,应当说明债权的有关事项,并提供证明材料。清算组应当对债权进行登记。 在申报债权期间,清算组不得对债权人进行清偿。 **《公司法》第 236 条第 1 款** 清算组在清理公司财产、编制资产负债表和财产清单后,应当制订清算方案,并报股东会或者人民法院确认。 **《公司法》第 237 条** 清算组在清理公司财产、编制资产负债表和财产清单后,发现公司财产不足清偿债务的,应当依法向人民法院申请破产清算。 人民法院受理破产申请后,清算组应当将清算事务移交给人民法院指定的破产管理人。
第 72 条 清算期间法人存续,但是不得从事与清算无关的活动。 法人清算后的剩余财产,**按照**法人章程的规定或者法人权力机构的决议处理。法律另有规定的,依照其规定。 清算结束并完成法人注销登记时,法人终止;依法不需要办理法人登记的,清算结束时,法人终止。	**第 72 条** 清算期间法人存续,但是不得从事与清算无关的活动。 法人清算后的剩余财产,根据法人章程的规定或者法人权力机构的决议处理。法律另有规定的,依照其规定。 清算结束并完成法人注销登记时,法人终止;依法不需要办理法人登记的,清算结束时,法人终止。	**第 40 条** 法人终止,应当依法进行清算,停止清算范围外的活动。	**《公司法》第 236 条第 3 款** 清算期间,公司存续,但不得开展与清算无关的经营活动。公司财产在未依照前款规定清偿前,不得分配给股东。

《民法典》	《民法总则》	《民法通则》	相关规范性法律文件
第73条 法人被宣告破产的,依法进行破产清算并完成法人注销登记时,法人终止。	**第73条** 同《民法典》第73条	（无）	《公司法》第239条 公司清算结束后,清算组应当制作清算报告,报股东会或者人民法院确认,并报送公司登记机关,申请注销公司登记。
第74条 法人可以依法设立分支机构。法律、行政法规规定分支机构应当登记的,依照其规定。 分支机构以自己的名义从事民事活动,产生的民事责任由法人承担;也可以先以该分支机构管理的财产承担,不足以承担的,由法人承担。	**第74条** 同《民法典》第74条	（无）	《公司法》第13条 公司可以设立子公司。子公司具有法人资格,依法独立承担民事责任。 公司可以设立分公司。分公司不具有法人资格,其民事责任由公司承担。 《公司法》第38条 公司设立分公司,应当向公司登记机关申请登记,领取营业执照。 《担保制度解释》第11条 公司的分支机构未经公司股东(大)会或者董事会决议以自己的名义对外提供担保,相对人请求公司或者其分支机构承担担保责任的,人民法院不予支持,但是相对人不知道且不应当知道分支机构对外提供担保未经公司决议程序的除外。 金融机构的分支机构在其营业执照记载的经营范围内开立保函,或者经有权从事担保业务的上级机构授权开立保函,金融机构或者其分支机构以违反公司法关于公司对外担保决议程序的规定为由主张不承担担保责任的,人民法院不予支持。金融机构的分支机构未经金融机构授权提供保函之外的担保,金融机构或者其分支机构主张不承担担保责任的,人民法院应予支持,但是相对人不知道且不应当知道分支机构对外提供担保未经金融机构授权的除外。

《民法典》	《民法总则》	《民法通则》	相关规范性法律文件
			担保公司的分支机构未经担保公司授权对外提供担保,担保公司或者其分支机构主张不承担担保责任的,人民法院应予支持,但是相对人不知道且不应当知道分支机构对外提供担保未经担保公司授权的除外。 公司的分支机构对外提供担保,相对人非善意,请求公司承担赔偿责任的,参照本解释第十七条的有关规定处理。
第75条 设立人为设立法人从事的民事活动,其法律后果由法人承受;法人未成立的,其法律后果由设立人承受,设立人为二人以上的,享有连带债权,承担连带债务。 设立人为设立法人以自己的名义从事民事活动产生的民事责任,第三人有权选择请求法人或者设立人承担。	第75条 同《民法典》第75条	(无)	《公司法》第44条 有限责任公司设立时的股东为设立公司从事的民事活动,其法律后果由公司承受。 公司未成立的,其法律后果由公司设立时的股东承受;设立时的股东为二人以上的,享有连带债权,承担连带债务。 设立时的股东为设立公司以自己的名义从事民事活动产生的民事责任,第三人有权选择请求公司或者公司设立时的股东承担。 设立时的股东因履行公司设立职责造成他人损害的,公司或者无过错的股东承担赔偿责任后,可以向有过错的股东追偿。 《公司法解释(三)》第2条 发起人为设立公司以自己名义对外签订合同,合同相对人请求该发起人承担合同责任的,人民法院应予支持;公司成立后合同相对人请求公司承担合同责任的,人民法院应予支持。 《公司法解释(三)》第3条第1款 发起人以设立中公司名义对外签订合同,公司成立后合同相对人请求公司承担合同责任的,人民法院应予支持。

《民法典》	《民法总则》	《民法通则》	相关规范性法律文件
			《公司法解释(三)》第4条第1款 公司因故未成立,债权人请求全体或者部分发起人对设立公司行为所产生的费用和债务承担连带清偿责任的,人民法院应予支持。 **《公司法解释(三)》第5条第1款** 发起人因履行公司设立职责造成他人损害,公司成立后受害人请求公司承担侵权赔偿责任的,人民法院应予支持;公司未成立,受害人请求全体发起人承担连带赔偿责任的,人民法院应予支持。
第二节 营利法人	第二节 营利法人	第二节 企业法人	
第76条 以取得利润并分配给股东等出资人为目的成立的法人,为营利法人。 营利法人包括有限责任公司、股份有限公司和其他企业法人等。	**第76条** 同《民法典》第76条	**第41条** 全民所有制企业、集体所有制企业有符合国家规定的资金数额,有组织章程、组织机构和场所,能够独立承担民事责任,经主管机关核准登记,取得法人资格。 在中华人民共和国领域内设立的中外合资经营企业、中外合作经营企业和外资企业,具备法人条件的,依法经工商行政管理机关核准登记,取得中国法人资格。	
第77条 营利法人经依法登记成立。	**第77条** 同《民法典》第77条		**《公司法》第29条第1款** 设立公司,应当依法向公司登记机关申请设立登记。 **《公司法》第31条** 申请设立公司,符合本法规定的设立条件的,由公司登记机关分别登记为有限责任公司或者股份有限公司;不符合本法规定的设立条件的,不得登记为有限责任公司或者股份有限公司。
第78条 依法设立的营利法人,由登记机关发给营利法人营业执照。营业执照签发日期为营利法人的成立日期。	**第78条** 同《民法典》第78条	(无)	**《公司法》第33条第1款** 依法设立的公司,由公司登记机关发给公司营业执照。公司营业执照签发日期为公司成立日期。
第79条 设立营利法人应当依法制定法人章程。	**第79条** 同《民法典》第79条	(无)	**《公司法》第5条** 设立公司应当依法制定公司章程。公司章程对公司、股东、董事、监事、高级管理人员具有约束力。

《民法典》	《民法总则》	《民法通则》	相关规范性法律文件
第80条 营利法人应当设权力机构。 权力机构行使修改法人章程,选举或者更换执行机构、监督机构成员,以及法人章程规定的其他职权。	**第80条** 同《民法典》第80条	(无)	**《公司法》第58条** 有限责任公司股东会由全体股东组成。股东会是公司的权力机构,依照本法行使职权。 **《公司法》第59条** 股东会行使下列职权: (一)选举和更换董事、监事,决定有关董事、监事的报酬事项; (二)审议批准董事会的报告; (三)审议批准监事会的报告; (四)审议批准公司的利润分配方案和弥补亏损方案; (五)对公司增加或者减少注册资本作出决议; (六)对发行公司债券作出决议; (七)对公司合并、分立、解散、清算或者变更公司形式作出决议; (八)修改公司章程; (九)公司章程规定的其他职权。 股东会可以授权董事会对发行公司债券作出决议。 对本条第一款所列事项股东以书面形式一致表示同意的,可以不召开股东会会议,直接作出决定,并由全体股东在决定文件上签名或者盖章。 **《公司法》第111条** 股份有限公司股东会由全体股东组成。股东会是公司的权力机构,依照本法行使职权。
第81条 营利法人应当设执行机构。 执行机构行使召集权力机构会议,决定法人的经营计划和投资方案,决定法人内部管理机构的设置,以及法人章程规定的其他职权。	**第81条** 《民法典》第81条	(无)	**《公司法》第67条** 有限责任公司设董事会,本法第七十五条另有规定的除外。 董事会行使下列职权: (一)召集股东会会议,并向股东会报告工作;

《民法典》	《民法总则》	《民法通则》	相关规范性法律文件
执行机构为董事会或者执行董事的,董事长、执行董事或者经理按照法人章程的规定担任法定代表人;未设董事会或者执行董事的,法人章程规定的主要负责人为其执行机构和法定代表人。			(二)执行股东会的决议; (三)决定公司的经营计划和投资方案; (四)制订公司的利润分配方案和弥补亏损方案; (五)制订公司增加或者减少注册资本以及发行公司债券的方案; (六)制订公司合并、分立、解散或者变更公司形式的方案; (七)决定公司内部管理机构的设置; (八)决定聘任或者解聘公司经理及其报酬事项,并根据经理的提名决定聘任或者解聘公司副经理、财务负责人及其报酬事项; (九)制定公司的基本管理制度; (十)公司章程规定或者股东会授予的其他职权。 公司章程对董事会职权的限制不得对抗善意相对人。 《公司法》第75条 规模较小或者股东人数较少的有限责任公司,可以不设董事会,设一名董事,行使本法规定的董事会的职权。该董事可以兼任公司经理。 《公司法》第10条第1款 公司的法定代表人按照公司章程的规定,由代表公司执行公司事务的董事或者经理担任。
第82条 营利法人设监事会或者监事等监督机构的,监督机构依法行使检查法人财务,监督执行机构成员、高级管理人员执行法人职务的行为,以及法人章程规定的其他职权。	第82条 同《民法典》第82条	(无)	《公司法》第76条第1款 有限责任公司设监事会,本法第六十九条、第八十三条另有规定的除外。 《公司法》第78条 监事会行使下列职权: (一)检查公司财务;

《民法典》	《民法总则》	《民法通则》	相关规范性法律文件
			(二)对董事、高级管理人员执行职务的行为进行监督,对违反法律、行政法规、公司章程或者股东会决议的董事、高级管理人员提出解任的建议; (三)当董事、高级管理人员的行为损害公司的利益时,要求董事、高级管理人员予以纠正; (四)提议召开临时股东会会议,在董事会不履行本法规定的召集和主持股东会会议职责时召集和主持股东会会议; (五)向股东会会议提出提案; (六)依照本法第一百八十九条的规定,对董事、高级管理人员提起诉讼; (七)公司章程规定的其他职权。
第83条 营利法人的出资人不得滥用出资人权利损害法人或者其他出资人的利益;滥用出资人权利**造成法人或者他出资人损失的**,应当依法承担民事责任。 营利法人的出资人不得滥用法人独立地位和出资人有限责任损害法人债权人的利益;滥用法人独立地位和出资人有限责任,逃避债务,严重损害法人债权人的利益的,应当对法人债务承担连带责任。	**第83条** 营利法人的出资人不得滥用出资人权利损害法人或者其他出资人的利益。滥用出资人权利给法人或者其他出资人造成损失的,应当依法承担民事责任。 营利法人的出资人不得滥用法人独立地位和出资人有限责任损害法人的债权人利益。滥用法人独立地位和出资人有限责任,逃避债务,严重损害法人的债权人利益的,应当对法人债务承担连带责任。	(无)	《公司法》**第21条** 公司股东应当遵守法律、行政法规和公司章程,依法行使股东权利,不得滥用股东权利损害公司或者其他股东的利益。 公司股东滥用股东权利给公司或者其他股东造成损失的,应当承担赔偿责任。 《公司法》**第23条** 公司股东滥用公司法人独立地位和股东有限责任,逃避债务,严重损害公司债权人利益的,应当对公司债务承担连带责任。 股东利用其控制的两个以上公司实施前款规定行为的,各公司应当对任一公司的债务承担连带责任。 只有一个股东的公司,股东不能证明公司财产独立于股东自己的财产的,应当对公司债务承担连带责任。

《民法典》	《民法总则》	《民法通则》	相关规范性法律文件
第84条 营利法人的控股出资人、实际控制人、董事、监事、高级管理人员不得利用其关联关系损害法人的利益；利用关联关系<u>造成法人损失的</u>，应当承担赔偿责任。	**第84条** 营利法人的控股出资人、实际控制人、董事、监事、高级管理人员不得利用其关联关系损害法人的利益。利用关联关系给法人造成损失的，应当承担赔偿责任。	（无）	《公司法》第22条 公司的控股股东、实际控制人、董事、监事、高级管理人员不得利用关联关系损害公司利益。 违反前款规定，给公司造成损失的，应当承担赔偿责任。 《公司法解释（五）》第1条第1款 关联交易损害公司利益，原告公司依据民法典第八十四条、公司法第二十一条规定请求控股股东、实际控制人、董事、监事、高级管理人员赔偿所造成的损失，被告仅以该交易已经履行了信息披露、经股东会或者股东大会同意等法律、行政法规或者公司章程规定的程序为由抗辩的，人民法院不予支持。
第85条 营利法人的权力机构、执行机构作出决议的会议召集程序、表决方式违反法律、行政法规、法人章程，或者决议内容违反法人章程的，营利法人的出资人可以请求人民法院撤销该决议。但是，营利法人依据该决议与善意相对人形成的民事法律关系不受影响。	**第85条** 营利法人的权力机构、执行机构作出决议的会议召集程序、表决方式违反法律、行政法规、法人章程，或者决议内容违反法人章程的，营利法人的出资人可以请求人民法院撤销该决议，但是营利法人依据该决议与善意相对人形成的民事法律关系不受影响。	（无）	《公司法》第26条 公司股东会、董事会的会议召集程序、表决方式违反法律、行政法规或公司章程，或者决议内容违反公司章程的，股东自决议作出之日起六十日内，可以请求人民法院撤销。但是，股东会、董事会的会议召集程序或者表决方式仅有轻微瑕疵，对决议未产生实质影响的除外。 未被通知参加股东会会议的股东自知道或者应当知道股东会决议作出之日起六十日内，可以请求人民法院撤销；自决议作出之日起一年内没有行使撤销权的，撤销权消灭。 《公司法解释（四）》第2条 依据民法典第八十五条、公司法第二十二条第二款请求撤销股东会或者股东大会、董事会决议的原告，应当在起诉时具有公司股东资格。

《民法典》	《民法总则》	《民法通则》	相关规范性法律文件
			《公司法解释（四）》**第4条** 股东请求撤销股东会或者股东大会、董事会决议，符合民法典第八十五条、公司法第二十二条第二款规定的，人民法院应当予以支持，但会议召集程序或者表决方式仅有轻微瑕疵，且对决议未产生实质影响的，人民法院不予支持。 《公司法解释（五）》**第4条第2款** 决议中载明的利润分配完成时间超过公司章程规定时间的，股东可以依据民法典第八十五条、公司法第二十二条第二款规定请求人民法院撤销决议中关于该时间的规定。
第86条 营利法人从事经营活动，应当遵守商业道德，维护交易安全，接受政府和社会的监督，承担社会责任。	**第86条** 同《民法典》第86条	（无）	《公司法》**第19条** 公司从事经营活动，应当遵守法律法规，遵守社会公德、商业道德，诚实守信，接受政府和社会公众的监督。 《公司法》**第20条** 公司从事经营活动，应当充分考虑公司职工、消费者等利益相关者的利益以及生态环境保护等社会公共利益，承担社会责任。国家鼓励公司参与社会公益活动，公布社会责任报告。
第三节 非营利法人	第三节 非营利法人	第三节 机关、事业单位和社会团体法人	
第87条 为公益目的或者其他非营利目的成立，不向出资人、设立人或者会员分配所取得利润的法人，为非营利法人。 非营利法人包括事业单位、社会团体、基金会、社会服务机构等。	**第87条** 同《民法典》第87条	（无）	《慈善法》**第8条** 本法所称慈善组织，是指依法成立、符合本法规定，以面向社会开展慈善活动为宗旨的非营利性组织。慈善组织可以采取基金会、社会团体、社会服务机构等组织形式。

《民法典》	《民法总则》	《民法通则》	相关规范性法律文件
第88条 具备法人条件,为适应经济社会发展需要,提供公益服务设立的事业单位,经依法登记成立,取得事业单位法人资格;依法不需要办理法人登记的,从成立之日起,具有事业单位法人资格。	第88条 同《民法典》第88条	第50条 有独立经费的机关从成立之日起,具有法人资格。具备法人条件的事业单位、社会团体,依法不需要办理法人登记的,从成立之日起,具有法人资格;依法需要办理法人登记的,经核准登记,取得法人资格。	
第89条 事业单位法人设理事会的,除法律另有规定外,理事会为其决策机构。事业单位法人的法定代表人依照法律、行政法规或者法人章程的规定产生。	第89条 同《民法典》第89条		
第90条 具备法人条件,基于会员共同意愿,为公益目的或者会员共同利益等非营利目的设立的社会团体,经依法登记成立,取得社会团体法人资格;依法不需要办理法人登记的,从成立之日起,具有社会团体法人资格。	第90条 同《民法典》第90条		《慈善法》第10条第1款 设立慈善组织,应当向县级以上人民政府民政部门申请登记,民政部门应当自受理申请之日起三十日内作出决定。符合本法规定条件的,准予登记并向社会公告;不符合本法规定条件的,不予登记并书面说明理由。
第91条 设立社会团体法人应当依法制定法人章程。 社会团体法人应当设会员大会或者会员代表大会等权力机构。 社会团体法人应当设理事会等执行机构。理事长或者会长等负责人按照法人章程的规定担任法定代表人。	第91条 同《民法典》第91条	(无)	《慈善法》第9条 慈善组织应当符合下列条件: (一)以开展慈善活动为宗旨; (二)不以营利为目的; (三)有自己的名称和住所; (四)有组织章程; (五)有必要的财产; (六)有符合条件的组织机构和负责人; (七)法律、行政法规规定的其他条件。
第92条 具备法人条件,为公益目的以捐助财产设立的基金会、社会服务机构等,经依法登记成立,取得捐助法人资格。 依法设立的宗教活动场所,具备法人条件的,可以申请法人登记,取得捐助法人资格。法律、行政法规对宗教活动场所有规定的,依照其规定。	第92条 同《民法典》第92条	(无)	《慈善法》第10条第1款 设立慈善组织,应当向县级以上人民政府民政部门申请登记,民政部门应当自受理申请之日起三十日内作出决定。符合本法规定条件的,准予登记并向社会公告;不符合本法规定条件的,不予登记并书面说明理由。

《民法典》	《民法总则》	《民法通则》	相关规范性法律文件
第93条 设立捐助法人应当依法制定法人章程。 捐助法人应当设理事会、民主管理组织等决策机构，并设执行机构。理事长等负责人按照法人章程的规定担任法定代表人。 捐助法人应当设监事会等监督机构。	第93条 同《民法典》第93条	（无）	《慈善法》第9条 慈善组织应当符合下列条件： （一）以开展慈善活动为宗旨； （二）不以营利为目的； （三）有自己的名称和住所； （四）有组织章程； （五）有必要的财产； （六）有符合条件的组织机构和负责人； （七）法律、行政法规规定的其他条件。
第94条 捐助人有权向捐助法人查询捐助财产的使用、管理情况，并提出意见和建议，捐助法人应当及时、如实答复。 捐助法人的决策机构、执行机构或者法定代表人作出决定的程序违反法律、行政法规、法人章程，或者决定内容违反法人章程的，捐助人等利害关系人或者主管机关可以请求人民法院撤销该决定。但是，捐助法人依据该决定与善意相对人形成的民事法律关系不受影响。	第94条 捐助人有权向捐助法人查询捐助财产的使用、管理情况，并提出意见和建议，捐助法人应当及时、如实答复。 捐助法人的决策机构、执行机构或者法定代表人作出决定的程序违反法律、行政法规、法人章程，或者决定内容违反法人章程的，捐助人等利害关系人或者主管机关可以请求人民法院撤销该决定。但是，捐助法人依据该决定与善意相对人形成的民事法律关系不受影响。	（无）	《慈善法》第42条 捐赠人有权查询、复制其捐赠财产管理使用的有关资料，慈善组织应当及时主动向捐赠人反馈有关情况。 慈善组织违反捐赠协议约定的用途，滥用捐赠财产的，捐赠人有权要求其改正；拒不改正的，捐赠人可以向民政部门投诉、举报或者向人民法院提起诉讼。 《慈善法》第14条 慈善组织的发起人、主要捐赠人以及管理人员，不得利用其关联关系损害慈善组织、受益人的利益和社会公共利益。 慈善组织的发起人、主要捐赠人以及管理人员与慈善组织发生交易行为的，不得参与慈善组织有关该交易行为的决策，有关交易情况应当向社会公开。
第95条 为公益目的成立的非营利法人终止时，不得向出资人、设立人或者会员分配剩余财产。剩余财产应当按照法人章程的规定或者权力机构的决议用于公益目的；无法按照法人章程的规定或者权力机构的决议处理的，由主管机关	第95条 同《民法典》第95条	（无）	《慈善法》第18条 慈善组织终止，应当进行清算。 慈善组织的决策机构应当在本法第十七条规定的终止情形出现之日起三十日内成立清算组进行清算，并向社会公告。不成立清算组或者清算

《民法典》	《民法总则》	《民法通则》	相关规范性法律文件
主持转给宗旨相同或者相近的法人,并向社会公告。			组不履行职责的,民政部门可以申请人民法院指定有关人员组成清算组进行清算。 慈善组织清算后的剩余财产,应当按照慈善组织章程的规定转给宗旨相同或者相近的慈善组织;章程未规定的,由民政部门主持转给宗旨相同或者相近的慈善组织,并向社会公告。 慈善组织清算结束后,应当向其登记的民政部门办理注销登记,并由民政部门向社会公告。
第四节 特别法人	第四节 特别法人		
第96条 本节规定的机关法人、农村集体经济组织法人、城镇农村的合作经济组织法人、基层群众性自治组织法人,为特别法人。	第96条 同《民法典》第96条	(无)	
第97条 有独立经费的机关和承担行政职能的法定机构从成立之日起,具有机关法人资格,可以从事为履行职能所需要的民事活动。	第97条 同《民法典》第97条	(无)	
第98条 机关法人被撤销的,法人终止,其民事权利和义务由继任的机关法人享有和承担;没有继任的机关法人的,由作出撤销决定的机关法人享有和承担。	第98条 同《民法典》第98条	(无)	
第99条 农村集体经济组织依法取得法人资格。 法律、行政法规对农村集体经济组织有规定的,依照其规定。	第99条 同《民法典》第99条	(无)	
第100条 城镇农村的合作经济组织依法取得法人资格。 法律、行政法规对城镇农村的合作经济组织有规定的,依照其规定。	第100条 同《民法典》第100条	(无)	

《民法典》	《民法总则》	《民法通则》	相关规范性法律文件
第101条 居民委员会、村民委员会具有基层群众性自治组织法人资格,可以从事为履行职能所需要的民事活动。 未设立村集体经济组织的,村民委员会可以依法代行村集体经济组织的职能。	第101条 同《民法典》第101条	(无)	
第四章 非法人组织	第四章 非法人组织		
第102条 非法人组织是不具有法人资格,但是能够依法以自己的名义从事民事活动的组织。 非法人组织包括个人独资企业、合伙企业、不具有法人资格的专业服务机构等。	第102条 同《民法典》第102条	(无)	
第103条 非法人组织应当依照法律的规定登记。 设立非法人组织,法律、行政法规规定须经有关机关批准的,依照其规定。	第103条 同《民法典》第103条	第33条 个人合伙可以起字号,依法经核准登记,在核准登记的经营范围内从事经营。	
第104条 非法人组织的财产不足以清偿债务的,其出资人或者设立人承担无限责任。法律另有规定的,依照其规定。	第104条 同《民法典》第104条	第35条 合伙的债务,由合伙人按照出资比例或者协议的约定,以各自的财产承担清偿责任。 合伙人对合伙的债务承担连带责任,法律另有规定的除外。偿还合伙债务超过自己应当承担数额的合伙人,有权向其他合伙人追偿。	
第105条 非法人组织可以确定一人或者数人代表该组织从事民事活动。	第105条 同《民法典》第105条	第34条 个人合伙的经营活动,由合伙人共同决定,合伙人有执行和监督的权利。 合伙人可以推举负责人。合伙负责人和其他人员的经营活动,由全体合伙人承担民事责任。	

《民法典》	《民法总则》	《民法通则》	相关规范性法律文件
第106条 有下列情形之一的,非法人组织解散: (一)章程规定的存续期间届满或者章程规定的其他解散事由出现; (二)出资人或者设立人决定解散; (三)法律规定的其他情形。	第106条 同《民法典》第106条	(无)	
第107条 非法人组织解散的,应当依法进行清算。	第107条 同《民法典》第107条	(无)	
第108条 非法人组织除适用本章规定外,参照适用**本编**第三章第一节的有关规定。	第108条 非法人组织除适用本章规定外,参照适用本法第三章第一节的有关规定。	(无)	
第五章 民事权利	第五章 民事权利	第五章 民事权利	
第109条 自然人的人身自由、人格尊严受法律保护。	第109条 同《民法典》第109条	(无)	
第110条 自然人享有生命权、身体权、健康权、姓名权、肖像权、名誉权、荣誉权、隐私权、婚姻自主权等权利。 法人、非法人组织享有名称权、名誉权**和**荣誉权。	第110条 自然人享有生命权、身体权、健康权、姓名权、肖像权、名誉权、荣誉权、隐私权、婚姻自主权等权利。 法人、非法人组织享有名称权、名誉权、荣誉权等权利。	第98条 公民享有生命健康权。 第99条 公民享有姓名权,有权决定、使用和依照规定改变自己的姓名,禁止他人干涉、盗用、假冒。 法人、个体工商户、个人合伙享有名称权。企业法人、个体工商户、个人合伙有权使用、依法转让自己的名称。 第100条 公民享有肖像权,未经本人同意,不得以营利为目的使用公民的肖像。 第101条 公民、法人享有名誉权,公民的人格尊严受法律保护,禁止用侮辱、诽谤等方式损害公民、法人的名誉。 第102条 公民、法人享有荣誉权,禁止非法剥夺公民、法人的荣誉称号。 第103条 公民享有婚姻自主权,禁止买卖、包办婚姻和其他干涉婚姻自由的行为。	《公司法》第6条第2款 公司的名称权受法律保护。

《民法典》	《民法总则》	《民法通则》	相关规范性法律文件
第111条 自然人的个人信息受法律保护。任何组织**或者**个人需要获取他人个人信息的,应当依法取得并确保信息安全,不得非法收集、使用、加工、传输他人个人信息,不得非法买卖、提供或者公开他人个人信息。	第111条 自然人的个人信息受法律保护。任何组织和个人需要获取他人个人信息的,应当依法取得并确保信息安全,不得非法收集、使用、加工、传输他人个人信息,不得非法买卖、提供或者公开他人个人信息。	(无)	
第112条 自然人因**婚姻家庭**关系等产生的人身权利受法律保护。	第112条 自然人因婚姻、家庭关系等产生的人身权利受法律保护。	(无)	
第113条 民事主体的财产权利受法律平等保护。	第113条 同《民法典》第113条	第75条 公民的个人财产,包括公民的合法收入、房屋、储蓄、生活用品、文物、图书资料、林木、牲畜和法律允许公民所有的生产资料以及其他合法财产。 公民的合法财产受法律保护,禁止任何组织或者个人侵占、哄抢、破坏或者非法查封、扣押、冻结、没收。	
第114条 民事主体依法享有物权。物权是权利人依法对特定的物享有直接支配和排他的权利,包括所有权、用益物权和担保物权。	第114条 同《民法典》第114条	(无)	《物权法》第2条第3款 本法所称物权,是指权利人依法对特定的物享有直接支配和排他的权利,包括所有权、用益物权和担保物权。
第115条 物包括不动产和动产。法律规定权利作为物权客体的,依照其规定。	第115条 同《民法典》第115条	(无)	《物权法》第2条第2款 本法所称物,包括不动产和动产。法律规定权利作为物权客体的,依照其规定。
第116条 物权的种类和内容,由法律规定。	第116条 同《民法典》第116条	(无)	《物权法》第5条 物权的种类和内容,由法律规定。
第117条 为了公共利益的需要,依照法律规定的权限和程序征收、征用不动产或者动产的,应当给予公平、合理的补偿。	第117条 同《民法典》第117条	(无)	《物权法》第42条 为了公共利益的需要,依照法律规定的权限和程序可以征收集体所有的土地和单位、个人的房屋及其他不动产。 征收集体所有的土地,应当依法足额支付土地补偿费、安置补助费、地上附着物和青苗

《民法典》	《民法总则》	《民法通则》	相关规范性法律文件
			的补偿费等费用,安排被征地农民的社会保障费用,保障被征地农民的生活,维护被征地农民的合法权益。 征收单位、个人的房屋及其他不动产,应当依法给予拆迁补偿,维护被征收人的合法权益;征收个人住宅的,还应当保障被征收人的居住条件。 任何单位和个人不得贪污、挪用、私分、截留、拖欠征收补偿费等费用。
第118条 民事主体依法享有债权。 债权是因合同、侵权行为、无因管理、不当得利以及法律的其他规定,权利人请求特定义务人为或者不为一定行为的权利。	第118条 同《民法典》第118条	第84条 债是按照合同的约定或者依照法律的规定,在当事人之间产生的特定的权利和义务关系。享有权利的人是债权人,负有义务的人是债务人。 债权人有权要求债务人按照合同的约定或者依照法律的规定履行义务。	
第119条 依法成立的合同,对当事人具有法律约束力。	第119条 同《民法典》第119条	(无)	《合同法》第8条 依法成立的合同,对当事人具有法律约束力。当事人应当按照约定履行自己的义务,不得擅自变更或者解除合同。 依法成立的合同,受法律保护。
第120条 民事权益受到侵害的,被侵权人有权请求侵权人承担侵权责任。	第120条 同《民法典》第120条	第106条第2款 公民、法人由于过错侵害国家的、集体的财产,侵害他人财产、人身的,应当承担民事责任。	《侵权责任法》第2条 侵害民事权益,应当依照本法承担侵权责任。 本法所称民事权益,包括生命权、健康权、姓名权、名誉权、荣誉权、肖像权、隐私权、婚姻自主权、监护权、所有权、用益物权、担保物权、著作权、专利权、商标专用权、发现权、股权、继承权等人身、财产权益。 《侵权责任法》第3条 被侵权人有权请求侵权人承担侵权责任。

《民法典》	《民法总则》	《民法通则》	相关规范性法律文件
第121条 没有法定的或者约定的义务,为避免他人利益受损失而进行管理的人,有权请求受益人偿还由此支出的必要费用。	第121条 同《民法典》第121条	第93条 没有法定的或者约定的义务,为避免他人利益受损失进行管理或者服务的,有权要求受益人偿付由此而支出的必要费用。	《诉讼时效规定》第7条 管理人因无因管理行为产生的给付必要管理费用、赔偿损失请求权的诉讼时效期间,从无因管理行为结束并且管理人知道或者应当知道本人之日起计算。 本人因不当无因管理行为产生的赔偿损失请求权的诉讼时效期间,从其知道或者应当知道管理人及损害事实之日起计算。
第122条 因他人没有法律根据,取得不当利益,受损失的人有权请求其返还不当利益。	第122条 同《民法典》第122条	第92条 没有合法根据,取得不当利益,造成他人损失的,应当将取得的不当利益返还受损失的人。	《诉讼时效规定》第6条 返还不当得利请求权的诉讼时效期间,从当事人一方知道或者应当知道不当得利事实及对方当事人之日起计算。
		第三节 知识产权	
第123条 民事主体依法享有知识产权。 知识产权是权利人依法就下列客体享有的专有的权利: (一)作品; (二)发明、实用新型、外观设计; (三)商标; (四)地理标志; (五)商业秘密; (六)集成电路布图设计;	第123条 同《民法典》第123条	第94条 公民、法人享有著作权(版权),依法有署名、发表、出版、获得报酬等权利。	
(七)植物新品种; (八)法律规定的其他客体。			
第124条 自然人依法享有继承权。 自然人合法的私有财产,可以依法继承。	第124条 同《民法典》第124条	第76条 公民依法享有财产继承权。	
第125条 民事主体依法享有股权和其他投资性权利。	第125条 同《民法典》第125条	(无)	
第126条 民事主体享有法律规定的其他民事权利和利益。	第126条 同《民法典》第126条	(无)	

《民法典》	《民法总则》	《民法通则》	相关规范性法律文件
第127条 法律对数据、网络虚拟财产的保护有规定的，依照其规定。	第127条 同《民法典》第127条	（无）	
第128条 法律对未成年人、老年人、残疾人、妇女、消费者等的民事权利保护有特别规定的，依照其规定。	第128条 同《民法典》第128条	《民法通则》第104条 婚姻、家庭、老人、母亲和儿童受法律保护。 残疾人的合法权益受法律保护。	
第129条 民事权利可以依据民事法律行为、事实行为、法律规定的事件或者法律规定的其他方式取得。	第129条 同《民法典》第129条	（无）	
第130条 民事主体按照自己的意愿依法行使民事权利，不受干涉。	第130条 同《民法典》第130条	（无）	
第131条 民事主体行使权利时，应当履行法律规定的和当事人约定的义务。	第131条 同《民法典》第131条	（无）	
第132条 民事主体不得滥用民事权利损害国家利益、社会公共利益或者他人合法权益。	第132条 同《民法典》第132条	（无）	《贯彻实施民法典纪要》第1条 ……但是，为了确保各方当事人权益的平衡保护，对于配偶、父母、子女以外的其他利害关系人申请宣告死亡，人民法院审查后认为申请人通过申请宣告失踪足以保护其权利，其申请宣告死亡违背民法典第一百三十二条关于不得滥用民事权利的规定的，不予支持。 《总则编解释》第3条 对于民法典第一百三十二条所称的滥用民事权利，人民法院可以根据权利行使的对象、目的、时间、方式、造成当事人之间利益失衡的程度等因素作出认定。 行为人以损害国家利益、社会公共利益、他人合法权益为主要目的行使民事权利的，人民法院应当认定构成滥用民事权利。

《民法典》	《民法总则》	《民法通则》	相关规范性法律文件
			构成滥用民事权利的,人民法院应当认定该滥用行为为不发生相应的法律效力。滥用民事权利造成损害的,依照民法典第七编等有关规定处理。
第六章　民事法律行为	第六章　民事法律行为	第四章　民事法律行为和代理	
第一节　一般规定	第一节　一般规定	第一节　民事法律行为	
第133条　民事法律行为是民事主体通过意思表示设立、变更、终止民事法律关系的行为。	**第133条** 同《民法典》第133条	**第54条**　民事法律行为是公民或者法人设立、变更、终止民事权利和民事义务的合法行为。	
第134条　民事法律行为可以基于双方或者多方的意思表示一致成立,也可以基于单方的意思表示成立。 法人、非法人组织依照法律或者章程规定的议事方式和表决程序作出决议的,该决议行为成立。	**第134条** 同《民法典》第134条	(无)	
第135条　民事法律行为可以采用书面形式、口头形式或者其他形式;法律、行政法规规定或者当事人约定采用特定形式的,应当采用特定形式。	**第135条** 同《民法典》第135条	**第56条**　民事法律行为可以采取书面形式、口头形式或者其他形式。法律规定用特定形式的,应当依照法律规定。	《合同法》第10条 当事人订立合同,有书面形式、口头形式和其他形式。 法律、行政法规规定采用书面形式的,应当采用书面形式。当事人约定采用书面形式的,应当采用书面形式。 《总则编解释》第18条　当事人未采用书面形式或者口头形式,但是实施的行为本身表明已经作出相应意思表示,并符合民事法律行为成立条件的,人民法院可以认定为民法典第一百三十五条规定的采用其他形式实施的民事法律行为。
第136条　民事法律行为自成立时生效,但是法律另有规定或者当事人另有约定的除外。 行为人非依法律规定或未经对方同意,不得擅自变更或者解除民事法律行为。	**第136条** 同《民法典》第136条	**第57条**　民事法律行为从成立时起具有法律约束力。行为人非依法律规定或者取得对方同意,不得擅自变更或者解除。	《合同法》第44条 依法成立的合同,自成立时生效。 法律、行政法规规定应当办理批准、登记等手续生效的,依照其规定。

《民法典》	《民法总则》	《民法通则》	相关规范性法律文件
第二节　意思表示	第二节　意思表示		
第 137 条　以对话方式作出的意思表示，相对人知道其内容时生效。 以非对话方式作出的意思表示，到达相对人时生效。以非对话方式作出的采用数据电文形式的意思表示，相对人指定特定系统接收数据电文的，该数据电文进入该特定系统时生效；未指定特定系统的，相对人知道或者应当知道该数据电文进入其系统时生效。当事人对采用数据电文形式的意思表示的生效时间另有约定的，按照其约定。	**第 137 条** 同《民法典》第 137 条	（无）	《合同法》第 16 条 　　要约到达受要约人时生效。 　　采用数据电文形式订立合同，收件人指定特定系统接收数据电文的，该数据电文进入该特定系统的时间，视为到达时间；未指定特定系统的，该数据电文进入收件人的任何系统的首次时间，视为到达时间。 《总则编解释》**第 29 条**　法定代理人、被代理人依据民法典第一百四十五条、第一百七十一条的规定向相对人作出追认的意思表示的，人民法院应当依据民法典第一百三十七条的规定确认其追认意思表示的生效时间。 《合同编通则解释》**第 50 条第 2 款**　前款所称最先通知的受让人，是指最先到达债务人的转让通知中载明的受让人。当事人之间对通知到达时间有争议的，人民法院应当结合通知的方式等因素综合判断，而不能仅根据债务人认可的通知时间或者通知记载的时间予以认定。当事人采用邮寄、通讯电子系统等方式发出通知的，人民法院应当以邮戳时间或者通讯电子系统记载的时间等作为认定通知到达时间的依据。 《合同编通则解释》**第 59 条**　当事人一方依据民法典第五百八十条第二款的规定请求终止合同权利义务关系的，人民法院一般应当以起诉状副本送达对方的时间作为合同权利义务关系终止的时间。根据案

《民法典》	《民法总则》	《民法通则》	相关规范性法律文件
			件的具体情况,以其他时间作为合同权利义务关系终止的时间更加符合公平原则和诚信原则的,人民法院可以以该时间作为合同权利义务关系终止的时间,但是应当在裁判文书中充分说明理由。
第138条 无相对人的意思表示,表示完成时生效。法律另有规定的,依照其规定。	**第138条** 同《民法典》第138条	(无)	
第139条 以公告方式作出的意思表示,公告发布时生效。	**第139条** 同《民法典》第139条	(无)	
第140条 行为人可以明示或者默示作出意思表示。 沉默只有在有法律规定、当事人约定或者符合当事人之间的交易习惯时,才可以视为意思表示。	**第140条** 同《民法典》第140条	(无)	《总则编解释》第18条 当事人未采用书面形式或者口头形式,但是实施的行为本身表明已经作出相应意思表示,并符合民事法律行为成立条件的,人民法院可以认定为民法典第一百三十五条规定的采用其他形式实施的民事法律行为。
第141条 行为人可以撤回意思表示。撤回意思表示的通知应当在意思表示到达相对人前或者与意思表示同时到达相对人。	**第141条** 同《民法典》第141条	(无)	《合同法》第17条 要约可以撤回。撤回要约的通知应当在要约到达受要约人之前或者与要约同时到达受要约人。 《合同法》第27条 承诺可以撤回。撤回承诺的通知应当在承诺通知到达要约人之前或者与承诺通知同时到达要约人。
第142条 有相对人的意思表示的解释,应当按照所使用的词句,结合相关条款、行为的性质和目的、习惯以及诚信原则,确定意思表示的含义。 无相对人的意思表示的解释,不能完全拘泥于所使用的词句,而应当结合相关条款、行为的性质和目的、习惯以及诚信原则,确定行为人的真实意思。	**第142条** 同《民法典》第142条	(无)	《合同编通则解释》第1条 人民法院依据民法典第一百四十二条第一款、第四百六十六条第一款的规定解释合同条款时,应当以词句的通常含义为基础,结合相关条款、合同的性质和目的、习惯以及诚信原则,参考缔约背景、磋商过程、履行行为等因素确定争议条款的含义。

《民法典》	《民法总则》	《民法通则》	相关规范性法律文件
			有证据证明当事人之间对合同条款有不同于词句的通常含义的其他共同理解,一方主张按照词句的通常含义理解合同条款的,人民法院不予支持。 对合同条款有两种以上解释,可能影响该条款效力的,人民法院应当选择有利于该条款有效的解释;属于无偿合同的,应当选择对债务人负担较轻的解释。 《合同编通则解释》**第2条** 下列情形,不违反法律、行政法规的强制性规定且不违背公序良俗的,人民法院可以认定为民法典所称的"交易习惯": (一)当事人之间在交易活动中的惯常做法; (二)在交易行为当地或者某一领域、某一行业通常采用并为交易对方订立合同时所知道或者应当知道的做法。 对于交易习惯,由提出主张的当事人一方承担举证责任。
第三节 民事法律行为的效力	第三节 民事法律行为的效力		
第143条 具备下列条件的民事法律行为有效: (一)行为人具有相应的民事行为能力; (二)意思表示真实; (三)不违反法律、行政法规的强制性规定,不违背公序良俗。	**第143条** 同《民法典》第143条	**第55条** 民事法律行为应当具备下列条件: (一)行为人具有相应的民事行为能力; (二)意思表示真实; (三)不违反法律或者社会公共利益。	
第144条 无民事行为能力人实施的民事法律行为无效。	**第144条** 同《民法典》第144条	**第58条第1款** 下列民事行为无效: (一)无民事行为能力人实施的; ……	

《民法典》	《民法总则》	《民法通则》	相关规范性法律文件
第 145 条　限制民事行为能力人实施的纯获利益的民事法律行为或者与其年龄、智力、精神健康状况相适应的民事法律行为有效；实施的其他民事法律行为经法定代理人同意或者追认后有效。 相对人可以催告法定代理人自收到通知之日起三十日内予以追认。法定代理人未作表示的，视为拒绝追认。民事法律行为被追认前，善意相对人有撤销的权利。撤销应当以通知的方式作出。	第 145 条　限制民事行为能力人实施的纯获利益的民事法律行为或者与其年龄、智力、精神健康状况相适应的民事法律行为有效；实施的其他民事法律行为经法定代理人同意或者追认后有效。 相对人可以催告法定代理人自收到通知之日起一个月内予以追认。法定代理人未作表示的，视为拒绝追认。民事法律行为被追认前，善意相对人有撤销的权利。撤销应当以通知的方式作出。	第 58 条第 1 款　下列民事行为无效： …… （二）限制民事行为能力人依法不能独立实施的； 第 12 条第 1 款　十周岁以上的未成年人是限制民事行为能力人，可以进行与他的年龄、智力相适应的民事活动；其他民事活动由他的法定代理人代理，或者征得他的法定代理人的同意。 第 13 条第 2 款　不能完全辨认自己行为的精神病人是限制民事行为能力人，可以进行与他的精神健康状况相适应的民事活动；其他民事活动由他的法定代理人代理，或者征得他的法定代理人的同意。	《合同法》第 47 条　限制民事行为能力人订立的合同，经法定代理人追认后，该合同有效，但纯获利益的合同或者与其年龄、智力、精神健康状况相适应而订立的合同，不必经法定代理人追认。 相对人可以催告法定代理人在一个月内予以追认。法定代理人未作表示的，视为拒绝追认。合同被追认之前，善意相对人有撤销的权利。撤销应当以通知的方式作出。 《总则编解释》第 5 条　限制民事行为能力人实施的民事法律行为是否与其年龄、智力、精神健康状况相适应，人民法院可以从行为与本人生活相关联的程度，本人的智力、精神健康状况能否理解其行为并预见相应的后果，以及标的、数量、价款或者报酬等方面认定。 《总则编解释》第 29 条　法定代理人、被代理人依据民法典第一百四十五条、第一百七十一条的规定向相对人作出追认的意思表示的，人民法院应当依据民法典第一百三十七条的规定确认其追认意思表示的生效时间。
第 146 条　行为人与相对人以虚假的意思表示实施的民事法律行为无效。 以虚假的意思表示隐藏的民事法律行为的效力，依照有关法律规定处理。	第 146 条 同《民法典》第 146 条	第 58 条第 1 款　下列民事行为无效： …… （六）以合法形式掩盖非法目的的。	《合同编通则解释》第 14 条　当事人之间就同一交易订立多份合同，人民法院应当认定其中以虚假意思表示订立的合同无效。当事人为规避法律、行政法规的强制性规定，以虚假意思表示隐藏真实意思表示的，人民法院应当依据民法典第一百五十三条第一款的规定认定被隐

《民法典》	《民法总则》	《民法通则》	相关规范性法律文件
			藏合同的效力；当事人为规避法律、行政法规关于合同应当办理批准等手续的规定，以虚假意思表示隐藏真实意思表示的，人民法院应当依据民法典第五百零二条第二款的规定认定被隐藏合同的效力。 依据前款规定认定被隐藏合同无效或者确定不发生效力的，人民法院应当以被隐藏合同为事实基础，依据民法典第一百五十七条的规定确定当事人的民事责任。但是，法律另有规定的除外。 当事人就同一交易订立的多份合同均系真实意思表示，且不存在其他影响合同效力情形的，人民法院应当在查明各合同成立先后顺序和实际履行情况的基础上，认定合同内容是否发生变更。法律、行政法规禁止变更合同内容的，人民法院应当认定合同的相应变更无效。
第 147 条　基于重大误解实施的民事法律行为，行为人有权请求人民法院或者仲裁机构予以撤销。	第 147 条 同《民法典》第 147 条	第 59 条第 1 款　下列民事行为，一方有权请求人民法院或者仲裁机关予以变更或者撤销： （一）行为人对行为内容有重大误解的； ……	《合同法》第 54 条第 1 款　下列合同，当事人一方有权请求人民法院或者仲裁机构变更或者撤销： 因重大误解订立的； …… 《贯彻实施民法典纪要》第 2 条　行为人因对行为的性质、对方当事人、标的物的品种、质量、规格和数量等的错误认识，使行为的后果与自己的意思相悖，并造成较大损失的，人民法院可以认定为民法典第一百四十七条、第一百五十二条规定的重大误解。

《民法典》	《民法总则》	《民法通则》	相关规范性法律文件
			《总则编解释》第19条　行为人对行为的性质、对方当事人或者标的物的品种、质量、规格、价格、数量等产生错误认识,按照通常理解如果不发生该错误认识行为人就不会作出相应意思表示的,人民法院可以认定为民法典第一百四十七条规定的重大误解。 　　行为人能够证明自己实施民事法律行为时存在重大误解,并请求撤销该民事法律行为的,人民法院依法予以支持;但是,根据交易习惯等认定行为人无权请求撤销的除外。 《总则编解释》第20条　行为人以其意思表示存在第三人转达错误为由请求撤销民事法律行为的,适用本解释第十九条的规定。
第148条　一方以欺诈手段,使对方在违背真实意思的情况下实施的民事法律行为,受欺诈方有权请求人民法院或者仲裁机构予以撤销。	第148条 同《民法典》第148条	第58条第1款　下列民事行为无效: …… (三)一方以欺诈、胁迫的手段或者乘人之危,使对方在违背真实意思的情况下所为的; ……	《合同法》第54条第2款　一方以欺诈、胁迫的手段或者乘人之危,使对方在违背真实意思的情况下订立的合同,受损害方有权请求人民法院或者仲裁机构变更或者撤销。 《贯彻实施民法典纪要》第3条　故意告知虚假情况,或者故意隐瞒真实情况,诱使当事人作出错误意思表示的,人民法院可以认定为民法典第一百四十八条、第一百四十九条规定的欺诈。 《总则编解释》第21条　故意告知虚假情况,或者负有告知义务的人故意隐瞒真实情况,致使当事人基于错误认识作出意思表示的,人民法院可以认定为民法典第一百四十八条、第一百四十九条规定的欺诈。

《民法典》	《民法总则》	《民法通则》	相关规范性法律文件
第149条 第三人实施欺诈行为,使一方在违背真实意思的情况下实施的民事法律行为,对方知道或者应当知道该欺诈行为的,受欺诈方有权请求人民法院或者仲裁机构予以撤销。	第149条 同《民法典》第149条	(无)	《贯彻实施民法典纪要》第3条 故意告知虚假情况,或者故意隐瞒真实情况,诱使当事人作出错误意思表示的,人民法院可以认定为民法典第一百四十八条、第一百四十九条规定的欺诈。 《总则编解释》第21条 故意告知虚假情况,或者负有告知义务的人故意隐瞒真实情况,致使当事人基于错误认识作出意思表示的,人民法院可以认定为民法典第一百四十八条、第一百四十九条规定的欺诈。 《合同编通则解释》第5条 第三人实施欺诈、胁迫行为,使当事人在违背真实意思的情况下订立合同,受到损失的当事人请求第三人承担赔偿责任的,人民法院依法予以支持;当事人亦有违背诚信原则的行为的,人民法院应当根据各自的过错确定相应的责任。但是,法律、司法解释对当事人与第三人的民事责任另有规定的,依照其规定。
第150条 一方或者第三人以胁迫手段,使对方在违背真实意思的情况下实施的民事法律行为,受胁迫方有权请求人民法院或者仲裁机构予以撤销。	第150条 同《民法典》第150条	第58条第1款 下列民事行为无效: …… (三)一方以欺诈、胁迫的手段或者乘人之危,使对方在违背真实意思的情况下所为的; ……	《合同法》第54条第2款 一方以欺诈、胁迫的手段或者乘人之危,使对方在违背真实意思的情况下订立的合同,受损害方有权请求人民法院或者仲裁机构变更或者撤销。 《贯彻实施民法典纪要》第4条 以给自然人及其亲友的生命、身体、健康、名誉、荣誉、隐私、财产等造成损害或者以给法人、非法人组织的名誉、荣誉、财产等造成损害为要挟,迫使其作出不真实的意思表示的,人民法院可以认定为民法典第一百五十条规定的胁迫。

《民法典》	《民法总则》	《民法通则》	相关规范性法律文件
			《总则编解释》第22条 以给自然人及其近亲属等的人身权利、财产权利以及其他合法权益造成损害或者以给法人、非法人组织的名誉、荣誉、财产权益等造成损害为要挟,迫使其基于恐惧心理作出意思表示的,人民法院可以认定为民法典第一百五十条规定的胁迫。
《合同编通则解释》第5条 第三人实施欺诈、胁迫行为,使当事人在违背真实意思的情况下订立合同,受到损失的当事人请求第三人承担赔偿责任的,人民法院依法予以支持;当事人亦有违背诚信原则的行为的,人民法院应当根据各自的过错确定相应的责任。但是,法律、司法解释对当事人与第三人的民事责任另有规定的,依照其规定。
第151条 一方利用对方处于危困状态、缺乏判断能力等情形,致使民事法律行为成立时显失公平的,受损害方有权请求人民法院或者仲裁机构予以撤销。	第151条 同《民法典》第151条	第58条第1款 下列民事行为无效:……(三)一方以欺诈、胁迫的手段或者乘人之危,使对方在违背真实意思的情况下所为的;……
第59条第1款 下列民事行为,一方有权请求人民法院或者仲裁机关予以变更或者撤销:……(二)显失公平的。	《合同编通则解释》第11条 当事人一方是自然人,根据该当事人的年龄、智力、知识、经验并结合交易的复杂程度,能够认定其对合同的性质、合同订立的法律后果或者交易中存在的特定风险缺乏应有的认知能力的,人民法院可以认定该情形构成民法典第一百五十一条规定的"缺乏判断能力"。
第152条 有下列情形之一的,撤销权消灭:(一)当事人自知道或者应当知道撤销事由之日起一年内,重大误解的当事人自知道或者应知道撤销事由之日起九十日内没有行使撤销权;(二)当事人受胁迫,自胁迫行为终止之日起一年内没有行使撤销权;	第152条 有下列情形之一的,撤销权消灭:(一)当事人自知道或者应当知道撤销事由之日起一年内,重大误解的当事人自知道或者应当知道撤销事由之日起三个月内没有行使撤销权;(二)当事人受胁迫,自胁迫行为终止之日起一年内没有行使撤销权;	(无)	《合同法》第55条 有下列情形之一的,撤销权消灭:(一)具有撤销权的当事人自知道或者应当知道撤销事由之日起一年内没有行使撤销权;(二)具有撤销权的当事人知道撤销事由后明确表示或者以自己的行为放弃撤销权。

《民法典》	《民法总则》	《民法通则》	相关规范性法律文件
（三）当事人知道撤销事由后明确表示或者以自己的行为表明放弃撤销权。 当事人自民事法律行为发生之日起五年内没有行使撤销权的,撤销权消灭。	（三）当事人知道撤销事由后明确表示或者以自己的行为表明放弃撤销权。 当事人自民事法律行为发生之日起五年内没有行使撤销权的,撤销权消灭。		
第153条 违反法律、行政法规的强制性规定的民事法律行为无效。但是,该强制性规定不导致该民事法律行为无效的除外。 违背公序良俗的民事法律行为无效。	第153条 违反法律、行政法规的强制性规定的民事法律行为无效。但是,该强制性规定不导致该民事法律行为无效的除外。 违背公序良俗的民事法律行为无效。	第58条第1款 下列民事行为无效: …… （五）违反法律或者社会公共利益的; ……	《合同法》第52条 有下列情形之一的,合同无效: …… （五）违反法律、行政法规的强制性规定。 《合同法解释（二）》第14条 合同法第五十二条第（五）项规定的"强制性规定",是指效力性强制性规定。 《合同编通则解释》第14条 当事人之间就同一交易订立多份合同,人民法院应当认定其中以虚假意思表示订立的合同无效。当事人为规避法律、行政法规的强制性规定,以虚假意思表示隐藏真实意思表示的,人民法院应当依据民法典第一百五十三条第一款的规定认定被隐藏合同的效力;当事人为规避法律、行政法规关于合同应当办理批准等手续的规定,以虚假意思表示隐藏真实意思表示的,人民法院应当依据民法典第五百零二条第二款的规定认定被隐藏合同的效力。 依据前款规定认定被隐藏合同无效或者确定不发生效力的,人民法院应当以被隐藏合同为事实基础,依据民法典第一百五十七条的规定确定当事人的民事责任。但是,法律另有规定的除外。 当事人就同一交易订立的多份合同均系真实意思表示,且不存在其他影响合同效力

《民法典》	《民法总则》	《民法通则》	相关规范性法律文件
			情形的,人民法院应当在查明各合同成立先后顺序和实际履行情况的基础上,认定合同内容是否发生变更。法律、行政法规禁止变更合同内容的,人民法院应当认定合同的相应变更无效。 《合同编通则解释》第16条 合同违反法律、行政法规的强制性规定,有下列情形之一,由行为人承担行政责任或者刑事责任能够实现强制性规定的立法目的的,人民法院可以依据民法典第一百五十三条第一款关于"该强制性规定不导致该民事法律行为无效的除外"的规定认定该合同不因违反强制性规定无效: (一)强制性规定虽然旨在维护社会公共秩序,但是合同的实际履行对社会公共秩序造成的影响显著轻微,认定合同无效将导致案件处理结果有失公平公正; (二)强制性规定旨在维护政府的税收、土地出让金等国家利益或者其他民事主体的合法利益而非合同当事人的民事权益,认定合同有效不会影响该规范目的的实现; (三)强制性规定旨在要求当事人一方加强风险控制、内部管理等,对方无能力或者无义务审查合同是否违反强制性规定,认定合同无效将使其承担不利后果; (四)当事人一方虽然在订立合同时违反强制性规定,但是在合同订立后其已经具备补正违反强制性规定的条件却违背诚信原则不予补正; (五)法律、司法解释规定的其他情形。

《民法典》	《民法总则》	《民法通则》	相关规范性法律文件
			法律、行政法规的强制性规定旨在规制合同订立后的履行行为，当事人以合同违反强制性规定为由请求认定合同无效的，人民法院不予支持。但是，合同履行必然导致违反强制性规定或者法律、司法解释另有规定的除外。 依据前两款认定合同有效，但是当事人的违法行为未经处理的，人民法院应当向有关行政管理部门提出司法建议。当事人的行为涉嫌犯罪的，应当将案件线索移送刑事侦查机关；属于刑事自诉案件的，应当告知当事人可以向有管辖权的人民法院另行提起诉讼。 《合同编通则解释》第17条 合同虽然不违反法律、行政法规的强制性规定，但是有下列情形之一，人民法院应当依据民法典第一百五十三条第二款的规定认定合同无效： （一）合同影响政治安全、经济安全、军事安全等国家安全的； （二）合同影响社会稳定、公平竞争秩序或者损害社会公共利益等违背社会公共秩序的； （三）合同背离社会公德、家庭伦理或者有损人格尊严等违背善良风俗的。 人民法院在认定合同是否违背公序良俗时，应当以社会主义核心价值观为导向，综合考虑当事人的主观动机和交易目的、政府部门的监管强度、一定期限内当事人从事类似交易的频次、行为的社会后果等因素，并在裁判文书中充分说理。 当事人确因生活需要进行交易，未给社会公

《民法典》	《民法总则》	《民法通则》	相关规范性法律文件
			共秩序造成重大影响,且不影响国家安全,也不违背善良风俗的,人民法院不应当认定合同无效。 **《合同编通则解释》第18条** 法律、行政法规的规定虽然有"应当""必须"或者"不得"等表述,但是该规定旨在限制或者赋予民事权利,行为人违反该规定将构成无权处分、无权代理、越权代表等,或者导致合同相对人、第三人因此获得撤销权、解除权等民事权利的,人民法院应当依据法律、行政法规规定的关于违反该规定的民事法律后果认定合同效力。 **《九民纪要》第30条** 合同法施行后,针对一些人民法院动辄以违反法律、行政法规的强制性规定为由认定合同无效,不当扩大无效合同范围的情形,合同法司法解释(二)第14条将《合同法》第52条第5项规定的"强制性规定"明确限于"效力性强制性规定"。此后,《最高人民法院关于当前形势下审理民商事合同纠纷案件若干问题的指导意见》进一步提出了"管理性强制性规定"的概念,指出违反管理性强制性规定的,人民法院应当根据具体情形认定合同效力。随着这一概念的提出,审判实践中又出现了另一种倾向,有的人民法院认为凡是行政管理性质的强制性规定都属于"管理性强制性规定",不影响合同效力。这种望文生义的认定方法,应予纠正。 人民法院在审理合同纠纷案件时,要依据《民法总则》第153条第1款和合同法司法解

《民法典》	《民法总则》	《民法通则》	相关规范性法律文件
			释(二)第14条的规定慎重判断"强制性规定"的性质,特别是要在考量强制性规定所保护的法益类型、违法行为的法律后果以及交易安全保护等因素的基础上认定其性质,并在裁判文书中充分说明理由。下列强制性规定,应当认定为"效力性强制性规定":强制性规定涉及金融安全、市场秩序、国家宏观政策等公序良俗的;交易标的禁止买卖的,如禁止人体器官、毒品、枪支等买卖;违反特许经营规定的,如场外配资合同;交易方式严重违法的,如违反招投标等竞争性缔约方式订立的合同;交易场所违法的,如在批准的交易场所之外进行期货交易。关于经营范围、交易时间、交易数量等行政管理性质的强制性规定,一般应当认定为"管理性强制性规定"。 《九民纪要》第31条 违反规章一般情况下不影响合同效力,但该规章的内容涉及金融安全、市场秩序、国家宏观政策等公序良俗的,应当认定合同无效。人民法院在认定规章是否涉及公序良俗时,要在考察规范对象基础上,兼顾监管强度、交易安全保护以及社会影响等方面进行慎重考量,并在裁判文书中进行充分说理。
第154条 行为人与相对人恶意串通,损害他人合法权益的民事法律行为无效。	第154条 同《民法典》第154条	第58条第1款 下列民事行为无效: …… (四)恶意串通,损害国家、集体或者第三人利益的。	《合同法》第52条 有下列情形之一的,合同无效: (一)一方以欺诈、胁迫的手段订立合同,损害国家利益; (二)恶意串通,损害国家、集体或者第三人利益; (三)以合法形式掩盖非法目的;

《民法典》	《民法总则》	《民法通则》	相关规范性法律文件
			(四)损害社会公共利益； (五)违反法律、行政法规的强制性规定。 **《合同编通则解释》第 23 条第 1 款** 法定代表人、负责人或者代理人与相对人恶意串通,以法人、非法人组织的名义订立合同,损害法人、非法人组织的合法权益,法人、非法人组织主张不承担民事责任的,人民法院应予支持。
第 155 条 无效的或者被撤销的民事法律行为自始没有法律约束力。	第 155 条 同《民法典》第 155 条	**第 58 条第 2 款** 无效的民事行为,从行为开始起就没有法律约束力。 **第 59 条第 2 款** 被撤销的民事行为从行为开始无效。	**《合同法》第 56 条** 无效的合同或者被撤销的合同自始没有法律约束力。合同部分无效,不影响其他部分效力的,其他部分仍然有效。
第 156 条 民事法律行为部分无效,不影响其他部分的效力的,其他部分仍然有效。	第 156 条 同《民法典》第 60 条	**第 60 条** 民事行为部分无效,不影响其他部分的效力的,其他部分仍然有效。	**《合同编通则解释》第 49 条第 1 款** 债务人接到债权转让通知后,让与人以债权转让合同不成立、无效、被撤销或者确定不发生效力为由请求债务人向其履行的,人民法院不予支持。但是,该债权转让通知被依法撤销的除外。 **《九民纪要》第 42 条** 撤销权应当由当事人行使。当事人未请求撤销的,人民法院不应当依职权撤销合同。一方请求另一方履行合同,另一方以合同具有可撤销事由提出抗辩的,人民法院应当在审查合同是否具有可撤销事由以及是否超过法定期间等事实的基础上,对合同是否可撤销作出判断,不能仅以当事人未提起诉讼或者反诉为由不予审查或者不予支持。一方主张合同无效,依据的却是可撤销事由,此时人民法院应当全面审查合同是否具有无效事由以及当事人主张的可撤销事由。当事人关于合同无效的事由成立的,人民法

《民法典》	《民法总则》	《民法通则》	相关规范性法律文件
			院应当认定合同无效。当事人主张合同无效的理由不成立,而可撤销的事由成立的,因合同无效和可撤销的后果相同,人民法院也可以结合当事人的诉讼请求,直接判决撤销合同。
第 157 条 民事法律行为无效、被撤销或者确定不发生效力后,行为人因该行为取得的财产,应当予以返还;不能返还或者没有必要返还的,应当折价补偿。有过错的一方应当赔偿对方由此所受到的损失;各方都有过错的,应当各自承担相应的责任。法律另有规定的,依照其规定。	**第 157 条** 同《民法典》第 157 条	**第 61 条** 民事行为被确认为无效或者被撤销后,当事人因该行为取得的财产,应当返还给受损失的一方。有过错的一方应当赔偿对方因此所受的损失,双方都有错的,应当各自承担相应的责任。 双方恶意串通,实施民事行为损害国家的、集体的或者第三人的利益的,应当追缴双方取得的财产,收归国家、集体所有或者返还第三人。	**《合同法》第 58 条** 合同无效或者被撤销后,因该合同取得的财产,应当予以返还;不能返还或者没有必要返还的,应当折价补偿。有过错的一方应当赔偿对方因此所受到的损失,双方都有过错的,应当各自承担相应的责任。 **《城镇房屋租赁合同解释》第 4 条** 房屋租赁合同无效,当事人请求参照合同约定的租金标准支付房屋占有使用费的,人民法院一般应予支持。 当事人请求赔偿因合同无效受到的损失,人民法院依照民法典第一百五十七条和本解释第七条、第十一条、第十二条的规定处理。 **《总则编解释》第 23 条** 民事法律行为不成立,当事人请求返还财产、折价补偿或者赔偿损失的,参照适用民法典第一百五十七条的规定。 **《合同编通则解释》第 3 条第 3 款** 当事人主张合同无效或者请求撤销、解除合同等,人民法院认为合同不成立的,应当依据《最高人民法院关于民事诉讼证据的若干规定》第五十三条的规定将合同是否成立作为焦点问题进行审理,并可以根据案件的具体情况重新指定举证期限。

《民法典》	《民法总则》	《民法通则》	相关规范性法律文件
			《合同编通则解释》第14条第2款　依据前款规定认定被隐藏合同无效或者确定不发生效力的,人民法院应当以被隐藏合同为事实基础,依据民法典第一百五十七条的规定确定当事人的民事责任。但是,法律另有规定的除外。 《合同编通则解释》第24条　合同不成立、无效、被撤销或者确定不发生效力,当事人请求返还财产,经审查财产能够返还的,人民法院应当根据案件具体情况,单独或者合并适用返还占有的标的物、更正登记簿册记载等方式;经审查财产不能返还或者没有必要返还的,人民法院应当以认定合同不成立、无效、被撤销或者确定不发生效力之日该财产的市场价值或者以其他合理方式计算的价值为基准判决折价补偿。 　　除前款规定的情形外,当事人还请求赔偿损失的,人民法院应当结合财产返还或者折价补偿的情况,综合考虑财产增值收益和贬值损失、交易成本的支出等事实,按照双方当事人的过错程度及原因力大小,根据诚信原则和公平原则,合理确定损失赔偿额。 　　合同不成立、无效、被撤销或者确定不发生效力,当事人的行为涉嫌违法且未经处理,可能导致一方或者双方通过违法行为获得不当利益的,人民法院应当向有关行政管理部门提出司法建议。当事人的行为涉嫌犯罪的,应当将案件线索移送刑事侦查机关;属于刑事自诉案件的,应当

《民法典》	《民法总则》	《民法通则》	相关规范性法律文件
			告知当事人可以向有管辖权的人民法院另行提起诉讼。
《合同编通则解释》第 25 条 合同不成立、无效、被撤销或者确定不发生效力,有权请求返还价款或者报酬的当事人一方请求对方支付资金占用费的,人民法院应当在当事人请求的范围内按照中国人民银行授权全国银行间同业拆借中心公布的一年期贷款市场报价利率(LPR)计算。但是,占用资金的当事人对于合同不成立、无效、被撤销或者确定不发生效力没有过错的,应当以中国人民银行公布的同期同类存款基准利率计算。
双方互负返还义务,当事人主张同时履行的,人民法院应予支持;占有标的物的一方对标的物存在使用或者依法可以使用的情形,对方请求将其应支付的资金占用费与应收取的标的物使用费相互抵销的,人民法院应予支持,但是法律另有规定的除外。
《九民纪要》第 32 条《合同法》第 58 条就合同无效或者被撤销时的财产返还责任和损害赔偿责任作了规定,但未规定合同不成立的法律后果。考虑到合同不成立时也可能发生财产返还和损害赔偿责任问题,故应当参照适用该条的规定。
在确定合同不成立、无效或者被撤销后财产返还或者折价补偿范围时,要根据诚实信用原则的要求,在当事人之间合理分配,不能使不诚信的当事人因合同不成立、无效或者

《民法典》	《民法总则》	《民法通则》	相关规范性法律文件
			被撤销而获益。合同不成立、无效或者被撤销情况下,当事人所承担的缔约过失责任不应超过合同履行利益。比如,依据《最高人民法院关于审理建设工程施工合同纠纷案件适用法律问题的解释》第2条规定,建设工程施工合同无效,在建设工程经竣工验收合格情况下,可以参照合同约定支付工程款,但除非增加了合同约定之外新的工程项目,一般不应超出合同约定支付工程款。 **《九民纪要》第33条** 　　合同不成立、无效或者被撤销后,在确定财产返还时,要充分考虑财产增值或者贬值的因素。双务合同不成立、无效或者被撤销后,双方因该合同取得财产的,应当相互返还。应予返还的股权、房屋等财产相对于合同约定价款出现增值或者贬值的,人民法院要综合考虑市场因素、受让人的经营或者添附等行为与财产增值或者贬值之间的关联性,在当事人之间合理分配或者分担,避免一方因合同不成立、无效或者被撤销而获益。在标的物已经灭失、转售他人或者其他无法返还的情况下,当事人主张返还原物的,人民法院不予支持,但其主张折价补偿的,人民法院依法予以支持。折价时,应当以当事人交易时约定的价款为基础,同时考虑当事人在标的物灭失或者转售时的获益情况综合确定补偿标准。标的物灭失时当事人获得的保险金或者其他赔偿金,转售时取得的对

《民法典》	《民法总则》	《民法通则》	相关规范性法律文件
			价,均属于当事人因标的物而获得的利益。对获益高于或者低于价款的部分,也应当在当事人之间合理分配或者分担。 **《九民纪要》第 34 条** 双务合同不成立、无效或者被撤销时,标的物返还与价款返还互为对待给付,双方应当同时返还。关于应否支付利息问题,只要一方对标的物有使用情形的,一般应当支付使用费,该费用可与占有价款一方应当支付的资金占用费相互抵销,故在一方返还原物前,另一方仅须支付本金,而无须支付利息。 **《九民纪要》第 35 条** 合同不成立、无效或者被撤销时,仅返还财产或者折价补偿不足以弥补损失,一方还可以向有过错的另一方请求损害赔偿。在确定损害赔偿范围时,既要根据当事人的过错程度合理确定责任,又要考虑在确定财产返还范围时已经考虑过的财产增值或者贬值因素,避免双重获利或者双重受损的现象发生。 **《九民纪要》第 36 条** 在双务合同中,原告起诉请求确认合同有效并请求继续履行合同,被告主张合同无效的,或者原告起诉请求确认合同无效并返还财产,而被告主张合同有效的,都要防止机械适用"不告不理"原则,仅就当事人的诉讼请求进行审理,而应向原告释明变更或者增加诉讼请求,或者向被告释明提出同时履行抗辩,尽可能一次性解决纠纷。例如,基于合同有给付行为的原告

《民法典》	《民法总则》	《民法通则》	相关规范性法律文件
			请求确认合同无效,但并未提出返还原物或者折价补偿、赔偿损失等请求的,人民法院应当向其释明,告知其一并提出相应诉讼请求;原告请求确认合同无效并要求被告返还原物或者赔偿损失,被告基于合同也有给付行为的,人民法院同样应当向被告释明,告知其也可以提出返还请求;人民法院经审理认定合同无效的,除了要在判决书"本院认为"部分对同时返还作出认定外,还应当在判项中作出明确表述,避免因判令单方返还而出现不公平的结果。 第一审人民法院未予释明,第二审人民法院认为应当对合同不成立、无效或者被撤销的法律后果作出判决的,可以直接释明并改判。当然,如果返还财产或者赔偿损失的范围确实难以确定或者双方争议较大的,也可以告知当事人通过另行起诉等方式解决,并在裁判文书中予以明确。 当事人按照释明变更诉讼请求或者提出抗辩的,人民法院应当将其归纳为案件争议焦点,组织当事人充分举证、质证、辩论。
第四节 民事法律行为的附条件和附期限	第四节 民事法律行为的附条件和附期限		
第158条 民事法律行为可以附条件,但是**根据**其性质不得附条件的除外。附生效条件的民事法律行为,自条件成就时生效。附解除条件的民事法律行为,自条件成就时失效。	第158条 民事法律行为可以附条件,但是按照其性质不得附条件的除外。附生效条件的民事法律行为,自条件成就时生效。附解除条件的民事法律行为,自条件成就时失效。	第62条 民事法律行为可以附条件,附条件的民事法律行为在符合所附条件时生效。	《合同法》第45条第1款 当事人对合同的效力可以约定附条件。附生效条件的合同,自条件成就时生效。附解除条件的合同,自条件成就时失效。 《总则编解释》第24条 民事法律行为所附条件不可能发生,当事人约定为生效条件的,人民法院应当认定

《民法典》	《民法总则》	《民法通则》	相关规范性法律文件
			民事法律行为不发生效力；当事人约定为解除条件的，应当认定未附条件，民事法律行为是否失效，依照民法典和相关法律、行政法规的规定认定。
第159条 附条件的民事法律行为，当事人为自己的利益不正当地阻止条件成就的，视为条件已**经**成就；不正当地促成条件成就的，视为条件不成就。	第159条 附条件的民事法律行为，当事人为自己的利益不正当地阻止条件成就的，视为条件已成就；不正当地促成条件成就的，视为条件不成就。	（无）	《合同法》第45条第2款 当事人为自己的利益不正当地阻止条件成就的，视为条件已成就；不正当地促成条件成就的，视为条件不成就。
第160条 民事法律行为可以附期限，但是**根据**其性质不得附期限的除外。附生效期限的民事法律行为，自期限届至时生效。附终止期限的民事法律行为，自期限届满时失效。	第160条 民事法律行为可以附期限，但是按照其性质不得附期限的除外。附生效期限的民事法律行为，自期限届至时生效。附终止期限的民事法律行为，自期限届满时失效。	（无）	《合同法》第46条 当事人对合同的效力可以约定附期限。附生效期限的合同，自期限届至时生效。附终止期限的合同，自期限届满时失效。
第七章 代 理	第七章 代 理		
第一节 一般规定	第一节 一般规定	第二节 代理	
第161条 民事主体可以通过代理人实施民事法律行为。 依照法律规定、当事人约定或者民事法律行为的性质，应当由本人亲自实施的民事法律行为，不得代理。	第161条 同《民法典》第161条	第63条 公民、法人可以通过代理人实施民事法律行为。 代理人在代理权限内，以被代理人的名义实施民事法律行为。被代理人对代理人的代理行为，承担民事责任。 依照法律规定或者按照双方当事人约定，应当由本人实施的民事法律行为，不得代理。	
第162条 代理人在代理权限内，以被代理人名义实施的民事法律行为，对被代理人发生效力。	第162条 同《民法典》第162条		
第163条 代理包括委托代理和法定代理。 委托代理人按照被代理人的委托行使代理权。法定代理人依照法律的规定行使代理权。	第163条 同《民法典》第163条	第64条 代理包括委托代理、法定代理和指定代理。 委托代理人按照被代理人的委托行使代理权，法定代理人依照法律的规定行使代理权，指定代理人按照人民法院或者指定单位的指定行使代理权。	

《民法典》	《民法总则》	《民法通则》	相关规范性法律文件
第164条 代理人不履行或者不完全履行职责,造成被代理人损害的,应当承担民事责任。 代理人和相对人恶意串通,损害被代理人合法权益的,代理人和相对人应当承担连带责任。	第164条 同《民法典》第164条	第66条第2款 代理人不履行职责而给被代理人造成损害的,应当承担民事责任。 第66条第3款 代理人和第三人串通,损害被代理人的利益的,由代理人和第三人负连带责任。	
第二节 委托代理	第二节 委托代理		
第165条 委托代理授权采用书面形式的,授权委托书应当载明代理人的姓名或者名称、代理事项、权限和期限,并由被代理人签名或者盖章。	第165条 委托代理授权采用书面形式的,授权委托书应当载明代理人的姓名或者名称、代理事项、权限和期间,并由被代理人签名或者盖章。	第65条 民事法律行为的委托代理,可以用书面形式,也可以用口头形式。法律规定用书面形式的,应当用书面形式。 书面委托代理的授权委托书应当载明代理人的姓名或者名称、代理事项、权限和期间,并由委托人签名或者盖章。 委托书授权不明的,被代理人应当向第三人承担民事责任,代理人负连带责任。	
第166条 数人为同一代理事项的代理人的,应当共同行使代理权,但是当事人另有约定的除外。	第166条 同《民法典》第166条	(无)	《总则编解释》第25条 数个委托代理人共同行使代理权,其中一人或者数人未与其他委托代理人协商,擅自行使代理权的,依据民法典第一百七十一条、第一百七十二条等规定处理。
第167条 代理人知道或者应当知道代理事项违法仍然实施代理行为,或者被代理人知道或者应当知道代理人的代理行为违法未作反对表示的,被代理人和代理人应当承担连带责任。	第167条 同《民法典》第167条	第67条 代理人知道被委托代理的事项违法仍然进行代理活动的,或者被代理人知道代理人的代理行为违法不表示反对的,由被代理人和代理人负连带责任。	
第168条 代理人不得以被代理人的名义与自己实施民事法律行为,但是被代理人同意或者追认的除外。 代理人不得以被代理人的名义与自己同时代理的其他人实施民事法律行为,但是被代理的双方同意或者追认的除外。	第168条 同《民法典》第168条	(无)	

《民法典》	《民法总则》	《民法通则》	相关规范性法律文件
第169条 代理人需要转委托第三人代理的，应当取得被代理人的同意或者追认。 转委托代理经被代理人同意或者追认的，被代理人可以就代理事务直接指示转委托的第三人，代理人仅就第三人的选任以及对第三人的指示承担责任。 转委托代理未经被代理人同意或者追认的，代理人应当对转委托的第三人的行为承担责任；但是，在紧急情况下代理人为了维护被代理人的利益需要转委托第三人代理的除外。	第169条 代理人需要转委托第三人代理的，应当取得被代理人的同意或者追认。 转委托代理经被代理人同意或者追认的，被代理人可以就代理事务直接指示转委托的第三人，代理人仅就第三人的选任以及对第三人的指示承担责任。 转委托代理未经被代理人同意或者追认的，代理人应当对转委托的第三人的行为承担责任，但是在紧急情况下代理人为了维护被代理人的利益需要转委托第三人代理的除外。	第68条 委托代理人为被代理人的利益需要转托他人代理的，应当事先取得被代理人的同意。事先没有取得被代理人同意的，应当在事后及时告诉被代理人，如果被代理人不同意，由代理人对自己所转托的人的行为负民事责任，但在紧急情况下，为了保护被代理人的利益而转托他人代理的除外。	《总则编解释》第26条 由于急病、通讯联络中断、疫情防控等特殊原因，委托代理人自己不能办理代理事项，又不能与被代理人及时取得联系，如不及时转委托第三人代理，会给被代理人的利益造成损失或者扩大损失的，人民法院应当认定为民法典第一百六十九条规定的紧急情况。
第170条 执行法人或者非法人组织工作任务的人员，就其职权范围内的事项，以法人或者非法人组织的名义实施的民事法律行为，对法人或者非法人组织发生效力。 法人或者非法人组织对执行其工作任务的人员职权范围的限制，不得对抗善意相对人。	第170条 执行法人或者非法人组织工作任务的人员，就其职权范围内的事项，以法人或者非法人组织的名义实施民事法律行为，对法人或者非法人组织发生效力。 法人或者非法人组织对执行其工作任务的人员职权范围的限制，不得对抗善意相对人。	（无）	《合同编通则解释》第21条 法人、非法人组织的工作人员超越其职权范围的事项以法人、非法人组织的名义订立合同，相对人主张该合同对法人、非法人组织发生效力并由其承担违约责任的，人民法院不予支持。但是，法人、非法人组织有过错的，人民法院可以参照民法典第一百五十七条的规定判决其承担相应的赔偿责任。前述情形，构成表见代理的，人民法院应当依据民法典第一百七十二条的规定处理。 合同所涉事项有下列情形之一的，人民法院应当认定法人、非法人组织的工作人员在订立合同时超越其职权范围： （一）依法应当由法人、非法人组织的权力机构或者决策机构决议的事项； （二）依法应当由法人、非法人组织的执行机构决定的事项； （三）依法应当由法定代表人、负责人代表法人、非法人组织实施的事项；

《民法典》	《民法总则》	《民法通则》	相关规范性法律文件
			（四）不属于通常情形下依其职权可以处理的事项。 合同所涉事项未超越依据前款确定的职权范围，但是超越法人、非法人组织对工作人员职权范围的限制，相对人主张该合同对法人、非法人组织发生效力并由其承担违约责任的，人民法院应予支持。但是，法人、非法人组织举证证明相对人知道或者应当知道该限制的除外。 法人、非法人组织承担民事责任后，向故意或者有重大过失的工作人员追偿的，人民法院依法予以支持。
第171条　行为人没有代理权、超越代理权或者代理权终止后，仍然实施代理行为，未经被代理人追认的，对被代理人不发生效力。 相对人可以催告被代理人自收到通知之日起三十日内予以追认。被代理人未作表示的，视为拒绝追认。行为人实施的行为被追认前，善意相对人有撤销的权利。撤销应当以通知的方式作出。 行为人实施的行为未被追认的，善意相对人有权请求行为人履行债务或者就其受到的损害请求行为人赔偿。但是，赔偿的范围不得超过被代理人追认时相对人所能获得的利益。 相对人知道或者应当知道行为人无权代理的，相对人和行为人按照各自的过错承担责任。	第171条　行为人没有代理权、超越代理权或者代理权终止后，仍然实施代理行为，未经被代理人追认的，对被代理人不发生效力。 相对人可以催告被代理人自收到通知之日起一个月内予以追认。被代理人未作表示的，视为拒绝追认。行为人实施的行为被追认前，善意相对人有撤销的权利。撤销应当以通知的方式作出。 行为人实施的行为未被追认的，善意相对人有权请求行为人履行债务或者就其受到的损害请求行为人赔偿，但是赔偿的范围不得超过被代理人追认时相对人所能获得的利益。 相对人知道或者应当知道行为人无权代理的，相对人和行为人按照各自的过错承担责任。	第66条　没有代理权、超越代理权或者代理权终止后的行为，只有经过被代理人的追认，被代理人才承担民事责任。未经追认的行为，由行为人承担民事责任。本人知道他人以本人名义实施民事行为而不作否认表示的，视为同意。 代理人不履行职责而给被代理人造成损害的，应当承担民事责任。 代理人和第三人串通，损害被代理人的利益的，由代理人和第三人负连带责任。 第三人知道行为人没有代理权、超越代理权或者代理权已终止还与行为人实施民事行为给他人造成损害的，由第三人和行为人负连带责任。	《合同法》第48条 　　行为人没有代理权、超越代理权或者代理权终止后以被代理人名义订立的合同，未经被代理人追认，对被代理人不发生效力，由行为人承担责任。 　　相对人可以催告被代理人在一个月内予以追认。被代理人未作表示的，视为拒绝追认。合同被追认之前，善意相对人有撤销的权利。撤销应当以通知的方式作出。 《总则编解释》第25条　数个委托代理人共同行使代理权，其中一人或者数人未与其他委托代理人协商，擅自行使代理权的，依据民法典第一百七十一条、第一百七十二条等规定处理。 《总则编解释》第27条　无权代理行为未被追认，相对人请求行为人履行债务或者赔偿损失的，由行为人就相对人知道或者应当知道行为人无权代理承担举证责任。行为

《民法典》	《民法总则》	《民法通则》	相关规范性法律文件
			人不能证明的,人民法院依法支持相对人的相应诉讼请求;行为人能够证明的,人民法院应当按照各自的过错认定行为人与相对人的责任。 《总则编解释》第29条 法定代理人、被代理人依据民法典第一百四十五条、第一百七十一条的规定向相对人作出追认的意思表示的,人民法院应当依据民法典第一百三十七条的规定确认其追认意思表示的生效时间。
第172条 行为人没有代理权、超越代理权或者代理权终止后,仍然实施代理行为,相对人有理由相信行为人有代理权的,代理行为有效。	第172条 同《民法典》第172条	(无)	《合同法》第49条 行为人没有代理权、超越代理权或者代理权终止后以被代理人名义订立合同,相对人有理由相信行为人有代理权的,该代理行为有效。 《总则编解释》第25条 数个委托代理人共同行使代理权,其中一人或者数人未与其他委托代理人协商,擅自行使代理权的,依据民法典第一百七十一条、第一百七十二条等规定处理。 《总则编解释》第28条 同时符合下列条件的,人民法院可以认定为民法典第一百七十二条规定的相对人有理由相信行为人有代理权: (一)存在代理权的外观; (二)相对人不知道行为人行为时没有代理权,且无过失。 因是否构成表见代理发生争议的,相对人应当就无权代理符合前款第一项规定的条件承担举证责任;被代理人应当就相对人不符合前款第二项规定的条件承担举证责任。

《民法典》	《民法总则》	《民法通则》	相关规范性法律文件
			《合同编通则解释》**第 21 条** 法人、非法人组织的工作人员就超越其职权范围的事项以法人、非法人组织的名义订立合同,相对人主张该合同对法人、非法人组织发生效力并由其承担违约责任的,人民法院不予支持。但是,法人、非法人组织有过错的,人民法院可以参照民法典第一百五十七条的规定判决其承担相应的赔偿责任。前述情形,构成表见代理的,人民法院应当依据民法典第一百七十二条的规定处理。 合同所涉事项有下列情形之一的,人民法院应当认定法人、非法人组织的工作人员在订立合同时超越其职权范围: (一)依法应当由法人、非法人组织的权力机构或者决策机构决议的事项; (二)依法应当由法人、非法人组织的执行机构决定的事项; (三)依法应当由法定代表人、负责人代表法人、非法人组织实施的事项; (四)不属于通常情形下依其职权可以处理的事项。 合同所涉事项未超越依据前款确定的职权范围,但是超越法人、非法人组织对工作人员职权范围的限制,相对人主张该合同对法人、非法人组织发生效力并由其承担违约责任的,人民法院应予支持。但是,法人、非法人组织举证证明相对人知道或者应当知道该限制的除外。 法人、非法人组织承担民事责任后,向故意

《民法典》	《民法总则》	《民法通则》	相关规范性法律文件
			或者有重大过失的工作人员追偿的,人民法院依法予以支持。
第三节 代理终止	第三节 代理终止		
第173条 有下列情形之一的,委托代理终止: (一)代理期**限**届满或者代理事务完成; (二)被代理人取消委托或者代理人辞去委托; (三)代理人丧失民事行为能力; (四)代理人或者被代理人死亡; (五)作为代理人或者被代理人的法人、非法人组织终止。	第173条 有下列情形之一的,委托代理终止: (一)代理期间届满或者代理事务完成; (二)被代理人取消委托或者代理人辞去委托; (三)代理人丧失民事行为能力; (四)代理人或者被代理人死亡; (五)作为代理人或者被代理人的法人、非法人组织终止。	第69条 有下列情形之一的,委托代理终止: (一)代理期间届满或者代理事务完成; (二)被代理人取消委托或者代理人辞去委托; (三)代理人死亡; (四)代理人丧失民事行为能力; (五)作为被代理人或者代理人的法人终止。	
第174条 被代理人死亡后,有下列情形之一的,委托代理人实施的代理行为有效: (一)代理人不知道且不应当知道被代理人死亡; (二)被代理人的继承人予以承认; (三)授权中明确代理权在代理事务完成时终止; (四)被代理人死亡前已经实施,为了被代理人的继承人的利益继续代理。 作为被代理人的法人、非法人组织终止的,参照适用前款规定。	第174条 被代理人死亡后,有下列情形之一的,委托代理人实施的代理行为有效: (一)代理人不知道**并**且不应当知道被代理人死亡; (二)被代理人的继承人予以承认; (三)授权中明确代理权在代理事务完成时终止; (四)被代理人死亡前已经实施,为了被代理人的继承人的利益继续代理。 作为被代理人的法人、非法人组织终止的,参照适用前款规定。	(无)	
第175条 有下列情形之一的,法定代理终止: (一)被代理人取得或者恢复完全民事行为能力; (二)代理人丧失民事行为能力; (三)代理人或者被代理人死亡; (四)法律规定的其他情形。	第175条 同《民法典》第175条	第70条 有下列情形之一的,法定代理或者指定代理终止: (一)被代理人取得或者恢复民事行为能力; (二)被代理人或者代理人死亡; (三)代理人丧失民事行为能力; (四)指定代理的人民法院或者指定单位取消指定; (五)由其他原因引起的被代理人和代理人之间的监护关系消灭。	

《民法典》	《民法总则》	《民法通则》	相关规范性法律文件
第八章 民事责任	第八章 民事责任	第六章 民事责任	
		第一节 一般规定	
第176条 民事主体依照法律规定**或者按照**当事人约定,履行民事义务,承担民事责任。	第176条 民事主体依照法律规定和当事人约定,履行民事义务,承担民事责任。	第106条第1款 公民、法人违反合同或者不履行其他义务的,应当承担民事责任。	
第177条 二人以上依法承担按份责任,能够确定责任大小的,各自承担相应的责任;难以确定责任大小的,平均承担责任。	第177条 同《民法典》第177条	(无)	《侵权责任法》第12条 二人以上分别实施侵权行为造成同一损害,能够确定责任大小的,各自承担相应的责任;难以确定责任大小的,平均承担赔偿责任。
第178条 二人以上依法承担连带责任的,权利人有权请求部分或者全部连带责任人承担责任。 连带责任人的责任份额根据各自责任大小确定;难以确定责任大小的,平均承担责任。实际承担责任超过自己责任份额的连带责任人,有权向其他连带责任人追偿。 连带责任,由法律规定或者当事人约定。	第178条 同《民法典》第178条	第130条 二人以上共同侵权造成他人损害的,应当承担连带责任。	《侵权责任法》第13条 法律规定承担连带责任的,被侵权人有权请求部分或者全部连带责任人承担责任。 《侵权责任法》第14条 连带责任人根据各自责任大小确定相应的赔偿数额;难以确定责任大小的,平均承担赔偿责任。 支付超出自己赔偿数额的连带责任人,有权向其他连带责任人追偿。
第179条 承担民事责任的方式主要有: (一)停止侵害; (二)排除妨碍; (三)消除危险; (四)返还财产; (五)恢复原状; (六)修理、重作、更换; (七)继续履行; (八)赔偿损失; (九)支付违约金; (十)消除影响、恢复名誉; (十一)赔礼道歉。 法律规定惩罚性赔偿的,依照其规定。 本条规定的承担民事责任的方式,可以单独适用,也可以合并适用。	第179条 同《民法典》第179条	第134条 承担民事责任的方式主要有: (一)停止侵害; (二)排除妨碍; (三)消除危险; (四)返还财产; (五)恢复原状; (六)修理、重作、更换; (七)赔偿损失; (八)支付违约金; (九)消除影响、恢复名誉; (十)赔礼道歉。 以上承担民事责任的方式,可以单独适用,也可以合并适用。 人民法院审理民事案件,除适用上述规定外,还可以予以训诫、责令具结悔过、收缴进行非法活动的财物和非法所得,并可以依照法律规定处以罚款、拘留。	《侵权责任法》第15条 承担侵权责任的方式主要有: (一)停止侵害; (二)排除妨碍; (三)消除危险; (四)返还财产; (五)恢复原状; (六)赔偿损失; (七)赔礼道歉; (八)消除影响、恢复名誉。 以上承担侵权责任的方式,可以单独适用,也可以合并适用。 《侵犯专利权解释(二)》第26条 被告构成对专利权的侵犯,权利人请求判令其停止侵权行为的,人民法院应予支持,但基于国家利益、公共利益的考量,人民法院可以不

《民法典》	《民法总则》	《民法通则》	相关规范性法律文件
			判令被告停止被诉行为,而判令其支付相应的合理费用。
第180条 因不可抗力不能履行民事义务的,不承担民事责任。法律另有规定的,依照其规定。 不可抗力是不能预见、不能避免且不能克服的客观情况。	第180条 因不可抗力不能履行民事义务的,不承担民事责任。法律另有规定的,依照其规定。 不可抗力是指不能预见、不能避免且不能克服的客观情况。	第107条 因不可抗力不能履行合同或者造成他人损害的,不承担民事责任,法律另有规定的除外。 第153条 本法所称的"不可抗力",是指不能预见、不能避免并不能克服的客观情况。	《合同法》第117条 因不可抗力不能履行合同的,根据不可抗力的影响,部分或者全部免除责任,但法律另有规定的除外。当事人迟延履行后发生不可抗力的,不能免除责任。 本法所称不可抗力,是指不能预见、不能避免并不能克服的客观情况。 《侵权责任法》第29条 因不可抗力造成他人损害的,不承担责任。法律另有规定的,依照其规定。
第181条 因正当防卫造成损害的,不承担民事责任。 正当防卫超过必要的限度,造成不应有的损害的,正当防卫人应当承担适当的民事责任。	第181条 同《民法典》第181条	《民法通则》第128条 因正当防卫造成损害的,不承担民事责任。正当防卫超过必要的限度,造成不应有的损害的,应当承担适当的民事责任。	《侵权责任法》第30条 因正当防卫造成损害的,不承担责任。正当防卫超过必要的限度,造成不应有的损害的,正当防卫人应当承担适当的责任。 《总则编解释》第30条 为了使国家利益、社会公共利益、本人或者他人的人身权利、财产权利以及其他合法权益免受正在进行的不法侵害,而针对实施侵害行为的人采取的制止不法侵害的行为,应当认定为民法典第一百八十一条规定的正当防卫。 《总则编解释》第31条 对于正当防卫是否超过必要的限度,人民法院应当综合不法侵害的性质、手段、强度、危害程度和防卫的时机、手段、强度、损害后果等因素判断。 经审理,正当防卫没有超过必要限度的,人民法院应当认定正当防卫人不承担责任。正当防卫超过必要限度的,人民法院应当认定正当防卫人在造成不应有的损害范围内

《民法典》	《民法总则》	《民法通则》	相关规范性法律文件
			承担部分责任;实施侵害行为的人请求正当防卫人承担全部责任的,人民法院不予支持。 　　实施侵害行为的人不能证明防卫行为造成不应有的损害,仅以正当防卫人采取的反击方式和强度与不法侵害不相当为由主张防卫过当的,人民法院不予支持。
第182条　因紧急避险造成损害的,由引起险情发生的人承担民事责任。 　　危险由自然原因引起的,紧急避险人不承担民事责任,可以给予适当补偿。 　　紧急避险采取措施不当或者超过必要的限度,造成不应有的损害的,紧急避险人应当承担适当的民事责任。	第182条 同《民法典》第182条	《民法通则》第129条 　　因紧急避险造成损害的,由引起险情发生的人承担民事责任。如果危险是由自然原因引起的,紧急避险人不承担民事责任或者承担适当的民事责任。因紧急避险采取措施不当或者超过必要的限度,造成不应有的损害的,紧急避险人应当承担适当的民事责任。	《侵权责任法》第31条　因紧急避险造成损害的,由引起险情发生的人承担责任。如果危险是由自然原因引起的,紧急避险人不承担责任或者给予适当补偿。紧急避险采取措施不当或者超过必要的限度,造成不应有的损害的,紧急避险人应当承担适当的责任。 　　《总则编解释》第32条　为了使国家利益、社会公共利益、本人或者他人的人身权利、财产权利以及其他合法权益免受正在发生的急迫危险,不得已而采取紧急措施的,应当认定为民法典第一百八十二条规定的紧急避险。 　　《总则编解释》第33条　对于紧急避险是否采取措施不当或者超过必要的限度,人民法院应当综合危险的性质、急迫程度、避险行为所保护的权益以及造成的损害后果等因素判断。 　　经审理,紧急避险采取措施并无不当且没有超过必要限度的,人民法院应当认定紧急避险人不承担责任。紧急避险采取措施不当或者超过必要限度的,人民法院应当根据

《民法典》	《民法总则》	《民法通则》	相关规范性法律文件
			紧急避险人的过错程度、避险措施造成不应有的损害的原因力大小、紧急避险人是否为受益人等因素认定紧急避险人在造成的不应有的损害范围内承担相应的责任。
第183条 因保护他人民事权益使自己受到损害的,由侵权人承担民事责任,受益人可以给予适当补偿。没有侵权人、侵权人逃逸或者无力承担民事责任,受害人请求补偿的,受益人应当予以适当补偿。	第183条 同《民法典》第183条	第109条 因防止、制止国家的、集体的财产或者他人的财产、人身遭受侵害而使自己受到损害的,由侵害人承担赔偿责任,受益人也可以给予适当的补偿。	《侵权责任法》第23条 因防止、制止他人民事权益被侵害而使自己受到损害的,由侵权人承担责任。侵权人逃逸或者无力承担责任,被侵权人请求补偿的,受益人应当给予适当补偿。 《总则编解释》第34条 因保护他人民事权益使自己受到损害,受害人依据民法典第一百八十三条的规定请求受益人适当补偿的,人民法院可以根据受害人所受损失和已获赔偿的情况、受益人受益的多少及其经济条件等因素确定受益人承担的补偿数额。
第184条 因自愿实施紧急救助行为造成受助人损害的,救助人不承担民事责任。	第184条 同《民法典》第184条	(无)	
第185条 侵害英雄烈士等的姓名、肖像、名誉、荣誉,损害社会公共利益的,应当承担民事责任。	第185条 同《民法典》第185条	(无)	《民法典时间效力规定》第6条 《中华人民共和国民法总则》施行前,侵害英雄烈士等的姓名、肖像、名誉、荣誉,损害社会公共利益引起的民事纠纷案件,适用民法典第一百八十五条的规定。
第186条 因当事人一方的违约行为,损害对方人身权益、财产权益的,受损害方有权选择请求其承担违约责任或者侵权责任。	第186条 同《民法典》第186条	(无)	《合同法》第122条 因当事人一方的违约行为,侵害对方人身、财产权益的,受损害方有权选择依照本法要求其承担违约责任或者依照其他法律要求其承担侵权责任。

《民法典》	《民法总则》	《民法通则》	相关规范性法律文件
			《著作权纠纷解释》第23条 出版者将著作权人交付出版的作品丢失、毁损致使出版合同不能履行的,著作权人有权依据民法典第一百八十六条、第二百三十八条,第一千一百八十四条等规定要求出版者承担相应的民事责任。
第187条 民事主体因同一行为应当承担民事责任、行政责任和刑事责任的,承担行政责任或者刑事责任不影响承担民事责任;民事主体的财产不足以支付的,优先于承担民事责任。	第187条 同《民法典》第187条	(无)	《侵权责任法》第4条 侵权人因同一行为应当承担行政责任或者刑事责任的,不影响依法承担侵权责任。 因同一行为应当承担侵权责任和行政责任、刑事责任,侵权人的财产不足以支付的,先承担侵权责任。
第九章 诉讼时效	**第九章 诉讼时效**	**第七章 诉讼时效**	
第188条 向人民法院请求保护民事权利的诉讼时效期间为三年。法律另有规定的,依照其规定。 诉讼时效期间自权利人知道或者应当知道权利受到损害以及义务人之日起计算。法律另有规定的,依照其规定。但是,自权利受到损害之日起超过二十年的,人民法院不予保护,有特殊情况的,人民法院可以根据权利人的申请决定延长。	第188条 向人民法院请求保护民事权利的诉讼时效期间为三年。法律另有规定的,依照其规定。 诉讼时效期间自权利人知道或者应当知道权利受到损害以及义务人之日起计算。法律另有规定的,依照其规定。但是自权利受到损害之日起超过二十年的,人民法院不予保护;有特殊情况的,人民法院可以根据权利人的申请决定延长。	第135条 向人民法院请求保护民事权利的诉讼时效期间为二年,法律另有规定的除外。 第137条 诉讼时效期间从知道或者应当知道权利被侵害时起计算。但是,从权利被侵害之日起超过二十年的,人民法院不予保护。有特殊情况的,人民法院可以延长诉讼时效期间。	《著作权纠纷解释》第27条 侵害著作权的诉讼时效为三年,自著作权人知道或者应当知道权利受到侵害以及义务人之日起计算。权利人超过三年起诉的,如果侵权行为在起诉时仍在持续,在该著作权保护期内,人民法院应当判决被告停止侵权行为;侵权损害赔偿数额应当自权利人向人民法院起诉之日起向前推算三年计算。 《商标纠纷解释》第18条 侵犯注册商标专用权的诉讼时效为三年,自商标注册人或者利害权利人知道或者应当知道权利受到损害以及义务人之日起计算。商标注册人或者利害关系人超过三年起诉的,如果侵权行为在起诉时仍在持续,在该注册商标专用权有效期限内,人民法院应当判决被告停止侵权行为,侵权损害赔偿数额应当自权利人向人民法院起诉之日起向前推算三年计算。

《民法典》	《民法总则》	《民法通则》	相关规范性法律文件
			《贯彻实施民法典纪要》第5条第1款　民法典第一百八十八条第一款规定的普通诉讼时效期间，可以适用民法典有关诉讼时效中止、中断的规定，不适用延长的规定。民法典第一百八十八条第二款规定的"二十年"诉讼时效期间可以适用延长的规定，不适用中止、中断的规定。 《总则编解释》第35条　民法典第一百八十八条第一款规定的三年诉讼时效期间，可以适用民法典有关诉讼时效中止、中断的规定，不适用延长的规定。该条第二款规定的二十年期间不适用中止、中断的规定。 《总则编解释》第36条　无民事行为能力人或者限制民事行为能力人的权利受到损害的，诉讼时效期间自其法定代理人知道或者应当知道权利受到损害以及义务人之日起计算，但是法律另有规定的除外。 《总则编解释》第37条　无民事行为能力人、限制民事行为能力人的权利受到原法定代理人损害，且在取得、恢复完全民事行为能力或者在原法定代理终止并确定新的法定代理人后，相应民事主体才知道或者应当知道权利受到损害的，有关请求权诉讼时效期间的计算适用民法典第一百八十八条第二款、本解释第三十六条的规定。
第189条　当事人约定同一债务分期履行的，诉讼时效期间自最后一期履行期限届满之日起计算。	第189条 同《民法典》第189条	（无）	《诉讼时效规定》第4条　未约定履行期限的合同，依照民法典第五百一十条、第五百一十一条的规定，可以确定履行期限的，诉讼

《民法典》	《民法总则》	《民法通则》	相关规范性法律文件
			时效期间从履行期限届满之日起计算;不能确定履行期限的,诉讼时效期间从债权人要求债务人履行义务的宽限期满之日起计算,但债务人在债权人第一次向其主张权利之时明确表示不履行义务的,诉讼时效期间从债务人明确表示不履行义务之日起计算。
第190条 无民事行为能力人或者限制民事行为能力人对其法定代理人的请求权的诉讼时效期间,自该法定代理终止之日起计算。	**第190条** 同《民法典》第190条	(无)	**《总则编解释》第37条** 无民事行为能力人、限制民事行为能力人的权利受到原法定代理人损害,且在取得、恢复完全民事行为能力或者在原法定代理终止并确定新的法定代理人后,相应民事主体才知道或者应当知道权利受到损害的,有关请求权诉讼时效期间的计算适用民法典第一百八十八条第二款、本解释第三十六条的规定。
第191条 未成年人遭受性侵害的损害赔偿请求权的诉讼时效期间,自受害人年满十八周岁之日起计算。	**第191条** 同《民法典》第191条	(无)	**《总则编解释》第36条** 无民事行为能力人或者限制民事行为能力人的权利受到损害的,诉讼时效期间自其法定代理人知道或者应当知道权利受到损害以及义务人之日起计算,但是法律另有规定的除外。
第192条 诉讼时效期间届满的,义务人可以提出不履行义务的抗辩。 诉讼时效期间届满后,义务人同意履行的,不得以诉讼时效期间届满为由抗辩;义务人**已经**自愿履行的,不得请求返还。	**第192条** 诉讼时效期间届满的,义务人可以提出不履行义务的抗辩。 诉讼时效期间届满后,义务人同意履行的,不得以诉讼时效期间届满为由抗辩;义务人已自愿履行的,不得请求返还。	(无)	**《诉讼时效规定》第19条** 诉讼时效届满,当事人一方向对方当事人作出同意履行义务的意思表示或者自愿履行义务后,又以诉讼时效期间届满为由进行抗辩的,人民法院不予支持。 当事人双方就原债务达成新的协议,债权人主张义务人放弃诉讼时效抗辩权的,人民法院应予支持。

《民法典》	《民法总则》	《民法通则》	相关规范性法律文件
			超过诉讼时效期间,贷款人向借款人发出催收到期贷款通知单,债务人在通知单上签字或者盖章,能够认定借款人同意履行诉讼时效期间已经届满的义务的,对于贷款人关于借款人放弃诉讼时效抗辩权的主张,人民法院应予支持。 **《合同编通则解释》第58条** 当事人互负债务,一方以其诉讼时效期间已经届满的债权通知对方主张抵销,对方提出诉讼时效抗辩的,人民法院对该抗辩应予支持。一方的债权诉讼时效期间已经届满,对方主张抵销的,人民法院应予支持。
第193条 人民法院不得主动适用诉讼时效的规定。	**第193条** 同《民法典》第193条	**第138条** 超过诉讼时效期间,当事人自愿履行的,不受诉讼时效限制。	**《诉讼时效规定》第2条** 当事人未提出诉讼时效抗辩,人民法院不应对诉讼时效问题进行释明。 **《诉讼时效规定》第3条** 当事人在一审期间未提出诉讼时效抗辩,在二审期间提出的,人民法院不予支持,但其基于新的证据能够证明对方当事人的请求权已过诉讼时效期间的情形除外。 当事人未按照前款规定提出诉讼时效抗辩,以诉讼时效期间届满为由申请再审或者提出再审抗辩的,人民法院不予支持。
第194条 在诉讼时效期间的最后六个月内,因下列障碍,不能行使请求权的,诉讼时效中止: (一)不可抗力; (二)无民事行为能力人或者限制民事行为能力人没有法定代理人,或者法定代理人死亡、丧失民事行为能力、丧失代理权;	**第194条** 同《民法典》第194条	**第139条** 在诉讼时效期间的最后六个月内,因不可抗力或者其他障碍不能行使请求权的,诉讼时效中止。从中止时效的原因消除之日起,诉讼时效期间继续计算。	

《民法典》	《民法总则》	《民法通则》	相关规范性法律文件
（三）继承开始后未确定继承人或者遗产管理人； （四）权利人被义务人或者其他人控制； （五）其他导致权利人不能行使请求权的障碍。 自中止时效的原因消除之日起满六个月，诉讼时效期间届满。			
第195条 有下列情形之一的，诉讼时效中断，从中断、有关程序终结时起，诉讼时效期间重新计算： （一）权利人向义务人提出履行请求； （二）义务人同意履行义务； （三）权利人提起诉讼或者申请仲裁； （四）与提起诉讼或者申请仲裁具有同等效力的其他情形。	第195条 同《民法典》第195条	第140条 诉讼时效因提起诉讼、当事人一方提出要求或者同意履行义务而中断。从中断时起，诉讼时效期间重新计算。	《诉讼时效规定》第8条 具有下列情形之一的，应当认定为民法典第一百九十五条规定的"权利人向义务人提出履行请求"，产生诉讼时效中断的效力： （一）当事人一方直接向对方当事人送交主张权利文书，对方当事人在文书上签名、盖章、按指印或者虽未签名、盖章、按指印但能够以其他方式证明该文书到达对方当事人的； （二）当事人一方以发送信件或者数据电文方式主张权利，信件或者数据电文到达或者应当到达对方当事人的； （三）当事人一方为金融机构，依照法律规定或者当事人约定从对方当事人账户中扣收欠款本息的； （四）当事人一方下落不明，对方当事人在国家级或者下落不明的当事人一方住所地的省级有影响的媒体上刊登具有主张权利内容的公告的，但法律和司法解释另有特别规定的，适用其规定。 前款第（一）项情形中，对方当事人为法人或者其他组织的，签收人可以是其法定代表人、主要负责人、负责收发信件的部门或者被授权主体；对方当事人为自然人的，签收人可以是自然人本人、同住

《民法典》	《民法总则》	《民法通则》	相关规范性法律文件
			的具有完全行为能力的亲属或者被授权主体。
《诉讼时效规定》第9条　权利人对同一债权中的部分债权主张权利,诉讼时效中断的效力及于剩余债权,但权利人明确表示放弃剩余债权的情形除外。
《诉讼时效规定》第10条　当事人一方向人民法院提交起诉状或者口头起诉的,诉讼时效从提交起诉状或者口头起诉之日起中断。
《诉讼时效规定》第11条　下列事项之一,人民法院应当认定与提起诉讼具有同等诉讼时效中断的效力：
（一）申请支付令；
（二）申请破产、申报破产债权；
（三）为主张权利而申请宣告义务人失踪或死亡；
（四）申请诉前财产保全、诉前临时禁令等诉前措施；
（五）申请强制执行；
（六）申请追加当事人或者被通知参加诉讼；
（七）在诉讼中主张抵销；
（八）其他与提起诉讼具有同等诉讼时效中断效力的事项。
《诉讼时效规定》第12条　权利人向人民调解委员会以及其他依法有权解决相关民事纠纷的国家机关、事业单位、社会团体等社会组织提出保护相应民事权利的请求,诉讼时效从提出请求之日起中断。
《诉讼时效规定》第13条　权利人向公安机关、人民检察院、人民法院报案或者控告,请

《民法典》	《民法总则》	《民法通则》	相关规范性法律文件
			求保护其民事权利的,诉讼时效从其报案或者控告之日起中断。 上述机关决定不立案、撤销案件、不起诉的,诉讼时效期间从权利人知道或者应当知道不立案、撤销案件或者不起诉之日起重新计算;刑事案件进入审理阶段,诉讼时效期间从刑事裁判文书生效之日起重新计算。 《诉讼时效规定》第14条 义务人作出分期履行、部分履行、提供担保、请求延期履行、制定清偿债务计划等承诺或者行为的,应当认定为民法典第一百九十五条规定的"义务人同意履行义务"。 《诉讼时效规定》第15条 对于连带债权人中的一人发生诉讼时效中断效力的事由,应当认定对其他连带债权人也发生诉讼时效中断的效力。 对于连带债务人中的一人发生诉讼时效中断效力的事由,应当认定对其他连带债务人也发生诉讼时效中断的效力。 《诉讼时效规定》第16条 债权人提起代位权诉讼的,应当认定对债权人的债权和债务人的债权均发生诉讼时效中断的效力。 《诉讼时效规定》第17条 债权转让的,应当认定诉讼时效从债权转让通知到达债务人之日起中断。 债务承担情形下,构成原债务人对债务承认的,应当认定诉讼时效从债务承担意思表示到达债权人之日起中断。

《民法典》	《民法总则》	《民法通则》	相关规范性法律文件
			《贯彻实施民法典纪要》第5条第2款 诉讼时效根据民法典第一百九十五条的规定中断后,在新的诉讼时效期间内,再次出现第一百九十五条规定的中断事由,可以认定诉讼时效再次中断。权利人向义务人的代理人、财产代管人或者遗产管理人主张权利的,可以认定诉讼时效中断。 《总则编解释》第38条 诉讼时效依据民法典第一百九十五条的规定中断后,在新的诉讼时效期间内,再次出现第一百九十五条规定的中断事由,可以认定为诉讼时效再次中断。 权利人向义务人的代理人、财产代管人或者遗产管理人等提出履行请求的,可以认定为民法典第一百九十五条规定的诉讼时效中断。
第196条 下列请求权不适用诉讼时效的规定: (一)请求停止侵害、排除妨碍、消除危险; (二)不动产物权和登记的动产物权的权利人请求返还财产; (三)请求支付抚养费、赡养费或者扶养费; (四)依法不适用诉讼时效的其他请求权。	第196条 同《民法典》第196条	(无)	《诉讼时效规定》第1条 当事人可以对债权请求权提出诉讼时效抗辩,但对下列债权请求权提出诉讼时效抗辩的,人民法院不予支持: (一)支付存款本金及利息请求权; (二)兑付国债、金融债券以及向不特定对象发行的企业债券本息请求权; (三)基于投资关系产生的缴付出资请求权; (四)其他依法不适用诉讼时效规定的债权请求权。
第197条 诉讼时效的期间、计算方法以及中止、中断的事由由法律规定,当事人约定无效。 当事人对诉讼时效利益的预先放弃无效。	第197条 同《民法典》第197条	(无)	

《民法典》	《民法总则》	《民法通则》	相关规范性法律文件
第 198 条 法律对仲裁时效有规定的,依照其规定;没有规定的,适用诉讼时效的规定。	第 198 条 同《民法典》第 198 条	(无)	
第 199 条 法律规定或者当事人约定的撤销权、解除权等权利的存续期间,除法律另有规定外,自权利人知道或者应当知道权利产生之日起计算,不适用有关诉讼时效中止、中断和延长的规定。存续期间届满,撤销权、解除权等权利消灭。	第 199 条 同《民法典》第 199 条	(无)	《诉讼时效规定》第 5 条 享有撤销权的当事人一方请求撤销合同的,应适用民法典关于除斥期间的规定。对方当事人对撤销合同请求权提出诉讼时效抗辩的,人民法院不予支持。 合同被撤销,返还财产、赔偿损失请求权的诉讼时效期间从合同被撤销之日起计算。
第十章 期间计算	第十章 期间计算		
第 200 条 民法所称的期间按照公历年、月、日、小时计算。	第 200 条 同《民法典》第 200 条	第 154 条 民法所称的期间按照公历年、月、日、小时计算。 规定按照小时计算期间的,从规定时开始计算。规定按照日、月、年计算期间的,开始的当天不算入,从下一天开始计算。	
第 201 条 按照年、月、日计算期间的,开始的当日不计入,自下一日开始计算。 按照小时计算期间的,自法律规定或者当事人约定的时间开始计算。	第 201 条 同《民法典》第 201 条		
第 202 条 按照年、月计算期间的,到期月的对应日为期间的最后一日;没有对应日的,月末日为期间的最后一日。	第 202 条 同《民法典》第 202 条	期间的最后一天是星期日或者其他法定休假日的,以休假日的次日为期间的最后一天。 期间的最后一天的截止时间为二十四点。有业务时间的,到停止业务活动的时间截止。	
第 203 条 期间的最后一日是法定休假日的,以法定休假日结束的次日为期间的最后一日。 期间的最后一日的截止时间为二十四时;有业务时间的,停止业务活动的时间为截止时间。	第 203 条 同《民法典》第 203 条		
第 204 条 期间的计算方法依照本法的规定,但是法律另有规定或者当事人另有约定的除外。	第 204 条 同《民法典》第 204 条	第 141 条 法律对诉讼时效另有规定的,依照法律规定。	

第二编 物 权

《民法典》	《物权法》	相关规范性法律文件
第二编 物 权		
第一分编 通则	第一编 总则	
第一章 一般规定	第一章 基本原则	
第205条 **本编调整**因物的归属和利用产生的民事关系。	**第2条** 因物的归属和利用而产生的民事关系,适用本法。 本法所称物,包括不动产和动产。法律规定权利作为物权客体的,依照其规定。 本法所称物权,是指权利人依法对特定的物享有直接支配和排他的权利,包括所有权、用益物权和担保物权。	《民法典》第115条 物包括不动产和动产。法律规定权利作为物权客体的,依照其规定。
第206条 国家坚持**和完善**公有制为主体、多种所有制经济共同发展,**按劳分配为主体,多种分配方式并存,社会主义市场经济体制**等社会主义基本经济制度。 国家巩固和发展公有制经济,鼓励、支持和引导非公有制经济的发展。 国家实行社会主义市场经济,保障一切市场主体的平等法律地位和发展权利。	**第3条** 国家在社会主义初级阶段,坚持公有制为主体、多种所有制经济共同发展的基本经济制度。 国家巩固和发展公有制经济,鼓励、支持和引导非公有制经济的发展。 国家实行社会主义市场经济,保障一切市场主体的平等法律地位和发展权利。	
第207条 国家、集体、私人的物权和其他权利人的物权受法律**平等保护**,任何组织或者个人不得侵犯。	**第4条** 国家、集体、私人的物权和其他权利人的物权受法律保护,任何单位和个人不得侵犯。	
第208条 不动产物权的设立、变更、转让和消灭,应当依照法律规定登记。动产物权的设立和转让,应当依照法律规定交付。	**第6条** 同《民法典》第208条	
第二章 物权的设立、变更、转让和消灭	第二章 物权的设立、变更、转让和消灭	
第一节 不动产登记	第一节 不动产登记	
第209条 不动产物权的设立、变更、转让和消灭,经依法登记,发生效力;未经登记,不发生效力,但是法律另有规定的除外。 依法属于国家所有的自然资源,所有权可以不登记。	**第9条** 不动产物权的设立、变更、转让和消灭,经依法登记,发生效力;未经登记,不发生效力,但法律另有规定的除外。 依法属于国家所有的自然资源,所有权可以不登记。	

《民法典》	《物权法》	相关规范性法律文件
第 210 条 不动产登记,由不动产所在地的登记机构办理。 国家对不动产实行统一登记制度。统一登记的范围、登记机构和登记办法,由法律、行政法规规定。	**第 10 条** 同《民法典》第 210 条	**《不动产登记暂行条例》第 4 条第 1 款** 国家实行不动产统一登记制度。 **《不动产登记暂行条例》第 7 条** 不动产登记由不动产所在地的县级人民政府不动产登记机构办理;直辖市、设区的市人民政府可以确定本级不动产登记机构统一办理所属各区的不动产登记。 跨县级行政区域的不动产登记,由所跨县级行政区域的不动产登记机构分别办理。不能分别办理的,由所跨县级行政区域的不动产登记机构协商办理;协商不成的,由共同的上一级人民政府不动产登记主管部门指定办理。 国务院确定的重点国有林区的森林、林木和林地,国务院批准项目用海、用岛,中央国家机关使用的国有土地等不动产登记,由国务院国土资源主管部门会同有关部门规定。
第 211 条 当事人申请登记,应当根据不同登记事项提供权属证明和不动产界址、面积等必要材料。	**第 11 条** 同《民法典》第 211 条	**《不动产登记暂行条例》第 16 条** 申请人应当提交下列材料,并对申请材料的真实性负责: (一)登记申请书; (二)申请人、代理人身份证明材料、授权委托书; (三)相关的不动产权属来源证明材料、登记原因证明文件、不动产权属证书; (四)不动产界址、空间界限、面积等材料; (五)与他人利害关系的说明材料; (六)法律、行政法规以及本条例实施细则规定的其他材料。 不动产登记机构应当在办公场所和门户网站公开申请登记所需材料目录和示范文本等信息。
第 212 条 登记机构应当履行下列职责: (一)查验申请人提供的权属证明和其他必要材料; (二)就有关登记事项询问申请人; (三)如实、及时登记有关事项; (四)法律、行政法规规定的其他职责。 申请登记的不动产的有关情况需要进一步证明的,登记机构可以要求申请人补充材料,必要时可以实地查看。	**第 12 条** 同《民法典》第 212 条	

《民法典》	《物权法》	相关规范性法律文件
第213条 登记机构不得有下列行为： （一）要求对不动产进行评估； （二）以年检等名义进行重复登记； （三）超出登记职责范围的其他行为。	**第13条** 同《民法典》第213条	**《不动产登记暂行条例》第30条** 不动产登记机构工作人员进行虚假登记，损毁、伪造不动产登记簿，擅自修改登记事项，或者有其他滥用职权、玩忽职守行为的，依法给予处分；给他人造成损害的，依法承担赔偿责任；构成犯罪的，依法追究刑事责任。
第214条 不动产物权的设立、变更、转让和消灭，依照法律规定应当登记的，自记载于不动产登记簿时发生效力。	**第14条** 同《民法典》第214条	
第215条 当事人之间订立有关设立、变更、转让和消灭不动产物权的合同，除法律另有规定或者**当事人**另有约定外，自合同成立时生效；未办理物权登记的，不影响合同效力。	**第15条** 当事人之间订立有关设立、变更、转让和消灭不动产物权的合同，除法律另有规定或者合同另有约定外，自合同成立时生效；未办理物权登记的，不影响合同效力。	
第216条 不动产登记簿是物权归属和内容的根据。 不动产登记簿由登记机构管理。	**第16条** 不动产登记簿是物权归属和内容的根据。不动产登记簿由登记机构管理。	
第217条 不动产权属证书是权利人享有该不动产物权的证明。不动产权属证书记载的事项，应当与不动产登记簿一致；记载不一致的，除有证据证明不动产登记簿确有错误外，以不动产登记簿为准。	**第17条** 同《民法典》第217条	**《不动产登记暂行条例实施细则》第20条** 不动产登记机构应当根据不动产登记簿，填写并核发不动产权属证书或者不动产登记证明。 除办理抵押权登记、地役权登记和预告登记、异议登记，向申请人核发不动产登记证明外，不动产登记机构应当依法向权利人核发不动产权属证书。 **《物权编解释（一）》第2条** 当事人有证据证明不动产登记簿的记载与真实权利状态不符，其为该不动产物权的真实权利人，请求确认其享有物权的，应予支持。
第218条 权利人、利害关系人可以申请查询、复制**不动产**登记资料，登记机构应当提供。	**第18条** 权利人、利害关系人可以申请查询、复制登记资料，登记机构应当提供。	**《不动产登记暂行条例》第27条** 权利人、利害关系人可以依法查询、复制不动产登记资料，不动产登记机构应当提供。 有关国家机关可以依照法律、行政法规的规定查询、复制与调查处理事项有关的不动产登记资料。
第219条 利害关系人不得公开、非法使用权利人的不动产登记资料。	（无）	**《不动产登记暂行条例》第28条** 查询不动产登记资料的单位、个人应当向不动产登记机构说明查询目的，不得将查询获得的不动产登记资料用于其他目的；未经权利人同意，不得泄露查询获得的不动产登记资料。

《民法典》	《物权法》	相关规范性法律文件
第 220 条 权利人、利害关系人认为不动产登记簿记载的事项错误的，可以申请更正登记。不动产登记簿记载的权利人书面同意更正或者有证据证明登记确有错误的，登记机构应当予以更正。 　　不动产登记簿记载的权利人不同意更正的，利害关系人可以申请异议登记。登记机构予以异议登记，申请人自异议登记之日起十五日内**不提起诉讼的**，异议登记失效。异议登记不当，造成权利人损害的，权利人可以向申请人请求损害赔偿。	**第 19 条** 权利人、利害关系人认为不动产登记簿记载的事项错误的，可以申请更正登记。不动产登记簿记载的权利人书面同意更正或者有证据证明登记确有错误的，登记机构应当予以更正。 　　不动产登记簿记载的权利人不同意更正的，利害关系人可以申请异议登记。登记机构予以异议登记的，申请人在异议登记之日起十五日内不起诉，异议登记失效。异议登记不当，造成权利人损害的，权利人可以向申请人请求损害赔偿。	《**不动产登记暂行条例实施细则**》**第 79 条** 权利人、利害关系人认为不动产登记簿记载的事项有错误的，可以申请更正登记。 　　权利人申请更正登记的，应当提交下列材料： 　　（一）不动产权属证书； 　　（二）证实登记确有错误的材料； 　　（三）其他必要材料。 　　利害关系人申请更正登记的，应当提交利害关系人材料、证实不动产登记簿记载错误的材料以及其他必要材料。 　　《**不动产登记暂行条例实施细则**》**第 82 条** 利害关系人认为不动产登记簿记载的事项错误，权利人不同意更正的，利害关系人可以申请异议登记。 　　利害关系人申请异议登记的，应当提交下列材料： 　　（一）证实对登记的不动产权利有利害关系的材料； 　　（二）证实不动产登记簿记载的事项错误的材料； 　　（三）其他必要材料。 　　《**物权编解释（一）**》**第 3 条** 异议登记因民法典第二百二十条第二款规定的事由失效后，当事人提起民事诉讼，请求确认物权归属的，应当依法受理。异议登记失效不影响人民法院对案件的实体审理。
第 221 条 当事人签订买卖房屋**的协议**或者**签订**其他不动产物权的协议，为保障将来实现物权，按照约定可以向登记机构申请预告登记。预告登记后，未经预告登记的权利人同意，处分该不动产的，不发生物权效力。 　　预告登记后，债权消灭或者自能够进行不动产登记之日起**九十日**内未申请登记的，预告登记失效。	**第 20 条** 当事人签订买卖房屋或者其他不动产物权的协议，为保障将来实现物权，按照约定可以向登记机构申请预告登记。预告登记后，未经预告登记的权利人同意，处分该不动产的，不发生物权效力。 　　预告登记后，债权消灭或者自能够进行不动产登记之日起三个月内未申请登记的，预告登记失效。	《**不动产登记暂行条例实施细则**》**第 85 条** 有下列情形之一的，当事人可以按照约定申请不动产预告登记： 　　（一）商品房等不动产预售的； 　　（二）不动产买卖、抵押的； 　　（三）以预购商品房设定抵押权的； 　　（四）法律、行政法规规定的其他情形。 　　预告登记生效期间，未经预告登记的权利人书面同意，处分该不动产权利申请登记的，不动产登记机构应当不予办理。 　　预告登记后，债权未消灭且自能够进行相应的不动产登记之日起 3 个月内，当事人申请不动产登记的，不动产登记机构应当按照预告登记事项办理相应的登记。 　　《**物权编解释（一）**》**第 4 条** 未经预告登记的权利人同意，转让不动产所有权等物权，或者设立建设用地使用权、居住权、地役权、抵押权等其他物权的，应当依

《民法典》	《物权法》	相关规范性法律文件
		照民法典第二百二十一条第一款的规定,认定其不发生物权效力。
《物权编解释(一)》第5条 预告登记的买卖不动产物权的协议被认定无效、被撤销,或者预告登记的权利人放弃债权的,应当认定为民法典第二百二十一条第二款所称的"债权消灭"。
《担保制度解释》第52条 当事人办理抵押预告登记后,预告登记权利人请求就抵押财产优先受偿,经审查存在尚未办理建筑物所有权首次登记、预告登记的财产与办理建筑物所有权首次登记时的财产不一致、抵押预告登记已经失效等情形,导致不具备办理抵押登记条件的,人民法院不予支持;经审查已经办理建筑物所有权首次登记,且不存在预告登记失效等情形的,人民法院应予支持,并应当认定抵押权自预告登记之日起设立。
当事人办理了抵押预告登记,抵押人破产,经审查抵押财产属于破产财产,预告登记权利人主张就抵押财产优先受偿的,人民法院应当在受理破产申请时抵押财产的价值范围内予以支持,但是在人民法院受理破产申请前一年内,债务人对没有财产担保的债务设立抵押预告登记的除外。
《执行异议与复议规定》第30条
金钱债权执行中,对被查封的办理了受让物权预告登记的不动产,受让人提出停止处分异议的,人民法院应予支持;符合物权登记条件,受让人提出排除执行异议的,应予支持。
第222条 当事人提供虚假材料申请登记,**造成他人损害的**,应当承担赔偿责任。
因登记错误,**造成他人损害**的,登记机构应当承担赔偿责任。登记机构赔偿后,可以向造成登记错误的人追偿。	第21条 当事人提供虚假材料申请登记,给他人造成损害的,应当承担赔偿责任。
因登记错误,给他人造成损害的,登记机构应当承担赔偿责任。登记机构赔偿后,可以向造成登记错误的人追偿。	《不动产登记暂行条例》第29条
不动产登记机构登记错误给他人造成损害,或者当事人提供虚假材料申请登记给他人造成损害的,依照《中华人民共和国物权法》的规定承担赔偿责任。
《担保制度解释》第48条 当事人申请办理抵押登记手续时,因登记机构的过错致使其不能办理抵押登记,当事人请求登记机构承担赔偿责任的,人民法院依法予以支持。
第223条 不动产登记费按件收取,不得按照不动产的面积、体积或者价款的比例收取。	第22条 不动产登记费按件收取,不得按照不动产的面积、体积或者价款的比例收取。**具体收费标准由国务院有关部门会同价格主管部门规定。**	

《民法典》	《物权法》	相关规范性法律文件
第二节 动产交付	第二节 动产交付	
第 224 条 动产物权的设立和转让,自交付时发生效力,但**是**法律另有规定的除外。	**第 23 条** 动产物权的设立和转让,自交付时发生效力,但法律另有规定的除外。	
第 225 条 船舶、航空器和机动车**等的物权**的设立、变更、转让和消灭,未经登记,不得对抗善意第三人。	**第 24 条** 船舶、航空器和机动车等物权的设立、变更、转让和消灭,未经登记,不得对抗善意第三人。	《物权编解释(一)》**第 6 条** 转让人转让船舶、航空器和机动车等所有权,受让人已经支付合理价款并取得占有,虽未经登记,但转让人的债权人主张其为民法典第二百二十五条所称的"善意第三人"的,不予支持,法律另有规定的除外。 《物权编解释(一)》**第 19 条** 转让人将民法典第二百二十五条规定的船舶、航空器和机动车等交付给受让人的,应当认定符合民法典第三百一十一条第一款第三项规定的善意取得的条件。
第 226 条 动产物权设立和转让前,权利人已经占有该动产的,物权自**民事**法律行为生效时发生效力。	**第 25 条** 动产物权设立和转让前,权利人已经**依法**占有该动产的,物权自法律行为生效时发生效力。	《物权编解释(一)》**第 17 条第 2 款** 当事人以民法典第二百二十六条规定的方式交付动产的,转让动产民事法律行为生效时为动产交付之时;当事人以民法典第二百二十七条规定的方式交付动产的,转让人与受让人之间有关转让返还原物请求权的协议生效时为动产交付之时。
第 227 条 动产物权设立和转让前,**第三人占有**该动产的,负有交付义务的人可以通过转让请求第三人返还原物的权利代替交付。	**第 26 条** 动产物权设立和转让前,第三人**依法**占有该动产的,负有交付义务的人可以通过转让请求第三人返还原物的权利代替交付。	《物权编解释(一)》**第 17 条第 2 款** 当事人以民法典第二百二十六条规定的方式交付动产的,转让动产民事法律行为生效时为动产交付之时;当事人以民法典第二百二十七条规定的方式交付动产的,转让人与受让人之间有关转让返还原物请求权的协议生效时为动产交付之时。
第 228 条 动产物权转让时,**当事人**约定由出让人继续占有该动产的,物权自该约定生效时发生效力。	**第 27 条** 动产物权转让时,双方约定由出让人继续占有该动产的,物权自该约定生效时发生效力。	
第三节 其他规定	第三节 其他规定	
第 229 条 因人民法院、**仲裁机构**的法律文书或者人民政府的征收决定等,导致物权设立、变更、转让或者消灭的,自法律文书或者**征收决定**等生效时发生效力。	**第 28 条** 因人民法院、仲裁委员会的法律文书或者人民政府的征收决定等,导致物权设立、变更、转让或者消灭的,自法律文书或者人民政府的征收决定等生效时发生效力。	《物权编解释(一)》**第 7 条** 人民法院、仲裁机构在分割共有不动产或者动产等案件中作出并依法生效的改变原有物权关系的判决书、裁决书、调解书,以及人民法院在执行程序中作出的拍卖成交裁定书、变卖成交裁定书、以物抵债裁定书,应当认定为民法典第二百二十九条所称导致物权设立、变更、转让或者消灭的人民法院、仲裁机构的法律文书。

《民法典》	《物权法》	相关规范性法律文件
		《物权编解释（一）》第8条　依据民法典第二百二十九条至第二百三十一条规定享有物权，但尚未完成动产交付或者不动产登记的权利人，依据民法典第二百三十五条至第二百三十八条的规定，请求保护其物权的，应予支持。
第230条　因继承取得物权的，自继承开始时发生效力。	第29条　因继承或者受遗赠取得物权的，自继承或者受遗赠开始时发生效力。	《物权编解释（一）》第8条　依据民法典第二百二十九条至第二百三十一条规定享有物权，但尚未完成动产交付或者不动产登记的权利人，依据民法典第二百三十五条至第二百三十八条的规定，请求保护其物权的，应予支持。
第231条　因合法建造、拆除房屋等事实行为设立或者消灭物权的，自事实行为成就时发生效力。	第30条 同《民法典》第231条	《物权编解释（一）》第8条　依据民法典第二百二十九条至第二百三十一条规定享有物权，但尚未完成动产交付或者不动产登记的权利人，依据民法典第二百三十五条至第二百三十八条的规定，请求保护其物权的，应予支持。
第232条　处分依照本节规定享有的不动产物权，依照法律规定需要办理登记的，未经登记，不发生物权效力。	第31条　依照本法第二十八条至第三十条规定享有不动产物权的，处分该物权时，依照法律规定需要办理登记的，未经登记，不发生物权效力。	
第三章　物权的保护	第三章　物权的保护	
第233条　物权受到侵害的，权利人可以通过和解、调解、仲裁、诉讼等途径解决。	第32条 同《民法典》第233条	
第234条　因物权的归属、内容发生争议的，利害关系人可以请求确认权利。	第33条 同《民法典》第234条	
第235条　无权占有不动产或者动产的，权利人可以请求返还原物。	第34条 同《民法典》第235条	《物权编解释（一）》第8条　依据民法典第二百二十九条至第二百三十一条规定享有物权，但尚未完成动产交付或者不动产登记的权利人，依据民法典第二百三十五条至第二百三十八条的规定，请求保护其物权的，应予支持。
第236条　妨害物权或者可能妨害物权的，权利人可以请求排除妨害或者消除危险。	第35条 同《民法典》第236条	《物权编解释（一）》第8条　依据民法典第二百二十九条至第二百三十一条规定享有物权，但尚未完成动产交付或者不动产登记的权利人，依据民法典第二百三十五条至第二百三十八条的规定，请求保护其物权的，应予支持。
第237条　造成不动产或者动产毁损的，权利人可以**依法**请求修理、重作、更换或者恢复原状。	第36条　造成不动产或者动产毁损的，权利人可以请求修理、重作、更换或者恢复原状。	《物权编解释（一）》第8条　依据民法典第二百二十九条至第二百三十一条规定享有物权，但尚未完成动产交付或者不动产

《民法典》	《物权法》	相关规范性法律文件
		登记的权利人,依据民法典第二百三十五条至第二百三十八条的规定,请求保护其物权的,应予支持。
第238条 侵害物权,造成权利人损害的,权利人可以**依法**请求损害赔偿,也可以**依法**请求承担其他民事责任。	**第37条** 侵害物权,造成权利人损害的,权利人可以请求损害赔偿,也可以请求承担其他民事责任。	**《物权编解释（一）》第8条** 依据民法典第二百二十九条至第二百三十一条规定享有物权,但尚未完成动产交付或者不动产登记的权利人,依据民法典第二百三十五条至第二百三十八条的规定,请求保护其物权的,应予支持。 **《著作权纠纷解释》第23条** 出版者将著作权人交付出版的作品丢失、毁损致使出版合同不能履行的,著作权人有权依据民法典第一百八十六条、第二百三十八条、第一千一百八十四条等规定要求出版者承担相应的民事责任。
第239条 本章规定的物权保护方式,可以单独适用,也可以根据权利被侵害的情形合并适用。	**第38条** 本章规定的物权保护方式,可以单独适用,也可以根据权利被侵害的情形合并适用。**侵害物权,除承担民事责任外,违反行政管理规定的,依法承担行政责任;构成犯罪的,依法追究刑事责任。**	
第二分编　所有权	第二编　所有权	
第四章　一般规定	第四章　一般规定	
第240条 所有权人对自己的不动产或者动产,依法享有占有、使用、收益和处分的权利。	**第39条** 同《民法典》第240条	
第241条 所有权人有权在自己的不动产或者动产上设立用益物权和担保物权。用益物权人、担保物权人行使权利,不得损害所有权人的权益。	**第40条** 同《民法典》第241条	
第242条 法律规定专属于国家所有的不动产和动产,任何**组织或者**个人不能取得所有权。	**第41条** 法律规定专属于国家所有的不动产和动产,任何单位和个人不能取得所有权。	
第243条 为了公共利益的需要,依照法律规定的权限和程序可以征收集体所有的土地和组织、个人的房屋**以及**其他不动产。 征收集体所有的土地,应依**法及时**足额支付土地补偿费、安置补助费**以及农村村民住宅、其他地上附着物和青苗等的补偿费用**,并安排被征地农民的社会保障费用,保障被征地农民的生活,维护被征地农民的合法权益。	**第42条** 为了公共利益的需要,依照法律规定的权限和程序可以征收集体所有的土地和单位、个人的房屋及其他不动产。 征收集体所有的土地,应当依法足额支付土地补偿费、安置补助费、地上附着物和青苗的补偿费等费用,安排被征地农民的社会保障费用,保障被征地农民的生活,维护被征地农民的合法权益。	

《民法典》	《物权法》	相关规范性法律文件
征收**组织**、个人的房屋**以及其**他不动产,应当依法给予**征收**补偿,维护被征收人的合法权益;征收个人住宅的,还应当保障被征收人的居住条件。 任何**组织或者**个人不得贪污、挪用、私分、截留、拖欠征收补偿费等费用。	征收单位、个人的房屋及其他不动产,应当依法给予拆迁补偿,维护被征收人的合法权益;征收个人住宅的,还应当保障被征收人的居住条件。 任何单位和个人不得贪污、挪用、私分、截留、拖欠征收补偿费等费用。	**《土地管理法》第2条第4款** 国家为了公共利益的需要,可以依法对土地实行征收或者征用并给予补偿。 **《国有土地上房屋征收与补偿条例》第2条** 为了公共利益的需要,征收国有土地上单位、个人的房屋,应当对被征收房屋所有权人(以下称被征收人)给予公平补偿。
第244条 国家对耕地实行特殊保护,严格限制农用地转为建设用地,控制建设用地总量。不得违反法律规定的权限和程序征收集体所有的土地。	**第43条** 同《民法典》第244条	**《土地管理法》第3条** 十分珍惜、合理利用土地和切实保护耕地是我国的基本国策。各级人民政府应当采取措施,全面规划,严格管理,保护、开发土地资源,制止非法占用土地的行为。 **《土地管理法》第23条第1款** 各级人民政府应当加强土地利用计划管理,实行建设用地总量控制。 **《土地管理法》第30条第1款** 国家保护耕地,严格控制耕地转为非耕地。
第245条 因抢险、**疫情防控**等紧急需要,依照法律规定的权限和程序可以征用**组织**、个人的不动产或者动产。被征用的不动产或者动产使用后,应当返还被征用人。**组织**、个人的不动产或者动产被征用或者征用后毁损、灭失的,应当给予补偿。	**第44条** 因抢险、救灾等紧急需要,依照法律规定的权限和程序可以征用单位、个人的不动产或者动产。被征用的不动产或者动产使用后,应当返还被征用人。单位、个人的不动产或者动产被征用或者征用后毁损、灭失的,应当给予补偿。	
第五章 国家所有权和集体所有权、私人所有权	**第五章 国家所有权和集体所有权、私人所有权**	
第246条 法律规定属于国家所有的财产,属于国家所有即全民所有。 国有财产由国务院代表国家行使所有权。法律另有规定的,依照其规定。	**第45条** 法律规定属于国家所有的财产,属于国家所有即全民所有。 国有财产由国务院代表国家行使所有权;法律另有规定的,依照其规定。	
第247条 矿藏、水流、海域属于国家所有。	**第46条** 同《民法典》第247条	
第248条 无居民海岛属于国家所有,国务院代表国家行使无居民海岛所有权。	(无)	**《海岛保护法》第4条** 无居民海岛属于国家所有,国务院代表国家行使无居民海岛所有权。
第249条 城市的土地,属于国家所有。法律规定属于国家所有的农村和城市郊区的土地,属于国家所有。	**第47条** 同《民法典》第249条	
第250条 森林、山岭、草原、荒地、滩涂等自然资源,属于国家所有,**但是**法律规定属于集体所有的除外。	**第48条** 森林、山岭、草原、荒地、滩涂等自然资源,属于国家所有,但法律规定属于集体所有的除外。	

《民法典》	《物权法》	相关规范性法律文件
第251条 法律规定属于国家所有的野生动植物资源,属于国家所有。	第49条 同《民法典》第251条	
第252条 无线电频谱资源属于国家所有。	第50条 同《民法典》第252条	
第253条 法律规定属于国家所有的文物,属于国家所有。	第51条 同《民法典》第253条	
第254条 国防资产属于国家所有。 铁路、公路、电力设施、电信设施和油气管道等基础设施,依照法律规定为国家所有的,属于国家所有。	第52条 同《民法典》第254条	
第255条 国家机关对其直接支配的不动产和动产,享有占有、使用以及依照法律和国务院的有关规定处分的权利。	第53条 同《民法典》第255条	
第256条 国家举办的事业单位对其直接支配的不动产和动产,享有占有、使用以及依照法律和国务院的有关规定收益、处分的权利。	第54条 同《民法典》第256条	
第257条 国家出资的企业,由国务院、地方人民政府依照法律、行政法规规定分别代表国家履行出资人职责,享有出资人权益。	第55条 同《民法典》第257条	
第258条 国家所有的财产受法律保护,禁止任何**组织或者**个人侵占、哄抢、私分、截留、破坏。	第56条 国家所有的财产受法律保护,禁止任何单位和个人侵占、哄抢、私分、截留、破坏。	
第259条 履行国有财产管理、监督职责的机构及其工作人员,应当依法加强对国有财产的管理、监督,促进国有财产保值增值,防止国有财产损失;滥用职权、玩忽职守,造成国有财产损失的,应当依法承担法律责任。 违反国有财产管理规定,在企业改制、合并分立、关联交易等过程中,低价转让、合谋私分、擅自担保或者以其他方式造成国有财产损失的,应当依法承担法律责任。	第57条 同《民法典》第259条	
第260条 集体所有的不动产和动产包括: (一)法律规定属于集体所有的土地和森林、山岭、草原、荒地、滩涂; (二)集体所有的建筑物、生产设施、农田水利设施; (三)集体所有的教育、科学、文化、卫生、体育等设施; (四)集体所有的其他不动产和动产。	第58条 同《民法典》第260条	

《民法典》	《物权法》	相关规范性法律文件
第261条 农民集体所有的不动产和动产,属于**本**集体成员集体所有。 下列事项应当依照法定程序经本集体成员决定: (一)土地承包方案以及将土地发包给本集体以外的**组织**或者个人承包; (二)个别土地承包经营权人之间承包地的调整; (三)土地补偿**等**费用的使用、分配办法; (四)集体出资的企业的所有权变动等事项; (五)法律规定的其他事项。	**第59条** 农民集体所有的不动产和动产,属于本集体成员集体所有。 下列事项应当依照法定程序经本集体成员决定: (一)土地承包方案以及将土地发包给本集体以外的单位或者个人承包; (二)个别土地承包经营权人之间承包地的调整; (三)土地补偿费等费用的使用、分配办法; (四)集体出资的企业的所有权变动等事项; (五)法律规定的其他事项。	
第262条 对于集体所有的土地和森林、山岭、草原、荒地、滩涂等,依照下列规定行使所有权: (一)属于村农民集体所有的,由村集体经济组织或者村民委员会**依法**代表集体行使所有权; (二)分别属于村内两个以上农民集体所有的,由村内各该集体经济组织或者村民小组**依法**代表集体行使所有权; (三)属于乡镇农民集体所有的,由乡镇集体经济组织代表集体行使所有权。	**第60条** 对于集体所有的土地和森林、山岭、草原、荒地、滩涂等,依照下列规定行使所有权: (一)属于村农民集体所有的,由村集体经济组织或者村民委员会代表集体行使所有权; (二)分别属于村内两个以上农民集体所有的,由村内各该集体经济组织或者村民小组代表集体行使所有权; (三)属于乡镇农民集体所有的,由乡镇集体经济组织代表集体行使所有权。	
第263条 城镇集体所有的不动产和动产,依照法律、行政法规的规定由本集体享有占有、使用、收益和处分的权利。	**第61条** 同《民法典》第263条	
第264条 **农村**集体经济组织或者村民委员会、村民小组应当依照法律、行政法规以及章程、村规民约向本集体成员公布集体财产的状况。**集体成员有权查阅、复制相关资料。**	**第62条** 集体经济组织或者村民委员会、村民小组应当依照法律、行政法规以及章程、村规民约向本集体成员公布集体财产的状况。	
第265条 集体所有的财产受法律保护,禁止任何**组织或者**个人侵占、哄抢、私分、破坏。 **农村**集体经济组织、村民委员会或者其负责人作出的决定侵害集体成员合法权益的,受侵害的集体成员可以请求人民法院予以撤销。	**第63条** 集体所有的财产受法律保护,禁止任何单位和个人侵占、哄抢、私分、破坏。 集体经济组织、村民委员会或者其负责人作出的决定侵害集体成员合法权益的,受侵害的集体成员可以请求人民法院予以撤销。	
第266条 私人对其合法的收入、房屋、生活用品、生产工具、原材料等不动产和动产享有所有权。	**第64条** 同《民法典》第266条	

《民法典》	《物权法》	相关规范性法律文件
第267条 私人的合法财产受法律保护,禁止任何**组织**或者个人侵占、哄抢、破坏。	第66条 私人的合法财产受法律保护,禁止任何单位和个人侵占、哄抢、破坏。	
第268条 国家、集体和私人依法可以出资设立有限责任公司、股份有限公司或者其他企业。国家、集体和私人所有的不动产或者动产投到企业的,由出资人按照约定或者出资比例享有资产收益、重大决策以及选择经营管理者等权利并履行义务。	第67条 国家、集体和私人依法可以出资设立有限责任公司、股份有限公司或者其他企业。国家、集体和私人所有的不动产或者动产投到企业的,由出资人按照约定或者出资比例享有资产收益、重大决策以及选择经营管理者等权利并履行义务。	
第269条 **营利法人**对其不动产和动产依照法律、行政法规以及章程享有占有、使用、收益和处分的权利。 **营利法人**以外的法人,对其不动产和动产的权利,适用有关法律、行政法规以及章程的规定。	第68条 企业法人对其不动产和动产依照法律、行政法规以及章程享有占有、使用、收益和处分的权利。 企业法人以外的法人,对其不动产和动产的权利,适用有关法律、行政法规以及章程的规定。	
第270条 **社会团体法人、捐助法人**依法所有的不动产和动产,受法律保护。	第69条 社会团体依法所有的不动产和动产,受法律保护。	
第六章 业主的建筑物区分所有权	**第六章 业主的建筑物区分所有权**	
第271条 业主对建筑物内的住宅、经营性用房等专有部分享有所有权,对专有部分以外的共有部分享有共有和共同管理的权利。	第70条 同《民法典》第271条	《建筑物区分所有权纠纷解释》**第1条** 依法登记取得或者依据民法典第二百二十九条至第二百三十一条规定取得建筑物专有部分所有权的人,应当认定为民法典第二编第六章所称的业主。 基于与建设单位之间的商品房买卖民事法律行为,已经合法占有建筑物专有部分,但尚未依法办理所有权登记的人,可以认定为民法典第二编第六章所称的业主。 《建筑物区分所有权纠纷解释》**第2条** 建筑区划内符合下列条件的房屋,以及车位、摊位等特定空间,应当认定为民法典第二编第六章所称的专有部分: (一)具有构造上的独立性,能够明确区分; (二)具有利用上的独立性,可以排他使用; (三)能够登记成为特定业主所有权的客体。 规划上专属于特定房屋,且建设单位销售时已经根据规划列入该特定房屋买卖合同中的露台等,应当认定为前款所称的专有部分的组成部分。

《民法典》	《物权法》	相关规范性法律文件
		本条第一款所称房屋,包括整栋建筑物。 《建筑物区分所有权纠纷解释》 **第3条** 除法律、行政法规规定的共有部分外,建筑区划内的以下部分,也应当认定为民法典第二编第六章所称的共有部分: (一)建筑物的基础、承重结构、外墙、屋顶等基本结构部分,通道、楼梯、大堂等公共通行部分,消防、公共照明等附属设施、设备,避难层、设备层或者设备间等结构部分; (二)其他不属于业主专有部分,也不属于市政公用部分或者其他权利人所有的场所及设施等。 建筑区划内的土地,依法由业主共同享有建设用地使用权,但属于业主专有的整栋建筑物的规划占地或者城镇公共道路、绿地占地除外。
第272条 业主对其建筑物专有部分享有占有、使用、收益和处分的权利。业主行使权利不得危及建筑物的安全,不得损害其他业主的合法权益。	**第71条** 同《民法典》第272条	《建筑物区分所有权纠纷解释》 **第4条** 业主基于对住宅、经营性用房等专有部分特定使用功能的合理需要,无偿利用屋顶以及与其专有部分相对应的外墙面等共有部分的,不应认定为侵权。但违反法律、法规、管理规约,损害他人合法权益的除外。
第273条 业主对建筑物专有部分以外的共有部分,享有权利,承担义务;不得以放弃权利**为由**不履行义务。 业主转让建筑物内的住宅、经营性用房,其对共有部分享有的共有和共同管理的权利一并转让。	**第72条** 业主对建筑物专有部分以外的共有部分,享有权利,承担义务;不得以放弃权利不履行义务。 业主转让建筑物内的住宅、经营性用房,其对共有部分享有的共有和共同管理的权利一并转让。	
第274条 建筑区划内的道路,属于业主共有,但**是**属于城镇公共道路的除外。建筑区划内的绿地,属于业主共有,但**是**属于城镇公共绿地或者明示属于个人的除外。建筑区划内的其他公共场所、公用设施和物业服务用房,属于业主共有。	**第73条** 建筑区划内的道路,属于业主共有,但属于城镇公共道路的除外。建筑区划内的绿地,属于业主共有,但属于城镇公共绿地或者明示属于个人的除外。建筑区划内的其他公共场所、公用设施和物业服务用房,属于业主共有。	
第275条 建筑区划内,规划用于停放汽车的车位、车库的归属,由当事人通过出售、附赠或者出租等方式约定。 占用业主共有的道路或者其他场地用于停放汽车的车位,属于业主共有。	**第74条第2款、第3款** 同《民法典》第275条	《建筑物区分所有权纠纷解释》 **第6条** 建筑区划内在规划用于停放汽车的车位之外,占用业主共有道路或者其他场地增设的车位,应当认定为民法典第二百七十五条第二款所称的车位。

《民法典》	《物权法》	相关规范性法律文件
第276条 建筑区划内，规划用于停放汽车的车位、车库应当首先满足业主的需要。	第74条第1款 同《民法典》第276条	《建筑物区分所有权纠纷解释》第5条 建设单位按照配置比例将车位、车库，以出售、附赠或者出租等方式处分给业主的，应当认定其行为符合民法典第二百七十六条有关"应当首先满足业主的需要"的规定。前款所称配置比例是指规划确定的建筑区划内规划用于停放汽车的车位、车库与房屋套数的比例。
第277条 业主可以设立业主大会，选举业主委员会。**业主大会、业主委员会成立的具体条件和程序，依照法律、法规的规定。** 地方人民政府有关部门、**居民委员会**应当对设立业主大会和选举业主委员会给予指导和协助。	第75条 业主可以设立业主大会，选举业主委员会。 地方人民政府有关部门应当对设立业主大会和选举业主委员会给予指导和协助。	《物业管理条例》第8条 物业管理区域内全体业主组成业主大会。 业主大会应当代表和维护物业管理区域内全体业主在物业管理活动中的合法权益。 《物业管理条例》第9条 一个物业管理区域成立一个业主大会。物业管理区域的划分应当考虑物业的共用设施设备、建筑物规模、社区建设等因素。具体办法由省、自治区、直辖市制定。
第278条 下列事项由业主共同决定： （一）制定和修改业主大会议事规则； （二）制定和修改管理规约； （三）选举业主委员会或者更换业主委员会成员； （四）选聘和解聘物业服务企业或者其他管理人； （五）使用建筑物及其附属设施的维修资金； （六）筹集建筑物及其附属设施的维修资金； （七）改建、重建建筑物及其附属设施； （八）改变共有部分的用途或者利用共有部分从事经营活动； （九）有关共有和共同管理权利的其他重大事项。 业主共同决定事项，应当由专有部分面积占比三分之二以上的业主且人数占比三分之二以上的业主参与表决。决定前款第六项至第八项规定的事项，应当经参与表决专有部分面积四分之三以上的业主且参与表决人数四分之三以上的业主同意。决定前款其他事项，应当经参与表决专有部分面积过半数的业主且参与表决人数过半数的业主同意。	第76条 下列事项由业主共同决定： （一）制定和修改业主大会议事规则； （二）制定和修改**建筑物及其附属设施**的管理规约； （三）选举业主委员会或者更换业主委员会成员； （四）选聘和解聘物业服务企业或者其他管理人； （五）筹集和使用建筑物及其附属设施的维修资金； （六）改建、重建建筑物及其附属设施； （七）有关共有和共同管理权利的其他重大事项。 **决定前款第五项和第六项规定的事项，应当经专有部分占建筑物总面积三分之二以上的业主且占总人数三分之二以上的业主同意。决定前款其他事项，应当经专有部分占建筑物总面积过半数的业主且占总人数过半数的业主同意。**	《物业管理条例》第11条 下列事项由业主共同决定： （一）制定和修改业主大会议事规则； （二）制定和修改管理规约； （三）选举业主委员会或者更换业主委员会成员； （四）选聘和解聘物业服务企业； （五）筹集和使用专项维修资金； （六）改建、重建建筑物及其附属设施； （七）有关共有和共同管理权利的其他重大事项。 《物业管理条例》第12条 业主大会会议可以采用集体讨论的形式，也可以采用书面征求意见的形式；但是，应当有物业管理区域内专有部分占建筑物总面积过半数的业主且占总人数过半数的业主参加。 业主可以委托代理人参加业主大会会议。 业主大会决定本条例第十一条第（五）项和第（六）项规定的事项，应当经专有部分占建筑物总面积2/3以上的业主且占总人数2/3以上的业主同意；决定本条例第十一条规定的其他事项，应当经专有部分占建筑物总面积过半

《民法典》	《物权法》	相关规范性法律文件
		数的业主且占总人数过半数的业主同意。 业主大会或者业主委员会的决定,对业主具有约束力。 业主大会或者业主委员会作出的决定侵害业主合法权益的,受侵害的业主可以请求人民法院予以撤销。 **《建筑物区分所有权纠纷解释》** **第7条** 处共有部分,以及业主大会依法决定或者管理规约依法确定应由业主共同决定的事项,应当认定为民法典第二百七十八条第一款第(九)项规定的有关共有和共同管理权利的"其他重大事项"。 **《建筑物区分所有权纠纷解释》** **第8条** 民法典第二百七十八条第二款和第二百八十三条规定的专有部分面积可以按照不动产登记簿记载的面积计算;尚未进行物权登记的,暂按测绘机构的实测面积计算;尚未进行实测的,暂按房屋买卖合同记载的面积计算。 **《建筑物区分所有权纠纷解释》** **第9条** 民法典第二百七十八条第二款规定的业主人数可以按照专有部分的数量计算,一个专有部分按一人计算。但建设单位尚未出售和虽已出售但尚未交付的部分,以及同一买受人拥有一个以上专有部分的,按一人计算。
第279条 业主不得违反法律、法规以及管理规约,将住宅改变为经营性用房。业主将住宅改变为经营性用房的,除遵守法律、法规以及管理规约外,应当经有利害关系的业主<u>一致</u>同意。	**第77条** 业主不得违反法律、法规以及管理规约,将住宅改变为经营性用房。业主将住宅改变为经营性用房的,除遵守法律、法规以及管理规约外,应当经有利害关系的业主同意。	**《建筑物区分所有权纠纷解释》** **第10条** 业主将住宅改变为经营性用房,未依据民法典第二百七十九条的规定经有利害关系的业主一致同意,有利害关系的业主请求排除妨害、消除危险、恢复原状或者赔偿损失的,人民法院应予支持。 将住宅改变为经营性用房的业主以多数有利害关系的业主同意其行为进行抗辩的,人民法院不予支持。 **《建筑物区分所有权纠纷解释》** **第11条** 业主将住宅改变为经营性用房,本栋建筑物内的其他业主,应当认定为民法典第二百七十九条所称"有利害关系的业主"。建筑区划内,本栋建筑物之外的业主,主张与自己有利害关系的,应证明其房屋价值、生活质量受到或者可能受到不利影响。

《民法典》	《物权法》	相关规范性法律文件
第 280 条 业主大会或者业委员会的决定,对业主具有**法律约束力**。 业主大会或者业主委员会作出的决定侵害业主合法权益的,受侵害的业主可以请求人民法院予以撤销。	**第 78 条** 业主大会或者业主委员会的决定,对业主具有约束力。 业主大会或者业主委员会作出的决定侵害业主合法权益的,受侵害的业主可以请求人民法院予以撤销。	《物业管理条例》第 12 条第 4 款、第 5 款 业主大会或者业委员会的决定,对业主具有约束力。 业主大会或者业主委员会作出的决定侵害业主合法权益的,受侵害的业主可以请求人民法院予以撤销。 《建筑物区分所有权纠纷解释》第 12 条 业主以业主大会或者业主委员会作出的决定侵害其合法权益或者违反了法律规定的程序为由,依据民法典第二百八十条第二款的规定请求人民法院撤销该决定的,应当在知道或者应当知道业主大会或者业主委员会作出决定之日起一年内行使。
第 281 条 建筑物及其附属设施的维修资金,属于业主共有。经业主共同决定,可以用于电梯、**屋顶、外墙、无障碍设施**等共有部分的维修、**更新和改造**。**建筑物及其附属设施**的维修资金的筹集、使用情况应当**定期**公布。 **紧急情况下需要维修建筑物及其附属设施的,业主大会或者业主委员会可以依法申请使用建筑物及其附属设施的维修资金。**	**第 79 条** 建筑物及其附属设施的维修资金,属于业主共有。经业主共同决定,可以用于电梯、水箱等共有部分的维修。维修资金的筹集、使用情况应当公布。	《物业管理条例》第 53 条 住宅物业、住宅小区内的非住宅物业或者与单幢住宅楼结构相连的非住宅物业的业主,应当按照国家有关规定交纳专项维修资金。 专项维修资金属于业主所有,专项用于物业保修期满后物业共用部位、共用设施设备的维修和更新、改造,不得挪作他用。 专项维修资金收取、使用、管理的办法由国务院建设行政主管部门会同国务院财政部门制定。
第 282 条 建设单位、物业服务企业或者其他管理人等利用业主的共有部分产生的收入,在扣除合理成本之后,属于业主共有。	(无)	《物业管理条例》第 54 条 利用物业共用部位、共用设施设备进行经营的,应当在征得相关业主、业主大会、物业服务企业的同意后,按照规定办理有关手续。业主所得收益应当主要用于补充专项维修资金,也可以按照业主大会的决定使用。
第 283 条 建筑物及其附属设施的费用分摊、收益分配等事项,有约定的,按照约定;没有约定或者约定不明确的,按照业主专有部分**面积所占比例**确定。	**第 80 条** 建筑物及其附属设施的费用分摊、收益分配等事项,有约定的,按照约定;没有约定或者约定不明确的,按照业主专有部分占建筑物总面积的比例确定。	
第 284 条 业主可以自行管理建筑物及其附属设施,也可以委托物业服务企业或者其他管理人管理。 对建设单位聘请的物业服务企业或者其他管理人,业主有权依法更换。	**第 81 条** 同《民法典》第 284 条	

《民法典》	《物权法》	相关规范性法律文件
第285条 物业服务企业或者其他管理人根据业主的委托,<u>依照本法第三编有关物业服务合同的规定</u>管理建筑区划内的建筑物及其附属设施,接受业主的监督,<u>并及时答复业主对物业服务情况提出的询问。</u> <u>物业服务企业或者其他管理人应当执行政府依法实施的应急处置措施和其他管理措施,积极配合开展相关工作。</u>	第82条 物业服务企业或者其他管理人根据业主的委托管理建筑区划内的建筑物及其附属设施,并接受业主的监督。	
第286条 业主应当遵守法律、法规以及管理规约,<u>相关行为应当符合节约资源、保护生态环境的要求。对于物业服务企业或者其他管理人执行政府依法实施的应急处置措施和其他管理措施,业主应当依法予以配合。</u> 业主大会<u>或者</u>业主委员会,对任意弃置垃圾、排放污染物或者噪声、违反规定饲养动物、违章搭建、侵占通道、拒付物业费等损害他人合法权益的行为,有权依照法律、法规以及管理规约,<u>请求</u>行为人停止侵害、<u>排除妨碍</u>、消除危险、<u>恢复原状</u>、赔偿损失。 <u>业主或者其他行为人拒不履行相关义务的,有关当事人可以向有关行政主管部门报告或者投诉,有关行政主管部门应当依法处理。</u>	第83条 业主应当遵守法律、法规以及管理规约。 业主大会和业主委员会,对任意弃置垃圾、排放污染物或者噪声、违反规定饲养动物、违章搭建、侵占通道、拒付物业费等损害他人合法权益的行为,有权依照法律、法规以及管理规约,要求行为人停止侵害、消除危险、排除妨碍、赔偿损失。业主对侵害自己合法权益的行为,可以依法向人民法院提起诉讼。	《建筑物区分所有权纠纷解释》第15条 业主或者其他行为人违反法律、法规、国家相关强制性标准、管理规约,或者违反业主大会、业主委员会依法作出的决定,实施下列行为的,可以认定为民法典第二百八十六条第二款所称的其他"损害他人合法权益的行为": (一)损害房屋承重结构,损害或者违章使用电力、燃气、消防设施,在建筑物内放置危险、放射性物品等危及建筑物安全或者妨碍建筑物正常使用; (二)违反规定破坏、改变建筑物外墙面的形状、颜色等损害建筑物外观; (三)违反规定进行房屋装饰装修; (四)违章加建、改建,侵占、挖掘公共通道、道路、场地或者其他共有部分。
第287条 业主对建设单位、物业服务企业或者其他管理人以及其他业主侵害自己合法权益的行为,有权请求其承担民事责任。	第83条第2款第2句 业主对侵害自己合法权益的行为,可以依法向人民法院提起诉讼。	《建筑物区分所有权纠纷解释》第14条 建设单位、物业服务企业或者其他管理人等擅自占用、处分业主共有部分,改变其使用功能或者进行经营性活动,权利人请求排除妨害、恢复原状、确认处分行为无效或者赔偿损失的,人民法院应予支持。 属于前款所称擅自进行经营性活动的情形,权利人请求建设单位、物业服务企业或者其他管理人等将扣除合理成本之后的收益用于补充专项维修资金或者业主共同决定的其他用途的,人民法院应予支持。行为人对成本的支出及其合理性承担举证责任。

《民法典》	《物权法》	相关规范性法律文件
第七章　相邻关系	第七章　相邻关系	
第288条　不动产的相邻权利人应当按照有利生产、方便生活、团结互助、公平合理的原则,正确处理相邻关系。	第84条 同《民法典》第288条	《民法通则》第83条　不动产的相邻各方,应当按照有利生产、方便生活、团结互助、公平合理的精神,正确处理截水、排水、通行、通风、采光等方面的相邻关系。给相邻方造成妨碍或者损失的,应当停止侵害,排除妨碍,赔偿损失。
第289条　法律、法规对处理相邻关系有规定的,依照其规定;法律、法规没有规定的,可以按照当地习惯。	第85条 同《民法典》第289条	
第290条　不动产权利人应当为相邻权利人用水、排水提供必要的便利。 对自然流水的利用,应当在不动产的相邻权利人之间合理分配。对自然流水的排放,应当尊重自然流向。	第86条 同《民法典》第290条	
第291条　不动产权利人对相邻权利人因通行等必须利用其土地的,应当提供必要的便利。	第87条 同《民法典》第291条	
第292条　不动产权利人因建造、修缮建筑物以及铺设电线、电缆、水管、暖气和燃气管线等必须利用相邻土地、建筑物的,该土地、建筑物的权利人应当提供必要的便利。	第88条 同《民法典》第292条	
第293条　建造建筑物,不得违反国家有关工程建设标准,**不得妨碍相邻建筑物的通风、采光和日照**。	第89条　建造建筑物,不得违反国家有关工程建设标准,妨碍相邻建筑物的通风、采光和日照。	
第294条　不动产权利人不得违反国家规定弃置固体废物,排放大气污染物、水污染物、**土壤污染物、噪声、光辐射**、电磁辐射等有害物质。	第90条　不动产权利人不得违反国家规定弃置固体废物,排放大气污染物、水污染物、噪声、光、电磁波辐射等有害物质。	
第295条　不动产权利人挖掘土地、建造建筑物、铺设管线以及安装设备等,不得危及相邻不动产的安全。	第91条 同《民法典》第295条	
第296条　不动产权利人因用水、排水、通行、铺设管线等利用相邻不动产的,应当尽量避免对相邻的不动产权利人造成损害。	第92条　不动产权利人因用水、排水、通行、铺设管线等利用相邻不动产的,应当尽量避免对相邻的不动产权利人造成损害;**造成损害的,应当给予赔偿**。	

《民法典》	《物权法》	相关规范性法律文件
第八章　共有	第八章　共有	
第297条　不动产或者动产可以由两个以上**组织**、个人共有。共有包括按份共有和共同共有。	第93条　不动产或者动产可以由两个以上单位、个人共有。共有包括按份共有和共同共有。	《民法通则》第78条　财产可以由两个以上的公民、法人共有。 　　共有分为按份共有和共同共有。按份共有人按照各自的份额，对共有财产分享权利，分担义务。共同共有人对共有财产享有权利，承担义务。 　　按份共有财产的每个共有人有权要求将自己的份额分出或者转让。但在出售时，其他共有人在同等条件下，有优先购买的权利。
第298条　按份共有人对共有的不动产或者动产按照其份额享有所有权。	第94条 同《民法典》第298条	
第299条　共同共有人对共有的不动产或者动产共同享有所有权。	第95条 同《民法典》第299条	
第300条　共有人按照约定管理共有的不动产或者动产；没有约定或者约定不明确的，各共有人都有管理的权利和义务。	第96条 同《民法典》第300条	
第301条　处分共有的不动产或者动产以及对共有的不动产或者动产作重大修缮、**变更性质或者用途的**，应当经占份额三分之二以上的按份共有人或者全体共同共有人同意，但**是**共有人之间另有约定的除外。	第97条　处分共有的不动产或者动产以及对共有的不动产或者动产作重大修缮的，应当经占份额三分之二以上的按份共有人或者全体共同共有人同意，但共有人之间另有约定的除外。	
第302条　**共有人**对共有物的管理费用以及其他负担，有约定的，按照**其约定**；没有约定或者约定不明确的，按份共有人按照其份额负担，共同共有人共同负担。	第98条　对共有物的管理费用以及其他负担，有约定的，按照约定；没有约定或者约定不明确的，按份共有人按照其份额负担，共同共有人共同负担。	
第303条　共有人约定不得分割共有的不动产或者动产，以维持共有关系的，应当按照约定，但**是**共有人有重大理由需要分割的，可以请求分割；没有约定或者约定不明确的，按份共有人可以随时请求分割，共同共有人在共有的基础丧失或者有重大理由需要分割时可以请求分割。因分割**造成其他共有人损害的**，应当给予赔偿。	第99条　共有人约定不得分割共有的不动产或者动产，以维持共有关系的，应当按照约定，但共有人有重大理由需要分割的，可以请求分割；没有约定或者约定不明确的，按份共有人可以随时请求分割，共同共有人在共有的基础丧失或者有重大理由需要分割时可以请求分割。因分割对其他共有人造成损害的，应当给予赔偿。	
第304条　共有人可以协商确定分割方式。达不成协议，共有的不动产或者动产可以分割且不会因分割减损价值的，应当对实物予以分割；难以分割或者因分割会减损价值的，应当对折价或者拍卖、变卖取得的价款予以分割。 　　共有人分割所得的不动产或者动产有瑕疵的，其他共有人应当分担损失。	第100条　共有人可以协商确定分割方式。达不成协议，共有的不动产或者动产可以分割并且不会因分割减损价值的，应当对实物予以分割；难以分割或者因分割会减损价值的，应当对折价或者拍卖、变卖取得的价款予以分割。 　　共有人分割所得的不动产或者动产有瑕疵的，其他共有人应当分担损失。	

《民法典》	《物权法》	相关规范性法律文件
第305条 按份共有人可以转让其享有的共有的不动产或者动产份额。其他共有人在同等条件下享有优先购买的权利。	**第101条** 同《民法典》第305条	《民法通则》第78条第3款 按份共有财产的每个共有人有权要求将自己的份额分出或者转让。但在出售时,其他共有人在同等条件下,有优先购买的权利。 《物权编解释(一)》第9条 共有份额的权利主体因继承、遗赠等原因发生变化时,其他按份共有人主张优先购买的,不予支持,但按份共有人之间另有约定的除外。 《物权编解释(一)》第10条 民法典第三百零五条所称的"同等条件",应当综合共有份额的转让价格、价款履行方式及期限等因素确定。 《物权编解释(一)》第12条 按份共有人向共有人之外的人转让其份额,其他按份共有人根据法律、司法解释规定,请求按照同等条件优先购买该共有份额的,应予支持。其他按份共有人的请求具有下列情形之一的,不予支持: (一)未在本解释第十一条规定的期间内主张优先购买,或者虽主张优先购买,但提出减少转让价款、增加转让人负担等实质性变更要求; (二)以其优先购买权受到侵害为由,仅请求撤销共有份额转让合同或者认定该合同无效。 《物权编解释(一)》第13条 按份共有人之间转让共有份额,其他按份共有人主张依据民法典第三百零五条规定优先购买的,不予支持,但按份共有人之间另有约定的除外。
第306条 按份共有人转让其享有的共有的不动产或者动产份额的,应当将转让条件及时通知其他共有人。其他共有人应当在合理期限内行使优先购买权。 两个以上其他共有人主张行使优先购买权的,协商确定各自的购买比例;协商不成的,按照转让时各自的共有份额比例行使优先购买权。	(无)	《物权编解释(一)》第11条 优先购买权的行使期间,按份共有人之间有约定的,按照约定处理;没有约定或者约定不明的,按照下列情形确定: (一)转让人向其他按份共有人发出的包含同等条件内容的通知中载明行使期间的,以该期间为准; (二)通知中未载明行使期间,或者载明的期间短于通知送达之日起十五日的,为十五日; (三)转让人未通知的,为其他按份共有人知道或者应当知道最终确定的同等条件之日起十五日;

《民法典》	《物权法》	相关规范性法律文件
		(四)转让人未通知,且无法确定其他按份共有人知道或者应当知道最终确定的同等条件的,为共有份额权属转移之日起六个月。
第307条 因共有的不动产或者动产产生的债权债务,在对外关系上,共有人享有连带债权、承担连带债务,但**是**法律另有规定或者第三人知道共有人不具有连带债权债务关系的除外;在共有人内部关系上,除共有人另有约定外,按份共有人按照份额享有债权、承担债务,共同共有人共同享有债权、承担债务。偿还债务超过自己应当承担份额的按份共有人,有权向其他共有人追偿。	第102条 因共有的不动产或者动产产生的债权债务,在对外关系上,共有人享有连带债权、承担连带债务,但法律另有规定或者第三人知道共有人不具有连带债权债务关系的除外;在共有人内部关系上,除共有人另有约定外,按份共有人按照份额享有债权、承担债务,共同共有人共同享有债权、承担债务。偿还债务超过自己应当承担份额的按份共有人,有权向其他共有人追偿。	
第308条 共有人对共有的不动产或者动产没有约定为按份共有或者共同共有,或者约定不明确的,除共有人具有家庭关系等外,视为按份共有。	第103条 同《民法典》第308条	
第309条 按份共有人对共有的不动产或者动产享有的份额,没有约定或者约定不明确的,按照出资额确定;不能确定出资额的,视为等额享有。	第104条 同《民法典》第309条	
第310条 两个以上**组织**、个人共同享有用益物权、担保物权的,参照**适用本章的有关**规定。	第105条 两个以上单位、个人共同享有用益物权、担保物权的,参照本章规定。	
第九章 所有权取得的特别规定	第九章 所有权取得的特别规定	
第311条 无处分权人将不动产或者动产转让给受让人的,所有权人有权追回;除法律另有规定外,符合下列情形的,受让人取得该不动产或者动产的所有权: (一)受让人受让该不动产或者动产时是善意; (二)以合理的价格转让; (三)转让的不动产或者动产依照法律规定应当登记的已经登记,不需要登记的已经交付给受让人。 受让人**依据**前款规定取得不动产或者动产的所有权,原所有权人有权向无处分权人请求**损害赔偿**。 当事人善意取得其他物权的,参照**适用**前两款规定。	第106条 无处分权人将不动产或者动产转让给受让人的,所有权人有权追回;除法律另有规定外,符合下列情形的,受让人取得该不动产或者动产的所有权: (一)受让人受让该不动产或者动产时是善意; (二)以合理的价格转让; (三)转让的不动产或者动产依照法律规定应当登记的已经登记,不需要登记的已经交付给受让人。 受让人依照前款规定取得不动产或者动产的所有权,原所有权人有权向无处分权人请求赔偿损失。 当事人善意取得其他物权的,参照前两款规定。	《物权编解释(一)》第14条 受让人受让不动产或者动产时,不知道转让人无处分权,且无重大过失的,应当认定受让人为善意。 真实权利人主张受让人不构成善意的,应当承担举证证明责任。 《物权编解释(一)》第15条 具有下列情形之一的,应当认定不动产受让人知道转让人无处分权: (一)登记簿上存在有效的异议登记; (二)预告登记有效期内,未经预告登记的权利人同意; (三)登记簿上已经记载司法机关或者行政机关依法裁定、决定查封或者以其他形式限制不动产权利的有关事项;

《民法典》	《物权法》	相关规范性法律文件
		(四)受让人知道登记簿上记载的权利主体错误; (五)受让人知道他人已经依法享有不动产物权。 　　真实权利人有证据证明不动产受让人应当知道转让人无处分权的,应当认定受让人具有重大过失。 **《物权编解释(一)》第16条** 　　受让人受让动产时,交易的对象、场所或者时机等不符合交易习惯的,应当认定受让人具有重大过失。 **《物权编解释(一)》第17条** 　　民法典第三百一十一条第一款第一项所称的"受让人受让该不动产或者动产时",是指依法完成不动产物权转移登记或者动产交付之时。 　　当事人以民法典第二百二十六条规定的方式交付动产的,转让动产民事法律行为生效时为动产交付之时;当事人以民法典第二百二十七条规定的方式交付动产的,转让人与受让人之间有关转让返还原物请求权的协议生效时为动产交付之时。 　　法律对不动产、动产物权的设立另有规定的,应当按照法律规定的时间认定权利人是否为善意。 **《物权编解释(一)》第18条** 　　民法典第三百一十一条第一款第二项所称"合理的价格",应当根据转让标的物的性质、数量以及付款方式等具体情况,参考转让时交易地市场价格以及交易习惯等因素综合认定。 **《物权编解释(一)》第19条** 　　转让人将民法典第二百二十五条规定的船舶、航空器和机动车等交付给受让人的,应当认定符合民法典第三百一十一条第一款第三项规定的善意取得的条件。 **《物权编解释(一)》第20条** 　　具有下列情形之一,受让人主张依据民法典第三百一十一条规定取得所有权的,不予支持: 　　(一)转让合同被认定无效; 　　(二)转让合同被撤销。 **《担保制度解释》第37条第1款**　当事人以所有权、使用权不明或者有争议的财产抵押,经审查构成无权处分的,人民法院应当依照民法典第三百一十一条的规定处理。

《民法典》	《物权法》	相关规范性法律文件
		《公司法解释(三)》第 7 条第 1 款 出资人以不享有处分权的财产出资,当事人之间对于出资行为效力产生争议的,人民法院可以参照民法典第三百一十一条的规定予以认定。 **《公司法解释(三)》第 25 条第 1 款** 名义股东将登记于其名下的股权转让、质押或者以其他方式处分,实际出资人以其对于股权享有实际权利为由,请求认定处分股权行为无效的,人民法院可以参照民法典第三百一十一条的规定处理。 **《公司法解释(三)》第 27 条第 1 款** 股权转让后尚未向公司登记机关办理变更登记,原股东将仍登记于其名下的股权转让、质押或者以其他方式处分,受让股东以其对于股权享有实际权利为由,请求认定处分股权行为无效的,人民法院可以参照民法典第三百一十一条的规定处理。 **《合同编通则解释》第 19 条** 以转让或者设定财产权利为目的订立的合同,当事人或者真正权利人仅以让与人在订立合同时对标的物没有所有权或者处分权为由主张合同无效的,人民法院不予支持;因未取得真正权利人事后同意或者让与人事后未取得处分权导致合同不能履行,受让人主张解除合同并请求让与人承担违反合同的赔偿责任的,人民法院依法予以支持。 前款规定的合同被认定有效,且让与人已经将财产交付或者移转登记至受让人,真正权利人请求认定财产权利未发生变动或者请求返还财产的,人民法院应予支持。但是,受让人依据民法典第三百一十一条等规定善意取得财产权利的除外。
第 312 条 所有权人或者其他权利人有权追回遗失物。该遗失物通过转让被他人占有的,权利人有权向无处分权人请求损害赔偿,或者自知道或者应当知道受让人之日起二年内向受让人请求返还原物;但是,受让人通过拍卖或者向具有经营资格的经营者购得该遗失物的,权利人请求返还原物时应当支付受让人所付的费用。权利人向受让人支付所付费用后,有权向无处分权人追偿。	**第 107 条** 所有权人或者其他权利人有权追回遗失物。该遗失物通过转让被他人占有的,权利人有权向无处分权人请求损害赔偿,或者自知道或者应当知道受让人之日起二年内向受让人请求返还原物,但受让人通过拍卖或者向具有经营资格的经营者购得该遗失物的,权利人请求返还原物时应当支付受让人所付的费用。权利人向受让人支付所付费用后,有权向无处分权人追偿。	

《民法典》	《物权法》	相关规范性法律文件
第313条 善意受让人取得动产后,该动产上的原有权利消灭。但是,善意受让人在受让时知道或者应当知道该权利的除外。	第108条 善意受让人取得动产后,该动产上的原有权利消灭,但善意受让人在受让时知道或应当知道该权利的除外。	
第314条 拾得遗失物,应当返还权利人。拾得人应当及时通知权利人领取,或者送交公安等有关部门。	第109条 同《民法典》第314条	
第315条 有关部门收到遗失物,知道权利人的,应当及时通知其领取;不知道的,应当及时发布招领公告。	第110条 同《民法典》第315条	
第316条 拾得人在遗失物送交有关部门前,有关部门在遗失物被领取前,应当妥善保管遗失物。因故意或者重大过失致使遗失物毁损、灭失的,应当承担民事责任。	第111条 同《民法典》第316条	
第317条 权利人领取遗失物时,应当向拾得人或者有关部门支付保管遗失物等支出的必要费用。 权利人悬赏寻找遗失物的,领取遗失物时应当按照承诺履行义务。 拾得人侵占遗失物的,无权请求保管遗失物等支出的费用,也无权请求权利人按照承诺履行义务。	第112条 同《民法典》第317条	
第318条 遗失物自发布招领公告之日起**一年**内无人认领的,归国家所有。	第113条 遗失物自发布招领公告之日起六个月内无人认领的,归国家所有。	
第319条 拾得漂流物、发现埋藏物或者隐藏物的,参照**适用**拾得遗失物的有关规定。**法律另有规定的,依照其规定。**	第114条 拾得漂流物、发现埋藏物或者隐藏物的,参照拾得遗失物的有关规定。**文物保护法等**法律另有规定的,依照其规定。	《民法通则》第79条 所有人不明的埋藏物、隐藏物,归国家所有。接收单位应当对上缴的单位或者个人,给予表扬或者物质奖励。 拾得遗失物、漂流物或者失散的饲养动物,应当归还失主,因此而支出的费用由失主偿还。
第320条 主物转让的,从物随主物转让,但**是**当事人另有约定的除外。	第115条 主物转让的,从物随主物转让,但当事人另有约定的除外。	《担保制度解释》第40条 从物产生于抵押权依法设立前,抵押权人主张抵押权的效力及于从物的,人民法院应予支持,但是当事人另有约定的除外。 从物产生于抵押权依法设立后,抵押权人主张抵押权的效力及于从物的,人民法院不予支持,但是在抵押权实现时可以一并处分。

《民法典》	《物权法》	相关规范性法律文件
第 321 条 天然孳息,由所有权人取得;既有所有权人又有用益物权人的,由用益物权人取得。当事人另有约定的,按照**其**约定。 　　法定孳息,当事人有约定的,按照约定取得;没有约定或者约定不明确的,按照交易习惯取得。	**第 116 条** 天然孳息,由所有权人取得;既有所有权人又有用益物权人的,由用益物权人取得。当事人另有约定的,按照约定取得。 　　法定孳息,当事人有约定的,按照约定取得;没有约定或者约定不明确的,按照交易习惯取得。	《合同编通则解释》第 2 条　下列情形,不违反法律、行政法规的强制性规定且不违背公序良俗的,人民法院可以认定为民法典所称的"交易习惯": 　　(一)当事人之间在交易活动中的惯常做法; 　　(二)在交易行为当地或者某一领域、某一行业通常采用并为交易对方订立合同时所知道或者应当知道的做法。 　　对于交易习惯,由提出主张的当事人一方承担举证责任。
第 322 条 因加工、附合、混合而产生的物的归属,有约定的,按照约定;没有约定或者约定不明确的,依照法律规定;法律没有规定的,按照充分发挥物的效用以及保护无过错当事人的原则确定。因一方当事人的过错或者确定物的归属造成另一方当事人损害的,应当给予赔偿或者补偿。	(无)	《担保制度解释》第 41 条　抵押权依法设立后,抵押财产被添附,添附物归第三人所有,抵押权人主张抵押权效力及于补偿金的,人民法院应予支持。 　　抵押权依法设立后,抵押财产被添附,抵押人对添附物享有所有权,抵押权人主张抵押权的效力及于添附物的,人民法院应予支持,但是添附导致抵押财产价值增加的,抵押权的效力不及于增加的价值部分。 　　抵押权依法设立后,抵押人与第三人因添附成为添附物的共有人,抵押权人主张抵押权的效力及于抵押人对共有物享有的份额的,人民法院应予支持。 　　本条所称添附,包括附合、混合与加工。
第三分编　用益物权	第三编　用益物权	
第十章　一般规定	第十章　一般规定	
第 323 条 用益物权人对他人所有的不动产或者动产,依法享有占有、使用和收益的权利。	**第 117 条** 同《民法典》第 323 条	
第 324 条 国家所有或者国家所有由集体使用以及法律规定属于集体所有的自然资源,**组织**、个人依法可以占有、使用和收益。	**第 118 条** 国家所有或者国家所有由集体使用以及法律规定属于集体所有的自然资源,单位、个人依法可以占有、使用和收益。	
第 325 条 国家实行自然资源有偿使用制度,**但是**法律另有规定的除外。	**第 119 条** 国家实行自然资源有偿使用制度,但法律另有规定的除外。	
第 326 条 用益物权人行使权利,应当遵守法律有关保护和合理开发利用资源、**保护生态环境**的规定。所有权人不得干涉用益物权人行使权利。	**第 120 条** 用益物权人行使权利,应当遵守法律有关保护和合理开发利用资源的规定。所有权人不得干涉用益物权人行使权利。	

《民法典》	《物权法》	相关规范性法律文件
第327条　因不动产或者动产被征收、征用致使用益物权消灭或者影响用益物权行使的，用益物权人有权**依据**本法**第二百四十三条、第二百四十五条**的规定获得相应补偿。	第121条　因不动产或者动产被征收、征用致使用益物权消灭或者影响用益物权行使的，用益物权人有权依照本法第四十二条、第四十四条的规定获得相应补偿。	
第328条　依法取得的海域使用权受法律保护。	第122条 同《民法典》第328条	
第329条　依法取得的探矿权、采矿权、取水权和使用水域、滩涂从事养殖、捕捞的权利受法律保护。	第123条 同《民法典》第329条	
第十一章　土地承包经营权	**第十一章　土地承包经营权**	
第330条　农村集体经济组织实行家庭承包经营为基础、统分结合的双层经营体制。 　　农民集体所有和国家所有由农民集体使用的耕地、林地、草地以及其他用于农业的土地，依法实行土地承包经营制度。	第124条 同《民法典》第330条	
第331条　土地承包经营权人依法对其承包经营的耕地、林地、草地等享有占有、使用和收益的权利，有权从事种植业、林业、畜牧业等农业生产。	第125条 同《民法典》第331条	《农村土地承包法》第37条 　　土地经营权人有权在合同约定的期限内占有农村土地，自主开展农业生产经营并取得收益。
第332条　耕地的承包期为三十年。草地的承包期为三十年至五十年。林地的承包期为三十年至七十年。 　　前款规定的承包期限届满，由土地承包经营权人**依照农村土地承包的法律规定**继续承包。	第126条　耕地的承包期为三十年。草地的承包期为三十年至五十年。林地的承包期为三十年至七十年；**特殊林木的林地承包期**，经国务院林业行政主管部门批准可以延长。 　　前款规定的承包期届满，由土地承包经营权人按照国家有关规定继续承包。	《农村土地承包法》第21条 　　耕地的承包期为三十年。草地的承包期为三十年至五十年。林地的承包期为三十年至七十年。 　　前款规定的耕地承包期届满后再延长三十年，草地、林地承包期届满后依照前款规定相应延长。
第333条　土地承包经营权自土地承包经营权合同生效时设立。 　　**登记机构**应当向土地承包经营权人发放土地承包经营权证、林权证**等**证书，并登记造册，确认土地承包经营权。	第127条　土地承包经营权自土地承包经营权合同生效时设立。 　　县级以上地方人民政府应当向土地承包经营权人发放土地承包经营权证、林权证、**草原使用权证**，并登记造册，确认土地承包经营权。	《农村土地承包法》第24条第1款　国家对耕地、林地和草地等实行统一登记，登记机构应当向承包方颁发土地承包经营权证或者林权证等证书，并登记造册，确认土地承包经营权。
第334条　土地承包经营权人依照法律规定，有权将土地承包经营权**互换、转让**。未经依法批准，不得将承包地用于非农建设。	第128条　土地承包经营权人依照**农村土地承包法**的规定，有权将土地承包经营权**采取转包、互换、转让等方式流转。流转的期限不得超过承包期的剩余期限**。未经依法批准，不得将承包地用于非农建设。	《农村土地承包法》第11条第1款　农村土地承包经营应当遵守法律、法规，保护土地资源的合理开发和可持续利用。未经依法批准不得将承包地用于非农建设。

《民法典》	《物权法》	相关规范性法律文件
第335条 土地承包经营权互换、转让的,当事人可以向登记机构申请登记;未经登记,不得对抗善意第三人。	第129条 土地承包经营权人将土地承包经营权互换、转让,当事人要求登记的,应当向县级以上地方人民政府申请土地承包经营权变更登记;未经登记,不得对抗善意第三人。	《农村土地承包法》第35条 土地承包经营权互换、转让的,当事人可以向登记机构申请登记。未经登记,不得对抗善意第三人。
第336条 承包期内发包人不得调整承包地。 因自然灾害严重毁损承包地等特殊情形,需要适当调整承包的耕地和草地的,应当依照农村土地承包的法律规定办理。	第130条 承包期内发包人不得调整承包地。 因自然灾害严重毁损承包地等特殊情形,需要适当调整承包地的,应当依照农村土地承包法等法律规定办理。	《农村土地承包法》第28条 承包期内,发包方不得调整承包地。 承包期内,因自然灾害严重毁损承包地等特殊情形对个别农户之间承包的耕地和草地需要适当调整的,必须经本集体经济组织成员的村民会议三分之二以上成员或者三分之二以上村民代表的同意,并报乡(镇)人民政府和县级人民政府农业农村、林业和草原等主管部门批准。承包合同中约定不得调整的,按其约定。 《农村土地承包纠纷解释》第5条 承包合同中有关收回、调整承包地的约定违反农村土地承包法第二十七条、第二十八条、第三十一条规定的,应当认定该约定无效。
第337条 承包期内发包人不得收回承包地。法律另有规定的,依照其规定。	第131条 承包期内发包人不得收回承包地。农村土地承包法等法律另有规定的,依照其规定。	《农村土地承包法》第27条第1款 承包期内,发包方不得收回承包地。 《农村土地承包纠纷解释》第5条 承包合同中有关收回、调整承包地的约定违反农村土地承包法第二十七条、第二十八条、第三十一条规定的,应当认定该约定无效。
第338条 承包地被征收的,土地承包经营权人有权依据本法第二百四十三条的规定获得相应补偿。	第132条 承包地被征收的,土地承包经营权人有权依照本法第四十二条第二款的规定获得相应补偿。	《农村土地承包法》第17条 承包方享有下列权利:…… (四)承包地被依法征收、征用、占用的,有权依法获得相应的补偿…… 《农村土地承包纠纷解释》第20条 承包地被依法征收,承包方请求发包方给付已经收到的地上附着物和青苗的补偿费的,应予支持。 承包方已将土地经营权以出租、入股或者其他方式流转给第三人的,除当事人另有约定外,青苗补偿费归实际投入人所有,地上附着物补偿费归附着物所有人所有。

《民法典》	《物权法》	相关规范性法律文件
		《农村土地承包纠纷解释》第21条 承包地被依法征收,放弃统一安置的家庭承包方,请求发包方给付已经收到的安置补助费的,应予支持。 **《农村土地承包纠纷解释》第22条** 农村集体经济组织或者村民委员会、村民小组,可以依照法律规定的民主议定程序,决定在本集体经济组织内部分配已经收到的土地补偿费。征地补偿安置方案确定时已经具有本集体经济组织成员资格的人,请求支付相应份额的,应予支持。但已报全国人大常委会、国务院备案的地方性法规、自治条例和单行条例、地方政府规章对土地补偿费在农村集体经济组织内部的分配办法另有规定的除外。
第339条 土地承包经营权人可以自主决定依法采取出租、入股或者其他方式向他人流转土地经营权。	(无)	**《农村土地承包法》第36条** 承包方可以自主决定依法采取出租(转包)、入股或者其他方式向他人流转土地经营权,并向发包方备案。 **《农村土地承包纠纷解释》第14条** 承包方依法采取出租、入股或者其他方式流转土地经营权,发包方仅以该土地经营权流转合同未报其备案为由,请求确认合同无效的,不予支持。
第340条 土地经营权人有权在合同约定的期限内占有农村土地,自主开展农业生产经营并取得收益。	(无)	**《农村土地承包法》第10条** 国家保护承包方依法、自愿、有偿流转土地经营权,保护土地经营权人的合法权益,任何组织和个人不得侵犯。
第341条 流转期限为五年以上的土地经营权,自流转合同生效时设立。当事人可以向登记机构申请土地经营权登记;未经登记,不得对抗善意第三人。	(无)	**《农村土地承包法》第41条** 土地经营权流转期限为五年以上的,当事人可以向登记机构申请土地经营权登记。未经登记,不得对抗善意第三人。
第342条 通过招标、拍卖、公开协商等方式承包农村土地,经依法登记取得权属证书的,可以依法采取出租、入股、抵押或者其他方式流转土地经营权。	**第133条** 通过招标、拍卖、公开协商等方式承包荒地等农村土地,依照农村土地承包法等法律和国务院的有关规定,其土地承包经营权可以转让、入股、抵押或者以其他方式流转。	**《农村土地承包法》第53条** 通过招标、拍卖、公开协商等方式承包农村土地,经依法登记取得权属证书的,可以依法采取出租、入股、抵押或者其他方式流转土地经营权。
第343条 国家所有的农用地实行承包经营的,参照适用本编的有关规定。	**第134条** 国家所有的农用地实行承包经营的,参照本法的有关规定。	

《民法典》	《物权法》	相关规范性法律文件
第十二章　建设用地使用权	第十二章　建设用地使用权	
第344条　建设用地使用权人依法对国家所有的土地享有占有、使用和收益的权利，有权利用该土地建造建筑物、构筑物及其附属设施。	第135条 同《民法典》第344条	
第345条　建设用地使用权可以在土地的地表、地上或者地下分别设立。 第346条　设立建设用地使用权，<u>应当符合节约资源、保护生态环境的要求，遵守法律、行政法规关于土地用途的规定</u>，不得损害<u>已经</u>设立的用益物权。	第136条　建设用地使用权可以在土地的地表、地上或者地下分别设立。**新设立的建设用地使用权，不得损害已设立的用益物权。**	
第347条　设立建设用地使用权，可以采取出让或者划拨等方式。 工业、商业、旅游、娱乐和商品住宅等经营性用地以及同一土地有两个以上意向用地者的，应当采取招标、拍卖等公开竞价的方式出让。 严格限制以划拨方式设立建设用地使用权。	第137条　设立建设用地使用权，可以采取出让或者划拨等方式。 工业、商业、旅游、娱乐和商品住宅等经营性用地以及同一土地有两个以上意向用地者的，应当采取招标、拍卖等公开竞价的方式出让。 严格限制以划拨方式设立建设用地使用权。**采取划拨方式的，应当遵守法律、行政法规关于土地用途的规定。**	《土地管理法》第54条　建设单位使用国有土地，应当以出让等有偿使用方式取得；但是，下列建设用地，经县级以上人民政府依法批准，可以以划拨方式取得： （一）国家机关用地和军事用地； （二）城市基础设施用地和公益事业用地； （三）国家重点扶持的能源、交通、水利等基础设施用地； （四）法律、行政法规规定的其他用地。
第348条　通过招标、拍卖、协议等出让方式设立建设用地使用权的，当事人应当<u>采用</u>书面形式订立建设用地使用权出让合同。 建设用地使用权出让合同一般包括下列条款： （一）当事人的名称和住所； （二）土地界址、面积等； （三）建筑物、构筑物及其附属设施占用的空间； （四）土地用途、<u>规划条件</u>； （五）<u>建设用地使用权</u>期限； （六）出让金等费用及其支付方式； （七）解决争议的方法。	第138条　采取招标、拍卖、协议等出让方式设立建设用地使用权的，当事人应当采取书面形式订立建设用地使用权出让合同。 建设用地使用权出让合同一般包括下列条款： （一）当事人的名称和住所； （二）土地界址、面积等； （三）建筑物、构筑物及其附属设施占用的空间； （四）土地用途； （五）使用期限； （六）出让金等费用及其支付方式； （七）解决争议的方法。	
第349条　设立建设用地使用权的，应当向登记机构申请建设用地使用权登记。建设用地使用权自登记时设立。登记机构应当向建设用地使用权人<u>发放权属证书</u>。	第139条　设立建设用地使用权的，应当向登记机构申请建设用地使用权登记。建设用地使用权自登记时设立。登记机构应当向建设用地使用权人发放建设用地使用权证书。	

《民法典》	《物权法》	相关规范性法律文件
第350条 建设用地使用权人应当合理利用土地,不得改变土地用途;需要改变土地用途的,应当依法经有关行政主管部门批准。	第140条 同《民法典》第350条	《土地管理法》第25条第1款 经批准的土地利用总体规划的修改,须经原批准机关批准;未经批准,不得改变土地利用总体规划确定的土地用途。
第351条 建设用地使用权人应当依照法律规定以及合同约定支付出让金等费用。	第141条 同《民法典》第351条	《土地管理法》第55条第1款 以出让等有偿使用方式取得国有土地使用权的建设单位,按照国务院规定的标准和办法,缴纳土地使用权出让金等土地有偿使用费和其他费用后,方可使用土地。
第352条 建设用地使用权人建造的建筑物、构筑物及其附属设施的所有权属于建设用地使用权人,但**是**有相反证据证明的除外。	第142条 建设用地使用权人建造的建筑物、构筑物及其附属设施的所有权属于建设用地使用权人,但有相反证据证明的除外。	
第353条 建设用地使用权人有权将建设用地使用权转让、互换、出资、赠与或者抵押,但**是**法律另有规定的除外。	第143条 建设用地使用权人有权将建设用地使用权转让、互换、出资、赠与或者抵押,但法律另有规定的除外。	
第354条 建设用地使用权转让、互换、出资、赠与或者抵押的,当事人应当**采取**书面形式订立相应的合同。使用期限由当事人约定,**但是**不得超过建设用地使用权的剩余期限。	第144条 建设用地使用权转让、互换、出资、赠与或者抵押的,当事人应当采取书面形式订立相应的合同。使用期限由当事人约定,但不得超过建设用地使用权的剩余期限。	
第355条 建设用地使用权转让、互换、出资或者赠与的,应当向登记机构申请变更登记。	第145条 同《民法典》第355条	
第356条 建设用地使用权转让、互换、出资或者赠与的,附着于该土地上的建筑物、构筑物及其附属设施一并处分。	第146条 同《民法典》第356条	
第357条 建筑物、构筑物及其附属设施转让、互换、出资或者赠与的,该建筑物、构筑物及其附属设施占用范围内的建设用地使用权一并处分。	第147条 同《民法典》第357条	
第358条 建设用地使用权**期限**届满前,因公共利益需要提前收回该土地的,应当依**据本法第二百四十三条**的规定对该土地上的房屋**以及**其他不动产给予补偿,并退还相应的出让金。	第148条 建设用地使用权期间届满前,因公共利益需要提前收回该土地的,应当依照本法第四十二条的规定对该土地上的房屋及其他不动产给予补偿,并退还相应的出让金。	《土地管理法》第58条 有下列情形之一的,由有关人民政府自然资源主管部门报经原批准用地的人民政府或者有批准权的人民政府批准,可以收回国有土地使用权: (一)为实施城市规划进行旧城区改建以及其他公共利益需要,确需使用土地的; (二)土地出让等有偿使用合同约定的使用期限届满,土地使用者未申请续期或者申请续期未获

《民法典》	《物权法》	相关规范性法律文件
		批准的； （三）因单位撤销、迁移等原因，停止使用原划拨的国有土地的； （四）公路、铁路、机场、矿场等经核准报废的。 依照前款第（一）项的规定收回国有土地使用权的，对土地使用权人应当给予适当补偿。
第359条 住宅建设用地使用权**期限**届满的，自动续期。**续期费用的缴纳或者减免，依照法律、行政法规的规定办理。** 非住宅建设用地使用权**限**届满后的续期，依照法律规定办理。该土地上的房屋以**及**其他不动产的归属，有约定**的**，按照约定；没有约定或者约定不明确的，依照法律、行政法规的规定办理。	**第149条** 住宅建设用地使用权期间届满的，自动续期。 非住宅建设用地使用权期间届满后的续期，依照法律规定办理。该土地上的房屋及其他不动产的归属，有约定的，按照约定；没有约定或者约定不明确的，依照法律、行政法规的规定办理。	
第360条 建设用地使用权消灭的，出让人应当及时办理注销登记。登记机构应当收回**权属证书。**	**第150条** 建设用地使用权消灭的，出让人应当及时办理注销登记。登记机构应当收回建设用地使用权证书。	
第361条 集体所有的土地作为建设用地的，应当依照**土地管理的法律规定**办理。	**第151条** 集体所有的土地作为建设用地的，应当依照土地管理法等法律规定办理。	
第十三章 宅基地使用权	第十三章 宅基地使用权	
第362条 宅基地使用权人依法对集体所有的土地享有占有和使用的权利，有权依法利用该土地建造住宅及其附属设施。	**第152条** 同《民法典》第362条	
第363条 宅基地使用权的取得、行使和转让，适用**土地管理的法律**和国家有关规定。	**第153条** 宅基地使用权的取得、行使和转让，适用土地管理法等法律和国家有关规定。	**《土地管理法》第62条** 农村村民一户只能拥有一处宅基地，其宅基地的面积不得超过省、自治区、直辖市规定的标准。 人均土地少，不能保障一户拥有一处宅基地的地区，县级人民政府在充分尊重农村村民意愿的基础上，可以采取措施，按照省、自治区、直辖市规定的标准保障农村村民实现户有所居。 农村村民建住宅，应当符合乡（镇）土地利用总体规划、村庄规划，不得占用永久基本农田，并尽量使用原有的宅基地和村内空闲地。编制乡（镇）土地利用总体规划、村庄规划应当统筹并合理安排宅基地用地，改善农村村民居住环境和条件。农村村民住宅用地，由乡（镇）人民政府审核批准；

《民法典》	《物权法》	相关规范性法律文件
		其中,涉及占用农用地的,依照本法第四十四条的规定办理审批手续。 农村村民出卖、出租、赠与住宅后,再申请宅基地的,不予批准。 国家允许进城落户的农村村民依法自愿有偿退出宅基地,鼓励农村集体经济组织及其成员盘活利用闲置宅基地和闲置住宅。 国务院农业农村主管部门负责全国农村宅基地改革和管理有关工作。
第364条 宅基地因自然灾害等原因灭失的,宅基地使用权消灭。对失去宅基地的村民,应当<u>依法重新分配宅基地</u>。	第154条 宅基地因自然灾害等原因灭失的,宅基地使用权消灭。对失去宅基地的村民,应当重新分配宅基地。	
第365条 已经登记的宅基地使用权转让或者消灭的,应当及时办理变更登记或者注销登记。	第155条 同《民法典》第365条	
第十四章 居住权	(无)	
第366条 居住权人有权按照合同约定,对他人的住宅享有占有、使用的用益物权,以满足生活居住的需要。	(无)	
第367条 设立居住权,当事人<u>应当采用书面形式订立居住权合同</u>。 居住权合同一般包括下列条款: (一)当事人的姓名或者名称和住所; (二)<u>住宅的位置</u>; (三)<u>居住的条件和要求</u>; (四)<u>居住权期限</u>; (五)解决争议的方法。	(无)	
第368条 居住权无偿设立,但是当事人另有约定的除外。设立居住权的,应当向登记机构申请居住权登记。居住权自登记时设立。	(无)	
第369条 居住权不得转让、继承。设立居住权的住宅不得出租,但是当事人另有约定的除外。	(无)	
第370条 居住权期限届满或者居住权人死亡的,居住权消灭。居住权消灭的,应当及时办理注销登记。	(无)	
第371条 以遗嘱方式设立居住权的,参照适用本章的有关规定。	(无)	

《民法典》	《物权法》	相关规范性法律文件
第十五章 地役权	第十四章 地役权	
第372条 地役权人有权按照合同约定,利用他人的不动产,以提高自己的不动产的效益。 前款所称他人的不动产为供役地,自己的不动产为需役地。	第156条 同《民法典》第372条	
第373条 设立地役权,当事人应当**采用**书面形式订立地役权合同。 地役权合同一般包括下列条款: (一)当事人的姓名或者名称和住所; (二)供役地和需役地的位置; (三)利用目的和方法; (四)**地役权**期限; (五)费用及其支付方式; (六)解决争议的方法。	第157条 设立地役权,当事人应当采取书面形式订立地役权合同。 地役权合同一般包括下列条款: (一)当事人的姓名或者名称和住所; (二)供役地和需役地的位置; (三)利用目的和方法; (四)**利用**期限; (五)费用及其支付方式; (六)解决争议的方法。	
第374条 地役权自地役权合同生效时设立。当事人要求登记的,可以向登记机构申请地役权登记;未经登记,不得对抗善意第三人。	第158条 同《民法典》第374条	
第375条 供役地权利人应当按照合同约定,允许地役权人利用其**不动产**,不得妨害地役权人行使权利。	第159条 供役地权利人应当按照合同约定,允许地役权人利用其土地,不得妨害地役权人行使权利。	
第376条 地役权人应当按照合同约定的利用目的和方法利用供役地,尽量减少对供役地权利人物权的限制。	第160条 同《民法典》第376条	
第377条 地役权期限由当事人约定;但是,不得超过土地承包经营权、建设用地使用权等用益物权的剩余期限。	第161条 地役权**的**期限由当事人约定,但不得超过土地承包经营权、建设用地使用权等用益物权的剩余期限。	
第378条 土地所有权人享有地役权或者负担地役权的,设立土地承包经营权、宅基地使用权**等用益物权**时,该用益物权人继续享有或者负担已**经**设立的地役权。	第162条 土地所有权人享有地役权或者负担地役权的,设立土地承包经营权、宅基地使用权时,该土地承包经营权人、宅基地使用权人继续享有或者负担已设立的地役权。	
第379条 土地上已**经**设立土地承包经营权、建设用地使用权、宅基地使用权等**用益物权**的,未经用益物权人同意,土地所有权人不得设立地役权。	第163条 土地上已设立土地承包经营权、建设用地使用权、宅基地使用权等权利的,未经用益物权人同意,土地所有权人不得设立地役权。	
第380条 地役权不得单独转让。土地承包经营权、建设用地使用权等转让的,地役权一并转让,但**是**合同另有约定的除外。	第164条 地役权不得单独转让。土地承包经营权、建设用地使用权等转让的,地役权一并转让,但合同另有约定的除外。	

《民法典》	《物权法》	相关规范性法律文件
第381条 地役权不得单独抵押。土地承包经营权、建设用地使用权等抵押的,在实现抵押权时,地役权一并转让。	第165条 地役权不得单独抵押。土地承包经营权、建设用地使用权等抵押的,在实现抵押权时,地役权一并转让。	
第382条 需役地以及需役地上的土地经营权、建设用地使用权等部分转让时,转让部分涉及地役权的,受让人同时享有地役权。	第166条 需役地以及需役地上的土地承包经营权、建设用地使用权部分转让时,转让部分涉及地役权的,受让人同时享有地役权。	
第383条 供役地以及供役地上的土地承包经营权、建设用地使用权等部分转让时,转让部分涉及地役权的,地役权对受让人具有法律约束力。	第167条 供役地以及供役地上的土地承包经营权、建设用地使用权部分转让时,转让部分涉及地役权的,地役权对受让人具有约束力。	
第384条 地役权人有下列情形之一的,供役地权利人有权解除地役权合同,地役权消灭: (一)违反法律规定或者合同约定,滥用地役权; (二)有偿利用供役地,约定的付款期限届满后在合理期限内经两次催告未支付费用。	第168条 地役权人有下列情形之一的,供役地权利人有权解除地役权合同,地役权消灭: (一)违反法律规定或者合同约定,滥用地役权; (二)有偿利用供役地,约定的付款期间届满后在合理期限内经两次催告未支付费用。	
第385条 已经登记的地役权变更、转让或者消灭的,应当及时办理变更登记或者注销登记。	第169条 同《民法典》第385条	
第四分编 担保物权	第四编 担保物权	
第十六章 一般规定	第十五章 一般规定	
第386条 担保物权人在债务人不履行到期债务或者发生当事人约定的实现担保物权的情形,依法享有就担保财产优先受偿的权利,但是法律另有规定的除外。	第170条 担保物权人在债务人不履行到期债务或者发生当事人约定的实现担保物权的情形,依法享有就担保财产优先受偿的权利,但法律另有规定的除外。	《担保制度解释》第38条 主债权未受全部清偿,担保物权人主张就担保财产的全部行使担保物权的,人民法院应予支持,但是留置权人行使留置权的,应当依照民法典第四百五十条的规定处理。 担保财产被分割或者部分转让,担保物权人主张就分割或者转让后的担保财产行使担保物权的,人民法院应予支持,但是法律或者司法解释另有规定的除外。 《担保制度解释》第20条 人民法院在审理第三人提供的物的担保纠纷案件时,可以适用民法典第六百九十五条第一款、第六百九十六条第一款、第六百九十七条第二款、第六百九十九条、第七百条、第七百零一条、第七百零二条等关于保证合同的规定。

《民法典》	《物权法》	相关规范性法律文件
第387条 债权人在借贷、买卖等民事活动中,为保障实现其债权,需要担保的,可以依照本法和其他法律的规定设立担保物权。 第三人为债务人向债权人提供担保的,可以要求债务人提供反担保。反担保适用本法和其他法律的规定。	**第171条** 同《民法典》第387条	《担保法》第2条 在借贷、买卖、货物运输、加工承揽等经济活动中,债权人需要以担保方式保障其债权实现的,可以依照本法规定设定担保。 本法规定的担保方式为保证、抵押、质押、留置和定金。 《担保法》第4条 第三人为债务人向债权人提供担保时,可以要求债务人提供反担保。 反担保适用本法担保的规定。 《担保制度解释》第19条 担保合同无效,承担了赔偿责任的担保人按照反担保合同的约定,在其承担赔偿责任的范围内请求反担保人承担担保责任的,人民法院应予支持。 反担保合同无效的,依照本解释第十七条的有关规定处理。当事人仅以担保合同无效为由主张反担保合同无效的,人民法院不予支持。
第388条 设立担保物权,应当依照本法和其他法律的规定订立担保合同。**担保合同包括抵押合同、质押合同和其他具有担保功能的合同。**担保合同是主债权债务合同的从合同。主债权债务合同无效**的**,担保合同无效,但**是**法律另有规定的除外。 担保合同被确认无效后,债务人、担保人、债权人有过错的,应当根据其过错各自承担相应的民事责任。	**第172条** 设立担保物权,应当依照本法和其他法律的规定订立担保合同。担保合同是主债权债务合同的从合同。主债权债务合同无效,担保合同无效,但法律另有规定的除外。 担保合同被确认无效后,债务人、担保人、债权人有过错的,应当根据其过错各自承担相应的民事责任。	《担保法》第5条 担保合同是主合同的从合同,主合同无效,担保合同无效。担保合同另有约定的,按照约定。 担保合同被确认无效后,债务人、担保人、债权人有过错的,应当根据其过错各自承担相应的民事责任。 《担保制度解释》第2条 当事人在担保合同中约定担保合同的效力独立于主合同,或者约定担保人对主合同无效的法律后果承担担保责任,该有关担保独立性的约定无效。主合同有效的,有关担保独立性的约定无效不影响担保合同的效力;主合同无效的,人民法院应当认定担保合同无效,但是法律另有规定的除外。 因金融机构开立的独立保函发生的纠纷,适用《最高人民法院关于审理独立保函纠纷案件若干问题的规定》。 《九民纪要》第54条 从属性是担保的基本属性,但由银行或者非银行金融机构开立的独立保函除外。独立保函纠纷案件依据《最高人民法院关于审理独立保函纠纷案件若干问题的规定》处理。需要进一步明确的是:凡是由银行或者非银行金融机构开立的符合该司法解释第1条、第3条规定情形的保函,无论是用于国

《民法典》	《物权法》	相关规范性法律文件
		际商事交易还是用于国内商事交易,均不影响保函的效力。银行或者非银行金融机构之外的当事人开立的独立保函,以及当事人有关排除担保从属性的约定,应当认定无效。但是,根据"无效法律行为的转换"原理,在否定其独立担保效力的同时,应当将其认定为从属性担保。此时,如果主合同有效,则担保合同有效,担保人与主债务人承担连带保证责任。主合同无效,则该所谓的独立担保也随之无效,担保人无过错的,不承担责任;担保人有过错的,其承担民事责任的部分,不应超过债务人不能清偿部分的三分之一。 《九民纪要》第 55 条 担保人承担的担保责任范围不应当大于主债务,是担保从属性的必然要求。当事人约定的担保责任的范围大于主债务的,如针对担保责任约定专门的违约责任、担保责任的数额高于主债务、担保责任约定的利息高于主债务利息、担保责任的履行期先于主债务履行期届满,等等,均应当认定大于主债务部分的约定无效,从而使担保责任缩减至主债务的范围。 《九民纪要》第 66 条 当事人订立的具有担保功能的合同,不存在法定无效情形的,应当认定有效。虽然合同约定的权利义务关系不属于物权法规定的典型担保类型,但是其担保功能应予肯定。 《九民纪要》第 67 条 债权人与担保人订立担保合同,约定以法律、行政法规未禁止抵押或者质押的财产设定以登记作为公示方法的担保,因无法定的登记机构而未能进行登记的,不具有物权效力。当事人请求按照担保合同的约定就该财产折价、变卖或者拍卖所得价款等方式清偿债务的,人民法院依法予以支持,但对其他权利人不具有对抗效力和优先性。
第 389 条 担保物权的担保范围包括主债权及其利息、违约金、损害赔偿金、保管担保财产和实现担保物权的费用。当事人另有约定的,按照其约定。	第 173 条 担保物权的担保范围包括主债权及其利息、违约金、损害赔偿金、保管担保财产和实现担保物权的费用。当事人另有约定的,按照约定。	《担保法》第 21 条 保证担保的范围包括主债权及利息、违约金、损害赔偿金和实现债权的费用。保证合同另有约定的,按照约定。 当事人对保证担保的范围没有约定或者约定不明确的,保证人

《民法典》	《物权法》	相关规范性法律文件
		应当对全部债务承担责任。 **《担保法》第 46 条** 抵押担保的范围包括主债权及利息、违约金、损害赔偿金和实现抵押权的费用。抵押合同另有约定的,按照约定。 **《担保法》第 67 条** 质押担保的范围包括主债权及利息、违约金、损害赔偿金、质物保管费用和实现质权的费用。质押合同另有约定的,按照约定。 **《担保法》第 83 条** 留置担保的范围包括主债权及利息、违约金、损害赔偿金,留置物保管费用和实现留置权的费用。 **《担保制度解释》第 3 条** 当事人对担保责任的承担约定专门的违约责任,或者约定的担保责任范围超出债务人应当承担的责任范围,担保人主张仅在债务人应当承担的责任范围内承担责任的,人民法院应予支持。 担保人承担的责任超出债务人应当承担的责任范围,担保人向债务人追偿,债务人主张仅在其应当承担的责任范围内承担责任的,人民法院应予支持;担保人请求债权人返还超出部分的,人民法院依法予以支持。 **《九民纪要》第 58 条** 以登记作为公示方式的不动产担保物权的担保范围,一般应当以登记的范围为准。但是,我国目前不动产担保物权登记,不同地区的系统设置及登记规则并不一致,人民法院在审理案件时应当充分注意制度设计上的差别,作出符合实际的判断:一是多数省区市的登记系统未设置"担保范围"栏目,仅有"被担保主债权数额(最高债权数额)"的表述,且只能填写固定数字。而当事人在合同中又往往约定担保物权的担保范围包括主债权及其利息、违约金等附属债权,致使合同约定的担保范围与登记不一致。显然,这种不一致是由于该地区登记系统设置及登记规则造成的该地区的普遍现象。人民法院以合同约定认定担保物权的担保范围,是符合实际的妥当选择。二是一些省区市不动产登记系统设置与登记规则比较规范,担保物权登记范围与合同约定一致在该地区是常态或者普遍现象,人民法院在审理

《民法典》	《物权法》	相关规范性法律文件
		案件时,应当以登记的担保范围为准。
第390条 担保期间,担保财产毁损、灭失或者被征收等,担保物权人可以就获得的保险金、赔偿金或者补偿金等优先受偿。被担保债权的履行**期限**未届满的,也可以提存该保险金、赔偿金或者补偿金等。	第174条 担保期间,担保财产毁损、灭失或者被征收等,担保物权人可以就获得的保险金、赔偿金或者补偿金等优先受偿。被担保债权的履行期未届满的,也可以提存该保险金、赔偿金或者补偿金等。	《担保制度解释》第42条 抵押权依法设立后,抵押财产毁损、灭失或者被征收等,抵押权人请求按照原抵押权的顺位就保险金、赔偿金或者补偿金等优先受偿的,人民法院应予支持。 给付义务人已经向抵押人给付了保险金、赔偿金或者补偿金,抵押权人请求给付义务人向其给付保险金、赔偿金或者补偿金的,人民法院不予支持,但是给付义务人接到抵押权人要求向其给付的通知后仍然向抵押人给付的除外。 抵押权人请求给付义务人向其给付保险金、赔偿金或者补偿金的,人民法院可以通知抵押人作为第三人参加诉讼。
第391条 第三人提供担保,未经其书面同意,债权人允许债务人转移全部或者部分债务的,担保人不再承担相应的担保责任。	第175条 同《民法典》第391条	《担保法》第23条 保证期间,债权人许可债务人转让债务的,应当取得保证人书面同意,保证人对未经其同意转让的债务,不再承担保证责任。 《担保制度解释》第39条 主债权被分割或者部分转让,各债权人主张就其享有的债权份额行使担保物权的,人民法院应予支持,但是法律另有规定或者当事人另有约定的除外。 主债务被分割或者部分转移,债务人自己提供物的担保,债权人请求以该担保财产担保全部债务履行的,人民法院应予支持;第三人提供物的担保,主张对未经其书面同意转移的债务不再承担担保责任的,人民法院应予支持。
第392条 被担保的债权既有物的担保又有人的担保的,债务人不履行到期债务或者发生当事人约定的实现担保物权的情形,债权人应当按照约定实现债权;没有约定或者约定不明确,债务人自己提供物的担保的,债权人应当先就该物的担保实现债权;第三人提供物的担保的,债权人可以就物的担保实现债权,也可以**请求**保证人承担保证责任。提供担保的第三人承担担保责任后,有权向债务人追偿。	第176条 被担保的债权既有物的担保又有人的担保的,债务人不履行到期债务或者发生当事人约定的实现担保物权的情形,债权人应当按照约定实现债权;没有约定或者约定不明确,债务人自己提供物的担保的,债权人应当先就该物的担保实现债权;第三人提供物的担保的,债权人可以就物的担保实现债权,也可以要求保证人承担保证责任。提供担保的第三人承担担保责任后,有权向债务人追偿。	《担保法》第28条 同一债权既有保证又有物的担保的,保证人对物的担保以外的债权承担保证责任。 债权人放弃物的担保的,保证人在债权人放弃权利的范围内免除保证责任。 《担保制度解释》第13条 同一债务有两个以上第三人提供担保,担保人之间约定相互追偿及分担份额,承担了担保责任的担保人请求其他担保人按照约定分担份额的,人民法院应予支持;担保人之间约定承担连带共同担保,或者约定相互追偿但是未约

《民法典》	《物权法》	相关规范性法律文件
		定分担份额的,各担保人按照比例分担向债务人不能追偿的部分。 同一债务有两个以上第三人提供担保,担保人之间未对相互追偿作出约定且未约定承担连带共同担保,但是各担保人在同一份合同书上签字、盖章或者按指印,承担了担保责任的担保人请求其他担保人按照比例分担向债务人不能追偿部分的,人民法院应予支持。 除前两款规定的情形外,承担了担保责任的担保人请求其他担保人分担向债务人不能追偿部分的,人民法院不予支持。 《担保制度解释》第 14 条 同一债务有两个以上第三人提供担保,担保人受让债权的,人民法院应当认定该行为系承担担保责任。受让债权的担保人作为债权人请求其他担保人承担担保责任的,人民法院不予支持;该担保人请求其他担保人分担相应份额的,依照本解释第十三条的规定处理。 《民诉解释》第 363 条 依照民法典第三百九十二条的规定,被担保的债权既有物的担保又有人的担保,当事人对实现担保物权的顺序有约定,实现担保物权的申请违反该约定的,人民法院裁定不予受理;没有约定或者约定不明的,人民法院应当受理。 《九民纪要》第 56 条 被担保的债权既有保证又有第三人提供的物的担保的,担保法司法解释第 38 条明确规定,承担了担保责任的担保人可以要求其他担保人清偿其应当分担的份额。但《物权法》第 176 条并未作出类似规定,根据《物权法》第 178 条关于"担保法与本法的规定不一致的,适用本法"的规定,承担了担保责任的担保人向其他担保人追偿的,人民法院不予支持,但担保人在担保合同中约定可以相互追偿的除外。
第 393 条 有下列情形之一的,担保物权消灭: (一)主债权消灭; (二)担保物权实现; (三)债权人放弃担保物权; (四)法律规定担保物权消灭的其他情形。	第 177 条 同《民法典》第 393 条	《担保法》第 52 条 抵押权与其担保的债权同时存在,债权消灭的,抵押权也消灭。 《担保法》第 58 条 抵押权因抵押物灭失而消灭。因灭失所得的赔偿金,应当作为抵押财产。

《民法典》	《物权法》	相关规范性法律文件
		《担保法》第 74 条　质权与其担保的债权同时存在,债权消灭的,质权也消灭。
第十七章　抵押权	第十六章　抵押权	
第一节　一般抵押权	第一节　一般抵押权	
第 394 条　为担保债务的履行,债务人或者第三人不转移财产的占有,将该财产抵押给债权人的,债务人不履行到期债务或者发生当事人约定的实现抵押权的情形,债权人有权就该财产优先受偿。 前款规定的债务人或者第三人为抵押人,债权人为抵押权人,提供担保的财产为抵押财产。	第 179 条 同《民法典》第 394 条.	《担保法》第 33 条　本法所称抵押,是指债务人或者第三人不转移对本法第三十四条所列财产的占有,将该财产作为债权的担保。债务人不履行债务时,债权人有权依照本法规定以该财产折价或者以拍卖、变卖该财产的价款优先受偿。 前款规定的债务人或者第三人为抵押人,债权人为抵押权人,提供担保的财产为抵押物。
第 395 条　债务人或者第三人有权处分的下列财产可以抵押: (一)建筑物和其他土地附着物; (二)建设用地使用权; **(三)海域使用权;** (四)生产设备、原材料、半成品、产品; (五)正在建造的建筑物、船舶、航空器; (六)交通运输工具; (七)法律、行政法规未禁止抵押的其他财产。 抵押人可以将前款所列财产一并抵押。	第 180 条　债务人或者第三人有权处分的下列财产可以抵押: (一)建筑物和其他土地附着物; (二)建设用地使用权; **(三)以招标、拍卖、公开协商等方式取得的荒地等土地承包经营权;** (四)生产设备、原材料、半成品、产品; (五)正在建造的建筑物、船舶、航空器; (六)交通运输工具; (七)法律、行政法规未禁止抵押的其他财产。 抵押人可以将前款所列财产一并抵押。	《担保法》第 34 条　下列财产可以抵押: (一)抵押人所有的房屋和其他地上定着物; (二)抵押人所有的机器、交通运输工具和其他财产; (三)抵押人依法有权处分的国有的土地使用权、房屋和其他地上定着物; (四)抵押人依法有权处分的国有的机器、交通运输工具和其他财产; (五)抵押人依法承包并经发包方同意抵押的荒山、荒沟、荒丘、荒滩等荒地的土地使用权; (六)依法可以抵押的其他财产。 抵押人可以将前款所列财产一并抵押。 《担保制度解释》第 50 条　抵押人以划拨建设用地上的建筑物抵押,当事人以该建设用地使用权不能抵押或者未办理批准手续为由主张抵押合同无效或者不生效的,人民法院不予支持。抵押权依法实现时,拍卖、变卖建筑物所得的价款,应当优先用于补缴建设用地使用权出让金。 当事人以划拨方式取得的建设用地使用权抵押,抵押人以未办理批准手续为由主张抵押合同无效或者不生效的,人民法院不予支持。已经依法办理抵押登记,抵押权人主张行使抵押权的,人民法院应予支持。抵押权依法实现时所得的价款,参照前款有关规定处理。

《民法典》	《物权法》	相关规范性法律文件
第396条 企业、个体工商户、农业生产经营者可以将现有的以及将有的生产设备、原材料、半成品、产品抵押，债务人不履行到期债务或者发生当事人约定的实现抵押权的情形，债权人有权就抵押<u>财产确定时</u>的动产优先受偿。	**第181条** 经当事人书面协议，企业、个体工商户、农业生产经营者可以将现有的以及将有的生产设备、原材料、半成品、产品抵押，债务人不履行到期债务或者发生当事人约定的实现抵押权的情形，债权人有权就实现抵押权时的动产优先受偿。	《九民纪要》第63条 在流动质押中，经常由债权人、出质人与监管人订立三方监管协议，此时应当查明监管人究竟是受债权人的委托还是受出质人的委托监管质物，确定质物是否已经交付债权人，从而判断质权是否有效设立。如果监管人系受债权人的委托监管质物，则其是债权人的直接占有人，应当认定完成了质物交付，质权有效设立。监管人违反监管协议约定，违规向出质人放货、因保管不善导致质物毁损灭失，债权人请求监管人承担违约责任的，人民法院依法予以支持。 如果监管人系受出质人委托监管质物，表明质物并未交付债权人，应当认定质权未有效设立。尽管监管协议约定监管人系受债权人的委托监管质物，但有证据证明其并未履行监管职责，质物实际上仍由出质人管领控制的，也应当认定质物并未实际交付，质权未有效设立。此时，债权人可以基于质押合同的约定请求质押人承担违约责任，但其范围不得超过质权有效设立时质押人所应当承担的责任。监管人未履行监管职责的，债权人也可以请求监管人承担违约责任。 《九民纪要》第64条 企业将其现有的以及将有的生产设备、原材料、半成品及产品等财产设定浮动抵押后，又将其中的生产设备等部分财产设定了动产抵押，并都办理了抵押登记的，根据《物权法》第199条的规定，登记在先的浮动抵押优先于登记在后的动产抵押。
第397条 以建筑物抵押的，该建筑物占用范围内的建设用地使用权一并抵押。以建设用地使用权抵押的，该土地上的建筑物一并抵押。 抵押人未<u>依据</u>前款规定一并抵押，未抵押的财产视为一并抵押。	**第182条** 以建筑物抵押的，该建筑物占用范围内的建设用地使用权一并抵押。以建设用地使用权抵押的，该土地上的建筑物一并抵押。 抵押人未依照前款规定一并抵押，未抵押的财产视为一并抵押。	《担保法》第36条第1款、第2款 以依法取得的国有土地上的房屋抵押的，该房屋占用范围内的国有土地使用权同时抵押。 以出让方式取得的国有土地使用权抵押的，应当将抵押时该国有土地上的房屋同时抵押。 《担保制度解释》第51条 当事人仅以建设用地使用权抵押，债权人主张抵押权的效力及于土地上已有的建筑物以及正在建造的建筑物已完成部分的，人民法院应予支持。债权人主张抵押权的效力及于正在建造的建筑

《民法典》	《物权法》	相关规范性法律文件
		物的续建部分以及新增建筑物的,人民法院不予支持。 当事人以正在建造的建筑物抵押,抵押权的效力范围限于已办理抵押登记的部分。当事人按照担保合同的约定,主张抵押权的效力及于续建部分、新增建筑物以及规划中尚未建造的建筑物的,人民法院不予支持。 抵押人将建设用地使用权、土地上的建筑物或者正在建造的建筑物分别抵押给不同债权人的,人民法院应当根据抵押登记的时间先后确定清偿顺序。 《九民纪要》第61条 根据《物权法》第182条之规定,仅以建筑物设定抵押的,抵押权的效力及于占用范围内的土地;仅以建设用地使用权抵押的,抵押权的效力亦及于其上的建筑物。在房地分别抵押,即建设用地使用权抵押给一个债权人,而其上的建筑物又抵押给另一个人的情况下,可能产生两个抵押权的冲突问题。基于"房地一体"规则,此时应当将建筑物和建设用地使用权视为同一财产,从而依照《物权法》第199条的规定确定清偿顺序:登记在先的先清偿;同时登记的,按照债权比例清偿。同一天登记的,视为同时登记。应予注意的是,根据《物权法》第200条的规定,建设用地使用权抵押后,该土地上新增的建筑物不属于抵押财产。
第398条 乡镇、村企业的建设用地使用权不得单独抵押。以乡镇、村企业的厂房等建筑物抵押的,其占用范围内的建设用地使用权一并抵押。	第183条 同《民法典》第398条	《担保法》第36条第3款 乡(镇)村企业的土地使用权不得单独抵押。以乡(镇)、村企业的厂房等建筑物抵押的,其占用范围内的土地使用权同时抵押。
第399条 下列财产不得抵押: (一)土地所有权; (二)宅基地、自留地、自留山等集体所有**土地**的使用权,**但是**法律规定可以抵押的除外; (三)学校、幼儿园、**医疗机构****为公益目的****成立的非营利法人**的教育设施、医疗卫生设施和其他公益设施; (四)所有权、使用权不明或者有争议的财产; (五)依法被查封、扣押、监管的财产; (六)法律、行政法规规定不得抵押的其他财产。	第184条 下列财产不得抵押: (一)土地所有权; (二)**耕地**、宅基地、自留地、自留山等集体所有的土地使用权,但法律规定可以抵押的除外; (三)学校、幼儿园、医院等以公益为目的的事业单位、社会团体的教育设施、医疗卫生设施和其他**社会**公益设施; (四)所有权、使用权不明或者有争议的财产; (五)依法被查封、扣押、监管的财产; (六)法律、行政法规规定不得抵押的其他财产。	《担保法》第37条 下列财产不得抵押: (一)土地所有权; (二)耕地、宅基地、自留地、自留山等集体所有的土地使用权,但本法第三十四条第(五)项、第三十六条第三款规定的除外; (三)学校、幼儿园、医院等以公益为目的的事业单位、社会团体的教育设施、医疗卫生设施和其他社会公益设施; (四)所有权、使用权不明或者有争议的财产; (五)依法被查封、扣押、监管的财产;

《民法典》	《物权法》	相关规范性法律文件
		（六）依法不得抵押的其他财产。
《担保制度解释》第6条 以公益为目的的非营利性学校、幼儿园、医疗机构、养老机构等提供担保的，人民法院应当认定担保合同无效，但是有下列情形之一的除外：
（一）在购入或者以融资租赁方式承租教育设施、医疗卫生设施、养老服务设施和其他公益设施时，出卖人、出租人为担保价款或者租金实现而在该公益设施上保留所有权；
（二）以教育设施、医疗卫生设施、养老服务设施和其他公益设施以外的不动产、动产或者财产权利设立担保物权。
登记为营利法人的学校、幼儿园、医疗机构、养老机构等提供担保，当事人以其不具有担保资格为由主张担保合同无效的，人民法院不予支持。
《担保制度解释》第37条第2、3款 当事人以依法被查封或者扣押的财产抵押，抵押权人请求行使抵押权，经审查查封或者扣押措施已经解除的，人民法院应予支持。抵押人以抵押权设立时财产被查封或者扣押为由主张抵押合同无效的，人民法院不予支持。
以依法被监管的财产抵押的，适用前款规定。
《担保制度解释》第49条 以违法的建筑物抵押的，抵押合同无效，但是一审法庭辩论终结前已经办理合法手续的除外。抵押合同无效的法律后果，依照本解释第十七条的有关规定处理。
当事人以建设用地使用权依法设立抵押，抵押人以土地上存在违法的建筑物为由主张抵押合同无效的，人民法院不予支持。
第400条 设立抵押权，当事人应当**采用**书面形式订立抵押合同。
抵押合同一般包括下列条款：
（一）被担保债权的种类和数额；
（二）债务人履行债务的期限；
（三）抵押财产的名称、数量**等情况**；
（四）担保的范围。	第185条 设立抵押权，当事人应当采取书面形式订立抵押合同。
抵押合同一般包括下列条款：
（一）被担保债权的种类和数额；
（二）债务人履行债务的期限；
（三）抵押财产的名称、数量、**质量、状况、所在地、所有权归属或者使用权权属**；
（四）担保的范围。	《担保法》第38条 抵押人和抵押权人应当以书面形式订立抵押合同。
《担保法》第39条 抵押合同应当包括以下内容：
（一）被担保的主债权种类、数额；
（二）债务人履行债务的期限；
（三）抵押物的名称、数量、质量、状况、所在地、所有权权属或者使用权权属；
（四）抵押担保的范围；

《民法典》	《物权法》	相关规范性法律文件
		(五)当事人认为需要约定的其他事项。 抵押合同不完全具备前款规定内容的,可以补正。 **《担保制度解释》第 47 条** 不动产登记簿就抵押财产、被担保的债权范围等所作的记载与抵押合同约定不一致的,人民法院应当根据登记簿的记载确定抵押财产、被担保的债权范围等事项。
第 401 条 抵押权人在债务履行**期限**届满前,与抵押人约定债务人不履行到期债务时抵押财产归债权人所有的,<u>只能依法就抵押财产优先受偿</u>。	**第 186 条** 抵押权人在债务履行期届满前,**不得**与抵押人约定债务人不履行到期债务时抵押财产归债权人所有。	**《担保法》第 40 条** 订立抵押合同时,抵押权人和抵押人在合同中不得约定在债务履行期届满抵押权人未受清偿时,抵押物的所有权转移为债权人所有。 **《合同编通则解释》第 28 条第 2 款** 当事人约定债务人到期没有清偿债务,债权人可以对抵债财产拍卖、变卖、折价以实现债权的,人民法院应当认定该约定有效。当事人约定债务人到期没有清偿债务,抵债财产归债权人所有的,人民法院应当认定该约定无效,但是不影响其他部分的效力;债权人请求对抵债财产拍卖、变卖、折价以实现债权的,人民法院应予支持。 **《九民纪要》第 71 条** 债务人或者第三人与债权人订立合同,约定将财产形式上转让至债权人名下,债务人到期清偿债务,债权人将该财产返还给债务人或第三人,债务人到期没有清偿债务,债权人可以对财产拍卖、变卖、折价偿还债权的,人民法院应当认定合同有效。合同如果约定债务人到期没有清偿债务,财产归债权人所有的,人民法院应当认定该部分约定无效,但不影响合同其他部分的效力。 当事人根据上述合同约定,已经完成财产权利变动的公示方式转让至债权人名下,债务人到期没有清偿债务,债权人请求确认财产归其所有的,人民法院不予支持,但债权人请求参照法律关于担保物权的规定对财产拍卖、变卖、折价优先偿还其债权的,人民法院依法予以支持。债务人因到期没有清偿债务,请求对该财产拍卖、变卖、折价偿还所欠债权人合同项下债务的,人民法院亦应依法予以支持。

《民法典》	《物权法》	相关规范性法律文件
第 402 条　以本法第三百九十五条第一款第一项至第三项规定的财产或者第五项规定的正在建造的建筑物抵押的,应当办理抵押登记。抵押权自登记时设立。	第 187 条　以本法第一百八十条第一款第一项至第三项规定的财产或者第五项规定的正在建造的建筑物抵押的,应当办理抵押登记。抵押权自登记时设立。	《担保法》第 41 条　当事人以本法第四十二条规定的财产抵押的,应当办理抵押物登记,抵押合同自登记之日起生效。 《担保制度解释》第 46 条　不动产抵押合同生效后未办理抵押登记手续,债权人请求抵押人办理抵押登记手续的,人民法院应予支持。 抵押财产因不可归责于抵押人自身的原因灭失或者被征收等导致不能办理抵押登记,债权人请求抵押人在约定的担保范围内承担责任的,人民法院不予支持;但是抵押人已经获得保险金、赔偿金或者补偿金等,债权人请求抵押人在其所获金额范围内承担赔偿责任的,人民法院依法予以支持。 因抵押人转让抵押财产或者其他可归责于抵押人自身的原因导致不能办理抵押登记,债权人请求抵押人在约定的担保范围内承担责任的,人民法院依法予以支持,但是不得超过抵押权能够设立时抵押人应当承担的责任范围。 《民法典时间效力规定》第 7 条　民法典施行前,当事人在债务履行期限届满前约定债务人不履行到期债务时抵押财产或者质押财产归债权人所有的,适用民法典第四百零一条和第四百二十八条的规定。 《九民纪要》第 60 条　不动产抵押合同依法成立,但未办理抵押登记手续,债权人请求抵押人办理抵押登记手续的,人民法院依法予以支持。因抵押物灭失以及抵押物转让他人等原因不能办理抵押登记,债权人请求抵押人以抵押物的价值为限承担责任的,人民法院依法予以支持,但其范围不得超过抵押权有效设立时抵押人所应当承担的责任。
第 403 条　以动产抵押的,抵押权自抵押合同生效时设立;未经登记,不得对抗善意第三人。	第 188 条　以本法第一百八十条第一款第四项、第六项规定的财产或者第五项规定的正在建造的船舶、航空器抵押的,抵押权自抵押合同生效时设立;未经登记,不得对抗善意第三人。 第 189 条第 1 款　企业、个体工商户、农业生产经营者以本法第一百八十一条规定的动产抵押的,应当向抵押人住所地的工商行政管理部门办理登记。抵押权自抵押合同生效时设立;未经登记,不得对抗善意第三人。	《担保法》第 43 条　当事人以其他财产抵押的,可以自愿办理抵押物登记,抵押合同自签订之日起生效。 当事人未办理抵押物登记的,不得对抗第三人。当事人办理抵押物登记的,登记部门为抵押人所在地的公证部门。 《担保制度解释》第 54 条　动产抵押合同订立后未办理抵押登记,动产抵押权的效力按照下列情形分别处理:

《民法典》	《物权法》	相关规范性法律文件
		（一）抵押人转让抵押财产,受让人占有抵押财产后,抵押权人向受让人请求行使抵押权的,人民法院不予支持,但是抵押权人能够举证证明受让人知道或者应当知道已经订立抵押合同的除外； （二）抵押人将抵押财产出租给他人并移转占有,抵押权人行使抵押权的,租赁关系不受影响,但是抵押权人能够举证证明承租人知道或者应当知道已经订立抵押合同的除外； （三）抵押人的其他债权人向人民法院申请保全或者执行抵押财产,人民法院已经作出财产保全裁定或者采取执行措施,抵押权人主张对抵押财产优先受偿的,人民法院不予支持； （四）抵押人破产,抵押权人主张对抵押财产优先受偿的,人民法院不予支持。 **《动产和权利担保统一登记决定》** 二,纳入动产和权利担保统一登记范围的担保类型包括： （一）生产设备、原材料、半成品、产品抵押； （二）应收账款质押； （三）存款单、仓单、提单质押； （四）融资租赁； （五）保理； （六）所有权保留； （七）其他可以登记的动产和权利担保,但机动车抵押、船舶抵押、航空器抵押、债券质押、基金份额质押、股权质押、知识产权中的财产权质押除外。 三,纳入统一登记范围的动产和权利担保,由当事人通过中国人民银行征信中心（以下简称征信中心）动产融资统一登记公示系统自主办理登记,并对登记内容的真实性、完整性和合法性负责。登记机构不对登记内容进行实质审查。 **《四类动产抵押登记有关过渡安排公告》** ……现就生产设备、原材料、半成品、产品等四类动产抵押（以下简称四类动产抵押）登记的有关过渡安排公告如下： 一、总体安排 （三）登记系统。征信中心动产融资统一登记公示系统（以下简称统一登记系统）为社会公众提供动产抵押登记和查询服务。统

《民法典》	《物权法》	相关规范性法律文件
		一登记系统的网址为 https://www.zhongdengwang.org.cn。 (四)登记规则。当事人应当按照《应收账款质押登记办法》(中国人民银行令〔2019〕第 4 号发布)、《中国人民银行征信中心动产融资统一登记公示系统操作规则》的规定自主办理涉及四类动产抵押的登记和查询,并对登记内容的真实性、完整性、合法性负责。过渡期内如遇制度调整的,按照新规定办理。
第 404 条 以动产抵押的,不得对抗正常经营活动中已经支付合理价款并取得抵押财产的买受人。	第 189 条第 2 款 依照本法第一百八十一条规定抵押的,不得对抗正常经营活动中已支付合理价款并取得抵押财产的买受人。	《担保制度解释》第 56 条 买受人在出卖人正常经营活动中通过支付合理对价取得已被设立担保物权的动产,担保物权人请求就该动产优先受偿的,人民法院不予支持,但是有下列情形之一的除外: (一)购买商品的数量明显超过一般买受人; (二)购买出卖人的生产设备; (三)订立买卖合同的目的在于担保出卖人或者第三人履行债务; (四)买受人与出卖人存在直接或者间接的控制关系; (五)买受人应当查询抵押登记而未查询的其他情形。 前款所称出卖人正常经营活动,是指出卖人的经营活动属于其营业执照明确记载的经营范围,且出卖人持续销售同类商品。前款所称担保物权人,是指已经办理登记的抵押权人、所有权保留买卖的出卖人、融资租赁合同的出租人。
第 405 条 抵押权设立前抵押财产已经出租并转移占有的,原租赁关系不受该抵押权的影响。	第 190 条 订立抵押合同前抵押财产已出租的,原租赁关系不受该抵押权的影响。抵押权设立后抵押财产出租的,该租赁关系不得对抗已登记的抵押权。	《担保法》第 48 条 抵押人将已出租的财产抵押的,应当书面告知承租人,原租赁合同继续有效。
第 406 条 抵押期间,抵押人可以转让抵押财产。当事人另有约定的,按照其约定。抵押财产转让的,抵押权不受影响。 抵押人转让抵押财产的,应当及时通知抵押权人。抵押权人能够证明抵押财产转让可能损害抵押权的,可以请求抵押人将转让所得的价款向抵押权人提前清偿债务或者提存。转让的价款超过债权数额的部分归抵押人所有,不足部分由债务人清偿。	第 191 条 抵押期间,抵押人经抵押权人同意转让抵押财产的,应当将转让所得的价款向抵押权人提前清偿债务或者提存。转让的价款超过债权数额的部分归抵押人所有,不足部分由债务人清偿。 抵押期间,抵押人未经抵押权人同意,不得转让抵押财产,但受让人代为清偿债务消灭抵押权的除外。	《担保法》第 49 条 抵押期间,抵押人转让已办理登记的抵押物的,应当通知抵押权人并告知受让人转让物已经抵押的情况;抵押人未通知抵押权人或者未告知受让人的,转让行为无效。 转让抵押物的价款明显低于其价值的,抵押权人可以要求抵押人提供相应的担保;抵押人不提供的,不得转让抵押物。 抵押人转让抵押物所得的价款,应当向抵押权人提前清偿所

《民法典》	《物权法》	相关规范性法律文件
		担保的债权或者向与抵押权人约定的第三人提存。超过债权数额的部分,归抵押人所有,不足部分由债务人清偿。 **《担保制度解释》第 38 条第 2 款** 担保财产被分割或者部分转让,担保物权人主张就分割或者转让后的担保财产行使担保物权的,人民法院应予支持,但是法律或者司法解释另有规定的除外。 **《担保制度解释》第 43 条** 当事人约定禁止或者限制转让抵押财产但是未将约定登记,抵押人违反约定转让抵押财产,抵押权人请求确认转让合同无效的,人民法院不予支持;抵押财产已经交付或者登记,抵押权人请求确认转让不发生物权效力的,人民法院不予支持,但是抵押权人有证据证明受让人知道的除外;抵押权人请求抵押人承担违约责任的,人民法院依法予以支持。 当事人约定禁止或者限制转让抵押财产且已经将约定登记,抵押人违反约定转让抵押财产,抵押权人请求确认转让合同无效的,人民法院不予支持;抵押财产已经交付或者登记,抵押权人主张转让不发生物权效力的,人民法院应予支持,但是因受让人代替债务人清偿债务导致抵押权消灭的除外。
第 407 条 抵押权不得与债权分离而单独转让或者作为其他债权的担保。债权转让的,担保该债权的抵押权一并转让,但是法律另有规定或者当事人另有约定的除外。	**第 192 条** 抵押权不得与债权分离而单独转让或者作为其他债权的担保。债权转让的,担保该债权的抵押权一并转让,但法律另有规定或者当事人另有约定的除外。	**《担保法》第 50 条** 抵押权不得与债权分离而单独转让或作为其他债权的担保。 **《九民纪要》第 62 条** 抵押权是从属于主合同的从权利,根据"从随主"规则,债权转让的,除法律另有规定或当事人另有约定外,担保该债权的抵押权一并转让。受让人向抵押人主张行使抵押权,抵押人以受让人不是抵押合同的当事人、未办理变更登记等为由提出抗辩的,人民法院不予支持。
第 408 条 抵押人的行为足以使抵押财产价值减少的,抵押权人有权**请求**抵押人停止其行为;抵押财产价值减少的,抵押权人有权**请求**恢复抵押财产的价值,或者提供与减少的价值相应的担保。抵押人不恢复抵押财产的价值,也不提供担保的,抵押权人有权**请求**债务人提前清偿债务。	**第 193 条** 抵押人的行为足以使抵押财产价值减少的,抵押权人有权要求抵押人停止其行为。抵押财产价值减少的,抵押权人有权要求恢复抵押财产的价值,或者提供与减少的价值相应的担保。抵押人不恢复抵押财产的价值也不提供担保的,抵押权人有权要求债务人提前清偿债务。	**《担保法》第 51 条** 抵押人的行为足以使抵押物价值减少的,抵押权人有权要求抵押人停止其行为。抵押物价值减少时,抵押权人有权要求抵押人恢复抵押物的价值,或者提供与减少的价值相当的担保。 抵押人对抵押物价值减少无过错的,抵押权人只能在抵押人因损害而得到的赔偿范围内要求提

《民法典》	《物权法》	相关规范性法律文件
		供担保。抵押物价值未减少的部分，仍作为债权的担保。
第409条 抵押权人可以放弃抵押权或者抵押权的顺位。抵押权人与抵押人可以协议变更抵押权顺位以及被担保的债权数额等内容。但是，抵押权的变更未经其他抵押权人书面同意的，不得对其他抵押权人产生不利影响。 债务人以自己的财产设定抵押，抵押权人放弃该抵押权、抵押权顺位或者变更抵押权的，其他担保人在抵押权人丧失优先受偿权益的范围内免除担保责任，但是其他担保人承诺仍然提供担保的除外。	第194条 抵押权人可以放弃抵押权或者抵押权的顺位。抵押权人与抵押人可以协议变更抵押权顺位以及被担保的债权数额等内容，但抵押权的变更，未经其他抵押权人书面同意，不得对其他抵押权人产生不利影响。 债务人以自己的财产设定抵押，抵押权人放弃该抵押权、抵押权顺位或者变更抵押权的，其他担保人在抵押权人丧失优先受偿权益的范围内免除担保责任，但其他担保人承诺仍然提供担保的除外。	
第410条 债务人不履行到期债务或者发生当事人约定的实现抵押权的情形，抵押权人可以与抵押人协议以抵押财产折价或者以拍卖、变卖该抵押财产所得的价款优先受偿。协议损害其他债权人利益的，**其他债权人可以请求人民法院撤销该协议**。 抵押权人与抵押人未就抵押权实现方式达成协议的，抵押权人可以请求人民法院拍卖、变卖抵押财产。 抵押财产折价或者变卖的，应当参照市场价格。	第195条 债务人不履行到期债务或者发生当事人约定的实现抵押权的情形，抵押权人可以与抵押人协议以抵押财产折价或者以拍卖、变卖该抵押财产所得的价款优先受偿。协议损害其他债权人利益的，其他债权人可以**在知道或者应当知道撤销事由之日起一年内**请求人民法院撤销协议。 抵押权人与抵押人未就抵押权实现方式达成协议的，抵押权人可以请求人民法院拍卖、变卖抵押财产。 抵押财产折价或者变卖的，应当参照市场价格。	《担保法》第53条第1款 债务履行期届满抵押权人未受清偿的，可以与抵押人协议以抵押物折价或者以拍卖、变卖该抵押物所得的价款受偿；协议不成的，抵押权人可以向人民法院提起诉讼。 《担保法》第94条 抵押物、质物、留置物折价或者变卖，应当参照市场价格。 《担保制度解释》第45条 当事人约定当债务人不履行到期债务或者发生当事人约定的实现担保物权的情形，担保物权人有权将担保财产自行拍卖、变卖并就所得的价款优先受偿的，该约定有效。因担保人的原因导致担保物权人无法自行对担保财产进行拍卖、变卖，担保物权人请求担保人承担因此增加的费用的，人民法院应予支持。 当事人依照民事诉讼法有关"实现担保物权案件"的规定，申请拍卖、变卖担保财产，被申请人以担保合同约定仲裁条款为由主张驳回申请的，人民法院经审查后，应当按照以下情形分别处理： （一）当事人对担保物权无实质性争议且实现担保物权条件已经成就的，应当裁定准许拍卖、变卖担保财产； （二）当事人对实现担保物权有部分实质性争议的，可以就无争议的部分裁定准许拍卖、变卖担保财产，并告知可以就有争议的部分申请仲裁；

《民法典》	《物权法》	相关规范性法律文件
		（三）当事人对实现担保物权有实质性争议的,裁定驳回申请,并告知可以向仲裁机构申请仲裁。 债权人以诉讼方式行使担保物权的,应当以债务人和担保人作为共同被告。
第411条　**依据**本法**第三百九十六条**规定设定抵押的,抵押财产自下列情形之一发生时确定： （一）债务履行期限届满,债权未实现； （二）抵押人被宣告破产或者解散； （三）当事人约定的实现抵押权的情形； （四）严重影响债权实现的其他情形。	第196条　依照本法第一百八十一条规定设定抵押的,抵押财产自下列情形之一发生时确定： （一）债务履行期限届满,债权未实现； （二）抵押人被宣告破产或者被撤销； （三）当事人约定的实现抵押权的情形； （四）严重影响债权实现的其他情形。	
第412条　债务人不履行到期债务或者发生当事人约定的实现抵押权的情形,致使抵押财产被人民法院依法扣押的,自扣押之日起,抵押权人有权收取该抵押财产的天然孳息或者法定孳息,但**是**抵押权人未通知应当清偿法定孳息的义务人的除外。 前款规定的孳息应当先充抵收取孳息的费用。	第197条　债务人不履行到期债务或者发生当事人约定的实现抵押权的情形,致使抵押财产被人民法院依法扣押的,自扣押之日起抵押权人有权收取该抵押财产的天然孳息或者法定孳息,但抵押权人未通知应当清偿法定孳息的义务人的除外。 前款规定的孳息应当先充抵收取孳息的费用。	《担保法》第47条　债务履行期届满,债务人不履行债务致使抵押物被人民法院依法扣押的,自扣押之日起抵押权人有权收取由抵押物分离的天然孳息以及抵押人就抵押物可以收取的法定孳息。抵押权人未将扣押抵押物的事实通知应当清偿法定孳息的义务人的,抵押权的效力不及于该孳息。 前款孳息应当先抵收取孳息的费用。
第413条　抵押财产折价或者拍卖、变卖后,其价款超过债权数额的部分归抵押人所有,不足部分由债务人清偿。	第198条 同《民法典》第413条	《担保法》第53条第2款 抵押物折价或者拍卖、变卖后,其价款超过债权数额的部分归抵押人所有,不足部分由债务人清偿。
第414条　同一财产向两个以上债权人抵押的,拍卖、变卖抵押财产所得的价款依照下列规定清偿： （一）抵押权已**经**登记的,按照登记的时间先后确定清偿顺序； （二）抵押权已**经**登记的先于未登记的受偿； （三）抵押权未登记的,按照债权比例清偿。 其他**可以**登记的担保物权,清偿顺序参照适用前款规定。	第199条　同一财产向两个以上债权人抵押的,拍卖、变卖抵押财产所得的价款依照下列规定清偿： （一）抵押权已登记的,按照登记的先后顺序清偿；顺序相同的,**按照债权比例清偿**； （二）抵押权已登记的先于未登记的受偿； （三）抵押权未登记的,按照债权比例清偿。	《担保法》第54条　同一财产向两以上债权人抵押的,拍卖、变卖抵押物所得的价款按照以下规定清偿： （一）抵押合同以登记生效的,按照抵押物登记的先后顺序清偿；顺序相同的,按照债权比例清偿。 （二）抵押合同自签订之日起生效的,该抵押物已登记的,按照本条第（一）项规定清偿；未登记的,按照合同生效时间的先后顺序清偿,顺序相同的,按照债权比例清偿。抵押物已登记的先于未登记的受偿。

《民法典》	《物权法》	相关规范性法律文件
		《担保制度解释》第51条第3款 抵押人将建设用地使用权、土地上的建筑物或者正在建造的建筑物分别抵押给不同债权人的,人民法院应当根据抵押登记的时间先后确定清偿顺序。 《九民纪要》第65条 同一动产上同时设立质权和抵押权的,应当参照适用《物权法》第199条的规定,根据是否完成公示以及公示先后情况来确定清偿顺序:质权有效设立、抵押权办理了抵押登记的,按照公示先后确定清偿顺序;顺序相同的,按照债权比例清偿;质权有效设立,抵押权未办理抵押登记的,质权优先于抵押权;质权未有效设立,抵押权未办理抵押登记的,因此时抵押权已经有效设立,故抵押权优先受偿。 根据《物权法》第178条规定的精神,担保法司法解释第79条第1款不再适用。
第415条 同一财产既设立抵押权又设立质权的,拍卖、变卖该财产所得的价款按照登记、交付的时间先后确定清偿顺序。	(无)	
第416条 动产抵押担保的主债权是抵押物的价款,标的物交付后十日内办理抵押登记的,该抵押权人优先于抵押物买受人的其他担保物权人受偿,但是留置权人除外。	(无)	《担保制度解释》第57条 担保人在设立动产浮动抵押并办理抵押登记后又购入或者以融资租赁方式承租新的动产,下列权利人为担保价款债权或者租金的实现而订立担保合同,并在该动产交付后十日内办理登记,主张其权利优先于在先设立的浮动抵押权的,人民法院应予支持: (一)在该动产上设立抵押权或者保留所有权的出卖人; (二)为价款支付提供融资而在该动产上设立抵押权的债权人; (三)以融资租赁方式出租该动产的出租人。 买受人取得动产但未付清价款或者承租人以融资租赁方式占有租赁物但是未付清全部租金,又以标的物为他人设立担保物权,前款所列权利人为担保价款债权或者租金的实现而订立担保合同,并在该动产交付后十日内办理登记,主张其权利优先于买受人为他人设立的担保物权的,人民法院应予支持。

《民法典》	《物权法》	相关规范性法律文件
		同一动产上存在多个价款优先权的,人民法院应当按照登记的时间先后确定清偿顺序。
第417条　建设用地使用权抵押后,该土地上新增的建筑物不属于抵押财产。该建设用地使用权实现抵押权时,应当将该土地上新增的建筑物与建设用地使用权一并处分。但是,新增建筑物所得的价款,抵押权人无权优先受偿。	第200条　建设用地使用权抵押后,该土地上新增的建筑物不属于抵押财产。该建设用地使用权实现抵押权时,应当将该土地上新增的建筑物与建设用地使用权一并处分,但新增建筑物所得的价款,抵押权人无权优先受偿。	《担保法》第55条第1款　城市房地产抵押合同签订后,土地上新增的房屋不属于抵押物。需要拍卖抵押的房地产时,可以依法将该土地上新增的房屋与抵押物一同拍卖,但对拍卖新增房屋所得,抵押权人无权优先受偿。 《担保制度解释》第51条　当事人仅以建设用地使用权抵押,债权人主张抵押权的效力及于土地上已有的建筑物以及正在建造的建筑物已完成部分的,人民法院应予支持。债权人主张抵押权的效力及于正在建造的建筑物的续建部分以及新增建筑物的,人民法院不予支持。 当事人以正在建造的建筑物抵押,抵押权的效力范围限于已办理抵押登记的部分。当事人按照担保合同的约定,主张抵押权的效力及于续建部分、新增建筑物以及规划中尚未建造的建筑物的,人民法院不予支持。 抵押人将建设用地使用权、土地上的建筑物或者正在建造的建筑物分别抵押给不同债权人的,人民法院应当根据抵押登记的时间先后确定清偿顺序。
第418条　以集体所有土地的使用权依法抵押的,实现抵押权后,未经法定程序,不得改变土地所有权的性质和土地用途。	第201条　依照本法第一百八十条第一款第三项规定的土地承包经营权抵押的,或者依照本法第一百八十三条规定以乡镇、村企业的厂房等建筑物占用范围内的建设用地使用权一并抵押的,实现抵押权后,未经法定程序,不得改变土地所有权的性质和土地用途。	《担保法》第55条第2款　依照本法规定以承包的荒地的土地使用权抵押的,或者以乡(镇)、村企业的厂房等建筑物占用范围内的土地使用权抵押的,在实现抵押权后,未经法定程序不得改变土地集体所有和土地用途。
第419条　抵押权人应当在主债权诉讼时效期间行使抵押权;未行使的,人民法院不予保护。	第202条 同《民法典》第419条	《担保制度解释》第44条　主债权诉讼时效期间届满后,抵押权人主张行使抵押权的,人民法院不予支持;抵押人以主债权诉讼时效期间届满为由,主张不承担担保责任的,人民法院应予支持。主债权诉讼时效期间届满前,债权人仅对债务人提起诉讼,经人民法院判决或者调解后未在民事诉讼法规定的申请执行时效期间内对债务人申请强制执行,其向抵押人主张行使抵押权的,人民法院不予支持。

《民法典》	《物权法》	相关规范性法律文件
		主债权诉讼时效期间届满后,财产被留置的债务人或者对留置财产享有所有权的第三人请求债权人返还留置财产的,人民法院不予支持;债务人或者第三人请求拍卖、变卖留置财产并以所得价款清偿债务的,人民法院应予支持。 主债权诉讼时效期间届满的法律后果,以登记作为公示方式的权利质权,参照适用第一款的规定;动产质权、以交付权利凭证作为公示方式的权利质权,参照适用第二款的规定。 **《九民纪要》第59条** 抵押权人应当在主债权的诉讼时效期间内行使抵押权。抵押权人在主债权诉讼时效届满前未行使抵押权,抵押人在主债权诉讼时效届满后请求涂销抵押权登记的,人民法院依法予以支持。 以登记作为公示方法的权利质权,参照适用前款规定。
第二节　最高额抵押权	第二节　最高额抵押权	
第420条　为担保债务的履行,债务人或者第三人对一定期间内将要连续发生的债权提供担保财产的,债务人不履行到期债务或者发生当事人约定的实现抵押权的情形,抵押权人有权在最高债权额限度内就该担保财产优先受偿。 最高额抵押权设立前已经存在的债权,经当事人同意,可以转入最高额抵押担保的债权范围。	**第203条** 同《民法典》第420条	**《担保法》第59条**　本法所称最高额抵押,是指抵押人与抵押权人协议,在最高债权额限度内,以抵押物对一定期间内连续发生的债权作担保。 **《担保制度解释》第15条**　最高额担保中的最高债权额,是指包括主债权及其利息、违约金、损害赔偿金、保管担保财产的费用、实现债权或者实现担保物权的费用等在内的全部债权,但是当事人另有约定的除外。 登记的最高债权额与当事人约定的最高债权额不一致的,人民法院应当依据登记的最高债权额确定债权人优先受偿的范围。
第421条　最高额抵押担保的债权确定前,部分债权转让的,最高额抵押权不得转让,但是当事人另有约定的除外。	**第204条**　最高额抵押担保的债权确定前,部分债权转让的,最高额抵押权不得转让,但当事人另有约定的除外。	
第422条　最高额抵押担保的债权确定前,抵押权人与抵押人可以通过协议变更债权确定的期间、债权范围以及最高债权额。但是,变更的内容不得对其他抵押权人产生不利影响。	**第205条**　最高额抵押担保的债权确定前,抵押权人与抵押人可以通过协议变更债权确定的期间、债权范围以及最高债权额,但变更的内容不得对其他抵押权人产生不利影响。	

《民法典》	《物权法》	相关规范性法律文件
第423条 有下列情形之一的,抵押权人的债权确定: (一)约定的债权确定期间届满; (二)没有约定债权确定期间或者约定不明确,抵押权人或者抵押人自最高额抵押权设立之日起满二年后请求确定债权; (三)新的债权不可能发生; (四)**抵押权人知道或者应当知道**抵押财产被查封、扣押; (五)债务人、抵押人被宣告破产或者**解散**; (六)法律规定债权确定的其他情形。	第206条 有下列情形之一的,抵押权人的债权确定: (一)约定的债权确定期间届满; (二)没有约定债权确定期间或者约定不明确,抵押权人或者抵押人自最高额抵押权设立之日起满二年后请求确定债权; (三)新的债权不可能发生; (四)抵押财产被查封、扣押; (五)债务人、抵押人被宣告破产或者被撤销; (六)法律规定债权确定的其他情形。	
第424条 最高额抵押权除适用本节规定外,适用本章第一节的**有关**规定。	第207条 最高额抵押权除适用本节规定外,适用本章第一节**一般抵押权**的规定。	《担保法》第62条 最高额抵押除适用本节规定外,适用本章其他规定。
第十八章 质权	第十七章 质权	
第一节 动产质权		
第425条 为担保债务的履行,债务人或者第三人将其动产出质给债权人占有的,债务人不履行到期债务或者发生当事人约定的实现质权的情形,债权人有权就该动产优先受偿。 前款规定的债务人或者第三人为出质人,债权人为质权人,交付的动产为质押财产。	第208条 同《民法典》第425条	《担保法》第63条 本法所称动产质押,是指债务人或者第三人将其动产移交债权人占有,将该动产作为债权的担保。债务人不履行债务时,债权人有权依照本法规定以该动产折价或者以拍卖、变卖该动产的价款优先受偿。 前款规定的债务人或者第三人为出质人,债权人为质权人,移交的动产为质物。
第426条 法律、行政法规禁止转让的动产不得出质。	第209条 同《民法典》第426条	
第427条 设立质权,当事人应当采用书面形式订立质押合同。 质押合同一般包括下列条款: (一)被担保债权的种类和数额; (二)债务人履行债务的期限; (三)质押财产的名称、数量**等情况**; (四)担保的范围; (五)质押财产交付的时间、**方式**。	第210条 设立质权,当事人应当采取书面形式订立质权合同。 质权合同一般包括下列条款: (一)被担保债权的种类和数额; (二)债务人履行债务的期限; (三)质押财产的名称、数量、质量、状况; (四)担保的范围; (五)质押财产交付的时间。	《担保法》第64条 出质人和质权人应当以书面形式订立质押合同。 质押合同自质物移交于质权人占有时生效。 《担保法》第65条 质押合同应当包括以下内容: (一)被担保的主债权种类、数额; (二)债务人履行债务的期限; (三)质物的名称、数量、质量、状况; (四)质押担保的范围; (五)质物移交的时间; (六)当事人认为需要约定的其他事项。 质押合同不完全具备前款规定内容的,可以补正。

《民法典》	《物权法》	相关规范性法律文件
第 428 条 质权人在债务履行**期限**届满前,与出质人约定债务人不履行到期债务时质押财产归债权人所有**的,只能依法就质押财产优先受偿**。	**第 211 条** 质权人在债务履行期届满前,不得与出质人约定债务人不履行到期债务时质押财产归债权人所有。	《担保法》第 66 条 出质人和质权人在合同中不得约定在债务履行期届满质权人未受清偿时,质物的所有权转移为质权人所有。 《民法典时间效力规定》第 7 条 民法典施行前,当事人在债务履行期限届满前约定债务人不履行到期债务时抵押财产或者质押财产归债权人所有的,适用民法典第四百零一条和第四百二十八条的规定。 《合同编通则解释》第 28 条第 2 款 当事人约定债务人到期没有清偿债务,债权人可以对抵债财产拍卖、变卖、折价以实现债权的,人民法院应当认定该约定有效。当事人约定债务人到期没有清偿债务,抵债财产归债权人所有的,人民法院应当认定该约定无效,但是不影响其他部分的效力;债权人请求对抵债财产拍卖、变卖、折价以实现债权的,人民法院应予支持。
第 429 条 质权自出质人交付质押财产时设立。	**第 212 条** 同《民法典》第 429 条	《担保制度解释》第 55 条 债权人、出质人与监管人订立三方协议,出质人以通过一定数量、品种等概括描述能够确定范围的货物为债务的履行提供担保,当事人有证据证明监管人系受债权人的委托监管并实际控制该货物的,人民法院应当认定质权于监管人实际控制货物之日起设立。监管人违反约定向出质人或者其他人放货、因保管不善导致货物毁损灭失,债权人请求监管人承担违约责任的,人民法院依法予以支持。 在前款规定情形下,当事人有证据证明监管人系受出质人委托监管该货物,或者虽然受债权人委托但是未实际履行监管职责,导致货物仍由出质人实际控制的,人民法院应当认定质权未设立。债权人可以基于质押合同的约定请求出质人承担违约责任,但是不得超过质权有效设立时出质人应当承担的责任范围。监管人未履行监管职责,债权人请求监管人承担责任的,人民法院依法予以支持。

《民法典》	《物权法》	相关规范性法律文件
第430条 质权人有权收取质押财产的孳息,但**是**合同另有约定的除外。 前款规定的孳息应当先充抵收取孳息的费用。	第213条 质权人有权收取质押财产的孳息,但合同另有约定的除外。 前款规定的孳息应当先充抵收取孳息的费用。	《担保法》第68条 质权人有权收取质物所生的孳息。质押合同另有约定的,按照约定。 前款孳息应当先充抵收取孳息的费用。
第431条 质权人在质权存续期间,未经出质人同意,擅自使用、处分质押财产,**造成**出质人损害的,应当承担赔偿责任。	第214条 质权人在质权存续期间,未经出质人同意,擅自使用、处分质押财产,给出质人造成损害的,应当承担赔偿责任。	
第432条 质权人负有妥善保管质押财产的义务;因保管不善致使质押财产毁损、灭失的,应当承担赔偿责任。 质权人的行为可能使质押财产毁损、灭失的,出质人可以**请求**质权人将质押财产提存,**或者请求**提前清偿债务并返还质押财产。	第215条 质权人负有妥善保管质押财产的义务;因保管不善致使质押财产毁损、灭失的,应当承担赔偿责任。 质权人的行为可能使质押财产毁损、灭失的,出质人可以要求质权人将质押财产提存,或者要求提前清偿债务并返还质押财产。	《担保法》第69条 质权人负有妥善保管质物的义务。因保管不善致使质物灭失或者毁损的,质权人应当承担民事责任。 质权人不能妥善保管质物可能致使质物毁损、灭失的,出质人可以要求质权人将质物提存,或者要求提前清偿债权而返还质物。
第433条 因不可归责于质权人的事由可能使质押财产毁损或者价值明显减少,足以危害质权人权利的,质权人有权**请求**出质人提供相应的担保;出质人不提供的,质权人可以拍卖、变卖质押财产,并与出质人协议将拍卖、变卖所得的价款提前清偿债务或者提存。	第216条 因不能归责于质权人的事由可能使质押财产毁损或者价值明显减少,足以危害质权人权利的,质权人有权要求出质人提供相应的担保;出质人不提供的,质权人可以拍卖、变卖质押财产,并与出质人**通过**协议将拍卖、变卖所得的价款提前清偿债务或者提存。	《担保法》第70条 质物有损坏或者价值明显减少的可能,足以危害质权人权利的,质权人可以要求出质人提供相应的担保。出质人不提供的,质权人可以拍卖或者变卖质物,并与出质人协议将拍卖或者变卖所得的价款用于提前清偿所担保的债权或者向与出质人约定的第三人提存。
第434条 质权人在质权存续期间,未经出质人同意转质,造成质押财产毁损、灭失的,**应当承担赔偿责任。**	第217条 质权人在质权存续期间,未经出质人同意转质,造成质押财产毁损、灭失的,应当**向出质人**承担赔偿责任。	
第435条 质权人可以放弃质权。债务人以自己的财产出质,质权人放弃该质权的,其他担保人在质权人丧失优先受偿权益的范围内免除担保责任,但**是**其他担保人承诺仍然提供担保的除外。	第218条 质权人可以放弃质权。债务人以自己的财产出质,质权人放弃该质权的,其他担保人在质权人丧失优先受偿权益的范围内免除担保责任,但其他担保人承诺仍然提供担保的除外。	
第436条 债务人履行债务或者出质人提前清偿所担保的债权的,质权人应当返还质押财产。 债务人不履行到期债务或者发生当事人约定的实现质权的情形,质权人可以与出质人协议以质押财产折价,也可以就拍卖、变卖质押财产所得的价款优先受偿。 质押财产折价或者变卖的,应当参照市场价格。	第219条 同《民法典》第436条	《担保法》第71条 债务履行期届满债务人履行债务的,或者出质人提前清偿所担保的债权的,质权人应当返还质物。 债务履行期届满质权人未受清偿的,可以与出质人协议以质物折价,也可以依法拍卖、变卖质物。 质物折价或者拍卖、变卖后,其价款超过债权数额的部分归出质人所有,不足部分由债务人清偿。 《担保法》第94条 抵押物、质物、留置物折价或者变卖,应当参照市场价格。

《民法典》	《物权法》	相关规范性法律文件
第 437 条 出质人可以请求质权人在债务履行期**限届满后**及时行使质权;质权人不行使的,出质人可以请求人民法院拍卖、变卖质押财产。 出质人请求质权人及时行使质权,因质权人怠于行使权利造成**出质人**损害的,由质权人承担赔偿责任。	**第 220 条** 出质人可以请求质权人在债务履行期届满后及时行使质权;质权人不行使的,出质人可以请求人民法院拍卖、变卖质押财产。 出质人请求质权人及时行使质权,因质权人怠于行使权利造成损害的,由质权人承担赔偿责任。	
第 438 条 质押财产折价或者拍卖、变卖后,其价款超过债权数额的部分归出质人所有,不足部分由债务人清偿。	**第 221 条** 同《民法典》第 438 条	《担保法》第 71 条第 3 款 质物折价或者拍卖、变卖后,其价款超过债权数额的部分归出质人所有,不足部分由债务人清偿。
第 439 条 出质人与质权人可以协议设立最高额质权。 最高额质权除适用本节有关规定外,**参照适用本编第十七章**第二节**有关**规定。	**第 222 条** 出质人与质权人可以协议设立最高额质权。 最高额质权除适用本节有关规定外,参照本法第十六章第二节最高额抵押权的规定。	
第二节 权利质权	第二节 权利质权	
第 440 条 债务人或者第三人有权处分的下列权利可以出质: (一)汇票、**本票**、**支票**; (二)债券、**存款单**; (三)仓单、提单; (四)可以转让的基金份额、股权; (五)可以转让的注册商标专用权、专利权、著作权等知识产权中的财产权; (六)**现有的以及将有的**应收账款; (七)法律、行政法规规定可以出质的其他财产权利。	**第 223 条** 债务人或者第三人有权处分的下列权利可以出质: (一)汇票、支票、本票; (二)债券、存款单; (三)仓单、提单; (四)可以转让的基金份额、股权; (五)可以转让的注册商标专用权、专利权、著作权等知识产权中的财产权; (六)应收账款; (七)法律、行政法规规定可以出质的其他财产权利。	《担保法》第 75 条 下列权利可以质押: (一)汇票、支票、本票、债券、存款单、仓单、提单; (二)依法可以转让的股份、股票; (三)依法可以转让的商标专用权,专利权、著作权中的财产权; (四)依法可以质押的其他权利。 《应收账款质押登记办法》第 3 条 本办法所称应收账款质押是指《中华人民共和国物权法》第二百二十三条规定的应收账款出质,具体是指为担保债务的履行,债务人或者第三人将其合法拥有的应收账款出质给债权人,债务人不履行到期债务或者发生当事人约定的实现质权的情形,债权人有权就该应收账款及其收益优先受偿。 前款规定的债务人或者第三人为出质人,债权人为质权人。 《动产和权利担保统一登记决定》 一、自 2021 年 1 月 1 日起,在全国范围内实施动产和权利担保统一登记。 二、纳入动产和权利担保统一登记范围的担保类型包括: …… (二)应收账款质押; (三)存款单、仓单、提单质押; ……

《民法典》	《物权法》	相关规范性法律文件
		（七）其他可以登记的动产和权利担保，但机动车抵押、船舶抵押、航空器抵押、债券质押、基金份额质押、股权质押、知识产权中的财产权质押除外。
第441条 以汇票、**本票**、支票、债券、存款单、仓单、提单出质的,质权自权利凭证交付质权人时设立;没有权利凭证的,质权自办理出质登记时设立。**法律另有规定的,依照其规定。**	**第224条** 以汇票、支票、本票、债券、存款单、仓单、提单出质的,**当事人应当订立书面合同。**质权自权利凭证交付质权人时设立;没有权利凭证的,质权自有关部门办理出质登记时设立。	《担保法》第76条 以汇票、支票、本票、债券、存款单、仓单、提单出质的,应当在合同约定的期限内将权利凭证交付质权人。质押合同自权利凭证交付之日起生效。 《担保制度解释》第58条 以汇票出质,当事人以背书记载"质押"字样并在汇票上签章,汇票已经交付质权人的,人民法院应当认定质权自汇票交付质权人时设立。 《担保制度解释》第59条 存货人或者仓单持有人在仓单上以背书记载"质押"字样,并经保管人签章,仓单已经交付质权人的,人民法院应当认定质权自仓单交付质权人时设立。没有权利凭证的仓单,依法可以办理出质登记的,仓单质权自办理出质登记时设立。 出质人既以仓单出质,又以仓储物设立担保,按照公示的先后确定清偿顺序;难以确定先后的,按照债权比例清偿。 保管人为同一货物签发多份仓单,出质人在多份仓单上设立多个质权,按照公示的先后确定清偿顺序;难以确定先后的,按照债权比例受偿。 存在第二款、第三款规定的情形,债权人举证证明其损失系由出质人与保管人的共同行为所致,请求出质人与保管人承担连带赔偿责任的,人民法院应予支持。 《担保制度解释》第60条 在跟单信用证交易中,开证行与开证申请人之间约定以提单作为担保的,人民法院应当依照民法典关于质权的有关规定处理。 在跟单信用证交易中,开证行依据其与开证申请人之间的约定或者跟单信用证的惯例持有提单,开证申请人未按照约定付款赎单,开证行主张对提单项下货物优先受偿的,人民法院应予支持;开证行主张对提单项下货物享有所有权的,人民法院不予支持。

《民法典》	《物权法》	相关规范性法律文件
		在跟单信用证交易中，开证行依据其与开证申请人之间的约定或者跟单信用证的惯例，通过转让提单或者提单项下货物取得价款，开证申请人请求返还超出债权部分的，人民法院应予支持。 前三款规定不影响合法持有提单的开证行以提单持有人身份主张运输合同项下的权利。
第 442 条 汇票、**本票**、**支票**、债券、存款单、仓单、提单的兑现日期或者提货日期先于主债权到期的，质权人可以兑现或者提货，并与出质人协议将兑现的价款或者提取的货物提前清偿债务或者提存。	**第 225 条** 汇票、支票、本票、债券、存款单、仓单、提单的兑现日期或者提货日期先于主债权到期的，质权人可以兑现或者提货，并与出质人协议将兑现的价款或者提取的货物提前清偿债务或者提存。	**《担保法》第 77 条** 以载明兑现或者提货日期的汇票、支票、本票、债券、存款单、仓单、提单出质的，汇票、支票、本票、债券、存款单、仓单、提单兑现或者提货日期先于债务履行期的，质权人可以在债务履行期届满前兑现或者提货，并与出质人协议将兑现的价款或者提取的货物用于提前清偿所担保的债权或者向与出质人约定的第三人提存。
第 443 条 以基金份额、股权出质的，质权自办理出质登记时设立。 基金份额、股权出质后，不得转让，但是出质人与质权人协商同意的除外。出质人转让基金份额、股权所得的价款，应当向质权人提前清偿债务或者提存。	**第 226 条** 以基金份额、股权出质的，当事人应当订立书面合同。**以基金份额、证券登记结算机构登记的股权出质的，质权自证券登记结算机构办理出质登记时设立；以其他股权出质的，质权自工商行政管理部门**办理出质登记时设立。 基金份额、股权出质后，不得转让，但经出质人与质权人协商同意的除外。出质人转让基金份额、股权所得的价款，应当向质权人提前清偿债务或者提存。	**《担保法》第 78 条** 以依法可以转让的股票出质的，出质人与质权人应当订立书面合同，并向证券登记机构办理出质登记。质押合同自登记之日起生效。 股票出质后，不得转让，但经出质人与质权人协商同意的可以转让。出质人转让股票所得的价款应当向质权人提前清偿所担保的债权或者向与质权人约定的第三人提存。 以有限责任公司的股份出质的，适用公司法股份转让的有关规定。质押合同自股份出质记载于股东名册之日起生效。 **《股权出质登记办法》第 5 条** 申请出质登记的股权应当是依法可以转让和出质的股权。对于已经被人民法院冻结的股权，在解除冻结之前，不得申请办理股权出质登记。 **《股权出质登记办法》第 6 条** 申请股权出质设立登记、变更登记和注销登记，应当由出质人和质权人共同提出。申请股权出质撤销登记，可以由出质人或者质权人单方提出。 申请人应当对申请材料的真实性、质权合同的合法性有效性、出质股权权能的完整性承担法律责任。

《民法典》	《物权法》	相关规范性法律文件
第 444 条 以注册商标专用权、专利权、著作权等知识产权中的财产权出质的,质权自办理出质登记时设立。 知识产权中的财产权出质后,出质人不得转让或者许可他人使用,但**是**出质人与质权人协商同意的除外。出质人转让或者许可他人使用出质的知识产权中的财产权所得的价款,应当向质权人提前清偿债务或者提存。	**第 227 条** 以注册商标专用权、专利权、著作权等知识产权中的财产权出质的,**当事人应当订立书面合同**。质权自**有关主管部门**办理出质登记时设立。 知识产权中的财产权出质后,出质人不得转让或者许可他人使用,但经出质人与质权人协商同意的除外。出质人转让或者许可他人使用出质的知识产权中的财产权所得的价款,应当向质权人提前清偿债务或者提存。	《担保法》第 79 条 以依法可以转让的商标专用权,专利权、著作权中的财产权出质的,出质人与质权人应当订立书面合同,并向其管理部门办理出质登记。质押合同自登记之日起生效。 《担保法》第 80 条 本法第七十九条规定的权利出质后,质权人不得转让或者许可他人使用,但经出质人与质权人协商同意的可以转让或者许可他人使用。出质人所得的转让费、许可费应当向质权人提前清偿所担保的债权或者向与质权人约定的第三人提存。
第 445 条 以应收账款出质的,质权自办理出质登记时设立。 应收账款出质后,不得转让,但**是**出质人与质权人协商同意的除外。出质人转让应收账款所得的价款,应当向质权人提前清偿债务或者提存。	**第 228 条** 以应收账款出质的,**当事人应当订立书面合同**。质权自**信贷征信机构**办理出质登记时设立。 应收账款出质后,不得转让,但经出质人与质权人协商同意的除外。出质人转让应收账款所得的价款,应当向质权人提前清偿债务或者提存。	《应收账款质押登记办法》第 4 条 中国人民银行征信中心(以下简称征信中心)是应收账款质押的登记机构。 征信中心建立基于互联网的登记公示系统(以下简称登记公示系统),办理应收账款质押登记,并为社会公众提供查询服务。 《动产和权利担保统一登记决定》 一、自 2021 年 1 月 1 日起,在全国范围内实施动产和权利担保统一登记。 二、纳入动产和权利担保统一登记范围的担保类型包括: ……(二)应收账款质押;…… 三、纳入统一登记范围的动产和权利担保,由当事人通过中国人民银行征信中心(以下简称征信中心)动产融资统一登记公示系统自主办理登记,并对登记内容的真实性、完整性和合法性负责。登记机构不对登记内容进行实质审查。 《担保制度解释》第 61 条 以现有的应收账款出质,应收账款债务人向质权人确认应收账款的真实性后,又以应收账款不存在或者已经消灭为由主张不承担责任的,人民法院不予支持。 以现有的应收账款出质,应收账款债务人未确认应收账款的真实性,质权人以应收账款债务人为被告,请求就应收账款优先受偿,能够举证证明办理出质登记时应收账款真实存在的,人民法院应予支持;质权人不能举证证明办理出质登记时应收账款真实存在,仅以已经办理出质登记为由,请求就应收账款优先受偿的,人民法院不予支持。

《民法典》	《物权法》	相关规范性法律文件
		以现有的应收账款出质,应收账款债务人已经向应收账款债权人履行了债务,质权人请求应收账款债务人履行债务的,人民法院不予支持,但是应收账款债务人接到质权人要求向其履行的通知后,仍然向应收账款债权人履行的除外。 　　以基础设施和公用事业项目收益权、提供服务或者劳务产生的债权以及其他将有的应收账款出质,当事人为应收账款设立特定账户,发生法定或者约定的质权实现事由时,质权人请求就该特定账户内的款项优先受偿的,人民法院应予支持;特定账户内的款项不足以清偿债务或者未设立特定账户,质权人请求折价或者拍卖、变卖项目收益权等将有的应收账款,并以所得的价款优先受偿的,人民法院依法予以支持。
第 446 条　权利质权除适用本节规定外,适用本章第一节的**有关规定**。	**第 229 条**　权利质权除适用本节规定外,适用本章第一节**动产质权**的规定。	《担保法》**第 81 条**　权利质押除适用本节规定外,适用本章第一节的规定。
第十九章　留置权	第十八章　留置权	
第 447 条　债务人不履行到期债务,债权人可以留置已经合法占有的债务人的动产,并有权就该动产优先受偿。 　　前款规定的债权人为留置权人,占有的动产为留置财产。	**第 230 条** 同《民法典》第 447 条	《担保法》**第 82 条**　本法所称留置,是指依照本法第八十四条的规定,债权人按照合同约定占有债务人的动产,债务人不按照合同约定的期限履行债务的,债权人有权依照本法规定留置该财产,以该财产折价或者以拍卖、变卖该财产的价款优先受偿。 《担保制度解释》**第 62 条**　债务人不履行到期债务,债权人因同一法律关系留置合法占有的第三人的动产,并主张就该留置财产优先受偿的,人民法院应予支持。第三人以该留置财产并非债务人的财产为由请求返还的,人民法院不予支持。 　　企业之间留置的动产与债权并非同一法律关系,债务人以该债权不属于企业持续经营中发生的债权为由请求债权人返还留置财产的,人民法院应予支持。 　　企业之间留置的动产与债权并非同一法律关系,债权人留置第三人的财产,第三人请求债权人返还留置财产的,人民法院应予支持。

《民法典》	《物权法》	相关规范性法律文件
第 448 条　债权人留置的动产,应当与债权属于同一法律关系,但是企业之间留置的除外。	第 231 条　债权人留置的动产,应当与债权属于同一法律关系,但企业之间留置的除外。	《担保制度解释》第 62 条　债务人不履行到期债务,债权人因同一法律关系留置合法占有的第三人的动产,并主张就该留置财产优先受偿的,人民法院应予支持。第三人以该留置财产并非债务人的财产为由请求返还的,人民法院不予支持。 企业之间留置的动产与债权并非同一法律关系,债务人以该债权不属于企业持续经营中发生的债为由请求债权人返还留置财产的,人民法院应予支持。 企业之间留置的动产与债权并非同一法律关系,债权人留置第三人的财产,第三人请求债权人返还留置财产的,人民法院应予支持。
第 449 条　法律规定或者当事人约定不得留置的动产,不得留置。	第 232 条 同《民法典》第 449 条	《担保法》第 84 条　因保管合同、运输合同、加工承揽合同发生的债权,债务人不履行债务的,债权人有留置权。 法律规定可以留置的其他合同,适用前款规定。 当事人可以在合同中约定不得留置的物。
第 450 条　留置财产为可分物的,留置财产的价值应当相当于债务的金额。	第 233 条 同《民法典》第 450 条	《担保制度解释》第 38 条　主债权未受全部清偿,担保物权人主张就担保财产的全部行使担保物权的,人民法院应予支持,但是留置权人行使留置权的,应当依照民法典第四百五十条的规定处理。 担保财产被分割或者部分转让,担保物权人主张就分割或者转让后的担保财产行使担保物权的,人民法院应予支持,但是法律或者司法解释另有规定的除外。
第 451 条　留置权人负有妥善保管留置财产的义务;因保管不善致使留置财产毁损、灭失的,应当承担赔偿责任。	第 234 条 同《民法典》第 451 条	《担保法》第 86 条　留置权人负有妥善保管留置物的义务。因保管不善致使留置物灭失或者毁损的,留置权人应当承担民事责任。
第 452 条　留置权人有权收取留置财产的孳息。 前款规定的孳息应当先充抵收取孳息的费用。	第 235 条 同《民法典》第 452 条	

《民法典》	《物权法》	相关规范性法律文件
第453条 留置权人与债务人应当约定留置财产后的债务履行期限;没有约定或者约定不明确的,留置权人应当给债务人**六十日**以上履行债务的期**限,但是**鲜活易腐等不易保管的动产除外。债务人逾期未履行的,留置权人可以与债务人协议以留置财产折价,也可以就拍卖、变卖留置财产所得的价款优先受偿。 留置财产折价或者变卖的,应当参照市场价格。	第236条 留置权人与债务人应当约定留置财产后的债务履行期间;没有约定或者约定不明确的,留置权人应当给债务人两个月以上履行债务的期间,但鲜活易腐等不易保管的动产除外。债务人逾期未履行的,留置权人可以与债务人协议以留置财产折价,也可以就拍卖、变卖留置财产所得的价款优先受偿。 留置财产折价或者变卖的,应当参照市场价格。	《担保法》第87条第1款、第2款 债权人与债务人应当在合同中约定,债权人留置财产后,债务人应当在不少于两个月的期限内履行债务。债权人与债务人在合同中未约定的,债权人留置债务人财产后,应当确定两个月以上的期限,通知债务人在该期限内履行债务。 债务人逾期仍不履行的,债权人可以与债务人协议以留置物折价,也可以依法拍卖、变卖留置物。 《担保法》第94条 抵押物、质物、留置物折价或者变卖,应当参照市场价格。
第454条 债务人可以请求留置权人在债务履行**期限**届满后行使留置权;留置权人**不**行使的,债务人可以请求人民法院拍卖、变卖留置财产。	第237条 债务人可以请求留置权人在债务履行期限届满后行使留置权;留置权人不行使的,债务人可以请求人民法院拍卖、变卖留置财产。	
第455条 留置财产折价或者拍卖、变卖后,其价款超过债权数额的部分归债务人所有,不足部分由债务人清偿。	第238条 同《民法典》第455条	《担保法》第87条第3款 留置物折价或者拍卖、变卖后,其价款超过债权数额的部分归债务人所有,不足部分由债务人清偿。
第456条 同一动产上**已经**设立抵押权或者质权,该动产又被留置的,留置权人优先受偿。	第239条 同一动产上已设立抵押权或者质权,该动产又被留置的,留置权人优先受偿。	《担保法解释》第79条第2款 同一财产抵押权与留置权并存时,留置权人优先于抵押权人受偿。
第457条 留置权人对留置财产丧失占有或者留置权人接受债务人另行提供担保的,留置权消灭。	第240条 同《民法典》第457条	《担保法》第88条 留置权因下列原因消灭: (一)债权消灭的; (二)债务人另行提供担保并被债权人接受的。
第五分编 占有	第五分编 占有	
第二十章 占有	第十九章 占有	
第458条 基于合同关系等产生的占有,有关不动产或者动产的使用、收益、违约责任等,按照合同约定;合同没有约定或者约定不明确的,依照有关法律规定。	第241条 同《民法典》第458条	
第459条 占有人因使用占有的不动产或者动产,致使该不动产或者动产受到损害的,恶意占有人应当承担赔偿责任。	第242条 同《民法典》第459条	
第460条 不动产或者动产被占有人占有的,权利人可以请求返还原物及其孳息;**但是**,应当支付善意占有人因维护该不动产或者动产支出的必要费用。	第243条 不动产或者动产被占有人占有的,权利人可以请求返还原物及其孳息,但应当支付善意占有人因维护该不动产或者动产支出的必要费用。	

《民法典》	《物权法》	相关规范性法律文件
第461条 占有的不动产或者动产毁损、灭失，该不动产或者动产的权利人请求赔偿的，占有人应当将因毁损、灭失取得的保险金、赔偿金或者补偿金等返还给权利人；权利人的损害未得到足够弥补的，恶意占有人还应当赔偿损失。	**第244条** 同《民法典》第461条	
第462条 占有的不动产或者动产被侵占的，占有人有权请求返还原物；对妨害占有的行为，占有人有权请求排除妨害或者消除危险；因侵占或者妨害造成损害的，占有人有权**依法**请求损害赔偿。 占有人返还原物的请求权，自侵占发生之日起一年内未行使的，该请求权消灭。	**第245条** 占有的不动产或者动产被侵占的，占有人有权请求返还原物；对妨害占有的行为，占有人有权请求排除妨害或者消除危险；因侵占或者妨害造成损害的，占有人有权请求损害赔偿。 占有人返还原物的请求权，自侵占发生之日起一年内未行使的，该请求权消灭。	

第三编 合同

《民法典》	《合同法》	相关规范性法律文件
第三编 合 同		
第一分编 通 则		
第一章 一般规定	第一章 一般规定	
第463条 本编调整因合同产生的民事关系。	第1条 为了保护合同当事人的合法权益,维护社会经济秩序,促进社会主义现代化建设,制定本法。	
第464条 合同是**民事主体**之间设立、变更、终止民事**法律**关系的协议。 婚姻、收养、监护等有关身份关系的协议,**适用有关该身份关系的法律规定;没有规定的,可以根据其性质参照适用本编规定。**	第2条 本法所称合同是平等主体的自然人、法人、其他组织之间设立、变更、终止民事权利义务关系的协议。 婚姻、收养、监护等有关身份关系的协议,适用其他法律的规定。	
第465条 **依法成立的合同,受法律保护。** 依法成立的合同,仅对当事人具有法律约束力,**但是法律另有规定的除外。**	第8条 依法成立的合同,对当事人具有法律约束力。当事人应当按照约定履行自己的义务,不得擅自变更或者解除合同。 依法成立的合同,受法律保护。	《民法通则》第85条 合同是当事人之间设立、变更、终止民事关系的协议。依法成立的合同,受法律保护。
第466条 当事人对合同条款的理解有争议的,**应当依据本法第一百四十二条第一款的规定**,确定**争议条款的含义**。 合同文本采用两种以上文字订立并约定具有同等效力的,对各文本使用的词句推定具有相同含义。各文本使用的词句不一致的,**应当根据合同的相关条款、性质**、目的**以及诚信原则等**予以解释。	第125条 当事人对合同条款的理解有争议的,应当按照合同所使用的词句、合同的有关条款、合同的目的、交易习惯以及诚实信用原则,确定该条款的真实意思。 合同文本采用两种以上文字订立并约定具有同等效力的,对各文本使用的词句推定具有相同含义。各文本使用的词句不一致的,应当根据合同的目的予以解释。	《贯彻实施民法典纪要》第6条第2款 对合同欠缺的当事人名称或者姓名、标的和数量以外的其他内容,当事人达不成协议的,人民法院依照民法典第四百六十六条、第五百一十条、第五百一十一条等规定予以确定。 《合同编通则解释》第1条 人民法院依据民法典第一百四十二条第一款、第四百六十六条第一款的规定解释合同条款时,应当以词句的通常含义为基础,结合相关条款、合同的性质和目的、习惯以及诚信原则,参考缔约背景、磋商过程、履行行为等因素确定争议条款的含义。 有证据证明当事人之间对合同条款有不同于词句的通常含义的其他共同理解,一方主张按照词句的通常含义理解合同条款的,人民法院不予支持。

《民法典》	《合同法》	相关规范性法律文件
		对合同条款有两种以上解释,可能影响该条款效力的,人民法院应当选择有利于该条款有效的解释;属于无偿合同的,应当选择对债务人负担较轻的解释。 《合同编通则解释》第15条 人民法院认定当事人之间的权利义务关系,不应当拘泥于合同使用的名称,而应当根据合同约定的内容。当事人主张的权利义务关系与根据合同内容认定的权利义务关系不一致的,人民法院应当结合缔约背景、交易目的、交易结构、履行行为以及当事人是否存在虚构交易标的等事实认定当事人之间的实际民事法律关系。
第467条 本法或者其他法律没有明文规定的合同,适用本编通则的规定,并可以参照适用本编或者其他法律最相类似合同的规定。 在中华人民共和国境内履行的中外合资经营企业合同、中外合作经营企业合同、中外合作勘探开发自然资源合同,适用中华人民共和国法律。	第124条 本法分则或者其他法律没有明文规定的合同,适用本法总则的规定,并可以参照本法分则或者其他法律最相类似的规定。 第126条第2款 在中华人民共和国境内履行的中外合资经营企业合同、中外合作经营企业合同、中外合作勘探开发自然资源合同,适用中华人民共和国法律。	《买卖合同解释》第32条 法律或者行政法规对债权转让、股权转让等权利转让合同有规定的,依照其规定;没有规定的,人民法院可以根据民法典第四百六十七条和第六百四十六条的规定,参照适用买卖合同的有关规定。 权利转让或者其他有偿合同参照适用买卖合同的有关规定的,人民法院应当首先引用民法典第六百四十六条的规定,再引用买卖合同的有关规定。
第468条 非因合同产生的债权债务关系,适用有关该债权债务关系的法律规定;没有规定的,适用本编通则的有关规定,但是根据其性质不能适用的除外。	(无)	
第二章 合同的订立	第二章 合同的订立	
第469条 当事人订立合同,可以采用书面形式、口头形式或者其他形式。 书面形式是合同书、信件、电报、电传、传真等可以有形地表现所载内容的形式。 以电子数据交换、电子邮件等方式能够有形地表现所载内容,并可以随时调取查用的数据电文,视为书面形式。	第10条 当事人订立合同,有书面形式、口头形式和其他形式。 法律、行政法规规定采用书面形式的,应当采用书面形式。当事人约定采用书面形式的,应当采用书面形式。 第11条 书面形式是指合同书、信件和数据电文(包括电报、电传、传真、电子数据交换和电子邮件)等可以有形地表现所载内容的形式。	
第470条 合同的内容由当事人约定,一般包括下列条款: (一)当事人的姓名或者名称和住所; (二)标的; (三)数量;	第12条 合同的内容由当事人约定,一般包括以下条款: (一)当事人的名称或者姓名和住所; (二)标的; (三)数量;	《贯彻实施民法典纪要》第6条 第1款 当事人对于合同是否成立发生争议,人民法院应当本着尊重合同自由、鼓励和促进交易的精神依法处理。能够确定当事人名称或者姓名、标的和数量的,

《民法典》	《合同法》	相关规范性法律文件
(四)质量; (五)价款或者报酬; (六)履行期限、地点和方式; (七)违约责任; (八)解决争议的方法。 当事人可以参照各类合同的示范文本订立合同。	(四)质量; (五)价款或者报酬; (六)履行期限、地点和方式; (七)违约责任; (八)解决争议的方法。 当事人可以参照各类合同的示范文本订立合同。	人民法院一般应当认定合同成立,但法律另有规定或者当事人另有约定的除外。 **《合同编通则解释》第 3 条第 1 款** 当事人对合同是否成立存在争议,人民法院能够确定当事人姓名或者名称、标的和数量的,一般应当认定合同成立。但是,法律另有规定或者当事人另有约定的除外。
第 471 条 当事人订立合同,可以采取要约、承诺方式**或者其他方式。**	**第 13 条** 当事人订立合同,采取要约、承诺方式。	**《合同编通则解释》第 4 条** 采取招标方式订立合同,当事人请求确认合同自中标通知书到达中标人时成立的,人民法院应予支持。合同成立后,当事人拒绝签订书面合同的,人民法院应当依据招标文件、投标文件和中标通知书等确定合同内容。 采取现场拍卖、网络拍卖等公开竞价方式订立合同,当事人请求确认合同自拍卖师落槌、电子交易系统确认成交时成立的,人民法院应予支持。合同成立后,当事人拒绝签订成交确认书的,人民法院应当依据拍卖公告、竞买人的报价等确定合同内容。 产权交易所等机构主持拍卖、挂牌交易,其公布的拍卖公告、交易规则等文件公开确定了合同成立需要具备的条件,当事人请求确认合同自该条件具备时成立的,人民法院应予支持。
第 472 条 要约是希望与他人订立合同的意思表示,该意思表示应当符合下列**条件**: (一)内容具体确定; (二)表明经受要约人承诺,要约人即受该意思表示约束。	**第 14 条** 要约是希望和他人订立合同的意思表示,该意思表示应当符合下列规定: (一)内容具体确定; (二)表明经受要约人承诺,要约人即受该意思表示约束。	
第 473 条 要约邀请是希望他人向自己发出要约的表示。拍卖公告、招标公告、招股说明书、**债券募集办法、基金募集说明书、商业广告和宣传**、寄送的价目表等为要约邀请。 商业广告**和宣传**的内容符合要约**条件**的,**构成**要约。	**第 15 条** 要约邀请是希望他人向自己发出要约的意思表示。寄送的价目表、拍卖公告、招标公告、招股说明书、商业广告等为要约邀请。 商业广告的内容符合要约规定的,视为要约。	**《商品房买卖合同解释》第 3 条** 商品房的销售广告和宣传资料为要约邀请,但是出卖人就商品房开发规划范围内的房屋及相关设施所作的说明和允诺具体确定,并对商品房买卖合同的订立以及房屋价格的确定有重大影响的,构成要约。该说明和允诺即使未载入商品房买卖合同,亦应当为合同内容,当事人违反的,应当承担违约责任。
第 474 条 要约生效的时间**适用本法第一百三十七条的规定。**	**第 16 条** 要约到达受要约人时生效。 采用数据电文形式订立合同,收件人指定特定系统接收数	

《民法典》	《合同法》	相关规范性法律文件
	据电文的,该数据电文进入该特定系统的时间,视为到达时间;未指定特定系统的,该数据电文进入收件人的任何系统的首次时间,视为到达时间。	
第475条 要约可以撤回。要约的撤回适用本法第一百四十一条的规定。	**第17条** 要约可以撤回。撤回要约的通知应当在要约到达受要约人之前或者与要约同时到达受要约人。	
第476条 要约可以撤销,但是有下列情形之一的**除外**: (一)要约人以确定承诺期限或者其他形式明示要约不可撤销; (二)受要约人有理由认为要约是不可撤销的,并已经为履行合同**做**了合理准备工作。	**第18条** 要约可以撤销。撤销要约的通知应当在受要约人发出承诺通知之前到达受要约人。 **第19条** 有下列情形之一的,要约不得撤销: (一)要约人确定了承诺期限或者以其他形式明示要约不可撤销; (二)受要约人有理由认为要约是不可撤销的,并已经为履行合同作了准备工作。	
第477条 撤销要约的意思表示以对话方式作出的,该意思表示的内容应当在受要约人作出承诺之前为受要约人所知道;撤销要约的意思表示以非对话方式作出的,应当在受要约人作出承诺之前到达受要约人。	(无)	
第478条 有下列情形之一的,要约失效: (一)要约被拒绝; **(二)要约被依法撤销**; (三)承诺期限届满,受要约人未作出承诺; (四)受要约人对要约的内容作出实质性变更。	**第20条** 有下列情形之一的,要约失效: (一)拒绝要约的通知到达要约人; (二)要约人依法撤销要约; (三)承诺期限届满,受要约人未作出承诺; (四)受要约人对要约的内容作出实质性变更。	
第479条 承诺是受要约人同意要约的意思表示。	**第21条** 同《民法典》第479条	
第480条 承诺应当以通知的方式作出;但是,根据交易习惯或者要约表明可以通过行为作出承诺的除外。	**第22条** 承诺应当以通知的方式作出,但根据交易习惯或者要约表明可以通过行为作出承诺的除外。	《合同编通则解释》**第2条** 下列情形,不违反法律、行政法规的强制性规定且不违背公序良俗的,人民法院可以认定为民法典所称的"交易习惯": (一)当事人之间在交易活动中的惯常做法; (二)在交易行为当地或者某一领域、某一行业通常采用并为交易对方订立合同时所知道或者应当知道的做法。 对于交易习惯,由提出主张的当事人一方承担举证责任。

《民法典》	《合同法》	相关规范性法律文件
第481条 承诺应当在要约确定的期限内到达要约人。 要约没有确定承诺期限的,承诺应当依照下列规定到达: (一)要约以对话方式作出的,应当即时作出承诺; (二)要约以非对话方式作出的,承诺应当在合理期限内到达。	第23条 承诺应当在要约确定的期限内到达要约人。 要约没有确定承诺期限的,承诺应当依照下列规定到达: (一)要约以对话方式作出的,应当即时作出承诺,**但当事人另有约定的除外**; (二)要约以非对话方式作出的,承诺应当在合理期限内到达。	
第482条 要约以信件或者电报作出的,承诺期限自信件载明的日期或者电报交发之日开始计算。信件未载明日期的,自投寄该信件的邮戳日期开始计算。要约以电话、传真、**电子邮件**等快速通讯方式作出的,承诺期限自要约到达受要约人时开始计算。	第24条 要约以信件或者电报作出的,承诺期限自信件载明的日期或者电报交发之日开始计算。信件未载明日期的,自投寄该信件的邮戳日期开始计算。要约以电话、传真等快速通讯方式作出的,承诺期限自要约到达受要约人时开始计算。	
第483条 承诺生效时合同成立,**但是法律另有规定或者当事人另有约定的除外**。	第25条 承诺生效时合同成立。	
第484条 **以通知方式作出的承诺**,生效的时间适用**本法第一百三十七条的规定**。 承诺不需要通知的,根据交易习惯或者要约的要求作出承诺的行为时生效。	第26条 承诺通知到达要约人时生效。承诺不需要通知的,根据交易习惯或者要约的要求作出承诺的行为时生效。 采用数据电文形式订立合同的,承诺到达的时间适用本法第十六条第二款的规定。	《合同编通则解释》第2条 下列情形,不违反法律、行政法规的强制性规定且不违背公序良俗的,人民法院可以认定为民法典所称的"交易习惯": (一)当事人之间在交易活动中的惯常做法; (二)在交易行为当地或者某一领域、某一行业通常采用并为交易对方订立合同时所知道或者应当知道的做法。 对于交易习惯,由提出主张的当事人一方承担举证责任。
第485条 承诺可以撤回。承诺的撤回适用本法第一百四十一条的规定。	第27条 承诺可以撤回。撤回承诺的通知应当在承诺通知到达要约人之前或者承诺通知同时到达要约人。	
第486条 受要约人超过承诺期限发出承诺,**或者在承诺期限内发出承诺,按照通常情形不能及时到达要约人的,为新要约;但是,要约人及时通知受要约人该承诺有效的除外**。	第28条 受要约人超过承诺期限发出承诺的,除要约人及时通知受要约人该承诺有效的以外,为新要约。	
第487条 受要约人在承诺期限内发出承诺,按照通常情形能够及时到达要约人,但是因其他原因**致使**承诺到达要约人时超过承诺期限的,除要约人及时通知受要约人因承诺超过期限不接受该承诺外,该承诺有效。	第29条 受要约人在承诺期限内发出承诺,按照通常情形能够及时到达要约人,但因其他原因致使承诺到达要约人时超过承诺期限的,除要约人及时通知受要约人因承诺超过期限不接受该承诺的以外,该承诺有效。	

《民法典》	《合同法》	相关规范性法律文件
第488条 承诺的内容应当与要约的内容一致。受要约人对要约的内容作出实质性变更的,为新要约。有关合同标的、数量、质量、价款或者报酬、履行期限、履行地点和方式、违约责任和解决争议方法等的变更,是对要约内容的实质性变更。	第30条 同《民法典》第488条	
第489条 承诺对要约的内容作出非实质性变更的,除要约人及时表示反对或者要约表明承诺不得对要约的内容作出任何变更外,该承诺有效,合同的内容以承诺的内容为准。	第31条 承诺对要约的内容作出非实质性变更的,除要约人及时表示反对或者要约表明承诺不得对要约的内容作出任何变更的以外,该承诺有效,合同的内容以承诺的内容为准。	
第490条 当事人采用合同书形式订立合同的,自当事人**均签名**、盖章**或者按指印**时合同成立。**在签名、盖章或者按指印之前**,当事人一方已经履行主要义务,对方接受时,该合同成立。法律、行政法规规定或者当事人约定**合同应当**采用书面形式订立,当事人未采用书面形式但是一方已经履行主要义务,对方接**受时**,该合同成立。	第32条 当事人采用合同书形式订立合同的,自双方当事人签字或者盖章时合同成立。第36条 法律、行政法规规定或者当事人约定采用书面形式订立**合同**,当事人未采用书面形式但一方已经履行主要义务,对方接受的,该合同成立。第37条 采用合同书形式订立合同,在签字或者盖章之前,当事人一方已经履行主要义务,对方接受的,该合同成立。	
第491条 当事人采用信件、数据电文等形式订立合同**要求签订确认书的**,签订确认书时合同成立。当事人一方通过互联网等信息网络发布的商品或者服务信息符合要约条件的,对方选择该商品或者服务并提交订单成功时合同成立,但是当事人另有约定的除外。	第33条 当事人采用信件、数据电文等形式订立合同的,可以在合同成立之前要求签订确认书。签订确认书时合同成立。	《电子商务法》第49条 电子商务经营者发布的商品或者服务信息符合要约条件的,用户选择该商品或者服务并提交订单成功的,合同成立。当事人另有约定的,从其约定。电子商务经营者不得以格式条款等方式约定消费者支付价款后合同不成立;格式条款等含有该内容的,其内容无效。
第492条 承诺生效的地点为合同成立的地点。采用数据电文形式订立合同的,收件人的主营业地为合同成立的地点;没有主营业地的,其**住所地**为合同成立的地点。当事人另有约定的,按照其约定。	第34条 承诺生效的地点为合同成立的地点。采用数据电文形式订立合同的,收件人的主营业地为合同成立的地点;没有主营业地的,其经常居住地为合同成立的地点。当事人另有约定的,按照其约定。	
第493条 当事人采用合同书形式订立合同的,最后**签名**、盖章**或者按指印**的地点为合同成立的地点,**但是当事人另有约定的除外**。	第35条 当事人采用合同书形式订立合同的,双方当事人签字或者盖章的地点为合同成立的地点。	

《民法典》	《合同法》	相关规范性法律文件
第494条 国家根据**抢险救灾、疫情防控或者其他**需要下达**国家订货任务、指令性任务**的,有关民**事主体**之间应当依照有关法律、行政法规规定的权利和义务订立合同。 依照法律、行政法规的规定负有发出要约义务的当事人,应当及时发出合理的要约。 依照法律、行政法规的规定负有作出承诺义务的当事人,不得拒绝对方合理的订立合同要求。	**第38条** 国家根据需要下达指令性任务或者国家订货任务的,有关法人、其他组织之间应当依照有关法律、行政法规规定的权利和义务订立合同。	
第495条 当事人约定在将来一定时限内订立合同的认购书、订购书、预订书等,构成预约合同。 当事人一方不履行预约合同约定的订立合同义务的,对方可以请求其承担预约合同的违约责任。	(无)	**《合同编通则解释》第6条** 当事人以认购书、订购书、预订书等形式约定在将来一定时限内订立合同,或者为担保在将来一定期限内订立合同交付了定金,能够确定将来所要订立合同的主体、标的等内容的,人民法院应当认定预约合同成立。 当事人通过签订意向书或者备忘录等方式,仅表达交易的意向,未约定在将来一定期限内订立合同,或者虽然有约定但是难以确定将来所要订立合同的主体、标的等内容,一方主张预约合同成立的,人民法院不予支持。 当事人订立的认购书、订购书、预订书等已就合同标的、数量、价款或者报酬等主要内容达成合意,符合本解释第三条第一款规定的合同成立条件,未明确约定在将来一定期限内另行订立合同,或者虽然有约定但是当事人一方已实施履行行为且对方接受的,人民法院应当认定本约合同成立。 **《合同编通则解释》第7条** 预约合同生效后,当事人一方拒绝订立本约合同或者在磋商订立本约合同时违背诚信原则导致未能订立本约合同的,人民法院应当认定该当事人不履行预约合同约定的义务。 人民法院认定当事人一方在磋商订立本约合同时是否违背诚信原则,应当综合考虑该当事人在磋商时提出的条件是否明显背离预约合同约定的内容以及是否已尽合理努力进行协商等因素。 **《合同编通则解释》第8条** 预约合同生效后,当事人一方不履行订立本约合同的义务,对方请求其赔偿因此造成的损失的,人民法院依法予以支持。

《民法典》	《合同法》	相关规范性法律文件
		前款规定的损失赔偿,当事人有约定的,按照约定;没有约定的,人民法院应当综合考虑预约合同在内容上的完备程度以及订立本约合同的条件的成就程度等因素酌定。
第 496 条 格式条款是当事人**为了重复使用而预先拟定**,并在订立合同时未与对方协商的条款。 采用格式条款订立合同的,提供格式条款的一方应当遵循公平原则确定当事人之间的权利和义务,并采取合理的方式**提示**对方注意免除或者减轻其责任等**与对方有重大利害关系**的条款,按照对方的要求,对该条款予以说明。**提供格式条款的一方未履行提示或说明义务,致使对方没有注意或者理解与其有重大利害关系的条款的,对方可以主张该条款不成为合同的内容。**	**第 39 条** 采用格式条款订立合同的,提供格式条款的一方应当遵循公平原则确定当事人之间的权利和义务,并采取合理的方式提请对方注意免除或者限制其责任的条款,按照对方的要求,对该条款予以说明。 格式条款是当事人为了重复使用而预先拟定,并在订立合同时未与对方协商的条款。	《民法典时间效力规定》**第 9 条** 民法典施行前订立的合同,提供格式条款一方未履行提示或者说明义务,涉及格式条款效力认定的,适用民法典第四百九十六条的规定。 《贯彻实施民法典纪要》**第 7 条** 提供格式条款的一方对格式条款中免除或者减轻其责任等与对方有重大利害关系的内容,在合同订立时采用足以引起对方注意的文字、符号、字体等特别标识,并按照对方的要求以常人能够理解的方式对该格式条款予以说明的,人民法院应当认定符合民法典第四百九十六条所称"采取合理的方式"。提供格式条款一方对已尽合理提示及说明义务承担举证责任。 《合同编通则解释》**第 9 条** 合同条款符合民法典第四百九十六条第一款规定的情形,当事人仅以合同系依据合同示范文本制作或者双方已经明确约定合同条款不属于格式条款为由主张该条款不是格式条款的,人民法院不予支持。 从事经营活动的当事人一方仅以未实际重复使用为由主张其预先拟定且未与对方协商的合同条款不是格式条款的,人民法院不予支持。但是,有证据证明该条款不是为了重复使用而预先拟定的除外。 《合同编通则解释》**第 10 条** 提供格式条款的一方在合同订立时采用通常足以引起对方注意的文字、符号、字体等明显标识,提示对方注意免除或者减轻其责任、排除或者限制对方权利等与对方有重大利害关系的异常条款的,人民法院可以认定其已经履行民法典第四百九十六条第二款规定的提示义务。 提供格式条款的一方按照对方的要求,就与对方有重大利害关系的异常条款的概念、内容及其法律后果以书面或者口头形式向

《民法典》	《合同法》	相关规范性法律文件
		对方作出通常能够理解的解释说明的,人民法院可以认定其已经履行民法典第四百九十六条第二款规定的说明义务。 提供格式条款的一方对其已经尽到提示义务或者说明义务承担举证责任。对于通过互联网等信息网络订立的电子合同,提供格式条款的一方仅以采取了设置勾选、弹窗等方式为由主张其已经履行提示义务或者说明义务的,人民法院不予支持,但是其举证符合前两款规定的除外。
第497条 有下列情形之一的,**该格式条款无效**: (一)**具有本法第一编第六章第三节**和本法第五百零六条规定的无效情形; (二)提供格式条款一方不合理地免除或者减轻其责任、加重对方责任、**限制对方主要权利的**; (三)提供格式条款一方排除对方主要权利。	第40条 格式条款具有本法第五十二条和第五十三条规定情形的,或者提供格式条款一方免除其责任、加重对方责任、排除对方主要权利的,该条款无效。	
第498条 对格式条款的理解发生争议的,应当按照通常理解予以解释。对格式条款有两种以上解释的,应当作出不利于提供格式条款一方的解释。格式条款和非格式条款不一致的,应当采用非格式条款。	第41条 同《民法典》第498条	
第499条 **悬赏人以公开方式声明对完成特定行为的人支付报酬的,完成该行为的人可以请求其支付。**	(无)	
第500条 当事人在订立合同过程中有下列情形之一,**造成**对方损失的,应当承担赔偿责任: (一)假借订立合同,恶意进行磋商; (二)故意隐瞒与订立合同有关的重要事实或者提供虚假情况; (三)有其他违背**诚信**原则的行为。	第42条 当事人在订立合同过程中有下列情形之一,给对方造成损失的,应当承担损害赔偿责任: (一)假借订立合同,恶意进行磋商; (二)故意隐瞒与订立合同有关的重要事实或者提供虚假情况; (三)有其他违背诚实信用原则的行为。	
第501条 当事人在订立合同过程中知悉的商业秘密**或者其他应当保密**的信息,无论合同是否成立,不得泄露或者不正当地使用;泄露、不正当地使用该商业秘密**或者信息,造成对方**损失的,应当承担赔偿责任。	第43条 当事人在订立合同过程中知悉的商业秘密,无论合同是否成立,不得泄露或者不正当地使用。泄露或者不正当地使用该商业秘密给对方造成损失的,应当承担**损害**赔偿责任。	

《民法典》	《合同法》	相关规范性法律文件
第三章　合同的效力	第三章　合同的效力	
第502条　依法成立的合同，自成立时生效，**但是法律另有规定或者当事人另有约定的除外**。 依照法律、行政法规的规定，合同应当办理批准等手续的，依照其规定。未办理批准等手续影响合同生效的，不影响合同中履行报批等义务条款以及相关条款的效力。应当办理申请批准等手续的当事人未履行义务的，对方可以请求其承担违反该义务的责任。 依照法律、行政法规的规定，合同的变更、转让、解除等情形应当办理批准等手续的，适用前款规定。	**第44条**　依法成立的合同，自成立时生效。 法律、行政法规规定应当办理批准、登记等手续生效的，依照其规定。	**《合同编通则解释》第12条** 合同依法成立后，负有报批义务的当事人不履行报批义务或者履行报批义务不符合合同的约定或者法律、行政法规的规定，对方请求其继续履行报批义务的，人民法院应予支持；对方主张解除合同并请求其承担违反报批义务的赔偿责任的，人民法院应予支持。 人民法院判决当事人一方履行报批义务后，其仍不履行，对方主张解除合同并参照违反合同的违约责任请求其承担赔偿责任的，人民法院应予支持。 合同获得批准前，当事人一方起诉请求对方履行合同约定的主要义务，经释明后拒绝变更诉讼请求的，人民法院应当判决驳回其诉讼请求，但是不影响其另行提起诉讼。 负有报批义务的当事人已经办理申请批准等手续或者已经履行生效判决确定的报批义务，批准机关决定不予批准，对方请求其承担赔偿责任的，人民法院不予支持。但是，因迟延履行报批义务等可归责于当事人的原因导致合同未获批准，对方请求赔偿因此受到的损失的，人民法院应当依据民法典第一百五十七条的规定处理。 **《合同编通则解释》第13条** 合同存在无效或者可撤销的情形，当事人以该合同已在有关行政管理部门办理备案、已经批准机关批准或者已依据该合同办理财产权利的变更登记、移转登记等为由主张合同有效的，人民法院不予支持。 **《合同编通则解释》第14条** 当事人之间就同一交易订立多份合同，人民法院应当认定其中以虚假意思表示订立的合同无效。当事人为规避法律、行政法规的强制性规定，以虚假意思表示隐藏真实意思表示的，人民法院应当依据民法典第一百五十三条第一款的规定认定被隐藏合同的效力；当事人为规避法律、行政法规关于合同应当办理批准等手续的规定，以虚假意思表示隐藏真实意思表示的，人民法院应

《民法典》	《合同法》	相关规范性法律文件
		当依据民法典第五百零二条第二款的规定认定被隐藏合同的效力。 依据前款规定认定被隐藏合同无效或者确定不发生效力的，人民法院应当以被隐藏合同为事实基础，依据民法典第一百五十七条的规定确定当事人的民事责任。但是，法律另有规定的除外。 　　当事人就同一交易订立的多份合同均系真实意思表示，且不存在其他影响合同效力情形的，人民法院应当在查明各合同成立先后顺序和实际履行情况的基础上，认定合同内容是否发生变更。法律、行政法规禁止变更合同内容的，人民法院应当认定合同的相应变更无效。 　　**《九民纪要》第37条**　法律、行政法规规定某类合同应当办理批准手续生效的，如商业银行法、证券法、保险法等法律规定购买商业银行、证券公司、保险公司5%以上股权须经相关主管部门批准，依据《合同法》第44条第2款的规定，批准是合同的法定生效条件，未经批准的合同因欠缺法律规定的特别生效条件而未生效。实践中的一个突出问题是，把未生效合同认定为无效合同，或者虽认定为未生效，却按无效合同处理。无效合同从本质上来说是欠缺合同的有效要件，或者具有合同无效的法定事由，自始不发生法律效力。而未生效合同已具备合同的有效要件，对双方具有一定的拘束力，任何一方不得擅自撤回、解除、变更，但因欠缺法律、行政法规规定或当事人约定的特别生效条件，在该生效条件成就前，不能产生请求对方履行合同主要权利义务的法律效力。 　　**《九民纪要》第38条**　须经行政机关批准生效的合同，对报批义务及未履行报批义务的违约责任等相关内容作出专门约定的，该约定独立生效。一方因另一方不履行报批义务，请求解除合同并请求其承担合同约定的相应违约责任的，人民法院依法予以支持。

《民法典》	《合同法》	相关规范性法律文件
		《九民纪要》第 39 条　须经行政机关批准生效的合同,一方请求另一方履行合同主要权利义务的,人民法院应当向其释明,将诉讼请求变更为请求履行报批义务。一方变更诉讼请求的,人民法院依法予以支持;经释明后当事人拒绝变更的,应当驳回其诉讼请求,但不影响其另行提起诉讼。 《九民纪要》第 40 条　人民法院判决一方履行报批义务后,该当事人拒绝履行,经人民法院强制执行仍未履行,对方请求其承担合同违约责任的,人民法院依法予以支持。一方依据判决履行报批义务,行政机关予以批准,合同发生完全的法律效力,其请求对方履行合同的,人民法院依法予以支持;行政机关没有批准,合同不具有法律上的可履行性,一方请求解除合同的,人民法院依法予以支持。
第 503 条　无权代理人以被代理人的名义订立合同,被代理人已经开始履行合同义务<u>或者接受相对人履行</u>的,视为对合同的追认。	(无)	
第 504 条　法人的法定代表人<u>或者非法人组织的</u>负责人超越权限订立的合同,除相对人知道或者应当知道其超越权限<u>外</u>,该代表行为有效,<u>订立的合同对法人或者非法人组织发生效力</u>。	第 50 条　法人或者其他组织的法定代表人、负责人超越权限订立的合同,除相对人知道或者应当知道其超越权限的以外,该代表行为有效。	《担保制度解释》第 7 条　公司的法定代表人违反公司法关于公司对外担保决议程序的规定,超越权限代表公司与相对人订立担保合同,人民法院应当依照民法典第六十一条和第五百零四条等规定处理: 　　(一)相对人善意的,担保合同对公司发生效力;相对人请求公司承担担保责任的,人民法院应予支持。 　　(二)相对人非善意的,担保合同对公司不发生效力;相对人请求公司承担赔偿责任的,参照适用本解释第十七条的有关规定。 　　法定代表人超越权限提供担保造成公司损失,公司请求法定代表人承担赔偿责任的,人民法院应予支持。 　　第一款所称善意,是指相对人在订立担保合同时不知道且不应当知道法定代表人超越权限。相对人有证据证明已对公司决议进行了合理审查,人民法院应当认定其构成善意,但是公司有证据

《民法典》	《合同法》	相关规范性法律文件
		证明相对人知道或者应当知道决议系伪造、变造的除外。 **《合同编通则解释》第 20 条** 　　法律、行政法规为限制法人的法定代表人或者非法人组织的负责人的代表权，规定合同所涉事项应当由法人、非法人组织的权力机构或者决策机构决议，或者应当由法人、非法人组织的执行机构决定，法定代表人、负责人未取得授权而以法人、非法人组织的名义订立合同，未尽到合理审查义务的相对人主张该合同对法人、非法人组织发生效力并由其承担违约责任的，人民法院不予支持，但是法人、非法人组织有过错的，可以参照民法典第一百五十七条的规定判决其承担相应的赔偿责任。相对人已尽到合理审查义务，构成表见代表的，人民法院应当依据民法典第五百零四条的规定处理。 　　合同所涉事项未超越法律、行政法规规定的法定代表人或者负责人的代表权限，但是超越法人、非法人组织的章程或者权力机构等对代表权的限制，相对人主张该合同对法人、非法人组织发生效力并由其承担违约责任的，人民法院依法予以支持。但是，法人、非法人组织举证证明相对人知道或者应当知道该限制的除外。 　　法人、非法人组织承担民事责任后，向有过错的法定代表人、负责人追偿因越权代表行为造成的损失的，人民法院依法予以支持。法律、司法解释对法定代表人、负责人的民事责任另有规定的，依照其规定。 **《合同编通则解释》第 22 条** 　　法定代表人、负责人或者工作人员以法人、非法人组织的名义订立合同且未超越权限，法人、非法人组织仅以合同加盖的印章不是备案印章或者系伪造的印章为由主张该合同对其不发生效力的，人民法院不予支持。 　　合同系以法人、非法人组织的名义订立，但是仅有法定代表人、负责人或者工作人员签名或者按指印而未加盖法人、非法人组织的印章，相对人能够证明法定代表人、负责人或者工作人员在订立合同时未超越权限的，人民法

《民法典》	《合同法》	相关规范性法律文件
		院应当认定合同对法人、非法人组织发生效力。但是,当事人约定以加盖印章作为合同成立条件的除外。 合同仅加盖法人、非法人组织的印章而无人员签名或者按指印,相对人能够证明合同系法定代表人、负责人或者工作人员在其权限范围内订立的,人民法院应当认定该合同对法人、非法人组织发生效力。 在前三款规定的情形下,法定代表人、负责人或者工作人员在订立合同时虽然超越代表或者代理权限,但是依据民法典第五百零四条的规定构成表见代表,或者依据民法典第一百七十二条的规定构成表见代理的,人民法院应当认定合同对法人、非法人组织发生效力。 《合同编通则解释》第 23 条　法定代表人、负责人或者代理人与相对人恶意串通,以法人、非法人组织的名义订立合同,损害法人、非法人组织的合法权益,法人、非法人组织主张不承担民事责任的,人民法院应予支持。 法人、非法人组织请求法定代表人、负责人或者代理人与相对人对因此受到的损失承担连带赔偿责任的,人民法院应予支持。 根据法人、非法人组织的举证,综合考虑当事人之间的交易习惯、合同在订立时是否显失公平、相关人员是否获取了不正当利益、合同的履行情况等因素,人民法院能够认定法定代表人、负责人或者代理人与相对人存在恶意串通的高度可能性的,可以要求前述人员就合同订立、履行的过程等相关事实作出陈述或者提供相应的证据。其无正当理由拒绝作出陈述,或者所作陈述不具合理性又不能提供相应证据的,人民法院可以认定恶意串通的事实成立。 《九民纪要》第 17 条　为防止法定代表人随意代表公司为他人提供担保给公司造成损失,损害中小股东利益,《公司法》第 16 条对法定代表人的代表权进行了限制。根据该条规定,担保行为不是法定代表人所能单独决定的事项,而必须以公司股东(大)会、董事会等公司机关的决议作为授权

《民法典》	《合同法》	相关规范性法律文件
		的基础和来源。法定代表人未经授权擅自为他人提供担保的,构成越权代表,人民法院应当根据《合同法》第 50 条关于法定代表人越权代表的规定,区分订立合同时债权人是否善意分别认定合同效力:债权人善意的,合同有效;反之,合同无效。 **《九民纪要》第 18 条** 前条所称的善意,是指债权人不知道或者不应当知道法定代表人超越权限订立担保合同。《公司法》第 16 条对关联担保和非关联担保的决议机关作出了区别规定,相应地,在善意的判断标准上也应当有所区别。一种情形是,为公司股东或者实际控制人提供关联担保,《公司法》第 16 条明确规定必须由股东(大)会决议,未经股东(大)会决议,构成越权代表。在此情况下,债权人主张担保合同有效,应当提供证据证明其在订立合同时对股东(大)会决议进行了审查,决议的表决程序符合《公司法》第 16 条的规定,即在排除被担保股东表决权的情况下,该项表决由出席会议的其他股东所持表决权的过半数通过,签字人员也符合公司章程的规定。另一种情形是,公司为公司股东或者实际控制人以外的人提供非关联担保,根据《公司法》第 16 条的规定,此时由公司章程规定是由董事会决议还是股东(大)会决议。无论章程是否对决议机关作出规定,也无论章程规定决议机关为董事会还是股东(大)会,根据《民法总则》第 61 条第 3 款关于"法人章程或者法人权力机构对法定代表人代表权的限制,不得对抗善意相对人"的规定,只要债权人能够证明其在订立担保合同时对董事会决议或者股东(大)会决议进行了审查,同意决议的人数及签字人员符合公司章程的规定,就应当认定其构成善意,但公司能够证明债权人明知公司章程对决议机关有明确规定的除外。 债权人对公司机关决议内容的审查一般限于形式审查,只要求尽到必要的注意义务即可,标准不宜太过严苛。公司以机关决议系法定代表人伪造或者变造、决

《民法典》	《合同法》	相关规范性法律文件
		议程序违法、签章(名)不实、担保金额超过法定限额等事由抗辩债权人非善意的，人民法院一般不予支持。但是，公司有证据证明债权人明知决议系伪造或者变造的除外。 《九民纪要》第 19 条　存在下列情形的，即便债权人知道或者应当知道没有公司机关决议，也应当认定担保合同符合公司的真实意思表示，合同有效： （1）公司是以为他人提供担保为主营业务的担保公司，或者是开展保函业务的银行或者非银行金融机构； （2）公司为其直接或者间接控制的公司开展经营活动向债权人提供担保； （3）公司与主债务人之间存在相互担保等商业合作关系； （4）担保合同系由单独或者共同持有公司三分之二以上有表决权的股东签字同意。
第 505 条　当事人超越经营范围订立的合同的效力，应当依照本法第一编第六章第三节和本编的有关规定确定，不得仅以超越经营范围确认合同无效。	（无）	
第 506 条　合同中的下列免责条款无效： （一）造成对方人身**损害**的； （二）因故意或者重大过失造成对方财产损失的。	第 53 条　合同中的下列免责条款无效： （一）造成对方人身伤害的； （二）因故意或者重大过失造成对方财产损失的。	
第 507 条　合同**不生效**、无效、被撤销或者终止的，不影响合同中有关解决争议方法的条款的效力。	第 57 条　合同无效、被撤销或者终止的，不影响合同中**独立存在的**有关解决争议方法的条款的效力。	
第 508 条　本编对合同的效力没有规定的，适用本法第一编第六章的有关规定。	（无）	《民法典时间效力规定》第 8 条 　民法典施行前成立的合同，适用当时的法律、司法解释的规定合同无效而适用民法典的规定合同有效的，适用民法典的相关规定。
第四章　合同的履行	第四章　合同的履行	
第 509 条　当事人应当按照约定全面履行自己的义务。 当事人应当遵循**诚信**原则，根据合同的性质、目的和交易习惯履行通知、协助、保密等义务。 **当事人在履行合同过程中，应当避免浪费资源、污染环境和破坏生态。**	第 60 条　当事人应当按照约定全面履行自己的义务。 当事人应当遵循诚实信用原则，根据合同的性质、目的和交易习惯履行通知、协助、保密等义务。	《合同编通则解释》第 2 条　下列情形，不违反法律、行政法规的强制性规定且不违背公序良俗的，人民法院可以认定为民法典所称的"交易习惯"： （一）当事人之间在交易活动中的惯常做法；

《民法典》	《合同法》	相关规范性法律文件
		（二）在交易行为当地或者某一领域、某一行业通常采用并为交易对方订立合同时所知道或者应当知道的做法。 对于交易习惯，由提出主张的当事人一方承担举证责任。 《合同编通则解释》第 26 条　当事人一方未根据法律规定或者合同约定履行开具发票、提供证明文件等非主要债务，对方请求继续履行该债务并赔偿因怠于履行该债务造成的损失的，人民法院依法予以支持；对方请求解除合同的，人民法院不予支持，但是不履行该债务致使不能实现合同目的或者当事人另有约定的除外。
第 510 条　合同生效后，当事人就质量、价款或者报酬、履行地点等内容没有约定或者约定不明确的，可以协议补充；不能达成补充协议的，按照**合同相关条款**或者交易习惯确定。	第 61 条　合同生效后，当事人就质量、价款或者报酬、履行地点等内容没有约定或者约定不明确的，可以协议补充；不能达成补充协议的，按照合同有关条款或者交易习惯确定。	《贯彻实施民法典纪要》第 6 条第 2 款　对合同欠缺的当事人名称或者姓名、标的和数量以外的其他内容，当事人达不成协议的，人民法院依照民法典第四百六十六条、第五百一十条、第五百一十一条等规定予以确定。 《合同编通则解释》第 2 条　下列情形，不违反法律、行政法规的强制性规定且不违背公序良俗的，人民法院可以认定为民法典所称的"交易习惯"： （一）当事人之间在交易活动中的惯常做法； （二）在交易行为当地或者某一领域、某一行业通常采用并为交易对方订立合同时所知道或者应当知道的做法。 对于交易习惯，由提出主张的当事人一方承担举证责任。 《合同编通则解释》第 3 条第 2 款　根据前款规定能够认定合同已经成立的，对合同欠缺的内容，人民法院应当依据民法典第五百一十条、第五百一十一条等规定予以确定。
第 511 条　当事人就有关合同内容约定不明确，**依据前条规定**仍不能确定的，适用下列规定： （一）质量要求不明确的，**按照强制性国家标准履行；没有强制性国家标准的，按照推荐性国家标准履行；没有推荐性国家标准的，按照行业标准履行；**没有国家标准、行业标准的，按照通常标准或者符合合同目的的特定标准履行。	第 62 条　当事人就有关合同内容约定不明确，依照本法第六十一条的规定仍不能确定的，适用下列规定： （一）质量要求不明确的，按照国家标准、行业标准履行；没有国家标准、行业标准的，按照通常标准或者符合合同目的的特定标准履行。 （二）价款或者报酬不明确的，按照订立合同时履行地的市	《贯彻实施民法典纪要》第 6 条第 2 款　对合同欠缺的当事人名称或者姓名、标的和数量以外的其他内容，当事人达不成协议的，人民法院依照民法典第四百六十六条、第五百一十条、第五百一十一条等规定予以确定。 《合同编通则解释》第 3 条第 2 款　根据前款规定能够认定合同已经成立的，对合同欠缺的内容，人民法院应当依据民法典第

《民法典》	《合同法》	相关规范性法律文件
（二）价款或者报酬不明确的，**按照**订立合同时履行地的市场价格履行；依法应当执行政府定价或者政府指导价的，按照规定履行。 （三）履行地点不明确，给付货币的，在接受货币一方所在地履行；交付不动产的，在不动产所在地履行；其他标的，在履行义务一方所在地履行。 （四）履行期限不明确的，债务人可以随时履行，债权人也可以随时**请求**履行，**但是**应当给对方必要的准备时间。 （五）履行方式不明确的，按照有利于实现合同目的的方式履行。 （六）履行费用的负担不明确的，由履行义务一方负担；**因债权人原因增加的履行费用，由债权人负担。**	场价格履行；依法应当执行政府定价或者政府指导价的，按照规定履行。 （三）履行地点不明确，给付货币的，在接受货币一方所在地履行；交付不动产的，在不动产所在地履行；其他标的，在履行义务一方所在地履行。 （四）履行期限不明确的，债务人可以随时履行，债权人也可以随时要求履行，但应当给对方必要的准备时间。 （五）履行方式不明确的，按照有利于实现合同目的的方式履行。 （六）履行费用的负担不明确的，由履行义务一方负担。	五百一十条、第五百一十一条等规定予以确定。
第 512 条 通过互联网等信息网络订立的电子合同的标的为交付商品并采用快递物流方式交付的，收货人的签收时间为交付时间。电子合同的标的为提供服务的，生成的电子凭证或者实物凭证中载明的时间为提供服务时间；前述凭证没有载明时间或者载明时间与实际提供服务时间不一致的，以实际提供服务的时间为准。 电子合同的标的物为采用在线传输方式交付的，合同标的物进入对方当事人指定的特定系统且能够**检索识别**的时间为交付时间。 电子合同当事人对交付商品或者提供服务的方式、时间另有约定的，按照其约定。	（无）	《电子商务法》**第 51 条** 合同标的为交付商品并采用快递物流方式交付的，收货人签收时间为交付时间。合同标的为提供服务的，生成的电子凭证或者实物凭证中载明的时间为交付时间；前述凭证没有载明时间或者载明时间与实际提供服务时间不一致的，实际提供服务的时间为交付时间。 合同标的为采用在线传输方式交付的，合同标的的进入对方当事人指定的特定系统并且能够检索识别的时间为交付时间。 合同当事人对交付方式、交付时间另有约定的，从其约定。 《买卖合同解释》**第 2 条** 标的物为无需以有形载体交付的电子信息产品，当事人对交付方式约定不明确，且依照民法典第五百一十条的规定仍不能确定的，买受人收到约定的电子信息产品或者权利凭证即为交付。
第 513 条 执行政府定价或者政府指导价的，在合同约定的交付期限内政府价格调整时，按照交付时的价格计价。逾期交付标的物的，遇价格上涨时，按照原价格执行；价格下降时，按照新价格执行。逾期提取标的物或者逾期付款的，遇价格上涨时，按照新价格执行；价格下降时，按照原价格执行。	**第 63 条** 同《民法典》第 513 条	

《民法典》	《合同法》	相关规范性法律文件
第514条 以支付金钱为内容的债,除法律另有规定或者当事人另有约定外,债权人可以请求债务人以实际履行地的法定货币履行。	(无)	
第515条 标的有多项而债务人只需履行其中一项的,债务人享有选择权;但是,法律另有规定、当事人另有约定或者另有交易习惯的除外。 享有选择权的当事人在约定期限内或者履行期限届满未作选择,经催告后在合理期限内仍未选择的,选择权转移至对方。	(无)	《合同编通则解释》第2条 下列情形,不违反法律、行政法规的强制性规定且不违背公序良俗的,人民法院可以认定为民法典所称的"交易习惯": (一)当事人之间在交易活动中的惯常做法; (二)在交易行为当地或者某一领域、某一行业通常采用并为交易对方订立合同时所知道或者应当知道的做法。 对于交易习惯,由提出主张的当事人一方承担举证责任。
第516条 当事人行使选择权应当及时通知对方,通知到达对方时,标的确定。标的确定后不得变更,但是经对方同意的除外。 可选择的标的发生不能履行情形的,享有选择权的当事人不得选择不能履行的标的,但是该不能履行的情形是由对方造成的除外。	(无)	
第517条 债权人为二人以上,标的可分,按照份额各自享有债权的,为按份债权;债务人为二人以上,标的可分,按照份额各自负担债务的,为按份债务。 按份债权人或者按份债务人的份额难以确定的,视为份额相同。	(无)	《民法通则》第86条 债权人为二人以上的,按照确定的份额分享权利。债务人为二人以上的,按照确定的份额分担义务。
第518条 债权人为二人以上,部分或者全部债权人均可以请求债务人履行债务的,为连带债权;债务人为二人以上,债权人可以请求部分或者全部债务人履行全部债务的,为连带债务。 连带债权或者连带债务,由法律规定或者当事人约定。	(无)	《民法通则》第87条 债权人或者债务人一方人数为二人以上的,依照法律的规定或者当事人的约定,享有连带权利的每个债权人,都有权要求债务人履行义务;负有连带义务的每个债务人,都负有清偿全部债务的义务,履行了义务的人,有权要求其他负有连带义务的人偿付他应当承担的份额。
第519条 连带债务人之间的份额难以确定的,视为份额相同。 实际承担债务超过自己份额的连带债务人,有权就超出部分在其他连带债务人未履行的份额范围内向其追偿,并相应地享有债权人的权利,但是不得损害债权人的利益。其他连带债务人对债权人的抗辩,可以向该债务人主张。	(无)	《合同编通则解释》第51条第1款 第三人加入债务并与债务人约定了追偿权,其履行债务后主张向债务人追偿的,人民法院应予支持;没有约定追偿权,第三人依照民法典关于不当得利等的规定,在其已经向债权人履行债务的范围内请求债务人向其履行的,人民法院应予支持,但是第

《民法典》	《合同法》	相关规范性法律文件
被追偿的连带债务人不能履行其应分担份额的,其他连带债务人应当在相应范围内按比例分担。		三人知道或者应当知道加入债务会损害债务人利益的除外。
第520条 部分连带债务人履行、抵销债务或者提存标的物的,其他债务人对债权人的债务在相应范围内消灭;该债务人可以依据前条规定向其他债务人追偿。 部分连带债务人的债务被债权人免除的,在该连带债务人应当承担的份额范围内,其他债务人对债权人的债务消灭。 部分连带债务人的债务与债权人的债权同归于一人的,在扣除该债务人应当承担的份额后,债权人对其他债务人的债权继续存在。 债权人对部分连带债务人的给付受领迟延的,对其他连带债务人发生效力。	(无)	
第521条 连带债权人之间的份额难以确定的,视为份额相同。 实际受领债权的连带债权人,应当按比例向其他连带债权人返还。 连带债权参照适用本章连带债务的有关规定。	(无)	
第522条 当事人约定由债务人向第三人履行债务,债务人未向第三人履行债务或者履行债务不符合约定的,应当向债权人承担违约责任。 法律规定或者当事人约定第三人可以直接请求债务人向其履行债务,第三人未在合理期间内明确拒绝,债务人未向第三人履行债务或者履行债务不符合约定的,第三人可以请求债务人承担违约责任;债务人对债权人的抗辩,可以向第三人主张。	第64条 当事人约定由债务人向第三人履行债务的,债务人未向第三人履行债务或者履行债务不符合约定,应当向债权人承担违约责任。	《合同编通则解释》第29条 民法典第五百二十二条第二款规定的第三人请求债务人向自己履行债务的,人民法院应予支持;请求行使撤销权、解除权等民事权利的,人民法院不予支持,但是法律另有规定的除外。 合同依法被撤销或者被解除,债务人请求债权人返还财产的,人民法院应予支持。 债务人按照约定向第三人履行债务,第三人拒绝受领,债权人请求债务人向自己履行债务的,人民法院应予支持,但是债务人已经采取提存等方式消灭债务的除外。第三人拒绝受领或者受领迟延,债务人请求债权人赔偿因此造成的损失的,人民法院依法予以支持。
第523条 当事人约定由第三人向债权人履行债务,第三人不履行债务或者履行债务不符合约定的,债务人应当向债权人承担违约责任。	第65条 当事人约定由第三人向债权人履行债务的,第三人不履行债务或者履行债务不符合约定,债务人应当向债权人承担违约责任。	

《民法典》	《合同法》	相关规范性法律文件
第524条 债务人不履行债务,第三人对履行该债务具有合法利益的,第三人有权向债权人代为履行;但是,根据债务性质、按照当事人约定或者依照法律规定只能由债务人履行的除外。 债权人接受第三人履行后,其对债务人的债权转让给第三人,但是债务人和第三人另有约定的除外。	(无)	《合同编通则解释》第30条 下列民事主体,人民法院可以认定为民法典第五百二十四条第一款规定的对履行债务具有合法利益的第三人: (一)保证人或者提供物的担保的第三人; (二)担保财产的受让人、用益物权人、合法占有人; (三)担保财产上的后顺位担保权人; (四)对债务人的财产享有合法权益且该权益将因财产被强制执行而丧失的第三人; (五)债务人为法人或者非法人组织的,其出资人或者设立人; (六)债务人为自然人的,其近亲属; (七)其他对履行债务具有合法利益的第三人。 第三人在其已经代为履行的范围内取得对债务人的债权,但是不得损害债权人的利益。 担保人代为履行债务取得债权后,向其他担保人主张担保权利的,依据《最高人民法院关于适用〈中华人民共和国民法典〉有关担保制度的解释》第十三条、第十四条、第十八条第二款等规定处理。
第525条 当事人互负债务,没有先后履行顺序的,应当同时履行。一方在对方履行之前有权拒绝其履行**请求**。一方在对方履行债务不符合约定时,有权拒绝其相应的履行**请求**。	第66条 当事人互负债务,没有先后履行顺序的,应当同时履行。一方在对方履行之前有权拒绝其履行要求。一方在对方履行债务不符合约定时,有权拒绝其相应的履行要求。	《合同编通则解释》第31条第1款、第2款 当事人互负债务,一方以对方没有履行非主要债务为由拒绝履行自己的主要债务的,人民法院不予支持。但是,对方不履行非主要债务致使不能实现合同目的或者当事人另有约定的除外。 当事人一方起诉请求对方履行债务,被告依据民法典第五百二十五条的规定主张双方同时履行的抗辩且抗辩成立,被告未提起反诉的,人民法院应当判决被告在原告履行债务的同时履行自己的债务,并在判项中明确原告申请强制执行的,人民法院应当在原告履行自己的债务后对被告采取执行行为;被告提起反诉的,人民法院应当判决双方同时履行自己的债务,并在判项中明确任何一方申请强制执行的,人民法院应当在该当事人履行自己的债务后对对方采取执行行为。

《民法典》	《合同法》	相关规范性法律文件
第526条 当事人互负债务,有先后履行顺序,**应当**先履行债务一方未履行的,后履行一方有权拒绝其履行**请求**。先履行一方履行债务不符合约定的,后履行一方有权拒绝其相应的履行**请求**。	第67条 当事人互负债务,有先后履行顺序,先履行一方未履行的,后履行一方有权拒绝其履行要求。先履行一方履行债务不符合约定的,后履行一方有权拒绝其相应的履行要求。	**《合同编通则解释》第31条第3款** 当事人一方起诉请求对方履行债务,被告依据民法典第五百二十六条的规定主张原告应先履行的抗辩且抗辩成立的,人民法院应当驳回原告的诉讼请求,但是不影响原告履行债务后另行提起诉讼。
第527条 应当先履行债务的当事人,有确切证据证明对方有下列情形之一的,可以中止履行: (一)经营状况严重恶化; (二)转移财产、抽逃资金,以逃避债务; (三)丧失商业信誉; (四)有丧失或者可能丧失履行债务能力的其他情形。 当事人没有确切证据中止履行的,应当承担违约责任。	第68条 同《民法典》第527条	
第528条 当事人**依据前条**规定中止履行的,应当及时通知对方。对方提供适当担保**的**,应当恢复履行。中止履行后,对方在合理期限内未恢复履行能力**且未提供适当担保的,视为以自己的行为表明不履行主要债务,中止履行的一方可以解除合同并可以请求对方承担违约责任**。	第69条 当事人依照本法第六十八条的规定中止履行的,应当及时通知对方。对方提供适当担保时,应当恢复履行。中止履行后,对方在合理期限内未恢复履行能力并且未提供适当担保的,中止履行的一方可以解除合同。	
第529条 债权人分立、合并或者变更住所没有通知债务人,致使履行债务发生困难的,债务人可以中止履行或者将标的物提存。	第70条 同《民法典》第529条	
第530条 债权人可以拒绝债务人提前履行债务,但**是**提前履行不损害债权人利益的除外。 债务人提前履行债务给债权人增加的费用,由债务人负担。	第71条 债权人可以拒绝债务人提前履行债务,但提前履行不损害债权人利益的除外。 债务人提前履行债务给债权人增加的费用,由债务人负担。	
第531条 债权人可以拒绝债务人部分履行债务,但**是**部分履行不损害债权人利益的除外。 债务人部分履行债务给债权人增加的费用,由债务人负担。	第72条 债权人可以拒绝债务人部分履行债务,但部分履行不损害债权人利益的除外。 债务人部分履行债务给债权人增加的费用,由债务人负担。	
第532条 合同生效后,当事人不得因姓名、名称的变更或者法定代表人、负责人、承办人的变动而不履行合同义务。	第76条 同《民法典》第532条	

《民法典》	《合同法》	相关规范性法律文件
第533条 合同成立后,合同的基础条件发生了当事人在订立合同时无法预见的、不属于商业风险的重大变化,继续履行合同对于当事人一方明显不公平的,受不利影响的当事人可以与对方重新协商;在合理期限内协商不成的,当事人可以请求人民法院或者仲裁机构变更或者解除合同。 人民法院或者仲裁机构应当结合案件的实际情况,根据公平原则变更或者解除合同。	（无）	《合同编通则解释》第32条 合同成立后,因政策调整或者市场供求关系异常变动等原因导致价格发生了当事人在订立合同时无法预见的、不属于商业风险的涨跌,继续履行合同对于当事人一方明显不公平的,人民法院应当认定合同的基础条件发生了民法典第五百三十三条第一款规定的"重大变化"。但是,合同涉及市场属性活跃、长期以来价格波动较大的大宗商品以及股票、期货等风险投资型金融产品的除外。 合同的基础条件发生了民法典第五百三十三条第一款规定的重大变化,当事人请求变更合同的,人民法院不得解除合同;当事人一方请求变更合同,对方请求解除合同的,或者当事人一方请求解除合同,对方请求变更合同的,人民法院应当结合案件的实际情况,根据公平原则判决变更或者解除合同。 人民法院依据民法典第五百三十三条的规定判决变更或者解除合同的,应当综合考虑合同基础条件发生重大变化的时间、当事人重新协商的情况以及因合同变更或者解除给当事人造成的损失等因素,在判项中明确合同变更或者解除的时间。 当事人事先约定排除民法典第五百三十三条适用的,人民法院应当认定该约定无效。
第534条 对当事人利用合同实施危害国家利益、社会公共利益行为的,市场监督管理和其他有关行政主管部门依照法律、行政法规的规定负责监督处理。	（无）	
第五章 合同的保全		
第535条 因债务人怠于行使其债权或者与该债权有关的从权利,影响债权人的到期债权实现的,债权人可以向人民法院请求以自己的名义代位行使债务人对相对人的权利,但是该权利专属于债务人自身的除外。 代位权的行使范围以债权人的到期债权为限。债权人行使代位权的必要费用,由债务人负担。 相对人对债务人的抗辩,可以向债权人主张。	第73条 因债务人怠于行使其到期债权,对债权人造成损害的,债权人可以向人民法院请求以自己的名义代位行使债务人的债权,但该债权专属于债务人自身的除外。 代位权的行使范围以债权人的债权为限。债权人行使代位权的必要费用,由债务人负担。	《建设工程施工合同解释(一)》第44条 实际施工人依据民法典第五百三十五条规定,以转包人或者违法分包人怠于向发包人行使到期债权或者与该债权有关的从权利,影响其到期债权实现,提起代位权诉讼的,人民法院应予支持。 《贯彻实施民法典纪要》第8条 民法典第五百三十五条规定的"债务人怠于行使其债权或者与该债权有关的从权利,影响债权

《民法典》	《合同法》	相关规范性法律文件
		人的到期债权实现的",是指债务人不履行其对债权人的到期债务,又不以诉讼方式或者仲裁方式向相对人主张其享有的债权或者与该债权有关的从权利,致使债权人的到期债权未能实现。相对人不认为债务人有怠于行使其债权或者与该债权有关的从权利情况的,应当承担举证责任。 **《合同编通则解释》第 33 条** 债务人不履行其对债权人的到期债务,又不以诉讼或者仲裁方式向相对人主张其享有的债权或者与该债权有关的从权利,致使债权人的到期债权未能实现的,人民法院可以认定为民法典第五百三十五条规定的"债务人怠于行使其债权或者与该债权有关的从权利,影响债权人的到期债权实现"。 **《合同编通则解释》第 34 条** 下列权利,人民法院可以认定为民法典第五百三十五条第一款规定的专属于债务人自身的权利: (一)抚养费、赡养费或者扶养费请求权; (二)人身损害赔偿请求权; (三)劳动报酬请求权,但是超过债务人及其所扶养家属的生活必需费用的部分除外; (四)请求支付基本养老保险金、失业保险金、最低生活保障金等保障当事人基本生活的权利; (五)其他专属于债务人自身的权利。 **《合同编通则解释》第 35 条** 债权人依据民法典第五百三十五条的规定对债务人的相对人提起代位权诉讼的,由被告住所地人民法院管辖,但是依法应当适用专属管辖规定的除外。 债务人或者相对人以双方之间的债权债务关系订有管辖协议为由提出异议的,人民法院不予支持。 **《合同编通则解释》第 36 条** 债权人提起代位权诉讼后,债务人或者相对人以双方之间的债权债务关系订有仲裁协议为由对法院主管提出异议的,人民法院不予支持。但是,债务人或者相对人在首次开庭前就债务人与相对人之间的债权债务关系申请仲裁的,人民法院可以依法中止代位权诉讼。

《民法典》	《合同法》	相关规范性法律文件
		《合同编通则解释》第37条 债权人以债务人的相对人为被告向人民法院提起代位权诉讼,未将债务人列为第三人的,人民法院应当追加债务人为第三人。 两个以上债权人以债务人的同一相对人为被告提起代位权诉讼的,人民法院可以合并审理。债务人对相对人享有的债权不足以清偿其对两个以上债权人负担的债务的,人民法院应当按照债权人享有的债权比例确定相对人的履行份额,但是法律另有规定的除外。 《合同编通则解释》第38条 债权人向人民法院起诉债务人后,又向同一人民法院对债务人的相对人提起代位权诉讼,属于该人民法院管辖的,可以合并审理。不属于该人民法院管辖的,应当告知其向有管辖权的人民法院另行起诉;在起诉债务人的诉讼终结前,代位权诉讼应当中止。 《合同编通则解释》第39条 在代位权诉讼中,债务人对超过债权人代位请求数额的债权部分起诉相对人,属于同一人民法院管辖的,可以合并审理。不属于同一人民法院管辖的,应当告知其向有管辖权的人民法院另行起诉;在代位权诉讼终结前,债务人对相对人的诉讼应当中止。 《合同编通则解释》第40条 代位权诉讼中,人民法院经审理认为债权人的主张不符合代位权行使条件的,应当驳回诉讼请求,但是不影响债权人根据新的事实再次起诉。 债务人的相对人仅以债权人提起代位权诉讼时债权人与债务人之间的债权债务关系未经生效法律文书确认为由,主张债权人提起的诉讼不符合代位权行使条件的,人民法院不予支持。
第536条 债权人的债权到期前,债务人的债权或者与该债权有关的从权利存在诉讼时效期间即将届满或者未及时申报破产债权等情形,影响债权人的债权实现的,债权人可以代位向债务人的相对人请求其向债务人履行、向破产管理人申报或者作出其他必要的行为。	(无)	

《民法典》	《合同法》	相关规范性法律文件
第537条 人民法院认定代位权成立的,由债务人的相对人向债权人履行义务,债权人接受履行后,债权人与债务人、债务人与相对人之间相应的权利义务终止。债务人对相对人的债权或者与该债权有关的从权利被采取保全、执行措施,或者债务人破产的,依照相关法律的规定处理。	(无)	
第538条 债务人以放弃其债权、放弃债权担保、无偿转让财产等方式无偿处分财产权益,或者恶意延长其到期债权的履行期限,影响债权人的债权实现的,债权人可以请求人民法院撤销债务人的行为。	第74条第1款前半句 因债务人放弃其到期债权或者无偿转让财产,对债权人造成损害的,债权人可以请求人民法院撤销债务人的行为。	《合同编通则解释》第41条 债权人提起代位权诉讼后,债务人无正当理由减免相对人的债务或者延长相对人的履行期限,相对人以此向债权人抗辩的,人民法院不予支持。 《合同编通则解释》第44条 债权人依据民法典第五百三十八条、第五百三十九条的规定提起撤销权诉讼的,应当以债务人和债务人的相对人为共同被告,由债务人或者相对人的住所地人民法院管辖,但是依法应当适用专属管辖规定的除外。 两个以上债权人就债务人的同一行为提起撤销权诉讼的,人民法院可以合并审理。 《合同编通则解释》第46条 债权人在撤销权诉讼中同时请求债务人的相对人向债务人承担返还财产、折价补偿、履行到期债务等法律后果的,人民法院依法予以支持。 债权人请求受理撤销权诉讼的人民法院一并审理其与债务人之间的债权债务关系,属于该人民法院管辖的,可以合并审理。不属于该人民法院管辖的,应当告知其向有管辖权的人民法院另行起诉。 债权人依据其与债务人的诉讼、撤销权诉讼产生的生效法律文书申请强制执行的,人民法院可以就债务人对相对人享有的权利采取强制执行措施以实现债权人的债权。债权人在撤销权诉讼中,申请对相对人的财产采取保全措施的,人民法院依法予以准许。

《民法典》	《合同法》	相关规范性法律文件
第539条 债务人以明显不合理的低价转让财产、**以明显不合理的高价受让他人财产或者为他人的债务提供担保,影响债权人的债权实现**,债务人的相对人知道或者**应当知道该情形的**,债权人可以请求人民法院撤销债务人的行为。	第74条第1款后半句 债务人以明显不合理的低价转让财产,对债权人造成损害,并且受让人知道该情形的,债权人也可以请求人民法院撤销债务人的行为。	《贯彻实施民法典纪要》第9条 对于民法典第五百三十九条规定的明显不合理的低价或者高价,人民法院应当以交易当地一般经营者的判断,并参考交易当时交易地的物价部门指导价或者市场交易价,结合其他相关因素综合考虑予以认定。 转让价格达不到交易时交易地的指导价或者市场交易价百分之七十的,一般可以视为明显不合理的低价;对转让价格高于当地指导价或者市场交易价百分之三十的,一般可以视为明显不合理的高价。当事人对于其所主张的交易时交易地的指导价或者市场交易价承担举证责任。 《合同编通则解释》第42条 对于民法典第五百三十九条规定的"明显不合理"的低价或者高价,人民法院应当按照交易当地一般经营者的判断,并参考交易时交易地的市场交易价或者物价部门指导价予以认定。 转让价格未达到交易时交易地的市场交易价或者指导价百分之七十的,一般可以认定为"明显不合理的低价";受让价格高于交易时交易地的市场交易价或者指导价百分之三十的,一般可以认定为"明显不合理的高价"。 债务人与相对人存在亲属关系、关联关系的,不受前款规定的百分之七十、百分之三十的限制。 《合同编通则解释》第43条 债务人以明显不合理的价格,实施互易财产、以物抵债、出租或者承租财产、知识产权许可使用等行为,影响债权人的债权实现,债务人的相对人知道或者应当知道该情形,债权人请求撤销债务人的行为的,人民法院应当依据民法典第五百三十九条的规定予以支持。 《合同编通则解释》第44条 债权人依据民法典第五百三十八条、第五百三十九条的规定提起撤销权诉讼的,应当以债务人和债务人的相对人为共同被告,由债务人或者相对人的住所地人民法院管辖,但是依法应当适用专属管辖规定的除外。

《民法典》	《合同法》	相关规范性法律文件
		两个以上债权人就债务人的同一行为提起撤销权诉讼的,人民法院可以合并审理。
第540条 撤销权的行使范围以债权人的债权为限。债权人行使撤销权的必要费用,由债务人负担。	第74条第2款 同《民法典》第540条	《合同编通则解释》第45条 在债权人撤销权诉讼中,被撤销行为的标的可分,当事人主张在受影响的债权范围内撤销债务人的行为的,人民法院应予支持;被撤销行为的标的不可分,债权人主张将债务人的行为全部撤销的,人民法院应予支持。 债权人行使撤销权所支付的合理的律师代理费、差旅费等费用,可以认定为民法典第五百四十条规定的"必要费用"。
第541条 撤销权自债权人知道或者应当知道撤销事由之日起一年内行使。自债务人的行为发生之日起五年内没有行使撤销权的,该撤销权消灭。	第75条 同《民法典》第541条	
第542条 债务人影响债权人的债权实现的行为被撤销的,自始没有法律约束力。	(无)	
第六章 合同的变更和转让	第五章 合同的变更和转让	
第543条 当事人协商一致,可以变更合同。	第77条 当事人协商一致,可以变更合同。 法律、行政法规规定变更合同应当办理批准、登记等手续的,依照其规定。	
第544条 当事人对合同变更的内容约定不明确的,推定为未变更。	第78条 同《民法典》第544条	
第545条 债权人可以将**债权**的全部或者部分转让给第三人,但是有下列情形之一的除外: (一)根据**债权**性质不得转让; (二)按照当事人约定不得转让; (三)依照法律规定不得转让。 **当事人约定非金钱债权不得转让的,不得对抗善意第三人。当事人约定金钱债权不得转让的,不得对抗第三人。**	第79条 债权人可以将合同的权利全部或者部分转让给第三人,但有下列情形之一的除外: (一)根据合同性质不得转让; (二)按照当事人约定不得转让; (三)依照法律规定不得转让。	
第546条 债权人转让**债权**,未通知**债务人的**,该转让对债务人不发生效力。 债权转让的通知不得撤销,但**是经受让人同意的除外。**	第80条 债权人转让权利的,应**当通知债务人。**未经通知,该转让对债务人不发生效力。 债权人转让权利的通知不得撤销,但经受让人同意的除外。	《合同编通则解释》第48条第1款 债务人在接到债权转让通知前已经向让与人履行,受让人请求债务人履行的,人民法院不予支持;债务人接到债权转让通知

《民法典》	《合同法》	相关规范性法律文件
		后仍然向让与人履行,受让人请求债务人履行的,人民法院应予支持。 《合同编通则解释》第49条第1款　债务人接到债权转让通知后,让与人以债权转让合同不成立、无效、被撤销或者确定不发生效力为由请求债务人向其履行的,人民法院不予支持。但是,该债权转让通知被依法撤销的除外。 《合同编通则解释》第50条第1款　让与人将同一债权转让给两个以上受让人,债务人以已经向最先通知的受让人履行为由主张其不再履行债务的,人民法院应予支持。债务人明知接受履行的受让人不是最先通知的受让人,最先通知的受让人请求债务人继续履行债务或者依据债权转让协议请求让与人承担违约责任的,人民法院应予支持;最先通知的受让人请求接受履行的受让人返还其接受的财产的,人民法院不予支持,但是接受履行的受让人明知该债权在其受让前已经转让给其他受让人的除外。
第547条　债权人转让**债权**的,受让人取得与债权有关的从权利,但**是**该从权利专属于债权人自身的除外。 **受让人取得从权利不因该从权利未办理转移登记手续或者未转移占有而受到影响。**	第81条　债权人转让权利的,受让人取得与债权有关的从权利,但该从权利专属于债权人自身的除外。	
第548条　债务人接到债权转让通知后,债务人对让与人的抗辩,可以向受让人主张。	第82条 同《民法典》第548条	《合同编通则解释》第47条第1款　债权转让后,债务人向受让人主张其对让与人的抗辩的,人民法院可以追加让与人为第三人。
第549条　有下列情形之一的,债务人可以向受让人主张抵销: (一)债务人接到债权转让通知时,债务人对让与人享有债权,且债务人的债权先于转让的债权到期或者同时到期; (二)债务人的债权与转让的债权是基于同一合同产生。	第83条　债务人接到债权转让通知时,债务人对让与人享有债权,并且债务人的债权先于转让的债权到期或者同时到期的,债务人可以向受让人主张抵销。	
第550条　**因债权转让增加的履行费用,由让与人负担。**	(无)	《合同编通则解释》第48条第2款　让与人未通知债务人,受让人直接起诉债务人请求履行债务,人民法院经审理确认债权转

《民法典》	《合同法》	相关规范性法律文件
		让事实的,应当认定债权转让自起诉状副本送达时对债务人发生效力。债务人主张因未通知而给其增加的费用或者造成的损失从认定的债权数额中扣除的,人民法院依法予以支持。
第551条 债务人将**债务的**全部或者部分转移给第三人的,应当经债权人同意。 债务人或者第三人可以催告债权人在合理期限内予以同意,债权人未作表示的,视为不同意。	**第84条** 债务人将合同的义务全部或者部分转移给第三人的,应当经债权人同意。	
第552条 第三人与债务人约定加入债务并通知债权人,或者第三人向债权人表示愿意加入债务,债权人未在合理期限内明确拒绝的,债权人可以请求第三人在其愿意承担的债务范围内和债务人承担连带债务。	(无)	《担保制度解释》第12条 法定代表人依照民法典第五百五十二条的规定以公司名义加入债务的,人民法院在认定该行为的效力时,可以参照本解释关于公司为他人提供担保的有关规则处理。 《担保制度解释》第36条 第三人向债权人提供差额补足、流动性支持等类似承诺文件作为增信措施,具有提供担保的意思表示,债权人请求第三人承担保证责任的,人民法院应当依照保证的有关规定处理。 第三人向债权人提供的承诺文件,具有加入债务或者与债务人共同承担债务等意思表示的,人民法院应当认定为民法典第五百五十二条规定的债务加入。 前两款中第三人提供的承诺文件难以确定是保证还是债务加入的,人民法院应当将其认定为保证。 第三人向债权人提供的承诺文件不符合前三款规定的情形,债权人请求第三人承担保证责任或者连带责任的,人民法院不予支持,但是不影响其依据承诺文件请求第三人履行约定的义务或者承担相应的民事责任。 《合同编通则解释》第51条第1款 第三人加入债务并与债务人约定了追偿权,其履行债务后主张向债务人追偿的,人民法院应予支持;没有约定追偿权,第三人依照民法典关于不当得利等的规定,在其已经向债权人履行债务的范围内请求债务人向其履行的,人民法院应予支持,但是第三人知道或者应当知道加入债务会损害债务人利益的除外。

《民法典》	《合同法》	相关规范性法律文件
第553条 债务人转移**债务**的,新债务人可以主张原债务人对债权人的抗辩;原债务人对债权人享有债权的,新债务人不得向债权人主张抵销。	第85条 债务人转移义务的,新债务人可以主张原债务人对债权人的抗辩。	《合同编通则解释》第47条第2款 债务转移后,新债务人主张原债务人对债权人的抗辩的,人民法院可以追加原债务人为第三人。 《合同编通则解释》第51条第2款 债务人就其对债权人享有的抗辩向加入债务的第三人主张的,人民法院应予支持。
第554条 债务人转移**债务**的,新债务人应当承担与主债务有关的从债务,但是该从债务专属于原债务人自身的除外。	第86条 债务人转移义务的,新债务人应当承担与主债务有关的从债务,但该从债务专属于原债务人自身的除外。	
第555条 当事人一方经对方同意,可以将自己在合同中的权利和义务一并转让给第三人。	第88条 同《民法典》第555条	《民法通则》第91条 合同一方将合同的权利、义务全部或者部分转让给第三人的,应当取得合同另一方的同意,并不得牟利。依照法律规定应当由国家批准的合同,需经原批准机关批准。但是,法律另有规定或者原合同另有约定的除外。
第556条 合同的权利和义务一并转让的,**适用债权转让、债务转移的有关规定。**	第89条 权利和义务一并转让的,适用本法第七十九条、第八十一条至第八十三条、第八十五条至第八十七条的规定。	《合同编通则解释》第47条第3款 当事人一方将合同权利义务一并转让后,对方就合同权利义务向受让人主张抗辩或者受让人就合同权利义务向对方主张抗辩的,人民法院可以追加让与人为第三人。
第七章 合同的权利义务终止	第六章 合同的权利义务终止	
第557条 有下列情形之一的,**债权债务**终止: (一)**债务已经履行**; (二)债务相互抵销; (三)债务人依法将标的物提存; (四)债权人免除债务; (五)债权债务同归于一人; (六)法律规定或者当事人约定终止的其他情形。 **合同解除的,该合同的权利义务关系终止。**	第91条 有下列情形之一的,合同的权利义务终止: (一)债务已经**按照约定**履行; (二)**合同解除**; (三)债务相互抵销; (四)债务人依法将标的物提存; (五)债权人免除债务; (六)债权债务同归于一人; (七)法律规定或者当事人约定终止的其他情形。	
第558条 **债权债务**终止后,当事人应当遵循**诚信**等原则,根据交易习惯履行通知、协助、保密、**旧物回收**等义务。	第92条 合同的权利义务终止后,当事人应当遵循诚实信用原则,根据交易习惯履行通知、协助、保密等义务。	《贯彻实施民法典纪要》第10条 当事人一方违反民法典第五百五十八条规定的通知、协助、保密、旧物回收等义务,给对方当事人造成损失,对方当事人请求赔偿实际损失的,人民法院应当支持。

《民法典》	《合同法》	相关规范性法律文件
		《合同编通则解释》第2条 下列情形,不违反法律、行政法规的强制性规定且不违背公序良俗的,人民法院可以认定为民法典所称的"交易习惯": (一)当事人之间在交易活动中的惯常做法; (二)在交易行为当地或者某一领域、某一行业通常采用并为交易对方订立合同时所知道或者应当知道的做法。 对于交易习惯,由提出主张的当事人一方承担举证责任。
第559条 债权债务终止时,债权的从权利同时消灭,但是法律另有规定或者当事人另有约定的除外。	(无)	《合同编通则解释》第2条 下列情形,不违反法律、行政法规的强制性规定且不违背公序良俗的,人民法院可以认定为民法典所称的"交易习惯": (一)当事人之间在交易活动中的惯常做法; (二)在交易行为当地或者某一领域、某一行业通常采用并为交易对方订立合同时所知道或者应当知道的做法。 对于交易习惯,由提出主张的当事人一方承担举证责任。
第560条 债务人对同一债权人负担的数项债务种类相同,债务人的给付不足以清偿全部债务的,除当事人另有约定外,由债务人在清偿时指定其履行的债务。债务人未作指定的,应当优先履行已经到期的债务;数项债务均到期的,优先履行对债权人缺乏担保或者担保最少的债务;均无担保或者担保相等的,优先履行债务人负担较重的债务;负担相同的,按照债务到期的先后顺序履行;到期时间相同的,按照债务比例履行。	(无)	《合同编通则解释》第56条第1款 行使抵销权的一方负担的数项债务种类相同,但是享有的债权不足以抵销全部债务,当事人因抵销的顺序发生争议的,人民法院可以参照民法典第五百六十条的规定处理。
第561条 债务人在履行主债务外还应当支付利息和实现债权的有关费用,其给付不足以清偿全部债务的,除当事人另有约定外,应当按照下列顺序履行: (一)实现债权的有关费用; (二)利息; (三)主债务。	(无)	《合同编通则解释》第56条第2款 行使抵销权的一方享有的债权不足以抵销其负担的包括主债务、利息、实现债权的有关费用在内的全部债务,当事人因抵销的顺序发生争议的,人民法院可以参照民法典第五百六十一条的规定处理。

《民法典》	《合同法》	相关规范性法律文件
第562条 当事人协商一致,可以解除合同。 当事人可以约定一方解除合同的**事由**。解除合同的**事由发生**时,解除权人可以解除合同。	第93条 当事人协商一致,可以解除合同。 当事人可以约定一方解除合同的条件。解除合同的条件成就时,解除权人可以解除合同。	《合同编通则解释》第52条第1款 当事人就解除合同协商一致时未对合同解除后的违约责任、结算和清理等问题作出处理,一方主张合同已经解除的,人民法院应予支持。但是,当事人另有约定的除外。 《合同编通则解释》第52条第2款 有下列情形之一的,除当事人一方另有意思表示外,人民法院可以认定合同解除:(一)当事人一方主张行使法律规定或者合同约定的解除权,经审理认为不符合解除权行使条件但是对方同意解除;(二)双方当事人均不符合解除权行使的条件但是均主张解除合同。 《九民纪要》第47条 合同约定的解除条件成就时,守约方以此为由请求解除合同的,人民法院应当审查违约方的违约程度是否显著轻微,是否影响守约方合同目的实现,根据诚实信用原则,确定合同应否解除。违约方的违约程度显著轻微,不影响守约方合同目的实现,守约方请求解除合同的,人民法院不予支持;反之,则依法予以支持。
第563条 有下列情形之一的,当事人可以解除合同: (一)因不可抗力致使不能实现合同目的; (二)在履行期限届满前,当事人一方明确表示或者以自己的行为表明不履行主要债务; (三)当事人一方迟延履行主要债务,经催告后在合理期限内仍未履行; (四)当事人一方迟延履行债务或者有其他违约行为致使不能实现合同目的; (五)法律规定的其他情形。 **以持续履行的债务为内容的不定期合同,当事人可以随时解除合同,但是应当在合理期限之前通知对方。**	第94条 有下列情形之一的,当事人可以解除合同: (一)因不可抗力致使不能实现合同目的; (二)在履行期限届满之前,当事人一方明确表示或者以自己的行为表明不履行主要债务; (三)当事人一方迟延履行主要债务,经催告后在合理期限内仍未履行; (四)当事人一方迟延履行债务或者有其他违约行为致使不能实现合同目的; (五)法律规定的其他情形。	《买卖合同解释》第19条 出卖人没有履行或者不当履行从给付义务,致使买受人不能实现合同目的,买受人主张解除合同的,人民法院应当根据民法典第五百六十三条第一款第四项的规定,予以支持。 《商品房买卖合同解释》第11条 根据民法典第五百六十三条的规定,出卖人迟延交付房屋或者买受人迟延支付购房款,经催告后在三个月的合理期限内仍未履行,解除权人请求解除合同的,应予支持,但当事人另有约定的除外。 法律没有规定或者当事人没有约定,经对方当事人催告后,解除权行使的合理期限为三个月。对方当事人没有催告的,解除权人自知道或者应当知道解除事由之日起一年内行使。逾期不行使的,解除权消灭。

《民法典》	《合同法》	相关规范性法律文件
		《技术合同解释》第 15 条　技术合同当事人一方迟延履行主要债务,经催告后在 30 日内仍未履行,另一方依据民法典第五百六十三条第一款第(三)项的规定主张解除合同的,人民法院应当予以支持。 当事人在催告通知中附有履行期限且该期限超过 30 日的,人民法院应当认定该履行期限为民法典第五百六十三条第一款第(三)项规定的合理期限。 《技术合同解释》第 23 条第 2 款　专利申请因专利申请权转让合同成立时即存在尚未公开的同样发明创造的在先专利申请被驳回,当事人依据民法典第五百六十三条第一款第(四)项的规定请求解除合同的,人民法院应当予以支持。 《合同编通则解释》第 26 条 当事人一方未根据法律规定或者合同约定履行开具发票、提供证明文件等非主要债务,对方请求继续履行该债务并赔偿因怠于履行该债务造成的损失的,人民法院依法予以支持;对方请求解除合同的,人民法院不予支持,但是不履行该债务致使不能实现合同目的或者当事人另有约定的除外。 《合同编通则解释》第 61 条 在以持续履行的债务为内容的定期合同中,一方不履行支付价款、租金等金钱债务,对方请求解除合同,人民法院经审理认为合同应当依法解除的,可以根据当事人的主张,参考合同主体、交易类型、市场价格变化、剩余履行期限等因素确定非违约方寻找替代交易的合理期限,并按照该期限对应的价款、租金等扣除非违约方应当支付的相应履约成本确定合同履行后可以获得的利益。 非违约方主张按照合同解除后剩余履行期限相应的价款、租金等扣除履约成本确定合同履行后可以获得的利益的,人民法院不予支持。但是,剩余履行期限少于寻找替代交易的合理期限的除外。

《民法典》	《合同法》	相关规范性法律文件
第564条 法律规定或者当事人约定解除权行使期限,期限届满当事人不行使的,该权利消灭。 法律没有规定或者当事人没有约定解除权行使期限,**自解除权人知道或者应当知道解除事由之日起一年内不行使,或者经对方催告后在合理期限内不行使**的,该权利消灭。	第95条 法律规定或者当事人约定解除权行使期限,期限届满当事人不行使的,该权利消灭。 法律没有规定或者当事人没有约定解除权行使期限,经对方催告后在合理期限内不行使的,该权利消灭。	《民法典时间效力规定》第25条 民法典施行前成立的合同,当时的法律、司法解释没有规定且当事人没有约定解除权行使期限,对方当事人也未催告的,解除权人在民法典施行前知道或者应当知道解除事由,自民法典施行之日起一年内不行使的,人民法院应当依法认定该解除权消灭;解除权人在民法典施行后知道或者应当知道解除事由的,适用民法典第五百六十四条第二款关于解除权行使期限的规定。
第565条 当事人一方**依法**主张解除合同的,应当通知对方。合同自通知到达对方时解除;**通知载明债务人在一定期限内不履行债务则合同自动解除,债务人在该期限内未履行债务的,合同自通知载明的期限届满时解除。**对方对解除合同有异议的,**任何一方当事人**均可以请求人民法院或者仲裁机构确认解除**行为**的效力。 **当事人一方未通知对方,直接以提起诉讼或者申请仲裁的方式依法主张解除合同,人民法院或者仲裁机构确认该主张的,合同自起诉状副本或者仲裁申请书副本送达对方时解除。**	第96条 当事人一方依照本法第九十三条第二款、第九十四条的规定主张解除合同的,应当通知对方。合同自通知到达对方时解除。对方有异议的,可以请求人民法院或者仲裁机构确认解除合同的效力。 法律、行政法规规定解除合同应当办理批准、登记等手续的,依照其规定。	《民法典时间效力规定》第10条 民法典施行前,当事人一方未通知对方而直接以提起诉讼方式依法主张解除合同的,适用民法典第五百六十五条第二款的规定。 《合同编通则解释》第53条 当事人一方以通知方式解除合同,并以对方未在约定的异议期限或者其他合理期限内提出异议为由主张合同已经解除的,人民法院应当对其是否享有法律规定或者合同约定的解除权进行审查。经审查,享有解除权的,合同自通知到达对方时解除;不享有解除权的,不发生合同解除的效力。 《合同编通则解释》第54条 当事人一方未通知对方,直接以提起诉讼的方式主张解除合同,撤诉后再次起诉主张解除合同,人民法院经审理支持该主张的,合同自再次起诉的起诉状副本送达对方时解除。但是,当事人一方撤诉后又通知对方解除合同且该通知已经到达对方的除外。 《九民纪要》第46条 审判实践中,部分人民法院对合同法司法解释(二)第24条的理解存在偏差,认为不论发出解除通知的一方有无解除权,只要另一方未在异议期限内以起诉方式提出异议,就判令解除合同,这不符合合同法关于合同解除权行使的有关规定。对该条的准确理解是,只有享有法定或者约定解除权的当事人才能以通知方式解除合同。不享有解除权的一方向另一方发出解除通知,另一方即便未在异

《民法典》	《合同法》	相关规范性法律文件
		议期限内提起诉讼,也不发生合同解除的效果。人民法院在审理案件时,应当审查发出解除通知的一方是否享有约定或者法定的解除权来决定合同应否解除,不能仅以受通知一方在约定或者法定的异议期限届满内未起诉这一事实就认定合同已经解除。
第 566 条 合同解除后,尚未履行的,终止履行;已经履行的,根据履行情况和合同性质,当事人可以**请求恢复原状或者**采取其他补救措施,并有权请求赔偿损失。 **合同因违约解除的,解除权人可以请求违约方承担违约责任,但是当事人另有约定的除外。** **主合同解除后,担保人对债务人应当承担的民事责任仍应当承担担保责任,但是担保合同另有约定的除外。**	**第 97 条** 合同解除后,尚未履行的,终止履行;已经履行的,根据履行情况和合同性质,当事人可以要求恢复原状,采取其他补救措施,并有权要求赔偿损失。	《民法通则》第 115 条 合同的变更或者解除,不影响当事人要求赔偿损失的权利。 《合同编通则解释》第 52 条第 3 款 前两款情形下的违约责任、结算和清理等问题,人民法院应当依据民法典第五百六十六条、第五百六十七条和有关违约责任的规定处理。
第 567 条 合同的权利义务关系终止,不影响合同中结算和清理条款的效力。	**第 98 条** 合同的权利义务终止,不影响合同中结算和清理条款的效力。	《合同编通则解释》第 52 条第 1 款 当事人就解除合同协商一致时未对合同解除后的违约责任、结算和清理等问题作出处理,一方主张合同已经解除的,人民法院应予支持。但是,当事人另有约定的除外。 《合同编通则解释》第 52 条第 3 款 前两款情形下的违约责任、结算和清理等问题,人民法院应当依据民法典第五百六十六条、第五百六十七条和有关违约责任的规定处理。 《九民纪要》第 49 条 合同解除时,一方依据合同中有关违约金、约定损害赔偿的计算方法、定金责任等违约责任条款的约定,请求另一方承担违约责任的,人民法院依法予以支持。 双务合同解除时人民法院的释明问题,参照本纪要第 36 条的相关规定处理。
第 568 条 当事人**互负债务**,该债务的标的物种类、品质相同的,任何一方可以将自己的债务与对方的**到期债务抵销**;但是,**根据债务**性质、**按照当事人约定**或者依照法律规定不得抵销的除外。 当事人主张抵销的,应当通知对方。通知自到达对方时生效。抵销不得附条件或者附期限。	**第 99 条** 当事人互负到期债务,该债务的标的物种类、品质相同的,任何一方可以将自己的债务与对方的债务抵销,但依照法律规定或者按照合同性质不得抵销的除外。 当事人主张抵销的,应当通知对方。通知自到达对方时生效。抵销不得附条件或者附期限。	《合同编通则解释》第 55 条 当事人一方依据民法典第五百六十八条的规定主张抵销,人民法院经审理认为抵销权成立的,应当认定通知到达对方时双方互负的主债务、利息、违约金或者损害赔偿金等债务在同等数额内消灭。 《合同编通则解释》第 57 条 因侵害自然人人身权益,或者故意、重大过失侵害他人财产权益

《民法典》	《合同法》	相关规范性法律文件
		产生的损害赔偿债务,侵权人主张抵销的,人民法院不予支持。 《合同编通则解释》第58条 当事人互负债务,一方以其诉讼时效期间已经届满的债权通知对方主张抵销,对方提出诉讼时效抗辩的,人民法院对该抗辩应予支持。一方的债权诉讼时效期间已经届满,对方主张抵销的,人民法院应予支持。 《九民纪要》第43条 抵销权既可以通知的方式行使,也可以提出抗辩或者提起反诉的方式行使。抵销的意思表示自到达对方时生效,抵销一经生效,其效力溯及自抵销条件成就之时,双方互负的债务在同等数额内消灭。双方互负的债务数额,是截至抵销条件成就之时各自负有的包括主债务、利息、违约金、赔偿金等在内的全部债务数额。行使抵销权一方享有的债权不足以抵销全部债务数额,当事人对抵销顺序又没有特别约定的,应当根据实现债权的费用、利息、主债务的顺序进行抵销。
第569条 当事人互负债务,标的物种类、品质不相同的,经协商一致,也可以抵销。	第100条 当事人互负债务,标的物种类、品质不相同的,经**双方**协商一致,也可以抵销。	
第570条 有下列情形之一,难以履行债务的,债务人可以将标的物提存: (一)债权人无正当理由拒绝受领; (二)债权人下落不明; (三)债权人死亡未确定继承人、**遗产管理人**,或者丧失民事行为能力未确定监护人; (四)法律规定的其他情形。 标的物不适于提存或者提存费用过高的,债务人依法可以拍卖或者变卖标的物,提存所得的价款。	第101条 有下列情形之一,难以履行债务的,债务人可以将标的物提存: (一)债权人无正当理由拒绝受领; (二)债权人下落不明; (三)债权人死亡未确定继承人或者丧失民事行为能力未确定监护人; (四)法律规定的其他情形。 标的物不适于提存或者提存费用过高的,债务人依法可以拍卖或者变卖标的物,提存所得的价款。	《执行和解规定》第7条 执行和解协议履行过程中,符合民法典第五百七十条规定情形的,债务人可以依法向有关机构申请提存;执行和解协议约定给付金钱的,债务人也可以向执行法院申请提存。
第571条 **债务人将标的物或者将标的物依法拍卖、变卖所得价款交付提存部门时,提存成立。提存成立的,视为债务人在其提存范围内已经交付标的物。**	(无)	《提存公证规则》第17条 公证处应当从提存之日起三日内出具提存公证书。提存之债从提存之日即告清偿。 《合同编通则解释》第29条 民法典第五百二十二条第二款规定的第三人请求债务人向自己履行债务的,人民法院应予支持;请求行使撤销权、解除权等民事

《民法典》	《合同法》	相关规范性法律文件
		权利的,人民法院不予支持,但是法律另有规定的除外。 　　合同依法被撤销或者被解除,债务人请求债权人返还财产的,人民法院应予支持。 　　债务人按照约定向第三人履行债务,第三人拒绝受领,债权人请求债务人向自己履行债务的,人民法院应予支持,但是债务人已经采取提存等方式消灭债务的除外。第三人拒绝受领或者受领迟延,债务人请求债权人赔偿因此造成的损失的,人民法院依法予以支持。
第 572 条　标的物提存后,债务人应当及时通知债权人或者债权人的继承人、**遗产管理人**、监护人、**财产代管人**。	**第 102 条**　标的物提存后,除债权人下落不明的以外,债务人应当及时通知债权人或者债权人的继承人、监护人。	
第 573 条　标的物提存后,毁损、灭失的风险由债权人承担。提存期间,标的物的孳息归债权人所有。提存费用由债权人负担。	**第 103 条** 同《民法典》第 573 条	
第 574 条　债权人可以随时领取提存物。**但是**,债权人对债务人负有到期债务的,在债权人未履行债务或者提供担保之前,提存部门根据债务人的要求应当拒绝其领取提存物。 　　债权人领取提存物的权利,自提存之日起五年内不行使而消灭,提存物扣除提存费用后归国家所有。**但是,债权人未履行对债务人的到期债务,或者债权人向提存部门书面表示放弃领取提存物权利的,债务人负担提存费用后有权取回提存物。**	**第 104 条**　债权人可以随时领取提存物,但债权人对债务人负有到期债务的,在债权人未履行债务或者提供担保之前,提存部门根据债务人的要求应当拒绝其领取提存物。 　　债权人领取提存物的权利,自提存之日起五年内不行使而消灭,提存物扣除提存费用后归国家所有。	
第 575 条　债权人免除债务人部分或者全部债务的,**债权债务**部分或者全部终止,**但是债务人在合理期限内拒绝的除外。**	**第 105 条**　债权人免除债务人部分或者全部债务的,合同的权利义务部分或者全部终止。	
第 576 条　债权和债务同归于一人的,**债权债务**终止,**但是损害第三人利益的除外。**	**第 106 条**　债权和债务同归于一人的,合同的权利义务终止,但涉及第三人利益的除外。	
第八章　违约责任	第七章　违约责任	
第 577 条　当事人一方不履行合同义务或者履行合同义务不符合约定的,应当承担继续履行、采取补救措施或者赔偿损失等违约责任。	**第 107 条** 同《民法典》第 577 条	《建设工程施工合同解释(一)》**第 19 条第 3 款**　建设工程施工合同有效,但建设工程经竣工验收不合格的,依照民法典第五百七十七条规定处理。

《民法典》	《合同法》	相关规范性法律文件
		《合同编通则解释》第 26 条　当事人一方未根据法律规定或者合同约定履行开具发票、提供证明文件等非主要债务，对方请求继续履行该债务并赔偿因怠于履行该债务造成的损失的，人民法院依法予以支持；对方请求解除合同的，人民法院不予支持，但是不履行该债务致使不能实现合同目的或者当事人另有约定的除外。 《合同编通则解释》第 52 条第 3 款　前两款情形下的违约责任、结算和清理等问题，人民法院应当依据民法典第五百六十六条、第五百六十七条和有关违约责任的规定处理。
第 578 条　当事人一方明确表示或者以自己的行为表明不履行合同义务的，对方可以在履行期限届满前**请求**其承担违约责任。	第 108 条　当事人一方明确表示或者以自己的行为表明不履行合同义务的，对方可以在履行期限届满之前要求其承担违约责任。	
第 579 条　当事人一方未支付价款、报酬、**租金、利息、或者不履行其他金钱债务的**，对方可以**请求**其支付。	第 109 条　当事人一方未支付价款或者报酬的，对方可以要求其支付价款或者报酬。	
第 580 条　当事人一方不履行非金钱债务或者履行非金钱债务不符合约定的，对方可以**请求**履行，**但是**有下列情形之一的除外： （一）法律上或者事实上不能履行； （二）债务的标的不适于强制履行或者履行费用过高； （三）债权人在合理期限内未**请求**履行。 **有前款规定的除外情形之一，致使不能实现合同目的的，人民法院或者仲裁机构可以根据当事人的请求终止合同权利义务关系，但是不影响违约责任的承担。**	第 110 条　当事人一方不履行非金钱债务或者履行非金钱债务不符合约定的，对方可以要求履行，但有下列情形之一的除外： （一）法律上或者事实上不能履行； （二）债务的标的不适于强制履行或者履行费用过高； （三）债权人在合理期限内未要求履行。	《民法典时间效力规定》第 11 条　民法典施行前成立的合同，当事人一方不履行非金钱债务或者履行非金钱债务不符合约定，对方可以请求履行，但是有民法典第五百八十条第一款第一项、第二项、第三项除外情形之一，致使不能实现合同目的的，当事人请求终止合同权利义务关系的，适用民法典第五百八十条第二款的规定。 《合同编通则解释》第 59 条　当事人一方依据民法典第五百八十条第二款的规定请求终止合同权利义务关系的，人民法院一般应当以起诉状副本送达对方的时间作为合同权利义务关系终止的时间。根据案件的具体情况，以其他时间作为合同权利义务关系终止的时间更加符合公平原则和诚信原则的，人民法院可以该时间作为合同权利义务关系终止的时间，但是应当在裁判文书中充分说明理由。 《九民纪要》第 48 条　违约方不享有单方解除合同的权利。但是，在一些长期性合同如房屋租赁合同履行过程中，双方形成合同僵局，一概不允许违约方通过

《民法典》	《合同法》	相关规范性法律文件
		起诉的方式解除合同,有时对双方都不利。在此前提下,符合下列条件,违约方起诉请求解除合同的,人民法院依法予以支持: (1)违约方不存在恶意违约的情形; (2)违约方继续履行合同,对其显失公平; (3)守约方拒绝解除合同,违反诚实信用原则。 人民法院判决解除合同的,违约方本应当承担的违约责任不能因解除合同而减少或者免除。
第581条 当事人一方不履行债务或者履行债务不符合约定,根据债务的性质不得强制履行的,对方可以请求其负担由第三人替代履行的费用。	(无)	
第582条 履行不符合约定的,应当按照当事人的约定承担违约责任。对违约责任没有约定或者约定不明确,**依据本法第五百一十条**的规定仍不能确定的,受损害方根据标的性质以及损失的大小,可以合理选择**请求**对方承担修理、**重作**、**更换**、退货、减少价款或者报酬等违约责任。	第111条 质量不符合约定的,应当按照当事人的约定承担违约责任。对违约责任没有约定或者约定不明确,依照本法第六十一条的规定仍不能确定的,受损害方根据标的性质以及损失的大小,可以合理选择要求对方承担修理、更换、重作、退货、减少价款或者报酬等违约责任。	《买卖合同解释》第17条 标的物质量不符合约定,买受人依照民法典第五百八十二条的规定要求减少价款的,人民法院应予支持。 当事人主张以符合约定的标的物和实际交付的标的物按交付时的市场价值计算差价的,人民法院应予支持。 价款已经支付,买受人主张返还减价后多出部分价款的,人民法院应予支持。
第583条 当事人一方不履行合同义务或者履行合同义务不符合约定的,在履行义务或者采取补救措施后,对方还有其他损失的,应当赔偿损失。	第112条 同《民法典》第583条	
第584条 当事人一方不履行合同义务或者履行合同义务不符合约定,**造成对方**损失的,损失赔偿额应当相当于因违约所造成的损失,包括合同履行后可以获得的利益;**但是**,不得超过**违约**一方订立合同时预见到或者应当预见到的因**违约**可能造成的损失。	第113条 当事人一方不履行合同义务或者履行合同义务不符合约定,给对方造成损失的,损失赔偿额应当相当于因违约所造成的损失,包括合同履行后可以获得的利益,但不得超过违反合同一方订立合同时预见到或者应当预见到的因违反合同可能造成的损失。 经营者对消费者提供商品或者服务有欺诈行为的,依照《中华人民共和国消费者权益保护法》的规定承担损害赔偿责任。	《买卖合同解释》第22条 买卖合同当事人一方违约造成对方损失,对方主张赔偿可得利益损失的,人民法院在确定违约责任范围时,应当根据当事人的主张,依据民法典第五百八十四条、第五百九十一条、第五百九十二条、本解释第二十三条等规定进行认定。 《买卖合同解释》第23条 买卖合同当事人一方因对方违约而获有利益,违约方主张从损失赔偿额中扣除该部分利益的,人民法院应予支持。 《合同编通则解释》第60条 人民法院依据民法典第五百八十四条的规定确定合同履行后可以获得的利益时,可以在扣除非违约方为订立、履行合同支出的费用等合理成本后,按照非违

《民法典》	《合同法》	相关规范性法律文件
		约方能够获得的生产利润、经营利润或者转售利润等计算。 非违约方依法行使合同解除权并实施了替代交易,主张按照替代交易价格与合同价格的差额确定合同履行后可以获得的利益的,人民法院依法予以支持;替代交易价格明显偏离替代交易发生时当地的市场价格,违约方主张按照市场价格与合同价格的差额确定合同履行后可以获得的利益的,人民法院应予支持。 非违约方依法行使合同解除权但是未实施替代交易,主张按照违约行为发生后合理期间内合同履行地的市场价格与合同价格的差额确定合同履行后可以获得的利益的,人民法院应予支持。 **《合同编通则解释》第 61 条**　在以持续履行的债务为内容的定期合同中,一方不履行支付价款、租金等金钱债务,对方请求解除合同,人民法院经审理认为合同应当依法解除的,可以根据当事人的主张,参考合同主体、交易类型、市场价格变化、剩余履行期限等因素确定非违约方寻找替代交易的合理期限,并按照该期限对应的价款、租金等扣除非违约方应当支付的相应履约成本确定合同履行后可以获得的利益。 非违约方主张按照合同解除后剩余履行期限相应的价款、租金等扣除履约成本确定合同履行后可以获得的利益的,人民法院不予支持。但是,剩余履行期限少于寻找替代交易的合理期限的除外。 **《合同编通则解释》第 62 条**　非违约方在合同履行后可以获得的利益难以根据本解释第六十条、第六十一条的规定予以确定的,人民法院可以综合考虑违约方因违约获得的利益、违约方的过错程度、其他违约情节等因素,遵循公平原则和诚信原则确定。 **《合同编通则解释》第 63 条第 1 款、第 2 款**　在认定民法典第五百八十四条规定的"违约一方订立合同时预见到或者应当预见到的因违约可能造成的损失"时,人民法院应当根据当事人订立合同的目的,综合考虑合同主体、合同内容、交易类型、交易习惯、磋商过程等因素,按照与违约方处于相

《民法典》	《合同法》	相关规范性法律文件
		同或者类似情况的民事主体在订立合同时预见到或者应当预见到的损失予以确定。 　　除合同履行后可以获得的利益外,非违约方主张还有其向第三人承担违约责任应当支出的额外费用等其他因违约所造成的损失,并请求违约方赔偿,经审理认为该损失系违约一方订立合同时预见到或者应当预见到的,人民法院应予支持。 　　《合同编通则解释》第65条第1款　当事人主张约定的违约金过分高于违约造成的损失,请求予以适当减少的,人民法院应当以民法典第五百八十四条规定的损失为基础,兼顾合同主体、交易类型、合同的履行情况、当事人的过错程度、履约背景等因素,遵循公平原则和诚信原则进行衡量,并作出裁判。
第585条　当事人可以约定一方违约时应当根据违约情况向对方支付一定数额的违约金,也可以约定因违约产生的损失赔偿额的计算方法。 　　约定的违约金低于造成的损失的,**人民法院或者仲裁机构可以根据当事人的请求**予以增加;约定的违约金过分高于造成的损失的,**人民法院或者仲裁机构可以根据当事人的请求**予以适当减少。 　　当事人就迟延履行约定违约金的,违约方支付违约金后,还应当履行债务。	**第114条**　当事人可以约定一方违约时应当根据违约情况向对方支付一定数额的违约金,也可以约定因违约产生的损失赔偿额的计算方法。 　　约定的违约金低于造成的损失的,当事人可以请求人民法院或者仲裁机构予以增加;约定的违约金过分高于造成的损失的,当事人可以请求人民法院或者仲裁机构予以适当减少。 　　当事人就迟延履行约定违约金的,违约方支付违约金后,还应当履行债务。	《买卖合同解释》第20条　买卖合同因违约而解除后,守约方主张继续适用违约金条款的,人民法院应予支持;但约定的违约金过分高于违约造成的损失,违约方请求予以适当减少的,人民法院可以参照民法典第五百八十五条第二款的规定处理。 　　《买卖合同解释》第21条　买卖合同当事人一方以对方违约为由主张支付违约金,对方以合同不成立、合同未生效、合同无效或者不构成违约等为由进行免责抗辩而未主张调整过高的违约金的,人民法院应当就法院若不支持免责抗辩,当事人是否需要主张调整违约金进行释明。 　　一审法院认为免责抗辩成立且未予释明,二审法院认为应当判决支付违约金的,可以直接释明并改判。 　　《贯彻实施民法典纪要》第11条　民法典第五百八十五条第二款规定的损失范围应当按照民法典第五百八十四条规定确定,包括合同履行后可以获得的利益,但不得超过违约一方订立合同时预见到或者应当预见到的因违约可能造成的损失。 　　当事人请求人民法院增加违约金的,增加后的违约金数额以不超过民法典第五百八十四条规定的损失为限。增加违约金以后,当事人又请求对方赔偿损失的,人民法院不予支持。

《民法典》	《合同法》	相关规范性法律文件
		当事人请求人民法院减少违约金的,人民法院应当以民法典第五百八十四条规定的损失为基础,兼顾合同的履行情况、当事人的过错程度等综合因素,根据公平原则和诚信原则予以衡量,并作出裁判。约定的违约金超过根据民法典第五百八十四条规定确定的损失的百分之三十的,一般可以认定为民法典第五百八十五条第二款规定的"过分高于造成的损失"。当事人主张约定的违约金过高请求予以适当减少的,应当承担举证责任;相对人主张违约金约定合理的,也应提供相应的证据。 **《合同编通则解释》第64条** 　　当事人一方通过反诉或者抗辩的方式,请求调整违约金的,人民法院依法予以支持。 　　违约方主张约定的违约金过分高于违约造成的损失,请求予以适当减少的,应当承担举证责任。非违约方主张约定的违约金合理的,也应当提供相应的证据。 　　当事人仅以合同约定不得对违约金进行调整为由主张不予调整违约金的,人民法院不予支持。 **《合同编通则解释》第65条** 　　当事人主张约定的违约金过分高于违约造成的损失,请求予以适当减少的,人民法院应当以民法典第五百八十四条规定的损失为基础,兼顾合同主体、交易类型、合同的履行情况、当事人的过错程度、履行背景等因素,遵循公平原则和诚信原则进行衡量,并作出裁判。 　　约定的违约金超过造成损失的百分之三十的,人民法院一般可以认定为过分高于造成的损失。 　　恶意违约的当事人一方请求减少违约金的,人民法院一般不予支持。 **《合同编通则解释》第66条** 　　当事人一方请求对方支付违约金,对方以合同不成立、无效、被撤销、确定不发生效力、不构成违约或者非违约方不存在损失等为由抗辩,未主张调整过高的违约金的,人民法院应当就若不支持该抗辩,当事人是否请求调整违约金进行释明。第一审人民法院认为抗辩成立且未予释明,第二审人民法院认为应当判决支付违约金的,可以直接释明,并根据

《民法典》	《合同法》	相关规范性法律文件
		当事人的请求,在当事人就是否应当调整违约金充分举证、质证、辩论后,依法判决适当减少违约金。 被告因客观原因在第一审程序中未到庭参加诉讼,但是在第二审程序中到庭参加诉讼并请求减少违约金的,第二审人民法院可以在当事人就是否应当调整违约金充分举证、质证、辩论后,依法判决适当减少违约金。 《九民纪要》第50条 认定约定违约金是否过高,一般应当以《合同法》第113条规定的损失为基础进行判断,这里的损失包括合同履行后可以获得的利益。除借款合同外的双务合同,作为对价的价款或者报酬给付之债,并非借款合同项下的还款义务,不能以受法律保护的民间借贷利率上限作为判断违约金是否过高的标准,而应当兼顾合同履行情况、当事人过错程度以及预期利益等因素综合确定。主张违约金过高的违约方应当对违约金是否过高承担举证责任。
第586条 当事人可以约定一方向对方给付定金作为债权的担保。定金合同自实际交付定金时成立。 定金的数额由当事人约定;但是,不得超过主合同标的额的百分之二十,超过部分不产生定金的效力。实际交付的定金数额多于或者少于约定数额的,视为变更约定的定金数额。	第115条 当事人可以依照《中华人民共和国担保法》约定一方向对方给付定金作为债权的担保。债务人履行债务后,定金应当抵作价款或者收回。给付定金的一方不履行约定的债务的,无权要求返还定金;收受定金的一方不履行约定的债务的,应当双倍返还定金。	《担保法》第89条 当事人可以约定一方向对方给付定金作为债权的担保。债务人履行债务后,定金应当抵作价款或者收回。给付定金的一方不履行约定的债务的,无权要求返还定金;收受定金的一方不履行约定的债务的,应当双倍返还定金。 《担保法》第90条 定金应当以书面形式约定。当事人在定金合同中应当约定交付定金的期限。定金合同从实际交付定金之日起生效。 《担保法》第91条 定金的数额由当事人约定,但不得超过主合同标的额的百分之二十。 《合同编通则解释》第67条 当事人交付留置金、担保金、保证金、订约金、押金或者订金等,但是没有约定定金性质,一方主张适用民法典第五百八十七条规定的定金罚则的,人民法院不予支持。当事人约定了定金性质,但是未约定定金类型或者约定不明,一方主张为违约定金的,人民法院应予支持。

《民法典》	《合同法》	相关规范性法律文件
		当事人约定以交付定金作为订立合同的担保,一方拒绝订立合同或者在磋商订立合同时违背诚信原则导致未能订立合同,对方主张适用民法典第五百八十七条规定的定金罚则的,人民法院应予支持。 当事人约定以交付定金作为合同成立或者生效条件,应当交付定金的一方未交付定金,但是合同主要义务已经履行完毕并为对方所接受的,人民法院应当认定合同在对方接受履行时已经成立或者生效。 当事人约定定金性质为解约定金,交付定金的一方主张以丧失定金为代价解除合同的,或者收受定金的一方主张以双倍返还定金为代价解除合同的,人民法院应予支持。
第587条 债务人履行债务的,定金应当抵作价款或者收回。给付定金的一方不履行债务或者履行债务不符合约定,致使不能实现合同目的的,无权请求返还定金;收受定金的一方不履行债务或者履行债务不符合约定,致使不能实现合同目的的,应当双倍返还定金。	（无）	《担保法》第89条 当事人可以约定一方向对方给付定金作为债权的担保。债务人履行债务后,定金应当抵作价款或者收回。给付定金的一方不履行约定的债务的,无权要求返还定金;收受定金的一方不履行约定的债务的,应当双倍返还定金。 《合同编通则解释》第67条 当事人交付留置金、担保金、保证金、订约金、押金或者订金等,但是没有约定定金性质,一方主张适用民法典第五百八十七条规定的定金罚则的,人民法院不予支持。当事人约定了定金性质,但是未约定定金类型或者约定不明,一方主张为违约定金的,人民法院应予支持。 当事人约定以交付定金作为订立合同的担保,一方拒绝订立合同或者在磋商订立合同时违背诚信原则导致未能订立合同,对方主张适用民法典第五百八十七条规定的定金罚则的,人民法院应予支持。 当事人约定以交付定金作为合同成立或者生效条件,应当交付定金的一方未交付定金,但是合同主要义务已经履行完毕并为对方所接受的,人民法院应当认定合同在对方接受履行时已经成立或者生效。

《民法典》	《合同法》	相关规范性法律文件
		当事人约定定金性质为解约定金,交付定金的一方主张以丧失定金为代价解除合同的,或者收受定金的一方主张以双倍返还定金为代价解除合同的,人民法院应予支持。 **《合同编通则解释》第 68 条第 1 款、第 2 款** 双方当事人均具有致使不能实现合同目的的违约行为,其中一方请求适用定金罚则的,人民法院不予支持。当事人一方仅有轻微违约,对方具有致使不能实现合同目的的违约行为,轻微违约方主张适用定金罚则,对方以轻微违约方也构成违约为由抗辩的,人民法院对该抗辩不予支持。 当事人一方已经部分履行合同,对方接受并主张按照未履行部分所占比例适用定金罚则的,人民法院应予支持。对方主张按照合同整体适用定金罚则的,人民法院不予支持,但是部分未履行致使不能实现合同目的的除外。
第 588 条 当事人既约定违约金,又约定定金的,一方违约时,对方可以选择适用违约金或者定金条款。 <u>定金不足以弥补一方违约造成的损失的,对方可以请求赔偿超过定金数额的损失。</u>	**第 116 条** 当事人既约定违约金,又约定定金的,一方违约时,对方可以选择适用违约金或者定金条款。	
第 589 条 债务人按照约定履行债务,债权人无正当理由拒绝受领的,债务人可以请求债权人赔偿增加的费用。 <u>在债权人受领迟延期间,债务人无须支付利息。</u>	(无)	**《合同编通则解释》第 29 条** 民法典第五百二十二条第二款规定的第三人请求债务人向自己履行债务的,人民法院应予支持;请求行使撤销权、解除权等民事权利的,人民法院不予支持,但是法律另有规定的除外。 合同依法被撤销或者被解除,债务人请求债权人返还财产的,人民法院应予支持。 债务人按照约定向第三人履行债务,第三人拒绝受领,债权人请求债务人向自己履行债务的,人民法院应予支持,但是债务人已经采取提存等方式消灭债务的除外。第三人拒绝受领或者受领迟延,债务人请求债权人赔偿因此造成的损失的,人民法院依法予以支持。

《民法典》	《合同法》	相关规范性法律文件
第590条 当事人一方因不可抗力不能履行合同的,根据不可抗力的影响,部分或者全部免除责任,但是法律另有规定的除外。因不可抗力不能履行合同的,应当及时通知对方,以减轻可能给对方造成的损失,并应当在合理期限内提供证明。 当事人迟延履行后发生不可抗力的,**不免除其违约责任**。	第117条 因不可抗力不能履行合同的,根据不可抗力的影响,部分或者全部免除责任,但法律另有规定的除外。当事人迟延履行后发生不可抗力的,不能免除责任。 本法所称不可抗力,是指不能预见、不能避免并不能克服的客观情况。 第118条 当事人一方因不可抗力不能履行合同的,应当及时通知对方,以减轻可能给对方造成的损失,并应当在合理期限内提供证明。	《合同编通则解释》第68条第3款 因不可抗力致使合同不能履行,非违约方主张适用定金罚则的,人民法院不予支持。
第591条 当事人一方违约后,对方应当采取适当措施防止损失的扩大;没有采取适当措施致使损失扩大的,不得就扩大的损失**请求**赔偿。 当事人因防止损失扩大而支出的合理费用,由违约方承担。	第119条 当事人一方违约后,对方应当采取适当措施防止损失的扩大;没有采取适当措施致使损失扩大的,不得就扩大的损失要求赔偿。 当事人因防止损失扩大而支出的合理费用,由违约方承担。	《合同编通则解释》第63条第3款 在确定违约损失赔偿额时,违约方主张扣除非违约方未采取适当措施导致的扩大损失、非违约方也有过错造成的相应损失、非违约方因违约获得的额外利益或者减少的必要支出的,人民法院依法予以支持。
第592条 当事人都违反合同的,应当各自承担相应的责任。 **当事人一方违约造成对方损失,对方对损失的发生有过错的,可以减少相应的损失赔偿额。**	第120条 当事人双方都违反合同的,应当各自承担相应的责任。	《合同编通则解释》第63条第3款 在确定违约损失赔偿额时,违约方主张扣除非违约方未采取适当措施导致的扩大损失、非违约方也有过错造成的相应损失、非违约方因违约获得的额外利益或者减少的必要支出的,人民法院依法予以支持。
第593条 当事人一方因第三人的原因造成违约的,应当**依法**向对方承担违约责任。当事人一方和第三人之间的纠纷,依照法律规定或者按照约定**处理**。	第121条 当事人一方因第三人的原因造成违约的,应当向对方承担违约责任。当事人一方和第三人之间的纠纷,依照法律规定或者按照约定解决。	
第594条 因国际货物买卖合同和技术进出口合同争议提起诉讼或者申请仲裁的**时效期间**为四年。	第129条 因国际货物买卖合同和技术进出口合同争议提起诉讼或者申请仲裁的期限为四年,自当事人知道或者应当知道其权利受到侵害之日起计算。因其他合同争议提起诉讼或者申请仲裁的期限,依照有关法律的规定。	
第二分编 典型合同		
第九章 买卖合同	第九章 买卖合同	
第595条 买卖合同是出卖人转移标的物的所有权于买受人,买受人支付价款的合同。	第130条 同《民法典》第595条	

《民法典》	《合同法》	相关规范性法律文件
第596条 买卖合同的内容一般包括标的物的名称、数量、质量、价款，履行期限、履行地点和方式，包装方式、检验标准和方法，结算方式，合同使用的文字及其效力等条款。	第131条 买卖合同的内容除依照本法第十二条的规定以外，还可以包括包装方式、检验标准和方法，结算方式，合同使用的文字及其效力等条款。	
第597条 因出卖人未取得处分权致使标的物所有权不能转移的，买受人可以解除合同并请求出卖人承担违约责任。 法律、行政法规禁止或者限制转让的标的物，依照其规定。	第132条 出卖的标的物，应当属于出卖人所有或者出卖人有权处分。 法律、行政法规禁止或者限制转让的标的物，依照其规定。	《买卖合同解释》第6条 出卖人就同一普通动产订立多重买卖合同，在买卖合同均有效的情况下，买受人均要求实际履行合同的，应当按照以下情形分别处理： （一）先行受领交付的买受人请求确认所有权已经转移的，人民法院应予支持； （二）均未受领交付，先行支付价款的买受人请求出卖人履行交付标的物等合同义务的，人民法院应予支持； （三）均未受领交付，也未支付价款，依法成立在先合同的买受人请求出卖人履行交付标的物等合同义务的，人民法院应予支持。 《买卖合同解释》第7条 出卖人就同一船舶、航空器、机动车等特殊动产订立多重买卖合同，在买卖合同均有效的情况下，买受人均要求实际履行合同的，应当按照以下情形分别处理： （一）先行受领交付的买受人请求出卖人履行办理所有权转移登记手续等合同义务的，人民法院应予支持； （二）均未受领交付，先行办理所有权转移登记手续的买受人请求出卖人履行交付标的物等合同义务的，人民法院应予支持； （三）均未受领交付，也未办理所有权转移登记手续，依法成立在先合同的买受人请求出卖人履行交付标的物和办理所有权转移登记手续等合同义务的，人民法院应予支持； （四）出卖人将标的物交付给买受人之一，又为其他买受人办理所有权转移登记，已受领交付的买受人请求将标的物所有权登记在自己名下的，人民法院应予支持。

《民法典》	《合同法》	相关规范性法律文件
		《国有土地使用权合同解释》第9条 土地使用权人作为转让方就同一出让土地使用权订立数个转让合同，在转让合同有效的情况下，受让方均要求履行合同的，按照以下情形分别处理： （一）已经办理土地使用权变更登记手续的受让方，请求转让方履行交付土地等合同义务的，应予支持； （二）均未办理土地使用权变更登记手续，已先行合法占有投资开发土地的受让方请求转让方履行土地使用权变更登记等合同义务的，应予支持； （三）均未办理土地使用权变更登记手续，又未合法占有投资开发土地，先行支付土地转让款的受让方请求转让方履行交付土地和办理土地使用权变更登记等合同义务的，应予支持； （四）合同均未履行，依法成立在先的合同受让方请求履行合同的，应予支持。 未能取得土地使用权的受让方请求解除合同、赔偿损失的，依照民法典的有关规定处理。 《城镇房屋租赁合同解释》第5条 出租人就同一房屋订立数份租赁合同，在合同均有效的情况下，承租人均主张履行合同的，人民法院按照下列顺序确定履行合同的承租人： （一）已经合法占有租赁房屋的； （二）已经办理登记备案手续的； （三）合同成立在先的。 不能取得租赁房屋的承租人请求解除合同、赔偿损失的，依照民法典的有关规定处理。 《农村土地承包纠纷解释》第19条 发包方就同一土地签订两个以上承包合同，承包方均主张取得土地经营权的，按照下列情形，分别处理： （一）已经依法登记的承包方，取得土地经营权； （二）均未依法登记的，生效在先合同的承包方取得土地经营权； （三）依前两项规定无法确定的，已经根据承包合同合法占有使用承包地的人取得土地经营权，但争议发生后一方强行先占承包地的行为和事实，不得作为确定土地经营权的依据。

《民法典》	《合同法》	相关规范性法律文件
		《合同编通则解释》第 19 条 以转让或者设定财产权利为目的订立的合同，当事人或者真正权利人仅以让与人在订立合同时对标的物没有所有权或者处分权为由主张合同无效的，人民法院不予支持；因未取得真正权利人事后同意或者让与人事后未取得处分权导致合同不能履行，受让人主张解除合同并请求让与人承担违反合同的赔偿责任的，人民法院依法予以支持。 前款规定的合同被认定有效，且让与人已经将财产交付或者移转登记至受让人，真正权利人请求认定财产权利未发生变动或者请求返还财产的，人民法院应予支持。但是，受让人依据民法典第三百一十一条等规定善意取得财产权利的除外。
第 598 条 出卖人应当履行向买受人交付标的物或者交付提取标的物的单证，并转移标的物所有权的义务。	第 135 条 同《民法典》第 598 条	**《买卖合同解释》第 5 条** 出卖人仅以增值税专用发票及税款抵扣资料证明其已履行交付标的物义务，买受人不认可的，出卖人应当提供其他证据证明交付标的物的事实。 合同约定或者当事人之间习惯以普通发票作为付款凭证，买受人以普通发票证明已经履行付款义务的，人民法院应予支持，但有相反证据足以推翻的除外。
第 599 条 出卖人应当按照约定或者交易习惯向买受人交付提取标的物单证以外的有关单证和资料。	第 136 条 同《民法典》第 599 条	**《买卖合同解释》第 4 条** 民法典第五百九十九条规定的"提取标的物单证以外的有关单证和资料"，主要应当包括保险单、保修单、普通发票、增值税专用发票、产品合格证、质量保证书、质量鉴定书、品质检验证书、产品进出口检疫书、原产地证明书、使用说明书、装箱单等。 **《合同编通则解释》第 26 条** 当事人一方未根据法律规定或者合同约定履行开具发票、提供证明文件等非主要债务，对方请求继续履行该债务并赔偿因怠于履行该债务造成的损失的，人民法院依法予以支持；对方请求解除合同的，人民法院不予支持，但是不履行该债务致使不能实现合同目的或者当事人另有约定的除外。

《民法典》	《合同法》	相关规范性法律文件
第600条 出卖具有知识产权的标的物的,除法律另有规定或者当事人另有约定**外**,该标的物的知识产权不属于买受人。	**第137条** 出卖具有知识产权的**计算机软件**等标的物的,除法律另有规定或者当事人另有约定**的**以外,该标的物的知识产权不属于买受人。	
第601条 出卖人应当按照约定的**时间**交付标的物。约定交付**期限**的,出卖人可以在该交付**期限**内的任何时间交付。	**第138条** 出卖人应当按照约定的期限交付标的物。约定交付期间的,出卖人可以在该交付期间内的任何时间交付。	
第602条 当事人没有约定标的物的交付期限或者约定不明确的,适用本法**第五百一十条**、**第五百一十一条**第四项的规定。	**第139条** 当事人没有约定标的物的交付期限或者约定不明确的,适用本法第六十一条、第六十二条第四项的规定。	
第603条 出卖人应当按照约定的地点交付标的物。 当事人没有约定交付地点或者约定不明确,**依据本法第五百一十条**的规定仍不能确定的,适用下列规定: (一)标的物需要运输的,出卖人应当将标的物交付给第一承运人以运交给买受人; (二)标的物不需要运输,出卖人和买受人订立合同时知道标的物在某一地点的,出卖人应当在该地点交付标的物;不知道标的物在某一地点的,应当在出卖人订立合同时的营业地交付标的物。	**第141条** 出卖人应当按照约定的地点交付标的物。 当事人没有约定交付地点或者约定不明确,依照本法第六十一条的规定仍不能确定的,适用下列规定: (一)标的物需要运输的,出卖人应当将标的物交付给第一承运人以运交给买受人; (二)标的物不需要运输,出卖人和买受人订立合同时知道标的物在某一地点的,出卖人应当在该地点交付标的物;不知道标的物在某一地点的,应当在出卖人订立合同时的营业地交付标的物。	《买卖合同解释》第8条 民法典第六百零三条第二款第一项规定的"标的物需要运输的",是指标的物由出卖人负责办理托运,承运人系独立于买卖合同当事人之外的运输业者的情形。标的物毁损、灭失的风险负担,按照民法典第六百零七条第二款的规定处理。
第604条 标的物毁损、灭失的风险,在标的物交付之前由出卖人承担,交付之后由买受人承担,**但是**法律另有规定或者当事人另有约定的除外。	**第142条** 标的物毁损、灭失的风险,在标的物交付之前由出卖人承担,交付之后由买受人承担,但法律另有规定或者当事人另有约定的除外。	《买卖合同解释》第11条 当事人对风险负担没有约定,标的物为种类物,出卖人未以装运单据、加盖标记、通知买受人等可识别的方式清楚地将标的物特定于买卖合同,买受人主张不负担标的物毁损、灭失的风险的,人民法院应予支持。
第605条 因买受人的原因致使标的物**未**按照约定的期限交付的,买受人应当自违反约定**时**起承担标的物毁损、灭失的风险。	**第143条** 因买受人的原因致使标的物不能按照约定的期限交付的,买受人应当自违反约定之日起承担标的物毁损、灭失的风险。	
第606条 出卖人出卖交由承运人运输的在途标的物,除当事人另有约定**外**,毁损、灭失的风险自合同成立时起由买受人承担。	**第144条** 出卖人出卖交由承运人运输的在途标的物,除当事人另有约定**的**以外,毁损、灭失的风险自合同成立时起由买受人承担。	《买卖合同解释》第10条 出卖人出卖交由承运人运输的在途标的物,在合同成立时知道或者应当知道标的物已经毁损、灭失却未告知买受人,买受人主张出卖人负担标的物毁损、灭失的风险的,人民法院应予支持。

《民法典》	《合同法》	相关规范性法律文件
第607条 出卖人按照约定将标的物运送至买受人指定地点并交付给承运人后,标的物毁损、灭失的风险由买受人承担。 当事人没有约定交付地点或者约定不明确,依据本法第六百零三条第二款第一项的规定标的物需要运输的,出卖人将标的物交付给第一承运人后,标的物毁损、灭失的风险由买受人承担。	第145条 当事人没有约定交付地点或者约定不明确,依照本法第一百四十一条第二款第一项的规定标的物需要运输的,出卖人将标的物交付给第一承运人后,标的物毁损、灭失的风险由买受人承担。	《买卖合同解释》第9条 出卖人根据合同约定将标的物运送至买受人指定地点并交付给承运人后,标的物毁损、灭失的风险由买受人负担,但当事人另有约定的除外。
第608条 出卖人按照约定或者依据本法第六百零三条第二款第二项的规定将标的物置于交付地点,买受人违反约定没有收取的,标的物毁损、灭失的风险自违反约定时起由买受人承担。	第146条 出卖人按照约定或者依照本法第一百四十一条第二款第二项的规定将标的物置于交付地点,买受人违反约定没有收取的,标的物毁损、灭失的风险自违反约定之日起由买受人承担。	
第609条 出卖人按照约定未交付有关标的物的单证和资料的,不影响标的物毁损、灭失风险的转移。	第147条 同《民法典》第609条	
第610条 因标的物不符合质量要求,致使不能实现合同目的的,买受人可以拒绝接受标的物或者解除合同。买受人拒绝接受标的物或者解除合同的,标的物毁损、灭失的风险由出卖人承担。	第148条 因标的物质量不符合质量要求,致使不能实现合同目的的,买受人可以拒绝接受标的物或者解除合同。买受人拒绝接受标的物或者解除合同的,标的物毁损、灭失的风险由出卖人承担。	
第611条 标的物毁损、灭失的风险由买受人承担的,不影响因出卖人履行义务不符合约定,买受人请求其承担违约责任的权利。	第149条 标的物毁损、灭失的风险由买受人承担的,不影响因出卖人履行债务不符合约定,买受人要求其承担违约责任的权利。	
第612条 出卖人就交付的标的物,负有保证第三人对该标的物不享有任何权利的义务,但是法律另有规定的除外。	第150条 出卖人就交付的标的物,负有保证第三人不得向买受人主张任何权利的义务,但法律另有规定的除外。	
第613条 买受人订立合同时知道或者应当知道第三人对买卖的标的物享有权利的,出卖人不承担前条规定的义务。	第151条 买受人订立合同时知道或者应当知道第三人对买卖的标的物享有权利的,出卖人不承担本法第一百五十条规定的义务。	
第614条 买受人有确切证据证明第三人对标的物享有权利的,可以中止支付相应的价款,但是出卖人提供适当担保的除外。	第152条 买受人有确切证据证明第三人可能就标的物主张权利的,可以中止支付相应的价款,但出卖人提供适当担保的除外。	
第615条 出卖人应当按照约定的质量要求交付标的物。出卖人提供有关标的物质量说明的,交付的标的物应当符合该说明的质量要求。	第153条 同《民法典》第615条	

《民法典》	《合同法》	相关规范性法律文件
第616条 当事人对标的物的质量要求没有约定或者约定不明确，**依据**本法第**五百一十条**的规定仍不能确定的，适用本法第**五百一十一条**第一项的规定。	第154条 当事人对标的物的质量要求没有约定或者约定不明确，依照本法第六十一条的规定仍不能确定的，适用本法第六十二条第一项的规定。	
第617条 出卖人交付的标的物不符合质量要求的，买受人可以**依据**本法**第五百八十二条至第五百八十四条**的规定**请求**承担违约责任。	第155条 出卖人交付的标的物不符合质量要求的，买受人可以依照本法第一百一十一条的规定要求承担违约责任。	《买卖合同解释》第24条 买受人在缔约时知道或者应当知道标的物质量存在瑕疵，主张出卖人承担瑕疵担保责任的，人民法院不予支持，但买受人在缔约时不知道该瑕疵会导致标的物的基本效用显著降低的除外。
第618条 **当事人约定减轻或者免除出卖人对标的物瑕疵承担的责任，因出卖人故意或者重大过失不告知买受人标的物瑕疵的，出卖人无权主张减轻或者免除责任。**	（无）	
第619条 出卖人应当按照约定的包装方式交付标的物。对包装方式没有约定或者约定不明确，**依据**本法第**五百一十条**的规定仍不能确定的，应当按照通用的方式包装；没有通用方式的，应当采取足以保护标的物**且有利于节约资源、保护生态环境**的包装方式。	第156条 出卖人应当按照约定的包装方式交付标的物。对包装方式没有约定或者约定不明确，依照本法第六十一条的规定仍不能确定的，应当按照通用的方式包装，没有通用方式的，应当采取足以保护标的物的包装方式。	
第620条 买受人收到标的物时应当在约定的检验**期限**内检验。没有约定检验**期限**的，应当及时检验。	第157条 买受人收到标的物时应当在约定的检验期间内检验。没有约定检验期间的，应当及时检验。	
第621条 当事人约定检验**期限**的，买受人应当在检验**期限**内将标的物的数量或者质量不符合约定的情形通知出卖人。买受人怠于通知的，视为标的物的数量或者质量符合约定。 当事人没有约定检验**期限**的，买受人应当在发现或者应当发现标的物的数量或者质量不符合约定的合理**期限**内通知出卖人。买受人在合理**期限**内未通知或者自**收到**标的物之日起**二年**内未通知出卖人的，视为标的物的数量或者质量符合约定；**但是**，对标的物有质量保证期的，适用质量保证期，不适用该**二年**的规定。 出卖人知道或者应当知道提供的标的物不符合约定的，买受人不受前两款规定的通知时间的限制。	第158条 当事人约定检验期间的，买受人应当在检验期间内将标的物的数量或者质量不符合约定的情形通知出卖人。买受人怠于通知的，视为标的物的数量或者质量符合约定。 当事人没有约定检验期间的，买受人应当在发现或者应当发现标的物的数量或者质量不符合约定的合理期间内通知出卖人。买受人在合理期间内未通知或者自标的物收到之日起两年内未通知出卖人的，视为标的物的数量或者质量符合约定，但对标的物有质量保证期的，适用质量保证期，不适用该两年的规定。 出卖人知道或者应当知道提供的标的物不符合约定的，买受人不受前两款规定的通知时间的限制。	《买卖合同解释》第12条 人民法院具体认定民法典第六百二十一条第二款规定的"合理期限"时，应当综合当事人之间的交易性质、交易目的、交易方式、交易习惯、标的物的种类、数量、性质、安装和使用情况、瑕疵的性质，买受人应尽的合理注意义务、检验方法和难易程度、买受人或者检验人所处的具体环境、自身技能以及其他合理因素，依据诚实信用原则进行判断。 民法典第六百二十一条第二款规定的"二年"是最长的合理期限。该期限为不变期间，不适用诉讼时效中止、中断或者延长的规定。 《买卖合同解释》第13条 买受人在合理期限内提出异议，出卖人以买受人已经支付价款、确认欠款数额、使用标的物等为由，

《民法典》	《合同法》	相关规范性法律文件
		主张买受人放弃异议的,人民法院不予支持,但当事人另有约定的除外。 《买卖合同解释》第14条 民法典第六百二十一条规定的检验期限、合理期限、二年期限经过后,买受人主张标的物的数量或者质量不符合约定的,人民法院不予支持。 出卖人自愿承担违约责任后,又以上述期限经过为由翻悔的,人民法院不予支持。 《买卖合同解释》第16条 买受人在检验期限、质量保证期、合理期限内提出质量异议,出卖人未按要求予以修理或者因情况紧急,买受人自行或者通过第三人修理标的物后,主张出卖人负担因此发生的合理费用的,人民法院应予支持。
第622条 当事人约定的检验期限过短,根据标的物的性质和交易习惯,买受人在检验期限内难以完成全面检验的,该期限仅视为买受人对标的物的外观瑕疵提出异议的期限。 约定的检验期限或者质量保证期限短于法律、行政法规规定期限的,应当以法律、行政法规规定的期限为准。	(无)	《合同编通则解释》第2条 下列情形,不违反法律、行政法规的强制性规定且不违背公序良俗的,人民法院可以认定为民法典所称的"交易习惯": (一)当事人之间在交易活动中的惯常做法; (二)在交易行为当地或者某一领域、某一行业通常采用并为交易对方订立合同时所知道或者应当知道的做法。 对于交易习惯,由提出主张的当事人一方承担举证责任。
第623条 当事人对检验期限未作约定,买受人签收的送货单、确认单等载明标的物数量、型号、规格的,推定买受人已经对数量和外观瑕疵进行检验,但是有相关证据足以推翻的除外。	(无)	
第624条 出卖人依照买受人的指示向第三人交付标的物,出卖人和买受人约定的检验标准与买受人和第三人约定的检验标准不一致的,以出卖人和买受人约定的检验标准为准。	(无)	
第625条 依照法律、行政法规的规定或者按照当事人的约定,标的物在有效使用年限届满后应予回收的,出卖人负有自行或者委托第三人对标的物予以回收的义务。	(无)	

《民法典》	《合同法》	相关规范性法律文件
第626条 买受人应当按照约定的数额**和支付方式**支付价款。对价款**的数额和支付方式**没有约定或者约定不明确的,适用本法**第五百一十条、第五百一十一条第二项和第五项**的规定。	**第159条** 买受人应当按照约定的数额支付价款。对价款没有约定或者约定不明确的,适用本法第六十一条、第六十二条第二项的规定。	
第627条 买受人应当按照约定的地点支付价款。对支付地点没有约定或者约定不明确,**依据本法第五百一十条**的规定仍不能确定的,买受人应当在出卖人的营业地支付;**但是**,约定支付价款以交付标的物或者交付提取标的物单证为条件的,在交付标的物或者交付提取标的物单证的所在地支付。	**第160条** 买受人应当按照约定的地点支付价款。对支付地点没有约定或者约定不明确,依照本法第六十一条的规定仍不能确定的,买受人应当在出卖人的营业地支付,但约定支付价款以交付标的物或者交付提取标的物单证为条件的,在交付标的物或者交付提取标的物单证的所在地支付。	
第628条 买受人应当按照约定的时间支付价款。对支付时间没有约定或者约定不明确,**依据本法第五百一十条**的规定仍不能确定的,买受人应当在收到标的物或者提取标的物单证的同时支付。	**第161条** 买受人应当按照约定的时间支付价款。对支付时间没有约定或者约定不明确,依照本法第六十一条的规定仍不能确定的,买受人应当在收到标的物或者提取标的物单证的同时支付。	
第629条 出卖人多交标的物的,买受人可以接收或者拒绝接收多交部分。买受人接收多交部分的,按照**约定**的价格支付价款;买受人拒绝接收多交部分的,应当及时通知出卖人。	**第162条** 出卖人多交标的物的,买受人可以接收或者拒绝接收多交的部分。买受人接收多交部分的,按照合同的价格支付价款;买受人拒绝接收多交部分的,应当及时通知出卖人。	《买卖合同解释》第3条 根据民法典第六百二十九条的规定,买受人拒绝接收多交部分标的物的,可以代为保管多交部分标的物。买受人主张出卖人负担代为保管期间的合理费用的,人民法院应予支持。 买受人主张出卖人承担代为保管期间非因买受人故意或者重大过失造成的损失的,人民法院应予支持。
第630条 标的物在交付之前产生的孳息,归出卖人所有;交付之后产生的孳息,归买受人所有。**但是,当事人另有约定的除外。**	**第163条** 标的物在交付之前产生的孳息,归出卖人所有,交付之后产生的孳息,归买受人所有。	
第631条 因标的物的主物不符合约定而解除合同的,解除合同的效力及于从物。因标的物的从物不符合约定被解除的,解除的效力不及于主物。	**第164条** 同《民法典》第631条	
第632条 标的物为数物,其中一物不符合约定的,买受人可以就该物解除。**但是**,该物与他物分离使标的物的价值显受损害的,**买受人**可以就数物解除合同。	**第165条** 标的物为数物,其中一物不符合约定的,买受人可以就该物解除,但该物与他物分离使标的物的价值显受损害的,当事人可以就数物解除合同。	

《民法典》	《合同法》	相关规范性法律文件
第633条 出卖人分批交付标的物的,出卖人对其中一批标的物不交付或者交付不符合约定,致使该批标的物不能实现合同目的的,买受人可以就该批标的物解除。 出卖人不交付其中一批标的物或者交付不符合约定,致使之后其他各批标的物的交付不能实现合同目的的,买受人可以就该批以及之后其他各批标的物解除。 买受人如果就其中一批标的物解除,该批标的物与其他各批标的物相互依存的,可以就已经交付和未交付的各批标的物解除。	第166条 出卖人分批交付标的物的,出卖人对其中一批标的物不交付或者交付不符合约定,致使该批标的物不能实现合同目的的,买受人可以就该批标的物解除。 出卖人不交付其中一批标的物或者交付不符合约定,致使今后其他各批标的物的交付不能实现合同目的的,买受人可以就该批以及今后其他各批标的物解除。 买受人如果就其中一批标的物解除,该批标的物与其他各批标的物相互依存的,可以就已经交付和未交付的各批标的物解除。	
第634条 分期付款的买受人未支付到期价款的**数额**达到全部价款的五分之一,**经催告后在合理期限内仍未支付到期价款的**,出卖人可以**请求**买受人支付全部价款或者解除合同。 出卖人解除合同的,可以向买受人**请求**支付该标的物的使用费。	第167条 分期付款的买受人未支付到期价款的金额达到全部价款的五分之一的,出卖人可以要求买受人支付全部价款或者解除合同。 出卖人解除合同的,可以向买受人要求支付该标的物的使用费。	《买卖合同解释》第27条 民法典第六百三十四条第一款规定的"分期付款",系指买受人将应付的总价款在一定期限内至少分三次向出卖人支付。 分期付款买卖合同的约定违反民法典第六百三十四条第一款的规定,损害买受人利益,买受人主张该约定无效的,人民法院应予支持。 《买卖合同解释》第28条 分期付款买卖合同约定出卖人在解除合同时可以扣留已受领价金,出卖人扣留的金额超过标的物使用费以及标的物受损赔偿额,买受人请求返还超过部分的,人民法院应予支持。 当事人对标的物的使用费没有约定的,人民法院可以参照当地同类标的物的租金标准确定。
第635条 凭样品买卖的当事人应当封存样品,并可以对样品质量予以说明。出卖人交付的标的物应当与样品及其说明的质量相同。	第168条 同《民法典》第635条	《买卖合同解释》第29条 合同约定的样品质量与文字说明不一致且发生纠纷时当事人不能达成合意,样品封存后外观和内在品质没有发生变化,人民法院应当以样品为准;外观和内在品质发生变化,或者当事人对是否发生变化有争议而又无法查明的,人民法院应当以文字说明为准。
第636条 凭样品买卖的买受人不知道样品有隐蔽瑕疵的,即使交付的标的物与样品相同,出卖人交付的标的物的质量仍然应当符合同种物的通常标准。	第169条 同《民法典》第636条	

《民法典》	《合同法》	相关规范性法律文件
第637条 试用买卖的当事人可以约定标的物的试用**期限**。对试用**期限**没有约定或者约定不明确，**依据**本法**第五百一十条**的规定仍不能确定的，由出卖人确定。	**第170条** 试用买卖的当事人可以约定标的物的试用期间。对试用期间没有约定或者约定不明确，依照本法第六十一条的规定仍不能确定的，由出卖人确定。	
第638条 试用买卖的买受人在试用期内可以购买标的物，也可以拒绝购买。试用**期限**届满，买受人对是否购买标的物未作表示的，视为购买。 试用买卖的买受人在试用期内已经支付部分价款或者对标的物实施出卖、出租、设定担保物权等行为的，视为同意购买。	**第171条** 试用买卖的买受人在试用期内可以购买标的物，也可以拒绝购买。试用期间届满，买受人对是否购买标的物未作表示的，视为购买。	《买卖合同解释》**第30条** 买卖合同存在下列约定内容之一的，不属于试用买卖。买受人主张属于试用买卖的，人民法院不予支持： （一）约定标的物经试用或者检验符合一定要求时，买受人应当购买标的物； （二）约定第三人经试验对标的物认可时，买受人应当购买标的物； （三）约定买受人在一定期限内可以调换标的物； （四）约定买受人在一定期限内可以退还标的物。
第639条 试用买卖的当事人对标的物使用费没有约定或者约定不明确的，出卖人无权请求买受人支付。	（无）	
第640条 标的物在试用期内毁损、灭失的风险由出卖人承担。	（无）	
第641条 当事人可以在买卖合同中约定买受人未履行支付价款或者其他义务的，标的物的所有权属于出卖人。 出卖人对标的物保留的所有权，未经登记，不得对抗善意第三人。	**第134条** 当事人可以在买卖合同中约定买受人未履行支付价款或者其他义务的，标的物的所有权属于出卖人。	《买卖合同解释》**第25条** 买卖合同当事人主张民法典第六百四十一条关于标的物所有权保留的规定适用于不动产的，人民法院不予支持。 《动产和权利担保统一登记决定》 二、纳入动产和权利担保统一登记范围的担保类型包括： …… （六）所有权保留； ……
第642条 当事人约定出卖人保留合同标的物的所有权，在标的物所有权转移前，买受人有下列情形之一，造成出卖人损害的，除当事人另有约定外，出卖人有权取回标的物： （一）未按照约定支付价款，经催告后在合理期限内仍未支付； （二）未按照约定完成特定条件； （三）将标的物出卖、出质或者作出其他不当处分。 出卖人可以与买受人协商取回标的物；协商不成的，可以参照适用担保物权的实现程序。	（无）	《买卖合同解释》**第26条** 买受人已经支付标的物总价款的百分之七十五以上，出卖人主张取回标的物的，人民法院不予支持。 在民法典第六百四十二条第一款第三项情形下，第三人依据民法典第三百一十一条的规定已经善意取得标的物所有权或者其他物权，出卖人主张取回标的物的，人民法院不予支持。 《担保制度解释》**第64条** 在所有权保留买卖中，出卖人依法有权取回标的物，但是与买受人协商不成，当事人请求参照民事诉讼法"实现担保物权案件"的有关规定，拍卖、变卖标的物的，人民法院应予准许。

《民法典》	《合同法》	相关规范性法律文件
		出卖人请求取回标的物,符合民法典第六百四十二条规定的,人民法院应予支持;买受人以抗辩或者反诉的方式主张拍卖、变卖标的物,并在扣除买受人未支付的价款以及必要费用后返还剩余款项的,人民法院应当一并处理。
第643条 出卖人依据前条第一款的规定取回标的物后,买受人在双方约定或者出卖人指定的合理回赎期限内,消除出卖人取回标的物的事由的,可以请求回赎标的物。 买受人在回赎期限内没有回赎标的物,出卖人可以以合理价格将标的物出卖给第三人,出卖所得价款扣除买受人未支付的价款以及必要费用后仍有剩余的,应当返还买受人;不足部分由原买受人清偿。	(无)	
第644条 招标投标买卖的当事人的权利和义务以及招标投标程序等,依照有关法律、行政法规的规定。	第172条 同《民法典》第644条	
第645条 拍卖的当事人的权利和义务以及拍卖程序等,依照有关法律、行政法规的规定。	第173条 同《民法典》第645条	
第646条 法律对其他有偿合同有规定的,依照其规定;没有规定的,参照适用买卖合同的有关规定。	第174条 法律对其他有偿合同有规定的,依照其规定;没有规定的,参照买卖合同的有关规定。	《买卖合同解释》第32条 法律或者行政法规对债权转让、股权转让等权利转让合同有规定的,依照其规定;没有规定的,人民法院可以根据民法典第四百六十七条和第六百四十六条的规定,参照适用买卖合同的有关规定。 权利转让或者其他有偿合同参照适用买卖合同的有关规定的,人民法院应当首先引用民法典第六百四十六条的规定,再引用买卖合同的有关规定。
第647条 当事人约定易货交易,转移标的物的所有权的,参照适用买卖合同的有关规定。	第175条 当事人约定易货交易,转移标的物的所有权的,参照买卖合同的有关规定。	
第十章 供用电、水、气、热力合同	第十章 供用电、水、气、热力合同	
第648条 供用电合同是供电人向用电人供电,用电人支付电费的合同。 向社会公众供电的供电人,不得拒绝用电人合理的订立合同要求。	第176条 供用电合同是供电人向用电人供电,用电人支付电费的合同。	

《民法典》	《合同法》	相关规范性法律文件
第649条 供用电合同的内容一般包括供电的方式、质量、时间,用电容量、地址、性质、计量方式,电价、电费的结算方式,供用电设施的维护责任等条款。	第177条 供用电合同的内容包括供电的方式、质量、时间,用电容量、地址、性质、计量方式,电价、电费的结算方式,供用电设施的维护责任等条款。	
第650条 供用电合同的履行地点,按照当事人约定;当事人没有约定或者约定不明确的,供电设施的产权分界处为履行地点。	第178条 同《民法典》第650条	
第651条 供电人应当按照国家规定的供电质量标准和约定安全供电。供电人未按照国家规定的供电质量标准和约定安全供电,造成用电人损失的,应当承担赔偿责任。	第179条 供电人应当按照国家规定的供电质量标准和约定安全供电。供电人未按照国家规定的供电质量标准和约定安全供电,造成用电人损失的,应当承担**损害**赔偿责任。	
第652条 供电人因供电设施计划检修、临时检修、依法限电或者用电人违法用电等原因,需要中断供电时,应当按照国家有关规定事先通知用电人;未事先通知用电人中断供电,造成用电人损失的,应当承担赔偿责任。	第180条 供电人因供电设施计划检修、临时检修、依法限电或者用电人违法用电等原因,需要中断供电时,应当按照国家有关规定事先通知用电人。未事先通知用电人中断供电,造成用电人损失的,应当承担**损害**赔偿责任。	
第653条 因自然灾害等原因断电,供电人应当按照国家有关规定及时抢修;未及时抢修,造成用电人损失的,应当承担赔偿责任。	第181条 因自然灾害等原因断电,供电人应当按照国家有关规定及时抢修。未及时抢修,造成用电人损失的,应当承担**损害**赔偿责任。	
第654条 用电人应当按照国家有关规定和当事人的约定及时**支付**电费。用电人逾期不**支付**电费的,应当按照约定支付违约金。经催告用电人在合理期限内仍不**支付**电费和违约金的,供电人可以按照国家规定的程序中止供电。 **供电人依据前款规定中止供电的,应当事先通知用电人。**	第182条 用电人应当按照国家有关规定和当事人的约定及时交付电费。用电人逾期不交付电费的,应当按照约定支付违约金。经催告用电人在合理期限内仍不交付电费和违约金的,供电人可以按照国家规定的程序中止供电。	
第655条 用电人应当按照国家有关规定和当事人的约定安全、**节约和计划**用电。用电人未按照国家有关规定和当事人的约定用电,造成供电人损失的,应当承担赔偿责任。	第183条 用电人应当按照国家有关规定和当事人的约定安全用电。用电人未按照国家有关规定和当事人的约定安全用电,造成供电人损失的,应当承担损害赔偿责任。	
第656条 供用水、供用气、供用热力合同,参照**适用**供用电合同的有关规定。	第184条 供用水、供用气、供用热力合同,参照供用电合同的有关规定。	
第十一章 赠与合同	第十一章 赠与合同	
第657条 赠与合同是赠与人将自己的财产无偿给予受赠人,受赠人表示接受赠与的合同。	第185条 同《民法典》第657条	

《民法典》	《合同法》	相关规范性法律文件
第658条 赠与人在赠与财产的权利转移之前可以撤销赠与。 **经过公证的赠与合同或者依法不得撤销**的具有救灾、扶贫、**助残**等公益、道德义务性质的赠与合同,不适用前款规定。	第186条 赠与人在赠与财产的权利转移之前可以撤销赠与。 具有救灾、扶贫等社会公益、道德义务性质的赠与合同或者经过公证的赠与合同,不适用前款规定。	《婚姻家庭编解释(一)》第32条 婚前或者婚姻关系存续期间,当事人约定将一方所有的房产赠与另一方或者共有,赠与方在赠与房产变更登记之前撤销赠与,另一方请求判令继续履行的,人民法院可以按照民法典第六百五十八条的规定处理。
第659条 赠与的财产依法需要办理登记**或者其他**手续的,应当办理有关手续。	第187条 赠与的财产依法需要办理登记**等**手续的,应当办理有关手续。	
第660条 **经过公证的赠与合同或者依法不得撤销**的具有救灾、扶贫、**助残**等公益、道德义务性质的赠与合同,赠与人不交付赠与财产的,受赠人可以**请求**交付。 **依据前款规定应当交付的赠与财产**因赠与人故意或者重大过失致使毁损、灭失的,赠与人应当承担赔偿责任。	第188条 具有救灾、扶贫等社会公益、道德义务性质的赠与合同或者经过公证的赠与合同,赠与人不交付赠与的财产的,受赠人可以要求交付。 第189条 因赠与人故意或者重大过失致使赠与的财产毁损、灭失的,赠与人应当承担赔偿责任。	
第661条 赠与可以附义务。 赠与附义务的,受赠人应当按照约定履行义务。	第190条 同《民法典》第661条	
第662条 赠与的财产有瑕疵的,赠与人不承担责任。附义务的赠与,赠与的财产有瑕疵的,赠与人在附义务的限度内承担与出卖人相同的责任。 赠与人故意不告知瑕疵或者保证无瑕疵,造成受赠人损失的,应当承担赔偿责任。	第191条 赠与的财产有瑕疵的,赠与人不承担责任。附义务的赠与,赠与的财产有瑕疵的,赠与人在附义务的限度内承担与出卖人相同的责任。 赠与人故意不告知瑕疵或者保证无瑕疵,造成受赠人损失的,应当承担**损害**赔偿责任。	
第663条 受赠人有下列情形之一的,赠与人可以撤销赠与: (一)严重侵害赠与人或者赠与人近亲属**的合法权益**; (二)对赠与人有扶养义务而不履行; (三)不履行赠与合同约定的义务。 赠与人的撤销权,自知道或者应当知道撤销**事由**之日起一年内行使。	第192条 受赠人有下列情形之一的,赠与人可以撤销赠与: (一)严重侵害赠与人或者赠与人的近亲属; (二)对赠与人有扶养义务而不履行; (三)不履行赠与合同约定的义务。 赠与人的撤销权,自知道或者应当知道撤销原因之日起一年内行使。	
第664条 因受赠人的违法行为致使赠与人死亡或者丧失民事行为能力的,赠与人的继承人或者法定代理人可以撤销赠与。 赠与人的继承人或者法定代理人的撤销权,自知道或者应当知道撤销**事由**之日起六个月内行使。	第193条 因受赠人的违法行为致使赠与人死亡或者丧失民事行为能力的,赠与人的继承人或者法定代理人可以撤销赠与。 赠与人的继承人或者法定代理人的撤销权,自知道或者应当知道撤销原因之日起六个月内行使。	

《民法典》	《合同法》	相关规范性法律文件
第665条 撤销权人撤销赠与的,可以向受赠人**请求**返还赠与的财产。	第194条 撤销权人撤销赠与的,可以向受赠人要求返还赠与的财产。	
第666条 赠与人的经济状况显著恶化,严重影响其生产经营或者家庭生活的,可以不再履行赠与义务。	第195条 同《民法典》第666条	
第十二章 借款合同	第十二章 借款合同	
第667条 借款合同是借款人向贷款人借款,到期返还借款并支付利息的合同。	第196条 同《民法典》第667条	
第668条 借款合同应当采用书面形式,**但是**自然人之间借款另有约定的除外。 借款合同的内容**一般**包括借款种类、币种、用途、数额、利率、期限和还款方式等条款。	第197条 借款合同采用书面形式,但自然人之间借款另有约定的除外。 借款合同的内容包括借款种类、币种、用途、数额、利率、期限和还款方式等条款。	
第669条 订立借款合同,借款人应当按照贷款人的要求提供与借款有关的业务活动和财务状况的真实情况。	第199条 同《民法典》第669条	
第670条 借款的利息不得预先在本金中扣除。利息预先在本金中扣除的,应当按照实际借款数额返还借款并计算利息。	第200条 同《民法典》第670条	**《民间借贷规定》第26条** 借据、收据、欠条等债权凭证载明的借款金额,一般认定为本金。预先在本金中扣除利息的,人民法院应当将实际出借的金额认定为本金。 **《民间借贷规定》第27条** 借贷双方对前期借款本息结算后将利息计入后期借款本金并重新出具债权凭证,如果前期利率没有超过合同成立时一年期贷款市场报价利率四倍,重新出具的债权凭证载明的金额可认定为后期借款本金。超过部分的利息,不应认定为后期借款本金。 按前款计算,借款人在借款期间届满后应当支付的本息之和,超过以最初借款本金与以最初借款本金为基数、以合同成立时一年期贷款市场报价利率四倍计算的整个借款期间的利息之和的,人民法院不予支持。
第671条 贷款人未按照约定的日期、数额提供借款,造成借款人损失的,应当赔偿损失。 借款人未按照约定的日期、数额收取借款的,应当按照约定的日期、数额支付利息。	第201条 同《民法典》第671条	

《民法典》	《合同法》	相关规范性法律文件
第 672 条 贷款人按照约定可以检查、监督借款的使用情况。借款人应当按照约定向贷款人定期提供有关财务会计报表**或者其他**资料。	**第 202 条** 贷款人按照约定可以检查、监督借款的使用情况。借款人应当按照约定向贷款人定期提供有关财务会计报表等资料。	
第 673 条 借款人未按照约定的借款用途使用借款的,贷款人可以停止发放借款、提前收回借款或者解除合同。	**第 203 条** 同《民法典》第 673 条	
第 674 条 借款人应当按照约定的期限支付利息。对支付利息的期限没有约定或者约定不明确,**依据**本法**第五百一十条**的规定仍不能确定,借款期间不满一年的,应当在返还借款时一并支付;借款期间一年以上的,应当在每届满一年时支付,剩余期间不满一年的,应当在返还借款时一并支付。	**第 205 条** 借款人应当按照约定的期限支付利息。对支付利息的期限没有约定或者约定不明确,依照本法第六十一条的规定仍不能确定,借款期间不满一年的,应当在返还借款时一并支付;借款期间一年以上的,应当在每届满一年时支付,剩余期间不满一年的,应当在返还借款时一并支付。	
第 675 条 借款人应当按照约定的期限返还借款。对借款期限没有约定或者约定不明确,**依据本法第五百一十条**的规定仍不能确定的,借款人可以随时返还;贷款人可以催告借款人在合理期限内返还。	**第 206 条** 借款人应当按照约定的期限返还借款。对借款期限没有约定或者约定不明确,依照本法第六十一条的规定仍不能确定的,借款人可以随时返还;贷款人可以催告借款人在合理期限内返还。	
第 676 条 借款人未按照约定的期限返还借款的,应当按照约定或者国家有关规定支付逾期利息。	**第 207 条** 同《民法典》第 676 条	**《民间借贷规定》第 28 条** 借贷双方对逾期利率有约定的,从其约定,但是以不超过合同成立时一年期贷款市场报价利率四倍为限。 未约定逾期利率或者约定不明的,人民法院可以区分不同情况处理: (一)既未约定借期内利率,也未约定逾期利率,出借人主张借款人自逾期还款之日起参照当时一年期贷款市场报价利率标准计算的利息承担逾期还款违约责任的,人民法院应予支持; (二)约定了借期内利率但是未约定逾期利率,出借人主张借款人自逾期还款之日起按照借期内利率支付资金占用期间利息的,人民法院应予支持。 **《民间借贷规定》第 29 条** 出借人与借款人既约定了逾期利率,又约定了违约金或者其他费用,出借人可以选择主张逾期利息、违约金或者其他费用,也可以一并主张,但是总计超过合同成立时一年期贷款市场报价利率四倍的部分,人民法院不予支持。

《民法典》	《合同法》	相关规范性法律文件
第677条 借款人提前返还借款的,除当事人另有约定外,应当按照实际借款的期间计算利息。	第208条 借款人提前偿还借款的,除当事人另有约定的以外,应当按照实际借款的期间计算利息。	《民间借贷规定》第30条 借款人可以提前偿还借款,但是当事人另有约定的除外。 借款人提前偿还借款并主张按照实际借款期限计算利息的,人民法院应予支持。
第678条 借款人可以在还款期限届满前向贷款人申请展期;贷款人同意的,可以展期。	第209条 借款人可以在还款期限届满之前向贷款人申请展期。贷款人同意的,可以展期。	
第679条 自然人之间的借款合同,自贷款人提供借款时成立。	第210条 自然人之间的借款合同,自贷款人提供借款时生效。	《民间借贷解释批复》 一、关于适用范围问题。经征求金融监管部门意见,由地方金融监管部门监管的小额贷款公司、融资担保公司、区域性股权市场、典当行、融资租赁公司、商业保理公司、地方资产管理公司等七类地方金融组织,属于经金融监管部门批准设立的金融机构,其因从事相关金融业务引发的纠纷,不适用新民间借贷司法解释。 《民间借贷规定》第9条 自然人之间的借款合同具有下列情形之一的,可以视为合同成立: (一)以现金支付的,自借款人收到借款时; (二)以银行转账、网上电子汇款等形式支付的,自资金到达借款人账户时; (三)以票据交付的,自借款人依法取得票据权利时; (四)出借人将特定资金账户支配权授权给借款人的,自借款人取得对该账户实际支配权时; (五)出借人以与借款人约定的其他方式提供借款并实际履行完成时。
第680条 禁止高利放贷,借款的利率不得违反国家有关规定。 借款合同对支付利息没有约定的,视为没有利息。 借款合同对支付利息约定不明确,当事人不能达成补充协议的,按照当地或者当事人的交易方式、交易习惯、市场利率等因素确定利息;自然人之间借款的,视为没有利息。	第211条 自然人之间的借款合同对支付利息没有约定或者约定不明确的,视为不支付利息。 自然人之间的借款合同约定支付利息的,借款的利率不得违反国家有关限制借款利率的规定。	《民间借贷规定》第24条 借贷双方没有约定利息,出借人主张支付利息的,人民法院不予支持。 自然人之间借贷对利息约定不明,出借人主张支付利息的,人民法院不予支持。除自然人之间借贷的外,借贷双方对借款利息约定不明,出借人主张利息的,人民法院应当结合民间借贷合同的内容,并根据当地或者当事人的交易方式、交易习惯、市场报价利率等因素确定利息。 《民间借贷规定》第25条 出借人请求借款人按照合同约定利率支付利息的,人民法院应予支持,但是双方约定的利率超过合

《民法典》	《合同法》	相关规范性法律文件
		同成立时一年期贷款市场报价利率四倍的除外。 　　前款所称"一年期贷款市场报价利率",是指中国人民银行授权全国银行间同业拆借中心自 2019 年 8 月 20 日起每月发布的一年期贷款市场报价利率。 　　《合同编通则解释》第 2 条　下列情形,不违反法律、行政法规的强制性规定且不违背公序良俗的,人民法院可以认定为民法典所称的"交易习惯": 　　(一)当事人之间在交易活动中的惯常做法; 　　(二)在交易行为当地或者某一领域、某一行业通常采用并为交易对方订立合同时所知道或者应当知道的做法。 　　对于交易习惯,由提出主张的当事人　方承担举证责任。 　　《九民纪要》第 51 条　金融借款合同纠纷中,借款人认为金融机构以服务费、咨询费、顾问费、管理费等为名变相收取利息,金融机构或者由其指定的人收取的相关费用不合理的,人民法院可以根据提供服务的实际情况确定借款人应否支付或者酌减相关费用。
第十三章　保证合同		
第一节　一般规定		
第 681 条　保证合同是为保障债权的实现,保证人和债权人约定,当债务人不履行到期债务或者发生当事人约定的情形时,保证人履行债务或者承担责任的合同。	(无)	《担保法》第 6 条　本法所称保证,是指保证人和债权人约定,当债务人不履行债务时,保证人按照约定履行债务或者承担责任的行为。 　　《担保制度解释》第 36 条　第三人向债权人提供差额补足、流动性支持等类似承诺文件作为增信措施,具有提供担保的意思表示,债权人请求第三人承担保证责任的,人民法院应当依照保证的有关规定处理。 　　第三人向债权人提供的承诺文件,具有加入债务或者与债务人共同承担债务等意思表示的,人民法院应当认定为民法典第五百五十二条规定的债务加入。 　　前两款中第三人提供的承诺文件难以确定是保证还是债务加入的,人民法院应当将其认定为保证。

《民法典》	《合同法》	相关规范性法律文件
		第三人向债权人提供的承诺文件不符合前三款规定的情形,债权人请求第三人承担保证责任或者连带责任的,人民法院不予支持,但是不影响其依据承诺文件请求第三人履行约定的义务或者承担相应的民事责任。
第682条 保证合同是主债权债务合同的从合同。主债权债务合同无效的,保证合同无效,但是法律另有规定的除外。 保证合同被确认无效后,债务人、保证人、债权人有过错的,应当根据其过错各自承担相应的民事责任。	(无)	《担保法》第5条 担保合同是主合同的从合同,主合同无效,担保合同无效。担保合同另有约定的,按照约定。 担保合同被确认无效后,债务人、担保人、债权人有过错的,应当根据其过错各自承担相应的民事责任。 《担保制度解释》第2条 当事人在担保合同中约定担保合同的效力独立于主合同,或者约定担保人对主合同无效的法律后果承担担保责任,该有关担保独立性的约定无效。主合同有效的,有关担保独立性的约定无效不影响担保合同的效力;主合同无效的,人民法院应当认定担保合同无效,但是法律另有规定的除外。 因金融机构开立的独立保函发生的纠纷,适用《最高人民法院关于审理独立保函纠纷案件若干问题的规定》。
第683条 机关法人不得为保证人,但是经国务院批准为使用外国政府或者国际经济组织贷款进行转贷的除外。 以公益为目的的非营利法人、非法人组织不得为保证人。	(无)	《担保法》第8条 国家机关不得为保证人,但经国务院批准为使用外国政府或者国际经济组织贷款进行转贷的除外。 《担保法》第9条 学校、幼儿园、医院等以公益为目的的事业单位、社会团体不得为保证人。 《担保法》第10条 企业法人的分支机构、职能部门不得为保证人。 企业法人的分支机构有法人书面授权的,可以在授权范围内提供保证。 《担保制度解释》第5条 机关法人提供担保的,人民法院应当认定担保合同无效,但是经国务院批准为使用外国政府或者国际经济组织贷款进行转贷的除外。 居民委员会、村民委员会提供担保的,人民法院应当认定担保合同无效,但是依法代行村集体经济组织职能的村民委员会,依照村民委员会组织法规定的讨论决定程序对外提供担保的除外。

《民法典》	《合同法》	相关规范性法律文件
		《担保制度解释》第6条 以公益为目的的非营利性学校、幼儿园、医疗机构、养老机构等提供担保的,人民法院应当认定担保合同无效,但是有下列情形之一的除外: （一）在购入或者以融资租赁方式承租教育设施、医疗卫生设施、养老服务设施和其他公益设施时,出卖人、出租人为担保价款或者租金实现而在该公益设施上保留所有权; （二）以教育设施、医疗卫生设施、养老服务设施和其他公益设施以外的不动产、动产或者财产权利设立担保物权。 　　登记为营利法人的学校、幼儿园、医疗机构、养老机构等提供担保,当事人以其不具有担保资格为由主张担保合同无效的,人民法院不予支持。
第684条 保证合同的内容一般包括被保证的主债权的种类、数额,债务人履行债务的期限,保证的方式、范围和期间等条款。	（无）	《担保法》第15条 保证合同应当包括以下内容: （一）被保证的主债权种类、数额; （二）债务人履行债务的期限; （三）保证的方式; （四）保证担保的范围; （五）保证的期间; （六）双方认为需要约定的其他事项。 　　保证合同不完全具备前款规定内容的,可以补正。
第685条 保证合同可以是单独订立的书面合同,也可以是主债权债务合同中的保证条款。 　　第三人单方以书面形式向债权人作出保证,债权人接收且未提出异议的,保证合同成立。	（无）	《担保法》第93条 本法所称保证合同、抵押合同、质押合同、定金合同可以是单独订立的书面合同,包括当事人之间的具有担保性质的信函、传真等,也可以是主合同中的担保条款。 《担保法》第13条 保证人与债权人应当以书面形式订立保证合同。 《民间借贷规定》第20条 他人在借据、收据、欠条等债权凭证或者借款合同上签名或者盖章,但是未表明其保证人身份或者承担保证责任,或者通过其他事实不能推定其为保证人,出借人请求其承担保证责任的,人民法院不予支持。 《民间借贷规定》第21条 借贷双方通过网络贷款平台形成借贷关系,网络贷款平台的提供者仅提供媒介服务,当事人请求其承担

《民法典》	《合同法》	相关规范性法律文件
		担保责任的,人民法院不予支持。网络贷款平台的提供者通过网页、广告或者其他媒介明示或者有其他证据证明其为借贷提供担保,出借人请求网络贷款平台的提供者承担担保责任的,人民法院应予支持。
第686条 保证的方式包括一般保证和连带责任保证。 当事人在保证合同中对保证方式没有约定或者约定不明确的,按照一般保证承担保证责任。	(无)	《担保法》第16条 保证的方式有: (一)一般保证; (二)连带责任保证。 《担保法》第19条 当事人对保证方式没有约定或者约定不明确的,按照连带责任保证承担保证责任。 《担保制度解释》第25条 当事人在保证合同中约定了保证人在债务人不能履行债务或者无力偿还债务时才承担保证责任等类似内容,具有债务人应当先承担责任的意思表示的,人民法院应当将其认定为一般保证。 当事人在保证合同中约定了保证人在债务人不履行债务或者未偿还债务时即承担保证责任、无条件承担保证责任等类似内容,不具有债务人应当先承担责任的意思表示的,人民法院应当将其认定为连带责任保证。 《民间借贷规定》第4条 保证人为借款人提供连带责任保证,出借人仅起诉借款人的,人民法院可以不追加保证人为共同被告;出借人仅起诉保证人的,人民法院可以追加借款人为共同被告。 保证人为借款人提供一般保证,出借人仅起诉保证人的,人民法院应当追加借款人为共同被告;出借人仅起诉借款人的,人民法院可以不追加保证人为共同被告。
第687条 当事人在保证合同中约定,债务人不能履行债务时,由保证人承担保证责任的,为一般保证。 一般保证的保证人在主合同纠纷未经审判或者仲裁,并就债务人财产依法强制执行仍不能履行债务前,有权拒绝向债权人承担保证责任,但是有下列情形之一的除外: (一)债务人下落不明,且无财产可供执行;	(无)	《担保法》第17条 当事人在保证合同中约定,债务人不能履行债务时,由保证人承担保证责任的,为一般保证。 一般保证的保证人在主合同纠纷未经审判或者仲裁,并就债务人财产依法强制执行仍不能履行债务前,对债权人可以拒绝承担保证责任。 有下列情形之一的,保证人不得行使前款规定的权利: (一)债务人住所变更,致使债

《民法典》	《合同法》	相关规范性法律文件
（二）人民法院已经受理债务人破产案件； （三）债权人有证据证明债务人的财产不足以履行全部债务或者丧失履行债务能力； （四）保证人书面表示放弃本款规定的权利。		权人要求其履行债务发生重大困难的； （二）人民法院受理债务人破产案件，中止执行程序的； （三）保证人以书面形式放弃前款规定的权利的。 《担保制度解释》第26条　一般保证中，债权人以债务人为被告提起诉讼的，人民法院应予受理。债权人未就主合同纠纷提起诉讼或者申请仲裁，仅起诉一般保证人的，人民法院应当驳回起诉。 　　一般保证中，债权人一并起诉债务人和保证人的，人民法院可以受理，但是在作出判决时，除有民法典第六百八十七条第二款但书规定的情形外，应当在判决书主文中明确，保证人仅对债务人财产依法强制执行后仍不能履行的部分承担保证责任。 　　债权人未对债务人的财产申请保全，或者保全的债务人的财产足以清偿债务，债权人申请对一般保证人的财产进行保全的，人民法院不予准许。
第688条　当事人在保证合同中约定保证人和债务人对债务承担连带责任的，为连带责任保证。 　　连带责任保证的债务人不履行到期债务或者发生当事人约定的情形时，债权人可以请求债务人履行债务，也可以请求保证人在其保证范围内承担保证责任。	（无）	《担保法》第18条　当事人在保证合同中约定保证人与债务人对债务承担连带责任的，为连带责任保证。 　　连带责任保证的债务人在主合同规定的债务履行期届满没有履行债务的，债权人可以要求债务人履行债务，也可以要求保证人在其保证范围内承担保证责任。 《担保制度解释》第25条　当事人在保证合同中约定了保证人在债务人不能履行债务或者无力偿还债务时才承担保证责任等类似内容，具有债务人应当先承担责任的意思表示的，人民法院应当将其认定为一般保证。 　　当事人在保证合同中约定了保证人在债务人不履行债务或者未偿还债务时即承担保证责任、无条件承担保证责任等类似内容，不具有债务人应当先承担责任的意思表示的，人民法院应当将其认定为连带责任保证。
第689条　保证人可以要求债务人提供反担保。	（无）	《担保法》第4条　第三人为债务人向债权人提供担保时，可以要求债务人提供反担保。 　　反担保适用本法担保的规定。 《担保制度解释》第19条　担保合同无效，承担了赔偿责任

《民法典》	《合同法》	相关规范性法律文件
		的担保人按照反担保合同的约定,在其承担赔偿责任的范围内请求反担保人承担担保责任的,人民法院应予支持。 反担保合同无效的,依照本解释第十七条的有关规定处理。当事人仅以担保合同无效为由主张反担保合同无效的,人民法院不予支持。
第690条 保证人与债权人可以协商订立最高额保证的合同,约定在最高债权额限度内就一定期间连续发生的债权提供保证。 最高额保证除适用本章规定外,参照适用本法第二编最高额抵押权的有关规定。	(无)	《担保法》第14条 保证人与债权人可以就单个主合同分别订立保证合同,也可以协议在最高债权额限度内就一定期间连续发生的借款合同或者某项商品交易合同订立一个保证合同。 《担保制度解释》第30条 最高额保证合同对保证期间的计算方式、起算时间等有约定的,按照其约定。 最高额保证合同对保证期间的计算方式、起算时间等没有约定或者约定不明,被担保债权的履行期限均已届满的,保证期间自债权确定之日起开始计算;被担保债权的履行期限尚未届满的,保证期间自最后到期债权的履行期限届满之日起开始计算。 前款所称债权确定之日,依照民法典第四百二十三条的规定认定。
第二节 保证责任		
第691条 保证的范围包括主债权及其利息、违约金、损害赔偿金和实现债权的费用。当事人另有约定的,按照其约定。	(无)	《担保法》第21条 保证担保的范围包括主债权及利息、违约金、损害赔偿金和实现债权的费用。保证合同另有约定的,按照约定。 当事人对保证担保的范围没有约定或者约定不明确的,保证人应对全部债务承担责任。 《担保制度解释》第3条 当事人对担保责任的承担约定专门的违约责任,或者约定的担保责任范围超出债务人应当承担的责任范围,担保人主张仅在债务人应当承担的责任范围内承担责任的,人民法院应予支持。 担保人承担的责任超出债务人应当承担的责任范围,担保人向债务人追偿,债务人主张仅在其应当承担的责任范围内承担责任的,人民法院应予支持;担保人请求债权人返还超出部分的,人民法院依法予以支持。

《民法典》	《合同法》	相关规范性法律文件
第692条　保证期间是确定保证人承担保证责任的期间,不发生中止、中断和延长。 债权人与保证人可以约定保证期间,但是约定的保证期间早于主债务履行期限或者与主债务履行期限同时届满的,视为没有约定;没有约定或者约定不明确的,保证期间为主债务履行期限届满之日起六个月。 债权人与债务人对主债务履行期限没有约定或者约定不明确的,保证期间自债权人请求债务人履行债务的宽限期届满之日起计算。	(无)	《担保法》第25条　一般保证的保证人与债权人未约定保证期间的,保证期间为主债务履行期届满之日起六个月。 在合同约定的保证期间和前款规定的保证期间,债权人未对债务人提起诉讼或者申请仲裁的,保证人免除保证责任;债权人已提起诉讼或者申请仲裁的,保证期间适用诉讼时效中断的规定。《担保制度解释》第32条保证合同约定保证人承担保证责任直至主债务本息还清时为止等类似内容的,视为约定不明,保证期间为主债务履行期限届满之日起六个月。 《民法典时间效力规定》第27条　民法典施行前成立的保证合同,当事人对保证期间约定不明确,主债务履行期限届满至民法典施行之日不满二年,当事人主张保证期间为主债务履行期限届满之日起二年的,人民法院依法予以支持;当事人对保证期间没有约定,主债务履行期限届满至民法典施行之日不满六个月,当事人主张保证期间为主债务履行期限届满之日起六个月的,人民法院依法予以支持。
第693条　一般保证的债权人未在保证期间对债务人提起诉讼或者申请仲裁的,保证人不再承担保证责任。 连带责任保证的债权人未在保证期间请求保证人承担保证责任的,保证人不再承担保证责任。	(无)	《担保法》第26条　连带责任保证的保证人与债权人未约定保证期间的,债权人有权自主债务履行期届满之日起六个月内要求保证人承担保证责任。在合同约定的保证期间和前款规定的保证期间,债权人未要求保证人承担保证责任的,保证人免除保证责任。 《担保制度解释》第27条　一般保证的债权人取得对债务人赋予强制执行效力的公证债权文书后,在保证期间内向人民法院申请强制执行,保证人以债权人未在保证期间内对债务人提起诉讼或者申请仲裁为由主张不承担保证责任的,人民法院不予支持。 《担保制度解释》第31条　一般保证的债权人在保证期间内对债务人提起诉讼或者申请仲裁后,又撤回起诉或者仲裁申请,债权人在保证期间届满前未再行提起诉讼或者申请仲裁,保证人主张不再承担保证责任的,人民法院应予支持。

《民法典》	《合同法》	相关规范性法律文件
		连带责任保证的债权人在保证期间内对保证人提起诉讼或者申请仲裁后,又撤回起诉或者仲裁申请,起诉状副本或者仲裁申请书副本已经送达保证人的,人民法院应当认定债权人已经在保证期间内向保证人行使了权利。 《担保制度解释》第33条　保证合同无效,债权人未在约定或者法定的保证期间内依法行使权利,保证人主张不承担赔偿责任的,人民法院应予支持。 《担保制度解释》第34条　人民法院在审理保证合同纠纷案件时,应当将保证期间是否届满、债权人是否在保证期间内依法行使权利等事实作为案件基本事实予以查明。 债权人在保证期间内未依法行使权利的,保证责任消灭。保证责任消灭后,债权人书面通知保证人要求承担保证责任,保证人在通知书上签字、盖章或者按指印,债权人请求保证人继续承担保证责任的,人民法院不予支持,但是债权人有证据证明成立了新的保证合同的除外。
第694条　一般保证的债权人在保证期间届满前对债务人提起诉讼或者申请仲裁的,从保证人拒绝承担保证责任的权利消灭之日起,开始计算保证债务的诉讼时效。 连带责任保证的债权人在保证期间届满前请求保证人承担保证责任的,从债权人请求保证人承担保证责任之日起,开始计算保证债务的诉讼时效。	(无)	《担保制度解释》第28条　一般保证中,债权人依据生效法律文书对债务人的财产依法申请强制执行,保证债务诉讼时效的起算时间按照下列规则确定: (一)人民法院作出终结本次执行程序裁定,或者依照民事诉讼法第二百五十七条第三项、第五项的规定作出终结执行裁定的,自裁定送达债权人之日起开始计算; (二)人民法院自收到申请执行书之日起一年内未作出前项裁定的,自人民法院收到申请执行书满一年之日起开始计算,但是保证人有证据证明债务人仍有财产可供执行的除外。 一般保证的债权人在保证期间届满前对债务人提起诉讼或者申请仲裁,债权人举证证明存在民法典第六百八十七条第二款但书规定情形的,保证债务的诉讼时效自债权人知道或者应当知道该情形之日起开始计算。 《诉讼时效规定》第18条　主债务诉讼时效期间届满,保证人享有主债务人的诉讼时效抗辩权。

《民法典》	《合同法》	相关规范性法律文件
		保证人未主张前述诉讼时效抗辩权，承担保证责任后向主债务人行使追偿权的，人民法院不予支持，但主债务人同意给付的情形除外。
第695条　债权人和债务人未经保证人书面同意，协商变更主债权债务合同内容，减轻债务的，保证人仍对变更后的债务承担保证责任；加重债务的，保证人对加重的部分不承担保证责任。 债权人和债务人变更主债权债务合同的履行期限，未经保证人书面同意的，保证期间不受影响。	（无）	《担保法》第24条　债权人与债务人协议变更主合同的，应当取得保证人书面同意，未经保证人书面同意的，保证人不再承担保证责任。保证合同另有约定的，按照约定。 《担保制度解释》第16条　主合同当事人协议以新贷偿还旧贷，债权人请求旧贷的担保人承担担保责任的，人民法院不予支持；债权人请求新贷的担保人承担担保责任的，按照下列情形处理： （一）新贷与旧贷的担保人相同的，人民法院应予支持； （二）新贷与旧贷的担保人不同，或者旧贷无担保新贷有担保的，人民法院不予支持，但是债权人有证据证明新贷的担保人提供担保时对以新贷偿还旧贷的事实知道或者应当知道的除外。 主合同当事人协议以新贷偿还旧贷，旧贷的物的担保人在登记尚未注销的情况下同意继续为新贷提供担保，在订立新的贷款合同前又以该担保财产为其他债权人设立担保物权，其他债权人主张其担保物权顺位优先于新贷债权人的，人民法院不予支持。 《担保制度解释》第20条　人民法院在审理第三人提供的物的担保纠纷案件时，可以适用民法典第六百九十五条第一款、第六百九十六条第一款、第六百九十七条第二款、第六百九十九条、第七百条、第七百零一条、第七百零二条等关于保证合同的规定。
第696条　债权人转让全部或者部分债权，未通知保证人的，该转让对保证人不发生效力。 保证人与债权人约定禁止债权转让，债权人未经保证人书面同意转让债权的，保证人对受让人不再承担保证责任。	（无）	《担保法》第22条　保证期间，债权人依法将主债权转让给第三人的，保证人在原保证担保的范围内继续承担保证责任。保证合同另有约定的，按照约定。 《担保制度解释》第20条　人民法院在审理第三人提供的物的担保纠纷案件时，可以适用民法典第六百九十五条第一款、第六百九十六条第一款、第六百九十七条第二款、第六百九十九条、第七百条、第七百零一条、第七百零二条等关于保证合同的规定。

《民法典》	《合同法》	相关规范性法律文件
第697条 债权人未经保证人书面同意，允许债务人转移全部或者部分债务，保证人对未经其同意转移的债务不再承担保证责任，但是债权人和保证人另有约定的除外。 第三人加入债务的，保证人的保证责任不受影响。	（无）	《担保法》第23条 保证期间，债权人许可债务人转让债务的，应当取得保证人书面同意，保证人对未经其同意转让的债务，不再承担保证责任。 《担保制度解释》第20条 人民法院在审理第三人提供的物的担保纠纷案件时，可以适用民法典第六百九十五条第一款、第六百九十六条第一款、第六百九十七条第二款、第六百九十九条、第七百条、第七百零一条、第七百零二条等关于保证合同的规定。
第698条 一般保证的保证人在主债务履行期限届满后，向债权人提供债务人可供执行财产的真实情况，债权人放弃或者怠于行使权利致使该财产不能被执行的，保证人在其提供可供执行财产的价值范围内不再承担保证责任。	（无）	
第699条 同一债务有两个以上保证人的，保证人应当按照保证合同约定的保证份额，承担保证责任；没有约定保证份额的，债权人可以请求任何一个保证人在其保证范围内承担保证责任。	（无）	《担保法》第12条 同一债务有两个以上保证人的，保证人应当按照保证合同约定的保证份额，承担保证责任。没有约定保证份额的，保证人承担连带责任，债权人可以要求任何一个保证人承担全部保证责任，保证人都负有担保全部债权实现的义务。已经承担保证责任的保证人，有权向债务人追偿，或者要求承担连带责任的其他保证人清偿其应当承担的份额。 《担保制度解释》第20条 人民法院在审理第三人提供的物的担保纠纷案件时，可以适用民法典第六百九十五条第一款、第六百九十六条第一款、第六百九十七条第二款、第六百九十九条、第七百条、第七百零一条、第七百零二条等关于保证合同的规定。 《担保制度解释》第29条 同一债务有两个以上保证人，债权人以其已经在保证期间内依法向部分保证人行使权利为由，主张已经在保证期间内向其他保证人行使权利的，人民法院不予支持。 　　同一债务有两个以上保证人，保证人之间相互有追偿权，债权人未在保证期间内依法向部分

《民法典》	《合同法》	相关规范性法律文件
		保证人行使权利,导致其他保证人在承担保证责任后丧失追偿权,其他保证人主张在其不能追偿的范围内免除保证责任的,人民法院应予支持。
第700条　保证人承担保证责任后,除当事人另有约定外,有权在其承担保证责任的范围内向债务人追偿,享有债权人对债务人的权利,但是不得损害债权人的利益。	(无)	《担保法》第31条　保证人承担保证责任后,有权向债务人追偿。 《担保制度解释》第13条　同一债务有两个以上第三人提供担保,担保人之间约定相互追偿及分担份额,承担了担保责任的担保人请求其他担保人按照约定分担份额的,人民法院应予支持;担保人之间约定承担连带共同担保,或者约定相互追偿但是未约定分担份额的,各担保人按照比例分担向债务人不能追偿的部分。 同一债务有两个以上第三人提供担保,担保人之间未对相互追偿作出约定且未约定承担连带共同担保,但是各担保人在同一份合同书上签字、盖章或者按指印,承担了担保责任的担保人请求其他担保人按照比例分担向债务人不能追偿部分的,人民法院应予支持。 除前两款规定的情形外,承担了担保责任的担保人请求其他担保人分担向债务人不能追偿部分的,人民法院不予支持。 《担保制度解释》第14条　同一债务有两个以上第三人提供担保,担保人受让债权的,人民法院应当认定该行为系承担担保责任。受让债权的担保人作为债权人请求其他担保人承担担保责任的,人民法院不予支持;该担保人请求其他担保人分担相应份额的,依照本解释第十三条的规定处理。 《担保制度解释》第18条　承担了担保责任或者赔偿责任的担保人,在其承担责任的范围内向债务人追偿的,人民法院应予支持。 同一债权既有债务人自己提供的物的担保,又有第三人提供的担保,承担了担保责任或者赔偿责任的第三人,主张行使债权人对债务人享有的担保物权的,人民法院应予支持。

《民法典》	《合同法》	相关规范性法律文件
		《担保制度解释》第 20 条　人民法院在审理第三人提供的物的担保纠纷案件时，可以适用民法典第六百九十五条第一款、第六百九十六条第一款、第六百九十七条第二款、第六百九十九条、第七百条、第七百零一条、第七百零二条等关于保证合同的规定。
第 701 条　保证人可以主张债务人对债权人的抗辩。债务人放弃抗辩的，保证人仍有权向债权人主张抗辩。	（无）	《担保法》第 20 条　一般保证和连带责任保证的保证人享有债务人的抗辩权。债务人放弃对债务的抗辩权的，保证人仍有权抗辩。 　抗辩权是指债权人行使债权时，债务人根据法定事由，对抗债权人行使请求权的权利。 　《担保制度解释》第 20 条　人民法院在审理第三人提供的物的担保纠纷案件时，可以适用民法典第六百九十五条第一款、第六百九十六条第一款、第六百九十七条第二款、第六百九十九条、第七百条、第七百零一条、第七百零二条等关于保证合同的规定。
第 702 条　债务人对债权人享有抵销权或者撤销权的，保证人可以在相应范围内拒绝承担保证责任。	（无）	《担保制度解释》第 20 条　人民法院在审理第三人提供的物的担保纠纷案件时，可以适用民法典第六百九十五条第一款、第六百九十六条第一款、第六百九十七条第二款、第六百九十九条、第七百条、第七百零一条、第七百零二条等关于保证合同的规定。
第十四章　租赁合同	第十三章　租赁合同	
第 703 条　租赁合同是出租人将租赁物交付承租人使用、收益，承租人支付租金的合同。	第 212 条 同《民法典》第 703 条	
第 704 条　租赁合同的内容一般包括租赁物的名称、数量、用途、租赁期限、租金及其支付期限和方式、租赁物维修等条款。	第 213 条　租赁合同的内容包括租赁物的名称、数量、用途、租赁期限、租金及其支付期限和方式、租赁物维修等条款。	
第 705 条　租赁期限不得超过二十年。超过二十年的，超过部分无效。 　租赁期限届满，当事人可以续订租赁合同；但是，约定的租赁期限自续订之日起不得超过二十年。	第 214 条　租赁期限不得超过二十年。超过二十年的，超过部分无效。 　租赁期间届满，当事人可以续订租赁合同，但约定的租赁期限自续订之日起不得超过二十年。	

《民法典》	《合同法》	相关规范性法律文件
第706条 当事人未依照法律、行政法规规定办理租赁合同登记备案手续的,不影响合同的效力。	(无)	
第707条 租赁期限六个月以上的,应当采用书面形式。当事人未采用书面形式的,**无法确定租赁期限的**,视为不定期租赁。	第215条 租赁期限六个月以上的,应当采用书面形式。当事人未采用书面形式的,视为不定期租赁。	
第708条 出租人应当按照约定将租赁物交付承租人,并在租赁**期限内**保持租赁物符合约定的用途。	第216条 出租人应当按照约定将租赁物交付承租人,并在租赁期间保持租赁物符合约定的用途。	
第709条 承租人应当按照约定的方法使用租赁物。对租赁物的使用方法没有约定或者约定不明确,**依照**本法**第五百一十条**的规定仍不能确定的,应当**根据**租赁物的性质使用。	第217条 承租人应当按照约定的方法使用租赁物。对租赁物的使用方法没有约定或者约定不明确,依照本法第六十一条的规定仍不能确定的,应当按照租赁物的性质使用。	
第710条 承租人按照约定的方法或者根据租赁物的性质使用租赁物,致使租赁物受到损耗的,不承担赔偿责任。	第218条 承租人按照约定的方法或者根据租赁物的性质使用租赁物,致使租赁物受到损耗的,不承担**损害**赔偿责任。	
第711条 承租人未**按照约定**的方法或者未**根据**租赁物的性质使用租赁物,致使租赁物受到损失的,出租人可以解除合同并**请求**赔偿损失。	第219条 承租人未按照约定的方法或者租赁物的性质使用租赁物,致使租赁物受到损失的,出租人可以解除合同并要求赔偿损失。	《城镇房屋租赁合同解释》第6条 承租人擅自变动房屋建筑主体和承重结构或者扩建,在出租人要求的合理期限内仍不予恢复原状,出租人请求解除合同并要求赔偿损失的,人民法院依照民法典第七百一十一条的规定处理。
第712条 出租人应当履行租赁物的维修义务,但**是**当事人另有约定的除外。	第220条 出租人应当履行租赁物的维修义务,但当事人另有约定的除外。	
第713条 承租人在租赁物需要维修时可以**请求**出租人在合理期限内维修。出租人未履行维修义务的,承租人可以自行维修,维修费用由出租人负担。因维修租赁物影响承租人使用的,应当相应减少租金或者延长期。 **因承租人的过错致使租赁物需要维修的,出租人不承担前款规定的维修义务。**	第221条 承租人在租赁物需要维修时可以要求出租人在合理期限内维修。出租人未履行维修义务的,承租人可以自行维修,维修费用由出租人负担。因维修租赁物影响承租人使用的,应当相应减少租金或者延长租期。	
第714条 承租人应当妥善保管租赁物,因保管不善造成租赁物毁损、灭失的,应当承担赔偿责任。	第222条 承租人应当妥善保管租赁物,因保管不善造成租赁物毁损、灭失的,应当承担**损害**赔偿责任。	

《民法典》	《合同法》	相关规范性法律文件
第715条　承租人经出租人同意,可以对租赁物进行改善或者增设他物。 承租人未经出租人同意,对租赁物进行改善或者增设他物的,出租人可以**请求**承租人恢复原状或者赔偿损失。	第223条　承租人经出租人同意,可以对租赁物进行改善或者增设他物。 承租人未经出租人同意,对租赁物进行改善或者增设他物的,出租人可以要求承租人恢复原状或者赔偿损失。	**《城镇房屋租赁合同解释》第7条**　承租人经出租人同意装饰装修,租赁合同无效时,未形成附合的装饰装修物,出租人同意利用的,可折价归出租人所有;不同意利用的,可由承租人拆除。因拆除造成房屋毁损的,承租人应当恢复原状。 已形成附合的装饰装修物,出租人同意利用的,可折价归出租人所有;不同意利用的,由双方各自按照导致合同无效的过错分担现值损失。 **《城镇房屋租赁合同解释》第8条**　承租人经出租人同意装饰装修,租赁期间届满或者合同解除时,除当事人另有约定外,未形成附合的装饰装修物,可由承租人拆除。因拆除造成房屋毁损的,承租人应当恢复原状。 **《城镇房屋租赁合同解释》第9条**　承租人经出租人同意装饰装修,合同解除时,双方对已形成附合的装饰装修物的处理没有约定的,人民法院按照下列情形分别处理: (一)因出租人违约导致合同解除,承租人请求出租人赔偿剩余租赁期内装饰装修残值损失的,应予支持; (二)因承租人违约导致合同解除,承租人请求出租人赔偿剩余租赁期内装饰装修残值损失的,不予支持。但出租人同意利用的,应在利用价值范围内予以适当补偿; (三)因双方违约导致合同解除,剩余租赁期内的装饰装修残值损失,由双方根据各自的过错承担相应的责任; (四)因不可归责于双方的事由导致合同解除的,剩余租赁期内的装饰装修残值损失,由双方按照公平原则分担。法律另有规定的,适用其规定。 **《城镇房屋租赁合同解释》第10条**　承租人经出租人同意装饰装修,租赁期间届满时,承租人请求出租人补偿附合装饰装修费用的,不予支持。但当事人另有约定的除外。 **《城镇房屋租赁合同解释》第11条**　承租人未经出租人同意装饰装修或者扩建发生的费用,由承

《民法典》	《合同法》	相关规范性法律文件
		租人负担。出租人请求承租人恢复原状或者赔偿损失的,人民法院应予支持。 《城镇房屋租赁合同解释》第12条　承租人经出租人同意扩建,但双方对扩建费用的处理没有约定的,人民法院按照下列情形分别处理: (一)办理合法建设手续的,扩建造价费用由出租人负担; (二)未办理合法建设手续的,扩建造价费用由双方按照过错分担。 《城镇房屋租赁合同解释》第4条　房屋租赁合同无效,当事人请求参照合同约定的租金标准支付房屋占有使用费的,人民法院一般应予支持。 当事人请求赔偿因合同无效受到的损失,人民法院依照民法典第一百五十七条和本解释第七条、第十一条、第十二条的规定处理。
第716条　承租人经出租人同意,可以将租赁物转租给第三人。承租人转租的,承租人与出租人之间的租赁合同继续有效;第三人造成租赁物损失的,承租人应当赔偿损失。 承租人未经出租人同意转租的,出租人可以解除合同。	第224条　承租人经出租人同意,可以将租赁物转租给第三人。承租人转租的,承租人与出租人之间的租赁合同继续有效,第三人对租赁物造成损失的,承租人应当赔偿损失。 承租人未经出租人同意转租的,出租人可以解除合同。	《城镇房屋租赁合同解释》第13条　房屋租赁合同无效、履行期限届满或者解除,出租人请求负有腾房义务的次承租人支付逾期腾房占有使用费的,人民法院应予支持。
第717条　承租人经出租人同意将租赁物转租给第三人,转租期限超过承租人剩余租赁期限的,超过部分的约定对出租人不具有法律约束力,但是出租人与承租人另有约定的除外。	(无)	
第718条　出租人知道或者应当知道承租人转租,但是在六个月内未提出异议的,视为出租人同意转租。	(无)	
第719条　承租人拖欠租金的,次承租人可以代承租人支付其欠付的租金和违约金,但是转租合同对出租人不具有法律约束力的除外。 次承租人代为支付的租金和违约金,可以充抵次承租人应当向承租人支付的租金;超出其应付的租金数额的,可以向承租人追偿。	(无)	

《民法典》	《合同法》	相关规范性法律文件
第720条　在租赁**期限内**因占有、使用租赁物获得的收益,归承租人所有,但**是**当事人另有约定的除外。	第225条　在租赁期间因占有、使用租赁物获得的收益,归承租人所有,但当事人另有约定的除外。	
第721条　承租人应当按照约定的期限支付租金。对支付**租金**的期限没有约定或者约定不明确,**依据**本法**第五百一十条**的规定仍不能确定,租赁**期限**不满一年的,应当在租赁**期限**届满时支付;租赁**期限**一年以上的,应当在每届满一年时支付,剩余**期限**不满一年的,应当在租赁**期限**届满时支付。	第226条　承租人应当按照约定的期限支付租金。对支付期限没有约定或者约定不明确,依照本法第六十一条的规定仍不能确定,租赁期间不满一年的,应当在租赁期间届满时支付;租赁期间一年以上的,应当在每届满一年时支付,剩余期间不满一年的,应当在租赁期间届满时支付。	
第722条　承租人无正当理由未支付或者迟延支付租金的,出租人可以**请求**承租人在合理期限内支付;承租人逾期不支付的,出租人可以解除合同。	第227条　承租人无正当理由未支付或者迟延支付租金的,出租人可以要求承租人在合理期限内支付。承租人逾期不支付的,出租人可以解除合同。	
第723条　因第三人主张权利,致使承租人不能对租赁物使用、收益的,承租人可以**请求**减少租金或者不支付租金。 第三人主张权利的,承租人应当及时通知出租人。	第228条　因第三人主张权利,致使承租人不能对租赁物使用、收益的,承租人可以要求减少租金或者不支付租金。 第三人主张权利的,承租人应当及时通知出租人。	
第724条　有下列情形之一,非因承租人原因致使租赁物无法使用的,承租人可以解除合同: (一)租赁物被司法机关或者行政机关依法查封、扣押; (二)租赁物权属有争议; (三)租赁物具有违反法律、行政法规关于使用条件的强制性规定情形。	(无)	
第725条　租赁物在承租人按照租赁合同占有限内发生所有权变动的,不影响租赁合同的效力。	第229条　租赁物在租赁期间发生所有权变动的,不影响租赁合同的效力。	《城镇房屋租赁合同解释》第14条　租赁房屋在承租人按照租赁合同占有期限内发生所有权变动,承租人请求房屋受让人继续履行原租赁合同的,人民法院应予支持。但租赁房屋具有下列情形或者当事人另有约定的除外: (一)房屋在出租前已设立抵押权,因抵押人实现抵押权发生所有权变动的; (二)房屋在出租前已被人民法院依法查封的。
第726条　出租人出卖租赁房屋的,应当在出卖之前的合理期限内通知承租人,承租人享有以同等条件优先购买的权利。**但是,房屋按份共有人行使优先购买权或者出租人将房屋出卖给近亲属的除外。**	第230条　出租人出卖租赁房屋的,应当在出卖之前的合理期限内通知承租人,承租人享有以同等条件优先购买的权利。	《城镇房屋租赁合同解释》第15条　出租人与抵押权人协议折价、变卖租赁房屋偿还债务,应在合理期限内通知承租人。承租人请求以同等条件优先购买房屋的,人民法院应予支持。

《民法典》	《合同法》	相关规范性法律文件
出租人履行通知义务后,承租人在十五日内未明确表示购买的,视为承租人放弃优先购买权。		
第727条 出租人委托拍卖人拍卖租赁房屋的,应当在拍卖五日前通知承租人。承租人未参加拍卖的,视为放弃优先购买权。	(无)	
第728条 出租人未通知承租人或者有其他妨害承租人行使优先购买权情形的,承租人可以请求出租人承担赔偿责任。但是,出租人与第三人订立的房屋买卖合同的效力不受影响。	(无)	
第729条 因不可归责于承租人的事由,致使租赁物部分或者全部毁损、灭失的,承租人可以**请求**减少租金或者不支付租金;因租赁物部分或者全部毁损、灭失,致使不能实现合同目的的,承租人可以解除合同。	第231条 因不可归责于承租人的事由,致使租赁物部分或者全部毁损、灭失的,承租人可以要求减少租金或者不支付租金;因租赁物部分或者全部毁损、灭失,致使不能实现合同目的的,承租人可以解除合同。	
第730条 当事人对租赁期限没有约定或者约定不明确,**依据本法第五百一十条**的规定仍不能确定的,视为不定期租赁;当事人可以随时解除合同,但是应当在合理期限之前通知**对方**。	第232条 当事人对租赁期限没有约定或者约定不明确,依照本法第六十一条的规定仍不能确定的,视为不定期租赁。当事人可以随时解除合同,但**出租人解除合同**应当在合理期限之前通知承租人。	
第731条 租赁物危及承租人的安全或者健康的,即使承租人订立合同时明知该租赁物质量不合格,承租人仍然可以随时解除合同。	第233条 同《民法典》第731条	
第732条 承租人在房屋租赁**期限内**死亡的,与其生前共同居住的住人**或者共同经营人**可以按照原租赁合同租赁该房屋。	第234条 承租人在房屋租赁期间死亡的,与其生前共同居住的人可以按照原租赁合同租赁该房屋。	
第733条 租赁期限届满,承租人应当返还租赁物。返还的租赁物应当符合按照约定或者根据租赁物的性质使用后的状态。	第235条 租赁期间届满,承租人应当返还租赁物。返还的租赁物应当符合按照约定或者根据租赁物的性质使用后的状态。	《城镇房屋租赁合同解释》第13条 房屋租赁合同无效、履行期限届满或者解除,出租人请求负有腾房义务的次承租人支付逾期腾房占有使用费的,人民法院应予支持。
第734条 租赁**期限**届满,承租人继续使用租赁物,出租人没有提出异议的,原租赁合同继续有效,但是租赁期限为不定期。**租赁期限届满,房屋承租人享有以同等条件优先承租的权利。**	第236条 租赁期间届满,承租人继续使用租赁物,出租人没有提出异议的,原租赁合同继续有效,但租赁期限为不定期。	《民法典时间效力规定》第21条 民法典施行前租赁期限届满,当事人主张适用民法典第七百三十四条第二款规定的,人民法院不予支持;租赁期限在民法典施行后届满,当事人主张适

《民法典》	《合同法》	相关规范性法律文件
		用民法典第七百三十四条第二款规定的,人民法院依法予以支持。
第十五章　融资租赁合同	第十四章　融资租赁合同	
第 735 条　融资租赁合同是出租人根据承租人对出卖人、租赁物的选择,向出卖人购买租赁物,提供给承租人使用,承租人支付租金的合同。	**第 237 条** 同《民法典》第 735 条	《融资租赁合同解释》第 1 条 人民法院应当根据民法典第七百三十五条的规定,结合标的物的性质、价值、租金的构成以及当事人的合同权利和义务,对是否构成融资租赁法律关系作出认定。 　对名为融资租赁合同,但实际不构成融资租赁法律关系的,人民法院应按照其实际构成的法律关系处理。 《融资租赁合同解释》第 2 条 承租人将其自有物出卖给出租人,再通过融资租赁合同将租赁物从出租人处租回的,人民法院不应仅以承租人和出卖人系同一人为由认定不构成融资租赁法律关系。 《动产和权利担保统一登记决定》 　二、纳入动产和权利担保统一登记范围的担保类型包括: 　…… 　(四)融资租赁; 　……
第 736 条　融资租赁合同的内容<u>一般</u>包括租赁物的名称、数量、规格、技术性能、检验方法、租赁期限,租金构成及其支付期限和方式、币种,<u>租赁期限</u>届满租赁物的归属等条款。 　融资租赁合同应当采用书面形式。	**第 238 条**　融资租赁合同的内容包括租赁物名称、数量、规格、技术性能、检验方法、租赁期限、租金构成及其支付期限和方式、币种、租赁期间届满租赁物的归属等条款。 　融资租赁合同应当采用书面形式。	
第 737 条　<u>当事人以虚构租赁物方式订立的融资租赁合同无效。</u>	(无)	
第 738 条　<u>依照法律、行政法规的规定,对于租赁物的经营使用应当取得行政许可的,出租人未取得行政许可不影响融资租赁合同的效力。</u>	(无)	
第 739 条　出租人根据承租人对出卖人、租赁物的选择订立的买卖合同,出卖人应当按照约定向承租人交付标的物,承租人享有与受领标的物有关的买受人的权利。	**第 239 条** 同《民法典》第 739 条	

《民法典》	《合同法》	相关规范性法律文件
第740条 出卖人违反向承租人交付标的物的义务,有下列情形之一的,承租人可以拒绝受领出卖人向其交付的标的物: (一)标的物严重不符合约定; (二)未按照约定交付标的物,经承租人或者出卖人催告后在合理期限内仍未交付。 承租人拒绝受领标的物的,应当及时通知出租人。	(无)	《融资租赁合同解释》第3条 承租人拒绝受领租赁物,未及时通知出租人,或者无正当理由拒绝受领租赁物,造成出租人损失,出租人向承租人主张损害赔偿的,人民法院应予支持。
第741条 出租人、出卖人、承租人可以约定,出卖人不履行买卖合同义务的,由承租人行使索赔的权利。承租人行使索赔权利的,出租人应当协助。	第240条 同《民法典》第741条	
第742条 承租人对出卖人行使索赔权利,不影响其履行支付租金的义务。但是,承租人依赖出租人的技能确定租赁物或者出租人干预选择租赁物的,承租人可以请求减免相应租金。	(无)	
第743条 出租人有下列情形之一,致使承租人对出卖人行使索赔权利失败的,承租人有权请求出租人承担相应的责任: (一)明知租赁物有质量瑕疵而不告知承租人; (二)承租人行使索赔权利时,未及时提供必要协助。 出租人怠于行使只能由其对出卖人行使的索赔权利,造成承租人损失的,承租人有权请求出租人承担赔偿责任。	(无)	
第744条 出租人根据承租人对出卖人、租赁物的选择订立的买卖合同,未经承租人同意,出租人不得变更与承租人有关的合同内容。	第241条 同《民法典》第744条	《融资租赁合同解释》第8条 租赁物不符合融资租赁合同的约定且出租人实施了下列行为之一,承租人依照民法典第七百四十四条、第七百四十七条的规定,要求出租人承担相应责任的,人民法院应予支持: (一)出租人在承租人选择出卖人、租赁物时,对租赁物的选定起决定作用的; (二)出租人干预或者要求承租人按照出租人意愿选择出卖人或者租赁物的; (三)出租人擅自变更承租人已经选定的出卖人或者租赁物的。 承租人主张其系依赖出租人的技能确定租赁物或者出租人干预选择租赁物的,对上述事实承担举证责任。

《民法典》	《合同法》	相关规范性法律文件
第745条 出租人对租赁物享有的所有权,未经登记,不得对抗善意第三人。	第242条 出租人享有租赁物的所有权。承租人破产的,租赁物不属于破产财产。	
第746条 融资租赁合同的租金,除当事人另有约定外,应当根据购买租赁物的大部分或者全部成本以及出租人的合理利润确定。	第243条 融资租赁合同的租金,除当事人另有约定的以外,应当根据购买租赁物的大部分或者全部成本以及出租人的合理利润确定。	
第747条 租赁物不符合约定或者不符合使用目的的,出租人不承担责任。但是,承租人依赖出租人的技能确定租赁物或者出租人干预选择租赁物的除外。	第244条 租赁物不符合约定或者不符合使用目的的,出租人不承担责任,但承租人依赖出租人的技能确定租赁物或者出租人干预选择租赁物的除外。	《融资租赁合同解释》第8条 租赁物不符合融资租赁合同的约定且出租人实施了下列行为之一,承租人依照民法典第七百四十四条、第七百四十七条的规定,要求出租人承担相应责任的,人民法院应予支持: (一)出租人在承租人选择出卖人、租赁物时,对租赁物的选定起决定作用的; (二)出租人干预或者要求承租人按照出租人意愿选择出卖人或者租赁物的; (三)出租人擅自变更承租人已经选定的出卖人或者租赁物的。 承租人主张其系依赖出租人的技能确定租赁物或者出租人干预选择租赁物的,对上述事实承担举证责任。
第748条 出租人应当保证承租人对租赁物的占有和使用。 出租人有下列情形之一的,承租人有权请求其赔偿损失: (一)无正当理由收回租赁物的; (二)无正当理由妨碍、干扰承租人对租赁物的占有和使用的; (三)因出租人的原因致使第三人对租赁物主张权利的; (四)不当影响承租人对租赁物占有和使用的其他情形。	第245条 出租人应当保证承租人对租赁物的占有和使用。	《融资租赁合同解释》第6条 因出租人的原因致使承租人无法占有、使用租赁物,承租人请求解除融资租赁合同的,人民法院应予支持。 《融资租赁合同解释》第7条 当事人在一审诉讼中仅请求解除融资租赁合同,未对租赁物的归属及损失赔偿提出主张的,人民法院可以向当事人进行释明。
第749条 承租人占有租赁物期间,租赁物造成第三人人身损害或者财产损失的,出租人不承担责任。	第246条 承租人占有租赁物期间,租赁物造成第三人的人身伤害或者财产损害的,出租人不承担责任。	
第750条 承租人应当妥善保管、使用租赁物。 承租人应当履行占有租赁物期间的维修义务。	第247条 同《民法典》第750条	
第751条 承租人占有租赁物期间,租赁物毁损、灭失的,出租人有权请求承租人继续支付租金,但是法律另有规定或者当事人另有约定的除外。	(无)	

《民法典》	《合同法》	相关规范性法律文件
第 752 条 承租人应当按照约定支付租金。承租人经催告后在合理期限内仍不支付租金的,出租人可以**请求**支付全部租金;也可以解除合同,收回租赁物。	**第 248 条** 承租人应当按照约定支付租金。承租人经催告后在合理期限内仍不支付租金的,出租人可以要求支付全部租金;也可以解除合同,收回租赁物。	《融资租赁合同解释》第 5 条 有下列情形之一,出租人请求解除融资租赁合同的,人民法院应予支持: (一)承租人未按照合同约定的期限和数额支付租金,符合合同约定的解除条件,经出租人催告后在合理期限内仍不支付的; (二)合同对于欠付租金解除合同的情形没有明确约定,但承租人欠付租金达到两期以上,或者数额达到全部租金百分之十五以上,经出租人催告后在合理期限内仍不支付的; (三)承租人违反合同约定,致使合同目的不能实现的其他情形。 《融资租赁合同解释》第 7 条 当事人在一审诉讼中仅请求解除融资租赁合同,未对租赁物的归属及损失赔偿提出主张的,人民法院可以向当事人进行释明。 《融资租赁合同解释》第 10 条 出租人既请求承租人支付合同约定的全部未付租金又请求解除融资租赁合同的,人民法院应告知其依照民法典第七百五十二条的规定作出选择。 出租人请求承租人支付合同约定的全部未付租金,人民法院判决后承租人未予履行,出租人再行起诉请求解除融资租赁合同、收回租赁物的,人民法院应予受理。 《融资租赁合同解释》第 11 条 出租人依照本解释第五条的规定请求解除融资租赁合同,同时请求收回租赁物并赔偿损失的,人民法院应予支持。 前款规定的损失赔偿范围为承租人全部未付租金及其他费用与收回租赁物价值的差额。合同约定租赁期间届满后租赁物归出租人所有的,损失赔偿范围还应包括融资租赁合同到期后租赁物的残值。 《担保制度解释》第 65 条 在融资租赁合同中,承租人未按照约定支付租金,经催告后在合理期限内仍不支付,出租人请求承租人支付全部剩余租金,并以拍卖、变卖租赁物所得的价款受偿的,人民法院应予支持;当事人请求参照民事诉讼法"实现担保物

《民法典》	《合同法》	相关规范性法律文件
		权案件"的有关规定,以拍卖、变卖租赁物所得价款支付租金的,人民法院应予准许。 出租人请求解除融资租赁合同并收回租赁物,承租人以抗辩或者反诉的方式主张返还租赁物价值超过欠付租金以及其他费用的,人民法院应当一并处理。当事人对租赁物的价值有争议的,应当按照下列规则确定租赁物的价值: (一)融资租赁合同有约定的,按照其约定; (二)融资租赁合同未约定或者约定不明的,根据约定的租赁物折旧以及合同到期后租赁物的残值来确定; (三)根据前两项规定的方法仍然难以确定,或者当事人认为根据前两项规定的方法确定的价值严重偏离租赁物实际价值的,根据当事人的申请委托有资质的机构评估。
第753条 承租人未经出租人同意,将租赁物转让、抵押、质押、投资入股或者以其他方式处分的,出租人可以解除融资租赁合同。	(无)	《融资租赁合同解释》第7条 当事人在一审诉讼中仅请求解除融资租赁合同,未对租赁物的归属及损失赔偿提出主张的,人民法院可以向当事人进行释明。
第754条 有下列情形之一的,出租人或者承租人可以解除融资租赁合同: (一)出租人与出卖人订立的买卖合同解除、被确认无效或者被撤销,且未能重新订立买卖合同; (二)租赁物因不可归责于当事人的原因毁损、灭失,且不能修复或者确定替代物; (三)因出卖人的原因致使融资租赁合同的目的不能实现。	(无)	《融资租赁合同解释》第7条 当事人在一审诉讼中仅请求解除融资租赁合同,未对租赁物的归属及损失赔偿提出主张的,人民法院可以向当事人进行释明。
第755条 融资租赁合同因买卖合同解除、被确认无效或者被撤销而解除,出卖人、租赁物系由承租人选择的,出租人有权请求承租人赔偿相应损失;但是,因出租人原因致使买卖合同解除、被确认无效或者被撤销的除外。 出租人的损失已经在买卖合同解除、被确认无效或者被撤销时获得赔偿的,承租人不再承担相应的赔偿责任。	(无)	

《民法典》	《合同法》	相关规范性法律文件
第756条 融资租赁合同因租赁物交付承租人后意外毁损、灭失等不可归责于当事人的原因解除的,出租人可以请求承租人按照租赁物折旧情况给予补偿。	(无)	
第757条 出租人和承租人可以约定租赁**期限**届满租赁物的归属;对租赁物的归属没有约定或者约定不明确,**依据**本法**第五百一十条**的规定仍不能确定的,租赁物的所有权归出租人。	**第250条** 出租人和承租人可以约定租赁期间届满租赁物的归属。对租赁物的归属没有约定或者约定不明确,依照本法第六十一条的规定仍不能确定的,租赁物的所有权归出租人。	
第758条 当事人约定租赁**期限**届满租赁物归承租人所有,承租人已经支付大部分租金,但是无力支付剩余租金,出租人因此解除合同收回租赁物,收回的租赁物的价值超过承租人欠付的租金以及其他费用的,承租人可以请求相**应返还**。 当事人约定租赁期限届满租赁物归出租人所有,因租赁物毁损、灭失或者附合、混合于他物致使承租人不能返还的,出租人有权请求承租人给予合理补偿。	**第249条** 当事人约定租赁期间届满租赁物归承租人所有,承租人已经支付大部分租金,但无力支付剩余租金,出租人因此解除合同收回租赁物的,收回的租赁物的价值超过承租人欠付的租金以及其他费用的,承租人可以要求部分返还。	《担保制度解释》**第65条** 在融资租赁合同中,承租人未按照约定支付租金,经催告后在合理期限内仍不支付,出租人请求承租人支付全部剩余租金,并以拍卖、变卖租赁物所得的价款受偿的,人民法院应予支持;当事人请求参照民事诉讼法"实现担保物权案件"的有关规定,以拍卖、变卖租赁物所得价款支付租金的,人民法院应予准许。 出租人请求解除融资租赁合同并收回租赁物,承租人以抗辩或者反诉的方式主张返还租赁物价值超过欠付租金以及其他费用的,人民法院应当一并处理。当事人对租赁物的价值有争议的,应当按照下列规则确定租赁物的价值: (一)融资租赁合同有约定的,按照其约定; (二)融资租赁合同未约定或者约定不明的,根据约定的租赁物折旧以及合同到期后租赁物的残值来确定; (三)根据前两项规定的方法仍然难以确定,或者当事人认为根据前两项规定的方法确定的价值严重偏离租赁物实际价值的,根据当事人的申请委托有资质的机构评估。
第759条 当事人约定租赁期限届满,承租人仅需向出租人支付象征性价款的,视为约定的租金义务履行完毕后租赁物的所有权归承租人。	(无)	
第760条 融资租赁合同无效,当事人就该情形下租赁物的归属有约定的,按照其约定;没有约定或者约定不明确的,租赁物应当返还出租人。但是,因承租人原因致使合同无效,出租人不请求返还或者返还后会显著降低租赁物效用的,租赁物的所有权归承租人,由承租人给予出租人合理补偿。	(无)	

《民法典》	《合同法》	相关规范性法律文件
第十六章　保理合同		
第761条　保理合同是应收账款债权人将现有的或者将有的应收账款转让给保理人，保理人提供资金融通、应收账款管理或者催收、应收账款债务人付款担保等服务的合同。	（无）	《民法典时间效力规定》第12条　民法典施行前订立的保理合同发生争议的，适用民法典第三编第十六章的规定。 《动产和权利担保统一登记决定》 　　二、纳入动产和权利担保统一登记范围的担保类型包括： …… （五）保理； ……
第762条　保理合同的内容一般包括业务类型、服务范围、服务期限、基础交易合同情况、应收账款信息、保理融资款或者服务报酬及其支付方式等条款。 保理合同应当采用书面形式。	（无）	
第763条　应收账款债权人与债务人虚构应收账款作为转让标的，与保理人订立保理合同的，应收账款债务人不得以应收账款不存在为由对抗保理人，但是保理人明知虚构的除外。	（无）	《合同编通则解释》第49条第2款　受让人基于债务人对债权真实存在的确认受让债权后，债务人又以该债权不存在为由拒绝向受让人履行的，人民法院不予支持。但是，受让人知道或者应当知道该债权不存在的除外。
第764条　保理人向应收账款债务人发出应收账款转让通知的，应当表明保理人身份并附有必要凭证。	（无）	
第765条　应收账款债务人接到应收账款转让通知后，应收账款债权人与债务人无正当理由协商变更或者终止基础交易合同，对保理人产生不利影响的，对保理人不发生效力。	（无）	
第766条　当事人约定有追索权保理的，保理人可以向应收账款债权人主张返还保理融资款本息或者回购应收账款债权，也可以向应收账款债务人主张应收账款债权。保理人向应收账款债务人主张应收账款债权，在扣除保理融资款本息和相关费用后有剩余的，剩余部分应当返还给应收账款债权人。	（无）	《担保制度解释》第66条　同一应收账款同时存在保理、应收账款质押和债权转让，当事人主张参照民法典第七百六十八条的规定确定优先顺序的，人民法院应予支持。 　　在有追索权的保理中，保理人以应收账款债权人或者应收账款债务人为被告提起诉讼，人民法院应予受理；保理人一并起诉应收账款债权人和应收账款债务人的，人民法院可以受理。 　　应收账款债权人向保理人返还保理融资款本息或者回购应收账款债权后，请求应收账款债务人向其履行应收账款债务的，人民法院应予支持。

《民法典》	《合同法》	相关规范性法律文件
第767条 当事人约定无追索权保理的，保理人应当向应收账款债务人主张应收账款债权，保理人取得超过保理融资款本息和相关费用的部分，无需向应收账款债权人返还。	（无）	
第768条 应收账款债权人就同一应收账款订立多个保理合同，致使多个保理人主张权利的，已经登记的先于未登记的取得应收账款；均已经登记的，按照登记时间的先后顺序取得应收账款；均未登记的，由最先到达应收账款债务人的转让通知中载明的保理人取得应收账款；既未登记也未通知的，按照保理融资款或者服务报酬的比例取得应收账款。	（无）	《担保制度解释》第66条 同一应收账款同时存在保理、应收账款质押和债权转让，当事人主张参照民法典第七百六十八条的规定确定优先顺序的，人民法院应予支持。 在有追索权的保理中，保理人以应收账款债权人或者应收账款债务人为被告提起诉讼，人民法院应予受理；保理人一并起诉应收账款债权人和应收账款债务人的，人民法院可以受理。 应收账款债权人向保理人返还保理融资款本息或者回购应收账款债权后，请求应收账款债务人向其履行应收账款债务的，人民法院应予支持。 《动产和权利担保统一登记决定》 一、自2021年1月1日起，在全国范围内实施动产和权利担保统一登记。 二、纳入动产和权利担保统一登记范围的担保类型包括： …… （五）保理； …… 三、纳入统一登记范围的动产和权利担保，由当事人通过中国人民银行征信中心（以下简称征信中心）动产融资统一登记公示系统自主办理登记，并对登记内容的真实性、完整性和合法性负责。登记机构不对登记内容进行实质审查。
第769条 本章没有规定的，适用本编第六章债权转让的有关规定。	（无）	
第十七章 承揽合同	第十五章 承揽合同	
第770条 承揽合同是承揽人按照定作人的要求完成工作，交付工作成果，定作人**支付**报酬的合同。 承揽包括加工、定作、修理、复制、测试、检验等工作。	第251条 承揽合同是承揽人按照定作人的要求完成工作，交付工作成果，定作人给付报酬的合同。 承揽包括加工、定作、修理、复制、测试、检验等工作。	

《民法典》	《合同法》	相关规范性法律文件
第 771 条 承揽合同的内容一般包括承揽的标的、数量、质量、报酬、承揽方式，材料的提供，履行期限，验收标准和方法等条款。	第 252 条 承揽合同的内容包括承揽的标的、数量、质量、报酬、承揽方式、材料的提供、履行期限、验收标准和方法等条款。	
第 772 条 承揽人应当以自己的设备、技术和劳力，完成主要工作，<u>但是当事人另有约定的除外</u>。 承揽人将其承揽的主要工作交由第三人完成的，应当就该第三人完成的工作成果向定作人负责；未经定作人同意的，定作人也可以解除合同。	第 253 条 承揽人应当以自己的设备、技术和劳力，完成主要工作，但当事人另有约定的除外。 承揽人将其承揽的主要工作交由第三人完成的，应当就该第三人完成的工作成果向定作人负责；未经定作人同意的，定作人也可以解除合同。	
第 773 条 承揽人可以将其承揽的辅助工作交由第三人完成。承揽人将其承揽的辅助工作交由第三人完成的，应当就该第三人完成的工作成果向定作人负责。	第 254 条 同《民法典》第 773 条	
第 774 条 承揽人提供材料的，应当按照约定选用材料，并接受定作人检验。	第 255 条 同《民法典》第 774 条	
第 775 条 定作人提供材料的，应当按照约定提供材料。对定作人提供的材料应当及时检验，发现不符合约定时，应当及时通知定作人更换、补齐或者采取其他补救措施。 承揽人不得擅自更换定作人提供的材料，不得更换不需要修理的零部件。	第 256 条 定作人提供材料的，<u>定作人</u>应当按照约定提供材料。承揽人对定作人提供的材料，应当及时检验，发现不符合约定时，应当及时通知定作人更换、补齐或者采取其他补救措施。 承揽人不得擅自更换定作人提供的材料，不得更换不需要修理的零部件。	
第 776 条 承揽人发现定作人提供的图纸或者技术要求不合理的，应当及时通知定作人。因定作人怠于答复等原因造成承揽人损失的，应当赔偿损失。	第 257 条 同《民法典》第 776 条	
第 777 条 定作人中途变更承揽工作的要求，造成承揽人损失的，应当赔偿损失。	第 258 条 同《民法典》第 777 条	
第 778 条 承揽工作需要定作人协助的，定作人有协助的义务。定作人不履行协助义务致使承揽工作不能完成的，承揽人可以催告定作人在合理期限内履行义务，并可以顺延履行期限；定作人逾期不履行的，承揽人可以解除合同。	第 259 条 同《民法典》第 778 条	
第 779 条 承揽人在工作期间，应当接受定作人必要的监督检验。定作人不得因监督检验妨碍承揽人的正常工作。	第 260 条 同《民法典》第 779 条	

《民法典》	《合同法》	相关规范性法律文件
第780条 承揽人完成工作的,应当向定作人交付工作成果,并提交必要的技术资料和有关质量证明。定作人应当验收该工作成果。	第261条 同《民法典》第780条	
第781条 承揽人交付的工作成果不符合质量要求的,定作人可以**合理选择请求**承揽人承担修理、重作、减少报酬、赔偿损失等违约责任。	第262条 承揽人交付的工作成果不符合质量要求的,定作人可以要求承揽人承担修理、重作、减少报酬、赔偿损失等违约责任。	
第782条 定作人应当按照约定的期限支付报酬。对支付报酬的期限没有约定或者约定不明确,**依据**本法**第五百一十条**的规定仍不能确定的,定作人应当在承揽人交付工作成果时支付;工作成果部分交付的,定作人应当相应支付。	第263条 定作人应当按照约定的期限支付报酬。对支付报酬的期限没有约定或者约定不明确,依照本法第六十一条的规定仍不能确定的,定作人应当在承揽人交付工作成果时支付;工作成果部分交付的,定作人应当相应支付。	
第783条 定作人未向承揽人支付报酬或者材料费等价款的,承揽人对完成的工作成果享有留置权**或者有权拒绝交付**,但**是**当事人另有约定的除外。	第264条 定作人未向承揽人支付报酬或者材料费等价款的,承揽人对完成的工作成果享有留置权,但当事人另有约定的除外。	
第784条 承揽人应当妥善保管定作人提供的材料以及完成的工作成果,因保管不善造成毁损、灭失的,应当承担赔偿责任。	第265条 承揽人应当妥善保管定作人提供的材料以及完成的工作成果,因保管不善造成毁损、灭失的,应当承担**损害**赔偿责任。	
第785条 承揽人应当按照定作人的要求保守秘密,未经定作人许可,不得留存复制品或者技术资料。	第266条 同《民法典》第785条	
第786条 共同承揽人对定作人承担连带责任,但**是**当事人另有约定的除外。	第267条 共同承揽人对定作人承担连带责任,但当事人另有约定的除外。	
第787条 定作人**在承揽人完成工作前**可以随时解除合同,造成承揽人损失的,应当赔偿损失。	第268条 定作人可以随时解除承揽合同,造成承揽人损失的,应当赔偿损失。	
第十八章 建设工程合同	第十六章 建设工程合同	
第788条 建设工程合同是承包人进行工程建设,发包人支付价款的合同。 建设工程合同包括工程勘察、设计、施工合同。	第269条 同《民法典》第788条	
第789条 建设工程合同应当采用书面形式。	第270条 同《民法典》第789条	
第790条 建设工程的招标投标活动,应当依照有关法律的规定公开、公平、公正进行。	第271条 同《民法典》第790条	《建设工程施工合同解释(一)》**第2条** 招标人和中标人另行签订的建设工程施工合同约定的工

《民法典》	《合同法》	相关规范性法律文件
		程范围、建设工期、工程质量、工程价款等实质性内容,与中标合同不一致,一方当事人请求按照中标合同确定权利义务的,人民法院应予支持。 　　招标人和中标人在中标合同之外就明显高于市场价格购买承建房产、无偿建设住房配套设施、让利、向建设单位捐赠财物等另行签订合同,变相降低工程价款,一方当事人以该合同背离中标合同实质性内容为由请求确认无效的,人民法院应予支持。 **《建设工程施工合同解释(一)》第 22 条**　当事人签订的建设工程施工合同与招标文件、投标文件、中标通知书载明的工程范围、建设工期、工程质量、工程价款不一致,一方当事人请求将招标文件、投标文件、中标通知书作为结算工程价款的依据的,人民法院应予支持。 **《建设工程施工合同解释(一)》第 23 条**　发包人将依法不属于必须招标的建设工程进行招标后,与承包人另行订立的建设工程施工合同背离中标合同的实质性内容,当事人请求以中标合同作为结算建设工程价款依据的,人民法院应予支持,但发包人与承包人因客观情况发生了在招标投标时难以预见的变化而另行订立建设工程施工合同的除外。
第 791 条　发包人可以与总包人订立建设工程合同,也可以分别与勘察人、设计人、施工人订立勘察、设计、施工承包合同。发包人不得将应当由一个承包人完成的建设工程**支**解成若干部分发包给**数**个承包人。 　　总承包人或者勘察、设计、施工承包人经发包人同意,可以将自己承包的部分工作交由第三人完成。第三人就其完成的工作成果与总承包人或者勘察、设计、施工承包人向发包人承担连带责任。承包人不得将其承包的全部建设工程转包给第三人或者将其承包的全部建设工程**支**解以后以分包的名义分别转包给第三人。 　　禁止承包人将工程分包给不具备相应资质条件的单位。禁止分包单位将其承包的工程再分包。建设工程主体结构的施工必须由承包人自行完成。	**第 272 条**　发包人可以与总承包人订立建设工程合同,也可以分别与勘察人、设计人、施工人订立勘察、设计、施工承包合同。发包人不得将应当由一个承包人完成的建设工程肢解成若干部分发包给几个承包人。 　　总承包人或者勘察、设计、施工承包人经发包人同意,可以将自己承包的部分工作交由第三人完成。第三人就其完成的工作成果与总承包人或者勘察、设计、施工承包人向发包人承担连带责任。承包人不得将其承包的全部建设工程转包给第三人或者将其承包的全部建设工程肢解以后以分包的名义分别转包给第三人。 　　禁止承包人将工程分包给不具备相应资质条件的单位。禁止分包单位将其承包的工程再分包。建设工程主体结构的施工必须由承包人自行完成。	**《建设工程施工合同解释(一)》第 1 条**　建设工程施工合同具有下列情形之一的,应当依据民法典第一百五十三条第一款的规定,认定无效: 　　(一)承包人未取得建筑业企业资质或者超越资质等级的; 　　(二)没有资质的实际施工人借用有资质的建筑施工企业名义的; 　　(三)建设工程必须进行招标而未招标或者中标无效的。 　　承包人因转包、违法分包建设工程与他人签订的建设工程施工合同,应当依据民法典第一百五十三条第一款及第七百九十一条第二款、第三款的规定,认定无效。 **《建设工程施工合同解释(一)》第 7 条**　缺乏资质的单位或者个人借用有资质的建筑施工企业名义签订建设工程施工合同,发包

《民法典》	《合同法》	相关规范性法律文件
		人请求出借方与借用方对建设工程质量不合格等因出借资质造成的损失承担连带赔偿责任的,人民法院应予支持。 《建设工程施工合同解释(一)》**第 43 条** 实际施工人以转包人、违法分包人为被告起诉的,人民法院应当依法受理。 　　实际施工人以发包人为被告主张权利的,人民法院应当追加转包人或者违法分包人为本案第三人,在查明发包人欠付转包人或者违法分包人建设工程价款的数额后,判决发包人在欠付建设工程价款范围内对实际施工人承担责任。 《建设工程施工合同解释(一)》**第 44 条** 实际施工人依据民法典第五百三十五条规定,以转包人或者违法分包人怠于向发包人行使到期债权或者与该债权有关的从权利,影响其到期债权实现,提起代位权诉讼的,人民法院应予支持。
第 792 条 国家重大建设工程合同,应当按照国家规定的程序和国家批准的投资计划、可行性研究报告等文件订立。	**第 273 条** 同《民法典》第 792 条	
第 793 条 建设工程施工合同无效,但是建设工程经验收合格的,可以参照合同关于工程价款的约定折价补偿承包人。 　　建设工程施工合同无效,且建设工程经验收不合格的,按照以下情形处理: 　　(一)修复后的建设工程经验收合格的,发包人可以请求承包人承担修复费用; 　　(二)修复后的建设工程经验收不合格的,承包人无权请求参照合同关于工程价款的约定折价补偿。 　　发包人对因建设工程不合格造成的损失有过错的,应当承担相应的责任。	(无)	《建设工程施工合同解释(一)》**第 2 条** 当事人就同一建设工程订立的数份建设工程施工合同均无效,但建设工程质量合格,一方当事人请求参照实际履行的合同关于工程价款的约定折价补偿承包人的,人民法院应予支持。 　　实际履行的合同难以确定,当事人请求参照最后签订的合同关于工程价款的约定折价补偿承包人的,人民法院应予支持。 《建设工程施工合同解释(一)》**第 3 条** 当事人以发包人未取得建设工程规划许可证等规划审批手续为由,请求确认建设工程施工合同无效的,人民法院应予支持,但发包人在起诉前取得建设工程规划许可证等规划审批手续的除外。 　　发包人能够办理审批手续而未办理,并以未办理审批手续为由请求确认建设工程施工合同无效的,人民法院不予支持。

《民法典》	《合同法》	相关规范性法律文件
		《建设工程施工合同解释(一)》**第4条** 承包人超越资质等级许可的业务范围签订建设工程施工合同,在建设工程竣工前取得相应资质等级,当事人请求按照无效合同处理的,人民法院不予支持。 《建设工程施工合同解释(一)》**第5条** 具有劳务作业法定资质的承包人与总承包人、分包人签订的劳务分包合同,当事人请求确认无效的,人民法院依法不予支持。 《建设工程施工合同解释(一)》**第6条** 建设工程施工合同无效,一方当事人请求对方赔偿损失的,应当就对方过错、损失大小、过错与损失之间的因果关系承担举证责任。 损失大小无法确定,一方当事人请求参照合同约定的质量标准、建设工期、工程价款支付时间等内容确定损失大小的,人民法院可以结合双方过错程度、过错与损失之间的因果关系等因素作出裁判。
第794条 勘察、设计合同的内容**一般**包括提交有关基础资料和**概预算等文件**的期限、质量要求、费用以及其他协作条件等条款。	**第274条** 勘察、设计合同的内容包括提交有关基础资料和文件(包括概预算)的期限、质量要求、费用以及其他协作条件等条款。	
第795条 施工合同的内容**一般**包括工程范围、建设工期、中间交工工程的开工和竣工时间、工程质量、工程造价、技术资料交付时间、材料和设备供应责任、拨款和结算、竣工验收、质量保修范围和质量保证期、相互协作等条款。	**第275条** 施工合同的内容包括工程范围、建设工期、中间交工工程的开工和竣工时间、工程质量、工程造价、技术资料交付时间、材料和设备供应责任、拨款和结算、竣工验收、质量保修范围和质量保证期、**双方相互协作**等条款。	《建设工程施工合同解释(一)》**第8条** 当事人对建设工程开工日期有争议的,人民法院应当分别按照以下情形予以认定: (一)开工日期为发包人或者监理人发出的开工通知载明的开工日期;开工通知发出后,尚不具备开工条件的,以开工条件具备的时间为开工日期;因承包人原因导致开工时间推迟的,以开工通知载明的时间为开工日期。 (二)承包人经发包人同意已经实际进场施工的,以实际进场施工时间为开工日期。 (三)发包人或者监理人未发出开工通知,亦无相关证据证明实际开工日期的,应当综合考虑开工报告、合同、施工许可证、竣工验收报告或者竣工验收备案表等载明的时间,并结合是否具备开工条件的事实,认定开工日期。

《民法典》	《合同法》	相关规范性法律文件
第796条 建设工程实行监理的,发包人应当与监理人采用书面形式订立委托监理合同。发包人与监理人的权利和义务以及法律责任,应当依照本编委托合同以及其他有关法律、行政法规的规定。	第276条 建设工程实行监理的,发包人应当与监理人采用书面形式订立委托监理合同。发包人与监理人的权利和义务以及法律责任,应当依照本法委托合同以及其他有关法律、行政法规的规定。	
第797条 发包人在不妨碍承包人正常作业的情况下,可以随时对作业进度、质量进行检查。	第277条 同《民法典》第797条	《建设工程施工合同解释(一)》第11条 建设工程竣工前,当事人对工程质量发生争议,工程质量经鉴定合格的,鉴定期间为顺延工期期间。
第798条 隐蔽工程在隐蔽以前,承包人应当通知发包人检查。发包人没有及时检查的,承包人可以顺延工程日期,并有权**请求**赔偿停工、窝工等损失。	第278条 隐蔽工程在隐蔽以前,承包人应当通知发包人检查。发包人没有及时检查的,承包人可以顺延工程日期,并有权要求赔偿停工、窝工等损失。	《建设工程施工合同解释(一)》第10条 当事人约定顺延工期应当经发包人或者监理人签证等方式确认,承包人虽未取得工期顺延的确认,但能够证明在合同约定的期限内向发包人或者监理人申请过工期顺延且顺延事由符合合同约定,承包人以此为由主张工期顺延的,人民法院应予支持。 当事人约定承包人未在约定期限内提出工期顺延申请视为工期不顺延的,按照约定处理,但发包人在约定期限后同意工期顺延或者承包人提出合理抗辩的除外。
第799条 建设工程竣工后,发包人应当根据施工图纸及说明书、国家颁发的施工验收规范和质量检验标准及时进行验收。验收合格的,发包人应当按照约定支付价款,并接收该建设工程。 建设工程竣工经验收合格后,方可交付使用;未经验收或者验收不合格的,不得交付使用。	第279条 建设工程竣工后,发包人应当根据施工图纸及说明书、国家颁发的施工验收规范和质量检验标准及时进行验收。验收合格的,发包人应当按照约定支付价款,并接收该建设工程。 建设工程竣工经验收合格后,方可交付使用;未经验收或者验收不合格的,不得交付使用。	《建设工程施工合同解释(一)》第9条 当事人对建设工程实际竣工日期有争议的,人民法院应当分别按照以下情形予以认定: (一)建设工程经竣工验收合格的,以竣工验收合格之日为竣工日期; (二)承包人已经提交竣工验收报告,发包人拖延验收的,以承包人提交验收报告之日为竣工日期; (三)建设工程未经竣工验收,发包人擅自使用的,以转移占有建设工程之日为竣工日期。 《建设工程施工合同解释(一)》第14条 建设工程未经竣工验收,发包人擅自使用后,又以使用部分质量不符合约定为由主张权利的,人民法院不予支持;但是承包人应当在建设工程的合理使用寿命内对地基基础工程和主体结构质量承担民事责任。

《民法典》	《合同法》	相关规范性法律文件
第800条 勘察、设计的质量不符合要求或者未按照期限提交勘察、设计文件拖延工期，造成发包人损失的，勘察人、设计人应当继续完成勘察、设计，减收或者免收勘察、设计费并赔偿损失。	**第280条** 同《民法典》第800条	
第801条 因施工人的原因致使建设工程质量不符合约定的，发包人有权**请求**施工人在合理期限内无偿修理或者返工、改建。经过修理或者返工、改建后，造成逾期交付的，施工人应当承担违约责任。	**第281条** 因施工人的原因致使建设工程质量不符合约定的，发包人有权要求施工人在合理期限内无偿修理或者返工、改建。经过修理或者返工、改建后，造成逾期交付的，施工人应当承担违约责任。	《建设工程施工合同解释（一）》**第12条** 因承包人的原因造成建设工程质量不符合约定，承包人拒绝修理、返工或者改建，发包人请求减少支付工程价款的，人民法院应予支持。 《建设工程施工合同解释（一）》**第13条** 发包人具有下列情形之一，造成建设工程质量缺陷，应当承担过错责任： （一）提供的设计有缺陷； （二）提供或者指定购买的建筑材料、建筑构配件、设备不符合强制性标准； （三）直接指定分包人分包专业工程。 承包人有过错的，也应当承担相应的过错责任。 《建设工程施工合同解释（一）》**第15条** 因建设工程质量发生争议的，发包人可以以总承包人、分包人和实际施工人为共同被告提起诉讼。
第802条 因承包人的原因致使建设工程在合理使用期限内造成人身**损害**和财产**损失**的，承包人应当承担赔偿责任。	**第282条** 因承包人的原因致使建设工程在合理使用期限内造成人身和财产损害的，承包人应当承担**损害**赔偿责任。	《建设工程施工合同解释（一）》**第18条** 因保修人未及时履行保修义务，导致建筑物毁损或者造成人身损害、财产损失的，保修人应当承担赔偿责任。 保修人与建筑物所有人或者发包人对建筑物毁损均有过错的，各自承担相应的责任。
第803条 发包人未按照约定的时间和要求提供原材料、设备、场地、资金、技术资料的，承包人可以顺延工程日期，并有权**请求**赔偿停工、窝工等损失。	**第283条** 发包人未按照约定的时间和要求提供原材料、设备、场地、资金、技术资料的，承包人可以顺延工程日期，并有权要求赔偿停工、窝工等损失。	
第804条 因发包人的原因致使工程中途停建、缓建的，发包人应当采取措施弥补或者减少损失，赔偿承包人因此造成的停工、窝工、倒运、机械设备调迁、材料和构件积压等损失和实际费用。	**第284条** 同《民法典》第804条	

《民法典》	《合同法》	相关规范性法律文件
第 805 条 因发包人变更计划,提供的资料不准确,或者未按照期限提供必需的勘察、设计工作条件而造成勘察、设计的返工、停工或者修改设计,发包人应当按照勘察人、设计人实际消耗的工作量增付费用。	**第 285 条** 同《民法典》第 805 条	
第 806 条 承包人将建设工程转包、违法分包的,发包人可以解除合同。 发包人提供的主要建筑材料、建筑构配件和设备不符合强制性标准或者不履行协助义务,致使承包人无法施工,经催告后在合理期限内仍未履行相应义务的,承包人可以解除合同。 合同解除后,已经完成的建设工程质量合格的,发包人应当按照约定支付相应的工程价款;已经完成的建设工程质量不合格的,参照本法第七百九十三条的规定处理。	(无)	
第 807 条 发包人未按照约定支付价款的,承包人可以催告发包人在合理期限内支付价款。发包人逾期不支付的,除**根据**建设工程的性质不宜折价、拍卖外,承包人可以与发包人协议将该工程折价,也可以**请求**人民法院将该工程依法拍卖。建设工程的价款就该工程折价或者拍卖的价款优先受偿。	**第 286 条** 发包人未按照约定支付价款的,承包人可以催告发包人在合理期限内支付价款。发包人逾期不支付的,除按照建设工程的性质不宜折价、拍卖**的以外**,承包人可以与发包人协议将该工程折价,也可以申请人民法院将该工程依法拍卖。建设工程的价款就该工程折价或者拍卖的价款优先受偿。	《建设工程施工合同解释(一)》**第 25 条** 当事人对垫资和垫资利息有约定,承包人请求按照约定返还垫资及其利息的,人民法院应予支持,但是约定的利息计算标准高于垫资时的同类贷款利率或者同期贷款市场报价利率的部分除外。 当事人对垫资没有约定的,按照工程欠款处理。 当事人对垫资利息没有约定,承包人请求支付利息的,人民法院不予支持。 《建设工程施工合同解释(一)》**第 26 条** 当事人对欠付工程价款利息计付标准有约定的,按照约定处理。没有约定的,按照同期同类贷款利率或者同期贷款市场报价利率计息。 《建设工程施工合同解释(一)》**第 27 条** 利息从应付工程价款之日开始计付。当事人对付款时间没有约定或者约定不明的,下列时间视为应付款时间: (一)建设工程已实际交付的,为交付之日; (二)建设工程没有交付的,为提交竣工结算文件之日; (三)建设工程未交付,工程价款也未结算的,为当事人起诉之日。

《民法典》	《合同法》	相关规范性法律文件
		《建设工程施工合同解释(一)》第35条 与发包人订立建设工程施工合同的承包人,依据民法典第八百零七条的规定请求其承建工程的价款就工程折价或者拍卖的价款优先受偿的,人民法院应予支持。
《建设工程施工合同解释(一)》第36条 承包人根据民法典第八百零七条规定享有的建设工程价款优先受偿权优于抵押权和其他债权。
《建设工程施工合同解释(一)》第37条 装饰装修工程具备折价或者拍卖条件,装饰装修工程的承包人请求工程价款就该装饰装修工程折价或者拍卖的价款优先受偿的,人民法院应予支持。
《建设工程施工合同解释(一)》第38条 建设工程质量合格,承包人请求其承建工程的价款就工程折价或者拍卖的价款优先受偿的,人民法院应予支持。
《建设工程施工合同解释(一)》第39条 未竣工的建设工程质量合格,承包人请求其承建工程的价款就其承建工程部分折价或者拍卖的价款优先受偿的,人民法院应予支持。
《建设工程施工合同解释(一)》第40条 承包人建设工程价款优先受偿的范围依照国务院有关行政主管部门关于建设工程价款范围的规定确定。
承包人就逾期支付建设工程价款的利息、违约金、损害赔偿金等主张优先受偿的,人民法院不予支持。
《建设工程施工合同解释(一)》第41条 承包人应当在合理期限内行使建设工程价款优先受偿权,但最长不得超过十八个月,自发包人应当给付建设工程价款之日起算。
《建设工程施工合同解释(一)》第42条 发包人与承包人约定放弃或者限制建设工程价款优先受偿权,损害建筑工人利益,发包人根据该约定主张承包人不享有建设工程价款优先受偿权的,人民法院不予支持。
第808条 本章没有规定的,适用承揽合同的有关规定。	第287条
同《民法典》第808条	

《民法典》	《合同法》	相关规范性法律文件
第十九章　运输合同	第十七章　运输合同	
第一节　一般规定	第一节　一般规定	
第 809 条　运输合同是承运人将旅客或者货物从起运地点运输到约定地点，旅客、托运人或者收货人支付票款或者运输费用的合同。	**第 288 条** 同《民法典》第 809 条	**《铁路法》第 11 条**　铁路运输合同是明确铁路运输企业与旅客、托运人之间权利和义务关系的协议。 　　旅客车票、行李票、包裹票和货物运单是合同或者合同的组成部分。
第 810 条　从事公共运输的承运人不得拒绝旅客、托运人通常、合理的运输要求。	**第 289 条** 同《民法典》第 810 条	
第 811 条　承运人应当在约定**期限**或者合理**期限**内将旅客、货物安全运输到约定地点。	**第 290 条**　承运人应当在约定期间或者合理期间内将旅客、货物安全运输到约定地点。	
第 812 条　承运人应当按照约定的或者通常的运输路线将旅客、货物运输到约定地点。	**第 291 条** 同《民法典》第 812 条	
第 813 条　旅客、托运人或者收货人应当支付票款或者运输费用。承运人未按约定路线或者通常路线运输增加票款或者运输费用的，旅客、托运人或者收货人可以拒绝支付增加部分的票款或者运输费用。	**第 292 条** 同《民法典》第 813 条	
第二节　客运合同	第二节　客运合同	
第 814 条　客运合同自承运人向旅客**出具**客票时成立，但是当事人另有约定或者另有交易习惯的除外。	**第 293 条**　客运合同自承运人向旅客交付客票时成立，但当事人另有约定或者另有交易习惯的除外。	**《航空法》第 109 条**　承运人送旅客，应当出具客票。旅客乘坐民用航空器，应当交验有效客票。 　　**《航空法》第 111 条第 2 款**　旅客未能出示客票、客票不符合规定或者客票遗失，不影响运输合同的存在或者有效。 　　**《合同编通则解释》第 2 条**　下列情形，不违反法律、行政法规的强制性规定且不违背公序良俗的，人民法院可以认定为民法典所称的"交易习惯"： 　　（一）当事人之间在交易活动中的惯常做法； 　　（二）在交易行为当地或者某一领域、某一行业通常采用并为交易对方订立合同时所知道或者应当知道的做法。 　　对于交易习惯，由提出主张的当事人一方承担举证责任。

《民法典》	《合同法》	相关规范性法律文件
第815条　旅客应当按照有效客票记载的时间、班次和座位号乘坐。旅客无票乘坐、超程乘坐、越级乘坐或者持不符合减价条件的优惠客票乘坐的，应当补交票款，承运人可以按照规定加收票款；旅客不支付票款的，承运人可以拒绝运输。 实名制客运合同的旅客丢失客票的，可以请求承运人挂失补办，承运人不得再次收取票款和其他不合理费用。	第294条　旅客应当持有效客票乘运。旅客无票乘运、超程乘运、越级乘运或者持失效客票乘运的，应当补交票款，承运人可以按照规定加收票款。旅客不交付票款的，承运人可以拒绝运输。	《航空法》第109条　承运人运送旅客，应当出具客票。旅客乘坐民用航空器，应当交验有效客票。 《铁路法》第14条　旅客乘车应当持有效车票。对无票乘车或者持失效车票乘车的，应当补收票款，并按照规定加收票款；拒不交付的，铁路运输企业可以责令下车。
第816条　旅客因自己的原因不能按照客票记载的时间乘坐的，应当在约定的期限内办理退票或者变更手续；逾期办理的，承运人可以不退票款，并不再承担运输义务。	第295条　旅客因自己的原因不能按照客票记载的时间乘坐的，应当在约定的时间内办理退票或者变更手续。逾期办理的，承运人可以不退票款，并不再承担运输义务。	
第817条　旅客随身携带行李应当符合约定的限量和品类要求；超过限量或者违反品类要求携带行李的，应当办理托运手续。	第296条　旅客在运输中应当按照约定的限量携带行李。超过限量携带行李的，应当办理托运手续。	
第818条　旅客不得随身携带或者在行李中夹带易燃、易爆、有毒、有腐蚀性、有放射性以及可能危及运输工具上人身和财产安全的危险物品或者违禁物品。 旅客违反前款规定的，承运人可以将危险物品或者违禁物品卸下、销毁或者送交有关部门。旅客坚持携带或者夹带危险物品或者违禁物品的，承运人应当拒绝运输。	第297条　旅客不得随身携带或者在行李中夹带易燃、易爆、有毒、有腐蚀性、有放射性以及有可能危及运输工具上人身和财产安全的危险物品或者其他违禁物品。 旅客违反前款规定的，承运人可以将违禁物品卸下、销毁或者送交有关部门。旅客坚持携带或者夹带违禁物品的，承运人应当拒绝运输。	
第819条　承运人应当严格履行安全运输义务，及时告知旅客安全运输应当注意的事项。旅客对承运人为安全运输所作的合理安排应当积极协助和配合。	第298条　承运人应当向旅客及时告知有关不能正常运输的重要事由和安全运输应当注意的事项。	
第820条　承运人应当按照有效客票记载的时间、班次和座位号运输旅客。承运人迟延运输或者有其他不能正常运输情形的，应当及时告知和提醒旅客，采取必要的安置措施，并根据旅客的要求安排改乘其他班次或者退票；由此造成旅客损失的，承运人应当承担赔偿责任，但是不可归责于承运人的除外。	第299条　承运人应当按照客票载明的时间和班次运输旅客。承运人迟延运输的，应当根据旅客的要求安排改乘其他班次或者退票。	《铁路法》第12条　铁路运输企业应当保证旅客按车票载明的日期、车次乘车，并到达目的站。因铁路运输企业的责任造成旅客不能按车票载明的日期、车次乘车的，铁路运输企业应当按照旅客的要求，退还全部票款或者安排改乘到达相同目的站的其他列车。

《民法典》	《合同法》	相关规范性法律文件
第821条 承运人擅自降低服务标准的,应当根据旅客的请求退票或者减收票款;提高服务标准的,不得加收票款。	第300条 承运人擅自变更运输工具而降低服务标准的,应当根据旅客的要求退票或者减收票款;提高服务标准的,不应当加收票款。	
第822条 承运人在运输过程中,应当尽力救助患有急病、分娩、遇险的旅客。	第301条 同《民法典》第822条	
第823条 承运人应当对运输过程中旅客的伤亡承担赔偿责任;但是,伤亡是旅客自身健康原因造成的或者承运人证明伤亡是旅客故意、重大过失造成的除外。 前款规定适用于按照规定免票、持优待票或者经承运人许可搭乘的无票旅客。	第302条 承运人应当对运输过程中旅客的伤亡承担损害赔偿责任,但伤亡是旅客自身健康原因造成的或者承运人证明伤亡是旅客故意、重大过失造成的除外。 前款规定适用于按照规定免票、持优待票或者经承运人许可搭乘的无票旅客。	《航空法》第124条 因发生在民用航空器上或者在旅客上、下民用航空器过程中的事件,造成旅客人身伤亡的,承运人应当承担责任;但是,旅客的人身伤亡完全是由于旅客本人的健康状况造成的,承运人不承担责任。 《铁路运输人身损害赔偿解释》第12条 铁路旅客运送期间发生旅客人身损害,赔偿权利人要求铁路运输企业承担违约责任的,人民法院应当依照民法典第八百一十一条、第八百二十二条、第八百二十三条等规定,确定铁路运输企业是否承担责任及责任的大小;赔偿权利人要求铁路运输企业承担侵权赔偿责任的,人民法院应当依照有关侵权责任的法律规定,确定铁路运输企业是否承担赔偿责任及责任的大小。
第824条 在运输过程中旅客随身携带物品毁损、灭失,承运人有过错的,应当承担赔偿责任。 旅客托运的行李毁损、灭失的,适用货物运输的有关规定。	第303条 在运输过程中旅客自带物品毁损、灭失,承运人有过错的,应当承担损害赔偿责任。 旅客托运的行李毁损、灭失的,适用货物运输的有关规定。	《航空法》第125条 因发生在民用航空器上或者在旅客上、下民用航空器过程中的事件,造成旅客随身携带物品毁灭、遗失或者损坏的,承运人应当承担责任。 因发生在航空运输期间的事件,造成旅客的托运行李毁灭、遗失或者损坏的,承运人应当承担责任。 旅客随身携带物品或者托运行李的毁灭、遗失或者损坏完全是由于行李本身的自然属性、质量或者缺陷造成的,承运人不承担责任。 本章所称行李,包括托运行李和旅客随身携带的物品。 因发生在航空运输期间的事件,造成货物毁灭、遗失或者损坏的,承运人应当承担责任;但是,承运人证明货物的毁灭、遗失或者损坏完全是由于下列原因之一造成的,不承担责任:

《民法典》	《合同法》	相关规范性法律文件
		（一）货物本身的自然属性、质量或者缺陷； （二）承运人或其受雇人、代理人以外的人包装货物的，货物包装不良； （三）战争或者武装冲突； （四）政府有关部门实施的与货物入境、出境或者过境有关的行为。 本条所称航空运输期间，是指在机场内、民用航空器上或者机场外降落的任何地点，托运行李、货物处于承运人掌管之下的全部期间。 航空运输期间，不包括机场外的任何陆路运输、海上运输、内河运输过程；但是，此种陆路运输、海上运输、内河运输是为了履行航空运输合同而装载、交付或者转运，在没有相反证据的情况下，所发生的损失视为在航空运输期间发生的损失。
第三节　货运合同	第三节　货运合同	
第825条　托运人办理货物运输，应当向承运人准确表明收货人的**姓名**、**名称**或者凭指示的收货人，货物的名称、性质、重量、数量、收货地点等有关货物运输的必要情况。 因托运人申报不实或者遗漏重要情况，造成承运人损失的，托运人应当承担赔偿责任。	**第304条**　托运人办理货物运输，应当向承运人准确表明收货人的名称或者姓名或者凭指示的收货人，货物的名称、性质、重量、数量、收货地点等有关货物运输的必要情况。 因托运人申报不实或者遗漏重要情况，造成承运人损失的，托运人应当承担**损害**赔偿责任。	《铁路法》第19条　托运人应当如实填报托运单，铁路运输企业有权对填报的货物和包裹的品名、重量、数量进行检查。经检查，申报与实际不符的，检查费用由托运人承担；申报与实际相符的，检查费用由铁路运输企业承担，因检查对货物和包裹中的物品造成的损坏由铁路运输企业赔偿。 托运人因申报不实而少交的运费和其他费用应当补交，铁路运输企业按照国务院铁路主管部门的规定加收运费和其他费用。
第826条　货物运输需要办理审批、检验等手续的，托运人应当将办理完有关手续的文件提交承运人。	**第305条** 同《民法典》第826条	
第827条　托运人应当按照约定的方式包装货物。对包装方式没有约定或者约定不明确的，适用本**法第六百一十九条**的规定。 托运人违反前款规定的，承运人可以拒绝运输。	**第306条**　托运人应当按照约定的方式包装货物。对包装方式没有约定或者约定不明确的，适用本法第一百五十六条的规定。 托运人违反前款规定的，承运人可以拒绝运输。	《铁路法》第20条　托运货物需要包装的，托运人应当按照国家包装标准或者行业包装标准包装；没有国家包装标准或者行业包装标准的，应当妥善包装，使货物在运输途中不因包装原因而受损坏。

《民法典》	《合同法》	相关规范性法律文件
		铁路运输企业对承运的容易腐烂变质的货物和活动物,应当按照国务院铁路主管部门的规定和合同的约定,采取有效的保护措施。
第828条 托运人托运易燃、易爆、有毒、有腐蚀性、有放射性等危险物品的,应当按照国家有关危险物品运输的规定对危险物品妥善包装,做出危险**物品**标志和标签,并将有关危险物品的名称、性质和防范措施的书面材料提交承运人。 托运人违反前款规定的,承运人可以拒绝运输,也可以采取相应措施以避免损失的发生,因此产生的费用由托运人**负担**。	第307条 托运人托运易燃、易爆、有毒、有腐蚀性、有放射性等危险物品的,应当按照国家有关危险物品运输的规定对危险物品妥善包装,作出危险物标志和标签,并将有关危险物品的名称、性质和防范措施的书面材料提交承运人。 托运人违反前款规定的,承运人可以拒绝运输,也可以采取相应措施以避免损失的发生,因此产生的费用由托运人承担。	
第829条 在承运人将货物交付收货人之前,托运人可以要求承运人中止运输、返还货物、变更到达地或者将货物交给其他收货人,**但是**应当赔偿承运人因此受到的损失。	第308条 在承运人将货物交付收货人之前,托运人可以要求承运人中止运输、返还货物、变更到达地或者将货物交给其他收货人,但应当赔偿承运人因此受到的损失。	
第830条 货物运输到达后,承运人知道收货人的,应当及时通知收货人,收货人应当及时提货。收货人逾期提货的,应当向承运人支付保管费等费用。	第309条 同《民法典》第830条	《铁路法》第21条 货物、包裹、行李到站后,收货人或者旅客应当按照国务院铁路主管部门规定的期限及时领取,并支付托运人未付或者少付的运费和其他费用;逾期领取的,收货人或者旅客应当按照规定交付保管费。
第831条 收货人提货时应当按照约定的期限检验货物。对检验货物的期限没有约定或者约定不明确,**依据**本法**第五百一十条**的规定仍不能确定的,应当在合理期限内检验货物。收货人在约定的期限或者合理期限内对货物的数量、毁损等未提出异议的,视为承运人已经按照运输单证的记载交付的初步证据。	第310条 收货人提货时应当按照约定的期限检验货物。对检验货物的期限没有约定或者约定不明确,依照本法第六十一条的规定仍不能确定的,应当在合理期限内检验货物。收货人在约定的期限或者合理期限内对货物的数量、毁损等未提出异议的,视为承运人已经按照运输单证的记载交付的初步证据。	
第832条 承运人对运输过程中货物的毁损、灭失承担赔偿责任。但**是**,承运人证明货物的毁损、灭失是因不可抗力、货物本身的自然性质或者合理损耗以及托运人、收货人的过错造成的,不承担赔偿责任。	第311条 承运人对运输过程中货物的毁损、灭失承担**损害**赔偿责任,但承运人证明货物的毁损、灭失是因不可抗力、货物本身的自然性质或者合理损耗以及托运人、收货人的过错造成的,不承担**损害**赔偿责任。	《铁路法》第18条 由于下列原因造成的货物、包裹、行李损失的,铁路运输企业不承担赔偿责任: (一)不可抗力; (二)货物或者包裹、行李中的物品本身的自然属性,或者合理损耗; (三)托运人、收货人或者旅客的过错。

《民法典》	《合同法》	相关规范性法律文件
		《航空法》第125条 因发生在民用航空器上或者在旅客上、下民用航空器过程中的事件,造成旅客随身携带物品毁灭、遗失或者损坏的,承运人应当承担责任。因发生在航空运输期间的事件,造成旅客的托运行李毁灭、遗失或者损坏的,承运人应当承担责任。 旅客随身携带物品或者托运行李的毁灭、遗失或者损坏完全是由于行李本身的自然属性、质量或者缺陷造成的,承运人不承担责任。 本章所称行李,包括托运行李和旅客随身携带的物品。 因发生在航空运输期间的事件,造成货物毁灭、遗失或者损坏的,承运人应当承担责任;但是,承运人证明货物的毁灭、遗失或者损坏完全是由于下列原因之一造成的,不承担责任: (一)货物本身的自然属性、质量或者缺陷; (二)承运人或者其受雇人、代理人以外的人包装货物的,货物包装不良; (三)战争或者武装冲突; (四)政府有关部门实施的与货物入境、出境或者过境有关的行为。 本条所称航空运输期间,是指在机场内、民用航空器上或者机场外降落的任何地点,托运行李、货物处于承运人掌管之下的全部期间。 航空运输期间,不包括机场外的任何陆路运输、海上运输、内河运输过程;但是,此种陆路运输、海上运输、内河运输是为了履行航空运输合同而装载、交付或者转运,在没有相反证据的情况下,所发生的损失视为在航空运输期间发生的损失。
第833条 货物的毁损、灭失的赔偿额,当事人有约定的,按照其约定;没有约定或者约定不明确,**依据**本法第五百一十条的规定仍不能确定的,按照交付或者应当交付时货物到达地的市场价格计算。法律、行政法规对赔偿额的计算方法和赔偿限额另有规定的,依照其规定。	第312条 货物的毁损、灭失的赔偿额,当事人有约定的,按照其约定;没有约定或者约定不明确,依照本法第六十一条的规定仍不能确定的,按照交付或者应当交付时货物到达地的市场价格计算。法律、行政法规对赔偿额的计算方法和赔偿限额另有规定的,依照其规定。	《铁路法》第17条 铁路运输企业应当对承运的货物、包裹、行李自接受承运时起到交付时止发生的灭失、短少、变质、污染或者损坏,承担赔偿责任: (一)托运人或者旅客根据自愿申请办理保价运输的,按照实际损失赔偿,但最高不超过保价额。 (二)未按保价运输承运的,按

《民法典》	《合同法》	相关规范性法律文件
		照实际损失赔偿,但最高不超过国务院铁路主管部门规定的赔偿限额;如果损失是由于铁路运输企业的故意或者重大过失造成的,不适用赔偿限额的规定,按照实际损失赔偿。 托运人或者旅客根据自愿可以向保险公司办理货物运输保险,保险公司按照保险合同的约定承担赔偿责任。 托运人或者旅客根据自愿,可以办理保价运输,也可以办理货物运输保险;还可以既不办理保价运输,也不办理货物运输保险。不得以任何方式强迫办理保价运输或者货物运输保险。
第834条 两个以上承运人以同一运输方式联运的,与托运人订立合同的承运人应当对全程运输承担责任;损失发生在某一运输区段的,与托运人订立合同的承运人和该区段的承运人承担连带责任。	**第313条** 同《民法典》第834条	
第835条 货物在运输过程中因不可抗力灭失,未收取运费的,承运人不得**请求**支付运费;已**经**收取运费的,托运人可以**请求**返还。**法律另有规定的,依照其规定。**	**第314条** 货物在运输过程中因不可抗力灭失,未收取运费的,承运人不得要求支付运费;已收取运费的,托运人可以要求返还。	
第836条 托运人或者收货人不支付运费、保管费**或者**其他费用的,承运人对相应的运输货物享有留置权,**但是**当事人另有约定的除外。	**第315条** 托运人或者收货人不支付运费、保管费以及其他运输费用的,承运人对相应的运输货物享有留置权,但当事人另有约定的除外。	
第837条 收货人不明或者收货人无正当理由拒绝受领货物的,承运人**依法**可以提存货物。	**第316条** 收货人不明或者收货人无正当理由拒绝受领货物的,**依照本法第一百零一条的规定**,承运人可以提存货物。	《铁路法》**第22条** 自铁路运输企业发出领取货物通知之日起满三十日仍无人领取的货物,或者收货人书面通知铁路运输企业拒绝领取的货物,铁路运输企业应当通知托运人,托运人自接到通知之日起满三十日未作答复的,由铁路运输企业变卖;所得价款在扣除保管等费用后尚有余款的,应当退还托运人,无法退还、自变卖之日起一百八十日内托运人又未领回的,上缴国库。 自铁路运输企业发出领取通知之日起满九十日仍无人领取的包裹或者到站后满九十日仍无人领取的行李,铁路运输企业应当公

《民法典》	《合同法》	相关规范性法律文件
		告,公告满九十日仍无人领取的,可以变卖;所得价款在扣除保管等费用后尚有余款的,托运人、收货人或者旅客可以自变卖之日起一百八十日内领回,逾期不领回的,上缴国库。 对危险物品和规定限制运输的物品,应当移交公安机关或者有关部门处理,不得自行变卖。 对不宜长期保存的物品,可以按照国务院铁路主管部门的规定缩短处理期限。
第四节 多式联运合同	第四节 多式联运合同	
第838条 多式联运经营人负责履行或者组织履行多式联运合同,对全程运输享有承运人的权利,承担承运人的义务。	**第317条** 同《民法典》第838条	
第839条 多式联运经营人可以与参加多式联运的各区段承运人就多式联运合同的各区段运输约定相互之间的责任;**但是**,该约定不影响多式联运经营人对全程运输承担的义务。	**第318条** 多式联运经营人可以与参加多式联运的各区段承运人就多式联运合同的各区段运输约定相互之间的责任,但该约定不影响多式联运经营人对全程运输承担的义务。	
第840条 多式联运经营人收到托运人交付的货物时,应当签发多式联运单据。按照托运人的要求,多式联运单据可以是可转让单据,也可以是不可转让单据。	**第319条** 同《民法典》第840条	
第841条 因托运人托运货物时的过错造成多式联运经营人损失的,即使托运人已经转让多式联运单据,托运人仍然应当承担赔偿责任。	**第320条** 因托运人托运货物时的过错造成多式联运经营人损失的,即使托运人已经转让多式联运单据,托运人仍然应当承担**损害**赔偿责任。	
第842条 货物的毁损、灭失发生于多式联运的某一运输区段的,多式联运经营人的赔偿责任和责任限额,适用调整该区段运输方式的有关法律规定;货物毁损、灭失发生的运输区段不能确定的,依照本章规定承担赔偿责任。	**第321条** 货物的毁损、灭失发生于多式联运的某一运输区段的,多式联运经营人的赔偿责任和责任限额,适用调整该区段运输方式的有关法律规定。货物毁损、灭失发生的运输区段不能确定的,依照本章规定承担**损害**赔偿责任。	
第二十章 技术合同	第十八章 技术合同	
第一节 一般规定	第一节 一般规定	
第843条 技术合同是当事人就技术开发、转让、**许可**、咨询或者服务订立的确立相互之间权利和义务的合同。	**第322条** 技术合同是当事人就技术开发、转让、咨询或者服务订立的确立相互之间权利和义务的合同。	《技术合同解释》**第42条** 当事人将技术合同和其他合同内容或者将不同类型的技术合同内容订立在一个合同中的,应当根据当事人争议的权利义务内容,确定案件的性质和案由。

《民法典》	《合同法》	相关规范性法律文件
		技术合同名称与约定的权利义务关系不一致的,应当按照约定的权利义务内容,确定合同的类型和案由。 技术转让合同或者技术许可合同中约定让与人或许可人负责包销或者回购受让人、被许可人实施合同标的技术制造的产品,仅因让与人或许可人不履行或者不能全部履行包销或者回购义务引起纠纷,不涉及技术问题的,应当按照包销或者回购条款约定的权利义务内容确定案由。
第844条 订立技术合同,应当有利于**知识产权的保护和**科学技术的进步,**促进**科学技术成果的**研发**、转化、应用和推广。	**第323条** 订立技术合同,应当有利于科学技术的进步,**加速**科学技术成果的转化、应用和推广。	
第845条 技术合同的内容一般包括项目**的**名称,标的的内容、范围和要求,履行的计划、地点和方式,技术**信息**和资料的保密,技术成果的归属和收益的分**配**办法,验收标准和方法,名词和术语的解释**等条款**。 与履行合同有关的技术背景资料、可行性论证和技术评价报告、项目任务书和计划书、技术标准、技术规范、原始设计和工艺文件,以及其他技术文档,按照当事人的约定可以作为合同的组成部分。 技术合同涉及专利的,应当注明发明创造的名称、专利申请人和专利权人、申请日期、申请号、专利号以及专利权的有效期限。	**第324条** 技术合同的内容由当事人约定,一般包括以下条款: (一)项目名称; (二)标的的内容、范围和要求; (三)履行的计划、**进度**、**期限**、地点、**地域**和方式; (四)技术情报和资料的保密; (五)风险责任的承担; (六)技术成果的归属和收益的分成办法; (七)验收标准和方法; (八)**价款、报酬或者使用费及其支付方式;** (九)违约金或者损失赔偿的计算方法; (十)**解决争议的方法;** (十一)名词和术语的解释。 与履行合同有关的技术背景资料、可行性论证和技术评价报告、项目任务书和计划书、技术标准、技术规范、原始设计和工艺文件,以及其他技术文档,按照当事人的约定可以作为合同的组成部分。 技术合同涉及专利的,应当注明发明创造的名称、专利申请人和专利权人、申请日期、申请号、专利号以及专利权的有效期限。	《技术合同解释》第1条第1款 技术成果,是指利用科学技术知识、信息和经验作出的涉及产品、工艺、材料及其改进等的技术方案,包括专利、专利申请、技术秘密、计算机软件、集成电路布图设计、植物新品种等。
第846条 技术合同价款、报酬或者使用费的支付方式由当事人约定,可以采取一次总算、一次总付或者一次总算、分期支付,也可以采取提成支付或者提成支付附加预付入门费的方式。	**第325条** 技术合同价款、报酬或者使用费的支付方式由当事人约定,可以采取一次总算、一次总付或者一次总算、分期支付,也可以采取提成支付或者提成支付附加预付入门费的方式。	《技术合同解释》第1条第2款 技术秘密,是指不为公众所知悉、具有商业价值并经权利人采取相应保密措施的技术信息。

《民法典》	《合同法》	相关规范性法律文件
约定提成支付的,可以按照产品价格、实施专利和使用技术秘密后新增的产值、利润或者产品销售额的一定比例提成,也可以按照约定的其他方式计算。提成支付的比例可以采取固定比例、逐年递增比例或者逐年递减比例。 约定提成支付的,当事人<u>可以</u>约定查阅有关会计<u>账</u>目的办法。	约定提成支付的,可以按照产品价格、实施专利和使用技术秘密后新增的产值、利润或者产品销售额的一定比例提成,也可以按照约定的其他方式计算。提成支付的比例可以采取固定比例、逐年递增比例或者逐年递减比例。 约定提成支付的,当事人应当**在合同中**约定查阅有关会计帐目的办法。	
第 847 条 职务技术成果的使用权、转让权属于法人或者**非法人组织**的,法人或者**非法人组织**可以就该项职务技术成果订立技术合同。法人或者**非法人组织**订立技术合同转让职务技术成果时,职务技术成果的完成人享有以同等条件优先受让的权利。 职务技术成果是执行法人或者**非法人组织**的工作任务,或者主要是利用法人或者**非法人组织**的物质技术条件所完成的技术成果。	**第 326 条** 职务技术成果的使用权、转让权属于法人或者其他组织的,法人或者其他组织可以就该项职务技术成果订立技术合同。**法人或者其他组织应当从使用和转让该项职务技术成果所取得的收益中提取一定比例,对完成该项职务技术成果的个人给予奖励或者报酬。**法人或者其他组织订立技术合同转让职务技术成果时,职务技术成果的完成人享有以同等条件优先受让的权利。 职务技术成果是执行法人或者其他组织的工作任务,或者主要是利用法人或者其他组织的物质技术条件所完成的技术成果。	《技术合同解释》**第 2 条** 民法典第八百四十七条第二款所称"执行法人或者非法人组织的工作任务",包括: (一)履行法人或者非法人组织的岗位职责或者承担其交付的其他技术开发任务; (二)离职后一年内继续从事与其原所在法人或者非法人组织的岗位职责或者交付的任务有关的技术开发工作,但法律、行政法规另有规定的除外。 法人或者非法人组织与其职工就职工在职期间或者离职以后所完成的技术成果的权益有约定的,人民法院应当依约定确认。 《技术合同解释》**第 3 条** 民法典第八百四十七条第二款所称"物质技术条件",包括资金、设备、器材、原材料、未公开的技术信息和资料等。 《技术合同解释》**第 4 条** 民法典第八百四十七条第二款所称"主要是利用法人或者非法人组织的物质技术条件",包括职工在技术成果的研究开发过程中,全部或者大部分利用了法人或者非法人组织的资金、设备、器材或者原材料等物质条件,并且这些物质条件对形成该技术成果具有实质性的影响;还包括该技术成果实质性内容是在法人或者非法人组织尚未公开的技术成果、阶段性技术成果基础上完成的情形。但下列情况除外: (一)对利用法人或者非法人组织提供的物质技术条件,约定返还资金或者交纳使用费的; (二)在技术成果完成后利用法人或者非法人组织的物质技术条件对技术方案进行验证、测试的。

《民法典》	《合同法》	相关规范性法律文件
		《技术合同解释》第5条 个人完成的技术成果,属于执行原所在法人或者非法人组织的工作任务,又主要利用了现所在法人或者非法人组织的物质技术条件的,应当按照该自然人原所在和现所在法人或者非法人组织达成的协议确认权益。不能达成协议的,根据对完成该项技术成果的贡献大小由双方合理分享。 **《技术合同解释》第6条** 民法典第八百四十七条所称"职务技术成果的完成人"、第八百四十八条所称"完成技术成果的个人",包括对技术成果单独或者共同作出创造性贡献的人,也即技术成果的发明人或者设计人。人民法院在对创造性贡献进行认定时,应当分解所涉及技术成果的实质性技术构成。提出实质性技术构成并由此实现技术方案的人,是作出创造性贡献的人。 提供资金、设备、材料、试验条件,进行组织管理,协助绘制图纸、整理资料、翻译文献等人员,不属于职务技术成果的完成人、完成技术成果的个人。
第848条 非职务技术成果的使用权、转让权属于完成技术成果的个人,完成技术成果的个人可以就该项非职务技术成果订立技术合同。	**第327条** 同《民法典》第848条	
第849条 完成技术成果的个人**享**有在有关技术成果文件上写明自己是技术成果完成者的权利和取得荣誉证书、奖励的权利。	**第328条** 完成技术成果的个人有在有关技术成果文件上写明自己是技术成果完成者的权利和取得荣誉证书、奖励的权利。	
第850条 非法垄断技术或者侵害他人技术成果的技术合同无效。	**第329条** 非法垄断技术、**妨碍技术进步**或者侵害他人技术成果的技术合同无效。	**《技术合同解释》第10条** 下列情形,属于民法典第八百五十条所称的"非法垄断技术": (一)限制当事人一方在合同标的技术基础上进行新的研究开发或者限制其使用所改进的技术,或者双方交换改进技术的条件不对等,包括要求一方将其自行改进的技术无偿提供给对方、非互惠性转让给对方、无偿独占或者共享该改进技术的知识产权; (二)限制当事人一方从其他来源获得与技术提供方类似技术或者与其竞争的技术;

《民法典》	《合同法》	相关规范性法律文件
		(三)阻碍当事人一方根据市场需求,按照合理方式充分实施合同标的技术,包括明显不合理地限制技术接受方实施合同标的技术生产产品或者提供服务的数量、品种、价格、销售渠道和出口市场; (四)要求技术接受方接受并非实施技术必不可少的附带条件,包括购买非必需的技术、原材料、产品、设备、服务以及接收非必需的人员等; (五)不合理地限制技术接受方购买原材料、零部件、产品或者设备等的渠道或者来源; (六)禁止技术接受方对合同标的技术知识产权的有效性提出异议或者对提出异议附加条件。 **《技术合同解释》第 11 条** 技术合同无效或者被撤销后,技术开发合同研究开发人、技术转让合同让与人、技术许可合同许可人、技术咨询合同和技术服务合同的受托人已经履行或者部分履行了约定的义务,并且造成合同无效或者被撤销的过错在对方的,对其已履行部分应当收取的研究开发经费、技术使用费、提供咨询服务的报酬,人民法院可以认定为因对方原因导致合同无效或者被撤销给其造成的损失。 技术合同无效或者被撤销后,因履行合同所完成新的技术成果或者在他人技术成果基础上完成后续改进技术成果的权利归属和利益分享,当事人不能重新协议确定的,人民法院可以判决由完成技术成果的一方享有。 **《技术合同解释》第 12 条** 根据民法典第八百五十条的规定,侵害他人技术秘密的技术合同被确认无效后,除法律、行政法规另有规定的以外,善意取得该技术秘密的一方当事人可以在其取得时的范围内继续使用该技术秘密,但应当向权利人支付合理的使用费并承担保密义务。 当事人双方恶意串通或者一方知道或者应当知道另一方侵权仍与其订立或者履行合同的,属于共同侵权,人民法院应当判令侵

《民法典》	《合同法》	相关规范性法律文件
		权人承担连带赔偿责任和保密义务,因此取得技术秘密的当事人不得继续使用该技术秘密。 **《技术合同解释》第 13 条** 依照前条第一款规定可以继续使用技术秘密的人与权利人就使用费支付发生纠纷的,当事人任何一方都可以请求人民法院予以处理。继续使用技术秘密但又拒不支付使用费的,人民法院可以根据权利人的请求判令使用人停止使用。 　　人民法院在确定使用费时,可以根据权利人通常对外许可该技术秘密的使用费或者使用人取得该技术秘密所支付的使用费,并考虑该技术秘密的研究开发成本、成果转化和应用程度以及使用人的使用规模、经济效益等因素合理确定。 　　不论使用人是否继续使用技术秘密,人民法院均应当判令其向权利人支付已使用期间的使用费。使用人已向无效合同的让与人或者许可人支付的使用费应当由让与人或者许可人负责返还。
第二节　技术开发合同	**第二节　技术开发合同**	
第 851 条　技术开发合同是当事人之间就新技术、新产品、新工艺、**新品种**或者新材料及其系统的研究开发所订立的合同。 　　技术开发合同包括委托开发合同和合作开发合同。 　　技术开发合同应当采用书面形式。 　　当事人之间就具有**实用**价值的科技成果实施转化订立的合同,参照**适用**技术开发合同的**有关**规定。	**第 330 条**　技术开发合同是指当事人之间就新技术、新产品、新工艺或者新材料及其系统的研究开发所订立的合同。 　　技术开发合同包括委托开发合同和合作开发合同。 　　技术开发合同应当采用书面形式。 　　当事人之间就具有**产业应用**价值的科技成果实施转化订立的合同,参照技术开发合同的规定。	**《技术合同解释》第 17 条**　民法典第八百五十一条第一款所称"新技术、新产品、新工艺、新品种或者新材料及其系统",包括当事人在订立技术合同时尚未掌握的产品、工艺、材料及其系统等技术方案,但对技术上没有创新的现有产品的改型、工艺变更、材料配方调整以及对技术成果的验证、测试和使用除外。 **《技术合同解释》第 18 条**　民法典第八百五十一条第四款规定的"当事人之间就具有实用价值的科技成果实施转化订立的"技术转化合同,是指当事人之间就具有实用价值但尚未实现工业化应用的科技成果包括阶段性技术成果,以实现该科技成果工业化应用为目标,约定后续试验、开发和应用等内容的合同。

《民法典》	《合同法》	相关规范性法律文件
第852条 委托开发合同的委托人应当按照约定支付研究开发经费和报酬,提供技术资料,**提出研究开发要求**,完成协作事项,接受研究开发成果。	第331条 委托开发合同的委托人应当按照约定支付研究开发经费和报酬;提供技术资料、**原始数据**;完成协作事项;接受研究开发成果。	
第853条 委托开发合同的研究开发人应当按照约定制定和实施研究开发计划,合理使用研究开发经费,按期完成研究开发工作,交付研究开发成果,提供有关的技术资料和必要的技术指导,帮助委托人掌握研究开发成果。	第332条 委托开发合同的研究开发人应当按照约定制定和实施研究开发计划;合理使用研究开发经费;按期完成研究开发工作,交付研究开发成果,提供有关的技术资料和必要的技术指导,帮助委托人掌握研究开发成果。	
第854条 **委托开发合同的当事人**违反约定造成研究开发工作停滞、延误或者失败的,应当承担违约责任。	第333条 委托人违反约定造成研究开发工作停滞、延误或者失败的,应当承担违约责任。	
第855条 合作开发合同的当事人应当按照约定进行投资,包括以技术进行投资,分工参与研究开发工作,协作配合研究开发工作。	第335条 合作开发合同的当事人应当按照约定进行投资,包括以技术进行投资;分工参与研究开发工作;协作配合研究开发工作。	**《技术合同解释》第19条** 民法典第八百五十五条所称"分工参与研究开发工作",包括当事人按照约定的计划和分工,共同或者分别承担设计、工艺、试验、试制等工作。 技术开发合同当事人一方仅提供资金、设备、材料等物质条件或者承担辅助协作事项,另一方进行研究开发工作的,属于委托开发合同。
第856条 合作开发合同的当事人违反约定造成研究开发工作停滞、延误或者失败的,应当承担违约责任。	第336条 同《民法典》第856条	
第857条 作为技术开发合同标的的技术已经由他人公开,致使技术开发合同的履行没有意义的,当事人可以解除合同。	第337条 因作为技术开发合同标的的技术已经由他人公开,致使技术开发合同的履行没有意义的,当事人可以解除合同。	
第858条 技术开发合同履行过程中,因出现无法克服的技术困难,致使研究开发失败或者部分失败的,该风险由当事人约定;没有约定或者约定不明确,**依据本法第五百一十条**的规定仍不能确定的,风险由当事人合理分担。 当事人一方发现前款规定的可能致使研究开发失败或者部分失败的情形时,应当及时通知另一方并采取适当措施减少损失;没有及时通知并采取适当措施,致使损失扩大的,应当就扩大的损失承担责任。	第338条 在技术开发合同履行过程中,因出现无法克服的技术困难,致使研究开发失败或者部分失败的,该风险**责任**由当事人约定。没有约定或者约定不明确,依照本法第六十一条的规定仍不能确定的,风险**责任**由当事人合理分担。 当事人一方发现前款规定的可能致使研究开发失败或者部分失败的情形时,应当及时通知另一方并采取适当措施减少损失。没有及时通知并采取适当措施,致使损失扩大的,应当就扩大的损失承担责任。	

《民法典》	《合同法》	相关规范性法律文件
第859条 委托开发完成的发明创造,除**法律另有规定或者**当事人另有约定外,申请专利的权利属于研究开发人。研究开发人取得专利权的,委托人可以**依法**实施该专利。 研究开发人转让专利申请权的,委托人享有以同等条件优先受让的权利。	第339条 委托开发完成的发明创造,除当事人另有约定**的以**外,申请专利的权利属于研究开发人。研究开发人取得专利权的,委托人可以免费实施该专利。 研究开发人转让专利申请权的,委托人享有以同等条件优先受让的权利。	
第860条 合作开发完成的发明创造,申请专利的权利属于合作开发的当事人共有;当事人一方转让其共有的专利申请权的,其他各方享有以同等条件优先受让的权利。**但是,当事人另有约定的除外**。 合作开发的当事人一方声明放弃其共有的专利申请权的,**除当事人另有约定外,**可以由另一方单独申请或者由其他各方共同申请。申请人取得专利权的,放弃专利申请权的一方可以免费实施该专利。 合作开发的当事人一方不同意申请专利的,另一方或者其他各方不得申请专利。	第340条 合作开发完成的发明创造,**除当事人另有约定的以外,**申请专利的权利属于合作开发的当事人共有。当事人一方转让其共有的专利申请权的,其他各方享有以同等条件优先受让的权利。 合作开发的当事人一方声明放弃其共有的专利申请权的,可以由另一方单独申请或者由其他各方共同申请。申请人取得专利权的,放弃专利申请权的一方可以免费实施该专利。 合作开发的当事人一方不同意申请专利的,另一方或者其他各方不得申请专利。	
第861条 委托开发或者合作开发完成的技术秘密成果的使用权、转让权以及**收益**的分配办法,由当事人约定;没有约定或约定不明确,**依据**本法**第五百一十条**的规定仍不能确定的,**在没有相同解决方案被授予专利权前,**当事人均有使用和转让的权利。但是,委托开发的研究开发人不得在向委托人交付研究开发成果之前,将研究开发成果转让给第三人。	第341条 委托开发或者合作开发完成的技术秘密成果的使用权、转让权以及利益的分配办法,由当事人约定。没有约定或者约定不明确,依照本法第六十一条的规定仍不能确定的,当事人均有使用和转让的权利,但委托开发的研究开发人不得在向委托人交付研究开发成果之前,将研究开发成果转让给第三人。	《技术合同解释》第20条 民法典第八百六十一条所称"当事人均有使用和转让的权利",包括当事人均有不经对方同意而自己使用或者以普通使用许可的方式许可他人使用技术秘密,并独占由此所获利益的权利。当事人一方将技术秘密成果的转让权让与他人,或者以独占或者排他使用许可的方式许可他人使用技术秘密,未经对方当事人同意或者追认的,应当认定该让与或者许可行为无效。
第三节 技术转让合同和技术许可合同	**第三节 技术转让合同**	
第862条 技术转让合同是合法拥有技术的权利人,将现有特定的专利、专利申请、技术秘密转让的相关权利让与他人所订立的合同。 技术许可合同是合法拥有技术的权利人,将现有特定的专利、技术秘密的相关权利许可他人实施、使用所订立的合同。 技术转让合同和技术许可合同中关于提供实施技术的专用设备、原材料或者提供有关的技术咨询、技术服务的约定,属于合同的组成部分。	第342条 技术转让合同包括专利权转让、专利申请权转让、技术秘密转让、专利实施许可合同。 技术转让合同应当采用书面形式。	《技术合同解释》第22条 就尚待研究开发的技术成果或者不涉及专利、专利申请或者技术秘密的知识、技术、经验和信息所订立的合同,不属于民法典第八百六十二条规定的技术转让合同或者技术许可合同。 技术转让合同中关于让与人向受让人提供实施技术的专用设备、原材料或者提供有关的技术咨询、技术服务的约定,属于技术转让合同的组成部分。因此发生的纠纷,按照技术转让合同处理。

《民法典》	《合同法》	相关规范性法律文件
		当事人以技术入股方式订立联营合同,但技术入股人不参与联营体的经营管理,并且以保底条款形式约定联营体或者联营对方支付其技术价款或者使用费的,视为技术转让合同或者技术许可合同。
第863条 技术转让合同包括专利权转让、专利申请权转让、技术秘密转让等合同。 技术许可合同包括专利实施许可、技术秘密使用许可等合同。 技术转让合同和技术许可合同应当采用书面形式。		《技术合同解释》第23条第2款 专利申请因专利申请权转让合同成立时即存在尚未公开的同样发明创造的在先专利申请被驳回,当事人依据民法典第五百六十三条第一款第(四)项的规定请求解除合同的,人民法院应当予以支持。 《技术合同解释》第29条 当事人之间就申请专利的技术成果所订立的许可使用合同,专利申请公开以前,适用技术秘密许可合同的有关规定;发明专利申请公开以后、授权以前,参照适用专利实施许可合同的有关规定;授权以后,原合同即为专利实施许可合同,适用专利实施许可合同的有关规定。 人民法院不以当事人就已经申请专利但尚未授权的技术订立专利实施许可合同为由,认定合同无效。
第864条 技术转让合同和技术许可合同可以约定实施专利或者使用技术秘密的范围,但是不得限制技术竞争和技术发展。	第343条 技术转让合同可以约定让与人和受让人实施专利或者使用技术秘密的范围,但不得限制技术竞争和技术发展。	《技术合同解释》第28条 民法典第八百六十四条所称"实施专利或者使用技术秘密的范围",包括实施专利或者使用技术秘密的期限、地域、方式以及接触技术秘密的人员等。 当事人对实施专利或者使用技术秘密的期限没有约定或者约定不明确的,受让人、被许可人实施专利或者使用技术秘密不受期限限制。
第865条 专利实施许可合同仅在该专利权的存续期限内有效。专利权有效期限届满或者专利权被宣告无效的,专利权人不得就该专利与他人订立专利实施许可合同。	第344条 专利实施许可合同只在该专利权的存续期间内有效。专利权有效期限届满或者专利权被宣布无效的,专利权人不得就该专利与他人订立专利实施许可合同。	《技术合同解释》第26条 专利实施许可合同许可人负有在合同有效期内维持专利权有效的义务,包括依法缴纳专利年费和积极应对他人提出宣告专利权无效的请求,但当事人另有约定的除外。
第866条 专利实施许可合同的许可人应当按照约定许可被许可人实施专利,交付实施专利有关的技术资料,提供必要的技术指导。	第345条 专利实施许可合同的让与人应当按照约定许可受让人实施专利,交付实施专利有关的技术资料,提供必要的技术指导。	

《民法典》	《合同法》	相关规范性法律文件
第867条 专利实施许可合同的**被许可人**应当按照约定实施专利,不得许可约定以外的第三人实施该专利,并按照约定支付使用费。	**第346条** 专利实施许可合同的受让人应当按照约定实施专利,不得许可约定以外的第三人实施该专利;并按照约定支付使用费。	《技术合同解释》第25条 专利实施许可包括以下方式: (一)独占实施许可,是指许可人在约定许可实施专利的范围内,将该专利仅许可一个被许可人实施,许可人依约定不得实施该专利; (二)排他实施许可,是指许可人在约定许可实施专利的范围内,将该专利仅许可一个被许可人实施,但许可人依约定可以自行实施该专利; (三)普通实施许可,是指许可人在约定许可实施专利的范围内许可他人实施该专利,并且可以自行实施该专利。 当事人对专利实施许可方式没有约定或者约定不明确的,认定为普通实施许可。专利实施许可合同约定被许可人可以再许可他人实施专利的,认定该再许可为普通实施许可,但当事人另有约定的除外。 技术秘密的许可使用方式,参照本条第一、二款的规定确定。 《技术合同解释》第27条 排他实施许可合同许可人不具备独立实施其专利的条件,以一个普通许可的方式许可他人实施专利的,人民法院可以认定为许可人自己实施专利,但当事人另有约定的除外。
第868条 技术秘密转让合同的让与人和**技术秘密使用许可合同的许可人**应当按照约定提供技术资料,进行技术指导,保证技术的实用性、可靠性,承担保密义务。 <u>前款规定的保密义务,不限制许可人申请专利,但是当事人另有约定的除外。</u>	**第347条** 技术秘密转让合同的让与人应当按照约定提供技术资料,进行技术指导,保证技术的实用性、可靠性,承担保密义务。	
第869条 技术秘密转让合同的受让人和**技术秘密使用许可合同的被许可人**应当按照约定使用技术,支付**转让费**、使用费,承担保密义务。	**第348条** 技术秘密转让合同的受让人应当按照约定使用技术,支付使用费,承担保密义务。	
第870条 技术转让合同的让与人和**技术许可合同的许可人**应当保证自己是所提供的技术的合法拥有者,并保证所提供的技术完整、无误、有效,能够达到约定的目标。	**第349条** 技术转让合同的让与人应当保证自己是所提供的技术的合法拥有者,并保证所提供的技术完整、无误、有效,能够达到约定的目标。	

《民法典》	《合同法》	相关规范性法律文件
第871条 技术转让合同的受让人**和技术许可合同的被许可人**应当按照约定的范围和期限,对让与人、**许可人**提供的技术中尚未公开的秘密部分,承担保密义务。	第350条 技术转让合同的受让人应当按照约定的范围和期限,对让与人提供的技术中尚未公开的秘密部分,承担保密义务。	
第872条 **许可人**未按照约定**许可**技术的,应当返还部分或者全部使用费,并应当承担违约责任;实施专利或者使用技术秘密超越约定的范围的,违反约定擅自许可第三人实施该项专利或者使用该项技术秘密的,应当停止违约行为,承担违约责任;违反约定的保密义务的,应当承担违约责任。 **让与人承担违约责任,参照适用前款规定。**	第351条 让与人未按照约定转让技术的,应当返还部分或者全部使用费,并应当承担违约责任;实施专利或者使用技术秘密超越约定的范围的,违反约定擅自许可第三人实施该项专利或者使用该项技术秘密的,应当停止违约行为,承担违约责任;违反约定的保密义务的,应当承担违约责任。	
第873条 **被许可人**未按照约定支付使用费的,应当补交使用费并按照约定支付违约金;不补交使用费或者支付违约金的,应当停止实施专利或者使用技术秘密,交还技术资料,承担违约责任;实施专利或者使用技术秘密超越约定的范围的,未经**许可人**同意擅自许可第三人实施该专利或者使用该技术秘密的,应当停止违约行为,承担违约责任;违反约定的保密义务的,应当承担违约责任。 **受让人承担违约责任,参照适用前款规定。**	第352条 受让人未按照约定支付使用费的,应当补交使用费并按照约定支付违约金;不补交使用费或者支付违约金的,应当停止实施专利或者使用技术秘密,交还技术资料,承担违约责任;实施专利或者使用技术秘密超越约定的范围的,未经让与人同意擅自许可第三人实施该专利或者使用该技术秘密的,应当停止违约行为,承担违约责任;违反约定的保密义务的,应当承担违约责任。	
第874条 受让人**或者被许可人**按照约定实施专利、使用技术秘密侵害他人合法权益的,由让与人**或者许可人**承担责任,但**是**当事人另有约定的除外。	第353条 受让人按照约定实施专利、使用技术秘密侵害他人合法权益的,由让与人承担责任,但当事人另有约定的除外。	
第875条 当事人可以按照互利的原则,在合同中约定实施专利、使用技术秘密后续改进的技术成果的分享办法;没有约定或者约定不明确,**依据**本法**第五百一十条**的规定仍不能确定的,一方后续改进的技术成果,其他各方无权分享。	第354条 当事人可以按照互利的原则,在**技术转让**合同中约定实施专利、使用技术秘密后续改进的技术成果的分享办法。没有约定或者约定不明确,依照本法第六十一条的规定仍不能确定的,一方后续改进的技术成果,其他各方无权分享。	

《民法典》	《合同法》	相关规范性法律文件
第876条 集成电路布图设计专有权、植物新品种权、计算机软件著作权等其他知识产权的转让和许可,参照适用本节的有关规定。	(无)	
第877条 法律、行政法规对技术进出口合同或者专利、专利申请合同另有规定的,依照其规定。	第355条 同《民法典》第877条	
第四节 技术咨询合同和技术服务合同	第四节 技术咨询合同和技术服务合同	
第878条 技术咨询合同**是当事人一方以技术知识为对方就特定技术项目**提供可行性论证、技术预测、专题技术调查、分析评价报告**等所订立**的合同。 技术服务合同是当事人一方以技术知识为**对方**解决特定技术问题所订立的合同,不包括**承揽合同和建设工程合同。**	第356条 技术咨询合同包括就特定技术项目提供可行性论证、技术预测、专题技术调查、分析评价报告等合同。 技术服务合同是**指**当事人一方以技术知识为另一方解决特定技术问题所订立的合同,不包括建设工程合同和承揽合同。	《技术合同解释》第30条 民法典第八百七十八条第一款所称"特定技术项目",包括有关科学技术与经济社会协调发展的软科学研究项目,促进科技进步和管理现代化、提高经济效益和社会效益等运用科学知识和技术手段进行调查、分析、论证、评价、预测的专业性技术项目。 《技术合同解释》第33条 民法典第八百七十八条第二款所称"特定技术问题",包括需要运用专业技术知识、经验和信息解决的有关改进产品结构、改良工艺流程、提高产品质量、降低产品成本、节约资源能耗、保护资源环境、实现安全操作、提高经济效益和社会效益等专业技术问题。 《技术合同解释》第34条 当事人一方以技术转让或者技术许可的名义提供已进入公有领域的技术,或者在技术转让合同、技术许可合同履行过程中合同标的技术进入公有领域,但是技术提供方进行技术指导、传授技术知识,为对方解决特定技术问题符合约定条件的,按照技术服务合同处理,约定的技术转让费、使用费可以视为提供技术服务的报酬和费用,但是法律、行政法规另有规定的除外。 依照前款规定,技术转让费或者使用费视为提供技术服务的报酬和费用明显不合理的,人民法院可以根据当事人的请求合理确定。

《民法典》	《合同法》	相关规范性法律文件
第 879 条 技术咨询合同的委托人应当按照约定阐明咨询的问题,提供技术背景材料及有关技术资料,接受受托人的工作成果,支付报酬。	**第 357 条** 技术咨询合同的委托人应当按照约定阐明咨询的问题,提供技术背景材料及有关技术资料、**数据**;接受受托人的工作成果,支付报酬。	《技术合同解释》第 31 条 当事人对技术咨询合同委托人提供的技术资料和数据或者受托人提出的咨询报告和意见未约定保密义务,当事人一方引用、发表或者向第三人提供的,不认定为违约行为,但侵害对方当事人对此享有的合法权益的,应当依法承担民事责任。 《技术合同解释》第 32 条 技术咨询合同受托人发现委托人提供的资料、数据等有明显错误或者缺陷,未在合理期限内通知委托人的,视为其对委托人提供的技术资料、数据等予以认可。委托人在接到受托人的补正通知后未在合理期限内答复并予补正的,发生的损失由委托人承担。
第 880 条 技术咨询合同的受托人应当按照约定的期限完成咨询报告或者解答问题,提出的咨询报告应当达到约定的要求。	**第 358 条** 技术咨询合同的受托人应当按照约定的期限完成咨询报告或者解答问题;提出的咨询报告应当达到约定的要求。	《技术合同解释》第 31 条 当事人对技术咨询合同委托人提供的技术资料和数据或者受托人提出的咨询报告和意见未约定保密义务,当事人一方引用、发表或者向第三人提供的,不认定为违约行为,但侵害对方当事人对此享有的合法权益的,应当依法承担民事责任。
第 881 条 技术咨询合同的委托人未按照约定提供必要的资料,影响工作进度和质量,不接受或者逾期接受工作成果的,支付的报酬不得追回,未支付的报酬应当支付。 　　技术咨询合同的受托人未按期提出咨询报告或者提出的咨询报告不符合约定的,应当承担减收或者免收报酬等违约责任。 　　技术咨询合同的委托人按照受托人符合约定要求的咨询报告和意见作出决策所造成的损失,由委托人承担,但是当事人另有约定的除外。	**第 359 条** 技术咨询合同的委托人未按照约定提供必要的资料**和数据**,影响工作进度和质量,不接受或者逾期接受工作成果的,支付的报酬不得追回,未支付的报酬应当支付。 　　技术咨询合同的受托人未按期提出咨询报告或者提出的咨询报告不符合约定的,应当承担减收或者免收报酬等违约责任。 　　技术咨询合同的委托人按照受托人符合约定要求的咨询报告和意见作出决策所造成的损失,由委托人承担,但当事人另有约定的除外。	
第 882 条 技术服务合同的委托人应当按照约定提供工作条件,完成配合事项,接受工作成果并支付报酬。	**第 360 条** 技术服务合同的委托人应当按照约定提供工作条件,完成配合事项;接受工作成果并支付报酬。	

《民法典》	《合同法》	相关规范性法律文件
第883条 技术服务合同的受托人应当按照约定完成服务项目,解决技术问题,保证工作质量,并传授解决技术问题的知识。	第361条 同《民法典》第883条	
第884条 技术服务合同的委托人不履行合同义务或者履行合同义务不符合约定,影响工作进度和质量,不接受或者逾期接受工作成果的,支付的报酬不得追回,未支付的报酬应当支付。 技术服务合同的受托人未按照约定完成服务工作的,应当承担免收报酬等违约责任。	第362条 技术服务合同的委托人不履行合同义务或者履行合同义务不符合约定,影响工作进度和质量,不接受或者逾期接受工作成果的,支付的报酬不得追回,未支付的报酬应当支付。 技术服务合同的受托人未按照合同约定完成服务工作的,应当承担免收报酬等违约责任。	《技术合同解释》第35条 技术服务合同受托人发现委托人提供的资料、数据、样品、材料、场地等工作条件不符合约定,未在合理期限内通知委托人的,视为其对委托人提供的工作条件予以认可。委托人在接到受托人的补正通知后未在合理期限内答复并予补正的,发生的损失由委托人承担。
第885条 技术咨询合同、技术服务合同履行过程中,受托人利用委托人提供的技术资料和工作条件完成的新的技术成果,属于受托人。委托人利用受托人的工作成果完成的新的技术成果,属于委托人。当事人另有约定的,按照其约定。	第363条 在技术咨询合同、技术服务合同履行过程中,受托人利用委托人提供的技术资料和工作条件完成的新的技术成果,属于受托人。委托人利用受托人的工作成果完成的新的技术成果,属于委托人。当事人另有约定的,按照其约定。	
第886条 技术咨询合同和技术服务合同对受托人正常开展工作所需费用的负担没有约定或者约定不明确的,由受托人负担。	(无)	
第887条 法律、行政法规对技术中介合同、技术培训合同另有规定的,依照其规定。	第364条 同《民法典》第887条	《技术合同解释》第36条 民法典第八百八十七条规定的"技术培训合同",是指当事人一方委托另一方对指定的学员进行特定项目的专业技术训练和技术指导所订立的合同,不包括职业培训、文化学习和按照行业、法人或者非法人组织的计划进行的职工业余教育。 《技术合同解释》第37条 当事人对技术培训必需的场地、设施和试验条件等工作条件的提供和管理责任没有约定或者约定不明确的,由委托人负责提供和管理。 技术培训合同委托人派出的学员不符合约定条件,影响培训质量的,由委托人按照约定支付报酬。 受托人配备的教员不符合约定条件,影响培训质量,或者受托人未按照计划和项目进行培训,导

《民法典》	《合同法》	相关规范性法律文件
		致不能实现约定培训目标的,应当减收或者免收报酬。 　　受托人发现学员不符合约定条件或者委托人发现教员不符合约定条件,未在合理期限内通知对方,或者接到通知的一方未在合理期限内按约定改派的,应当由负有履行义务的当事人承担相应的民事责任。 　　《技术合同解释》第38条　民法典第八百八十七条规定的"技术中介合同",是指当事人一方以知识、技术、经验和信息为另一方与第三人订立技术合同进行联系、介绍以及对履行合同提供专门服务所订立的合同。 　　《技术合同解释》第39条　中介人从事中介活动的费用,是指中介人在委托人和第三人订立技术合同前,进行联系、介绍活动所支出的通信、交通和必要的调查研究等费用。中介人的报酬,是指中介人为委托人与第三人订立技术合同以及对履行该合同提供服务应当得到的收益。 　　当事人对中介人从事中介活动的费用负担没有约定或者约定不明确的,由中介人承担。当事人约定该费用由委托人承担但未约定具体数额或者计算方法的,由委托人支付中介人从事中介活动支出的必要费用。 　　当事人对中介人的报酬数额没有约定或者约定不明确的,应当根据中介人所进行的劳务合理确定,并由委托人承担。仅在委托人与第三人订立的技术合同中约定中介条款,但未约定给付中介人报酬或者约定不明确的,应当支付的报酬由委托人和第三人平均承担。 　　《技术合同解释》第40条　中介人未促成委托人与第三人之间的技术合同成立的,其要求支付报酬的请求,人民法院不予支持;其要求委托人支付其从事中介活动必要费用的请求,应当予以支持,但当事人另有约定的除外。 　　中介人隐瞒与订立技术合同有关的重要事实或者提供虚假情况,侵害委托人利益的,应当根据情况免收报酬并承担赔偿责任。

《民法典》	《合同法》	相关规范性法律文件
		《技术合同解释》第 41 条　中介人对造成委托人与第三人之间的技术合同的无效或者被撤销没有过错,并且该技术合同的无效或者被撤销不影响有关中介条款或者技术中介合同继续有效,中介人要求按照约定或者本解释的有关规定给付从事中介活动的费用和报酬的,人民法院应当予以支持。 中介人收取从事中介活动的费用和报酬不应当被视为委托人与第三人之间的技术合同纠纷中一方当事人的损失。
第二十一章　保管合同	第十九章　保管合同	
第 888 条　保管合同是保管人保管寄存人交付的保管物,并返还该物的合同。 **寄存人到保管人处从事购物、就餐、住宿等活动,将物品存放在指定场所的,视为保管,但是当事人另有约定或者另有交易习惯的除外。**	第 365 条　保管合同是保管人保管寄存人交付的保管物,并返还该物的合同。	《合同编通则解释》第 2 条　下列情形,不违反法律、行政法规的强制性规定且不违背公序良俗的,人民法院可以认定为民法典所称的"交易习惯": (一)当事人之间在交易活动中的惯常做法; (二)在交易行为当地或者某一领域、某一行业通常采用并为交易对方订立合同时所知道或者应当知道的做法。 对于交易习惯,由提出主张的当事人一方承担举证责任。
第 889 条　寄存人应当按照约定向保管人支付保管费。 当事人对保管费没有约定或者约定不明确,**依据**本法**第五百一十条**的规定仍不能确定的,**视为无偿保管**。	第 366 条　寄存人应当按照约定向保管人支付保管费。 当事人对保管费没有约定或者约定不明确,依照本法第六十一条的规定仍不能确定的,保管是无偿的。	
第 890 条　保管合同自保管物交付时成立,但**是**当事人另有约定的除外。	第 367 条　保管合同自保管物交付时成立,但当事人另有约定的除外。	
第 891 条　寄存人向保管人交付保管物的,保管人应当**出具保管凭证,但是**另有交易习惯的除外。	第 368 条　寄存人向保管人交付保管物的,保管人应当给付保管凭证,但另有交易习惯的除外。	《合同编通则解释》第 2 条　下列情形,不违反法律、行政法规的强制性规定且不违背公序良俗的,人民法院可以认定为民法典所称的"交易习惯": (一)当事人之间在交易活动中的惯常做法; (二)在交易行为当地或者某一领域、某一行业通常采用并为交易对方订立合同时所知道或者应当知道的做法。 对于交易习惯,由提出主张的当事人一方承担举证责任。

《民法典》	《合同法》	相关规范性法律文件
第892条　保管人应当妥善保管保管物。 　　当事人可以约定保管场所或者方法。除紧急情况或者为维护寄存人利益外，不得擅自改变保管场所或者方法。	第369条　保管人应当妥善保管保管物。 　　当事人可以约定保管场所或者方法。除紧急情况或者为**了**维护寄存人利益**的**以外，不得擅自改变保管场所或者方法。	
第893条　寄存人交付的保管物有瑕疵或者**根据**保管物的性质需要采取特殊保管措施的，寄存人应当将有关情况告知保管人。寄存人未告知，致使保管物受损失的，保管人不承担赔偿责任；保管人因此受损失的，除保管人知道或者应当知道且未采取补救措施外，寄存人应当承担赔偿责任。	第370条　寄存人交付的保管物有瑕疵或者按照保管物的性质需要采取特殊保管措施的，寄存人应当将有关情况告知保管人。寄存人未告知，致使保管物受损失的，保管人不承担**损害**赔偿责任；保管人因此受损失的，除保管人知道或者应当知道**并**且未采取补救措施**的**以外，寄存人应当承担**损害**赔偿责任。	
第894条　保管人不得将保管物转交第三人保管，但**是**当事人另有约定的除外。 　　保管人违反前款规定，将保管物转交第三人保管，**造成**保管物损失的，应当承担赔偿责任。	第371条　保管人不得将保管物转交第三人保管，但当事人另有约定的除外。 　　保管人违反前款规定，将保管物转交第三人保管，对保管物造成损失的，应当承担**损害**赔偿责任。	
第895条　保管人不得使用或者许可第三人使用保管物，但**是**当事人另有约定的除外。	第372条　保管人不得使用或者许可第三人使用保管物，但当事人另有约定的除外。	
第896条　第三人对保管物主张权利的，除依法对保管物采取保全或者执行**措施**外，保管人应当履行向寄存人返还保管物的义务。 　　第三人对保管人提起诉讼或者对保管物申请扣押的，保管人应当及时通知寄存人。	第373条　第三人对保管物主张权利的，除依法对保管物采取保全或者执行**的**以外，保管人应当履行向寄存人返还保管物的义务。 　　第三人对保管人提起诉讼或者对保管物申请扣押的，保管人应当及时通知寄存人。	
第897条　保管期内，因保管人保管不善造成保管物毁损、灭失的，保管人应当承担赔偿责任，**但是，无偿**保管人证明自己**没有故意或者**重大过失的，不承担赔偿责任。	第374条　保管期间，因保管人保管不善造成保管物毁损、灭失的，保管人应当承担**损害**赔偿责任，但保管是无偿的，保管人证明自己没有重大过失的，不承担**损害**赔偿责任。	
第898条　寄存人寄存货币、有价证券或者其他贵重物品的，应当向保管人声明，由保管人验收或者封存；寄存人未声明的，该物品毁损、灭失后，保管人可以按照一般物品予以赔偿。	第375条 同《民法典》第898条	

《民法典》	《合同法》	相关规范性法律文件
第899条 寄存人可以随时领取保管物。 当事人对保管**期限**没有约定或者约定不明确的,保管人可以随时**请求**寄存人领取保管物;约定保管**期限**的,保管人无特别事由,不得**请求**寄存人提前领取保管物。	第376条 寄存人可以随时领取保管物。 当事人对保管期间没有约定或者约定不明确的,保管人可以随时要求寄存人领取保管物;约定保管期间的,保管人无特别事由,不得要求寄存人提前领取保管物。	
第900条 保管**期限**届满或者寄存人提前领取保管物的,保管人应当将原物及其孳息归还寄存人。	第377条 保管期间届满或者寄存人提前领取保管物的,保管人应当将原物及其孳息归还寄存人。	
第901条 保管人保管货币的,可以返还相同种类、数量的货币;保管其他可替代物的,可以按照约定返还相同种类、品质、数量的物品。	第378条 保管人保管货币的,可以返还相同种类、数量的货币。保管其他可替代物的,可以按照约定返还相同种类、品质、数量的物品。	
第902条 有偿的保管合同,寄存人应当按照约定的期限向保管人支付保管费。 当事人对支付期限没有约定或者约定不明确,**依据本法第五百一十条**的规定仍不能确定的,应当在领取保管物的同时支付。	第379条 有偿的保管合同,寄存人应当按照约定的期限向保管人支付保管费。 当事人对支付期限没有约定或者约定不明确,依照本法第六十一条的规定仍不能确定的,应当在领取保管物的同时支付。	
第903条 寄存人未按照约定支付保管费**或者**其他费用的,保管人对保管物享有留置权,但**是**当事人另有约定的除外。	第380条 寄存人未按照约定支付保管费以及其他费用的,保管人对保管物享有留置权,但当事人另有约定的除外。	
第二十二章 仓储合同	第二十章 仓储合同	
第904条 仓储合同是保管人储存存货人交付的仓储物,存货人支付仓储费的合同。	第381条 同《民法典》第904条	
第905条 仓储合同**自保管人和存货人意思表示一致时成立。**	第382条 仓储合同自成立时生效。	
第906条 储存易燃、易爆、有毒、有腐蚀性、有放射性等危险物品或者易变质物品的,存货人应当说明该物**品**的性质,提供有关资料。 存货人违反前款规定的,保管人可以拒收仓储物,也可以采取相应措施以避免损失的发生,因此产生的费用由存货人**负担**。 保管人储存易燃、易爆、有毒、有腐蚀性、有放射性等危险物品的,应当具备相应的保管条件。	第383条 储存易燃、易爆、有毒、有腐蚀性、有放射性等危险物品或者易变质物品,存货人应当说明该物的性质,提供有关资料。 存货人违反前款规定的,保管人可以拒收仓储物,也可以采取相应措施以避免损失的发生,因此产生的费用由存货人承担。 保管人储存易燃、易爆、有毒、有腐蚀性、有放射性等危险物品的,应当具备相应的保管条件。	

《民法典》	《合同法》	相关规范性法律文件
第907条 保管人应当按照约定对入库仓储物进行验收。保管人验收时发现入库仓储物与约定不符合的,应当及时通知存货人。保管人验收后,发生仓储物的品种、数量、质量不符合约定的,保管人应当承担赔偿责任。	第384条 保管人应当按照约定对入库仓储物进行验收。保管人验收时发现入库仓储物与约定不符合的,应当及时通知存货人。保管人验收后,发生仓储物的品种、数量、质量不符合约定的,保管人应当承担损害赔偿责任。	
第908条 存货人交付仓储物的,保管人应当出具仓单、入库单等凭证。	第385条 存货人交付仓储物的,保管人应当给付仓单。	
第909条 保管人应当在仓单上签名或者盖章。仓单包括下列事项: (一)存货人的姓名或者名称和住所; (二)仓储物的品种、数量、质量、包装及其件数和标记; (三)仓储物的损耗标准; (四)储存场所; (五)储存期限; (六)仓储费; (七)仓储物已经办理保险的,其保险金额、期间以及保险人的名称; (八)填发人、填发地和填发日期。	第386条 保管人应当在仓单上签字或者盖章。仓单包括下列事项: (一)存货人的名称或者姓名和住所; (二)仓储物的品种、数量、质量、包装、件数和标记; (三)仓储物的损耗标准; (四)储存场所; (五)储存期间; (六)仓储费; (七)仓储物已经办理保险的,其保险金额、期间以及保险人的名称; (八)填发人、填发地和填发日期。	
第910条 仓单是提取仓储物的凭证。存货人或者仓单持有人在仓单上背书并经保管人签名或者盖章的,可以转让提取仓储物的权利。	第387条 仓单是提取仓储物的凭证。存货人或者仓单持有人在仓单上背书并经保管人签字或者盖章的,可以转让提取仓储物的权利。	
第911条 保管人根据存货人或者仓单持有人的要求,应当同意其检查仓储物或者提取样品。	第388条 同《民法典》第911条	
第912条 保管人发现入库仓储物有变质或者其他损坏的,应当及时通知存货人或者仓单持有人。	第389条 保管人对入库仓储物发现有变质或者其他损坏的,应当及时通知存货人或者仓单持有人。	
第913条 保管人发现入库仓储物有变质或者其他损坏,危及其他仓储物的安全和正常保管的,应当催告存货人或者仓单持有人作出必要的处置。因情况紧急,保管人可以作出必要的处置;但是,事后应当将该情况及时通知存货人或者仓单持有人。	第390条 保管人对入库仓储物发现有变质或者其他损坏,危及其他仓储物的安全和正常保管的,应当催告存货人或者仓单持有人作出必要的处置。因情况紧急,保管人可以作出必要的处置,但事后应当将该情况及时通知存货人或者仓单持有人。	

《民法典》	《合同法》	相关规范性法律文件
第914条 当事人对储存**期限**没有约定或者约定不明确的,存货人或者仓单持有人可以随时提取仓储物,保管人也可以随时**请求**存货人或者仓单持有人提取仓储物,但**是**应当给予必要的准备时间。	**第391条** 当事人对储存期间没有约定或者约定不明确的,存货人或者仓单持有人可以随时提取仓储物,保管人也可以随时要求存货人或者仓单持有人提取仓储物,但应当给予必要的准备时间。	
第915条 储存**期限**届满,存货人或者仓单持有人应当凭仓单、**入库单等**提取仓储物。存货人或者仓单持有人逾期提取的,应当加收仓储费;提前提取的,不减收仓储费。	**第392条** 储存期间届满,存货人或者仓单持有人应当凭仓单提取仓储物。存货人或者仓单持有人逾期提取的,应当加收仓储费;提前提取的,不减收仓储费。	
第916条 储存期限届满,存货人或者仓单持有人不提取仓储物的,保管人可以催告其在合理期限内提取;逾期不提取的,保管人可以提存仓储物。	**第393条** 储存期间届满,存货人或者仓单持有人不提取仓储物的,保管人可以催告其在合理期限内提取;逾期不提取的,保管人可以提存仓储物。	
第917条 储存期**内**,因保管不善造成仓储物毁损、灭失的,保管人应当承担赔偿责任。因仓储物**本身的自然**性质、包装不符合约定或者超过有效储存期造成仓储物变质、损坏的,保管人不承担赔偿责任。	**第394条** 储存期间,因**保管人**保管不善造成仓储物毁损、灭失的,保管人应当承担**损害**赔偿责任。因仓储物的性质、包装不符合约定或者超过有效储存期造成仓储物变质、损坏的,保管人不承担**损害**赔偿责任。	
第918条 本章没有规定的,适用保管合同的有关规定。	**第395条** 同《民法典》第918条	
第二十三章 委托合同	第二十一章 委托合同	
第919条 委托合同是委托人和受托人约定,由受托人处理委托人事务的合同。	**第396条** 同《民法典》第919条	
第920条 委托人可以特别委托受托人处理一项或者数项事务,也可以概括委托受托人处理一切事务。	**第397条** 同《民法典》第920条	
第921条 委托人应当预付处理委托事务的费用。受托人为处理委托事务垫付的必要费用,委托人应当偿还该费用**并支付**利息。	**第398条** 委托人应当预付处理委托事务的费用。受托人为处理委托事务垫付的必要费用,委托人应当偿还该费用及其利息。	
第922条 受托人应当按照委托人的指示处理委托事务。需要变更委托人指示的,应当经委托人同意;因情况紧急,难以和委托人取得联系的,受托人应当妥善处理委托事务,**但是**事后应当将该情况及时报告委托人。	**第399条** 受托人应当按照委托人的指示处理委托事务。需要变更委托人指示的,应当经委托人同意;因情况紧急,难以和委托人取得联系的,受托人应当妥善处理委托事务,但事后应当将该情况及时报告委托人。	

《民法典》	《合同法》	相关规范性法律文件
第 923 条 受托人应当亲自处理委托事务。经委托人同意，受托人可以转委托。转委托经同意**或者追认**的，委托人可以就委托事务直接指示转委托的第三人，受托人仅就第三人的选任及其对第三人的指示承担责任。转委托未经同意**或者追认**的，受托人应当对转委托的第三人的行为承担责任;**但是，**在紧急情况下受托人为**了**维护委托人的利益需要转委托**第三人**的除外。	**第 400 条** 受托人应当亲自处理委托事务。经委托人同意，受托人可以转委托。转委托经同意的，委托人可以就委托事务直接指示转委托的第三人，受托人仅就第三人的选任及其对第三人的指示承担责任。转委托未经同意的，受托人应当对转委托的第三人的行为承担责任，但在紧急情况下受托人为维护委托人的利益需要转委托的除外。	
第 924 条 受托人应当按照委托人的要求，报告委托事务的处理情况。委托合同终止时，受托人应当报告委托事务的结果。	**第 401 条** 同《民法典》第 924 条	
第 925 条 受托人以自己的名义，在委托人的授权范围内与第三人订立的合同，第三人在订立合同时知道受托人与委托人之间的代理关系的，该合同直接约束委托人和第三人;**但是，**有**确切**证据证明该合同只约束受托人和第三人的除外。	**第 402 条** 受托人以自己的名义，在委托人的授权范围内与第三人订立的合同，第三人在订立合同时知道受托人与委托人之间的代理关系的，该合同直接约束委托人和第三人，但有**确切**证据证明该合同只约束受托人和第三人的除外。	
第 926 条 受托人以自己的名义与第三人订立合同时，第三人不知道受托人与委托人之间的代理关系的，受托人因第三人的原因对委托人不履行义务，受托人应当向委托人披露第三人，委托人因此可以行使受托人对第三人的权利。**但是，**第三人与受托人订立合同时如果知道该委托人就不会订立合同的除外。 受托人因委托人的原因对第三人不履行义务，受托人应当向第三人披露委托人，第三人因此可以选择受托人或者委托人作为相对人主张其权利，但**是**第三人不得变更选定的相对人。 委托人行使受托人对第三人的权利的，第三人可以向委托人主张其对受托人的抗辩。第三人选定委托人作为其相对人的，委托人可以向第三人主张其对受托人的抗辩以及受托人对第三人的抗辩。	**第 403 条** 受托人以自己的名义与第三人订立合同时，第三人不知道受托人与委托人之间的代理关系的，受托人因第三人的原因对委托人不履行义务，受托人应当向委托人披露第三人，委托人因此可以行使受托人对第三人的权利，但第三人与受托人订立合同时如果知道该委托人就不会订立合同的除外。 受托人因委托人的原因对第三人不履行义务，受托人应当向第三人披露委托人，第三人因此可以选择受托人或者委托人作为相对人主张其权利，但第三人不得变更选定的相对人。 委托人行使受托人对第三人的权利的，第三人可以向委托人主张其对受托人的抗辩。第三人选定委托人作为其相对人的，委托人可以向第三人主张其对受托人的抗辩以及受托人对第三人的抗辩。	
第 927 条 受托人处理委托事务取得的财产，应当转交给委托人。	**第 404 条** 同《民法典》第 927 条	

《民法典》	《合同法》	相关规范性法律文件
第 928 条　受托人完成委托事务的,委托人应当**按照约定**向其支付报酬。 因不可归责于受托人的事由,委托合同解除或者委托事务不能完成的,委托人应当向受托人支付相应的报酬。当事人另有约定的,按照其约定。	第 405 条　受托人完成委托事务的,委托人应当向其支付报酬。因不可归责于受托人的事由,委托合同解除或者委托事务不能完成的,委托人应当向受托人支付相应的报酬。当事人另有约定的,按照其约定。	
第 929 条　有偿的委托合同,因受托人的过错**造成委托人损失的**,委托人可以**请求**赔偿损失。无偿的委托合同,因受托人的故意或者重大过失**造成委托人损失的**,委托人可以**请求**赔偿损失。 受托人超越权限**造成委托人损失的**,应当赔偿损失。	第 406 条　有偿的委托合同,因受托人的过错**给**委托人造成损失的,委托人可以要求赔偿损失。无偿的委托合同,因受托人的故意或者重大过失给委托人造成损失的,委托人可以要求赔偿损失。 受托人超越权限给委托人造成损失的,应当赔偿损失。	
第 930 条　受托人处理委托事务时,因不可归责于自己的事由受到损失的,可以向委托人**请求**赔偿损失。	第 407 条　受托人处理委托事务时,因不可归责于自己的事由受到损失的,可以向委托人要求赔偿损失。	
第 931 条　委托人经受托人同意,可以在受托人之外委托第三人处理委托事务。因此**造成受托人损失**的,受托人可以向委托人**请求**赔偿损失。	第 408 条　委托人经受托人同意,可以在受托人之外委托第三人处理委托事务。因此给受托人造成损失的,受托人可以向委托人要求赔偿损失。	
第 932 条　两个以上的受托人共同处理委托事务的,对委托人承担连带责任。	第 409 条　 同《民法典》第 932 条	
第 933 条　委托人或者受托人可以随时解除委托合同。因解除合同**造成对方损失的**,除不可归责于该当事人的事由外,**无偿委托合同的解除方应当赔偿因解除时间不当造成的直接损失,有偿委托合同的解除方应当赔偿对方的直接损失和合同履行后可以获得的利益**。	第 410 条　委托人或者受托人可以随时解除委托合同。因解除合同给对方造成损失的,除不可归责于该当事人的事由以外,应当赔偿损失。	
第 934 条　委托人**死亡、终止**或者受托人死亡、丧失民事行为能力、**终止**的,委托合同终止;**但是**,当事人另有约定或者根据委托事务的性质不宜终止的除外。	第 411 条　委托人或者受托人死亡、丧失民事行为能力或者破产的,委托合同终止,但当事人另有约定或者根据委托事务的性质不宜终止的除外。	
第 935 条　因委托人死亡或者**被宣告破产、解散**,致使委托合同终止将损害委托人利益的,在委托人的继承人、**遗产管理人**或者**清算人**承受委托事务之前,受托人应当继续处理委托事务。	第 412 条　因委托人死亡、**丧失民事行为能力**或者破产,致使委托合同终止将损害委托人利益的,在委托人的继承人、**法定代理人**或者清算组织承受委托事务之前,受托人应当继续处理委托事务。	

《民法典》	《合同法》	相关规范性法律文件
第936条　因受托人死亡、丧失民事行为能力或者**被宣告破产、解散**,致使委托合同终止的,受托人的继承人、**遗产管理人**、法定代理人或者**清算人**应当及时通知委托人。因委托合同终止将损害委托人利益的,在委托人作出善后处理之前,受托人的继承人、**遗产管理人**、法定代理人或者**清算人**应当采取必要措施。	第413条　因受托人死亡、丧失民事行为能力或者破产,致使委托合同终止的,受托人的继承人、法定代理人或者清算组织应当及时通知委托人。因委托合同终止将损害委托人利益的,在委托人作出善后处理之前,受托人的继承人、法定代理人或者清算组织应当采取必要措施。	
第二十四章　物业服务合同		
第937条　物业服务合同是物业服务人在物业服务区域内,为业主提供建筑物及其附属设施的维修养护、环境卫生和相关秩序的管理维护等物业服务,业主支付物业费的合同。 物业服务人包括物业服务企业和其他管理人。	(无)	
第938条　物业服务合同的内容一般包括服务事项、服务质量、服务费用的标准和收取办法、维修资金的使用、服务用房的管理和使用、服务期限、服务交接等条款。 物业服务人公开作出的有利于业主的服务承诺,为物业服务合同的组成部分。 物业服务合同应当采用书面形式。	(无)	
第939条　建设单位依法与物业服务人订立的前期物业服务合同,以及业主委员会与业主大会依法选聘的物业服务人订立的物业服务合同,对业主具有法律约束力。	(无)	
第940条　建设单位依法与物业服务人订立的前期物业服务合同约定的服务期限届满前,业主委员会或者业主与新物业服务人订立的物业服务合同生效的,前期物业服务合同终止。	(无)	
第941条　物业服务人将物业服务区域内的部分专项服务事项委托给专业性服务组织或者其他第三人的,应当就该部分专项服务事项向业主负责。 物业服务人不得将其应当提供的全部物业服务转委托给第三人,或者将全部物业服务支解后分别转委托给第三人。	(无)	

《民法典》	《合同法》	相关规范性法律文件
第942条 物业服务人应当按照约定和物业的使用性质,妥善维修、养护、清洁、绿化和经营管理物业服务区域内的业主共有部分,维护物业服务区域内的基本秩序,采取合理措施保护业主的人身、财产安全。 对物业服务区域内违反有关治安、环保、消防等法律法规的行为,物业服务人应当及时采取合理措施制止、向有关行政主管部门报告并协助处理。	(无)	《物业服务纠纷解释》第1条 业主违反物业服务合同或者法律、法规、管理规约,实施妨碍物业服务与管理的行为,物业服务人请求业主承担停止侵害、排除妨碍、恢复原状等相应民事责任的,人民法院应予支持。
第943条 物业服务人应当定期将服务的事项、负责人员、质量要求、收费项目、收费标准、履行情况,以及维修资金使用情况、业主共有部分的经营与收益情况等以合理方式向业主公开并向业主大会、业主委员会报告。	(无)	《建筑物区分所有权纠纷解释》第13条 业主请求公布、查阅下列应当向业主公开的情况和资料的,人民法院应予支持: (一)建筑物及其附属设施的维修资金的筹集、使用情况; (二)管理规约、业主大会议事规则,以及业主大会或者业主委员会的决定及会议记录; (三)物业服务合同、共有部分的使用和收益情况; (四)建筑区划内规划用于停放汽车的车位、车库的处分情况; (五)其他应当向业主公开的情况和资料。
第944条 业主应当按照约定向物业服务人支付物业费。物业服务人已经按照约定和有关规定提供服务的,业主不得以未接受或者无需接受相关物业服务为由拒绝支付物业费。 业主违反约定逾期不支付物业费的,物业服务人可以催告其在合理期限内支付;合理期限届满仍不支付的,物业服务人可以提起诉讼或者申请仲裁。 物业服务人不得采取停止供电、供水、供热、供燃气等方式催交物业费。	(无)	《物业服务纠纷解释》第2条 物业服务人违反物业服务合同约定或者法律、法规、部门规章规定,擅自扩大收费范围、提高收费标准或者重复收费,业主以违规收费为由提出抗辩的,人民法院应予支持。 业主请求物业服务人退还其已经收取的违规费用的,人民法院应予支持。
第945条 业主装饰装修房屋的,应当事先告知物业服务人,遵守物业服务人提示的合理注意事项,并配合其进行必要的现场检查。 业主转让、出租物业专有部分、设立居住权或者依法改变共有部分用途的,应当及时将相关情况告知物业服务人。	(无)	

《民法典》	《合同法》	相关规范性法律文件
第946条 业主依照法定程序共同决定解聘物业服务人的,可以解除物业服务合同。决定解聘的,应当提前六十日书面通知物业服务人,但是合同对通知期限另有约定的除外。 依据前款规定解除合同造成物业服务人损失的,除不可归责于业主的事由外,业主应当赔偿损失。	(无)	
第947条 物业服务期限届满前,业主依法共同决定续聘的,应当与原物业服务人在合同期限届满前续订物业服务合同。 物业服务期限届满前,物业服务人不同意续聘的,应当在合同期限届满前九十日书面通知业主或者业主委员会,但是合同对通知期限另有约定的除外。	(无)	
第948条 物业服务期限届满后,业主没有依法作出续聘或者另聘物业服务人的决定,物业服务人继续提供物业服务的,原物业服务合同继续有效,但是服务期限为不定期。 当事人可以随时解除不定期物业服务合同,但是应当提前六十日书面通知对方。	(无)	
第949条 物业服务合同终止的,原物业服务人应当在约定期限或者合理期限内退出物业服务区域,将物业服务用房、相关设施、物业服务所必需的相关资料等交还给业主委员会、决定自行管理的业主或者其指定的人,配合新物业服务人做好交接工作,并如实告知物业的使用和管理状况。 原物业服务人违反前款规定的,不得请求业主支付物业服务合同终止后的物业费;造成业主损失的,应当赔偿损失。	(无)	《物业服务纠纷解释》第3条 物业服务合同的权利义务终止后,业主请求物业服务人退还已经预收,但尚未提供物业服务期间的物业费的,人民法院应予支持。
第950条 物业服务合同终止后,在业主或者业主大会选聘的新物业服务人或者决定自行管理的业主接管之前,原物业服务人应当继续处理物业服务事项,并可以请求业主支付该期间的物业费。	(无)	
第二十五章 行纪合同	第二十二章 行纪合同	
第951条 行纪合同是行纪人以自己的名义为委托人从事贸易活动,委托人支付报酬的合同。	第414条 同《民法典》第951条	

《民法典》	《合同法》	相关规范性法律文件
第952条 行纪人处理委托事务支出的费用,由行纪人负担,但<u>是</u>当事人另有约定的除外。	**第415条** 行纪人处理委托事务支出的费用,由行纪人负担,但当事人另有约定的除外。	
第953条 行纪人占有委托物的,应当妥善保管委托物。	**第416条** 同《民法典》第953条	
第954条 委托物交付给行纪人时有瑕疵或者容易腐烂、变质的,经委托人同意,行纪人可以处分该物;不能与委托人及时取得联系的,行纪人可以合理处分。	**第417条** 委托物交付给行纪人时有瑕疵或者容易腐烂、变质的,经委托人同意,行纪人可以处分该物;**和**委托人**不能**及时取得联系的,行纪人可以合理处分。	
第955条 行纪人低于委托人指定的价格卖出或者高于委托人指定的价格买入的,应当经委托人同意;未经委托人同意,行纪人补偿其差额的,该买卖对委托人发生效力。 　　行纪人高于委托人指定的价格卖出或者低于委托人指定的价格买入的,可以按照约定增加报酬;没有约定或者约定不明确,依<u>据本法</u>**第五百一十条**的规定仍不能确定的,该利益属于委托人。 　　委托人对价格有特别指示的,行纪人不得违背该指示卖出或者买入。	**第418条** 行纪人低于委托人指定的价格卖出或者高于委托人指定的价格买入的,应当经委托人同意。未经委托人同意,行纪人补偿其差额的,该买卖对委托人发生效力。 　　行纪人高于委托人指定的价格卖出或者低于委托人指定的价格买入的,可以按照约定增加报酬。没有约定或者约定不明确,依照本法第六十一条的规定仍不能确定的,该利益属于委托人。 　　委托人对价格有特别指示的,行纪人不得违背该指示卖出或者买入。	
第956条 行纪人卖出或者买入具有市场定价的商品,除委托人有相反的意思表示外,行纪人自己可以作为买受人或者出卖人。 　　行纪人有前款规定情形的,仍然可以**请求**委托人支付报酬。	**第419条** 行纪人卖出或者买入具有市场定价的商品,除委托人有相反的意思表示的以外,行纪人自己可以作为买受人或者出卖人。 　　行纪人有前款规定情形的,仍然可以要求委托人支付报酬。	
第957条 行纪人按照约定买入委托物,委托人应当及时受领。经行纪人催告,委托人无正当理由拒绝受领的,行纪人**依法**可以提存委托物。 　　委托物不能卖出或者委托人撤回出卖,经行纪人催告,委托人不取回或者不处分该物的,行纪人**依法**可以提存委托物。	**第420条** 行纪人按照约定买入委托物,委托人应当及时受领。经行纪人催告,委托人无正当理由拒绝受领的,行纪人依照**本法第一百零一条的规定**可以提存委托物。 　　委托物不能卖出或者委托人撤回出卖,经行纪人催告,委托人不取回或者不处分该物的,行纪人**依照本法第一百零一条的规定**可以提存委托物。	
第958条 行纪人与第三人订立合同的,行纪人对该合同直接享有权利、承担义务。 　　第三人不履行义务致使委托人受到损害的,行纪人应当承担赔偿责任,但**是**行纪人与委托人另有约定的除外。	**第421条** 行纪人与第三人订立合同的,行纪人对该合同直接享有权利、承担义务。 　　第三人不履行义务致使委托人受到损害的,行纪人应当承担**损害**赔偿责任,但行纪人与委托人另有约定的除外。	

《民法典》	《合同法》	相关规范性法律文件
第959条 行纪人完成或者部分完成委托事务的,委托人应当向其支付相应的报酬。委托人逾期不支付报酬的,行纪人对委托物享有留置权,但**是**当事人另有约定的除外。	第422条 行纪人完成或者部分完成委托事务的,委托人应当向其支付相应的报酬。委托人逾期不支付报酬的,行纪人对委托物享有留置权,但当事人另有约定的除外。	
第960条 本章没有规定的,**参照**适用委托合同的有关规定。	第423条 本章没有规定的,适用委托合同的有关规定。	
第二十六章 中介合同	第二十三章 居间合同	
第961条 **中介**合同是**中介**人向委托人报告订立合同的机会或者提供订立合同的媒介服务,委托人支付报酬的合同。	第424条 居间合同是居间人向委托人报告订立合同的机会或者提供订立合同的媒介服务,委托人支付报酬的合同。	
第962条 **中介**人应当就有关订立合同的事项向委托人如实报告。 **中介**人故意隐瞒与订立合同有关的重要事实或者提供虚假情况,损害委托人利益的,不得**请求**支付报酬并应当承担赔偿责任。	第425条 居间人应当就有关订立合同的事项向委托人如实报告。 居间人故意隐瞒与订立合同有关的重要事实或者提供虚假情况,损害委托人利益的,不得要求支付报酬并应当承担**损害**赔偿责任。	
第963条 **中介**人促成合同成立的,委托人应当按照约定支付报酬。对**中介**人的报酬没有约定或者约定不明确,**依据本法第五百一十条**的规定仍不能确定的,根据**中介**人的劳务合理确定。因**中介**人提供订立合同的媒介服务而促成合同成立的,由该合同的当事人平均负担中介人的报酬。 **中介**人促成合同成立的,**中介**活动的费用,由**中介**人负担。	第426条 居间人促成合同成立的,委托人应当按照约定支付报酬。对居间人的报酬没有约定或者约定不明确,依照本法第六十一条的规定仍不能确定的,根据居间人的劳务合理确定。因居间人提供订立合同的媒介服务而促成合同成立的,由该合同的当事人平均负担居间人的报酬。 居间人促成合同成立的,居间活动的费用,由居间人负担。	
第964条 **中介**人未促成合同成立的,不得**请求**支付报酬;**但是**,可以**按照约定请求**委托人支付从事中介活动支出的必要费用。	第427条 居间人未促成合同成立的,不得要求支付报酬,但可以要求委托人支付从事居间活动支出的必要费用。	
第965条 委托人在接受中介人的服务后,利用中介人提供的**交易机会或者媒介服务**,绕开中介人直接订立合同的,应当向中介人支付报酬。	(无)	
第966条 本章没有规定的,**参照**适用委托合同的有关规定。	(无)	
第二十七章 合伙合同		
第967条 合伙合同是两个以上合伙人为**了共同的事业目的**,订立的共享利益、共担风险的协议。	(无)	《民法通则》第30条 个人合伙是指两个以上公民按照协议,各自提供资金、实物、技术等,合伙经营、共同劳动。

《民法典》	《合同法》	相关规范性法律文件
第968条 合伙人应当按照约定的出资方式、数额和缴付期限,履行出资义务。	(无)	《合伙企业法》第17条 合伙人应当按照合伙协议约定的出资方式、数额和缴付期限,履行出资义务。 以非货币财产出资的,依照法律、行政法规的规定,需要办理财产权转移手续的,应当依法办理。
第969条 合伙人的出资、因合伙事务依法取得的收益和其他财产,属于合伙财产。 合伙合同终止前,合伙人不得请求分割合伙财产。	(无)	《民法通则》第32条 合伙人投入的财产,由合伙人统一管理和使用。 合伙经营积累的财产,归合伙人共有。 《合伙企业法》第20条 合伙人的出资、以合伙企业名义取得的收益和依法取得的其他财产,均为合伙企业的财产。 《合伙企业法》第21条 合伙人在合伙企业清算前,不得请求分割合伙企业的财产;但是,本法另有规定的除外。 合伙人在合伙企业清算前私自转移或者处分合伙企业财产的,合伙企业不得以此对抗善意第三人。
第970条 合伙人就合伙事务作出决定的,除合伙合同另有约定外,应当经全体合伙人一致同意。 合伙事务由全体合伙人共同执行。按照合伙合同的约定或者全体合伙人的决定,可以委托一个或者数个合伙人执行合伙事务;其他合伙人不再执行合伙事务,但是有权监督执行情况。 合伙人分别执行合伙事务的,执行事务合伙人可以对其他合伙人执行的事务提出异议;提出异议后,其他合伙人应当暂停该项事务的执行。	(无)	《民法通则》第34条 个人合伙的经营活动,由合伙人共同决定,合伙人有执行或监督的权利。 合伙人可以推举负责人。合伙负责人和其他人员的经营活动,由全体合伙人承担民事责任。 《合伙企业法》第26条 合伙人对执行合伙事务享有同等的权利。 按照合伙协议的约定或者经全体合伙人决定,可以委托一个或者数个合伙人对外代表合伙企业,执行合伙事务。 作为合伙人的法人、其他组织执行合伙事务的,由其委派的代表执行。 《合伙企业法》第27条 依照本法第二十六条第二款规定委托一个或者数个合伙人执行合伙事务的,其他合伙人不再执行合伙事务。 不执行合伙事务的合伙人有权监督执行事务合伙人执行合伙事务的情况。 《合伙企业法》第29条 合伙人分别执行合伙事务的,执行事务合伙人可以对其他合伙人执行的事务提出异议。提出异议时,应当暂停该项事务的执行。

《民法典》	《合同法》	相关规范性法律文件
		如果发生争议,依照本法第三十条规定作出决定。 受委托执行合伙事务的合伙人不按照合伙协议或者全体合伙人的决定执行事务的,其他合伙人可以决定撤销该委托。
第971条 合伙人不得因执行合伙事务而请求支付报酬,但是合伙合同另有约定的除外。	(无)	
第972条 合伙的利润分配和亏损分担,按照合伙合同的约定办理;合伙合同没有约定或者约定不明确的,由合伙人协商决定;协商不成的,由合伙人按照实缴出资比例分配、分担;无法确定出资比例的,由合伙人平均分配、分担。	(无)	《民法通则》第35条第1款 合伙的债务,由合伙人按照出资比例或者协议的约定,以各自的财产承担清偿责任。 《合伙企业法》第33条 合伙企业的利润分配、亏损分担,按照合伙协议的约定办理;合伙协议未约定或者约定不明确的,由合伙人协商决定;协商不成的,由合伙人按照实缴出资比例分配、分担;无法确定出资比例的,由合伙人平均分配、分担。 合伙协议不得约定将全部利润分配给部分合伙人或者由部分合伙人承担全部亏损。
第973条 合伙人对合伙债务承担连带责任。清偿合伙债务超过自己应当承担份额的合伙人,有权向其他合伙人追偿。	(无)	《民法通则》第35条第2款 合伙人对合伙的债务承担连带责任,法律另有规定的除外。偿还合伙债务超过自己应当承担数额的合伙人,有权向其他合伙人追偿。
第974条 除合伙合同另有约定外,合伙人向合伙人以外的人转让其全部或者部分财产份额的,须经其他合伙人一致同意。	(无)	《合伙企业法》第22条 除合伙协议另有约定外,合伙人向合伙人以外的人转让其在合伙企业中的全部或者部分财产份额时,须经其他合伙人一致同意。 合伙人之间转让在合伙企业中的全部或者部分财产份额的,应当通知其他合伙人。
第975条 合伙人的债权人不得代位行使合伙人依照本章规定和合伙合同享有的权利,但是合伙人享有的利益分配请求权除外。	(无)	
第976条 合伙人对合伙期限没有约定或者约定不明确,依据本法第五百一十条的规定仍不能确定的,视为不定期合伙。 合伙期限届满,合伙人继续执行合伙事务,其他合伙人没有提出异议的,原合伙合同继续有效,但是合伙期限为不定期。	(无)	

《民法典》	《合同法》	相关规范性法律文件
合伙人可以随时解除不定期合伙合同,但是应当在合理期限之前通知其他合伙人。		
第977条 合伙人死亡、丧失民事行为能力或者终止的,合伙合同终止;但是,合伙合同另有约定或者根据合伙事务的性质不宜终止的除外。	(无)	
第978条 合伙合同终止后,合伙财产在支付因终止而产生的费用以及清偿合伙债务后有剩余的,依据本法第九百七十二条的规定进行分配。	(无)	《合伙企业法》第89条 合伙企业财产在支付清算费用和职工工资、社会保险费用、法定补偿金以及缴纳所欠税款、清偿债务后的剩余财产,依照本法第三十三条第一款的规定进行分配。
第三分编 准合同		
第二十八章 无因管理		
第979条 管理人没有法定的或者约定的义务,为避免他人利益受损失而管理他人事务的,可以请求受益人偿还因管理事务而支出的必要费用;管理人因管理事务受到损失的,可以请求受益人给予适当补偿。 管理事务不符合受益人真实意思的,管理人不享有前款规定的权利;但是,受益人的真实意思违反法律或者违背公序良俗的除外。	(无)	《民法总则》第121条 没有法定的或者约定的义务,为避免他人利益受损失而进行管理的人,有权请求受益人偿还由此支出的必要费用。 《民法通则》第93条 没有法定的或者约定的义务,为避免他人利益受损失进行管理或者服务的,有权要求受益人偿付由此而支出的必要费用。
第980条 管理人管理事务不属于前条规定的情形,但是受益人享有管理利益的,受益人应当在其获得的利益范围内向管理人承担前条第一款规定的义务。	(无)	
第981条 管理人管理他人事务,应当采取有利于受益人的方法。中断管理对受益人不利的,无正当理由不得中断。	(无)	
第982条 管理人管理他人事务,能够通知受益人的,应当及时通知受益人。管理的事务不需要紧急处理的,应当等待受益人的指示。	(无)	
第983条 管理结束后,管理人应当向受益人报告管理事务的情况。管理人管理事务取得的财产,应当及时转交给受益人。	(无)	

《民法典》	《合同法》	相关规范性法律文件
第984条 管理人管理事务经受益人事后追认的,从管理事务开始时起,适用委托合同的有关规定,但是管理人另有意思表示的除外。	(无)	
第二十九章 不当得利		
第985条 得利人没有法律根据取得不当利益的,受损失的人可以请求得利人返还取得的利益,但是有下列情形之一的除外: (一)为履行道德义务进行的给付; (二)债务到期之前的清偿; (三)明知无给付义务而进行的债务清偿。	(无)	《民法总则》第122条 因他人没有法律根据,取得不当利益,受损失的人有权请求其返还不当利益。 《民法通则》第92条 没有合法根据,取得不当利益,造成他人损失的,应当将取得的不当利益返还受损失的人。 《合同编通则解释》第51条第1款 第三人加入债务并与债务人约定了追偿权,其履行债务后主张向债务人追偿的,人民法院应予支持;没有约定追偿权,第三人依照民法典关于不当得利等的规定,在其已经向债权人履行债务的范围内请求债务人向其履行的,人民法院应予支持,但是第三人知道或者应当知道加入债务会损害债务人利益的除外。
第986条 得利人不知道且不应当知道取得的利益没有法律根据,取得的利益已经不存在的,不承担返还该利益的义务。	(无)	
第987条 得利人知道或者应当知道取得的利益没有法律根据的,受损失的人可以请求得利人返还其取得的利益并依法赔偿损失。	(无)	
第988条 得利人已经将取得的利益无偿转让给第三人的,受损失的人可以请求第三人在相应范围内承担返还义务。	(无)	

第四编　人格权

《民法典》	相关法律	其他规范性法律文件
第四编　人格权		
第一章　一般规定		
第989条　本编调整因人格权的享有和保护产生的民事关系。	（无）	
第990条　<u>人格权是民事主体享有的生命权、身体权、健康权、姓名权、名称权、肖像权、名誉权、荣誉权、隐私权等权利。</u> <u>除前款规定的人格权外，自然人享有基于人身自由、人格尊严产生的其他人格权益。</u>	《宪法》第38条　中华人民共和国公民的人格尊严不受侵犯。禁止用任何方法对公民进行侮辱、诽谤和诬告陷害。 《民法总则》第109条　自然人的人身自由、人格尊严受法律保护。 《民法总则》第110条　自然人享有生命权、身体权、健康权、姓名权、肖像权、名誉权、荣誉权、隐私权、婚姻自主权等权利。 法人、非法人组织享有名称权、名誉权、荣誉权等权利。	
第991条　民事主体的人格权受法律保护，任何组织或者个人不得侵害。	《民法总则》第109条　自然人的人身自由、人格尊严受法律保护。	
第992条　<u>人格权不得放弃、转让或者继承。</u>	（无）	
第993条　民事主体可以将自己的姓名、名称、肖像等许可他人使用，但是依照法律规定或者根据其性质不得许可的除外。	《民法通则》第99条　公民享有姓名权，有权决定、使用和依照规定改变自己的姓名，禁止他人干涉、盗用、假冒。 法人、个体工商户、个人合伙享有名称权。企业法人、个体工商户、个人合伙有权使用、依法转让自己的名称。	
第994条　死者的姓名、肖像、名誉、荣誉、隐私、遗体等受到侵害的，其配偶、子女、父母有权依法请求行为人承担民事责任；死者没有配偶、子女且父母已经死亡的，其他近亲属有权依法请求行为人承担民事责任。	（无）	《精神损害赔偿解释》第1条 　　因人身权益或者具有人身意义的特定物受到侵害，自然人或者其近亲属向人民法院提起诉讼请求精神损害赔偿的，人民法院应当依法予以受理。 《精神损害赔偿解释》第3条 　　死者的姓名、肖像、名誉、荣誉、隐私、遗体、遗骨等受到侵害，其近亲属向人民法院提起诉讼请求精神损害赔偿的，人民法院应当依法予以支持。

《民法典》	相关法律	其他规范性法律文件
第995条 人格权受到侵害的,受害人有权依照本法和其他法律的规定请求行为人承担民事责任。受害人的停止侵害、排除妨碍、消除危险、消除影响、恢复名誉、赔礼道歉请求权,不适用诉讼时效的规定。	《民法通则》第120条 公民的姓名权、肖像权、名誉权、荣誉权受到侵害的,有权要求停止侵害,恢复名誉,消除影响,赔礼道歉,并可以要求赔偿损失。法人的名称权、名誉权、荣誉权受到侵害的,适用前款规定。	《人身损害赔偿解释》第1条第1款 因生命、身体、健康遭受侵害,赔偿权利人起诉请求赔偿义务人赔偿物质损害和精神损害的,人民法院应予受理。《精神损害赔偿解释》第1条 因人身权益或者具有人身意义的特定物受到侵害,自然人或者其近亲属向人民法院提起诉讼请求精神损害赔偿的,人民法院应当依法予以受理。
第996条 因当事人一方的违约行为,损害对方人格权并造成严重精神损害,受损害方选择请求其承担违约责任的,不影响受损害方请求精神损害赔偿。	(无)	
第997条 民事主体有证据证明行为人正在实施或者即将实施侵害其人格权的违法行为,不及时制止将使其合法权益受到难以弥补的损害的,有权依法向人民法院申请采取责令行为人停止有关行为的措施。	(无)	
第998条 认定行为人承担侵害除生命权、身体权和健康权外的人格权的民事责任,应当考虑行为人和受害人的职业、影响范围、过错程度,以及行为的目的、方式、后果等因素。	(无)	《精神损害赔偿解释》第5条 精神损害的赔偿数额根据以下因素确定:(一)侵权人的过错程度,但是法律另有规定的除外;(二)侵权行为的目的、方式、场合等具体情节;(三)侵权行为所造成的后果;(四)侵权人的获利情况;(五)侵权人承担责任的经济能力;(六)受理诉讼法院所在地的平均生活水平。
第999条 为公共利益实施新闻报道、舆论监督等行为的,可以合理使用民事主体的姓名、名称、肖像、个人信息等;使用不合理侵害民事主体人格权的,应当依法承担民事责任。	(无)	
第1000条 行为人因侵害人格权承担消除影响、恢复名誉、赔礼道歉等民事责任的,应当与行为的具体方式和造成的影响范围相当。行为人拒不承担前款规定的民事责任的,人民法院可以采取在报刊、网络等媒体上发布公告或者公布生效裁判文书等方式执行,产生的费用由行为人负担。	(无)	

《民法典》	相关法律	其他规范性法律文件
第1001条 对自然人因婚姻家庭关系等产生的身份权利的保护,适用本法第一编、第五编和其他法律的相关规定;没有规定的,可以根据其性质,参照适用本编人格权保护的有关规定。	(无)	
第二章 生命权、身体权和健康权		
第1002条 自然人享有生命权。自然人的生命安全和生命尊严受法律保护。任何组织或者个人不得侵害他人的生命权。	《民法通则》第98条 公民享有生命健康权。	
第1003条 自然人享有身体权。自然人的身体完整和行动自由受法律保护。任何组织或者个人不得侵害他人的身体权。	(无)	
第1004条 自然人享有健康权。自然人的身心健康受法律保护。任何组织或者个人不得侵害他人的健康权。	《民法通则》第98条 公民享有生命健康权。	
第1005条 自然人的生命权、身体权、健康权受到侵害或者处于其他危难情形的,负有法定救助义务的组织或者个人应当及时施救。	(无)	
第1006条 完全民事行为能力人有权依法自主决定无偿捐献其人体细胞、人体组织、人体器官、遗体。任何组织或者个人不得强迫、欺骗、利诱其捐献。完全民事行为能力人依据前款规定同意捐献的,应当采用书面形式也可以订立遗嘱。 自然人生前未表示不同意捐献的,该自然人死亡后,其配偶、成年子女、父母可以共同决定捐献,决定捐献应当采用书面形式。	(无)	**《人体器官移植条例》第7条** 人体器官捐献应当遵循自愿、无偿的原则。 公民享有捐献或者不捐献其人体器官的权利;任何组织或者个人不得强迫、欺骗或者利诱他人捐献人体器官。 **《人体器官移植条例》第8条** 捐献人体器官的公民应当具有完全民事行为能力。公民捐献其人体器官应当有书面形式的捐献意愿,对已经表示捐献其人体器官的意愿,有权予以撤销。 公民生前表示不同意捐献其人体器官的,任何组织或者个人不得捐献、摘取该公民的人体器官;公民生前未表示不同意捐献其人体器官的,该公民死亡后,其配偶、成年子女、父母可以书面形式共同表示同意捐献该公民人体器官的意愿。 **《人体器官移植条例》第9条** 任何组织或者个人不得摘取未满18周岁公民的活体器官用于移植。

《民法典》	相关法律	其他规范性法律文件
第1007条　禁止以任何形式买卖人体细胞、人体组织、人体器官、遗体。 违反前款规定的买卖行为无效。	（无）	《人体器官移植条例》第3条 　　任何组织或者个人不得以任何形式买卖人体器官，不得从事与买卖人体器官有关的活动。
第1008条　为研制新药、医疗器械或者发展新的预防和治疗方法，需要进行临床试验的，应当依法经相关主管部门批准并经伦理委员会审查同意，向受试者或者受试者的监护人告知试验目的、用途和可能产生的风险等详细情况，并经其书面同意。 进行临床试验的，不得向受试者收取试验费用。	（无）	
第1009条　从事与人体基因、人体胚胎等有关的医学和科研活动，应当遵守法律、行政法规和国家有关规定，不得危害人体健康，不得违背伦理道德，不得损害公共利益。	（无）	
第1010条　违背他人意愿，以言语、文字、图像、肢体行为等方式对他人实施性骚扰的，受害人有权依法请求行为人承担民事责任。 机关、企业、学校等单位应当采取合理的预防、受理投诉、调查处置等措施，防止和制止利用职权、从属关系等实施性骚扰。	《妇女权益保障法》第40条 　　禁止对妇女实施性骚扰。受害妇女有权向单位和有关机关投诉。	
第1011条　以非法拘禁等方式剥夺、限制他人的行动自由，或者非法搜查他人身体的，受害人有权依法请求行为人承担民事责任。	《宪法》第37条　中华人民共和国公民的人身自由不受侵犯。 　　任何公民，非经人民检察院批准或者决定或者人民法院决定，并由公安机关执行，不受逮捕。 　　禁止非法拘禁和以其他方法非法剥夺或者限制公民的人身自由，禁止非法搜查公民的身体。	
第三章　姓名权和名称权		
第1012条　自然人享有姓名权，有权依法决定、使用、变更或者许可他人使用自己的姓名，但是不得违背公序良俗。	《民法通则》第99条　公民享有姓名权，有权决定、使用和依照规定改变自己的姓名，禁止他人干涉、盗用、假冒。 　　法人、个体工商户、个人合伙享有名称权。企业法人、个体工商户、个人合伙有权使用、依法转让自己的名称。	
第1013条　法人、非法人组织享有名称权，有权依法决定、使用、变更、转让或者许可他人使用自己的名称。		
第1014条　任何组织或者个人不得以干涉、盗用、假冒等方式侵害他人的姓名权或者名称权。		

《民法典》	相关法律	其他规范性法律文件
第1015条 自然人应当随父姓或者母姓,但是有下列情形之一的,可以在父姓和母姓之外选取姓氏: (一)选取其他直系长辈血亲的姓氏; (二)因由法定扶养人以外的人扶养而选取扶养人姓氏; (三)有不违背公序良俗的其他正当理由。 少数民族自然人的姓氏可以遵从本民族的文化传统和风俗习惯。	《婚姻法》第22条 子女可以随父姓,可以随母姓。	
第1016条 自然人决定、变更姓名,或者法人、非法人组织决定、变更、转让名称的,应当依法向有关机关办理登记手续,但是法律另有规定的除外。 民事主体变更姓名、名称的,变更前实施的民事法律行为对其具有法律约束力。	(无)	
第1017条 具有一定社会知名度,被他人使用足以造成公众混淆的笔名、艺名、网名、译名、字号、姓名和名称的简称等,参照适用姓名权和名称权保护的有关规定。	(无)	
第四章 肖像权		
第1018条 自然人享有肖像权,有权依法制作、使用、公开或者许可他人使用自己的肖像。 肖像是通过影像、雕塑、绘画等方式在一定载体上所反映的特定自然人可以被识别的外部形象。	《民法通则》第100条 公民享有肖像权,未经本人同意,不得以营利为目的使用公民的肖像。	
第1019条 任何组织或者个人不得以丑化、污损、或者利用信息技术手段伪造等方式侵害他人的肖像权。未经肖像权人同意,不得制作、使用、公开肖像权人的肖像,但是法律另有规定的除外。 未经肖像权人同意,肖像作品权利人不得以发表、复制、发行、出租、展览等方式使用或者公开肖像权人的肖像。	《妇女权益保障法》第42条 妇女的名誉权、荣誉权、隐私权、肖像权等人格权受法律保护。 禁止用侮辱、诽谤等方式损害妇女的人格尊严。禁止通过大众传播媒介或者其他方式贬低损害妇女人格。未经本人同意,不得以营利为目的,通过广告、商标、展览橱窗、报纸、期刊、图书、音像制品、电子出版物、网络等形式使用妇女肖像。	
第1020条 合理实施下列行为的,可以不经肖像权人同意: (一)为个人学习、艺术欣赏、课堂教学或者科学研究,在必要范围内使用肖像权人已经公开的肖像;	(无)	

《民法典》	相关法律	其他规范性法律文件
（二）为实施新闻报道，不可避免地制作、使用、公开肖像权人的肖像； （三）为依法履行职责，国家机关在必要范围内制作、使用、公开肖像权人的肖像； （四）为展示特定公共环境，不可避免地制作、使用、公开肖像权人的肖像； （五）为维护公共利益或者肖像权人合法权益，制作、使用、公开肖像权人的肖像的其他行为。		
第1021条　当事人对肖像许可使用合同中关于肖像使用条款的理解有争议的，应当作出有利于肖像权人的解释。	（无）	
第1022条　当事人对肖像许可使用期限没有约定或者约定不明确的，任何一方当事人可以随时解除肖像许可使用合同，但是应当在合理期限之前通知对方。 当事人对肖像许可使用期限有明确约定，肖像权人有正当理由的，可以解除肖像许可使用合同，但是应当在合理期限之前通知对方。因解除合同造成对方损失的，除不可归责于肖像权人的事由外，应当赔偿损失。	（无）	
第1023条　对姓名等的许可使用，参照适用肖像许可使用的有关规定。 对自然人声音的保护，参照适用肖像权保护的有关规定。	（无）	
第五章　名誉权和荣誉权		
第1024条　民事主体享有名誉权。任何组织或者个人不得以侮辱、诽谤等方式侵害他人的名誉权。 名誉是对民事主体的品德、声望、才能、信用等的社会评价。	《宪法》第38条　中华人民共和国公民的人格尊严不受侵犯。禁止用任何方法对公民进行侮辱、诽谤和诬告陷害。 《民法通则》第101条　公民、法人享有名誉权，公民的人格尊严受法律保护，禁止用侮辱、诽谤等方式损害公民、法人的名誉。 《妇女权益保障法》第42条　妇女的名誉权、荣誉权、隐私权、肖像权等人格权受法律保护。禁止用侮辱、诽谤等方式损害妇女的人格尊严。禁止通过大众传播媒介或者其他方式贬低损害妇女人格。未经本人同意，不得以营利为目的，通过广告、商标、展览橱窗、报纸、期刊、图书、音像制品、电子出版物、网络等形式使用妇女肖像。	《精神损害赔偿解释》第4条　法人或者非法人组织以名誉权、荣誉权、名称权遭受侵害为由，向人民法院起诉请求精神损害赔偿的，人民法院不予支持。 《网络侵害人身权益规定》第8条　网络用户或者网络服务提供者采取诽谤、诋毁等手段，损害公众对经营主体的信赖，降低其产品或者服务的社会评价，经营主体请求网络用户或者网络服务提供者承担侵权责任的，人民法院应依法予以支持。

《民法典》	相关法律	其他规范性法律文件
第1025条 行为人为公共利益实施新闻报道、舆论监督等行为,影响他人名誉的,不承担民事责任,但是有下列情形之一的除外: (一)捏造、歪曲事实; (二)对他人提供的严重失实内容未尽到合理核实义务; (三)使用侮辱性言辞等贬损他人名誉。	(无)	
第1026条 认定行为人是否尽到前条第二项规定的合理核实义务,应当考虑下列因素: (一)内容来源的可信度; (二)对明显可能引发争议的内容是否进行了必要的调查; (三)内容的时限性; (四)内容与公序良俗的关联性; (五)受害人名誉受贬损的可能性; (六)核实能力和核实成本。	(无)	
第1027条 行为人发表的文学、艺术作品以真人真事或者特定人为描述对象,含有侮辱、诽谤内容,侵害他人名誉权的,受害人有权依法请求该行为人承担民事责任。 行为人发表的文学、艺术作品不以特定人为描述对象,仅其中的情节与该特定人的情况相似的,不承担民事责任。	(无)	
第1028条 民事主体有证据证明报刊、网络等媒体报道的内容失实,侵害其名誉权的,有权请求该媒体及时采取更正或者删除等必要措施。	(无)	
第1029条 民事主体可以依法查询自己的信用评价;发现信用评价不当的,有权提出异议并请求采取更正、删除等必要措施。信用评价人应当及时核查,经核查属实的,应当及时采取必要措施。	(无)	《征信业管理条例》第17条 信息主体可以向征信机构查询自身信息。个人信息主体有权每年两次免费获取本人的信用报告。 《征信业管理条例》第25条 信息主体认为征信机构采集、保存、提供的信息存在错误、遗漏的,有权向征信机构或者信息提供者提出异议,要求更正。 征信机构或者信息提供者收到异议,应当按照国务院征信业监督管理部门的规定对相关信息作出存在异议的标注,自收到异议之日起20日内进行核查和处理,并将结果书面答复异议人。

《民法典》	相关法律	其他规范性法律文件
		经核查,确认相关信息确有错误、遗漏的,信息提供者、征信机构应当予以更正;确认不存在错误、遗漏的,应当取消异议标注;经核查仍不能确认的,对核查情况和异议内容应当予以记载。
第1030条 民事主体与征信机构等信用信息处理者之间的关系,适用本编有关个人信息保护的规定和其他法律、行政法规的有关规定。	(无)	
第1031条 民事主体享有荣誉权。任何组织或者个人不得非法剥夺他人的荣誉称号,不得诋毁、贬损他人的荣誉。 获得的荣誉称号应当记载而没有记载的,民事主体可以请求记载;获得的荣誉称号记载错误的,民事主体可以请求更正。	《民法通则》第102条 公民、法人享有荣誉权,禁止非法剥夺公民、法人的荣誉称号。	
第六章 隐私权和 个人信息保护		
第1032条 自然人享有隐私权。任何组织或者个人不得以刺探、侵扰、泄露、公开等方式侵害他人的隐私权。 隐私是自然人的私人生活安宁和不愿为他人知晓的私密空间、私密活动、私密信息。	《宪法》第39条 中华人民共和国公民的住宅不受侵犯。禁止非法搜查或者非法侵入公民的住宅。	
第1033条 除法律另有规定或者权利人明确同意外,任何组织或者个人不得实施下列行为: (一)以电话、短信、即时通讯工具、电子邮件、传单等方式侵扰他人的私人生活安宁; (二)进入、拍摄、窥视他人的住宅、宾馆房间等私密空间; (三)拍摄、窥视、窃听、公开他人的私密活动; (四)拍摄、窥视他人身体的私密部位; (五)处理他人的私密信息; (六)以其他方式侵害他人的隐私权。	(无)	
第1034条 自然人的个人信息受法律保护。 个人信息是以电子或者其他方式记录的能够单独或者与其他信息结合识别特定自然人的各种信息,包括自然人的姓名、出生日期、身份证件号码、生物识别信息、住址、电话号码、电子邮箱、健康信息、行踪信息等。	《民法总则》第111条第1句 自然人的个人信息受法律保护。	《旅游纠纷解释》第9条 旅游经营者、旅游辅助服务者以非法收集、存储、使用、加工、传输、买卖、提供、公开等方式处理旅游者个人信息,旅游者请求其承担相应责任的,人民法院应予支持。

《民法典》	相关法律	其他规范性法律文件
个人信息中的私密信息,适用有关隐私权的规定;没有规定的,适用有关个人信息保护的规定。		
第1035条 处理个人信息的,应当遵循合法、正当、必要原则,不得过度处理,并符合下列条件: (一)征得该自然人或者其监护人同意,但是法律、行政法规另有规定的除外; (二)公开处理信息的规则; (三)明示处理信息的目的、方式和范围; (四)不违反法律、行政法规的规定和双方的约定。 个人信息的处理包括个人信息的收集、存储、使用、加工、传输、提供、公开等。	《民法总则》第111条第2句 任何组织和个人需要获取他人个人信息的,应当依法取得并确保信息安全,不得非法收集、使用、加工、传输他人个人信息,不得非法买卖、提供或者公开他人个人信息。 《网络安全法》第41条 网络运营者收集、使用个人信息,应当遵循合法、正当、必要的原则,公开收集、使用规则,明示收集、使用信息的目的、方式和范围,并经被收集者同意。 网络运营者不得收集与其提供的服务无关的个人信息,不得违反法律、行政法规的规定和双方的约定收集、使用个人信息,并应当依照法律、行政法规的规定和与用户的约定,处理其保存的个人信息。	《征信业管理条例》第13条 采集个人信息应当经信息主体本人同意,未经本人同意不得采集。但是,依照法律、行政法规规定公开的信息除外。 企业的董事、监事、高级管理人员与其履行职务相关的信息,不作为个人信息。
第1036条 处理个人信息,有下列情形之一的,行为人不承担民事责任: (一)在该自然人或者其监护人同意的范围内合理实施的行为; (二)合理处理该自然人自行公开的或者其他已经合法公开的信息,但是该自然人明确拒绝或者处理该信息侵害其重大利益的除外; (三)为维护公共利益或者该自然人合法权益,合理实施的其他行为。	(无)	
第1037条 自然人可以依法向信息处理者查阅或者复制其个人信息;发现信息有错误的,有权提出异议并请求及时采取更正等必要措施。 自然人发现信息处理者违反法律、行政法规的规定或者双方的约定处理其个人信息的,有权请求信息处理者及时删除。	《网络安全法》第43条 个人发现网络运营者违反法律、行政法规的规定或者双方的约定收集、使用其个人信息的,有权要求网络运营者删除其个人信息;发现网络运营者收集、存储的其个人信息有错误的,有权要求网络运营者予以更正。网络运营者应当采取措施予以删除或者更正。	《征信业管理条例》第17条 信息主体可以向征信机构查询自身信息。个人信息主体有权每年两次免费获取本人的信用报告。 《征信业管理条例》第25条 信息主体认为征信机构采集、保存、提供的信息存在错误、遗漏的,有权向征信机构或者信息提供者提出异议,要求更正。 征信机构或者信息提供者收到异议,应当按照国务院征信业监督管理部门的规定对相关信息作出存在异议的标注,自收到异议之日起20日内进行核查和处理,并将结果书面答复异议人。

《民法典》	相关法律	其他规范性法律文件
		经核查,确认相关信息确有错误、遗漏的,信息提供者、征信机构应当予以更正;确认不存在错误、遗漏的,应当取消异议标注;经核查仍不能确认的,对核查情况和异议内容应当予以记载。
第1038条 信息处理者不得泄露或者篡改其收集、存储的个人信息;未经自然人同意,不得向他人非法提供其个人信息,但是经过加工无法识别特定个人且不能复原的除外。 信息处理者**应当采取技术措施和其他必要措施,确保其收集、存储的个人信息安全,防止信息泄露、篡改、丢失;发生或者可能发生个人信息泄露、篡改、丢失的,应当及时采取补救措施,按照规定告知自然人并向有关主管部门报告。**	《网络安全法》第42条 网络运营者不得泄露、篡改、毁损其收集的个人信息;未经被收集者同意,不得向他人提供个人信息。但是,经过处理无法识别特定个人且不能复原的除外。 网络运营者应当采取技术措施和其他必要措施,确保其收集的个人信息安全,防止信息泄露、毁损、丢失。在发生或者可能发生个人信息泄露、毁损、丢失的情况时,应当立即采取补救措施,按照规定及时告知用户并向有关主管部门报告。	《旅游纠纷解释》第9条 旅游经营者、旅游辅助服务者以非法收集、存储、使用、加工、传输、买卖、提供、公开等方式处理旅游者个人信息,旅游者请求其承担相应责任的,人民法院应予支持。
第1039条 国家机关、承担行政职能的法定机构及其工作人员对于履行职责过程中知悉的自然人的隐私和个人信息,应当予以保密,**不得泄露或者向他人非法提供。**	《网络安全法》第45条 依法负有网络安全监督管理职责的部门及其工作人员,必须对在履行职责中知悉的个人信息、隐私和商业秘密严格保密,不得泄露、出售或者非法向他人提供。	《征信业管理条例》第3条 从事征信业务及相关活动,应当遵守法律法规,诚实守信,不得危害国家秘密,不得侵犯商业秘密和个人隐私。

第五编　婚姻家庭

《民法典》	《婚姻法》	相关规范性法律文件
第五编　婚姻家庭		
第一章　一般规定	第一章　一般规定	
第 1040 条　本编调整因婚姻家庭产生的民事关系。	第 1 条　本法是婚姻家庭关系的基本准则。	
第 1041 条　婚姻家庭受国家保护。 实行婚姻自由、一夫一妻、男女平等的婚姻制度。 保护妇女、**未成年人**、老年人、**残疾人**的合法权益。	第 2 条　实行婚姻自由、一夫一妻、男女平等的婚姻制度。 保护妇女、儿童和老人的合法权益。 **实行计划生育。**	
第 1042 条　禁止包办、买卖婚姻和其他干涉婚姻自由的行为。禁止借婚姻索取财物。 禁止重婚。禁止有配偶者与他人同居。 禁止家庭暴力。禁止家庭成员间的虐待和遗弃。	第 3 条　禁止包办、买卖婚姻和其他干涉婚姻自由的行为。禁止借婚姻索取财物。 禁止重婚。禁止有配偶者与他人同居。禁止家庭暴力。禁止家庭成员间的虐待和遗弃。	《婚姻家庭编解释（一）》第 1 条　持续性、经常性的家庭暴力，可以认定为民法典第一千零四十二条、第一千零七十九条、第一千零九十一条所称的"虐待"。 《婚姻家庭编解释（一）》第 2 条　民法典第一千零四十二条、第一千零七十九条、第一千零九十一条规定的"与他人同居"的情形，是指有配偶者与婚外异性，不以夫妻名义，持续、稳定地共同居住。
第 1043 条　家庭应当树立优良家风，弘扬家庭美德，重视家庭文明建设。 夫妻应当互相忠实，互相尊重，**互相关爱**；家庭成员应当敬老爱幼，互相帮助，维护平等、和睦、文明的婚姻家庭关系。	第 4 条　夫妻应当互相忠实，互相尊重；家庭成员间应当敬老爱幼，互相帮助，维护平等、和睦、文明的婚姻家庭关系。	《婚姻法解释（一）》第 3 条　当事人仅以民法典第一千零四十三条为依据提起诉讼的，人民法院不予受理；已经受理的，裁定驳回起诉。
第 1044 条　收养应当遵循最有利于被收养人的原则，保障被收养人和收养人的合法权益。 禁止借收养名义买卖未成年人。	（无）	
第 1045 条　亲属包括配偶、血亲和姻亲。 配偶、父母、子女、兄弟姐妹、祖父母、外祖父母、孙子女、外孙子女为近亲属。 配偶、父母、子女和其他共同生活的近亲属为家庭成员。	（无）	

《民法典》	《婚姻法》	相关规范性法律文件
第二章 结婚	第二章 结婚	
第1046条 结婚**应当**男女双方完全自愿，**禁止**任何一方对**另一方**加以强迫，**禁止任何组织或者个人**加以干涉。	**第5条** 结婚必须男女双方完全自愿，不许任何一方对他方加以强迫或任何第三者加以干涉。	
第1047条 结婚年龄，男不得早于二十二周岁，女不得早于二十周岁。	**第6条** 结婚年龄，男不得早于二十二周岁，女不得早于二十周岁。晚婚晚育应予鼓励。	
第1048条 直系血亲或者三代以内的旁系血亲禁止结婚。	**第7条** 有下列情形之一的，禁止结婚： (一)直系血亲和三代以内的旁系血亲； (二)患有医学上认为不应当结婚的疾病。	
第1049条 要求结婚的男女双方**应当**亲自到婚姻登记机关**申请**结婚登记。符合本法规定的，予以登记，发给结婚证。**完成结婚登记**，即确立婚姻关系。未办理结婚登记的，应当补办登记。	**第8条** 要求结婚的男女双方必须亲自到婚姻登记机关进行结婚登记。符合本法规定的，予以登记，发给结婚证。取得结婚证，即确立夫妻关系。未办理结婚登记的，应当补办登记。	《婚姻家庭编解释(一)》第3条 当事人提起诉讼仅请求解除同居关系的，人民法院不予受理；已经受理的，裁定驳回起诉。 当事人因同居期间财产分割或者子女抚养纠纷提起诉讼的，人民法院应当受理。 《婚姻家庭编解释(一)》第5条 当事人请求返还按照习俗给付的彩礼的，如果查明属于以下情形，人民法院应当予以支持： (一)双方未办理结婚登记手续； (二)双方办理结婚登记手续但确未共同生活； (三)婚前给付并导致给付人生活困难。 适用前款第二项、第三项的规定，应当以双方离婚为条件。 《婚姻家庭编解释(一)》第6条 男女双方依据民法典第一千零四十九条规定补办结婚登记的，婚姻关系的效力从双方均符合民法典所规定的结婚的实质要件时起算。 《婚姻家庭编解释(一)》第7条 未依据民法典第一千零四十九条规定办理结婚登记而以夫妻名义共同生活的男女，提起诉讼要求离婚的，应当区别对待： (一)1994年2月1日民政部《婚姻登记管理条例》公布实施以前，男女双方已经符合结婚实质要件的，按事实婚姻处理。 (二)1994年2月1日民政部《婚姻登记管理条例》公布实施以后，男女双方符合结婚实质要件的，人民法院应当告知其补办结婚

《民法典》	《婚姻法》	相关规范性法律文件
		登记。未补办结婚登记的,依据本解释第三条规定处理。 **《婚姻家庭编解释(一)》第 8 条** 未依据民法典第一千零四十九条规定办理结婚登记而以夫妻名义共同生活的男女,一方死亡,另一方以配偶身份主张享有继承权的,依据本解释第七条的原则处理。 **《婚姻家庭编解释(一)》第 17 条第 2 款** 当事人以结婚登记程序存在瑕疵为由提起民事诉讼,主张撤销结婚登记的,告知其可以依法申请行政复议或者提起行政诉讼。
第 1050 条 登记结婚后,**按照**男女双方约定,女方可以成为男方家庭的成员,男方可以成为女方家庭的成员。	**第 9 条** 登记结婚后,根据男女双方约定,女方可以成为男方家庭的成员,男方可以成为女方家庭的成员。	
第 1051 条 有下列情形之一的,婚姻无效: (一)重婚; (二)有禁止结婚的亲属关系; (三)未到法定婚龄。	**第 10 条** 有下列情形之一的,婚姻无效: (一)重婚的; (二)有禁止结婚的亲属关系的; (三)婚前患有医学上认为不应当结婚的疾病,婚后尚未治愈的; (四)未到法定婚龄的。	**《婚姻家庭编解释(一)》第 9 条** 有权依据民法典第一千零五十一条规定向人民法院就已办理结婚登记的婚姻请求确认婚姻无效的主体,包括婚姻当事人及利害关系人。其中,利害关系人包括: (一)以重婚为由的,为当事人的近亲属及基层组织; (二)以未到法定婚龄为由的,为未到法定婚龄者的近亲属; (三)以有禁止结婚的亲属关系为由的,为当事人的近亲属。 **《婚姻家庭编解释(一)》第 10 条** 当事人依据民法典第一千零五十一条规定向人民法院请求确认婚姻无效,法定的无效婚姻情形在提起诉讼时已经消失的,人民法院不予支持。 **《婚姻家庭编解释(一)》第 11 条** 人民法院受理请求确认婚姻无效案件后,原告申请撤诉的,不予准许。 对婚姻效力的审理不适用调解,应当依法作出判决。 涉及财产分割和子女抚养的,可以调解。调解达成协议的,另行制作调解书;未达成调解协议的,应当一并作出判决。 **《婚姻家庭编解释(一)》第 12 条** 人民法院受理离婚案件后,经审理确属无效婚姻的,应当将婚姻无效的情形告知当事人,并依法作出确认婚姻无效的判决。

《民法典》	《婚姻法》	相关规范性法律文件
		《婚姻家庭编解释（一）》第13条　人民法院就同一婚姻关系分别受理了离婚和请求确认婚姻无效案件的,对于离婚案件的审理,应当待请求确认婚姻无效案件作出判决后进行。 《婚姻家庭编解释（一）》第14条　夫妻一方或者双方死亡后,生存一方或者利害关系人依据民法典第一千零五十一条的规定请求确认婚姻无效的,人民法院应当受理。 《婚姻家庭编解释（一）》第15条　利害关系人依据民法典第一千零五十一条的规定,请求人民法院确认婚姻无效的,利害关系人为原告,婚姻关系当事人双方为被告。 　　夫妻一方死亡的,生存一方为被告。 《婚姻家庭编解释（一）》第16条　人民法院审理重婚导致的无效婚姻案件时,涉及财产处理的,应当准许合法婚姻当事人作为有独立请求权的第三人参加诉讼。 《婚姻家庭编解释（一）》第17条第1款　当事人以民法典第一千零五十一条规定的三种无效婚姻以外的情形请求确认婚姻无效的,人民法院应当判决驳回当事人的诉讼请求。
第1052条　因胁迫结婚的,受胁迫的一方可以向人民法院请求撤销婚姻。 　　请求撤销婚姻的,应当自**胁迫行为终止**之日起一年内提出。 　　被非法限制人身自由的当事人请求撤销婚姻的,应当自恢复人身自由之日起一年内提出。	第11条　因胁迫结婚的,受胁迫的一方可以向**婚姻登记机关或**人民法院请求撤销该婚姻。受胁迫的一方撤销婚姻的请求,应当自结婚登记之日起一年内提出。被非法限制人身自由的当事人请求撤销婚姻的,应当自恢复人身自由之日起一年内提出。	《婚姻家庭编解释（一）》第18条　行为人以给另一方当事人或者其近亲属的生命、身体、健康、名誉、财产等方面造成损害为要挟,迫使另一方当事人违背真实意愿结婚的,可以认定为民法典第一千零五十二条所称的"胁迫"。 　　因受胁迫而请求撤销婚姻的,只能是受胁迫一方的婚姻关系当事人本人。 《婚姻家庭编解释（一）》第19条　民法典第一千零五十二条规定的"一年",不适用诉讼时效中止、中断或者延长的规定。 　　受胁迫或者被非法限制人身自由的当事人请求撤销婚姻的,不适用民法典第一百五十二条第二款的规定。

《民法典》	《婚姻法》	相关规范性法律文件
第1053条 一方患有重大疾病的,应当在结婚登记前如实告知另一方;不如实告知的,另一方可以向人民法院请求撤销婚姻。 请求撤销婚姻的,应当自知道或者应当知道撤销事由之日起一年内提出。	（无）	
第1054条 无效的或者被撤销的婚姻<u>自始没有法律约束力</u>,当事人不具有夫妻的权利和义务。同居期间所得的财产,由当事人协议处理;协议不成<u>的</u>,由人民法院根据照顾无过错方的原则判决。对重婚导致的无效婚姻的财产处理,不得侵害合法婚姻当事人的财产权益。当事人所生的子女,适用本法关于父母子女的规定。 <u>婚姻无效或者被撤销的,无过错方有权请求损害赔偿。</u>	第12条 无效或被撤销的婚姻,自始无效。当事人不具有夫妻的权利和义务。同居期间所得的财产,由当事人协议处理;协议不成时,由人民法院根据照顾无过错方的原则判决。对重婚导致的婚姻无效的财产处理,不得侵害合法婚姻当事人的财产权益。当事人所生的子女,适用本法有关父母子女的规定。	《婚姻家庭编解释（一）》第20条 民法典第一千零五十四条所规定的"自始没有法律约束力",是指无效婚姻或者可撤销婚姻在依法被确认无效或者被撤销时,才确定该婚姻自始不受法律保护。 《婚姻家庭编解释（一）》第21条 人民法院根据当事人的请求,依法确认婚姻无效或者撤销婚姻的,应当收缴双方的结婚证书并将生效的判决书寄送当地婚姻登记管理机关。 《婚姻家庭编解释（一）》第22条 被确认无效或者被撤销的婚姻,当事人同居期间所得的财产,除有证据证明为当事人一方所有的以外,按共同共有处理。
第三章 家庭关系	第三章 家庭关系	
第一节 夫妻关系	第一节 夫妻关系	
第1055条 夫妻在<u>婚姻</u>家庭中地位平等。	第13条 夫妻在家庭中地位平等。	
第1056条 夫妻双方都有<u>各自使用</u>自己姓名的权利。	第14条 夫妻双方都有各用自己姓名的权利。	
第1057条 夫妻双方都有参加生产、工作、学习和社会活动的自由,一方不得对<u>另一方</u>加以限制或干涉。	第15条 夫妻双方都有参加生产、工作、学习和社会活动的自由,一方不得对他方加以限制或干涉。	
第1058条 夫妻双方平等享有对未成年子女抚养、教育和保护的权利,共同承担对未成年子女抚养、教育和保护的义务。	（无）	
第1059条 夫妻有相互扶养的义务。 <u>需要扶养的一方,在另一方不履行扶养义务时,</u>有要求<u>其</u>给付扶养费的权利。	第20条 夫妻有互相扶养的义务。 一方不履行扶养义务时,需要扶养的一方,有要求对方付给扶养费的权利。	

《民法典》	《婚姻法》	相关规范性法律文件
第1060条 夫妻一方因家庭日常生活需要而实施的民事法律行为，对夫妻双方发生效力，但是夫妻一方与相对人另有约定的除外。 夫妻之间对一方可以实施的民事法律行为范围的限制，不得对抗善意相对人。	（无）	
第1061条 夫妻有相互继承遗产的权利。	第24条第1款 同《民法典》第1061条	
第1062条 夫妻在婚姻关系续期间所得的下列财产，**为夫妻的共同财产**,归夫妻共同所有： （一）工资、奖金、**劳务报酬**； （二）生产、经营、**投资**的收益； （三）知识产权的收益； （四）继承或者**受赠**的财产，但**是本法第一千零六十三条第三项**规定的除外； （五）其他应当归共同所有的财产。 夫妻对共同财产，有平等的处理权。	第17条 夫妻在婚姻关系存续期间所得的下列财产，归夫妻共同所有： （一）工资、奖金； （二）生产、经营的收益； （三）知识产权的收益； （四）继承或赠与所得的财产，但本法第十八条第三项规定的除外； （五）其他应当归共同所有的财产。 夫妻对共同**所有的**财产，有平等的处理权。	《婚姻家庭编解释（一）》第24条 民法典第一千零六十二条第一款第三项规定的"知识产权的收益"，是指婚姻关系存续期间，实际取得或者已经明确可以取得的财产性收益。 《婚姻家庭编解释（一）》第25条 婚姻关系存续期间，下列财产属于民法典第一千零六十二条规定的"其他应当归共同所有的财产"： （一）一方以个人财产投资取得的收益； （二）男女双方实际取得或者应当取得的住房补贴、住房公积金； （三）男女双方实际取得或者应当取得的基本养老金、破产安置补偿费。 《婚姻家庭编解释（一）》第26条 夫妻一方个人财产在婚后产生的收益，除孳息和自然增值外，应认定为夫妻共同财产。 《婚姻家庭编解释（一）》第27条 由一方婚前承租、婚后用共同财产购买的房屋，登记在一方名下的，应当认定为夫妻共同财产。 《婚姻家庭编解释（一）》第28条 一方未经另一方同意出售夫妻共同所有的房屋，第三人善意购买、支付合理对价并已办理不动产登记，另一方主张追回该房屋的，人民法院不予支持。 夫妻一方擅自处分共同所有的房屋造成另一方损失，离婚时另一方请求赔偿损失的，人民法院应予支持。 《婚姻家庭编解释（一）》第29条 当事人结婚前，父母为双方购置房屋出资的，该出资应当认定为对自己子女个人的赠与，但父母明确表示赠与双方的除外。

《民法典》	《婚姻法》	相关规范性法律文件
		当事人结婚后，父母为双方购置房屋出资的，依照约定处理；没有约定或者约定不明确的，按照民法典第一千零六十二条第一款第四项规定的原则处理。
第1063条　下列财产为夫妻一方的个人财产： （一）一方的婚前财产； <u>（二）一方因受到人身损害获得的赔偿或者补偿；</u> （三）遗嘱或者赠与合同中确定只归一方的财产； （四）一方专用的生活用品； （五）其他应当归一方的财产。	第18条　有下列情形之一的，为夫妻一方的财产： （一）一方的婚前财产； （二）一方因身体受到伤害获得的医疗费、残疾人生活补助费等费用； （三）遗嘱或赠与合同中确定只归<u>夫或妻</u>一方的财产； （四）一方专用的生活用品； （五）其他应当归一方的财产。	《婚姻法解释（三）》第7条第1款　婚后由一方父母出资为子女购买的不动产，产权登记在出资人子女名下的，可按照婚姻法第十八条第（三）项的规定，视为只对自己子女一方的赠与，该不动产应认定为夫妻一方的个人财产。 《婚姻法解释（二）》第13条　军人的伤亡保险金、伤残补助金、医药生活补助费属于个人财产。 《婚姻法解释（二）》第22条第1款　当事人结婚前，父母为双方购置房屋出资的，该出资应当认定为对自己子女的个人赠与，但父母明确表示赠与双方的除外。 《婚姻法解释（一）》第19条　婚姻法第十八条规定为夫妻一方所有的财产，不因婚姻关系的延续而转化为夫妻共同财产。但当事人另有约定的除外。
<u>第1064条　夫妻双方共同签名或者夫妻一方事后追认等共同意思表示所负的债务，以及夫妻一方在婚姻关系存续期间以个人名义为家庭日常生活需要所负的债务，属于夫妻共同债务。</u> <u>夫妻一方在婚姻关系存续期间以个人名义超出家庭日常生活需要所负的债务，不属于夫妻共同债务；但是，债权人能够证明该债务用于夫妻共同生活、共同生产经营或者基于夫妻双方共同意思表示的除外。</u>	（无）	《婚姻家庭编解释（一）》第33条　债权人就一方婚前所负个人债务向债务人的配偶主张权利的，人民法院不予支持。但债权人能够证明所负债务用于婚后家庭共同生活的除外。 《婚姻家庭编解释（一）》第34条　夫妻一方与第三人串通，虚构债务，第三人主张该债务为夫妻共同债务的，人民法院不予支持。 夫妻一方在从事赌博、吸毒等违法犯罪活动中所负债务，第三人主张该债务为夫妻共同债务的，人民法院不予支持。 《婚姻家庭编解释（一）》第35条　当事人的离婚协议或者人民法院生效判决、裁定、调解书已经对夫妻财产分割问题作出处理的，债权人仍有权就夫妻共同债务向男女双方主张权利。 一方就夫妻共同债务承担清偿责任后，主张由另一方按照离婚协议或者人民法院的法律文书承担相应债务的，人民法院应予支持。

《民法典》	《婚姻法》	相关规范性法律文件
		《婚姻家庭编解释（一）》第36条　夫或者妻一方死亡的，生存一方应当对婚姻关系存续期间的夫妻共同债务承担清偿责任。
第1065条　男女双方可以约定婚姻关系存续期间所得的财产以及婚前财产归各自所有、共同所有或者部分各自所有、部分共同所有。约定应当采用书面形式。没有约定或者约定不明确的，适用本法**第一千零六十二条、第一千零六十三条**的规定。 夫妻对婚姻关系存续期间所得的财产以及婚前财产的约定，对双方具有**法律**约束力。 夫妻对婚姻关系存续期间所得的财产约定归各自所有，夫或者妻一方对外所负的债务，**相对人**知道该约定的，以夫或者**妻一方的个人**财产清偿。	第19条　夫妻可以约定婚姻关系存续期间所得的财产以及婚前财产归各自所有、共同所有或部分各自所有、部分共同所有。约定应当采用书面形式。没有约定或约定不明确的，适用本法第十七条、第十八条的规定。 夫妻对婚姻关系存续期间所得的财产以及婚前财产的约定，对双方具有约束力。 夫妻对婚姻关系存续期间所得的财产约定归各自所有的，夫或妻一方对外所负的债务，第三人知道该约定的，以夫或妻一方所有的财产清偿。	《婚姻家庭编解释（一）》第37条　民法典第一千零六十五条第三款所称"相对人知道该约定的"，夫妻一方对此负有举证责任。
第1066条　婚姻关系存续期间，有下列情形之一的，夫妻一方可以向人民法院请求分割共同财产： （一）一方有隐藏、转移、变卖、毁损、挥霍夫妻共同财产或者伪造夫妻共同债务等严重损害夫妻共同财产利益的行为； （二）一方负有法定扶养义务的人患重大疾病需要医治，另一方不同意支付相关医疗费用。	（无）	《婚姻家庭编解释（一）》第38条　婚姻关系存续期间，除民法典第一千零六十六条规定情形以外，夫妻一方请求分割共同财产的，人民法院不予支持。
第二节　父母子女关系和其他近亲属关系	第二节　父母子女关系和其他近亲属关系	
第1067条　父母不履行抚养义务的，**未成年**子女或者不能独立生活的**成年**子女，有要求父母给付抚养费的权利。 **成年**子女不履行赡养义务的，**缺乏**劳动能力或者生活困难的父母，有要求成年子女给付赡养费的权利。	第21条第2-4款　父母不履行抚养义务时，未成年的或不能独立生活的子女，有要求父母付给抚养费的权利。 子女不履行赡养义务时，无劳动能力的或生活困难的父母，有要求子女付给赡养费的权利。 禁止溺婴、弃婴和其他残害婴儿的行为。	《婚姻家庭编解释（一）》第41条　尚在校接受高中及其以下学历教育，或者丧失、部分丧失劳动能力等非因主观原因而无法维持正常生活的成年子女，可以认定为民法典第一千零六十七条规定的"不能独立生活的成年子女"。 《婚姻家庭编解释（一）》第42条　民法典第一千零六十七条所称"抚养费"，包括子女生活费、教育费、医疗费等费用。 《婚姻家庭编解释（一）》第43条　婚姻关系存续期间，父母双方或者一方拒不履行抚养子女义务，未成年子女或者不能独立生活的成年子女请求支付抚养费的，人民法院应予支持。

《民法典》	《婚姻法》	相关规范性法律文件
第1068条 父母**有教育、保护**未成年子女的权利和义务。未成年子女造成**他人**损害的,父母**应当依法承担民事责任**。	第23条 父母有保护和教育未成年子女的权利和义务。在未成年子女对国家、集体或他人造成损害时,父母**有**承担民事责任**的义务**。	
第1069条 子女应当尊重父母的婚姻权利,不得干涉父母**离婚**、再婚以及婚后的生活。子女对父母的赡养义务,不因父母的婚姻关系变化而终止。	第30条 子女应当尊重父母的婚姻权利,不得干涉父母再婚以及婚后的生活。子女对父母的赡养义务,不因父母的婚姻关系变化而终止。	
第1070条 父母和子女有相互继承遗产的权利。	第24条第2款 同《民法典》第1070条	
第1071条 非婚生子女享有与婚生子女同等的权利,任何**组织或者个人**不得加以危害和歧视。 不直接抚养非婚生子女的生父**或者生母**,**应当**负担未成年子女**或者不能独立生活的成年子女的抚养费**。	第25条 非婚生子女享有与婚生子女同等的权利,任何人不得加以危害和歧视。 不直接抚养非婚生子女的生父或生母,应当负担子女的**生活费和教育费**,直至子女能独立生活为止。	《婚姻家庭编解释(一)》第40条 婚姻关系存续期间,夫妻双方一致同意进行人工授精,所生子女应视为婚生子女,父母子女间的权利义务关系适用民法典的有关规定。
第1072条 继父母与继子女间,不得虐待**或者**歧视。 继父或者继母和受其抚养教育的继子女间的权利义务关系,适用本法**关于**父母子女关系的规定。	第27条 继父母与继子女间,不得虐待或歧视。 继父或继母和受其抚养教育的继子女间的权利和义务,适用本法对父母子女关系的**有关**规定。	
第1073条 **对亲子关系有异议且有正当理由的,父或者母可以向人民法院提起诉讼,请求确认或者否认亲子关系。** **对亲子关系有异议且有正当理由的,成年子女可以向人民法院提起诉讼,请求确认亲子关系。**	(无)	《婚姻家庭编解释(一)》第39条 父或者母向人民法院起诉请求否认亲子关系,并已提供必要证据予以证明,另一方没有相反证据又拒绝做亲子鉴定的,人民法院可以认定否认亲子关系一方的主张成立。 父或者母以及成年子女起诉请求确认亲子关系,并提供必要证据予以证明,另一方没有相反证据又拒绝做亲子鉴定的,人民法院可以认定确认亲子关系一方的主张成立。
第1074条 有负担能力的祖父母、外祖父母,对于父母已经死亡或者父母无力抚养的未成年孙子女、外孙子女,有抚养的义务。 有负担能力的孙子女、外孙子女,对于子女已经死亡或子女无力赡养的祖父母、外祖父母,有赡养的义务。	第28条 有负担能力的祖父母、外祖父母,对于父母已经死亡或父母无力抚养的未成年的孙子女、外孙子女,有抚养的义务。有负担能力的孙子女、外孙子女,对于子女已经死亡或子女无力赡养的祖父母、外祖父母,有赡养的义务。	

《民法典》	《婚姻法》	相关规范性法律文件
第1075条 有负担能力的兄、姐,对于父母已经死亡或者父母无力抚养的未成年的弟、妹,有扶养的义务。 由兄、姐扶养长大的有负担能力的弟、妹,对于缺乏劳动能力又缺乏生活来源的兄、姐,有扶养的义务。	第29条 有负担能力的兄、姐,对于父母已死亡或父母无力抚养的未成年的弟、妹,有扶养的义务。由兄、姐扶养长大的有负担能力的弟、妹,对于缺乏劳动能力又缺乏生活来源的兄、姐,有扶养的义务。	
第四章 离婚	第四章 离婚	
第1076条 <u>夫妻</u>双方自愿离婚的,<u>应当签订书面离婚协议,并亲自</u>到婚姻登记机关申请离婚登记。 <u>离婚协议应当载明双方自愿离婚的意思表示和对子女抚养、财产以及债务处理等事项协商一致的意见。</u>	第31条第1句、第2句 男女双方自愿离婚的,准予离婚。双方必须到婚姻登记机关申请离婚。	《婚姻登记条例》第11条第3款 离婚协议书应当载明双方当事人自愿离婚的意思表示以及对子女抚养、财产及债务处理等事项协商一致的意见。 《婚姻家庭编解释(一)》第69条 当事人达成的以协议离婚或者到人民法院调解离婚为条件的财产以及债务处理协议,如果双方离婚未成,一方在离婚诉讼中反悔的,人民法院应当认定该财产以及债务处理协议没有生效,并根据实际情况依照民法典第一千零八十七条和第一千零八十九条的规定判决。 当事人依照民法典第一千零七十六条签订的离婚协议中关于财产以及债务处理的条款,对男女双方具有法律约束力。登记离婚后当事人因履行上述协议发生纠纷提起诉讼的,人民法院应当受理。
第1077条 自婚姻登记机关收到离婚登记申请之日起三十日内,任何一方不愿意离婚的,可以向婚姻登记机关撤回离婚登记申请。 前款规定期限届满后三十日内,双方应当亲自到婚姻登记机关申请发给离婚证;未申请的,视为撤回离婚登记申请。	(无)	
第1078条 婚姻登记机关查明双方确实是自愿<u>离婚</u>,并已经对<u>子女抚养</u>、财产以及债务处理等事项协商一致的,予以登记,发给离婚证。	第31条第3句 婚姻登记机关查明双方确实是自愿并对子女和财产问题已有适当处理时,发给离婚证。	

《民法典》	《婚姻法》	相关规范性法律文件
第1079条 夫妻一方要求离婚的,可以由有关**组织**进行调解或者直接向人民法院**提起**离婚诉讼。 人民法院审理离婚案件,应当进行调解;如果感情确已破裂,调解无效的,应当准予离婚。 有下列情形之一,调解无效的,**应当准予离婚**: (一)重婚或者与他人同居; (二)实施家庭暴力或者虐待、遗弃家庭成员; (三)有赌博、吸毒等恶习屡教不改; (四)因感情不和分居满二年; (五)其他导致夫妻感情破裂的情形。 一方被宣告失踪,另一方提起离婚诉讼的,应当准予离婚。 **经人民法院判决不准离婚后,双方又分居满一年,一方再次提起离婚诉讼的,应当准予离婚。**	**第32条** 男女一方要求离婚的,可由有关部门进行调解或直接向人民法院提出离婚诉讼。 人民法院审理离婚案件,应当进行调解;如感情确已破裂,调解无效,应准予离婚。 有下列情形之一,调解无效的,应准予离婚: (一)重婚或**有配偶者**与他人同居**的**; (二)实施家庭暴力或虐待、遗弃家庭成员**的**; (三)有赌博、吸毒等恶习屡教不改**的**; (四)因感情不和分居满二年**的**; (五)其他导致夫妻感情破裂的情形。 一方被宣告失踪,另一方提出离婚诉讼的,应准予离婚。	《婚姻家庭编解释(一)》**第1条** 持续性、经常性的家庭暴力,可以认定为民法典第一千零四十二条、第一千零七十九条、第一千零九十一条所称的"虐待"。 《婚姻家庭编解释(一)》**第2条** 民法典第一千零四十二条、第一千零七十九条、第一千零九十一条规定的"与他人同居"的情形,是指有配偶者与婚外异性,不以夫妻名义,持续、稳定地共同居住。 《婚姻家庭编解释(一)》**第23条** 夫以妻擅自中止妊娠侵犯其生育权为由请求损害赔偿的,人民法院不予支持;夫妻双方因是否生育发生纠纷,致使感情确已破裂,一方请求离婚,人民法院经调解无效,应依照民法典第一千零七十九条第三款第五项的规定处理。 《婚姻家庭编解释(一)》**第63条** 人民法院审理离婚案件,符合民法典第一千零七十九条第三款规定"应当准予离婚"情形的,不应当因当事人有过错而判决不准离婚。 《民法典时间效力规定》**第22条** 民法典施行前,经人民法院判决不准离婚后,双方又分居满一年,一方再次提起离婚诉讼的,适用民法典第一千零七十九条第五款的规定。
第1080条 完成离婚登记,或者离婚判决书、调解书生效,即解**除婚姻关系。**	(无)	
第1081条 现役军人的配偶要求离婚,**应当**征得军人同意,但**是**军人一方有重大过错的除外。	**第33条** 现役军人的配偶要求离婚,须得军人同意,但军人一方有重大过错的除外。	《婚姻家庭编解释(一)》**第64条** 民法典第一千零八十一条所称的"军人一方有重大过错",可以依据民法典第一千零七十九条第三款前三项规定及军人有其他重大过错导致夫妻感情破裂的情形予以判断。
第1082条 女方在怀孕期间、分娩后一年内或者**终止**妊娠后六个月内,男方不得提出离婚;**但是**,女方提出离婚或者人民法院认为确有必要受理男方离婚请求的**除外**。	**第34条** 女方在怀孕期间、分娩后一年内或中止妊娠后六个月内,男方不得提出离婚。女方提出离婚的,或人民法院认为确有必要受理男方离婚请求的,不在此限。	
第1083条 离婚后,男女双方自愿恢复**婚姻关系的,应当**到婚姻登记机关**重新**进行**结婚**登记。	**第35条** 离婚后,男女双方自愿恢复夫妻关系的,必须到婚姻登记机关进行复婚登记。	

《民法典》	《婚姻法》	相关规范性法律文件
第1084条 父母与子女间的关系,不因父母离婚而消除。离婚后,子女无论由父或者母直接抚养,仍是父母双方的子女。 离婚后,父母对于子女仍有抚养、教育、保护的权利和义务。 离婚后,不满两周岁的子女,以由母亲直接抚养为原则。已满两周岁的子女,父母双方对抚养问题协议不成的,由人民法院根据双方的具体情况,按照最有利于未成年子女的原则判决。子女已满八周岁的,应当尊重其真实意愿。	第36条 父母与子女间的关系,不因父母离婚而消除。离婚后,子女无论由父或母直接抚养,仍是父母双方的子女。 离婚后,父母对于子女仍有抚养和教育的权利和义务。 离婚后,哺乳期内的子女,以随哺乳的母亲抚养为原则。哺乳期后的子女,如双方因抚养问题发生争执不能达成协议时,由人民法院根据子女的权益和双方的具体情况判决。	《婚姻家庭编解释(一)》第44条 离婚案件涉及未成年子女抚养的,对不满两周岁的子女,按照民法典第一千零八十四条第三款规定的原则处理。母亲有下列情形之一,父亲请求直接抚养的,人民法院应予支持: (一)患有久治不愈的传染性疾病或者其他严重疾病,子女不宜与其共同生活; (二)有抚养条件不尽抚养义务,而父亲要求子女随其生活; (三)因其他原因,子女确不宜随母亲生活。 《婚姻家庭编解释(一)》第45条 父母双方协议不满两周岁子女由父亲直接抚养,并对子女健康成长无不利影响的,人民法院应予支持。 《婚姻家庭编解释(一)》第46条 对已满两周岁的未成年子女,父母均要求直接抚养,一方有下列情形之一的,可予优先考虑: (一)已做绝育手术或者因其他原因丧失生育能力; (二)子女随其生活时间较长,改变生活环境对子女健康成长明显不利; (三)无其他子女,而另一方有其他子女; (四)子女随其生活,对子女成长有利,而另一方患有久治不愈的传染性疾病或者其他严重疾病,或者有其他不利于子女身心健康的情形,不宜与子女共同生活。 《婚姻家庭编解释(一)》第47条 父母抚养子女的条件基本相同,双方均要求直接抚养子女,但子女单独随祖父母或者外祖父母共同生活多年,且祖父母或者外祖父母要求并且有能力帮助子女照顾孙子女或者外孙子女的,可以作为父或者母直接抚养子女的优先条件予以考虑。 《婚姻家庭编解释(一)》第48条 在有利于保护子女利益的前提下,父母双方协议轮流直接抚养子女的,人民法院应予支持。
第1085条 离婚后,子女由一方直接抚养的,另一方应当负担部分或者全部抚养费。负担费用的多少和期限的长短,由双方协议;协议不成的,由人民法院判决。	第37条 离婚后,一方抚养的子女,另一方应负担必要的生活费和教育费的一部或全部,负担费用的多少和期限的长短,由双方协议;协议不成时,由人民法院判决。	《婚姻家庭编解释(一)》第49条 抚养费的数额,可以根据子女的实际需要、父母双方的负担能力和当地的实际生活水平确定。 有固定收入的,抚养费一般可以

《民法典》	《婚姻法》	相关规范性法律文件
前款规定的协议或者判决,不妨碍子女在必要时向父母任何一方提出超过协议或**者**判决原定数额的合理要求。	关于子女生活费和教育费的协议或判决,不妨碍子女在必要时向父母任何一方提出超过协议或判决原定数额的合理要求。	按其月总收入的百分之二十至三十的比例给付。负担两个以上子女抚养费的,比例可以适当提高,但一般不得超过月总收入的百分之五十。 无固定收入的,抚养费的数额可以依据当年总收入或者同行业平均收入,参照上述比例确定。 有特殊情况的,可以适当提高或者降低上述比例。 《婚姻家庭编解释(一)》第50条　抚养费应当定期给付,有条件的可以一次性给付。 《婚姻家庭编解释(一)》第51条　父母一方无经济收入或者下落不明的,可以用其财物折抵抚养费。 《婚姻家庭编解释(一)》第52条　父母双方可以协议由一方直接抚养子女并由直接抚养方负担子女全部抚养费。但是,直接抚养方的抚养能力明显不能保障子女所需费用,影响子女健康成长的,人民法院不予支持。 《婚姻家庭编解释(一)》第53条　抚养费的给付期限,一般至子女十八周岁为止。 十六周岁以上不满十八周岁,以其劳动收入为主要生活来源,并能维持当地一般生活水平的,父母可以停止给付抚养费。 《婚姻家庭编解释(一)》第54条　生父与继母离婚或者生母与继父离婚时,对曾受其抚养教育的继子女,继父或者继母不同意继续抚养的,仍应由生父或者生母抚养。 《婚姻家庭编解释(一)》第55条　离婚后,父母一方要求变更子女抚养关系的,或者子女要求增加抚养费的,应当另行提起诉讼。 《婚姻家庭编解释(一)》第56条　具有下列情形之一,父母一方要求变更子女抚养关系的,人民法院应予支持: (一)与子女共同生活的一方因患严重疾病或者因伤残无力继续抚养子女; (二)与子女共同生活的一方不尽抚养义务或有虐待子女行为,或者其与子女共同生活对子女身心健康确有不利影响; (三)已满八周岁的子女,愿随另一方生活,该方又有抚养能力; (四)有其他正当理由需要变更。

《民法典》	《婚姻法》	相关规范性法律文件
		《婚姻家庭编解释（一）》第57条　父母双方协议变更子女抚养关系的，人民法院应予支持。
《婚姻家庭编解释（一）》第58条　具有下列情形之一，子女要求有负担能力的父或者母增加抚养费的，人民法院应予支持：
（一）原定抚养费数额不足以维持当地实际生活水平；
（二）因子女患病、上学，实际需要已超过原定数额；
（三）有其他正当理由应当增加。
《婚姻家庭编解释（一）》第59条　父母不得因子女变更姓氏而拒付子女抚养费。父或者母擅自将子女姓氏改为继母或继父姓氏而引起纠纷的，应当责令恢复原姓氏。
《婚姻家庭编解释（一）》第60条　在离婚诉讼期间，双方均拒绝抚养子女的，可以先行裁定暂由一方抚养。
《婚姻家庭编解释（一）》第61条　对拒不履行或者妨害他人履行生效判决、裁定、调解书中有关子女抚养义务的当事人或者其他人，人民法院可依照民事诉讼法第一百一十一条的规定采取强制措施。
第1086条　离婚后，不直接抚养子女的父或者母，有探望子女的权利，另一方有协助的义务。
行使探望权利的方式、时间由当事人协议；协议不成的，由人民法院判决。
父或者母探望子女，不利于子女身心健康的，由人民法院依法中止探望；中止的事由消失后，应当恢复探望。	第38条　离婚后，不直接抚养子女的父或母，有探望子女的权利，另一方有协助的义务。
行使探望权利的方式、时间由当事人协议；协议不成时，由人民法院判决。
父或母探望子女，不利于子女身心健康的，由人民法院依法中止探望**的权利**；中止的事由消失后，应当恢复探望**的权利**。	《婚姻家庭编解释（一）》第65条　人民法院作出的生效的离婚判决中未涉及探望权，当事人就探望权问题单独提起诉讼的，人民法院应予受理。
《婚姻家庭编解释（一）》第66条　当事人在履行生效判决、裁定或者调解书的过程中，一方请求中止探望的，人民法院在征询双方当事人意见后，认为需要中止探望的，依法作出裁定；中止探望的情形消失后，人民法院应当根据当事人的请求书面通知其恢复探望。
《婚姻家庭编解释（一）》第67条　未成年子女、直接抚养子女的父或者母以及其他对未成年子女负担抚养、教育、保护义务的法定监护人，有权向人民法院提出中止探望的请求。
《婚姻家庭编解释（一）》第68条　对于拒不协助另一方行使探望权的有关个人或者组织，可以由人民法院依法采取拘留、罚款等强制措施，但是不能对于子女的人身、探望行为进行强制执行。

《民法典》	《婚姻法》	相关规范性法律文件
第 1087 条 离婚时,夫妻的共同财产由双方协议处理;协议不成的,由人民法院根据财产的具体情况,**按照**照顾子女、女方和无**过错方权益**的原则判决。 对夫或者妻在家庭土地承包经营中享有的权益等,应当依法予以保护。	**第 39 条** 离婚时,夫妻的共同财产由双方协议处理;协议不成时,由人民法院根据财产的具体情况,照顾子女和女方权益的原则判决。 夫或妻在家庭土地承包经营中享有的权益等,应当依法予以保护。	《婚姻家庭编解释(一)》第 69 条 当事人达成的以协议离婚或者到人民法院调解离婚为条件的财产以及债务处理协议,如果双方离婚未成,一方在离婚诉讼中反悔的,人民法院应当认定该财产以及债务处理协议没有生效,并根据实际情况依照民法典第一千零八十七条和第一千零八十九条的规定判决。 当事人依照民法典第一千零七十六条签订的离婚协议中关于财产以及债务处理的条款,对男女双方具有法律约束力。登记离婚后当事人因履行上述协议发生纠纷提起诉讼的,人民法院应当受理。 《婚姻家庭编解释(一)》第 70 条 夫妻双方协议离婚后就财产分割问题反悔,请求撤销财产分割协议的,人民法院应当受理。 人民法院审理后,未发现订立财产分割协议时存在欺诈、胁迫等情形的,应当依法驳回当事人的诉讼请求。 《婚姻家庭编解释(一)》第 71 条 人民法院审理离婚案件,涉及分割发放到军人名下的复员费、自主择业费等一次性费用的,以夫妻婚姻关系存续年限乘以年平均值,所得数额为夫妻共同财产。 前款所称年平均值,是指将发放到军人名下的上述费用总额按具体年限均分得出的数额。其具体年限为人均寿命七十岁与军人入伍时实际年龄的差额。 《婚姻家庭编解释(一)》第 72 条 夫妻双方分割共同财产中的股票、债券、投资基金份额等有价证券以及未上市股份有限公司股份时,协商不成或者按市价分配有困难的,人民法院可以根据数量按比例分配。 《婚姻家庭编解释(一)》第 73 条 人民法院审理离婚案件,涉及分割夫妻共同财产中以一方名义在有限责任公司的出资额,另一方不是该公司股东的,按以下情形分别处理: (一)夫妻双方协商一致将出资额部分或者全部转让给该股东的配偶,其他股东过半数同意,并且其他股东均明确表示放弃优先购买权的,该股东的配偶可以成为该

《民法典》	《婚姻法》	相关规范性法律文件
		公司股东。 （二）夫妻双方就出资额转让份额和转让价格等事项协商一致后，其他股东半数以上不同意转让，但愿意以同等条件购买该出资额的，人民法院可以对转让出资所得财产进行分割。其他股东半数以上不同意转让，也不愿意以同等条件购买该出资额的，视为其同意转让，该股东的配偶可以成为该公司股东。 用于证明前款规定的股东同意的证据，可以是股东会议材料，也可以是当事人通过其他合法途径取得的股东的书面声明材料。 《婚姻家庭编解释（一）》第74条 人民法院审理离婚案件，涉及分割夫妻共同财产中以一方名义在合伙企业中的出资，另一方不是该企业合伙人的，当夫妻双方协商一致，将其合伙企业中的财产份额全部或者部分转让给对方时，按以下情形分别处理： （一）其他合伙人一致同意的，该配偶依法取得合伙人地位； （二）其他合伙人不同意转让，在同等条件下行使优先购买权的，可以对转让所得的财产进行分割； （三）其他合伙人不同意转让，也不行使优先购买权，但同意该合伙人退伙或者削减部分财产份额的，可以对结算后的财产进行分割； （四）其他合伙人既不同意转让，也不行使优先购买权，又不同意该合伙人退伙或者削减部分财产份额的，视为全体合伙人同意转让，该配偶依法取得合伙人地位。 《婚姻家庭编解释（一）》第75条 夫妻以一方名义投资设立个人独资企业的，人民法院分割夫妻在该个人独资企业中的共同财产时，应当按照以下情形分别处理： （一）一方主张经营该企业的，对企业资产进行评估后，由取得企业资产所有权一方给予另一方相应的补偿； （二）双方均主张经营该企业的，在双方竞价基础上，由取得企业资产所有权的一方给予另一方相应的补偿； （三）双方均不愿意经营该企业的，按照《中华人民共和国个人独资企业法》等有关规定办理。

《民法典》	《婚姻法》	相关规范性法律文件
		《婚姻家庭编解释（一）》第76条　双方对夫妻共同财产中的房屋价值及归属无法达成协议时，人民法院按以下情形分别处理： （一）双方均主张房屋所有权并且同意竞价取得的，应当准许； （二）一方主张房屋所有权的，由评估机构按市场价格对房屋作出评估，取得房屋所有权的一方应当给予另一方相应的补偿； （三）双方均不主张房屋所有权的，根据当事人的申请拍卖、变卖房屋，就所得价款进行分割。 《婚姻家庭编解释（一）》第77条　离婚时双方对尚未取得所有权或者尚未取得完全所有权的房屋有争议且协商不成的，人民法院不宜判决房屋所有权的归属，应当根据实际情况判决由当事人使用。 当事人就前款规定的房屋取得完全所有权后，有争议的，可以另行向人民法院提起诉讼。 《婚姻家庭编解释（一）》第78条　夫妻一方婚前签订不动产买卖合同，以个人财产支付首付款并在银行贷款，婚后用夫妻共同财产还贷，不动产登记于首付款支付方名下的，离婚时该不动产由双方协议处理。 依前款规定不能达成协议的，人民法院可以判决该不动产归登记一方，尚未归还的贷款为不动产登记一方的个人债务。双方婚后共同还贷支付的款项及其相对应财产增值部分，离婚时应根据民法典第一千零八十七条第一款规定的原则，由不动产登记一方对另一方进行补偿。 《婚姻家庭编解释（一）》第79条　婚姻关系存续期间，双方用夫妻共同财产出资购买以一方父母名义参加房改的房屋，登记在一方父母名下，离婚时另一方主张按照夫妻共同财产对该房屋进行分割的，人民法院不予支持。购买该房屋时的出资，可以作为债权处理。 《婚姻家庭编解释（一）》第80条　离婚时夫妻一方尚未退休、不符合领取基本养老金条件，另一方请求按照夫妻共同财产分割

《民法典》	《婚姻法》	相关规范性法律文件
		基本养老金的,人民法院不予支持;婚后以夫妻共同财产缴纳基本养老保险费,离婚时一方主张将养老金账户中婚姻关系存续期间个人实际缴纳部分及利息作为夫妻共同财产分割的,人民法院应予支持。 《婚姻家庭编解释(一)》第81条 婚姻关系存续期间,夫妻一方作为继承人依法可以继承的遗产,在继承人之间尚未实际分割,起诉离婚时另一方请求分割的,人民法院应当告知当事人在继承人之间实际分割遗产后另行起诉。 《婚姻家庭编解释(一)》第82条 夫妻之间订立借款协议,以夫妻共同财产出借给一方从事个人经营活动或者用于其他个人事务的,应视为双方约定处分夫妻共同财产的行为,离婚时可以按照借款协议的约定处理。 《婚姻家庭编解释(一)》第83条 离婚后,一方以尚有夫妻共同财产未处理为由向人民法院起诉请求分割的,经审查该财产确属离婚时未涉及的夫妻共同财产,人民法院应当依法予以分割。 《涉彩礼纠纷解释》第5条 双方已办理结婚登记且共同生活,离婚时一方请求返还按照习俗给付的彩礼的,人民法院一般不予支持。但是,如果共同生活时间较短且彩礼数额过高的,人民法院可以根据彩礼实际使用及嫁妆情况,综合考虑彩礼数额、共同生活及孕育情况、双方过错等事实,结合当地习俗,确定是否返还以及返还的具体比例。 人民法院认定彩礼数额是否过高,应当综合考虑彩礼给付方所在地居民人均可支配收入、给付方家庭经济情况以及当地习俗等因素。
第1088条 夫妻一方因抚育子女、照料老年人、协助另一方工作等**负担**较多义务的,离婚时有权向另一方请求补偿,另一方应当**给予补偿。具体办法由双方协议;协议不成的,由人民法院判决。**	第40条 夫妻书面约定婚姻关系存续期间所得的财产归各自所有,一方因抚育子女、照料老人、协助另一方工作等付出较多义务的,离婚时有权向另一方请求补偿,另一方应当予以补偿。	

《民法典》	《婚姻法》	相关规范性法律文件
第 1089 条 离婚时,夫妻共同**债务**应当共同偿还。共同财产不足清偿或者财产归各自所有的,由双方协议清偿;协议不成的,由人民法院判决。	**第 41 条** 离婚时,原为夫妻共同生活所负的债务,应当共同偿还。共同财产不足清偿的,或财产归各自所有的,由双方协议清偿;协议不成时,由人民法院判决。	**《婚姻家庭编解释(一)》第 35 条** 当事人的离婚协议或者人民法院生效判决、裁定、调解书已经对夫妻财产分割问题作出处理的,债权人仍有权就夫妻共同债务向男女双方主张权利。 一方就夫妻共同债务承担清偿责任后,主张由另一方按照离婚协议或者人民法院的法律文书承担相应债务的,人民法院应予支持。 **《婚姻家庭编解释(一)》第 69 条** 当事人达成的以协议离婚或者到人民法院调解离婚为条件的财产以及债务处理协议,如果双方离婚未成,一方在离婚诉讼中反悔的,人民法院应当认定该财产以及债务处理协议没有生效,并根据实际情况依照民法典第一千零八十七条和第一千零八十九条的规定判决。 当事人依照民法典第一千零七十六条签订的离婚协议中关于财产以及债务处理的条款,对男女双方具有法律约束力。登记离婚后当事人因履行上述协议发生纠纷提起诉讼的,人民法院应当受理。
第 1090 条 离婚时,如果一方生活困难,**有负担能力的**另一方应当**给予适当帮助**。具体办法由双方协议;协议不成**的**,由人民法院判决。	**第 42 条** 离婚时,如一方生活困难,另一方应**从其住房等个人财产中**给予适当帮助。具体办法由双方协议;协议不成时,由人民法院判决。	
第 1091 条 有下列情形之一,导致离婚的,无过错方有权请求损害赔偿: (一)重婚; (二)与他人同居; (三)实施家庭暴力; (四)虐待、遗弃家庭成员; **(五)有其他重大过错。**	**第 46 条** 有下列情形之一,导致离婚的,无过错方有权请求损害赔偿: (一)重婚的; (二)**有配偶者**与他人同居**的**; (三)实施家庭暴力**的**; (四)虐待、遗弃家庭成员**的**。	**《婚姻家庭编解释(一)》第 1 条** 持续性、经常性的家庭暴力,可以认定为民法典第一千零四十二条、第一千零七十九条、第一千零九十一条所称的"虐待"。 **《婚姻家庭编解释(一)》第 2 条** 民法典第一千零四十二条、第一千零七十九条、第一千零九十一条规定的"与他人同居"的情形,是指有配偶者与婚外异性,不以夫妻名义,持续、稳定地共同居住。 **《婚姻家庭编解释(一)》第 86 条** 民法典第一千零九十一条规定的"损害赔偿",包括物质损害赔偿和精神损害赔偿。涉及精神损害赔偿的,适用《最高人民法院关于确定民事侵权精神损害赔偿责任若干问题的解释》的有关规定。 **《婚姻家庭编解释(一)》第 87 条** 承担民法典第一千零九十一条规定的损害赔偿责任的主体,为离婚诉讼当事人中无过错方的配偶。

《民法典》	《婚姻法》	相关规范性法律文件
		人民法院判决不准离婚的案件，对于当事人基于民法典第一千零九十一条提出的损害赔偿请求，不予支持。 在婚姻关系存续期间，当事人不起诉离婚而单独依据民法典第一千零九十一条提起损害赔偿请求的，人民法院不予受理。 **《婚姻家庭编解释（一）》第88条** 人民法院受理离婚案件时，应当将民法典第一千零九十一条等规定中当事人的有关权利义务，书面告知当事人。在适用民法典第一千零九十一条时，应当区分以下不同情况： （一）符合民法典第一千零九十一条规定的无过错方作为原告基于该条规定向人民法院提起损害赔偿请求的，必须在离婚诉讼的同时提出。 （二）符合民法典第一千零九十一条规定的无过错方作为被告的离婚诉讼案件，如果被告不同意离婚也不基于该条规定提起损害赔偿请求的，可以就此单独提起诉讼。 （三）无过错方作为被告的离婚诉讼案件，一审时被告未基于民法典第一千零九十一条规定提出损害赔偿请求，二审期间提出的，人民法院应当进行调解；调解不成的，告知当事人另行起诉。双方当事人同意由第二审人民法院一并审理的，第二审人民法院可以一并裁判。 **《婚姻家庭编解释（一）》第89条** 当事人在婚姻登记机关办理离婚登记手续后，以民法典第一千零九十一条规定为由向人民法院提出损害赔偿请求的，人民法院应当受理。但当事人在协议离婚时已经明确表示放弃该项请求的，人民法院不予支持。 **《婚姻家庭编解释（一）》第90条** 夫妻双方均有民法典第一千零九十一条规定的过错情形，一方或者双方向对方提出离婚损害赔偿请求的，人民法院不予支持。
第1092条 夫妻一方隐藏、转移、变卖、毁损、**挥霍**夫妻共同财产，或者伪造**夫妻共同债务**企图侵占另一方财产的，在离婚分割夫妻共同财产时，对**该方**可以少分或者不分。离婚后，另一方发现有上述行为的，可以向人民法院提起诉讼，请求再次分割夫妻共同财产。	**第47条** 离婚时，一方隐藏、转移、变卖、毁损夫妻共同财产，或伪造债务企图侵占另一方财产的，分割夫妻共同财产时，对隐藏、转移、变卖、毁损夫妻共同财产或伪造债务的一方，可以少分或不分。离婚后，另一方发现有上述行为的，可以向人民法院提起诉讼，请求再次分割夫妻共同财产。 人民法院对前款规定的妨害民事诉讼的行为，依照民事诉讼法的规定予以制裁。	**《婚姻家庭编解释（一）》第84条** 当事人依据民法典第一千零九十二条的规定向人民法院提起诉讼，请求再次分割夫妻共同财产的诉讼时效期间为三年，从当事人发现之日起计算。 **《婚姻家庭编解释（一）》第85条** 夫妻一方申请对配偶的个人财产或者夫妻共同财产采取保全措施的，人民法院可以在采取保全措施可能造成损失的范围内，根据实际情况，确定合理的财产担保数额。

《民法典》	《收养法》	相关规范性法律文件
第五章 收养	第五章 收养	
第一节 收养关系的成立	第一节 收养关系的成立	
第1093条 下列<u>未成年人</u>，可以被收养： （一）丧失父母的孤儿； （二）查找不到生父母的<u>未成年人</u>； （三）生父母有特殊困难无力抚养的子女。	第4条 下列<u>不满十四周岁的</u>未成年人可以被收养： （一）丧失父母的孤儿； （二）查找不到生父母的弃婴和儿童； （三）生父母有特殊困难无力抚养的子女。	
第1094条 下列<u>个人</u>、组织可以作送养人： （一）孤儿的监护人； （二）<u>儿童福利机构</u>； （三）有特殊困难无力抚养子女的生父母。	第5条 下列公民、组织可以作送养人： （一）孤儿的监护人； （二）社会福利机构； （三）有特殊困难无力抚养子女的生父母。	
第1095条 未成年人的父母均不具备完全民事行为能力<u>且可能严重危害该未成年人的，该未成年人的监护人可以将其送养。</u>	第12条 未成年人的父母均不具备完全民事行为能力的，该未成年人的监护人不得将其送养，但父母对该未成年人有严重危害可能的除外。	
第1096条 监护人送养<u>孤儿的</u>，<u>应当</u>征得有抚养义务的人同意。有抚养义务的人不同意送养、监护人不愿意继续履行监护职责的，应当依照<u>本法第一编</u>的规定<u>另行确定</u>监护人。	第13条 监护人送养未成年孤儿的，须征得有抚养义务的人同意。有抚养义务的人不同意送养、监护人不愿意继续履行监护职责的，应当依照《中华人民共和国民法通则》的规定变更监护人。	
第1097条 生父母送养子女，应当双方共同送养。生父母一方不明或者查找不到的，可以单方送养。	第10条第1款 同《民法典》第1097条	
第1098条 收养人应当同时具备下列条件： （一）无子女<u>或者只有一名子女</u>； （二）有抚养、教育和<u>保护</u>被收养人的能力； （三）未患有在医学上认为不应当收养子女的疾病； <u>（四）无不利于被收养人健康成长的违法犯罪记录；</u> （五）年满三十周岁。	第6条 收养人应当同时具备下列条件： （一）无子女； （二）有抚养教育被收养人的能力； （三）未患有在医学上认为不应当收养子女的疾病； （四）年满三十周岁。	
第1099条 收养三代以内<u>旁系同辈血亲</u>的子女，可以不受<u>本法第一千零九十三条第三项、第一千零九十四条第三项和第一千一百零二条规定</u>的限制。 华侨收养三代以内<u>旁系同辈血亲</u>的子女，还可以不受<u>本法第一千零九十八条第一项</u>规定的限制。	第7条 收养三代以内同辈旁系血亲的子女，可以不受本法第四条第三项、第五条第三项、第九条和被收养人不满十四周岁的限制。 华侨收养三代以内同辈旁系血亲的子女，还可以不受收养人无子女的限制。	

《民法典》	《收养法》	相关规范性法律文件
第1100条 无子女的收养人可以收养两名子女;有子女的收养人只能收养一名子女。 收养孤儿、残疾未成年人或者儿童福利机构抚养的查找不到生父母的未成年人,可以不受前款和本法第一千零九十八条第一项规定的限制。	第8条 收养人只能收养一名子女。收养孤儿、残疾儿童或者社会福利机构抚养的查找不到生父母的弃婴和儿童,可以不受养人无子女和收养一名的限制。	
第1101条 有配偶者收养子女,应当夫妻共同收养。	第10条第2款 有配偶者收养子女,须夫妻共同收养。	
第1102条 无配偶者收养异性子女的,收养人与被收养人的年龄应当相差四十周岁以上。	(无)	
第1103条 继父或继母经继子女的生父母同意,可以收养继子女,并可以不受本法第一千零九十三条第三项、第一千零九十四条第三项、第一千零九十八和第一千一百条第一款规定的限制。	第14条 继父或者继母经继子女的生父母同意,可以收养继子女,并可以不受本法第四条第三项、第五条第三项、第六条和被收养人不满十四周岁以及收养一名的限制。	
第1104条 收养人收养与送养人送养,应当双方自愿。收养八周岁以上未成年人的,应当征得被收养人的同意。	第11条 收养人收养与送养人送养,须双方自愿。收养年满十周岁以上未成年人的,应当征得被收养人的同意。	
第1105条 收养应向县级以上人民政府民政部门登记。收养关系自登记之日起成立。 收养查找不到生父母的未成年人的,办理登记的民政部门应在登记前予以公告。 收养关系当事人愿意签订收养协议的,可以签订收养协议。 收养关系当事人各方或者一方要求办理收养公证的,应当办理收养公证。 县级以上人民政府民政部门应当依法进行收养评估。	第15条 收养应当向县级以上人民政府民政部门登记。收养关系自登记之日起成立。 收养查找不到生父母的弃婴和儿童的,办理登记的民政部门应当在登记前予以公告。 收养关系当事人愿意订立收养协议的,可以订立收养协议。 收养关系当事人各方或者一方要求办理收养公证的,应当办理收养公证。	
第1106条 收养关系成立后,公安机关应当按照国家有关规定为被收养人办理户口登记。	第16条 收养关系成立后,公安部门应当依照国家有关规定为被收养人办理户口登记。	
第1107条 孤儿或者生父母无力抚养的子女,可以由生父母的亲属、朋友抚养;抚养人与被抚养人的关系不适用本章规定。	第17条 孤儿或者生父母无力抚养的子女可以由生父母的亲属、朋友抚养。 抚养人与被抚养人的关系不适用收养关系。	
第1108条 配偶一方死亡,另一方送养未成年子女的,死亡一方的父母有优先抚养的权利。	第18条 同《民法典》第1108条	

《民法典》	《收养法》	相关规范性法律文件
第1109条 外国人**依法**可以在中华人民共和国收养子女。 外国人在中华人民共和国收养子女,应当经其所在国主管机关依照该国法律审查同意。收养人应当提供由其所在国有权机构出具的有关**其年龄**、婚姻、职业、财产、健康、有无受过刑事处罚等状况的证明材料,**并**与送养人**签订**书面协议,亲自向省、**自治区**、**直辖市**人民政府民政部门登记。 **前款规定的证明材料应当经收养人**所在国外交机关或者外交机关授权的机构认证,并经中华人民共和国驻该国使领馆认证,**但是国家另有规定的除外**。	**第21条** 外国人依照本法可以在中华人民共和国收养子女。 外国人在中华人民共和国收养子女,应当经其所在国主管机关依照该国法律审查同意。收养人应当提供由其所在国有权机构出具的有关收养人的年龄、婚姻、职业、财产、健康、有无受过刑事处罚等状况的证明材料,该证明材料应当经其所在国外交机关或者外交机关授权的机构认证,并经中华人民共和国驻该国使领馆认证。该收养人应当与送养人订立书面协议,亲自向省级人民政府民政部门登记。 收养关系当事人各方或者一方要求办理收养公证的,应当到国务院司法行政部门认定的具有办理涉外公证资格的公证机构办理收养公证。	
第1110条 收养人、送养人要求保守收养秘密的,其他人应当尊重其意愿,不得泄露。	**第22条** 同《民法典》第1110条	
第二节 收养的效力	**第二节 收养的效力**	
第1111条 自收养关系成立之日起,养父母与养子女间的权利义务关系,适用**本法**关于父母子女关系的规定;养子女与养父母的近亲属间的权利义务关系,适用**本法**关于子女与父母的近亲属关系的规定。 养子女与生父母**以**及其他近亲属间的权利义务关系,因收养关系的成立而消除。	**第23条** 自收养关系成立之日起,养父母与养子女间的权利义务关系,适用法律关于父母子女关系的规定;养子女与养父母的近亲属间的权利义务关系,适用法律关于子女与父母的近亲属关系的规定。 养子女与生父母及其他近亲属间的权利义务关系,因收养关系的成立而消除。	
第1112条 养子女可以随父或者养母的姓**氏**,经当事人协商一致,也可以保留原姓**氏**。	**第24条** 养子女可以随养父或养母的姓,经当事人协商一致,也可以保留原姓。	
第1113条 有本法第一编关于民事法律行为无效规定情形或者违反本编规定的收养行为无效。 **无效的收养行为自始没有法律约束力**。	**第25条** 违反《中华人民共和国民法通则》第五十五条和本法规定的收养行为无法律效力。 收养行为被人民法院确认无效的,从行为开始时起就没有法律效力。	

《民法典》	《收养法》	相关规范性法律文件
第三节　收养关系的解除	第三节　收养关系的解除	
第1114条　收养人在被收养人成年以前,不得解除收养关系,但**是**收养人、送养人双方协议解除的除外。养子女**八周岁**以上的,应当征得本人同意。 收养人不履行抚养义务,有虐待、遗弃等侵害未成年养子女合法权益行为的,送养人有权要求解除养父母与养子女间的收养关系。送养人、收养人不能达成解除收养关系协议的,可以向人民法院**提起诉讼**。	**第26条**　收养人在被收养人成年以前,不得解除收养关系,但收养人、送养人双方协议解除的除外。养子女**年满**十周岁以上的,应当征得本人同意。 收养人不履行抚养义务,有虐待、遗弃等侵害未成年养子女合法权益行为的,送养人有权要求解除养父母与养子女间的收养关系。送养人、收养人不能达成解除收养关系协议的,可以向人民法院起诉。	
第1115条　养父母与成年子女关系恶化、无法共同生活的,可以协议解除收养关系。不能达成协议的,可以向人民法院**提起诉讼**。	**第27条**　养父母与成年子女关系恶化、无法共同生活的,可以协议解除收养关系。不能达成协议的,可以向人民法院起诉。	
第1116条　当事人协议解除收养关系的,应当到民政部门办理解除收养关系登记。	**第28条**　当事人协议解除收养关系的,应当到民政部门办理解除收养关系**的**登记。	
第1117条　收养关系解除后,养子女与养父母**以及**其他近亲属间的权利义务关系即行消除,与生父母**以及**其他近亲属间的权利义务关系自行恢复。但**是**,成年养子女与生父母**以及**其他近亲属间的权利义务关系是否恢复,可以协商确定。	**第29条**　收养关系解除后,养子女与养父母及其他近亲属间的权利义务关系即行消除,与生父母及其他近亲属间的权利义务关系自行恢复,但成年养子女与生父母及其他近亲属间的权利义务关系是否恢复,可以协商确定。	
第1118条　收养关系解除后,经养父母抚养的成年子女,对缺乏劳动能力又缺乏生活来源的养父母,**应当给付生活费**。因养子女成年后虐待、遗弃养父母而解除收养关系的,养父母可以要求养子女补偿收养期间支出的**抚养费**。 生父母要求解除收养关系的,养父母可以要求生父母适当补偿收养期间支出的**抚养费**;但是,因养父母虐待、遗弃养子女而解除收养关系的除外。	**第30条**　收养关系解除后,经养父母抚养的成年养子女,对缺乏劳动能力又缺乏生活来源的养父母,应当给付生活费。因养子女成年后虐待、遗弃养父母而解除收养关系的,养父母可以要求养子女补偿收养期间支出的**生活费和教育费**。 生父母要求解除收养关系的,养父母可以要求生父母适当补偿收养期间支出的**生活费和教育费**,但因养父母虐待、遗弃养子女而解除收养关系的除外。	

第六编 继 承

《民法典》	《继承法》	相关规范性法律文件
第六编 继 承		
第一章 一般规定	第一章 总则	
第1119条 本编调整因继承产生的民事关系。	（无）	
第1120条 国家保护自然人的继承权。	（无）	
第1121条 继承从被继承人死亡时开始。 相互有继承关系的数人在同一事件中死亡，难以确定死亡时间的，推定没有其他继承人的人先死亡。都有其他继承人，辈份不同的，推定长辈先死亡；辈份相同的，推定同时死亡，相互不发生继承。	第2条 继承从被继承人死亡时开始。	《继承编解释（一）》第1条 继承从被继承人生理死亡或者被宣告死亡时开始。 宣告死亡的，根据民法典第四十八条规定确定的死亡日期，为继承开始的时间。
第1122条 遗产是自然人死亡时遗留的个人合法财产。 依照法律规定或者根据其性质不得继承的遗产，不得继承。	第3条 遗产是公民死亡时遗留的个人合法财产，包括： （一）公民的收入； （二）公民的房屋、储蓄和生活用品； （三）公民的林木、牲畜和家禽； （四）公民的文物、图书资料； （五）法律允许公民所有的生产资料； （六）公民的著作权、专利权中的财产权利； （七）公民的其他合法财产。	《继承编解释（一）》第2条 承包人死亡时尚未取得承包收益的，可以将死者生前对承包所投入的资金和所付出的劳动及其增值和孳息，由发包单位或者接续承包合同的人合理折价、补偿。其价额作为遗产。
第1123条 继承开始后，按照法定继承办理；有遗嘱的，按照遗嘱继承或者遗赠办理；有遗赠扶养协议的，按照协议办理。	第5条 同《民法典》第1123条	《继承编解释（一）》第3条 被继承人生前与他人订有遗赠扶养协议，同时又立有遗嘱的，继承开始后，如果遗赠扶养协议与遗嘱没有抵触，遗产分别按协议和遗嘱处理；如果有抵触，按协议处理，与协议抵触的遗嘱全部或者部分无效。
第1124条 继承开始后，继承人放弃继承的，应当在遗产处理前，以书面形式作出放弃继承的表示；没有表示的，视为接受继承。 受遗赠人应当在知道受遗赠后六十日内，作出接受或者放弃受遗赠的表示；到期没有表示的，视为放弃受遗赠。	第25条 继承开始后，继承人放弃继承的，应当在遗产处理前，作出放弃继承的表示。没有表示的，视为接受继承。 受遗赠人应当在知道受遗赠后两个月内，作出接受或者放弃受遗赠的表示。到期没有表示的，视为放弃受遗赠。	《继承编解释（一）》第33条 继承人放弃继承应当以书面形式向遗产管理人或者其他继承人表示。 《继承编解释（一）》第34条 在诉讼中，继承人向人民法院以口头方式表示放弃继承的，要制作笔录，由放弃继承的人签名。

《民法典》	《继承法》	相关规范性法律文件
		《继承编解释（一）》第35条 　　继承人放弃继承的意思表示，应当在继承开始后、遗产分割前作出。遗产分割后表示放弃的不再是继承权，而是所有权。 《继承编解释（一）》第36条 　　遗产处理前或者在诉讼进行中，继承人对放弃继承反悔的，由人民法院根据其提出的具体理由，决定是否承认。遗产处理后，继承人对放弃继承反悔的，不予承认。 《继承编解释（一）》第37条 　　放弃继承的效力，追溯到继承开始的时间。
第1125条　继承人有下列行为之一的，丧失继承权： 　　（一）故意杀害被继承人； 　　（二）为争夺遗产而杀害其他继承人； 　　（三）遗弃被继承人，或者虐待被继承人情节严重； 　　（四）伪造、篡改、隐匿或者销毁遗嘱，情节严重； 　　<u>（五）以欺诈、胁迫手段迫使或者妨碍被继承人设立、变更或者撤回遗嘱，情节严重。</u> 　　<u>继承人有前款第三项至第五项行为，确有悔改表现，被继承人表示宽恕或者事后在遗嘱中将其列为继承人的，该继承人不丧失继承权。</u> 　　<u>受遗赠人有本条第一款规定行为的，丧失受遗赠权。</u>	第7条　继承人有下列行为之一的，丧失继承权： 　　（一）故意杀害被继承人的； 　　（二）为争夺遗产而杀害其他继承人的； 　　（三）遗弃被继承人的，或者虐待被继承人情节严重的； 　　（四）伪造、篡改或者销毁遗嘱，情节严重的。	《继承编解释（一）》第5条　在遗产继承中，继承人之间因是否丧失继承权发生纠纷，向人民法院提起诉讼的，由人民法院依据民法典第一千一百二十五条的规定，判决确认其是否丧失继承权。 《继承编解释（一）》第6条　继承人是否符合民法典第一千一百二十五条第一款第三项规定的"虐待被继承人情节严重"，可以从实施虐待行为的时间、手段、后果和社会影响等方面认定。 　　虐待被继承人情节严重的，不论是否追究刑事责任，均可确认其丧失继承权。 《继承编解释（一）》第7条　继承人故意杀害被继承人的，不论是既遂还是未遂，均应当确认其丧失继承权。 《继承编解释（一）》第8条　继承人有民法典第一千一百二十五条第一款第一项或者第二项所列之行为，而被继承人以遗嘱将遗产指定由该继承人继承的，可以确认遗嘱无效，并确认该继承人丧失继承权。 《继承编解释（一）》第9条　继承人伪造、篡改、隐匿或者销毁遗嘱，侵害了缺乏劳动能力又无生活来源的继承人的利益，并造成其生活困难的，应当认定为民法典第一千一百二十五条第一款第四项规定的"情节严重"。 《继承编解释（一）》第43条 　　人民法院对故意隐匿、侵吞或者争抢遗产的继承人，可以酌情减少其应继承的遗产。 《民法典时间效力规定》第13条　民法典施行前，继承人有民法典第一千一百二十五条第一款第四项和第五项规定行为之一，对该继承人是否丧失继承权发生争议的，适用民法典第一千一

《民法典》	《继承法》	相关规范性法律文件
		百二十五条第一款和第二款的规定。 民法典施行前,受遗赠人有民法典第一千一百二十五条第一款规定行为之一,对受遗赠人是否丧失受遗赠权发生争议的,适用民法典第一千一百二十五条第一款和第三款的规定。
第二章　法定继承	第二章　法定继承	
第 1126 条　继承权男女平等。	**第 9 条** 同《民法典》第 1126 条	
第 1127 条　遗产按照下列顺序继承: (一)第一顺序:配偶、子女、父母; (二)第二顺序:兄弟姐妹、祖父母、外祖父母。 继承开始后,由第一顺序继承人继承,第二顺序继承人不继承;没有第一顺序继承人继承的,由第二顺序继承人继承。 本编所称子女,包括婚生子女、非婚生子女、养子女和有扶养关系的继子女。 本编所称父母,包括生父母、养父母和有扶养关系的继父母。 本编所称兄弟姐妹,包括同父母的兄弟姐妹、同父异母或者同母异父的兄弟姐妹、养兄弟姐妹、有扶养关系的继兄弟姐妹。	**第 10 条**　遗产按照下列顺序继承: 第一顺序:配偶、子女、父母。 第二顺序:兄弟姐妹、祖父母、外祖父母。 继承开始后,由第一顺序继承人继承,第二顺序继承人不继承;没有第一顺序继承人继承的,由第二顺序继承人继承。 本法所说的子女,包括婚生子女、非婚生子女、养子女和有扶养关系的继子女。 本法所说的父母,包括生父母、养父母和有扶养关系的继父母。 本法所说的兄弟姐妹,包括同父母的兄弟姐妹、同父异母或者同母异父的兄弟姐妹、养兄弟姐妹、有扶养关系的继兄弟姐妹。	《继承编解释(一)》第 11 条 继子女继承了继父母遗产的,不影响其继承生父母的遗产。 继父母继承了继子女遗产的,不影响其继承生子女的遗产。 《继承编解释(一)》第 12 条 养子女与亲生子女之间,养子女与养子女之间,系养兄弟姐妹,可以互为第二顺序继承人。 被收养人与其亲兄弟姐妹之间的权利义务关系,因收养关系的成立而消除,不能互为第二顺序继承人。 《继承编解释(一)》第 13 条 继兄弟姐妹之间的继承权,因继兄弟姐妹之间的扶养关系而发生。没有扶养关系的,不能互为第二顺序继承人。 继兄弟姐妹之间相互继承了遗产的,不影响其继承亲兄弟姐妹的遗产。
第 1128 条　被继承人的子女先于被继承人死亡的,由被继承人的子女的直系晚辈血亲代位继承。 **被继承人的兄弟姐妹先于被继承人死亡的,由被继承人的兄弟姐妹的子女代位继承。** 代位继承人一般只能继承**被位继承人**有权继承的遗产份额。	**第 11 条**　被继承人的子女先于被继承人死亡的,由被继承人的子女的晚辈直系血亲代位继承。代位继承人一般只能继承他的父亲或者母亲有权继承的遗产份额。	《继承编解释(一)》第 14 条 被继承人的孙子女、外孙子女、曾孙子女、外曾孙子女都可以代位继承,代位继承人不受辈数的限制。 《继承编解释(一)》第 15 条 被继承人的养子女、已形成扶养关系的继子女的生子女可以代位继承;被继承人亲生子女的养子女可以代位继承;被继承人养子女的养子女可以代位继承;与被继承人已形成扶养关系的继子女的养子女也可以代位继承。 《继承编解释(一)》第 16 条 代位继承人缺乏劳动能力又没有生活来源,或者对被继承人尽过主要赡养义务的,分配遗产时,可以多分。 《继承编解释(一)》第 17 条 继承人丧失继承权的,其晚辈直系血亲不得代位继承。如该代位继承人缺乏劳动能力又没有生活来源,或者对被继承人尽赡养义务较多的,可以适当分给遗产。

《民法典》	《继承法》	相关规范性法律文件
		《继承编解释（一）》第 18 条 丧偶儿媳对公婆，丧偶女婿对岳父母，无论其是否再婚，依照民法典第一千一百二十九条规定作为第一顺序继承人时，不影响其子女代位继承。 **《民法典时间效力规定》第 14 条** 被继承人在民法典施行前死亡，遗产无人继承又无人受遗赠，其兄弟姐妹的子女请求代位继承的，适用民法典第一千一百二十八条第二款和第三款的规定，但是遗产已经在民法典施行前处理完毕的除外。 **《总则编解释》第 14 条** 人民法院审理宣告失踪案件时，下列人员应当认定为民法典第四十条规定的利害关系人： （一）被申请人的近亲属； （二）依据民法典第一千一百二十八条、第一千一百二十九条规定对被申请人有继承权的亲属； （三）债权人、债务人、合伙人等与被申请人有民事权利义务关系的民事主体，但是不申请宣告失踪不影响其权利行使、义务履行的除外。 **《总则编解释》第 16 条第 2 款** 符合下列情形之一的，被申请人的其他近亲属，以及依据民法典第一千一百二十八条规定对被申请人有继承权的亲属应当认定为民法典第四十六条规定的利害关系人： （一）被申请人的配偶、父母、子女均已死亡或者下落不明的； （二）不申请宣告死亡不能保护其相应合法权益的。
第 1129 条 丧偶儿媳对公婆，丧偶女婿对岳父母，尽了主要赡养义务的，作为第一顺序继承人。	**第 12 条** 丧偶儿媳对公、婆，丧偶女婿对岳父、岳母，尽了主要赡养义务的，作为第一顺序继承人。	**《继承编解释（一）》第 19 条** 对被继承人生活提供了主要经济来源，或者在劳务等方面给予了主要扶助的，应当认定其尽了主要赡养义务或主要扶养义务。 **《继承编解释（一）》第 20 条** 依照民法典第一千一百三十一条规定可以分给适当遗产的人，分给他们遗产时，按具体情况可以多于或者少于继承人。 **《继承编解释（ ）》第 21 条** 依照民法典第一千一百三十一条规定可以分给适当遗产的人，在其依法取得被继承人遗产的权利受到侵犯时，本人有权以独立的诉讼主体资格向人民法院提起诉讼。

《民法典》	《继承法》	相关规范性法律文件
		《总则编解释》第 14 条　人民法院审理宣告失踪案件时，下列人员应当认定为民法典第四十条规定的利害关系人： （一）被申请人的近亲属； （二）依据民法典第一千一百二十八条、第一千一百二十九条规定对被申请人有继承权的亲属； （三）债权人、债务人、合伙人等与被申请人有民事权利义务关系的民事主体，但是不申请宣告失踪不影响其权利行使、义务履行的除外。 《总则编解释》第 16 条第 1 款　人民法院审理宣告死亡案件时，被申请人的配偶、父母、子女，以及依据民法典第一千一百二十九条规定对被申请人有继承权的亲属应当认定为民法典第四十六条规定的利害关系人。
第 1130 条　同一顺序继承人继承遗产的份额，一般应当均等。 对生活有特殊困难**又缺乏劳动能力**的继承人，分配遗产时，应当予以照顾。 对被继承人尽了主要扶养义务或者与被继承人共同生活的继承人，分配遗产时，可以多分。 有扶养能力和有扶养条件的继承人，不尽扶养义务的，分配遗产时，应当不分或者少分。 继承人协商同意的，也可以不均等。	第 13 条　同一顺序继承人继承遗产的份额，一般应当均等； 对生活有特殊困难的缺乏劳动能力的继承人，分配遗产时，应当予以照顾。 对被继承人尽了主要扶养义务或者与被继承人共同生活的继承人，分配遗产时，可以多分。 有扶养能力和有扶养条件的继承人，不尽扶养义务的，分配遗产时，应当不分或者少分。 继承人协商同意的，也可以不均等。	《继承编解释（一）》第 4 条　遗嘱继承人依遗嘱取得遗产后，仍有权依照民法典第一千一百三十条的规定取得遗嘱未处分的遗产。 《继承编解释（一）》第 22 条　继承人有扶养能力和扶养条件，愿意尽扶养义务，但被继承人因有固定收入和劳动能力，明确表示不要求其扶养的，分配遗产时，一般不应因此而影响其继承份额。 《继承编解释（一）》第 23 条　有扶养能力和扶养条件的继承人虽然与被继承人共同生活，但对需要扶养的被继承人不尽扶养义务，分配遗产时，可以少分或者不分。
第 1131 条　对继承人以外的依靠被继承人扶养的人，或者继承人以外的对被继承人扶养较多的人，可以分给适当的遗产。	第 14 条　对继承人以外的依靠被继承人扶养的**缺乏劳动能力又没有生活来源**的人，或者继承人以外的对被继承人扶养较多的人，可以分给**他们**适当的遗产。	《继承编解释（一）》第 10 条　被收养人对养父母尽了赡养义务，同时又对生父母扶养较多的，除可以依照民法典第一千一百二十七条的规定继承养父母的遗产外，还可以依照民法典第一千一百三十一条的规定分得生父母适当的遗产。
第 1132 条　继承人应当本着互谅互让、和睦团结的精神，协商处理继承问题。遗产分割的时间、办法和份额，由继承人协商确定。协商不成的，可以由人民调解委员会调解或者向人民法院提起诉讼。	第 15 条　继承人应当本着互谅互让、和睦团结的精神，协商处理继承问题。遗产分割的时间、办法和份额，由继承人协商确定。协商不成的，可以由人民调解委员会调解或者向人民法院提起诉讼。	

《民法典》	《继承法》	相关规范性法律文件
第三章　遗嘱继承和遗赠	第三章　遗嘱继承和遗赠	
第1133条　**自然人**可以依照本法规定立遗嘱处分个人财产,并可以指定遗嘱执行人。 **自然人**可以立遗嘱将个人财产指定由法定继承人中的一人或者数人继承。 **自然人**可以立遗嘱将个人财产**赠**与国家、集体或者法定继承人以外的**组织**、**个人**。 **自然人可以依法设立遗嘱信托。**	**第16条**　公民可以依照本法规定立遗嘱处分个人财产,并可以指定遗嘱执行人; 公民可以立遗嘱将个人财产指定由法定继承人的一人或者数人继承。 公民可以立遗嘱将个人财产赠给国家、集体或者法定继承人以外的人。	
第1134条　自书遗嘱由遗嘱人亲笔书写,签名,注明年、月、日。	**第17条**　公证遗嘱由遗嘱人经公证机关办理。 自书遗嘱由遗嘱人亲笔书写,签名,注明年、月、日。 代书遗嘱应当有两个以上见证人在场见证,由其中一人代书,注明年、月、日,并由代书人、其他见证人和遗嘱人签名。 以录音形式立的遗嘱,应当有两个以上见证人在场见证。 遗嘱人在危急情况下,可以立口头遗嘱。口头遗嘱应当有两个以上见证人在场见证。危急情况解除后,遗嘱人能够用书面或者录音形式立遗嘱的,所立的口头遗嘱无效。	《继承编解释(一)》**第27条** 自然人在遗书中涉及死后个人财产处分的内容,确为死者的真实意思表示,有本人签名并注明了年、月、日,又无相反证据的,可以按自书遗嘱对待。
第1135条　代书遗嘱应当有两个以上见证人在场见证,由其中一人代书,并由遗嘱人、代书人和其他见证人签名,注明年、月、日。		
第1136条　打印遗嘱应当有两个以上见证人在场见证。遗嘱人和见证人应当在**遗嘱每一页签**名,注明年、月、日。		《民法典时间效力规定》**第15条**　民法典施行前,遗嘱人以打印方式立的遗嘱,当事人对该遗嘱效力发生争议的,适用民法典第一千一百三十六条的规定,但是遗产已经在民法典施行前处理完毕的除外。
第1137条　以录音**录像**形式立的遗嘱,应当有两个以上见证人在场见证。**遗嘱人和见证人应当在录音录像中记录其姓名或者肖像,以及年、月、日。**		
第1138条　遗嘱人在危急情况下,可以立口头遗嘱。口头遗嘱应当有两个以上见证人在场见证。危急情况消除后,遗嘱人能够以书面或者录音录像形式立遗嘱的,所立的口头遗嘱无效。		
第1139条　公证遗嘱由遗嘱人经公证**机构**办理。		

《民法典》	《继承法》	相关规范性法律文件
第1140条　下列人员不能作为遗嘱见证人： （一）无民事行为能力人、限制民事行为能力人以及其他不具有见证能力的人； （二）继承人、受遗赠人； （三）与继承人、受遗赠人有利害关系的人。	第18条　下列人员不能作为遗嘱见证人： （一）无行为能力人、限制行为能力人； （二）继承人、受遗赠人； （三）与继承人、受遗赠人有利害关系的人。	《继承编解释（一）》第24条 　继承人、受遗赠人的债权人、债务人，共同经营的合伙人，也应当视为与继承人、受遗赠人有利害关系，不能作为遗嘱的见证人。
第1141条　遗嘱应当为缺乏劳动能力又没有生活来源的继承人保留必要的遗产份额。	第19条　遗嘱应当对缺乏劳动能力又没有生活来源的继承人保留必要的遗产份额。	《继承编解释（一）》第25条 　遗嘱人未保留缺乏劳动能力又没有生活来源的继承人的遗产份额，遗产处理时，应当为该继承人留下必要的遗产，所剩余的部分，才可参照遗嘱确定的分配原则处理。 　继承人是否缺乏劳动能力又没有生活来源，应当按遗嘱生效时该继承人的具体情况确定。
第1142条　遗嘱人可以撤回、变更自己所立的遗嘱。 　立遗嘱后，遗嘱人实施与遗嘱内容相反的民事法律行为的，视为对遗嘱相关内容的撤回。 　立有数份遗嘱，内容相抵触的，以最后的遗嘱为准。	第20条　遗嘱人可以撤销、变更自己所立的遗嘱。 　立有数份遗嘱，内容相抵触的，以最后的遗嘱为准。 　自书、代书、录音、口头遗嘱，不得撤销、变更公证遗嘱。	《民法典时间效力规定》第23条　被继承人在民法典施行前立有公证遗嘱，民法典施行后又立有新遗嘱，其死亡后，因该数份遗嘱内容相抵触发生争议的，适用民法典第一千一百四十二条第三款的规定。
第1143条　无民事行为能力人或者限制民事行为能力人所立的遗嘱无效。 　遗嘱必须表示遗嘱人的真实意思，受欺诈、胁迫所立的遗嘱无效。 　伪造的遗嘱无效。 　遗嘱被篡改的，篡改的内容无效。	第22条　无行为能力人或者限制行为能力人所立的遗嘱无效。 　遗嘱必须表示遗嘱人的真实意思，受胁迫、欺骗所立的遗嘱无效。 　伪造的遗嘱无效。 　遗嘱被篡改的，篡改的内容无效。	《继承编解释（一）》第26条 　遗嘱人以遗嘱处分了国家、集体或者他人财产的，应当认定该部分遗嘱无效。 《继承编解释（一）》第28条 　遗嘱人立遗嘱时必须具有完全民事行为能力。无民事行为能力人或者限制民事行为能力人所立的遗嘱，即使其本人后来具有完全民事行为能力，仍属无效遗嘱。遗嘱人立遗嘱时具有完全民事行为能力，后来成为无民事行为能力人或者限制民事行为能力人的，不影响遗嘱的效力。
第1144条　遗嘱继承或者遗赠附有义务的，继承人或者受遗赠人应当履行义务。没有正当理由不履行义务的，经利害关系人或者有关组织请求，人民法院可以取消其接受附义务部分遗产的权利。	第21条　遗嘱继承或者遗赠附有义务的，继承人或者受遗赠人应当履行义务。没有正当理由不履行义务的，经有关单位或者个人请求，人民法院可以取消他接受遗产的权利。	《继承编解释（一）》第29条 　附义务的遗嘱继承或者遗赠，如义务能够履行，而继承人、受遗赠人无正当理由不履行，经受益人或者其他继承人请求，人民法院可以取消其接受附义务部分遗产的权利，由提出请求的继承人或者受益人负责按遗嘱人的意愿履行义务，接受遗产。

《民法典》	《继承法》	相关规范性法律文件
第四章　遗产的处理	第四章　遗产的处理	
第1145条　继承开始后，遗嘱执行人为遗产管理人；没有遗嘱执行人的，继承人应当及时推选遗产管理人；继承人未推选的，由继承人共同担任遗产管理人；没有继承人或者继承人均放弃继承的，由被继承人生前住所地的民政部门或者村民委员会担任遗产管理人。	（无）	《继承编解释（一）》第30条 人民法院在审理继承案件时，如果知道有继承人而无法通知的，分割遗产时，要保留其应继承的遗产，并确定该遗产的保管人或者保管单位。
第1146条　对遗产管理人的确定有争议的，利害关系人可以向人民法院申请指定遗产管理人。	（无）	
第1147条　遗产管理人应当履行下列职责： 　　（一）清理遗产并制作遗产清单； 　　（二）向继承人报告遗产情况； 　　（三）采取必要措施防止遗产毁损、灭失； 　　（四）处理被继承人的债权债务； 　　（五）按照遗嘱或者依照法律规定分割遗产； 　　（六）实施与管理遗产有关的其他必要行为。	（无）	
第1148条　遗产管理人应当依法履行职责，因故意或者重大过失造成继承人、受遗赠人、债权人损害的，应当承担民事责任。	（无）	
第1149条　遗产管理人可以依照法律规定或者按照约定获得报酬。	（无）	
第1150条　继承开始后，知道被继承人死亡的继承人应当及时通知其他继承人和遗嘱执行人。继承人中无人知道被继承人死亡或者知道被继承人死亡而不能通知的，由被继承人生前所在单位或者住所地的居民委员会、村民委员会负责通知。	第23条 同《民法典》第1150条	
第1151条　存有遗产的人，应当妥善保管遗产，任何组织或者个人不得侵吞或者争抢。	第24条　存有遗产的人，应当妥善保管遗产，任何人不得侵吞或者争抢。	
第1152条　继承开始后，继承人于遗产分割前死亡，并没有放弃继承的，该继承人应当继承的遗产转给其继承人，但是遗嘱另有安排的除外。	（无）	《继承编解释（一）》第38条 继承开始后，受遗赠人表示接受遗赠，并于遗产分割前死亡的，其接受遗赠的权利转移给他的继承人。

《民法典》	《继承法》	相关规范性法律文件
第1153条　夫妻共同所有的财产，**除有约定的外**，遗产分割**时**，应当先将共同所有的财产的一半分出为配偶所有，其余的为被继承人的遗产。 遗产在家庭共有财产之中的，遗产分割时，应当先分出他人的财产。	第26条　夫妻**在婚姻关系存续期间所得的**共同所有的财产，除有约定的以外，**如果分割**遗产，应当先将共同所有的财产的一半分出为配偶所有，其余的为被继承人的遗产。 遗产在家庭共有财产之中的，遗产分割时，应当先分出他人的财产。	
第1154条　有下列情形之一的，遗产中的有关部分按照法定继承办理： （一）遗嘱继承人放弃继承或者受遗赠人放弃受遗赠； （二）遗嘱继承人丧失继承权**或者受遗赠人丧失受遗赠权**； （三）遗嘱继承人、受遗赠人先于遗嘱人死亡**或者终止**； （四）遗嘱无效部分所涉及的遗产； （五）遗嘱未处分的遗产。	第27条　有下列情形之一的，遗产中的有关部分按照法定继承办理： （一）遗嘱继承人放弃继承或者受遗赠人放弃受遗赠的； （二）遗嘱继承人丧失继承权的； （三）遗嘱继承人、受遗赠人先于遗嘱人死亡的； （四）遗嘱无效部分所涉及的遗产； （五）遗嘱未处分的遗产。	
第1155条　遗产分割时，应当保留胎儿的继承份额。胎儿**娩出**时是死体的，保留的份额按照法定继承办理。	第28条　遗产分割时，应当保留胎儿的继承份额。胎儿出生时是死体的，保留的份额按照法定继承办理。	《继承编解释（一）》第31条 应当为胎儿保留的遗产份额没有保留的，应从继承人所继承的遗产中扣回。 为胎儿保留的遗产份额，如胎儿出生后死亡的，由其继承人继承；如胎儿娩出时是死体的，由被继承人的继承人继承。
第1156条　遗产分割应当有利于生产和生活需要，不损害遗产的效用。 不宜分割的遗产，可以采取折价、适当补偿或者共有等方法处理。	第29条 同《民法典》第1156条	《继承编解释（一）》第42条 人民法院在分割遗产中的房屋、生产资料和特定职业所需要的财产时，应当依据有利于发挥其使用效益和继承人的实际需要，兼顾各继承人的利益进行处理。
第1157条　夫妻一方死亡后另一方再婚的，有权处分所继承的财产，任何**组织或者个人**不得干涉。	第30条　夫妻一方死亡后另一方再婚的，有权处分所继承的财产，任何人不得干涉。	
第1158条　**自然人**可以与**继承人以外的组织或者个人**签订遗赠扶养协议。按照协议，**该组织或者个人**承担该**自然人**生养死葬的义务，享有受遗赠的权利。	第31条　公民可以与扶养人签订遗赠扶养协议。按照协议，扶养人承担该公民生养死葬的义务，享有受遗赠的权利。 公民可以与集体所有制组织签订遗赠扶养协议。按照协议，集体所有制组织承担该公民生养死葬的义务，享有受遗赠的权利。	《继承编解释（一）》第40条 继承人以外的组织或者个人与自然人签订遗赠扶养协议后，无正当理由不履行，导致协议解除的，不能享有受遗赠的权利，其支付的供养费用一般不予补偿；遗赠人无正当理由不履行，导致协议解除的，则应当偿还继承人以外的组织或者个人已支付的供养费用。

《民法典》	《继承法》	相关规范性法律文件
第1159条 分割遗产,应当清偿被继承人依法应当缴纳的税款和债务;但是,**应当为缺乏劳动能力又没有生活来源的继承人保留必要的遗产**。	(无)	
第1160条 无人继承又无人受遗赠的遗产,归国家所有,**用于公益事业**;死者生前是集体所有制组织成员的,归所在集体所有制组织所有。	**第32条** 无人继承又无人受遗赠的遗产,归国家所有;死者生前是集体所有制组织成员的,归所在集体所有制组织所有。	《继承编解释(一)》第41条 遗产因无人继承又无人受遗赠归国家或者集体所有制组织所有时,按照民法典第一千一百三十一条规定可以分给适当遗产的人提出取得遗产的诉讼请求,人民法院应当视情况适当分给遗产
第1161条 继承人以所得遗产**实际价值为限**清偿被继承人依法应当缴纳的税款和债务。超过遗产实际价值部分,继承人自愿偿还的不在此限。 继承人放弃继承的,对被继承人依法应当缴纳的税款和债务可以不负**清偿**责任。	**第33条** 继承遗产应当清偿被继承人依法应当缴纳的税款和债务,缴纳税款和清偿债务以他的遗产实际价值为限。超过遗产实际价值部分,继承人自愿偿还的不在此限。 继承人放弃继承的,对被继承人依法应当缴纳的税款和债务可以不负偿还责任。	《继承编解释(一)》第32条 继承人因放弃继承权,致其不能履行法定义务的,放弃继承权的行为无效。
第1162条 执行遗赠不得妨碍清偿遗赠人依法应当缴纳的税款和债务。	**第34条** 同《民法典》第1162条	
第1163条 既有法定继承又有遗嘱继承、遗赠的,由法定继承人清偿被继承人依法应当缴纳的税款和债务;超过法定继承遗产实际价值部分,由遗嘱继承人和受遗赠人按比例以所得遗产清偿。	(无)	

第七编　侵权责任

《民法典》	《侵权责任法》	相关规范性法律文件
第七编　侵权责任		
第一章　一般规定	第一章　一般规定	
第1164条　<u>本编调整因侵害民事权益产生的民事关系。</u>	**第2条**　侵害民事权益,应当依照本法承担侵权责任。 **本法所称民事权益,包括生命权、健康权、姓名权、名誉权、荣誉权、肖像权、隐私权、婚姻自主权、监护权、所有权、用益物权、担保物权、著作权、专利权、商标专用权、发现权、股权、继承权等人身、财产权益。**	《民法典》第120条　民事权益受到侵害的,被侵权人有权请求侵权人承担侵权责任。 《人身损害赔偿解释》第1条 　因生命、身体、健康遭受侵害,赔偿权利人起诉请求赔偿义务人赔偿物质损害和精神损害的,人民法院应予受理。 　本条所称"赔偿权利人",是指因侵权行为或者其他致害原因直接遭受人身损害的受害人以及死亡受害人的近亲属。 　本条所称"赔偿义务人",是指因自己或者他人的侵权行为以及其他致害原因依法应当承担民事责任的自然人、法人或者非法人组织。 《民法典时间效力规定》第24条　侵权行为发生在民法典施行前,但是损害后果出现在民法典施行后的民事纠纷案件,适用民法典的规定。
	第二章　责任构成和责任方式	
第1165条　行为人因过错侵害他人民事权益<u>造成损害的</u>,应当承担侵权责任。 　**依照法律规定推定行为人有过错**,其不能证明自己没有过错的,应当承担侵权责任。	**第6条**　行为人因过错侵害他人民事权益,应当承担侵权责任。 　根据法律规定推定行为人有过错,行为人不能证明自己没有过错的,应当承担侵权责任。	《民法通则》第106条第2款 　公民、法人由于过错侵害国家的、集体的财产,侵害他人财产、人身的,应当承担民事责任。
第1166条　行为人<u>造成他人民事权益损害</u>,不论行为人有无过错,法律规定应当承担侵权责任的,依照其规定。	**第7条**　行为人损害他人民事权益,不论行为人有无过错,法律规定应当承担侵权责任的,依照其规定。	《民法通则》第106条第3款 　没有过错,但法律规定应当承担民事责任的,应当承担民事责任。
第1167条　侵权行为危及他人人身、财产安全的,被侵权人<u>有权</u>请求侵权人承担停止侵害、排除妨碍、消除危险等侵权责任。	**第21条**　侵权行为危及他人人身、财产安全的,被侵权人可以请求侵权人承担停止侵害、排除妨碍、消除危险等侵权责任。	

《民法典》	《侵权责任法》	相关规范性法律文件
第1168条 二人以上共同实施侵权行为,造成他人损害的,应当承担连带责任。	**第8条** 同《民法典》第1168条	**《民法通则》第130条** 二人以上共同侵权造成他人损害的,应当承担连带责任。 **《人身损害赔偿解释》第2条** 赔偿权利人起诉部分共同侵权人的,人民法院应当追加其他共同侵权人作为共同被告。赔偿权利人在诉讼中放弃对部分共同侵权人的诉讼请求的,其他共同侵权人对被放弃诉讼请求的被告应当承担的赔偿份额不承担连带责任。责任范围难以确定的,推定各共同侵权人承担同等责任。 人民法院应当将放弃诉讼请求的法律后果告知赔偿权利人,并将放弃诉讼请求的情况在法律文书中叙明。 **《环境侵权责任解释》第2条** 两个以上侵权人共同实施污染环境、破坏生态行为造成损害,被侵权人根据民法典第一千一百六十八条规定请求侵权人承担连带责任的,人民法院应予支持。 **《医疗损害责任解释》第19条** 两个以上医疗机构的诊疗行为造成患者同一损害,患者请求医疗机构承担赔偿责任的,应当区分不同情况,依照民法典第一千一百六十八条、第一千一百七十一条或者第一千一百七十二条的规定,确定各医疗机构承担的赔偿责任。 **《旅游纠纷解释》第14条** 旅游经营者准许他人挂靠其名下从事旅游业务,造成旅游者人身损害、财产损失,旅游者依据民法典第一千一百六十八条的规定请求旅游经营者与挂靠人承担连带责任的,人民法院应予支持。
第1169条 教唆、帮助他人实施侵权行为的,应当与行为人承担连带责任。 教唆、帮助无民事行为能力人、限制民事行为能力人实施侵权行为的,应当承担侵权责任;该无民事行为能力人、限制民事行为能力人的监护人未尽到监护**职责**的,应当承担相应的责任。	**第9条** 教唆、帮助他人实施侵权行为的,应当与行为人承担连带责任。 教唆、帮助无民事行为能力人、限制民事行为能力人实施侵权行为的,应当承担侵权责任;该无民事行为能力人、限制民事行为能力人的监护人未尽到监护责任的,应当承担相应的责任。	**《侵犯专利权解释(二)》第21条** 明知有关产品系专门用于实施专利的材料、设备、零部件、中间物等,未经专利权人许可,为生产经营目的将该产品提供给他人实施了侵犯专利权的行为,权利人主张该提供者的行为属于民法典第一千一百六十九条规定的帮助他人实施侵权行为的,人民法院应予支持。 明知有关产品、方法被授予专利权,未经专利权人许可,为生产经营目的积极诱导他人实施了侵

《民法典》	《侵权责任法》	相关规范性法律文件
		犯专利权的行为,权利人主张该诱导者的行为属于民法典第一千一百六十九条规定的教唆他人实施侵权行为的,人民法院应予支持。
第1170条　二人以上实施危及他人人身、财产安全的行为,其中一人或者数人的行为造成他人损害,能够确定具体侵权人的,由侵权人承担责任;不能确定具体侵权人的,行为人承担连带责任。	第10条 同《民法典》第1170条	《道路交通事故损害赔偿解释》第10条　多辆机动车发生交通事故造成第三人损害,当事人请求多个侵权人承担赔偿责任的,人民法院应当区分不同情况,依照民法典第一千一百七十条、第一千一百七十一条、第一千一百七十二条的规定,确定侵权人承担连带责任或者按份责任。
第1171条　二人以上分别实施侵权行为造成同一损害,每个人的侵权行为都足以造成全部损害的,行为人承担连带责任。	第11条 同《民法典》第1171条	《医疗损害责任解释》第19条　两个以上医疗机构的诊疗行为造成患者同一损害,患者请求医疗机构承担赔偿责任的,应当区分不同情况,依照民法典第一千一百六十八条、第一千一百七十一条或者第一千一百七十二条的规定,确定各医疗机构承担的赔偿责任。 《道路交通事故损害赔偿解释》第10条　多辆机动车发生交通事故造成第三人损害,当事人请求多个侵权人承担赔偿责任的,人民法院应当区分不同情况,依照民法典第一千一百七十条、第一千一百七十一条、第一千一百七十二条的规定,确定侵权人承担连带责任或者按份责任。 《环境侵权责任解释》第3条第1款　两个以上侵权人分别实施污染环境、破坏生态行为造成同一损害,每一个侵权人的污染环境、破坏生态行为都足以造成全部损害,被侵权人根据民法典第一千一百七十一条规定请求侵权人承担连带责任的,人民法院应予支持。 《环境侵权责任解释》第3条第3款　两个以上侵权人分别实施污染环境、破坏生态行为造成同一损害,部分侵权人的污染环境、破坏生态行为足以造成全部损害,部分侵权人的污染环境、破坏生态行为只造成部分损害,被侵权人根据民法典第一千一百七十一条规定请求足以造成全部损害的侵权人与其他侵权人就共同造成的损害部分承担连带责任,并对全部损害承担责任的,人民法院应予支持。

《民法典》	《侵权责任法》	相关规范性法律文件
第1172条 二人以上分别实施侵权行为造成同一损害,能够确定责任大小的,各自承担相应的责任;难以确定责任大小的,平均承担责任。	第12条 二人以上分别实施侵权行为造成同一损害,能够确定责任大小的,各自承担相应的责任;难以确定责任大小的,平均承担**赔偿**责任。	《医疗损害责任解释》第19条 两个以上医疗机构的诊疗行为造成患者同一损害,患者请求医疗机构承担赔偿责任的,应当区分不同情况,依照民法典第一千一百六十八条、第一千一百七十一条或者第一千一百七十二条的规定,确定各医疗机构承担的赔偿责任。 《道路交通事故损害赔偿解释》第10条 多辆机动车发生交通事故造成第三人损害,当事人请求多个侵权人承担赔偿责任的,人民法院应当区分不同情况,依照民法典第一千一百七十条、第一千一百七十一条、第一千一百七十二条的规定,确定侵权人承担连带责任或者按份责任。 《环境侵权责任解释》第3条第2款 两个以上侵权人分别实施污染环境、破坏生态行为造成同一损害,每一个侵权人的污染环境、破坏生态行为都不足以造成全部损害,被侵权人根据民法典第一千一百七十二条规定请求侵权人承担责任的,人民法院应予支持。
	第三章 不承担责任和减轻责任的情形	
第1173条 被侵权人对**同一**损害的发生**或者扩大**有过错的,可以减轻侵权人的责任。	第26条 被侵权人对损害的发生也有过错的,可以减轻侵权人的责任。	《民法通则》第131条 受害人对于损害的发生也有过错的,可以减轻侵害人的民事责任。 《民法典》第591条 当事人一方违约后,对方应当采取适当措施防止损失的扩大;没有采取适当措施致使损失扩大的,不得就扩大的损失请求赔偿。 当事人因防止损失扩大而支出的合理费用,由违约方负担。 《民法典》第592条第2款 当事人一方违约造成对方损失,对方对损失的发生有过错的,可以减少相应的损失赔偿额。
第1174条 损害是因受害人故意造成的,行为人不承担责任。	第27条 同《民法典》第1174条	
第1175条 损害是因第三人造成的,第三人应当承担侵权责任。	第28条 同《民法典》第1175条	

《民法典》	《侵权责任法》	相关规范性法律文件
第1176条 自愿参加具有一定风险的文体活动，因其他参加者的行为受到损害的，受害人不得请求其他参加者承担侵权责任；但是，其他参加者对损害的发生有故意或者重大过失的除外。 活动组织者的责任适用本法第一千一百九十八条至第一千二百零一条的规定。	（无）	《民法典时间效力规定》第16条 民法典施行前，受害人自愿参加具有一定风险的文体活动受到损害引起的民事纠纷案件，适用民法典第一千一百七十六条的规定。
第1177条 合法权益受到侵害，情况紧迫且不能及时获得国家机关保护，不立即采取措施将使其合法权益受到难以弥补的损害的，受害人可以在保护自己合法权益的必要范围内采取扣留侵权人的财物等合理措施；但是，应当立即请求有关国家机关处理。 受害人采取的措施不当造成他人损害的，应当承担侵权责任。	（无）	《民法典时间效力规定》第17条 民法典施行前，受害人为保护自己合法权益采取扣留侵权人的财物等措施引起的民事纠纷案件，适用民法典第一千一百七十七条的规定。
第1178条 本法和其他法律对不承担责任或者减轻责任的情形另有规定的，依照其规定。	（无）	
第二章 损害赔偿	第二章 责任构成和责任方式	
第1179条 侵害他人造成人身损害的，应当赔偿医疗费、护理费、交通费、**营养费**、**住院伙食补助费**等为治疗和康复支出的合理费用，以及因误工减少的收入。造成残疾的，还应当赔偿辅助器具费和残疾赔偿金；造成死亡的，还应当赔偿丧葬费和死亡赔偿金。	第16条 侵害他人造成人身损害的，应当赔偿医疗费、护理费、交通费等为治疗和康复支出的合理费用，以及因误工减少的收入。造成残疾的，还应当赔偿**残疾生活**辅助具费和残疾赔偿金。造成死亡的，还应当赔偿丧葬费和死亡赔偿金。	《民法通则》第119条 侵害公民身体造成伤害的，应当赔偿医疗费、因误工减少的收入、残废者生活补助费等费用；造成死亡的，并应当支付丧葬费、死者生前扶养的人必要的生活费等费用。 《人身损害赔偿解释》第6条 医疗费根据医疗机构出具的医药费、住院费等收款凭证，结合病历和诊断证明等相关证据确定。赔偿义务人对治疗的必要性和合理性有异议的，应当承担相应的举证责任。 医疗费的赔偿数额，按照一审法庭辩论终结前实际发生的数额确定。器官功能恢复训练所必要的康复费、适当的整容费以及其他后续治疗费，赔偿权利人可以待实际发生后另行起诉。但根据医疗证明或者鉴定结论确定必然发生的费用，可以与已经发生的医疗费一并予以赔偿。 《人身损害赔偿解释》第7条 误工费根据受害人的误工时间和收入状况确定。

《民法典》	《侵权责任法》	相关规范性法律文件
		误工时间根据受害人接受治疗的医疗机构出具的证明确定。受害人因伤致残持续误工的,误工时间可以计算至定残日前一天。 受害人有固定收入的,误工费按照实际减少的收入计算。受害人无固定收入的,按照其最近三年的平均收入计算;受害人不能举证证明其最近三年的平均收入状况的,可以参照受诉法院所在地相同或者相近行业上一年度职工的平均工资计算。 **《人身损害赔偿解释》第8条** 护理费根据护理人员的收入状况和护理人数、护理期限确定。 护理人员有收入的,参照误工费的规定计算;护理人员没有收入或者雇佣护工的,参照当地护工从事同等级别护理的劳务报酬标准计算。护理人员原则上为一人,但医疗机构或者鉴定机构有明确意见的,可以参照确定护理人员人数。 护理期限应计算至受害人恢复生活自理能力时止。受害人因残疾不能恢复生活自理能力的,可以根据其年龄、健康状况等因素确定合理的护理期限,但最长不超过二十年。 受害人定残后的护理,应当根据其护理依赖程度并结合配制残疾辅助器具的情况确定护理级别。 **《人身损害赔偿解释》第9条** 交通费根据受害人及其必要的陪护人员因就医或者转院治疗实际发生的费用计算。交通费应当以正式票据为凭;有关凭据应当与就医地点、时间、人数、次数相符合。 **《人身损害赔偿解释》第10条** 住院伙食补助费可以参照当地国家机关一般工作人员的出差伙食补助标准予以确定。 受害人确有必要到外地治疗,因客观原因不能住院,受害人本人及其陪护人员实际发生的住宿费和伙食费,其合理部分应予赔偿。 **《人身损害赔偿解释》第11条** 营养费根据受害人伤残情况参照医疗机构的意见确定。

《民法典》	《侵权责任法》	相关规范性法律文件
		《人身损害赔偿解释》第 12 条 残疾赔偿金根据受害人丧失劳动能力程度或者伤残等级,按照受诉法院所在地上一年度城镇居民人均可支配收入或者农村居民人均纯收入标准,自定残之日起按二十年计算。但六十周岁以上的,年龄每增加一岁减少一年;七十五周岁以上的,按五年计算。 受害人因伤致残但实际收入没有减少,或者伤残等级较轻但造成职业妨害严重影响其劳动就业的,可以对残疾赔偿金作相应调整。 **《人身损害赔偿解释》第 13 条** 残疾辅助器具费按照普通适用器具的合理费用标准计算。伤情有特殊需要的,可以参照辅助器具配制机构的意见确定相应的合理费用标准。 辅助器具的更换周期和赔偿期限参照配制机构的意见确定。 **《人身损害赔偿解释》第 14 条** 丧葬费按照受诉法院所在地上一年度职工月平均工资标准,以六个月总额计算。 **《人身损害赔偿解释》第 15 条** 死亡赔偿金按照受诉法院所在地上一年度城镇居民人均可支配收入或者农村居民人均纯收入标准,按二十年计算。但六十周岁以上的,年龄每增加一岁减少一年;七十五周岁以上的,按五年计算。 **《人身损害赔偿解释》第 16 条** 被扶养人生活费计入残疾赔偿金或者死亡赔偿金。 **《人身损害赔偿解释》第 17 条** 被扶养人生活费根据扶养人丧失劳动能力程度,按照受诉法院所在地上一年度城镇居民人均消费性支出和农村居民人均年生活消费支出标准计算。被扶养人为未成年人的,计算至十八周岁;被扶养人无劳动能力又无其他生活来源的,计算二十年。但六十周岁以上的,年龄每增加一岁减少一年;七十五周岁以上的,按五年计算。 被扶养人是指受害人依法应当承担扶养义务的未成年人或者丧失劳动能力又无其他生活来源的成年近亲属。被扶养人还有其他扶养人的,赔偿义务人只赔偿受害

《民法典》	《侵权责任法》	相关规范性法律文件
		人依法应当负担的部分。被扶养人有数人的,年赔偿总额累计不超过上一年度城镇居民人均消费性支出额或者农村居民人均年生活消费支出额。 **《人身损害赔偿解释》第 18 条** 赔偿权利人举证证明其住所地或者经常居住地城镇居民人均可支配收入或者农村居民人均纯收入高于受诉法院所在地标准的,残疾赔偿金或者死亡赔偿金可以按照其住所地或者经常居住地的相关标准计算。 被扶养人生活费的相关计算标准,依照前款原则确定。 **《人身损害赔偿解释》第 19 条** 超过确定的护理期限、辅助器具费给付年限或者残疾赔偿金给付年限,赔偿权利人向人民法院起诉请求继续给付护理费、辅助器具费或者残疾赔偿金的,人民法院应予受理。赔偿权利人确需继续护理、配制辅助器具,或者没有劳动能力和生活来源的,人民法院应当判令赔偿义务人继续给付相关费用五至十年。 **《人身损害赔偿解释》第 22 条** 本解释所称"城镇居民人均可支配收入""农村居民人均纯收入""城镇居民人均消费性支出""农村居民人均年生活消费支出""职工平均工资",按照政府统计部门公布的各省、自治区、直辖市以及经济特区和计划单列市上一年度相关统计数据确定。 "上一年度",是指一审法庭辩论终结时的上一统计年度。 **《医疗损害责任解释》第 24 条** 被侵权人同时起诉两个以上医疗机构承担赔偿责任,人民法院经审理,受诉法院所在地的医疗机构依法不承担赔偿责任,其他医疗机构承担赔偿责任的,残疾赔偿金、死亡赔偿金的计算,按下列情形分别处理: (一)一个医疗机构承担责任的,按照该医疗机构所在地的赔偿标准执行; (二)两个以上医疗机构均承担责任的,可以按照其中赔偿标准较高的医疗机构所在地标准执行。

《民法典》	《侵权责任法》	相关规范性法律文件
第1180条 因同一侵权行为造成多人死亡的,可以以相同数额确定死亡赔偿金。	第17条 同《民法典》第1180条	
第1181条 被侵权人死亡的,其近亲属有权请求侵权人承担侵权责任。被侵权人为**组织**,该**组织**分立、合并的,承继权利的**组织**有权请求侵权人承担侵权责任。 被侵权人死亡的,支付被侵权人医疗费、丧葬费等合理费用的人有权请求侵权人赔偿费用,**但是侵权人已经支付该费用的除外。**	第18条 被侵权人死亡的,其近亲属有权请求侵权人承担侵权责任。被侵权人为单位,该单位分立、合并的,承继权利的单位有权请求侵权人承担侵权责任。 被侵权人死亡的,支付被侵权人医疗费、丧葬费等合理费用的人有权请求侵权人赔偿费用,但侵权人已支付该费用的除外。	《道路交通事故损害赔偿解释》第23条第1、2款 被侵权人因道路交通事故死亡,无近亲属或者近亲属不明,未经法律授权的机关或者有关组织向人民法院起诉主张死亡赔偿金的,人民法院不予受理。 侵权人以已向未经法律授权的机关或者有关组织支付死亡赔偿金为理由,请求保险公司在交强险责任限额范围内予以赔偿的,人民法院不予支持。
第1182条 侵害他人人身权益造成财产损失的,按照被侵权人因此受到的损失**或者侵权人因此获得的利益**赔偿;**被侵权人因此受到的损失以及侵权人因此获得的利益难以确定,**被侵权人和侵权人就赔偿数额协商不一致,向人民法院提起诉讼的,由人民法院根据实际情况确定赔偿数额。	第20条 侵害他人人身权益造成财产损失的,按照被侵权人因此受到的损失赔偿;被侵权人的损失难以确定,**侵权人因此获得利益的,按照其获得的利益赔偿;侵权人因此获得的利益难以确定,**被侵权人和侵权人就赔偿数额协商不一致,向人民法院提起诉讼的,由人民法院根据实际情况确定赔偿数额。	《专利法》第71条 侵犯专利权的赔偿数额按照权利人因被侵权所受到的实际损失或者侵权人因侵权所获得的利益确定;权利人的损失或者侵权人获得的利益难以确定的,参照该专利许可使用费的倍数合理确定。对故意侵犯专利权,情节严重的,可以在按照上述方法确定数额的一倍以上五倍以下确定赔偿数额。 权利人的损失、侵权人获得的利益和专利许可使用费均难以确定的,人民法院可以根据专利权的类型、侵权行为的性质和情节等因素,确定给予三万元以上五百万元以下的赔偿。 赔偿数额还应当包括权利人为制止侵权行为所支付的合理开支。 人民法院为确定赔偿数额,在权利人已经尽力举证,而与侵权行为相关的账簿、资料主要由侵权人掌握的情况下,可以责令侵权人提供与侵权行为相关的账簿、资料;侵权人不提供或者提供虚假的账簿、资料的,人民法院可以参考权利人的主张和提供的证据判定赔偿数额。 《侵犯专利权解释》第16条 人民法院依据专利法第六十五条第一款的规定确定侵权人因侵权所获得的利益,应当限于侵权人因侵犯专利权行为所获得的利益;因其他权利所产生的利益,应当合理扣除。 侵犯发明、实用新型专利权的产品系另一产品的零部件的,人

《民法典》	《侵权责任法》	相关规范性法律文件
		民法院应当根据该零部件本身的价值及其在实现成品利润中的作用等因素合理确定赔偿数额。 侵犯外观设计专利权的产品为包装物的,人民法院应当按照包装物本身的价值及其在实现被包装产品利润中的作用等因素合理确定赔偿数额。 《侵犯专利权解释(二)》第27条 权利人因被侵权所受到的实际损失难以确定的,人民法院应当依照专利法第六十五条第一款的规定,要求权利人对侵权人因侵权所获得的利益进行举证;在权利人已经提供侵权人所获利益的初步证据,而与专利侵权行为相关的账簿、资料主要由侵权人掌握的情况下,人民法院可以责令侵权人提供该账簿、资料;侵权人无正当理由拒不提供或者提供虚假的账簿、资料的,人民法院可以根据权利人的主张和提供的证据认定侵权人因侵权所获得的利益。 《侵犯专利权解释(二)》第28条 权利人、侵权人依法约定专利侵权的赔偿数额或者赔偿计算方法,并在专利侵权诉讼中主张依据该约定确定赔偿数额的,人民法院应予支持。 《商标法》第63条第1-3款 侵犯商标专用权的赔偿数额,按照权利人因被侵权所受到的实际损失确定;实际损失难以确定的,可以按照侵权人因侵权所获得的利益确定;权利人的损失或者侵权人获得的利益难以确定的,参照该商标许可使用费的倍数合理确定。对恶意侵犯商标专用权,情节严重的,可以在按照上述方法确定数额的一倍以上五倍以下确定赔偿数额。赔偿数额应当包括权利人为制止侵权行为所支付的合理开支。 人民法院为确定赔偿数额,在权利人已经尽力举证,而与侵权行为相关的账簿、资料主要由侵权人掌握的情况下,可以责令侵权人提供与侵权行为相关的账簿、资料;侵权人不提供或者提供虚假的账簿、资料的,人民法院可以参考权利人的主张和提供的证据判定赔偿数额。

《民法典》	《侵权责任法》	相关规范性法律文件
		权利人因被侵权所受到的实际损失、侵权人因侵权所获得的利益、注册商标许可使用费难以确定的，由人民法院根据侵权行为的情节判决给予五百万元以下的赔偿。 **《商标纠纷解释》第 13 条**　人民法院依据商标法第六十三条第一款的规定确定侵权人的赔偿责任时，可以根据权利人选择的计算方法计算赔偿数额。 **《商标纠纷解释》第 14 条**　商标法第六十三条第一款规定的侵权所获得的利益，可以根据侵权商品销售量与该商品单位利润乘积计算；该商品单位利润无法查明的，按照注册商标商品的单位利润计算。 **《商标纠纷解释》第 15 条**　商标法第六十三条第一款规定的因被侵权所受到的损失，可以根据权利人因侵权所造成商品销售减少量或者侵权商品销售量与该注册商标商品的单位利润乘积计算。 **《商标纠纷解释》第 16 条**　权利人因被侵权所受到的实际损失、侵权人因侵权所获得的利益、注册商标使用许可费均难以确定的，人民法院可以根据当事人的请求或者依职权适用商标法第六十三条第三款的规定确定赔偿数额。 人民法院在适用商标法第六十三条第三款规定确定赔偿数额时，应当考虑侵权行为的性质、期间、后果，侵权人的主观过错程度，商标的声誉及制止侵权行为的合理开支等因素综合确定。 当事人按照本条第一款的规定就赔偿数额达成协议的，应当准许。 **《商标纠纷解释》第 17 条**　商标法第六十三条第一款规定的制止侵权行为所支付的合理开支，包括权利人或者委托代理人对侵权行为进行调查、取证的合理费用。 人民法院根据当事人的诉讼请求和案件具体情况，可以将符合国家有关部门规定的律师费用计算在赔偿范围内。

《民法典》	《侵权责任法》	相关规范性法律文件
		《著作权法》第 54 条第 1-4 款 侵犯著作权或者与著作权有关的权利的,侵权人应当按照权利人因此受到的实际损失或者侵权人的违法所得给予赔偿;权利人的实际损失或者侵权人的违法所得难以计算的,可以参照该权利使用费给予赔偿。对故意侵犯著作权或者与著作权有关的权利,情节严重的,可以在按照上述方法确定数额的一倍以上五倍以下给予赔偿。 权利人的实际损失、侵权人的违法所得、权利使用费难以计算的,由人民法院根据侵权行为的情节,判决给予五百元以上五百万元以下的赔偿。 赔偿数额还应当包括权利人为制止侵权行为所支付的合理开支。 人民法院为确定赔偿数额,在权利人已经尽了必要举证责任,而与侵权行为相关的账簿、资料等主要由侵权人掌握的,可以责令侵权人提供与侵权行为相关的账簿、资料等;侵权人不提供,或者提供虚假的账簿、资料等的,人民法院可以参考权利人的主张和提供的证据确定赔偿数额。 **《著作权纠纷解释》第 24 条** 权利人的实际损失,可以根据权利人因侵权所造成复制品发行减少量或者侵权复制品销售量与权利人发行该复制品单位利润乘积计算。发行减少量难以确定的,按照侵权复制品市场销售量确定。 **《著作权纠纷解释》第 25 条** 权利人的实际损失或者侵权人的违法所得无法确定的,人民法院根据当事人的请求或者依职权适用著作权法第四十九条第二款的规定确定赔偿数额。 人民法院在确定赔偿数额时,应当考虑作品类型、合理使用费、侵权行为性质、后果等情节综合确定。 当事人按照本条第一款的规定就赔偿数额达成协议的,应当准许。

《民法典》	《侵权责任法》	相关规范性法律文件
		《著作权纠纷解释》第 26 条　著作权法第四十九条第一款规定的制止侵权行为所支付的合理开支，包括权利人或者委托代理人对侵权行为进行调查、取证的合理费用。 人民法院根据当事人的诉讼请求和具体案情，可以将符合国家有关部门规定的律师费用计算在赔偿范围内。 《反不正当竞争法》第 17 条第 4 款　经营者违反本法第六条、第九条规定，权利人因被侵权所受到的实际损失、侵权人因侵权所获得的利益难以确定的，由人民法院根据侵权行为的情节判决给予权利人五百万元以下的赔偿。 《网络侵害人身权益规定》第 11 条　网络用户或者网络服务提供者侵害他人人身权益，造成财产损失或者严重精神损害，被侵权人依据民法典第一千一百八十二条和第一千一百八十三条的规定，请求其承担赔偿责任的，人民法院应予支持。 《网络侵害人身权益规定》第 12 条　被侵权人为制止侵权行为所支付的合理开支，可以认定为民法典第一千一百八十二条规定的财产损失。合理开支包括被侵权人或者委托代理人对侵权行为进行调查、取证的合理费用。人民法院根据当事人的请求和具体案情，可以将符合国家有关部门规定的律师费用计算在赔偿范围内。 被侵权人因人身权益受侵害造成的财产损失以及侵权人因此获得的利益难以确定的，人民法院可以根据具体案情在 50 万元以下的范围内确定赔偿数额。
第 1183 条　侵害**自然人**人身权益造成严重精神损害的，被侵权人有权请求精神损害赔偿。 **因故意或者重大过失侵害自然人具有人身意义的特定物造成严重精神损害的，被侵权人有权请求精神损害赔偿。**	第 22 条　侵害他人人身权益，造成他人严重精神损害的，被侵权人可以请求精神损害赔偿。	《民法典》第 994 条　死者的姓名、肖像、名誉、荣誉、隐私、遗体等受到侵害的，其配偶、子女、父母有权依法请求行为人承担民事责任；死者没有配偶、子女且父母已经死亡的，其他近亲属有权依法请求行为人承担民事责任。 《网络侵害人身权益规定》第 11 条　网络用户或者网络服务提供者侵害他人人身权益，造成财产损失或者严重精神损害，被侵权人依据民法典第一千一百八十二

《民法典》	《侵权责任法》	相关规范性法律文件
		条和第一千一百八十三条的规定,请求其承担赔偿责任的,人民法院应予支持。 **《精神损害赔偿解释》第 1 条** 　　因人身权益或者具有人身意义的特定物受到侵害,自然人或者其近亲属向人民法院提起诉讼请求精神损害赔偿的,人民法院应当依法予以受理。 **《精神损害赔偿解释》第 2 条** 　　非法使被监护人脱离监护,导致亲子关系或者近亲属间的亲属关系遭受严重损害,监护人向人民法院起诉请求赔偿精神损害的,人民法院应当依法予以受理。 **《精神损害赔偿解释》第 3 条** 　　死者的姓名、肖像、名誉、荣誉、隐私、遗体、遗骨等受到侵害,其近亲属向人民法院提起诉讼请求精神损害赔偿的,人民法院应当依法予以支持。 **《精神损害赔偿解释》第 4 条** 　　法人或者非法人组织以名誉权、荣誉权、名称权遭受侵害为由,向人民法院起诉请求精神损害赔偿的,人民法院不予支持。 **《精神损害赔偿解释》第 5 条** 　　精神损害的赔偿数额根据以下因素确定: 　　(一)侵权人的过错程度,但是法律另有规定的除外; 　　(二)侵权行为的目的、方式、场合等具体情节; 　　(三)侵权行为所造成的后果; 　　(四)侵权人的获利情况; 　　(五)侵权人承担责任的经济能力; 　　(六)受理诉讼法院所在地的平均生活水平。
第 1184 条　侵害他人财产的,财产损失按照损失发生时的市场价格或者其他**合理**方式计算。	**第 19 条**　侵害他人财产的,财产损失按照损失发生时的市场价格或者其他方式计算。	**《著作权纠纷解释》第 23 条** 　　出版者将著作权人交付出版的作品丢失、毁损致使出版合同不能履行的,著作权人有权依据民法典第一百八十六条、第二百三十八条、第一千一百八十四条等规定要求出版者承担相应的民事责任。

《民法典》	《侵权责任法》	相关规范性法律文件
第1185条 故意侵害他人知识产权,情节严重的,被侵权人有权请求相应的惩罚性赔偿。	(无)	《专利法》第71条第1款 侵犯专利权的赔偿数额按照权利人因被侵权所受到的实际损失或者侵权人因侵权所获得的利益确定;权利人的损失或者侵权人获得的利益难以确定的,参照该专利许可使用费的倍数合理确定。对故意侵犯专利权,情节严重的,可以在按照上述方法确定数额的一倍以上五倍以下确定赔偿数额。 《商标法》第63条第1款 侵犯商标专用权的赔偿数额,按照权利人因被侵权所受到的实际损失确定;实际损失难以确定的,可以按照侵权人因侵权所获得的利益确定;权利人的损失或者侵权人获得的利益难以确定的,参照该商标许可使用费的倍数合理确定。对恶意侵犯商标专用权,情节严重的,可以在按照上述方法确定数额的一倍以上五倍以下确定赔偿数额。赔偿数额应当包括权利人为制止侵权行为所支付的合理开支。 《著作权法》第54条第1款 侵犯著作权或者与著作权有关的权利的,侵权人应当按照权利人因此受到的实际损失或者侵权人的违法所得给予赔偿;权利人的实际损失或者侵权人的违法所得难以计算的,可以参照该权利使用费给予赔偿。对故意侵犯著作权或者与著作权有关的权利,情节严重的,可以在按照上述方法确定数额的一倍以上五倍以下给予赔偿。 《反不正当竞争法》第17条第3款 因不正当竞争行为受到损害的经营者的赔偿数额,按照其因被侵权所受到的实际损失确定;实际损失难以计算的,按照侵权人因侵权所获得的利益确定。经营者恶意实施侵犯商业秘密行为,情节严重的,可以在按照上述方法确定数额的一倍以上五倍以下确定赔偿数额。赔偿数额还应当包括经营者为制止侵权行为所支付的合理开支。 《侵害知识产权惩罚性赔偿解释》第1—6条 第1条 原告主张被告故意侵害其依法享有的知识产权且情节严重,请求判令被告承担惩罚性

《民法典》	《侵权责任法》	相关规范性法律文件
		赔偿责任的,人民法院应当依法审查处理。 本解释所称故意,包括商标法第六十三条第一款和反不正当竞争法第十七条第三款规定的恶意。 **第2条** 原告请求惩罚性赔偿的,应当在起诉时明确赔偿数额、计算方式以及所依据的事实和理由。 原告在一审法庭辩论终结前增加惩罚性赔偿请求的,人民法院应当准许;在二审中增加惩罚性赔偿请求的,人民法院可以根据当事人自愿的原则进行调解,调解不成的,告知当事人另行起诉。 **第3条** 对于侵害知识产权的故意的认定,人民法院应当综合考虑被侵害知识产权客体类型、权利状态和相关产品知名度、被告与原告或者利害关系人之间的关系等因素。 对于下列情形,人民法院可以初步认定被告具有侵害知识产权的故意: (一)被告经原告或者利害关系人通知、警告后,仍继续实施侵权行为的; (二)被告或其法定代表人、管理人是原告或者利害关系人的法定代表人、管理人、实际控制人的; (三)被告与原告或者利害关系人之间存在劳动、劳务、合作、许可、经销、代理、代表等关系,且接触过被侵害的知识产权的; (四)被告与原告或者利害关系人之间有业务往来或者为达成合同等进行过磋商,且接触过被侵害的知识产权的; (五)被告实施盗版、假冒注册商标行为的; (六)其他可以认定为故意的情形。 **第4条** 对于侵害知识产权情节严重的认定,人民法院应当综合考虑侵权手段、次数,侵权行为的持续时间、地域范围、规模、后果,侵权人在诉讼中的行为等因素。 被告有下列情形的,人民法院可以认定为情节严重: (一)因侵权被行政处罚或者法院裁判承担责任后,再次实施相同或者类似侵权行为;

《民法典》	《侵权责任法》	相关规范性法律文件
		（二）以侵害知识产权为业； （三）伪造、毁坏或者隐匿侵权证据； （四）拒不履行保全裁定； （五）侵权获利或者权利人受损巨大； （六）侵权行为可能危害国家安全、公共利益或者人身健康； （七）其他可以认定为情节严重的情形。 **第5条** 人民法院确定惩罚性赔偿数额时，应当分别依照相关法律，以原告实际损失数额、被告违法所得数额或者因侵权所获得的利益作为计算基数。该基数不包括原告为制止侵权所支付的合理开支；法律另有规定的，依照其规定。 前款所称实际损失数额、违法所得数额、因侵权所获得的利益均难以计算的，人民法院依法参照该权利许可使用费的倍数合理确定，并以此作为惩罚性赔偿数额的计算基数。 人民法院依法责令被告提供其掌握的与侵权行为相关的账簿、资料，被告无正当理由拒不提供或者提供虚假账簿、资料的，人民法院可以参考原告的主张和证据确定惩罚性赔偿数额的计算基数。构成民事诉讼法第一百一十一条规定情形的，依法追究法律责任。 **第6条** 人民法院依法确定惩罚性赔偿的倍数时，应当综合考虑被告主观过错程度、侵权行为的情节严重程度等因素。 因同一侵权行为已经被处以行政罚款或者刑事罚金且执行完毕，被告主张减免惩罚性赔偿责任的，人民法院不予支持，但在确定前款所称倍数时可以综合考虑。
第1186条 受害人和行为人对损害的发生都没有过错的，**依照法律的规定**由双方分担损失。	**第24条** 受害人和行为人对损害的发生都没有过错的，**可以根据实际情况**，由双方分担损失。	**《民法通则》第132条** 当事人对造成损害都没有过错的，可以根据实际情况，由当事人分担民事责任。
第1187条 损害发生后，当事人可以协商赔偿费用的支付方式。协商不一致的，赔偿费用应当一次性支付；一次性支付确有困难的，可以分期支付，**但是被侵权人有权请求提供相应的担保**。	**第25条** 损害发生后，当事人可以协商赔偿费用的支付方式。协商不一致的，赔偿费用应当一次性支付；一次性支付确有困难的，可以分期支付，**但应当提供相应的担保**。	**《人身损害赔偿解释》第20条** 赔偿义务人请求以定期金方式给付残疾赔偿金、辅助器具费的，应当提供相应的担保。人民法院可以根据赔偿义务人的给付能力和提供担保的情况，确定以

《民法典》	《侵权责任法》	相关规范性法律文件
		定期金方式给付相关费用。但是，一审法庭辩论终结前已经发生的费用、死亡赔偿金以及精神损害抚慰金，应当一次性给付。 《人身损害赔偿解释》第 21 条　人民法院应当在法律文书中明确定期金的给付时间、方式以及每期给付标准。执行期间有关统计数据发生变化的，给付金额应当适时进行相应调整。 　　定期金按照赔偿权利人的实际生存年限给付，不受本解释有关赔偿期限的限制。
第三章　责任主体的特殊规定	第四章　关于责任主体的特殊规定	
第 1188 条　无民事行为能力人、限制民事行为能力人造成他人损害的，由监护人承担侵权责任。监护人尽到监护**职责**的，可以减轻其侵权责任。 　　有财产的无民事行为能力人、限制民事行为能力人造成他人损害的，从本人财产中支付赔偿费用；不足部分，由监护人赔偿。	第 32 条　无民事行为能力人、限制民事行为能力人造成他人损害的，由监护人承担侵权责任。监护人尽到监护责任的，可以减轻其侵权责任。 　　有财产的无民事行为能力人、限制民事行为能力人造成他人损害的，从本人财产中支付赔偿费用。不足部分，由监护人赔偿。	
第 1189 条　无民事行为能力人、限制民事行为能力人造成他人损害，监护人将监护职责委托给他人的，监护人应当承担侵权责任；受托人有过错的，承担相应的责任。	（无）	《总则编解释》第 13 条　监护人因患病、外出务工等原因在一定期限内不能完全履行监护职责，将全部或者部分监护职责委托给他人，当事人主张受托人因此成为监护人的，人民法院不予支持。
第 1190 条　完全民事行为能力人对自己的行为暂时没有意识或者失去控制造成他人损害有过错的，应当承担侵权责任；没有过错的，根据行为人的经济状况对受害人适当补偿。 　　完全民事行为能力人因醉酒、滥用麻醉药品或者精神药品对自己的行为暂时没有意识或者失去控制造成他人损害的，应当承担侵权责任。	第 33 条 同《民法典》第 1190 条	
第 1191 条　用人单位的工作人员因执行工作任务造成他人损害的，由用人单位承担侵权责任。**用人单位承担侵权责任后，可以向故意或者重大过失的工作人员追偿。** 　　劳务派遣期间，被派遣的工作人员因执行工作任务造成他人损害的，由接受劳务派遣的用工单位承担侵权责任；劳务派遣单位有过错的，承担相应的责任。	第 34 条　用人单位的工作人员因执行工作任务造成他人损害的，由用人单位承担侵权责任。 　　劳务派遣期间，被派遣的工作人员因执行工作任务造成他人损害的，由接受劳务派遣的用工单位承担侵权责任；劳务派遣单位有过错的，承担相应的**补充**责任。	《民法通则》第 121 条　国家机关或者国家机关工作人员在执行职务中，侵犯公民、法人的合法权益造成损害的，应当承担民事责任。 《人身损害赔偿解释》第 3 条　依法应当参加工伤保险统筹的用人单位的劳动者，因工伤事故遭受人身损害，劳动者或者其近亲属向人民法院起诉请求用人单位承担民事赔偿责任的，告知其

《民法典》	《侵权责任法》	相关规范性法律文件
		按《工伤保险条例》的规定处理。 因用人单位以外的第三人侵权造成劳动者人身损害，赔偿权利人请求第三人承担民事赔偿责任的，人民法院应予支持。
第1192条　个人之间形成劳务关系，提供劳务一方因劳务造成他人损害的，由接受劳务一方承担侵权责任。**接受劳务一方承担侵权责任后，可以向有故意或者重大过失的提供劳务一方追偿**。提供劳务一方因劳务受到损害的，根据双方各自的过错承担相应的责任。 提供劳务期间，因第三人的行为造成提供劳务一方损害的，提供劳务一方有权请求第三人承担侵权责任，也有权请求接受劳务一方给予补偿。接受劳务一方补偿后，可以向第三人追偿。	第35条　个人之间形成劳务关系，提供劳务一方因劳务造成他人损害的，由接受劳务一方承担侵权责任。提供劳务一方因劳务自己受到损害的，根据双方各自的过错承担相应的责任。	《人身损害赔偿解释》第4条 无偿提供劳务的帮工人，在从事帮工活动中致人损害的，被帮工人应当承担赔偿责任。被帮工人承担赔偿责任后向有故意或者重大过失的帮工人追偿的，人民法院应予支持。被帮工人明确拒绝帮工的，不承担赔偿责任。 《人身损害赔偿解释》第5条 无偿提供劳务的帮工人因帮工活动遭受人身损害的，根据帮工人和被帮工人各自的过错承担相应的责任；被帮工人明确拒绝帮工的，被帮工人不承担赔偿责任，但可以在受益范围内予以适当补偿。 帮工人在帮工活动中因第三人的行为遭受人身损害的，有权请求第三人承担赔偿责任，也有权请求被帮工人予以适当补偿。被帮工人补偿后，可以向第三人追偿。
第1193条　承揽人在完成工作过程中造成第三人损害或者自己损害的，定作人不承担侵权责任。但是，定作人对定作、指示或者选任有过错的，**应当承担相应的责任**。	（无）	
第1194条　网络用户、网络服务提供者利用网络侵害他人民事权益的，应当承担侵权责任。**法律另有规定的，依照其规定**。	第36条第1款　网络用户、网络服务提供者利用网络侵害他人民事权益的，应当承担侵权责任。	《侵害信息网络传播权解释》第3条第1款　网络用户、网络服务提供者未经许可，通过信息网络提供权利人享有信息网络传播权的作品、表演、录音录像制品，除法律、行政法规另有规定外，人民法院应当认定其构成侵害信息网络传播权行为。
第1195条　网络用户利用网络服务实施侵权行为的，**权利人**有权通知网络服务提供者采取删除、屏蔽、断开链接等必要措施。**通知应当包括构成侵权的初步证据及权利人的真实身份信息**。 网络服务提供者接到通知后，应当及时将该通知转送相关网络用户，**并根据构成侵权的初步证据和服务类型**采取必要措	第36条第2款　网络用户利用网络服务实施侵权行为的，被侵权人有权通知网络服务提供者采取删除、屏蔽、断开链接等必要措施。网络服务提供者接到通知后未及时采取必要措施的，对损害的扩大部分与该网络用户承担连带责任。	《网络侵害人身权益规定》第2条　原告依据民法典第一千一百九十五条、第一千一百九十七条的规定起诉网络用户或者网络服务提供者的，人民法院应予受理。 原告仅起诉网络用户，网络用户请求追加涉嫌侵权的网络服务提供者为共同被告或者第三人的，人民法院应予准许。 原告仅起诉网络服务提供者，

《民法典》	《侵权责任法》	相关规范性法律文件
施;未及时采取必要措施的,对损害的扩大部分与该网络用户承担连带责任。 权利人因错误通知造成网络用户或者网络服务提供者损害的,应当承担侵权责任。法律另有规定的,依照其规定。		网络服务提供者请求追加可以确定的网络用户为共同被告或者第三人的,人民法院应予准许。 《网络侵害人身权益规定》第3条　原告起诉网络服务提供者,网络服务提供者以涉嫌侵权的信息系网络用户发布为由抗辩的,人民法院可以根据原告的请求及案件的具体情况,责令网络服务提供者向人民法院提供能够确定涉嫌侵权的网络用户的姓名(名称)、联系方式、网络地址等信息。 　　网络服务提供者无正当理由拒不提供的,人民法院可以依据民事诉讼法第一百一十四条的规定对网络服务提供者采取处罚等措施。 　　原告根据网络服务提供者提供的信息请求追加网络用户为被告的,人民法院应予准许。 《网络侵害人身权益规定》第4条　人民法院适用民法典第一千一百九十五条第二款的规定,认定网络服务提供者采取的删除、屏蔽、断开链接等必要措施是否及时,应当根据网络服务的类型和性质、有效通知的形式和准确程度、网络信息侵害权益的类型和程度等因素综合判断。 《网络侵害人身权益规定》第5条　其发布的信息被采取删除、屏蔽、断开链接等措施的网络用户,主张网络服务提供者承担违约责任或者侵权责任,网络服务提供者以收到民法典第一千一百九十五条第一款规定的有效通知为由抗辩的,人民法院应予支持。 《网络侵害人身权益规定》第10条　被侵权人与构成侵权的网络用户或者网络服务提供者达成一方支付报酬,另一方提供删除、屏蔽、断开链接等服务的协议,人民法院应认定为无效。 　　擅自篡改、删除、屏蔽特定网络信息或者以断开链接的方式阻止他人获取网络信息,发布该信息的网络用户或者网络服务提供者请求侵权人承担侵权责任的,人民法院应予支持。接受他人委托实施该行为的,委托人与受托人承担连带责任。

《民法典》	《侵权责任法》	相关规范性法律文件
第1196条 网络用户接到转送的通知后,可以向网络服务提供者提交不存在侵权行为的声明。声明应当包括不存在侵权行为的初步证据及网络用户的真实身份信息。 网络服务提供者接到声明后,应当将该声明转送发出通知的权利人,并告知其可以向有关部门投诉或者向人民法院提起诉讼。网络服务提供者在转送声明到达权利人后的合理期限内,未收到权利人已经投诉或者提起诉讼通知的,应当及时终止所采取的措施。	(无)	《电子商务法》第43条 平台内经营者接到转送的通知后,可以向电子商务平台经营者提交不存在侵权行为的声明。声明应当包括不存在侵权行为的初步证据。 电子商务平台经营者接到声明后,应当将该声明转送发出通知的知识产权权利人,并告知其可以向有关主管部门投诉或者向人民法院起诉。电子商务平台经营者在转送声明到达知识产权权利人后十五日内,未收到权利人已经投诉或者起诉通知的,应当及时终止所采取的措施。
第1197条 网络服务提供者知道或者应当知道网络用户利用其网络服务侵害他人民事权益,未采取必要措施的,与该网络用户承担连带责任。	第36条第3款 网络服务提供者知道网络用户利用其网络服务侵害他人民事权益,未采取必要措施的,与该网络用户承担连带责任。	《网络侵害人身权益规定》第2条 原告依据民法典第一千一百九十五条、第一千一百九十七条的规定起诉网络用户或者网络服务提供者的,人民法院应予受理。 原告仅起诉网络用户,网络用户请求追加涉嫌侵权的网络服务提供者为共同被告或者第三人的,人民法院应予准许。 原告仅起诉网络服务提供者,网络服务提供者请求追加可以确定的网络用户为共同被告或者第三人的,人民法院应予准许。 《网络侵害人身权益规定》第6条 人民法院依据民法典第一千一百九十七条认定网络服务提供者是否"知道或者应当知道",应当综合考虑下列因素: (一)网络服务提供者是否以人工或者自动方式对侵权网络信息以推荐、排名、选择、编辑、整理、修改等方式作出处理; (二)网络服务提供者应当具备的管理信息的能力,以及所提供服务的性质、方式及其引发侵权的可能性大小; (三)该网络信息侵害人身权益的类型及明显程度; (四)该网络信息的社会影响程度或者一定时间内的浏览量; (五)网络服务提供者采取预防侵权措施的技术可能性及其是否采取了相应的合理措施; (六)网络服务提供者是否针对同一网络用户的重复侵权行为或者同一侵权信息采取了相应的合理措施; (七)与本案相关的其他因素。

《民法典》	《侵权责任法》	相关规范性法律文件
第 1198 条 宾馆、商场、银行、车站、**机场**、**体育场馆**、娱乐场所等经营场所、公共场所的**经营者**、管理者或者群众性活动的组织者，未尽到安全保障义务，造成他人损害的，应当承担侵权责任。 因第三人的行为造成他人损害的，由第三人承担侵权责任；**经营者**、**管理者**或者组织者未尽到安全保障义务的，承担相应的补充责任。**经营者、管理者或者组织者承担补充责任后，可以向第三人追偿。**	**第 37 条** 宾馆、商场、银行、车站、娱乐场所等公共场所的管理人或者群众性活动的组织者，未尽到安全保障义务，造成他人损害的，应当承担侵权责任。 因第三人的行为造成他人损害的，由第三人承担侵权责任；管理人或者组织者未尽到安全保障义务的，承担相应的补充责任。	《旅游纠纷解释》第 7 条 旅游经营者、旅游辅助服务者未尽到安全保障义务，造成旅游者人身损害、财产损失，旅游者请求旅游经营者、旅游辅助服务者承担责任的，人民法院应予支持。 因第三人的行为造成旅游者人身损害、财产损失，由第三人承担责任；旅游经营者、旅游辅助服务者未尽安全保障义务，旅游者请求其承担相应补充责任的，人民法院应予支持。
第 1199 条 无民事行为能力人在幼儿园、学校或者其他教育机构学习、生活期间受到人身损害的，幼儿园、学校或者其他教育机构应当承担**侵权**责任；但是，能够证明尽到教育、管理职责的，不承担**侵权**责任。	**第 38 条** 无民事行为能力人在幼儿园、学校或者其他教育机构学习、生活期间受到人身损害的，幼儿园、学校或者其他教育机构应当承担责任，但能够证明尽到教育、管理职责的，不承担责任。	
第 1200 条 限制民事行为能力人在学校或者其他教育机构学习、生活期间受到人身损害，学校或者其他教育机构未尽到教育、管理职责的，**应当承担侵权**责任。	**第 39 条** 限制民事行为能力人在学校或者其他教育机构学习、生活期间受到人身损害，学校或者其他教育机构未尽到教育、管理职责的，应当承担责任。	
第 1201 条 无民事行为能力人或者限制民事行为能力人在幼儿园、学校或者其他教育机构学习、生活期间，受到幼儿园、学校或者其他教育机构以外的**第三人**人身损害的，由**第三人**承担侵权责任；幼儿园、学校或者其他教育机构未尽到管理职责的，承担相应的补充责任。**幼儿园、学校或者其他教育机构承担补充责任后，可以向第三人追偿。**	**第 40 条** 无民事行为能力人或者限制民事行为能力人在幼儿园、学校或者其他教育机构学习、生活期间，受到幼儿园、学校或者其他教育机构以外的人员人身损害的，由侵权人承担侵权责任；幼儿园、学校或者其他教育机构未尽到管理职责的，承担相应的补充责任。	
第四章 产品责任	第五章 产品责任	
第 1202 条 因产品存在缺陷造成他人损害的，生产者应当承担侵权责任。	**第 41 条** 同《民法典》第 1202 条	《民法通则》第 122 条 因产品质量不合格造成他人财产、人身损害的，产品制造者、销售者应当依法承担民事责任。运输者仓储者对此负有责任的，产品制造者、销售者有权要求赔偿损失。 《产品质量法》第 41 条第 1 款 因产品存在缺陷造成人身、缺陷产品以外的其他财产损害的，生产者应当承担赔偿责任。

《民法典》	《侵权责任法》	相关规范性法律文件
第1203条 因产品存在缺陷造成他人损害的，被侵权人可以向产品的生产者请求赔偿，也可以向产品的销售者请求赔偿。 产品缺陷由生产者造成的，销售者赔偿后，有权向生产者追偿。 因销售者的过错使产品存在缺陷的，生产者赔偿后，有权向销售者追偿。	**第42条** 因销售者的过错使产品存在缺陷，造成他人损害的，销售者应当承担侵权责任。 销售者不能指明缺陷产品的生产者也不能指明缺陷产品的供货者的，销售者应当承担侵权责任。 **第43条** 因产品存在缺陷造成损害的，被侵权人可以向产品的生产者请求赔偿，也可以向产品的销售者请求赔偿。 产品缺陷由生产者造成的，销售者赔偿后，有权向生产者追偿。 因销售者的过错使产品存在缺陷的，生产者赔偿后，有权向销售者追偿。	**《产品质量法》第43条** 因产品存在缺陷造成人身、他人财产损害的，受害人可以向产品的生产者要求赔偿，也可以向产品的销售者要求赔偿。属于产品的生产者的责任，产品的销售者赔偿的，产品的销售者有权向产品的生产者追偿。属于产品的销售者的责任，产品的生产者赔偿的，产品的生产者有权向产品的销售者追偿。 **《消费者权益保护法》第11条** 消费者因购买、使用商品或者接受服务受到人身财产损害的，享有依法获得赔偿的权利。 **《消费者权益保护法》第40条** 消费者在购买、使用商品时，其合法权益受到损害的，可以向销售者要求赔偿。销售者赔偿后，属于生产者的责任或者属于向销售者提供商品的其他销售者的责任的，销售者有权向生产者或者其他销售者追偿。 消费者或者其他受害人因商品缺陷造成人身、财产损害的，可以向销售者要求赔偿，也可以向生产者要求赔偿。属于生产者责任的，销售者赔偿后，有权向生产者追偿。属于销售者责任的，生产者赔偿后，有权向销售者追偿。 消费者在接受服务时，其合法权益受到损害的，可以向服务者要求赔偿。 **《道路交通事故损害赔偿解释》第9条** 机动车存在产品缺陷导致交通事故造成损害，当事人请求生产者或者销售者依照民法典第七编第四章的规定承担赔偿责任的，人民法院应予支持。
第1204条 因运输者、仓储者等第三人的过错使产品存在缺陷，造成他人损害的，产品的生产者、销售者赔偿后，有权向第三人追偿。	**第44条** 同《民法典》第1204条	**《民法通则》第122条** 因产品质量不合格造成他人财产、人身损害的，产品制造者、销售者应当依法承担民事责任。运输者仓储者对此负有责任的，产品制造者、销售者有权要求赔偿损失。 **《食品安全法》第148条第1款** 消费者因不符合食品安全标准的食品受到损害的，可以向经营者要求赔偿损失，也可以向生产者要求赔偿损失。接到消费者赔偿要求的生产经营者，应当实行首负责任制，先行赔付，不得推诿；属于生产者责任的，经营者赔偿后有权向生产者追偿；属于经营者责任的，生产者赔偿后有权向经营者追偿。

《民法典》	《侵权责任法》	相关规范性法律文件
第1205条 因产品缺陷危及他人人身、财产安全的,被侵权人有权请求生产者、销售者承担**停止侵害**、排除妨碍、消除危险等侵权责任。	第45条 因产品缺陷危及他人人身、财产安全的,被侵权人有权请求生产者、销售者承担排除妨碍、消除危险等侵权责任。	
第1206条 产品投入流通后发现存在缺陷的,生产者、销售者应当及时采取**停止销售**、警示、召回等补救措施;未及时采取补救措施或者补救措施不力造成损害**扩大的,对扩大的损害也**应当承担侵权责任。 **依照前款规定采取召回措施的,生产者、销售者应当负担被侵权人因此支出的必要费用。**	第46条 产品投入流通后发现存在缺陷的,生产者、销售者应当及时采取警示、召回等补救措施。未及时采取补救措施或者补救措施不力造成损害的,应当承担侵权责任。	《消费者权益保护法》第19条 经营者发现其提供的商品或者服务存在缺陷,有危及人身、财产安全危险的,应当立即向有关行政部门报告和告知消费者,并采取停止销售、警示、召回、无害化处理、销毁、停止生产或者服务等措施。采取召回措施的,经营者应当承担消费者因商品被召回支出的必要费用。
第1207条 明知产品存在缺陷仍然生产、销售,**或者没有依据前条规定采取有效补救措施,**造成他人死亡或者健康严重损害的,被侵权人有权请求相应的惩罚性赔偿。	第47条 明知产品存在缺陷仍然生产、销售,造成他人死亡或者健康严重损害的,被侵权人有权请求相应的惩罚性赔偿。	《消费者权益保护法》第55条 经营者提供商品或者服务有欺诈行为的,应当按照消费者的要求增加赔偿其受到的损失,增加赔偿的金额为消费者购买商品的价款或者接受服务的费用的三倍;增加赔偿的金额不足五百元的,为五百元。法律另有规定的,依照其规定。 经营者明知商品或者服务存在缺陷,仍然向消费者提供,造成消费者或者其他受害人死亡或者健康严重损害的,受害人有权要求经营者依照本法第四十九条、第五十一条等法律规定赔偿损失,并有权要求所受损失二倍以下的惩罚性赔偿。 《食品安全法》第148条第2款 生产不符合食品安全标准的食品或者经营明知是不符合食品安全标准的食品,消费者除要求赔偿损失外,还可以向生产者或者经营者要求支付价款十倍或者损失三倍的赔偿金;增加赔偿的金额不足一千元的,为一千元。但是,食品的标签、说明书存在不影响食品安全且不会对消费者造成误导的瑕疵的除外。
第五章 机动车交通事故责任	第六章 机动车交通事故责任	
第1208条 机动车发生交通事故造成损害的,依照道路交通安**全法律和本法的**有关规定承担赔偿责任。	第48条 机动车发生交通事故造成损害的,依照道路交通安全法的有关规定承担赔偿责任。	《道路交通安全法》第76条 机动车发生交通事故造成人身伤亡、财产损失的,由保险公司在机动车第三者责任强制保险责任限额范围内予以赔偿;不足的部分,按照下列规定承担赔偿责任: (一)机动车之间发生交通事故

《民法典》	《侵权责任法》	相关规范性法律文件
		的,由有过错的一方承担赔偿责任;双方都有过错的,按照各自过错的比例分担责任。 (二)机动车与非机动车驾驶人、行人之间发生交通事故,非机动车驾驶人、行人没有过错的,由机动车一方承担赔偿责任;有证据证明非机动车驾驶人、行人有过错的,根据过错程度适当减轻机动车一方的赔偿责任;机动车一方没有过错的,承担不超过百分之十的赔偿责任。 交通事故的损失是由非机动车驾驶人、行人故意碰撞机动车造成的,机动车一方不承担赔偿责任。 《道路交通事故损害赔偿解释》 **第 11 条** 道路交通安全法第七十六条规定的"人身伤亡",是指机动车发生交通事故侵害被侵权人的生命权、身体权、健康权等人身权益所造成的损害,包括民法典第一千一百七十九条和第一千一百八十三条规定的各项损害。 道路交通安全法第七十六条规定的"财产损失",是指因机动车发生交通事故侵害被侵权人的财产权益所造成的损失。 《道路交通事故损害赔偿解释》 **第 12 条** 因道路交通事故造成下列财产损失,当事人请求侵权人赔偿的,人民法院应予支持: (一)维修被损坏车辆所支出的费用、车辆所载物品的损失、车辆施救费用; (二)因车辆灭失或者无法修复,为购买交通事故发生时与被损坏车辆价值相当的车辆重置费用; (三)依法从事货物运输、旅客运输等经营性活动的车辆,因无法从事相应经营活动所产生的合理停运损失; (四)非经营性车辆因无法继续使用,所产生的通常替代性交通工具的合理费用。
第 1209 条 因租赁、借用等情形机动车所有人、**管理人**与使用人不是同一人时,发生交通事故**造成损害**,属于该机动车一方责任的,由机动车使用人承担赔偿责任;机动车所有人、**管理人**对损害的发生有过错的,承担相应的赔偿责任。	**第 49 条** 因租赁、借用等情形机动车所有人与使用人不是同一人时,发生交通事故后属于该机动车一方责任的,**由保险公司在机动车强制保险责任限额范围内予以赔偿。不足部分**,由机动车使用人承担赔偿责任;机动车所有人对损害的发生有过错的,承担相应的赔偿责任。	《道路交通事故损害赔偿解释》 **第 1 条** 机动车发生交通事故造成损害,机动车所有人或者管理人有下列情形之一,人民法院应当认定其对损害的发生有过错,并适用民法典第一千二百零九条的规定确定其相应的赔偿责任: (一)知道或者应当知道机动

《民法典》	《侵权责任法》	相关规范性法律文件
		存在缺陷,且该缺陷是交通事故发生原因之一的; (二)知道或者应当知道驾驶人无驾驶资格或者未取得相应驾驶资格的; (三)知道或者应当知道驾驶人因饮酒、服用国家管制的精神药品或者麻醉药品,或者患有妨碍安全驾驶机动车的疾病等依法不能驾驶机动车的; (四)其它应当认定机动车所有人或者管理人有过错的。
第1210条 当事人之间已经以买卖或者其他方式转让并交付机动车但是未办理登记,发生交通事故**造成损害**,属于该机动车一方责任的,由受让人承担赔偿责任。	第50条 当事人之间已经以买卖等方式转让并交付机动车但未办理**所有权转移**登记,发生交通事故后属于该机动车一方责任的,**由保险公司在机动车强制保险责任限额范围内予以赔偿。不足部分**,由受让人承担赔偿责任。	《道路交通事故损害赔偿解释》 第2条 被多次转让但是未办理登记的机动车发生交通事故造成损害,属于该机动车一方责任,当事人请求由最后一次转让并交付的受让人承担赔偿责任的,人民法院应予支持。
第1211条 以挂靠形式从事道路运输经营活动的机动车,发生交通事故造成损害,属于该机动车一方责任的,由挂靠人和被挂靠人承担连带责任。		
第1212条 未经允许驾驶他人机动车,发生交通事故造成损害,属于该机动车一方责任的,由机动车使用人承担赔偿责任;机动车所有人、管理人对损害的发生有过错的,承担相应的赔偿责任,但是本章另有规定的除外。		
第1213条 机动车发生交通事故造成损害,属于该机动车一方责任的,先由承保机动车强制保险的保险人在强制保险责任限额范围内予以赔偿;不足部分,由承保机动车商业保险的保险人按照保险合同的约定予以赔偿;仍然不足或者没有投保机动车商业保险的,由侵权人赔偿。	(无)	《道路交通事故损害赔偿解释》 第13条 同时投保机动车第三者责任强制保险(以下简称"交强险")和第三者责任商业保险(以下简称"商业三者险")的机动车发生交通事故造成损害,当事人同时起诉侵权人和保险公司的,人民法院应当依照民法典第一千二百一十三条的规定,确定赔偿责任。 被侵权人或者其近亲属请求承保交强险的保险公司优先赔偿精神损害的,人民法院应予支持。
第1214条 以买卖**或者其他方式**转让拼装或者已**经**达到报废标准的机动车,发生交通事故造成损害的,由转让人和受让人承担连带责任。	第51条 以买卖等方式转让拼装或者已达到报废标准的机动车,发生交通事故造成损害的,由转让人和受让人承担连带责任。	

《民法典》	《侵权责任法》	相关规范性法律文件
第1215条 盗窃、抢劫或者抢夺的机动车发生交通事故造成损害的,由盗窃人、抢劫人或者抢夺人承担赔偿责任。**盗窃人、抢劫人或者抢夺人与机动车使用人不是同一人,发生交通事故造成损害,属于该机动车一方责任的,盗窃人、抢劫人或者抢夺人与机动车使用人承担连带责任。** **保险人**在机动车强制保险责任限额范围内垫付抢救费用的,有权向交通事故责任人追偿。	第52条 盗窃、抢劫或者抢夺的机动车发生交通事故造成损害的,由盗窃人、抢劫人或者抢夺人承担赔偿责任。保险公司在机动车强制保险责任限额范围内垫付抢救费用的,有权向交通事故责任人追偿。	
第1216条 机动车驾驶人发生交通事故后逃逸,该机动车参加强制保险的,由保险人在机动车强制保险责任限额范围内予以赔偿;机动车不明、该机动车未参加强制保险**或者抢救费用超过机动车强制保险责任限额**,需要支付被侵权人人身伤亡的抢救、丧葬等费用的,由道路交通事故社会救助基金垫付。道路交通事故社会救助基金垫付后,其管理机构有权向交通事故责任人追偿。	第53条 机动车驾驶人发生交通事故后逃逸,该机动车参加强制保险的,由保险公司在机动车强制保险责任限额范围内予以赔偿;机动车不明或者该机动车未参加强制保险,需要支付被侵权人人身伤亡的抢救、丧葬等费用的,由道路交通事故社会救助基金垫付。道路交通事故社会救助基金垫付后,其管理机构有权向交通事故责任人追偿。	
第1217条 非营运机动车发生交通事故造成无偿搭乘人损害,属于该机动车一方责任的,应当减轻其赔偿责任,但是机动车使用人有故意或重大过失的除外。	(无)	《民法典时间效力规定》第18条 民法典施行前,因非营运机动车发生交通事故造成无偿搭乘人损害引起的民事纠纷案件,适用民法典第一千二百一十七条的规定。
第六章 医疗损害责任	第七章 医疗损害责任	
第1218条 患者在诊疗活动中受到损害,医疗机构**或者**其医务人员有过错的,由医疗机构承担赔偿责任。	第54条 患者在诊疗活动中受到损害,医疗机构及其医务人员有过错的,由医疗机构承担赔偿责任。	《医疗损害责任解释》第1条 患者以在诊疗活动中受到人身或者财产损害为由请求医疗机构、医疗产品的生产者、销售者、药品上市许可持有人或者血液提供机构承担侵权责任的案件,适用本解释。 患者以在美容医疗机构或者开设医疗美容科室的医疗机构实施的医疗美容活动中受到人身或者财产损害为由提起的侵权纠纷案件,适用本解释。 当事人提起的医疗服务合同纠纷案件,不适用本解释。 《医疗损害责任解释》第4条第1、2款 患者依据民法典第一千二百一十八条规定主张医疗机构承担赔偿责任的,应当提交到该医疗机构就诊、受到损害的证据。

《民法典》	《侵权责任法》	相关规范性法律文件
		患者无法提交医疗机构或者其医务人员有过错、诊疗行为与损害之间具有因果关系的证据,依法提出医疗损害鉴定申请的,人民法院应予准许。
第1219条 医务人员在诊疗活动中应当向患者说明病情和医疗措施。需要实施手术、特殊检查、特殊治疗的,医务人员应当及时向患者**具体**说明医疗风险、替代医疗方案等情况,并取得其**明确**同意;**不能或者**不宜向患者说明的,应当向患者的近亲属说明,并取得其**明确**同意。 医务人员未尽到前款义务,造成患者损害的,医疗机构应当承担赔偿责任。	第55条 医务人员在诊疗活动中应当向患者说明病情和医疗措施。需要实施手术、特殊检查、特殊治疗的,医务人员应当及时向患者说明医疗风险、替代医疗方案等情况,并取得其**书面**同意;不宜向患者说明的,应当向患者的近亲属说明,并取得其**书面**同意。 医务人员未尽到前款义务,造成患者损害的,医疗机构应当承担赔偿责任。	**《医疗损害责任解释》第5条** 患者依据民法典第一千二百一十九条规定主张医疗机构承担赔偿责任的,应当按照前条第一款规定提交证据。 实施手术、特殊检查、特殊治疗的,医疗机构应当承担说明义务并取得患者或者患者近亲属明确同意,但属于民法典第一千二百二十条规定情形的除外。医疗机构提交患者或者患者近亲属明确同意证据的,人民法院可以认定医疗机构尽到说明义务,但患者有相反证据足以反驳的除外。 **《医疗损害责任解释》第17条** 医务人员违反民法典第一千二百一十九条第一款规定义务,但未造成患者人身损害,患者请求医疗机构承担损害赔偿责任的,不予支持。
第1220条 因抢救生命垂危的患者等紧急情况,不能取得患者或其近亲属意见的,经医疗机构负责人或者授权的负责人批准,可以立即实施相应的医疗措施。	第56条 同《民法典》第1220条	**《医疗损害责任解释》第18条** 因抢救生命垂危的患者等紧急情况且不能取得患者意见时,下列情形可以认定为民法典第一千二百二十条规定的不能取得患者近亲属意见: (一)近亲属不明的; (二)不能及时联系到近亲属的; (三)近亲属拒绝发表意见的; (四)近亲属达不成一致意见的; (五)法律、法规规定的其他情形。 前款情形,医务人员经医疗机构负责人或者授权的负责人批准立即实施相应医疗措施,患者因此请求医疗机构承担赔偿责任的,不予支持;医疗机构及其医务人员怠于实施相应医疗措施造成损害,患者请求医疗机构承担赔偿责任的,应予支持。
第1221条 医务人员在诊疗活动中未尽到与当时的医疗水平相应的诊疗义务,造成患者损害的,医疗机构应当承担赔偿责任。	第57条 同《民法典》第1221条	**《医疗损害责任解释》第16条** 对医疗机构或者其医务人员的过错,应当依据法律、行政法规、规章以及其他有关诊疗规范进行认定,可以综合考虑患者病情的紧急程度、患者个体差异、当地的医疗水平、医疗机构与医务人员资质等因素。

《民法典》	《侵权责任法》	相关规范性法律文件
第1222条　患者**在诊疗活动中受到损害,有**下列情形之一的,推定医疗机构有过错: （一）违反法律、行政法规、规章以及其他有关诊疗规范的规定； （二）隐匿或者拒绝提供与纠纷有关的病历资料； （三）**遗失**、伪造、篡改或者**违法**销毁病历资料。	第58条　患者有损害,因下列情形之一的,推定医疗机构有过错: （一）违反法律、行政法规、规章以及其他有关诊疗规范的规定； （二）隐匿或者拒绝提供与纠纷有关的病历资料； （三）伪造、篡改或者销毁病历资料。	《医疗损害责任解释》第6条 　　民法典第一千二百二十二条规定的病历资料包括医疗机构保管的门诊病历、住院志、体温单、医嘱单、检验报告、医学影像检查资料、特殊检查（治疗）同意书、手术同意书、手术及麻醉记录、病理资料、护理记录、出院记录以及国务院卫生行政主管部门规定的其他病历资料。 　　患者依法向人民法院申请医疗机构提交由其保管的与纠纷有关的病历资料等,医疗机构未在人民法院指定期限内提交的,人民法院可以依照民法典第一千二百二十二条第二项规定推定医疗机构有过错,但是因不可抗力等客观原因无法提交的除外。
第1223条　因药品、消毒**产品**、医疗器械的缺陷,或者输入不合格的血液造成患者损害的,患者可以向**药品上市许可持有人**、生产者、血液提供机构请求赔偿,也可以向医疗机构请求赔偿。患者向医疗机构请求赔偿的,医疗机构赔偿后,有权向负有责任的**药品上市许可持有人**、生产者、血液提供机构追偿。	第59条　因药品、消毒药剂、医疗器械的缺陷,或者输入不合格的血液造成患者损害的,患者可以向生产者或者血液提供机构请求赔偿,也可以向医疗机构请求赔偿。患者向医疗机构请求赔偿的,医疗机构赔偿后,有权向负有责任的生产者或者血液提供机构追偿。	《医疗损害责任解释》第7条 　　患者依据民法典第一千二百二十三条规定请求赔偿的,应当提交使用医疗产品或者输入血液、受到损害的证据。 　　患者无法提交使用医疗产品或者输入血液与损害之间具有因果关系的证据,依法申请鉴定的,人民法院应予准许。 　　医疗机构、医疗产品的生产者、销售者、药品上市许可持有人或者血液提供机构主张不承担责任的,应当对医疗产品不存在缺陷或者血液合格等抗辩事由承担举证证明责任。 《医疗损害责任解释》第21条 　　因医疗产品的缺陷或者输入不合格血液受到损害,患者请求医疗机构、缺陷医疗产品的生产者、销售者、药品上市许可持有人或者血液提供机构承担赔偿责任的,应予支持。 　　医疗机构承担赔偿责任后,向缺陷医疗产品的生产者、销售者、药品上市许可持有人或者血液提供机构追偿的,应予支持。 　　因医疗机构的过错使医疗产品存在缺陷或者血液不合格,医疗产品的生产者、销售者、药品上市许可持有人或者血液提供机构承担赔偿责任后,向医疗机构追偿的,应予支持。 《医疗损害责任解释》第22条 　　缺陷医疗产品与医疗机构的过错诊疗行为共同造成患者同一损害,患者请求医疗机构与医疗产品

《民法典》	《侵权责任法》	相关规范性法律文件
		的生产者、销售者、药品上市许可持有人承担连带责任的,应予支持。 医疗机构或者医疗产品的生产者、销售者、药品上市许可持有人承担赔偿责任后,向其他责任主体追偿的,应当根据诊疗行为与缺陷医疗产品造成患者损害的原因力大小确定相应的数额。 输入不合格血液与医疗机构的过错诊疗行为共同造成患者同一损害的,参照适用前两款规定。
第1224条 患者在**诊疗活动中受到损害,**有下列情形之一的,医疗机构不承担赔偿责任: (一)患者或者其近亲属不配合医疗机构进行符合诊疗规范的诊疗; (二)医务人员在抢救生命垂危的患者等紧急情况下已经尽到合理诊疗义务; (三)限于当时的医疗水平难以诊疗。 前款第一项情形中,医疗机构**或者其**医务人员也有过错的,应当承担相应的赔偿责任。	**第60条** 患者有损害,因下列情形之一的,医疗机构不承担赔偿责任: (一)患者或者其近亲属不配合医疗机构进行符合诊疗规范的诊疗; (二)医务人员在抢救生命垂危的患者等紧急情况下已经尽到合理诊疗义务; (三)限于当时的医疗水平难以诊疗。 前款第一项情形中,医疗机构及其医务人员也有过错的,应当承担相应的赔偿责任。	**《医疗损害责任解释》第4条第3款** 医疗机构主张不承担责任的,应当就民法典第一千二百二十四条第一款规定情形等抗辩事由承担举证证明责任。
第1225条 医疗机构及其医务人员应当按照规定填写并妥善保管住院志、医嘱单、检验报告、手术及麻醉记录、病理资料、护理记录等病历资料。 患者要求查阅、复制前款规定的病历资料的,医疗机构应当及时提供。	**第61条** 医疗机构及其医务人员应当按照规定填写并妥善保管住院志、医嘱单、检验报告、手术及麻醉记录、病理资料、护理记录、**医疗费用**等病历资料。 患者要求查阅、复制前款规定的病历资料的,医疗机构应当提供。	
第1226条 医疗机构及其医务人员应当对患者的隐私**和个人信息**保密。泄露患者的隐私**和个人信息**,或者未经患者同意公开其病历资料的,应当承担侵权责任。	**第62条** 医疗机构及其医务人员应当对患者的隐私保密。泄露患者隐私或者未经患者同意公开其病历资料,**造成患者损害**的,应当承担侵权责任。	
第1227条 医疗机构及其医务人员不得违反诊疗规范实施不必要的检查。	**第63条** 同《民法典》第1227条	
第1228条 医疗机构及其医务人员的合法权益受法律保护。 干扰医疗秩序,妨害医务人员工作、生活,**侵害医务人员合法权益的,**应当依法承担法律责任。	**第64条** 医疗机构及其医务人员的合法权益受法律保护。干扰医疗秩序,妨害医务人员工作、生活,应当依法承担法律责任。	

《民法典》	《侵权责任法》	相关规范性法律文件
第七章 环境污染和生态破坏责任	第八章 环境污染责任	
第1229条 因污染环境、破坏生态造成他人损害的,侵权人应当承担侵权责任。	第65条 因污染环境造成损害的,污染者应当承担侵权责任。	《民法通则》第124条 违反国家保护环境防止污染的规定,污染环境造成他人损害的,应当依法承担民事责任。 《环境侵权责任解释》第1条 　　因污染环境、破坏生态造成他人损害,不论侵权人有无过错,侵权人应当承担侵权责任。 　　侵权人以排污符合国家或者地方污染物排放标准为由主张不承担责任的,人民法院不予支持。 　　侵权人不承担责任或者减轻责任的情形,适用海洋环境保护法、水污染防治法、大气污染防治法等环境保护单行法的规定;相关环境保护单行法没有规定的,适用民法典的规定。
第1230条 因污染环境、破坏生态发生纠纷,行为人应当就法律规定的不承担责任或者减轻责任的情形及其行为与损害之间不存在因果关系承担举证责任。	第66条 因污染环境发生纠纷,污染者应当就法律规定的不承担责任或者减轻责任的情形及其行为与损害之间不存在因果关系承担举证责任。	《环境侵权责任解释》第6条 　　被侵权人根据民法典第七编第七章的规定请求赔偿的,应当提供证明以下事实的证据材料: 　　(一)侵权人排放了污染物或者破坏了生态; 　　(二)被侵权人的损害; 　　(三)侵权人排放的污染物或者其次生污染物、破坏生态行为与损害之间具有关联性。 《环境侵权责任解释》第7条 　　侵权人举证证明下列情形之一的,人民法院应当认定其污染环境、破坏生态行为与损害之间不存在因果关系: 　　(一)排放污染物、破坏生态的行为没有造成该损害可能的; 　　(二)排放的可造成该损害的污染物未到达该损害发生地的; 　　(三)该损害为排放污染物、破坏生态行为实施之前已发生的; 　　(四)其他可以认定污染环境、破坏生态行为与损害之间不存在因果关系的情形。 《生态环境损害赔偿规定》第6条　原告主张被告承担生态环境损害赔偿责任的,应当就以下事实承担举证责任: 　　(一)被告实施了污染环境、破坏生态的行为或者具有其他应当依法承担责任的情形; 　　(二)生态环境受到损害,以及所需修复费用、损害赔偿等具体数额; 　　(三)被告污染环境、破坏生态的行为与生态环境损害之间具有关联性。

《民法典》	《侵权责任法》	相关规范性法律文件
		第7条 被告反驳原告主张的,应当提供证据加以证明。被告主张具有法律规定的不承担责任或者减轻责任情形的,应当承担举证责任。
第1231条 两个以上侵权人污染环境、**破坏生态的**,承担责任的大小,根据污染物的种类、**浓度**、排放量、**破坏生态的方式、范围、程度,以及行为对损害后果所起的作用**等因素确定。	第67条 两个以上污染者污染环境,污染者承担责任的大小,根据污染物的种类、排放量等因素确定。	《环境侵权责任解释》第4条 两个以上侵权人污染环境、破坏生态,对侵权人承担责任的大小,人民法院应当根据污染物的种类、浓度、排放量、危害性、有无排污许可证、是否超过污染物排放标准、是否超过重点污染物排放总量控制指标,破坏生态的方式、范围、程度,以及行为对损害后果所起的作用等因素确定。
第1232条 侵权人违反法律规定故意污染环境、破坏生态造成严重后果的,被侵权人有权请求相应的惩罚性赔偿。	(无)	
第1233条 因第三人的过错污染环境、**破坏生态的**,被侵权人可以向**侵权人**请求赔偿,也可以向第三人请求赔偿。**侵权人**赔偿后,有权向第三人追偿。	第68条 因第三人的过错污染环境造成损害的,被侵权人可以向污染者请求赔偿,也可以向第三人请求赔偿。污染者赔偿后,有权向第三人追偿。	《环境侵权责任解释》第5条 被侵权人根据民法典第一千二百三十三条规定分别或者同时起诉侵权人、第三人的,人民法院应予受理。 被侵权人请求第三人承担赔偿责任的,人民法院应当根据第三人的过错程度确定其相应赔偿责任。 侵权人以第三人的过错污染环境、破坏生态造成损害为由主张不承担责任或者减轻责任的,人民法院不予支持。
第1234条 违反国家规定造成生态环境损害,生态环境能够修复的,国家规定的机关或者法律规定的组织有权请求侵权人在合理期限内承担修复责任。侵权人在期限内未修复的,国家规定的机关或者法律规定的组织可以自行或者委托他人进行修复,所需费用由侵权人承担。	(无)	《生态环境损害赔偿规定》第12条 受损生态环境能够修复的,人民法院应当依法判决被告承担修复责任,并同时确定被告不履行修复义务时应承担的生态环境修复费用。 生态环境修复费用包括制定、实施修复方案的费用,修复期间的监测、监管费用,以及修复完成后的验收费用、修复效果后评估费用等。 原告请求被告赔偿生态环境受到损害至修复完成期间服务功能损失的,人民法院根据具体案情予以判决。 《环境侵权责任解释》第13条 人民法院应当根据被侵权人的诉讼请求以及具体案情,合理判定侵权人承担停止侵害、排除妨碍、消除危险、修复生态环境、赔礼道歉、赔偿损失等民事责任。

《民法典》	《侵权责任法》	相关规范性法律文件
		《环境侵权责任解释》第 14 条 　　被侵权人请求修复生态环境的,人民法院可以依法裁判侵权人承担环境修复责任,并同时确定其不履行环境修复义务时应当承担的环境修复费用。 　　侵权人在生效裁判确定的期限内未履行环境修复义务的,人民法院可以委托其他人进行环境修复,所需费用由侵权人承担。
第 1235 条　违反国家规定造成生态环境损害的,国家规定的机关或者法律规定的组织有权请求侵权人赔偿下列损失和费用: 　　(一)生态环境受到损害至修复完成期间服务功能丧失导致的损失; 　　(二)生态环境功能永久性损害造成的损失; 　　(三)生态环境损害调查、鉴定评估等费用; 　　(四)清除污染、修复生态环境费用; 　　(五)防止损害的发生和扩大所支出的合理费用。	(无)	《生态环境损害赔偿规定》第 12 条　受损生态环境能够修复的,人民法院应当依法判决被告承担修复责任,并同时确定被告不履行修复义务时应承担的生态环境修复费用。 　　生态环境修复费用包括制定、实施修复方案的费用,修复期间的监测、监管费用,以及修复完成后的验收费用、修复效果后评估费用等。 　　原告请求被告赔偿生态环境受到损害至修复完成期间服务功能损失的,人民法院根据具体案情予以判决。 《生态环境损害赔偿规定》第 13 条　受损生态环境无法修复或者无法完全修复,原告请求被告赔偿生态环境功能永久性损害造成的损失的,人民法院根据具体案情予以判决。 《生态环境损害赔偿规定》第 14 条　原告请求被告承担下列费用的,人民法院根据具体案情予以判决: 　　(一)实施应急方案、清除污染以及为防止损害的发生和扩大所支出的合理费用; 　　(二)为生态环境损害赔偿磋商和诉讼支出的调查、检验、鉴定、评估等费用; 　　(三)合理的律师费以及其他为诉讼支出的合理费用。 《环境侵权责任解释》第 15 条 　　被侵权人起诉请求侵权人赔偿因污染环境、破坏生态造成的财产损失、人身损害以及为防止损害发生和扩大,清除污染、修复生态环境而采取必要措施所支出的合理费用的,人民法院应予支持。
第八章　高度危险责任	第九章　高度危险责任	
第 1236 条　从事高度危险作业造成他人损害的,应当承担侵权责任。	第 69 条 同《民法典》第 1236 条	

《民法典》	《侵权责任法》	相关规范性法律文件
第1237条 民用核设施**或者运入运出核设施的核材料**发生核事故造成他人损害的,民用核设施的**营运单位**应当承担侵权责任;**但是,**能够证明损害是因战争、**武装冲突、暴乱**等情形或者受害人故意造成的,不承担责任。	**第70条** 民用核设施发生核事故造成他人损害的,民用核设施的经营者应当承担侵权责任,但能够证明损害是因战争等情形或者受害人故意造成的,不承担责任。	
第1238条 民用航空器造成他人损害的,民用航空器的经营者应当承担侵权责任;但是,能够证明损害是因受害人故意造成的,不承担责任。	**第71条** 民用航空器造成他人损害的,民用航空器的经营者应当承担侵权责任,但能够证明损害是因受害人故意造成的,不承担责任。	
第1239条 占有或者使用易燃、易爆、剧毒、**高放射性、强腐蚀性、高致病性**等高度危险物造成他人损害的,占有人或者使用人应当承担侵权责任;**但是,**能够证明损害是因受害人故意或者不可抗力造成的,不承担责任。被侵权人对损害的发生有重大过失的,可以减轻占有人或者使用人的责任。	**第72条** 占有或者使用易燃、易爆、剧毒、放射性等高度危险物造成他人损害的,占有人或者使用人应当承担侵权责任,但能够证明损害是因受害人故意或者不可抗力造成的,不承担责任。被侵权人对损害的发生有重大过失的,可以减轻占有人或者使用人的责任。	
第1240条 从事高空、高压、地下挖掘活动或者使用高速轨道运输工具造成他人损害的,经营者应当承担侵权责任;**但是,**能够证明损害是因受害人故意或者不可抗力造成的,不承担责任。被侵权人对损害的发生有<u>重大过失</u>的,可以减轻经营者的责任。	**第73条** 从事高空、高压、地下挖掘活动或者使用高速轨道运输工具造成他人损害的,经营者应当承担侵权责任,但能够证明损害是因受害人故意或者不可抗力造成的,不承担责任。被侵权人对损害的发生有过失的,可以减轻经营者的责任。	
第1241条 遗失、抛弃高度危险物造成他人损害的,由所有人承担侵权责任。所有人将高度危险物交由他人管理的,由管理人承担侵权责任;所有人有过错的,与管理人承担连带责任。	**第74条** 同《民法典》第1241条	
第1242条 非法占有高度危险物造成他人损害的,由非法占有人承担侵权责任。所有人、管理人不能证明对防止非法占有尽到高度注意义务的,与非法占有人承担连带责任。	**第75条** 非法占有高度危险物造成他人损害的,由非法占有人承担侵权责任。所有人、管理人不能证明对防止他人非法占有尽到高度注意义务的,与非法占有人承担连带责任。	
第1243条 未经许可进入高度危险活动区域或者高度危险物存放区域受到损害,管理人**能够证明已经**采取**足够**安全措施并尽到**充分**警示义务的,可以减轻或者不承担责任。	**第76条** 未经许可进入高度危险活动区域或者高度危险物存放区域受到损害,管理人已经采取安全措施并尽到警示义务的,可以减轻或者不承担责任。	《道路交通事故损害赔偿解释》第7条第2款 依法不得进入高速公路的车辆、行人,进入高速公路发生交通事故造成自身损害,当事人请求高速公路管理者承担赔偿责任的,适用民法典第一千二百四十三条的规定。
第1244条 承担高度危险责任,法律规定赔偿限额的,依照其规定,<u>但是行为人有故意或者重大过失的除外</u>。	**第77条** 承担高度危险责任,法律规定赔偿限额的,依照其规定。	

《民法典》	《侵权责任法》	相关规范性法律文件
第九章 饲养动物损害责任	第十章 饲养动物损害责任	
第1245条 饲养的动物造成他人损害的,动物饲养人或者管理人应当承担侵权责任;**但是**,能够证明损害是因被侵权人故意或者重大过失造成的,可以不承担或者减轻责任。	第78条 饲养的动物造成他人损害的,动物饲养人或者管理人应当承担侵权责任,但能够证明损害是因被侵权人故意或者重大过失造成的,可以不承担或者减轻责任。	《民法通则》第127条 饲养的动物造成他人损害的,动物饲养人或者管理人应当承担民事责任;由于受害人的过错造成损害的,动物饲养人或者管理人不承担民事责任;由于第三人的过错造成损害的,第三人应当承担民事责任。
第1246条 违反管理规定,未对动物采取安全措施造成他人损害的,动物饲养人或者管理人应当承担侵权责任;**但是能够证明损害是因被侵权人故意造成的,可以减轻责任。**	第79条 违反管理规定,未对动物采取安全措施造成他人损害的,动物饲养人或者管理人应当承担侵权责任。	
第1247条 禁止饲养的烈性犬等危险动物造成他人损害的,动物饲养人或者管理人应当承担侵权责任。	第80条 同《民法典》第1247条	
第1248条 动物园的动物造成他人损害的,动物园应当承担侵权责任;**但是**,能够证明尽到管理职责的,不承担侵权责任。	第81条 动物园的动物造成他人损害的,动物园应当承担侵权责任,但能够证明尽到管理职责的,不承担侵权责任。	
第1249条 遗弃、逃逸的动物在遗弃、逃逸期间造成他人损害的,由**动物**原饲养人或者管理人承担侵权责任。	第82条 遗弃、逃逸的动物在遗弃、逃逸期间造成他人损害的,由原动物饲养人或者管理人承担侵权责任。	
第1250条 因第三人的过错致使动物造成他人损害的,被侵权人可以向动物饲养人或者管理人请求赔偿,也可以向第三人请求赔偿。动物饲养人或者管理人赔偿后,有权向第三人追偿。	第83条 同《民法典》第1250条	
第1251条 饲养动物应当遵守法律**法规**,尊重社会公德,不得妨碍他人生活。	第84条 饲养动物应当遵守法律,尊重社会公德,不得妨害他人生活。	
第十章 建筑物和物件损害责任	第十一章 物件损害责任	
第1252条 建筑物、构筑物或者其他设施倒塌、**塌陷**造成他人损害的,由建设单位与施工单位承担连带责任,**但是建设单位与施工单位能够证明不存在质量缺陷的除外**。建设单位、施工单位赔偿后,有其他责任人的,有权向其他责任人追偿。 因**所有人、管理人、使用人或者第三人**的原因,建筑物、构筑物或	第86条 建筑物、构筑物或者其他设施倒塌造成他人损害的,由建设单位与施工单位承担连带责任。建设单位、施工单位赔偿后,有其他责任人的,有权向其他责任人追偿。 因其他责任人的原因,建筑物、构筑物或者其他设施倒塌造成他人损害的,由其他责任人承担侵权责任。	

《民法典》	《侵权责任法》	相关规范性法律文件
者其他设施倒塌、**塌陷**造成他人损害的,由**所有人、管理人、使用人或者第三人**承担侵权责任。		
第1253条　建筑物、构筑物或者其他设施及其搁置物、悬挂物发生脱落、坠落造成他人损害,所有人、管理人或者使用人不能证明自己没有过错的,应当承担侵权责任。所有人、管理人或者使用人赔偿后,有其他责任人的,有权向其他责任人追偿。	第85条 同《民法典》第1253条	《民法通则》第126条　建筑物或者其他设施以及建筑物上的搁置物、悬挂物发生倒塌、脱落、坠落造成他人损害的,它的所有人或者管理人应当承担民事责任,但能够证明自己没有过错的除外。
第1254条　禁止从建筑物中抛掷物品。从建筑物中抛掷物品或者从建筑物上坠落的物品造成他人损害的,**由侵权人依法承担侵权责任**;经调查难以确定具体侵权人的,除能够证明自己不是侵权人的外,由可能加害的建筑物使用人给予补偿。可能加害的建筑物使用人补偿后,有权向侵权人追偿。 物业服务企业等建筑物管理人应当采取必要的安全保障措施防止前款规定情形的发生;未采取必要的安全保障措施的,应当依法承担未履行安全保障义务的侵权责任。 发生本条第一款规定的情形的,公安等机关应当依法及时调查,查清责任人。	第87条　从建筑物中抛掷物品或者从建筑物上坠落的物品造成他人损害,难以确定具体侵权人的,除能够证明自己不是侵权人的外,由可能加害的建筑物使用人给予补偿。	《民法典时间效力规定》第19条　民法典施行前,从建筑物中抛掷物品或者从建筑物上坠落的物品造成他人损害引起的民事纠纷案件,适用民法典第一千二百五十四条的规定。
第1255条　堆放物倒塌、**滚落或者滑落**造成他人损害,堆放人不能证明自己没有过错的,应当承担侵权责任。	第88条　堆放物倒塌造成他人损害,堆放人不能证明自己没有过错的,应当承担侵权责任。	
第1256条　在公共道路上堆放、倾倒、遗撒妨碍通行的物品造成他人损害的,由行为人承担侵权责任。**公共道路管理人不能证明已经尽到清理、防护、警示等义务的,应当承担相应的责任。**	第89条　在公共道路上堆放、倾倒、遗撒妨碍通行的物品造成他人损害的,有关单位或者个人应当承担侵权责任。	
第1257条　因林木折断、**倾倒或者果实坠落**等造成他人损害,林木的所有人或者管理人不能证明自己没有过错的,应当承担侵权责任。	第90条　因林木折断造成他人损害,林木的所有人或者管理人不能证明自己没有过错的,应当承担侵权责任。	
第1258条　在公共场所或者道路上挖掘、修缮安装地下设施等造成他人损害,**施工人不能证明**已经设置明显标志和采取安全措施的,应当承担侵权责任。 窨井等地下设施造成他人损害,管理人不能证明尽到管理职责的,应当承担侵权责任。	第91条　在公共场所或者道路上挖坑、修缮安装地下设施等,没有设置明显标志和采取安全措施造成他人损害的,施工人应当承担侵权责任。 窨井等地下设施造成他人损害,管理人不能证明尽到管理职责的,应当承担侵权责任。	《民法通则》第125条　在公共场所、道旁或者通道上挖坑、修缮安装地下设施等,没有设置明显标志和采取安全措施造成他人损害的,施工人应当承担民事责任。

附 则

附则	相关法律	其他规范性法律文件
第 1259 条　民法所称的"以上""以下""以内""届满",包括本数;所称的"不满"、"超过"、"以外",不包括本数。	《民法总则》第 205 条　民法所称的"以上""以下""以内""届满",包括本数;所称的"不满""超过""以外",不包括本数。	《民法通则》第 155 条　民法所称的"以上"、"以下"、"以内"、"届满",包括本数;所称的"不满"、"以外",不包括本数。
第 1260 条　本法自 2021 年 1 月 1 日起施行。《中华人民共和国婚姻法》、《中华人民共和国继承法》、《中华人民共和国民法通则》、《中华人民共和国收养法》、《中华人民共和国担保法》、《中华人民共和国合同法》、《中华人民共和国物权法》、《中华人民共和国侵权责任法》、《中华人民共和国民法总则》同时废止。	(无)	《民法典时间效力规定》第 1 条　民法典施行后的法律事实引起的民事纠纷案件,适用民法典的规定。 民法典施行前的法律事实引起的民事纠纷案件,适用当时的法律、司法解释的规定,但是法律、司法解释另有规定的除外。 民法典施行前的法律事实持续至民法典施行后,该法律事实引起的民事纠纷案件,适用民法典的规定,但是法律、司法解释另有规定的除外。 《民法典时间效力规定》第 2 条　民法典施行前的法律事实引起的民事纠纷案件,当时的法律、司法解释有规定,适用当时的法律、司法解释的规定,但是适用民法典的规定更有利于保护民事主体合法权益,更有利于维护社会和经济秩序,更有利于弘扬社会主义核心价值观的除外。 《民法典时间效力规定》第 3 条　民法典施行前的法律事实引起的民事纠纷案件,当时的法律、司法解释没有规定而民法典有规定的,可以适用民法典的规定,但是明显减损当事人合法权益、增加当事人法定义务或者背离当事人合理预期的除外。 《民法典时间效力规定》第 4 条　民法典施行前的法律事实引起的民事纠纷案件,当时的法律、司法解释仅有原则性规定而民法典有具体规定的,适用当时的法律、司法解释的规定,但是可以依据民法典具体规定进行裁判说理。 《民法典时间效力规定》第 5 条　民法典施行前已经终审的案件,当事人申请再审或者按照审判监督程序决定再审的,不适用民法典的规定。

附则	相关法律	其他规范性法律文件
		《贯彻实施民法典纪要》第13条 正确适用《时间效力规定》，处理好新旧法律、司法解释的衔接适用问题。坚持"法不溯及既往"的基本原则，依法保护当事人的合理预期。民法典施行前的法律事实引起的民事纠纷案件，适用当时的法律、司法解释的规定，但《时间效力规定》另有规定的除外。 当时的法律、司法解释包括根据民法典第一千二百六十条规定废止的法律，根据《废止决定》废止的司法解释及相关规范性文件，《修改决定》所涉及的修改前的司法解释。 《贯彻实施民法典纪要》第18条 从严把握溯及适用民法典规定的情形，确保法律适用统一。除《时间效力规定》第二部分所列具体规定外，人民法院在审理有关民事纠纷案件时，认为符合《时间效力规定》第二条溯及适用民法典情形的，应当做好类案检索，经本院审判委员会讨论后层报高级人民法院。高级人民法院审判委员会讨论后认为符合《时间效力规定》第二条规定的"三个更有利于"标准，应当溯及适用民法典规定的，报最高人民法院备案。最高人民法院将适时发布相关指导性案例或者典型案例，加强对下指导。

第二部分

重要民事司法解释新旧对照表

一、《总则编解释》关联对照表

最高人民法院关于适用《中华人民共和国民法典》总则编若干问题的解释(法释〔2022〕6号)	关联条文
为正确审理民事案件,依法保护民事主体的合法权益,维护社会和经济秩序,根据《中华人民共和国民法典》《中华人民共和国民事诉讼法》等相关法律规定,结合审判实践,制定本解释。	
一、一般规定	
第1条 民法典第二编至第七编对民事关系有规定的,人民法院直接适用该规定;民法典第二编至第七编没有规定的,适用民法典第一编的规定,但是根据其性质不能适用的除外。 就同一民事关系,其他民事法律的规定属于对民法典相应规定的细化的,应当适用该民事法律的规定。民法典规定适用其他法律的,适用该法律的规定。 民法典及其他法律对民事关系没有具体规定的,可以遵循民法典关于基本原则的规定。	
第2条 在一定地域、行业范围内长期为一般人从事民事活动时普遍遵守的民间习俗、惯常做法等,可以认定为民法典第十条规定的习惯。 当事人主张适用习惯的,应当就习惯及其具体内容提供相应证据;必要时,人民法院可以依职权查明。 适用习惯,不得违背社会主义核心价值观,不得违背公序良俗。	
第3条 对于民法典第一百三十二条所称的滥用民事权利,人民法院可以根据权利行使的对象、目的、时间、方式、造成当事人之间利益失衡的程度等因素作出认定。 行为人以损害国家利益、社会公共利益、他人合法权益为主要目的行使民事权利的,人民法院应当认定构成滥用民事权利。 构成滥用民事权利的,人民法院应当认定该滥用行为不发生相应的法律效力。滥用民事权利造成损害的,依照民法典第七编等有关规定处理。	
二、民事权利能力和民事行为能力	
第4条 涉及遗产继承、接受赠与等胎儿利益保护,父母在胎儿娩出前作为法定代理人主张相应权利的,人民法院依法予以支持。	

最高人民法院关于适用《中华人民共和国民法典》总则编若干问题的解释（法释〔2022〕6号）	关联条文
第5条　限制民事行为能力人实施的民事法律行为是否与其年龄、智力、精神健康状况相适应，人民法院可以从行为与本人生活相关联的程度，本人的智力、精神健康状况能否理解其行为并预见相应的后果，以及标的、数量、价款或者报酬等方面认定。	《民通意见》第3条　十周岁以上的未成年人进行的民事活动是否与其年龄、智力状况相适应，可以从行为与本人生活相关联的程度，本人的智力能否理解其行为，并预见相应的行为后果，以及行为标的数额等方面认定。 《民通意见》第4条　不能完全辨认自己行为的精神病人进行的民事活动，是否与其精神健康状态相适应，可以从行为与本人生活相关联的程度，本人的精神状态能否理解其行为，并预见相应的行为后果，以及行为标的数额等方面认定。
三、监护	
第6条　人民法院认定自然人的监护能力，应当根据其年龄、身心健康状况、经济条件等因素确定；认定有关组织的监护能力，应当根据其资质、信用、财产状况等因素确定。	《民通意见》第11条　认定监护人监护能力，应当根据监护人的身体健康状况、经济条件，以及与被监护人在生活上的联系状况等因素确定。
第7条　担任监护人的被监护人父母通过遗嘱指定监护人，遗嘱生效时被指定的人不同意担任监护人的，人民法院应当适用民法典第二十七条、第二十八条的规定确定监护人。 未成年人由父母担任监护人，父母中的一方通过遗嘱指定监护人，另一方在遗嘱生效时有监护能力，有关当事人对监护人的确定有争议的，人民法院应当适用民法典第二十七条第一款的规定确定监护人。	
第8条　未成年人的父母与其他依法具有监护资格的人订立协议，约定免除具有监护能力的父母的监护职责的，人民法院不予支持。协议约定在未成年人的父母丧失监护能力时由该具有监护资格的人担任监护人的，人民法院依法予以支持。 依法具有监护资格的人之间依据民法典第三十条的规定，约定由民法典第二十七条第二款、第二十八条规定的不同顺序的人共同担任监护人，或者由顺序在后的人担任监护人的，人民法院依法予以支持。	
第9条　人民法院依据民法典第三十一条第二款、第三十六条第一款的规定指定监护人时，应当尊重被监护人的真实意愿，按照最有利于被监护人的原则指定，具体参考以下因素： （一）与被监护人生活、情感联系的密切程度； （二）依法具有监护资格的人的监护顺序； （三）是否有不利于履行监护职责的违法犯罪等情形； （四）依法具有监护资格的人的监护能力、意愿、品行等。 人民法院依法指定的监护人一般应当是一人，由数人共同担任监护人更有利于保护被监护人利益的，也可以是数人。	《民通意见》第14条　人民法院指定监护人时，可以将民法通则第十六条第二款中（一）、（二）、（三）项或第十七条第一款中的（一）、（二）、（三）、（四）、（五）项规定视为指定监护人的顺序。前一顺序有监护资格的人无监护能力或者对被监护人明显不利的，人民法院可以根据对被监护人有利的原则，从后一顺序有监护资格的人中择优确定。被监护人有识别能力的，应视情况征求被监护人的意见。 监护人可以是一人，也可以是同一顺序中的数人。

最高人民法院关于适用《中华人民共和国民法典》总则编若干问题的解释(法释〔2022〕6号)	关联条文
第10条 有关当事人不服居委会、村民委员会或者民政部门的指定,在接到指定通知之日起三十日内向人民法院申请指定监护人的,人民法院经审理认为指定并无不当,依法裁定驳回申请;认为指定不当,依法判决撤销指定并另行指定监护人。 　　有关当事人在接到指定通知之日起三十日后提出申请的,人民法院应当按照变更监护关系处理。	《民通意见》第17条 有关组织依照民法通则规定指定监护人,以书面或者口头通知了被指定人的,应当认定指定成立。被指定人不服的,应当在接到通知的次日起三十日内向人民法院起诉。逾期起诉的,按变更监护关系处理。 　　《民通意见》第19条 被指定人对指定不服提起诉讼的,人民法院应当根据本意见第十四条的规定,作出维持或者撤销指定监护人的判决。如果判决是撤销原指定的,可以同时另行指定监护人。此类案件,比照民事诉讼法(试行)规定的特别程序进行审理。 　　在人民法院作出判决前的监护责任,一般应当按照指定监护人的顺序,由有监护资格人承担。
第11条 具有完全民事行为能力的成年人与他人依据民法典第三十三条的规定订立书面协议事先确定自己的监护人后,协议的任何一方在该成年人丧失或者部分丧失民事行为能力前请求解除协议的,人民法院依法予以支持。该成年人丧失或者部分丧失民事行为能力后,协议确定的监护人无正当理由请求解除协议的,人民法院不予支持。 　　该成年人丧失或者部分丧失民事行为能力后,协议确定的监护人有民法典第三十六条第一款规定的情形之一,该条第二款规定的有关个人、组织申请撤销其监护人资格的,人民法院依法予以支持。	
第12条 监护人、其他依法具有监护资格的人之间就监护人是否有民法典第三十九条第一款第二项、第四项规定的应当终止监护关系的情形发生争议,申请变更监护人的,人民法院应当依法受理。经审理认为理由成立的,人民法院依法予以支持。 　　被依法指定的监护人与其他具有监护资格的人之间协议变更监护人的,人民法院应当尊重被监护人的真实意愿,按照最有利于被监护人的原则作出裁判。	
第13条 监护人因患病、外出务工等原因在一定期限内不能完全履行监护职责,将全部或者部分监护职责委托给他人,当事人主张受托人因此成为监护人的,人民法院不予支持。	《民通意见》第22条 监护人可以将监护职责部分或者全部委托给他人。因被监护人的侵权行为需要承担民事责任的,应当由监护人承担,但另有约定的除外;被委托人确有过错的,负连带责任。
四、宣告失踪和宣告死亡	
第14条 人民法院审理宣告失踪案件时,下列人员应当认定为民法典第四十条规定的利害关系人: 　　(一)被申请人的近亲属; 　　(二)依民法典第一千一百二十八条、第一千一百二十九条规定对被申请人有继承权的亲属;	《民通意见》第24条 申请宣告失踪的利害关系人,包括被申请宣告失踪人的配偶、父母、子女、兄弟姐妹、祖父母、外祖父母、孙子女、外孙子女以及其他与被申请人有民事权利义务关系的人。

最高人民法院关于适用《中华人民共和国民法典》总则编若干问题的解释（法释〔2022〕6号）	关联条文
（三）债权人、债务人、合伙人等与被申请人有民事权利义务关系的民事主体，但是不申请宣告失踪不影响其权利行使、义务履行的除外。	
第15条　失踪人的财产代管人向失踪人的债务人请求偿还债务的，人民法院应当将财产代管人列为原告。 债权人提起诉讼，请求失踪人的财产代管人支付失踪人所欠的债务和其他费用的，人民法院应当将财产代管人列为被告。经审理认为债权人的诉讼请求成立的，人民法院应当判决财产代管人从失踪人的财产中支付失踪人所欠的债务和其他费用。	《民通意见》第32条　失踪人的财产代管人拒绝支付失踪人所欠的税款、债务和其他费用，债权人提起诉讼的，人民法院应当将代管人列为被告。 失踪人的财产代管人向失踪人的债务人要求偿还债务的，可以作为原告提起诉讼。
第16条　人民法院审理宣告死亡案件时，被申请人的配偶、父母、子女，以及依据民法典第一千一百二十九条规定对被申请人有继承权的亲属应当认定为民法典第四十六条规定的利害关系人。 符合下列情形之一的，被申请人的其他近亲属，以及依据民法典第一千一百二十八条规定对被申请人有继承权的亲属应当认定为民法典第四十六条规定的利害关系人： （一）被申请人的配偶、父母、子女均已死亡或者下落不明的； （二）不申请宣告死亡不能保护其相应合法权益的。 被申请人的债权人、债务人、合伙人等民事主体不能认定为民法典第四十六条规定的利害关系人，但是不申请宣告死亡不能保护其相应合法权益的除外。	《民通意见》第25条　申请宣告死亡的利害关系人的顺序是： （一）配偶； （二）父母、子女； （三）兄弟姐妹、祖父母、外祖父母、孙子女、外孙子女； （四）其他有民事权利义务关系的人。 申请撤销死亡宣告不受上列顺序限制。
第17条　自然人在战争期间下落不明的，利害关系人申请宣告死亡的期间适用民法典第四十六条第一款第一项的规定，自战争结束之日或者有关机关确定的下落不明之日起计算。	《民通意见》第27条　战争期间下落不明的，申请宣告死亡的期间适用民法通则第二十三条第一款第一项的规定。 《民通意见》第28条　民法通则第二十条第一款、第二十三条第一款第一项中的下落不明的起算时间，从公民音讯消失之次日起算。 宣告失踪的案件，由被宣告失踪人住所地的基层人民法院管辖。住所地与居住地不一致的，由最后居住地的基层人民法院管辖。
五、民事法律行为	
第18条　当事人未采用书面形式或者口头形式，但是实施的行为本身表明已经作出相应意思表示，并符合民事法律行为成立条件的，人民法院可以认定为民法典第一百三十五条规定的采用其他形式实施的民事法律行为。	《民通意见》第65条　当事人以录音、录像等视听资料形式实施的民事行为，如有两个以上无利害关系人作为证人或者有其他证据证明该民事行为符合民法通则第五十五条的规定，可以认定有效。 《民通意见》第66条　一方当事人向对方当事人提出民事权利的要求，对方未用语言或者文字明确表示意见，但其行为表明已接受的，可以认定为默示。不作为的默示只有在法律有规定或者当事人双

最高人民法院关于适用《中华人民共和国民法典》总则编若干问题的解释（法释〔2022〕6号）	关联条文
	方有约定的情况下，才可以视为意思表示。 《合同法解释（二）》第 2 条　当事人未以书面形式或者口头形式订立合同，但从双方从事的民事行为能够推定双方有订立合同意愿的，人民法院可以认定是以合同法第十条第一款中的"其他形式"订立的合同。但法律另有规定的除外。
第 19 条　行为人对行为的性质、对方当事人或者标的物的品种、质量、规格、价格、数量等产生错误认识，按照通常理解如果不发生该错误认识行为人就不会作出相应意思表示的，人民法院可以认定为民法典第一百四十七条规定的重大误解。 行为人能够证明自己实施民事法律行为时存在重大误解，并请求撤销该民事法律行为的，人民法院依法予以支持；但是，根据交易习惯等认定行为人无权请求撤销的除外。	《民通意见》第 71 条　行为人因对行为的性质、对方当事人，标的物的品种、质量、规格和 数量等的错误认识，使行为的后果与自己的意思相悖，并造成较大损失的，可以认定为重大误解。 《民通意见》第 73 条　对于重大误解或者显失公平的民事行为，当事人请求变更的，人民法院应当予以变更；当事人请求撤销的，人民法院可以酌情予以变更或者撤销。 可变更或者可撤销的民事行为，自行为成立时起超过一年当事人才请求变更或者撤销的，人民法院不予以保护。
第 20 条　行为人以其意思表示存在第三人转达错误为由请求撤销民事法律行为的，适用本解释第十九条的规定。	《民通意见》第 77 条　意思表示由第三人义务转达，而第三人由于过失转达错误或者没有转达，使他人造成损失的，一般可由意思表示人负赔偿责任。但法律另有规定或者双方另有约定的除外。
第 21 条　故意告知虚假情况，或者负有告知义务的人故意隐瞒真实情况，致使当事人基于错误认识作出意思表示的，人民法院可以认定为民法典第一百四十八条、第一百四十九条规定的欺诈。	《民通意见》第 68 条　一方当事人故意告知对方虚假情况，或者故意隐瞒真实情况，诱使对方当事人作出错误意思表示的，可以认定为欺诈行为。
第 22 条　以给自然人及其近亲属等的人身权利、财产权利以及其他合法权益造成损害或者以给法人、非法人组织的名誉、荣誉、财产权益等造成损害为要挟，迫使其基于恐惧心理作出意思表示的，人民法院可以认定为民法典第一百五十条规定的胁迫。	《民通意见》第 69 条　以给公民及其亲友的生命健康、荣誉、名誉、财产等造成损害，或者以法人的荣誉、名誉、财产等造成损害为要挟，迫使对方作出违背真实的意思表示的，可以认定为胁迫行为。 《婚姻法解释（一）》第 10 条　婚姻法第十一条所称的"胁迫"，是指行为人以给另一方当事人或者其近亲属的生命、身体健康、名誉、财产等方面造成损害为要挟，迫使另一方当事人违背真实意愿结婚的情况。 因受胁迫而请求撤销婚姻的，只能是受胁迫一方的婚姻关系当事人本人。
第 23 条　民事法律行为不成立，当事人请求返还财产、折价补偿或者赔偿损失的，参照适用民法典第一百五十七条的规定。	
第 24 条　民事法律行为所附条件不可能发生，当事人约定为生效条件的，人民法院应当认定民事法律行为不发生效力；当事人约定为解除条件的，应当认定未附条件，民事法律行为是否失效，依照民法典和相关法律、行政法规的规定认定。	《民通意见》第 75 条　附条件的民事行为，如果所附的条件是违背法律规定或者不可能发生的，应当认定该民事行为无效。

最高人民法院关于适用《中华人民共和国民法典》总则编若干问题的解释(法释〔2022〕6号)	关联条文
六、代理	
第25条 数个委托代理人共同行使代理权,其中一人或数人未与其他委托代理人协商,擅自行使代理权的,依民法典第一百七十一条、第一百七十二条等规定处理。	《民通意见》第79条 数个委托代理人共同行使代理权的,如果其中一人或者数人未与其他委托代理人协商,所实施的行为侵害被代理人权益的,由实施行为的委托代理人承担民事责任。 被代理人为数人时,其中一人或者数人未经其他被代理人同意而提出解除代理关系,因此造成损害的,由提出解除代理关系的被代理人承担。
第26条 由于急病、通讯联络中断、疫情防控等特殊原因,委托代理人自己不能办理代理事项,又不能与被代理人及时取得联系,如不及时转委托第三人代理,会给被代理人的利益造成损失或者扩大损失的,人民法院应当认定为民法典第一百六十九条规定的紧急情况。	《民通意见》第80条 由于急病、通讯联络中断等特殊原因,委托代理人自己不能办理代理事项,又不能与被代理人及时取得联系,如不及时转托他人代理,会给被代理人的利益造成损失或者扩大损失的,属于民法通则第六十八条中的"紧急情况"。
第27条 无权代理行为未被追认,相对人请求行为人履行债务或者赔偿损失的,由行为人就相对人知道或者应当知道行为人无权代理承担举证责任。行为人不能证明的,人民法院依法支持相对人的相应诉讼请求;行为人能够证明的,人民法院应当按照各自的过错认定行为人与相对人的责任。	
第28条 同时符合下列条件的,人民法院可以认定为民法典第一百七十二条规定的相对人有理由相信行为人有代理权: (一)存在代理权的外观; (二)相对人不知道行为人行为时没有代理权,且无过失。 因是否构成表见代理发生争议的,相对人应当就无权代理符合前款第一项规定的条件承担举证责任;被代理人应当就相对人不符合前款第二项规定的条件承担举证责任。	
第29条 法定代理人、被代理人依民法典第一百四十五条、第一百七十一条的规定向相对人作出追认的意思表示的,人民法院应当依据民法典第一百三十七条的规定确认其追认意思表示的生效时间。	《合同法解释(二)》第11条 根据合同法第四十七条、第四十八条的规定,追认的意思表示自到达相对人时生效,合同自订立时起生效。
七、民事责任	
第30条 为了使国家利益、社会公共利益、本人或者他人的人身权利、财产权利以及其他合法权益免受正在进行的不法侵害,而针对实施侵害行为的人采取的制止不法侵害的行为,应当认定为民法典第一百八十一条规定的正当防卫。	

最高人民法院关于适用《中华人民共和国民法典》总则编若干问题的解释(法释〔2022〕6号)	关联条文
第31条 对于正当防卫是否超过必要的限度,人民法院应当综合不法侵害的性质、手段、强度、危害程度和防卫的时机、手段、强度、损害后果等因素判断。 经审理,正当防卫没有超过必要限度的,人民法院应当认定正当防卫人不承担责任。正当防卫超过必要限度的,人民法院应当认定正当防卫人在造成不应有的损害范围内承担部分责任;实施侵害行为的人请求正当防卫人承担全部责任的,人民法院不予支持。 实施侵害行为的人不能证明防卫行为造成不应有的损害,仅以正当防卫人采取的反击方式和强度与不法侵害不相当为由主张防卫过当的,人民法院不予支持。	
第32条 为了使国家利益、社会公共利益、本人或者他人的人身权利、财产权利以及其他合法权益免受正在发生的急迫危险,不得已而采取紧急措施的,应当认定为民法典第一百八十二条规定的紧急避险。	
第33条 对于紧急避险是否采取措施不当或者超过必要的限度,人民法院应当综合危险的性质、急迫程度、避险行为所保护的权益以及造成的损害后果等因素判断。 经审理,紧急避险采取措施并无不当且没有超过必要限度的,人民法院应当认定紧急避险人不承担责任。紧急避险采取措施不当或者超过必要限度的,人民法院应当根据紧急避险人的过错程度、避险措施造成不应有的损害的原因力大小、紧急避险人是否为受益人等因素认定紧急避险人在造成的不应有的损害范围内承担相应的责任。	
第34条 因保护他人民事权益使自己受到损害,受害人依据民法典第一百八十三条的规定请求受益人适当补偿的,人民法院可以根据受害人所受损失和已获赔偿的情况、受益人受益的多少及其经济条件等因素确定受益人承担的补偿数额。	《民通意见》第142条 为了维护国家、集体或者他人合法权益而使自己受到损害,在侵权人无力赔偿或者没有侵害人的情况下,如果受害人提出请求的,人民法院可以根据受益人受益的多少及其经济状况,责令受益人给予适当补偿。 《人身损害赔偿司法解释》(法释〔2003〕20号)第15条 为维护国家、集体或者他人的合法权益而使自己受到人身损害,因没有侵权人、不能确定侵权人或者侵权人没有赔偿能力,赔偿权利人请求受益人在受益范围内予以适当补偿的,人民法院应予支持。
八、诉讼时效	
第35条 民法典第一百八十八条第一款规定的三年诉讼时效期间,可以适用民法典有关诉讼时效中止、中断的规定,不适用延长的规定。该条第二款规定的二十年期间不适用中止、中断的规定。	《民通意见》第175条 民法通则第一百三十五条、第一百三十六条规定的诉讼时效期间,可以适用民法通则有关中止、中断和延长的规定。 民法通则第一百三十七条规定的"二十年"诉讼时效期间,可以适用民法通则有关延长的规定,不适用中止、中断的规定。

最高人民法院关于适用《中华人民共和国民法典》总则编若干问题的解释(法释〔2022〕6号)	关联条文
第36条 无民事行为能力人或者限制民事行为能力人的权利受到损害的,诉讼时效期间自其法定代理人知道或者应当知道权利受到损害以及义务人之日起计算,但是法律另有规定的除外。	
第37条 无民事行为能力人、限制民事行为能力人的权利受到原法定代理人损害,且在取得、恢复完全民事行为能力或者在原法定代理终止并确定新的法定代理人后,相应民事主体才知道或者应当知道权利受到损害的,有关请求权诉讼时效期间的计算适用民法典第一百八十八条第二款、本解释第三十六条的规定。	
第38条 诉讼时效依据民法典第一百九十五条的规定中断后,在新的诉讼时效期间内,再次出现第一百九十五条规定的中断事由,可以认定为诉讼时效再次中断。 权利人向义务人的代理人、财产代管人或者遗产管理人等提出履行请求的,可以认定为民法典第一百九十五条规定的诉讼时效中断。	《民通意见》**第173条** 诉讼时效因权利人主张权利或者义务人同意履行义务而中断后,权利人在新的诉讼时效期间内,再次主张权利或者义务人再次同意履行义务的,可以认定为诉讼时效再次中断。 权利人向债务保证人、债务人的代理人或者财产代管人主张权利的,可以认定诉讼时效中断。 《民通意见》**第174条** 权利人向人民调解委员会或者有关单位提出保护民事权利的请求,从提出请求时起,诉讼时效中断。经调处不成协议的,诉讼时效期间即重新起算;如调处达成协议,义务人未按协议所定期限履行义务的,诉讼时效期间应从期限届满时重新起算。
九、附则	
第39条 本解释自2022年3月1日起施行。 民法典施行后的法律事实引起的民事案件,本解释施行后尚未终审的,适用本解释;本解释施行前已经终审,当事人申请再审或者按照审判监督程序决定再审的,不适用本解释。	《民通意见》**第197条** 处理申诉案件和审判监督程序再审的案件,适用原审审结时应当适用的法律或政策。

二、《物权编解释（一）》新旧对照表

《物权编解释（一）》(法释〔2020〕24号)	《物权法解释（一）》(法释〔2016〕5号)
为正确审理物权纠纷案件，根据《**中华人民共和国民法典**》等相关**法律规定**，结合审判实践，制定本解释。	为正确审理物权纠纷案件，根据《中华人民共和国物权法》的相关规定，结合**民事**审判实践，制定本解释。
第1条 因不动产物权的归属，以及作为不动产物权登记基础的买卖、赠与、抵押等产生争议，当事人提起民事诉讼的，应当依法受理。当事人已经在行政诉讼中申请一并解决上述民事争议，且人民法院一并审理的除外。	**第1条** 同法释〔2020〕24号第1条
第2条 当事人有证据证明不动产登记簿的记载与真实权利状态不符，其为该不动产物权的真实权利人，请求确认其享有物权的，应予支持。	**第2条** 同法释〔2020〕24号第2条
第3条 异议登记因**民法典第二百二十条第二款**规定的事由失效后，当事人提起民事诉讼，请求确认物权归属的，应当依法受理。异议登记失效不影响人民法院对案件的实体审理。	**第3条** 异议登记因物权法第十九条第二款规定的事由失效后，当事人提起民事诉讼，请求确认物权归属的，应当依法受理。异议登记失效不影响人民法院对案件的实体审理。
第4条 未经预告登记的权利人同意，**转让**不动产所有权**等物权**，或者**设立**建设用地使用权、**居住权**、地役权、抵押权等其他物权的，应当依照**民法典第二百二十一条第一款**的规定，认定其不发生物权效力。	**第4条** 未经预告登记的权利人同意，转移不动产所有权，或者设定建设用地使用权、地役权、抵押权等其他物权的，应当依照物权法第二十条第一款的规定，认定其不发生物权效力。
第5条 **预告登记的**买卖不动产物权的协议被认定无效、被撤销、或者预告登记的权利人放弃债权的，应当认定为**民法典第二百二十一条第二款**所称的"债权消灭"。	**第5条** 买卖不动产物权的协议被认定无效、被撤销、**被解除**，或者预告登记的权利人放弃债权的，应当认定为物权法第二十条第二款所称的"债权消灭"。
第6条 转让人**转让**船舶、航空器和机动车等所有权，受让人已经支付**合理价款**并取得占有，虽未经登记，但转让人的债权人主张其为**民法典第二百二十五条**所称的"善意第三人"的，不予支持，法律另有规定的除外。	**第6条** 转让人转移船舶、航空器和机动车等所有权，受让人已经支付对价并取得占有，虽未经登记，但转让人的债权人主张其为物权法第二十四条所称的"善意第三人"的，不予支持，法律另有规定的除外。
第7条 人民法院、**仲裁机构**在分割共有不动产或者动产等案件中作出并依法生效的改变原有物权关系的判决书、裁决书、调解书，以及人民法院在执行程序中作出的拍卖成交裁定书、**变卖成交裁定书**、以物抵债裁定书，应当认定为**民法典第二百二十九条**所称导致物权设立、变更、转让或者消灭的人民法院、**仲裁机构**的法律文书。	**第7条** 人民法院、仲裁委员会在分割共有不动产或者动产等案件中作出并依法生效的改变原有物权关系的判决书、裁决书、调解书，以及人民法院在执行程序中作出的拍卖成交裁定书、以物抵债裁定书，应当认定为物权法第二十八条所称导致物权设立、变更、转让或者消灭的人民法院、仲裁委员会的法律文书。

《物权编解释(一)》(法释〔2020〕24号)	《物权法解释(一)》(法释〔2016〕5号)
第8条 依据民法典第二百二十九条至第二百三十一条规定享有物权,但尚未完成动产交付或者不动产登记的权利人,**依据民法典第二百三十五条至第二百三十八条**的规定,请求保护其物权的,应予支持。	第8条 依照物权法第二十八条至第三十条规定享有物权,但尚未完成动产交付或者不动产登记的物权人,根据物权法第三十四条至第三十七条的规定,请求保护其物权的,应予支持。
第9条 共有份额的权利主体因继承、遗赠等原因发生变化时,其他按份共有人主张优先购买的,不予支持,但按份共有人之间另有约定的除外。	第9条 同法释〔2020〕24号第9条
第10条 民法典第三百零五条所称的"同等条件",应当综合共有份额的转让价格、价款履行方式及期限等因素确定。	第10条 物权法第一百零一条所称的"同等条件",应当综合共有份额的转让价格、价款履行方式及期限等因素确定。
第11条 优先购买权的行使期间,按份共有人之间有约定的,按照约定处理;没有约定或者约定不明的,按照下列情形确定: (一)转让人向其他按份共有人发出的包含同等条件内容的通知中载明行使期间的,以该期间为准; (二)通知中未载明行使期间,或者载明的期间短于通知送达之日起十五日的,为十五日; (三)转让人未通知的,为其他按份共有人知道或者应当知道最终确定的同等条件之日起十五日; (四)转让人未通知,且无法确定其他按份共有人知道或者应当知道最终确定的同等条件的,为共有份额权属转移之日起六个月。	第11条 同法释〔2020〕24号第11条
第12条 按份共有人向共有人之外的人转让其份额,其他按份共有人根据法律、司法解释规定,请求按照同等条件**优先**购买该共有份额的,应予支持。其他按份共有人的请求具有下列情形之一的,不予支持: (一)未在本解释第十一条规定的期间内主张优先购买,或者虽主张优先购买,但提出减少转让价款、增加转让人负担等实质性变更要求; (二)以其优先购买权受到侵害为由,仅请求撤销共有份额转让合同或者认定该合同无效。	第12条 按份共有人向共有人之外的人转让其份额,其他按份共有人根据法律、司法解释规定,请求按照同等条件购买该共有份额的,应予支持。其他按份共有人的请求具有下列情形之一的,不予支持: (一)未在本解释第十一条规定的期间内主张优先购买,或者虽主张优先购买,但提出减少转让价款、增加转让人负担等实质性变更要求; (二)以其优先购买权受到侵害为由,仅请求撤销共有份额转让合同或者认定该合同无效。
第13条 按份共有人之间转让共有份额,其他按份共有人主张**依据民法典第三百零五条**规定优先购买的,不予支持,但按份共有人之间另有约定的除外。	第13条 按份共有人之间转让共有份额,其他按份共有人主张根据物权法第一百零一条规定优先购买的,不予支持,但按份共有人之间另有约定的除外。
第14条 受让人受让不动产或者动产时,不知道转让人无处分权,且无重大过失的,应当认定受让人为善意。 真实权利人主张受让人不构成善意的,应当承担举证证明责任。	第15条 同法释〔2020〕24号第14条
第15条 具有下列情形之一的,应当认定不动产受让人知道转让人无处分权:	第16条 同法释〔2020〕24号第15条

《物权编解释(一)》(法释〔2020〕24号)	《物权法解释(一)》(法释〔2016〕5号)
(一)登记簿上存在有效的异议登记; (二)预告登记有效期内,未经预告登记的权利人同意; (三)登记簿上已经记载司法机关或者行政机关依法裁定、决定查封或者以其他形式限制不动产权利的有关事项; (四)受让人知道登记簿上记载的权利主体错误; (五)受让人知道他人已经依法享有不动产物权。 真实权利人有证据证明不动产受让人应当知道转让人无处分权的,应当认定受让人具有重大过失。	
第16条 受让人受让动产时,交易的对象、场所或者时机等不符合交易习惯的,应当认定受让人具有重大过失。	**第17条** 同法释〔2020〕24号第16条
第17条 <u>民法典第三百一十一条第一款第一项</u>所称的"受让人受让该不动产或者动产时",是指依法完成不动产物权转移登记或者动产交付之时。 当事人以<u>民法典第二百二十六条</u>规定的方式交付动产的,转让动产<u>民事法律行为</u>生效时为动产交付之时;当事人以<u>民法典第二百二十七条</u>规定的方式交付动产的,转让人与受让人之间有关转让返还原物请求权的协议生效时为动产交付之时。 法律对不动产、动产物权的设立另有规定的,应当按照法律规定的时间认定权利人是否为善意。	**第18条** 物权法第一百零六条第一款第一项所称的"受让人受让该不动产或者动产时",是指依法完成不动产物权转移登记或者动产交付之时。 当事人以物权法第二十五条规定的方式交付动产的,转让动产法律行为生效时为动产交付之时;当事人以物权法第二十六条规定的方式交付动产的,转让人与受让人之间有关转让返还原物请求权的协议生效时为动产交付之时。 法律对不动产、动产物权的设立另有规定的,应当按照法律规定的时间认定权利人是否为善意。
第18条 <u>民法典第三百一十一条第一款第二项</u>所称"合理的价格",应当根据转让标的物的性质、数量以及付款方式等具体情况,参考转让时交易地市场价格以及交易习惯等因素综合认定。	**第19条** 物权法第一百零六条第一款第二项所称"合理的价格",应当根据转让标的物的性质、数量以及付款方式等具体情况,参考转让时交易地市场价格以及交易习惯等因素综合认定。
第19条 转让人将<u>民法典第二百二十五条</u>规定的船舶、航空器和机动车等交付给受让人的,应当认定符合<u>民法典第三百一十一条第一款第三项</u>规定的善意取得的条件。	**第20条** 转让人将物权法第二十四条规定的船舶、航空器和机动车等交付给受让人的,应当认定符合物权法第一百零六条第一款第三项规定的善意取得的条件。
第20条 具有下列情形之一,受让人主张<u>依据民法典第三百一十一条规定取得所有权的,不予支持</u>: (一)转让合同被认定无效; (二)转让合同被撤销。	**第21条** 具有下列情形之一,受让人主张根据物权法第一百零六条规定取得所有权的,不予支持: (一)转让合同因违反合同法第五十二条规定被认定无效; (二)转让合同因受让人存在欺诈、胁迫或者乘人之危等法定事由被撤销。
第21条 本解释自<u>2021年1月1日</u>起施行。	**第22条** 本解释自2016年3月1日起施行。 本解释施行后人民法院新受理的一审案件,适用本解释。 本解释施行前人民法院已经受理、施行后尚未审结的一审、二审案件,以及本解释施行前已经终审、施行后当事人申请再审或者按照审判监督程序决定再审的案件,不适用本解释。

三、《担保制度解释》关联对照表

《担保制度解释》（法释〔2020〕28号）	相关法律	相关司法解释	相关司法解释文件
为正确适用《中华人民共和国民法典》有关担保制度的规定，结合民事审判实践，制定本解释。	（无）	（无）	（无）
一、关于一般规定	（无）	（无）	（无）
第1条　因抵押、质押、留置、保证等担保发生的纠纷，适用本解释。所有权保留买卖、融资租赁、保理等涉及担保功能发生的纠纷，适用本解释的有关规定。	（无）	（无）	（无）
第2条　当事人在担保合同中约定担保合同的效力独立于主合同，或者约定担保人对主合同无效的法律后果承担保证责任，该有关担保独立性的约定无效。主合同有效的，有关担保独立性的约定无效不影响担保合同的效力；主合同无效的，人民法院应当认定担保合同无效，但是法律另有规定的除外。因金融机构开立的独立函发生的纠纷，适用《最高人民法院关于审理独立保函纠纷案件若干问题的规定》。	《民法典》第388条　设立担保物权，应当依照本法和其他法律的规定订立担保合同。担保合同包括抵押合同、质押合同和其他具有担保功能的合同。担保合同是主债权债务合同的从合同。主债权债务合同无效的，担保合同无效，但是法律另有规定的除外。 担保合同被确认无效后，债务人、担保人、债权人有过错的，应当根据其过错各自承担相应的民事责任。	（无）	《九民纪要》第54条【独立担保】从属性是担保的基本属性，但由银行或者非银行金融机构开立的独立保函除外。独立保函纠纷案件依据《最高人民法院关于审理独立保函纠纷案件若干问题的规定》处理。需要进一步明确的是：凡是由银行或者非银行金融机构开立的符合该司法解释第1条、第3条规定情形的保函，无论是用于国际商事交易还是用于国内商事交易，均不影响保函的效力。银行或者非银行金融机构之外的当事人开立的独立保函，以及当事人有关排除担保从属性的约定，应当认定无效。但是，根据

《担保制度解释》 (法释〔2020〕28号)	相关法律	相关司法解释	相关司法解释文件
			"无效法律行为的转换"原理,在否定其独立担保效力的同时,应当将其认定为从属性担保。此时,如果主合同有效,则担保合同有效,担保人与主债务人承担连带保证责任。主合同无效,则该所谓的独立担保也随之无效,担保人无过错的,不承担责任;担保人有过错的,其承担民事责任的部分,不应超过债务人不能清偿部分的三分之一。
第3条 当事人对担保责任的承担约定专门的违约责任,或者约定的担保责任范围超出债务人应当承担的责任范围,担保人主张仅在债务人应当承担的责任范围内承担责任的,人民法院应予支持。 担保人承担的责任超出债务人应当承担的责任范围,担保人向债务人追偿,债务人主张仅在其应当承担的责任范围内承担责任的,人民法院应予支持;担保人请求债权人返还超出部分的,人民法院依法予以支持。	(无)	(无)	《九民纪要》第55条【担保责任的范围】担保人承担的担保责任范围不应当大于主债务,是担保从属性的必然要求。当事人约定的担保责任的范围大于主债务的,如针对担保责任约定专门的违约责任、担保责任的数额高于主债务、担保责任约定的利息高于主债务利息、担保责任的履行期先于主债务履行期届满,等等,均应当认定大于主债务部分的约定无效,从而使担保责任缩减至主债务的范围。
第4条 有下列情形之一,当事人将担保物权登记在他人名下,债务人不履行到期债务或者发生当事人约定的实现担保物权的情形,债权人或者其受托人主张就该财产优先受偿的,人民法院依法予以支持:	(无)	(无)	(无)

《担保制度解释》 （法释〔2020〕28号）	相关法律	相关司法解释	相关司法解释文件
（一）为债券持有人提供的担保物权登记在债券受托管理人名下； （二）为委托贷款人提供的担保物权登记在受托人名下； （三）担保人知道债权人与他人之间存在委托关系的其他情形。			
第5条 机关法人提供担保的，人民法院应当认定担保合同无效，但是经国务院批准为使用外国政府或者国际经济组织贷款进行转贷的除外。 居民委员会、村民委员会提供担保的，人民法院应当认定担保合同无效，但是依法代行村集体经济组织职能的村民委员会，依照村民委员会组织法规定的讨论决定程序对外提供担保的除外。	《担保法》第8条 国家机关不得为保证人，但经国务院批准为使用外国政府或者国际经济组织贷款进行转贷的除外。	（无）	（无）
第6条 以公益为目的的非营利性学校、幼儿园、医疗机构、养老机构等提供担保的，人民法院应当认定担保合同无效，但是有下列情形之一的除外： （一）在购入或者以融资租赁方式承租教育设施、医疗卫生设施、养老服务设施和其他公益设施时，出卖人、出租人为担保价款或者租金实现而在该公益设施上保留所有权； （二）以教育设施、医疗卫生设施、养老服务设施和其他公益设施以外的不动产、动产或者财产权利设立担保物权。	（无）	《担保法解释》第53条 学校、幼儿园、医院等以公益为目的的事业单位、社会团体，以其教育设施、医疗卫生设施和其他社会公益设施以外的财产为自身债务设定抵押的，人民法院可以认定抵押有效。	（无）

《担保制度解释》（法释〔2020〕28 号）	相关法律	相关司法解释	相关司法解释文件
登记为营利法人的学校、幼儿园、医疗机构、养老机构等提供担保，当事人以其不具有担保资格为由主张担保合同无效的，人民法院不予支持。			
第 7 条 公司的法定代表人违反公司法关于公司对外担保决议程序的规定，超越权限代表公司与相对人订立担保合同，人民法院应当依照民法典第六十一条和第五百零四条等规定处理： （一）相对人善意的，担保合同对公司发生效力；相对人请求公司承担担保责任的，人民法院应予支持。 （二）相对人非善意的，担保合同对公司不发生效力；相对人请求公司承担赔偿责任的，参照适用本解释第十七条的有关规定。 法定代表人超越权限提供担保造成公司损失，公司请求法定代表人承担赔偿责任的，人民法院应予支持。 第一款所称善意，是指相对人在订立担保合同时不知道且不应当知道法定代表人超越权限。相对人有证据证明已对公司决议进行了合理审查，人民法院应当认定其构成善意，但是公司有证据证明相对人知道或者应当知道决议系伪造、变造的除外。	《民法典》第 61 条 依照法律或者法人章程的规定，代表法人从事民事活动的负责人，为法人的法定代表人。 法定代表人以法人名义从事的民事活动，其法律后果由法人承受。 法人章程或者法人权力机构对法定代表人代表权的限制，不得对抗善意相对人。 《民法典》第 504 条 法人的法定代表人或者非法人组织的负责人超越权限订立的合同，除相对人知道或者应当知道其超越权限外，该代表行为有效，订立的合同对法人或者非法人组织发生效力。 《公司法》第 16 条 公司向其他企业投资或者为他人提供担保，依照公司章程的规定，由董事会或者股东会、股东大会决议；公司章程对投资或者担保的总额及单项投资或者担保的数额有限额规定的，不得超过规定的限额。 公司为公司股东或者实际控制人提供担保的，必须经股东会或者股东大会决议。	《担保法解释》第 11 条 法人或者其他组织的法定代表人、负责人超越权限订立的担保合同，除相对人知道或者应当知道其超越权限的以外，该代表行为有效。	《九民纪要》第 17 条【违反《公司法》第 16 条构成越权代表】为防止法定代表人随意代表公司为他人提供担保给公司造成损失，损害中小股东利益，《公司法》第 16 条对法定代表人的代表权进行了限制。根据该条规定，担保行为不是法定代表人所能单独决定的事项，而必须以公司股东(大)会、董事会等公司机关的决议作为授权的基础和来源。法定代表人未经授权擅自为他人提供担保的，构成越权代表，人民法院应当根据《合同法》第 50 条关于法定代表人越权代表的规定，区分订立合同时债权人是否善意分别认定合同效力：债权人善意的，合同有效；反之，合同无效。 《九民纪要》21 条【权利救济】法定代表人的越权担保行为给公司造成损失，公司请求法定代表人承担赔偿责任的，人民法院依法予以支持。公司没有提起诉讼，股东依据《公司法》第 151 条的规定请求法定代表人承担赔偿责任的，人民法院依法予以支持。

《担保制度解释》 （法释〔2020〕28号）	相关法律	相关司法解释	相关司法解释文件
	前款规定的股东或者受前款规定的实际控制人支配的股东，不得参加前款规定事项的表决。该项表决由出席会议的其他股东所持表决权的过半数通过。 《合同法》第50条 法人或者其他组织的法定代表人、负责人超越权限订立的合同，除相对人知道或者应当知道其超越权限的以外，该代表行为有效。		《九民纪要》第18条【善意的认定】前条所称的善意，是指债权人不知道或者不应当知道法定代表人超越权限订立担保合同。《公司法》第16条对关联担保和非关联担保的决议机关作出了区别规定，相应地，在善意的判断标准上也应当有所区别。一种情形是，为公司股东或者实际控制人提供关联担保，《公司法》第16条明确规定必须由股东（大）会决议，未经股东（大）会决议，构成越权代表。在此情况下，债权人主张担保合同有效，应当提供证据证明其在订立合同时对股东（大）会决议进行了审查，决议的表决程序符合《公司法》第16条的规定，即在排除被担保股东表决权的情况下，该项表决由出席会议的其他股东所持表决权的过半数通过，签字人员也符合公司章程的规定。另一种情形是，公司为公司股东或者实际控制人以外的人提供非关联担保，根据《公司法》第16条的规定，此时由公司章程规定是由董事会决议还是股东（大）会决议。无论章程是否对决议机关作出规定，也无论章程规定决议机关为董事会还是股东（大）会，根据《民法总则》第61条第3款

《担保制度解释》(法释〔2020〕28号)	相关法律	相关司法解释	相关司法解释文件
			关于"法人章程或者法人权力机构对法定代表人代表权的限制,不得对抗善意相对人"的规定,只要债权人能够证明其在订立担保合同时对董事会决议或者股东(大)会决议进行了审查,同意决议的人数及签字人员符合公司章程的规定,就应当认定其构成善意,但公司能够证明债权人明知公司章程对决议机关有明确规定的除外。 债权人对公司机关决议内容的审查一般限于形式审查,只要求尽到必要的注意义务即可,标准不宜太过严苛。公司以机关决议系法定代表人伪造或者变造、决议程序违法、签章(名)不实、担保金额超过法定限额等事由抗辩债权人非善意的,人民法院一般不予支持。但是,公司有证据证明债权人明知决议系伪造或者变造的除外。
第8条 有下列情形之一,公司以其未依照公司法关于公司对外担保的规定作出决议为由主张不承担担保责任的,人民法院不予支持: (一)金融机构开立保函或者担保公司提供担保; (二)公司为其全资子公司开展经营活动提供担保;	(无)	(无)	《九民纪要》第19条【无须机关决议的例外情况】存在下列情形的,即便债权人知道或者应当知道没有公司机关决议,也应当认定担保合同符合公司的真实意思表示,合同有效: (1)公司是以为他人提供担保为主营业务的担保公司,或者是开展保函业务的银行或

《担保制度解释》 (法释〔2020〕28号)	相关法律	相关司法解释	相关司法解释文件
（三）担保合同系由单独或者共同持有公司三分之二以上对担保事项有表决权的股东签字同意。 上市公司对外提供担保，不适用前款第二项、第三项的规定。			者非银行金融机构； （2）公司为其直接或者间接控制的公司开展经营活动向债权人提供担保； （3）公司与主债务人之间存在相互担保等商业合作关系； （4）担保合同系由单独或者共同持有公司三分之二以上有表决权的股东签字同意。
第9条 相对人根据上市公司公开披露的关于担保事项已经董事会或者股东大会决议通过的信息，与上市公司订立担保合同，相对人主张担保合同对上市公司发生效力，并由上市公司承担担保责任的，人民法院应予支持。 相对人未根据上市公司公开披露的关于担保事项已经董事会或者股东大会决议通过的信息，与上市公司订立担保合同，上市公司主张担保合同对其不发生效力，且不承担担保责任或者赔偿责任的，人民法院应予支持。 相对人与上市公司已公开披露的控股子公司订立的担保合同，或者相对人与股票在国务院批准的其他全国性证券交易场所交易的公司订立的担保合同，适用前两款规定。	（无）	（无）	《九民纪要》第22条【上市公司为他人提供担保】债权人根据上市公司公开披露的关于担保事项已经董事会或者股东大会决议通过的信息订立的担保合同，人民法院应当认定有效。

《担保制度解释》 (法释〔2020〕28号)	相关法律	相关司法解释	相关司法解释文件
第10条 一人有限责任公司为其股东提供担保，公司以违反公司法关于公司对外担保决议程序的规定为由主张不承担担保责任的，人民法院不予支持。公司因承担担保责任导致无法清偿其他债务，提供担保时的股东不能证明公司财产独立于自己的财产，其他债权人请求该股东承担连带责任的，人民法院应予支持。	《公司法》第63条 一人有限责任公司的股东不能证明公司财产独立于股东自己的财产的，应当对公司债务承担连带责任。	（无）	（无）
第11条 公司的分支机构未经公司股东(大)会或者董事会决议以自己的名义对外提供担保，相对人请求公司或者其分支机构承担担保责任的，人民法院不予支持，但是相对人不知道且不应当知道分支机构对外提供担保未经公司决议程序的除外。 金融机构的分支机构在其营业执照记载的经营范围内开立保函，或者经有权从事担保业务的上级机构授权开立保函，金融机构或者其分支机构以违反公司法关于公司对外担保决议程序的规定为由主张不承担担保责任的，人民法院不予支持。金融机构的分支机构未经金融机构授权提供保函之外的担保，金融机构或者其分支机构主张不承担担保责任的，人民法院应予支持，但是相对人不知道且不应当知道分支机构对外提供担保未经金融机构授权的除外。	《担保法》第10条 企业法人的分支机构、职能部门不得为保证人。 企业法人的分支机构有法人书面授权的，可以在授权范围内提供保证。 《担保法》第29条 企业法人的分支机构未经法人书面授权或者超出授权范围与债权人订立保证合同的，该合同无效或者超出授权范围的部分无效，债权人和企业法人有过错的，应当根据其过错各自承担相应的民事责任；债权人无过错的，由企业法人承担民事责任。	《担保法解释》第17条 企业法人的分支机构未经法人书面授权提供保证的，保证合同无效。因此给债权人造成损失的，应当根据担保法第五条第二款的规定处理。 企业法人的分支机构经法人书面授权提供保证的，如果法人的书面授权范围不明，法人的分支机构应当对保证合同约定的全部债务承担保证责任。 企业法人的分支机构经营管理的财产不足以承担保证责任的，由企业法人承担民事责任。 企业法人的分支机构提供的保证无效后应当承担赔偿责任的，由分支机构经营管理的财产承担。企业法人有过错的，按照担保法第二十九条的规定处理。	（无）

《担保制度解释》（法释〔2020〕28号）	相关法律	相关司法解释	相关司法解释文件
担保公司的分支机构未经担保公司授权对外提供担保，担保公司或者其分支机构主张不承担担保责任的，人民法院应予支持，但是相对人不知道且不应当知道分支机构对外提供担保未经担保公司授权的除外。 公司的分支机构对外提供担保，相对人非善意，请求公司承担赔偿责任的，参照本解释第十七条的有关规定处理。			
第12条 法定代表人依照民法典第五百五十二条的规定以公司名义加入债务的，人民法院在认定该行为的效力时，可以参照本解释关于公司为他人提供担保的有关规则处理。	《民法典》第552条 第三人与债务人约定加入债务并通知债权人，或者第三人向债权人表示愿意加入债务，债权人未在合理期限内明确拒绝的，债权人可以请求第三人在其愿意承担的债务范围内和债务人承担连带债务。		《九民纪要》第23条【债务加入准用担保规则】法定代表人以公司名义与债务人约定加入债务并通知债权人或者向债权人表示愿意加入债务，该约定的效力问题，参照本纪要关于公司为他人提供担保的有关规则处理。
第13条 同一债务有两个以上第三人提供担保，担保人之间约定相互追偿及分担额，承担了担保责任的担保人请求其他担保人按照约定分担份额的，人民法院应予支持；担保人之间约定承担连带共同担保，或者约定相互追偿但是未约定分担份额的，各担保人按照比例分担向债务人不能追偿的部分。 同一债务有两个以上第三人提供担保，担保人之间未对相互追偿作出约定且未约定承担连带共同担保，但是各担保人在同一份合同书上签字、	《担保法》第12条 同一债务有两个以上保证人的，保证人应当按照保证合同约定的保证份额，承担保证责任。没有约定保证份额的，保证人承担连带责任，债权人可以要求任何一个保证人承担全部保证责任，保证人都负有担保全部债权实现的义务。已经承担保证责任的保证人，有权向债务人追偿，或者要求承担连带责任的其他保证人清偿其应当承担的份额。 《物权法》第176条 被担保的债权既有物的担保又有人的担保的，	《担保法解释》第38条第1款 同一债权既有保证又有第三人提供物的担保的，债权人可以请求保证人或者物的担保人承担保证责任。当事人对保证担保的范围或者物的担保的范围没有约定或者约定不明的，承担了担保责任的担保人，可以向债务人追偿，也可以要求其他担保人清偿其应当分担的份额。	《九民纪要》第56条【混合担保中担保人之间的追偿问题】被担保的债权既有保证又有第三人提供的物的担保，担保法司法解释第38条明确规定，承担了担保责任的担保人可以要求其他担保人清偿其应当分担的份额。但《物权法》第176条并未作出类似规定，根据《物权法》第178条关于"担保法与本法的规定不一致的，适用本法"的规定，承担了担保责任的担保人向其他担保人追偿的，人民法院不予

《担保制度解释》（法释〔2020〕28号）	相关法律	相关司法解释	相关司法解释文件
盖章或者按指印，承担了担保责任的担保人请求其他担保人按照比例分担向债务人不能追偿部分的，人民法院应予支持。 除前两款规定的情形外，承担了担保责任的担保人请求其他担保人分担向债务人不能追偿部分的，人民法院不予支持。	债务人不履行到期债务或者发生当事人约定的实现担保物权的情形，债权人应当按照约定实现债权；没有约定或者约定不明确，债务人自己提供物的担保的，债权人应当先就该物的担保实现债权；第三人提供物的担保的，债权人可以就物的担保实现债权，也可以要求保证人承担保证责任。提供担保的第三人承担担保责任后，有权向债务人追偿。		支持，但担保人在担保合同中约定可以相互追偿的除外。
第14条 同一债务有两个以上第三人提供担保，担保人受让债权的，人民法院应当认定该行为系承担担保责任。受让债权的担保人作为债权人请求其他担保人承担担保责任的，人民法院不予支持；该担保人请求其他担保人分担相应份额的，依照本解释第十三条的规定处理。	（无）	（无）	（无）
第15条 最高额担保中的最高债权额，是指包括主债权及其利息、违约金、损害赔偿金、保管担保财产的费用、实现债权或者实现担保物权的费用等在内的全部债权，但是当事人另有约定的除外。 登记的最高债权额与当事人约定的最高债权额不一致的，人民法院应当依据登记的最高债权额确定债权人优先受偿的范围。	（无）	（无）	（无）

《担保制度解释》 (法释〔2020〕28号)	相关法律	相关司法解释	相关司法解释文件
第16条 主合同当事人协议以新贷偿还旧贷,债权人请求旧贷的担保人承担担保责任的,人民法院不予支持;债权人请求新贷的担保人承担担保责任的,按照下列情形处理: (一)新贷与旧贷的担保人相同的,人民法院应予支持; (二)新贷与旧贷的担保人不同,或者旧贷无担保新贷有担保的,人民法院不予支持,但是债权人有证据证明新贷的担保人提供担保时对以新贷偿还旧贷的事实知道或者应当知道的除外。 主合同当事人协议以新贷偿还旧贷,旧贷的物的担保人在登记尚未注销的情形下同意继续为新贷提供担保,在订立新的贷款合同前又以该担保财产为其他债权人设立担保物权,其他债权人主张其担保物权顺位优先于新贷债权人的,人民法院不予支持。	(无)	(无)	《九民纪要》第57条【借新还旧的担保物权】贷款到期后,借款人与贷款人订立新的借款合同,将新贷用于归还旧贷,旧贷因清偿而消灭,为旧贷设立的担保物权也随之消灭。贷款人以旧贷上的担保物权尚未进行涂销登记为由,主张对新贷行使担保物权的,人民法院不予支持,但当事人约定继续为新贷提供担保的除外。
第17条 主合同有效而第三人提供的担保合同无效,人民法院应当区分不同情形确定担保人的赔偿责任: (一)债权人与担保人均有过错的,担保人承担的赔偿责任不应超过债务人不能清偿部分的二分之一; (二)担保人有过错而债权人无过错的,担保人对债务人不能清偿的部分承担赔偿责任;	(无)	《担保法解释》第7条 主合同有效而担保合同无效,债权人无过错的,担保人与债务人对主合同债权人的经济损失,承担连带赔偿责任;债权人、担保人有过错的,担保人承担民事责任的部分,不应超过债务人不能清偿部分的二分之一。	(无)

《担保制度解释》 (法释〔2020〕28号)	相关法律	相关司法解释	相关司法解释文件
(三)债权人有过错而担保人无过错的,担保人不承担赔偿责任。 主合同无效导致第三人提供的担保合同无效,担保人无过错的,不承担赔偿责任;担保人有过错的,其承担的赔偿责任不应超过债务人不能清偿部分的三分之一。		《担保法解释》第8条 主合同无效而导致担保合同无效,担保人无过错的,担保人不承担民事责任;担保人有过错的,担保人承担民事责任的部分,不应超过债务人不能清偿部分的三分之一。	
第18条 承担了担保责任或者赔偿责任的担保人,在其承担责任的范围内向债务人追偿的,人民法院应予支持。 同一债权既有债务人自己提供的物的担保,又有第三人提供的担保,承担了担保责任或者赔偿责任的第三人,主张行使债权人对债务人享有的担保物权的,人民法院应予支持。	(无)	(无)	(无)
第19条 担保合同无效,承担了赔偿责任的担保人按照反担保合同的约定,在其承担赔偿责任的范围内请求反担保人承担担保责任的,人民法院应予支持。 反担保合同无效的,依照本解释第十七条的有关规定处理。当事人仅以担保合同无效为由主张反担保合同无效的,人民法院不予支持。	(无)	《担保法解释》第9条 担保人因无效担保合同向债权人承担赔偿责任后,可以向债务人追偿,或者在承担赔偿责任的范围内,要求有过错的反担保人承担赔偿责任。 担保人可以根据承担赔偿责任的事实对债务人或者反担保人另行提起诉讼。	(无)
第20条 人民法院在审理第三人提供的物的担保纠纷案件时,可以适用民法典第六百九十五条第一款、第六百九十六条第一款、第六百九十七条第二款、第六百九十九条、第七百条、第	《民法典》第695条 债权人和债务人未经保证人书面同意,协商变更主债权债务合同内容,减轻债务的,保证人仍对变更后的债务承担保证责任;加重债务的,保证人对加重的部分不承担保证责任。		

《担保制度解释》 （法释〔2020〕28号）	相关法律	相关司法解释	相关司法解释文件
七百零一条、第七百零二条等关于保证合同的规定。	债权人和债务人变更主债权债务合同的履行期限，未经保证人书面同意的，保证期间不受影响。 《民法典》第696条 　债权人转让全部或者部分债权，未通知保证人的，该转让对保证人不发生效力。 　保证人与债权人约定禁止债权转让，债权人未经保证人书面同意转让债权的，保证人对受让人不再承担保证责任。 《民法典》第697条 　债权人未经保证人书面同意，允许债务人转移全部或者部分债务，保证人对未经其同意转移的债务不再承担保证责任，但是债权人和保证人另有约定的除外。 　第三人加入债务的，保证人的保证责任不受影响。 《民法典》第699条 　同一债务有两个以上保证人的，保证人应当按照保证合同约定的保证份额，承担保证责任；没有约定保证份额的，债权人可以请求任何一个保证人在其保证范围内承担保证责任。 《民法典》第700条 　保证人承担保证责任后，除当事人另有约定外，有权在其承担保证责任的范围内向债务人追偿，享有债权人对债务人的权利，但是不得损害债权人的利益。		

《担保制度解释》 （法释〔2020〕28号）	相关法律	相关司法解释	相关司法解释文件
	《民法典》第701条　保证人可以主张债务人对债权人的抗辩。债务人放弃抗辩的，保证人仍有权向债权人主张抗辩。 《民法典》第702条　债务人对债权人享有抵销权或者撤销权的，保证人可以在相应范围内拒绝承担保证责任。	（无）	（无）
第21条　主合同或者担保合同约定了仲裁条款的，人民法院对约定仲裁条款的合同当事人之间的纠纷无管辖权。 　　债权人一并起诉债务人和担保人的，应当根据主合同确定管辖法院。 　　债权人依法可以单独起诉担保人且仅起诉担保人的，应当根据担保合同确定管辖法院。	（无）	《担保法解释》第129条　主合同和担保合同发生纠纷提起诉讼的，应当根据主合同确定案件管辖。担保人承担连带责任的担保合同发生纠纷，债权人向担保人主张权利的，应当由担保人住所地的法院管辖。 　　主合同和担保合同选择管辖的法院不一致的，应当根据主合同确定案件管辖。	（无）
第22条　人民法院受理债务人破产案件后，债权人请求担保人承担担保责任，担保人主张担保债务自人民法院受理破产申请之日起停止计息的，人民法院对担保人的主张应予支持。	《破产法》第46条　未到期的债权，在破产申请受理时视为到期。 　　附利息的债权自破产申请受理时起停止计息。	（无）	（无）
第23条　人民法院受理债务人破产案件，债权人在破产程序中申报债权后又向人民法院提起诉讼，请求担保人承担担保责任的，人民法院依法予以支持。 　　担保人清偿债权人的全部债权后，可以代替债权人在破产程序中受偿；在债权人的债权未获全部清偿前，担保人不得代替债权人在破产程序中	（无）	（无）	（无）

《担保制度解释》 (法释〔2020〕28号)	相关法律	相关司法解释	相关司法解释文件
受偿,但是有权就债权人通过破产分配和实现担保债权等方式获得清偿总额中超出债权的部分,在其承担担保责任的范围内请求债权人返还。 债权人在债务人破产程序中未获全部清偿,请求担保人继续承担担保责任的,人民法院应予支持;担保人承担担保责任后,向和解协议或者重整计划执行完毕后的债务人追偿的,人民法院不予支持。			
第24条 债权人知道或者应当知道债务人破产,既未申报债权也未通知担保人,致使担保人不能预先行使追偿权的,担保人就该债权在破产程序中可能受偿的范围内免除担保责任,但是担保人因自身过错未行使追偿权的除外。	(无)	《担保法解释》第45条 债权人知道或者应当知道债务人破产,既未申报债权也未通知保证人,致使保证人不能预先行使追偿权的,保证人在该债权在破产程序中可能受偿的范围内免除保证责任。	(无)
二、关于保证合同			
第25条 当事人在保证合同中约定了保证人在债务人不能履行债务或者无力偿还债务时才承担保证责任等类似内容,具有债务人应当先承担责任的意思表示的,人民法院应当将其认定为一般保证。 当事人在保证合同中约定了保证人在债务人不履行债务或者未偿还债务时即承担保证责任、无条件承担保证责任等类似内容,不具有债务人应当先承担责任的意思表示的,人民法院应当将其认定为连带责任保证。	(无)	(无)	(无)

《担保制度解释》 (法释〔2020〕28号)	相关法律	相关司法解释	相关司法解释文件
第 26 条 一般保证中,债权人以债务人为被告提起诉讼的,人民法院应当受理。债权人未就主合同纠纷提起诉讼或者申请仲裁,仅起诉一般保证人的,人民法院应当驳回起诉。 一般保证中,债权人一并起诉债务人和保证人的,人民法院可以受理,但是在作出判决时,除有民法典第六百八十七条第二款但书规定的情形外,应当在判决书主文中明确,保证人仅对债务人财产依法强制执行后仍不能履行的部分承担保证责任。 债权人未对债务人的财产申请保全,或者保全的债务人的财产足以清偿债务,债权人申请对一般保证人的财产进行保全的,人民法院不予准许。	《民法典》第 687 条 当事人在保证合同中约定,债务人不能履行债务时,由保证人承担保证责任的,为一般保证。 一般保证的保证人在主合同纠纷未经审判或者仲裁,并就债务人财产依法强制执行仍不能履行债务前,有权拒绝向债权人承担保证责任,但是有下列情形之一的除外: (一)债务人下落不明,且无财产可供执行; (二)人民法院已经受理债务人破产案件; (三)债权人有证据证明债务人的财产不足以履行全部债务或者丧失履行债务能力; (四)保证人书面表示放弃本款规定的权利。	(无)	《民诉法解释》第 66 条 因保证合同纠纷提起的诉讼,债权人向保证人和被保证人一并主张权利的,人民法院应当将保证人和被保证人列为共同被告。保证合同约定为一般保证,债权人仅起诉保证人的,人民法院应当通知被保证人作为共同被告参加诉讼;债权人仅起诉被保证人的,可以只列被保证人为被告。
第 27 条 一般保证的债权人取得对债务人赋予强制执行效力的公证债权文书后,在保证期间内向人民法院申请强制执行,保证人以债权人未在保证期间内对债务人提起诉讼或者申请仲裁为由主张不承担保证责任的,人民法院不予支持。	(无)	(无)	(无)
第 28 条 一般保证中,债权人依据生效法律文书对债务人的财产依法申请强制执行,保证债务诉讼时效的起算时间按照下列规则确定:	《民事诉讼法》第 268 条 有下列情形之一的,人民法院裁定终结执行: (一)申请人撤销申请的;	(无)	(无)

《担保制度解释》 （法释〔2020〕28号）	相关法律	相关司法解释	相关司法解释文件
（一）人民法院作出终结本次执行程序裁定，或者依照民事诉讼法第二百五十七条第三项、第五项的规定作出终结执行裁定的，自裁定送达债权人之日起开始计算； （二）人民法院自收到申请执行书之日起一年内未作出前项裁定的，自人民法院收到申请执行书满一年之日起开始计算，但是保证人有证据证明债务人仍有财产可供执行的除外。 一般保证的债权人在保证期间届满前对债务人提起诉讼或者申请仲裁，债权人举证证明存在民法典第六百八十七条第二款但书规定情形的，保证债务的诉讼时效自债权人知道或者应当知道该情形之日起开始计算。	（二）据以执行的法律文书被撤销的； （三）作为被执行人的公民死亡，无遗产可供执行，又无义务承担人的； （四）追索赡养费、扶养费、抚养费案件的权利人死亡的； （五）作为被执行人的公民因生活困难无力偿还借款，无收入来源，又丧失劳动能力的； （六）人民法院认为应当终结执行的其他情形。		
第29条 同一债务有两个以上保证人，债权人以其已经在保证期间内依法向部分保证人行使权利为由，主张已经在保证期间内向其他保证人行使权利的，人民法院不予支持。 同一债务有两个以上保证人，保证人之间相互有追偿权，债权人未在保证期间内依法向部分保证人行使权利，导致其他保证人在承担保证责任后丧失追偿权，其他保证人主张在其不能追偿的范围内免除保证责任的，人民法院应予支持。	（无）	（无）	（无）

《担保制度解释》(法释〔2020〕28号)	相关法律	相关司法解释	相关司法解释文件
第30条 最高额保证合同对保证期间的计算方式、起算时间等有约定的,按照其约定。 最高额保证合同对保证期间的计算方式、起算时间等没有约定或者约定不明,被担保债权的履行期限均已届满的,保证期间自债权确定之日起开始计算;被担保债权的履行期限尚未届满的,保证期间自最后到期债权的履行期限届满之日起开始计算。 前款所称债权确定之日,依照民法典第四百二十三条的规定认定。	《民法典》第423条 有下列情形之一的,抵押权人的债权确定: (一)约定的债权确定期间届满; (二)没有约定债权确定期间或者约定不明确,抵押权人或者抵押人自最高额抵押权设立之日起满二年后请求确定债权; (三)新的债权不可能发生; (四)抵押权人知道或者应当知道抵押财产被查封、扣押; (五)债务人、抵押人被宣告破产或者解散; (六)法律规定债权确定的其他情形。	《担保法解释》第37条 最高额保证合同对保证期间没有约定或者约定不明的,如最高额保证合同约定有保证人清偿债务期限的,保证期间为清偿期限届满之日起六个月。没有约定债务清偿期限的,保证期间自最高额保证终止之日或自债权人收到保证人终止保证合同的书面通知到达之日起六个月。	(无)
第31条 一般保证的债权人在保证期间内对债务人提起诉讼或者申请仲裁后,又撤回起诉或者仲裁申请,债权人在保证期间届满前未再行提起诉讼或者申请仲裁,保证人主张不再承担保证责任的,人民法院应予支持。 连带责任保证的债权人在保证期间内对保证人提起诉讼或者申请仲裁后,又撤回起诉或者仲裁申请,起诉状副本或者仲裁申请书副本已经送达保证人的,人民法院应当认定债权人已经在保证期间内向保证人行使了权利。	(无)	(无)	(无)
第32条 保证合同约定保证人承担保证责任直至主债务本息还清时为止等类似内容的,视为	(无)	《担保法解释》第32条 保证合同约定的保证期间早于或者等于主债务履行期限的,视为没有	(无)

《担保制度解释》（法释〔2020〕28号）	相关法律	相关司法解释	相关司法解释文件
约定不明,保证期间为主债务履行期限届满之日起六个月。		约定,保证期间为主债务履行期届满之日起六个月。 保证合同约定保证人承担保证责任直至主债务本息还清时为止等类似内容的,视为约定不明,保证期间为主债务履行期届满之日起二年。	
第33条 保证合同无效,债权人未在约定或者法定的保证期间内依法行使权利,保证人主张不承担赔偿责任的,人民法院应予支持。	（无）	（无）	（无）
第34条 人民法院在审理保证合同纠纷案件时,应当将保证期间是否届满、债权人是否在保证期间内依法行使权利等事实作为案件基本事实予以查明。 债权人在保证期间内未依法行使权利的,保证责任消灭。保证责任消灭后,债权人书面通知保证人要求承担保证责任,保证人在通知书上签字、盖章或者按指印,债权人请求保证人继续承担保证责任的,人民法院不予支持,但是债权人有证据证明成立了新的保证合同的除外。	（无）	（无）	（无）
第35条 保证人知道或者应当知道主债权诉讼时效期间届满仍然提供保证或者承担保证责任,又以诉讼时效期间届满为由拒绝承担保证责任或者请求返还财产的,人民法院不予支持;保证人承担保证责任后向债务人追偿的,人民	（无）	《担保法解释》第35条 保证人对已经超过诉讼时效期间的债务承担保证责任或者提供保证的,又以超过诉讼时效为由抗辩的,人民法院不予支持。	（无）

《担保制度解释》(法释〔2020〕28号)	相关法律	相关司法解释	相关司法解释文件
法院不予支持，但是债务人放弃诉讼时效抗辩的除外。			
第36条 第三人向债权人提供差额补足、流动性支持等类似承诺文件作为增信措施，具有提供担保的意思表示，债权人请求第三人承担保证责任的，人民法院应当依照保证的有关规定处理。 第三人向债权人提供的承诺文件，具有加入债务或者与债务人共同承担债务等意思表示的，人民法院应当认定为民法典第五百五十二条规定的债务加入。 前两款中第三人提供的承诺文件难以确定是保证还是债务加入的，人民法院应当将其认定为保证。 第三人向债权人提供的承诺文件不符合前三款规定的情形，债权人请求第三人承担保证责任或者连带责任的，人民法院不予支持，但是不影响其依据承诺文件请求第三人履行约定的义务或者承担相应的民事责任。	《民法典》第552条 第三人与债务人约定加入债务并通知债权人，或者第三人向债权人表示愿意加入债务，债权人未在合理期限内明确拒绝的，债权人可以请求第三人在其愿意承担的债务范围内和债务人承担连带债务。	（无）	（无）
三、关于担保物权			
（一）担保合同与担保物权的效力			
第37条 当事人以所有权、使用权不明或者有争议的财产抵押，经审查构成无权处分的，人民法院应当依照民法典第三百一十一条的规定处理。	《民法典》第311条 无处分权人将不动产或者动产转让给受让人的，所有权人有权追回；除法律另有规定外，符合下列情形的，受让人取得该不动产或者动产的所有权：	（无）	（无）

《担保制度解释》 （法释〔2020〕28号）	相关法律	相关司法解释	相关司法解释文件
当事人以依法被查封或者扣押的财产抵押，抵押权人请求行使抵押权，经审查查封或者扣押措施已经解除的，人民法院应予支持。抵押人以抵押权设立时财产被查封或者扣押为由主张抵押合同无效的，人民法院不予支持。 以依法被监管的财产抵押的，适用前款规定。	（一）受让人受让该不动产或者动产时是善意； （二）以合理的价格转让； （三）转让的不动产或者动产依照法律规定应当登记的已经登记，不需要登记的已经交付给受让人。 受让人依据前款规定取得不动产或者动产的所有权的，原所有权人有权向无处分权人请求损害赔偿。 当事人善意取得其他物权的，参照适用前两款规定。		
第38条 主债权未受全部清偿，担保物权人主张就担保财产的全部行使担保物权的，人民法院应予支持，但是留置权人行使留置权的，应当依照民法典第四百五十条的规定处理。 担保财产被分割或者部分转让，担保物权人主张就分割或者转让后的担保财产行使担保物权的，人民法院应予支持，但是法律或者司法解释另有规定的除外。	《民法典》第450条 留置财产为可分物的，留置财产的价值应当相当于债务的金额。	《担保法解释》第71条 主债权未受全部清偿的，抵押权人可以就抵押物的全部行使其抵押权。 抵押物被分割或者部分转让的，抵押权人可以就分割或者转让后的抵押物行使抵押权。	（无）
第39条 主债权被分割或者部分转让，各债权人主张就其享有的债权份额行使担保物权的，人民法院应予支持，但是法律另有规定或者当事人另有约定的除外。 主债务被分割或者部分转移，债务人自己提供物的担保，债权人请求以该担保财产担保全部债务履行的，人民法院应予	（无）	《担保法解释》第72条 主债权被分割或者部分转让的，各债权人可以就其享有的债权份额行使抵押权。 主债务被分割或者部分转让的，抵押人仍以其抵押物担保数个债务人履行债务。但是，第三人提供抵押的，债权人许可债务人转让债务未经抵押人书面同意的，抵押人	（无）

《担保制度解释》 (法释〔2020〕28号)	相关法律	相关司法解释	相关司法解释文件
支持;第三人提供物的担保,主张对未经其书面同意转移的债务不再承担担保责任的,人民法院应予支持。		对未经其同意转让的债务,不再承担担保责任。	
第40条 从物产生于抵押权依法设立前,抵押权人主张抵押权的效力及于从物的,人民法院应予支持,但是当事人另有约定的除外。 从物产生于抵押权依法设立后,抵押权人主张抵押权的效力及于从物的,人民法院不予支持,但是在抵押权实现时可以一并处分。	(无)	《担保法解释》第63条 抵押权设定前为抵押物的从物的,抵押权的效力及于抵押物的从物。但是,抵押物与其从物为两个以上的人分别所有时,抵押权的效力不及于抵押物的从物。	(无)
第41条 抵押权依法设立后,抵押财产被添附,添附物归第三人所有,抵押权人主张抵押权效力及于补偿金的,人民法院应予支持。 抵押权依法设立后,抵押财产被添附,抵押人对添附物享有所有权,抵押权人主张抵押权的效力及于添附物的,人民法院应予支持,但是添附导致抵押财产价值增加的,抵押权的效力不及于增加的价值部分。 抵押权依法设立后,抵押人与第三人因添附成为添附物的共有人,抵押权人主张抵押权的效力及于抵押人对共有物享有的份额的,人民法院予以支持。 本条所称添附,包括附合、混合与加工。	(无)	《担保法解释》第62条 抵押物因附合、混合或者加工使抵押物的所有权为第三人所有的,抵押权的效力及于补偿金;抵押物所有人为附合物、混合物或者加工物的所有人的,抵押权的效力及于附合物、混合物或者加工物;第三人与抵押物所有人为附合物、混合物或者加工物的共有人的,抵押权的效力及于抵押人对共有物享有的份额。	(无)
第42条 抵押权依法设立后,抵押财产毁损、灭失或者被征收等,抵押	(无)	《担保法解释》第80条 在抵押物灭失、毁损或者被征用的情况下,抵押	(无)

《担保制度解释》 （法释〔2020〕28号）	相关法律	相关司法解释	相关司法解释文件
权人请求按照原抵押权的顺位就保险金、赔偿金或者补偿金等优先受偿的，人民法院应予支持。 给付义务人已经向抵押人给付了保险金、赔偿金或者补偿金，抵押权人请求给付义务人向其给付保险金、赔偿金或者补偿金的，人民法院不予支持，但是给付义务人接到抵押权人要求向其给付的通知后仍然向抵押人给付的除外。 抵押权人请求给付义务人向其给付保险金、赔偿金或者补偿金的，人民法院可以通知抵押人作为第三人参加诉讼。		权人可以就该抵押物的保险金、赔偿金或者补偿金优先受偿。 抵押物灭失、毁损或者被征用的情况下，抵押权所担保的债权未届清偿期的，抵押权人可以请求人民法院对保险金、赔偿金或补偿金等采取保全措施。	
第43条 当事人约定禁止或者限制转让抵押财产但是未将约定登记，抵押人违反约定转让抵押财产，抵押权人请求确认转让合同无效的，人民法院不予支持；抵押财产已经交付或者登记，抵押权人请求确认转让不发生物权效力的，人民法院不予支持，但是抵押权人有证据证明受让人知道的除外；抵押权人请求抵押人承担违约责任的，人民法院依法予以支持。 当事人约定禁止或者限制转让抵押财产且已经将约定登记，抵押人违反约定转让抵押财产，抵押权人请求确认转让合同无效的，人民法院不予支持；抵押财产已经交付或者登记，抵押权人主张转让不发生物权效力的，人民法院应予支持，	（无）	（无）	（无）

《担保制度解释》 （法释〔2020〕28号）	相关法律	相关司法解释	相关司法解释文件
但是因受让人代替债务人清偿债务导致抵押权消灭的除外。			
第44条 主债权诉讼时效期间届满后，抵押人主张行使抵押权的，人民法院不予支持；抵押人以主债权诉讼时效期间届满为由，主张不承担担保责任的，人民法院应予支持。主债权诉讼时效期间届满前，债权人仅对债务人提起诉讼，经人民法院判决或者调解后未在民事诉讼法规定的申请执行时效期间内对债务人申请强制执行，其向抵押人主张行使抵押权的，人民法院不予支持。 主债权诉讼时效期间届满后，财产被留置的债务人或者对留置财产享有所有权的第三人请求债权人返还留置财产的，人民法院不予支持；债务人或者第三人请求拍卖、变卖留置财产并以所得价款清偿债务的，人民法院应予支持。 主债权诉讼时效期间届满的法律后果，以登记作为公示方式的权利质权，参照适用第一款的规定；动产质权、以交付权利凭证作为公示方式的权利质权，参照适用第二款的规定。	《物权法》第202条 抵押权人应当在主债权诉讼时效期间行使抵押权；未行使的，人民法院不予保护。	《担保法解释》第12条 当事人约定的或者登记部门要求登记的担保期间，对担保物权的存续不具有法律约束力。 担保物权所担保的债权的诉讼时效结束后，担保人在诉讼时效结束后的二年内行使担保物权的，人民法院应当予以支持。	《九民纪要》第59条 【主债权诉讼时效届满的法律后果】抵押权人应当在主债权的诉讼时效期间内行使抵押权。抵押权人在主债权诉讼时效届满前未行使抵押权，抵押人在主债权诉讼时效届满后请求涂销抵押权登记的，人民法院依法予以支持。 以登记作为公示方法的权利质权，参照适用前款规定。
第45条 当事人约定当债务人不履行到期债务或者发生当事人约定的实现担保物权的情形，担保物权人有权将担保财产自行拍卖、变卖并就所得的价款优先受偿	（无）	（无）	（无）

《担保制度解释》（法释〔2020〕28号）	相关法律	相关司法解释	相关司法解释文件
的,该约定有效。因担保人的原因导致担保物权人无法自行对担保财产进行拍卖、变卖,担保物权人请求担保人承担因此增加的费用的,人民法院应予支持。 当事人依照民事诉讼法有关"实现担保物权案件"的规定,申请拍卖、变卖担保财产,被申请人以担保合同约定仲裁条款为由主张驳回申请的,人民法院经审查后,应当按照以下情形分别处理： （一）当事人对担保物权无实质性争议且实现担保物权条件已经成就的,应当裁定准许拍卖、变卖担保财产； （二）当事人对实现担保物权有部分实质性争议的,可以就无争议的部分裁定准许拍卖、变卖担保财产,并告知可以就有争议的部分申请仲裁； （三）当事人对实现担保物权有实质性争议的,裁定驳回申请,并告知可以向仲裁机构申请仲裁。 债权人以诉讼方式行使担保物权的,应当以债务人和担保人作为共同被告。			
（二）不动产抵押			
第46条 不动产抵押合同生效后未办理抵押登记手续,债权人请求抵押人办理抵押登记手续的,人民法院应予支持。 抵押财产因不可归责于抵押人自身的原因灭失或者被征收等导致不	（无）	（无）	《九民纪要》第60条【未办理登记的不动产抵押合同的效力】不动产抵押合同依法成立,但未办理抵押登记手续,债权人请求抵押人办理抵押登记手续的,人民法院依法予以

《担保制度解释》（法释〔2020〕28号）	相关法律	相关司法解释	相关司法解释文件
能办理抵押登记,债权人请求抵押人在约定的担保范围内承担责任的,人民法院不予支持;但是抵押人已经获得保险金、赔偿金或者补偿金等,债权人请求抵押人在其所获金额范围内承担赔偿责任的,人民法院依法予以支持。 因抵押人转让抵押财产或者其他可归责于抵押人自身的原因导致不能办理抵押登记,债权人请求抵押人在约定的担保范围内承担责任的,人民法院依法予以支持,但是不得超过抵押权能够设立时抵押人应当承担的责任范围。			支持。因抵押物灭失以及抵押物转让他人等原因不能办理抵押登记,债权人请求抵押人以抵押物的价值为限承担责任的,人民法院依法予以支持,但其范围不得超过抵押权有效设立时抵押人所应当承担的责任。
第47条 不动产登记簿就抵押财产、被担保的债权范围等所作的记载与抵押合同约定不一致的,人民法院应当根据登记簿的记载确定抵押财产、被担保的债权范围等事项。	（无）	《担保法解释》第61条 抵押物登记记载的内容与抵押合同约定的内容不一致的,以抵押物登记记载的内容为准。	《九民纪要》第58条 【担保债权的范围】以登记作为公示方式的不动产担保物权的担保范围,一般应当以登记的范围为准。但是,我国目前不动产担保物权登记,不同地区的系统设置及登记规则并不一致,人民法院在审理案件时应当充分注意制度设计上的差别,作出符合实际的判断:一是多数省区市的登记系统未设置"担保范围"栏目,仅有"被担保主债权数额(最高债权数额)"的表述,且只能填写固定数字。而当事人在合同中又往往约定担保物权的担保范围包括主债权及其利息、违约金等附属债权,致使合同约定的担保范围与登记不一

《担保制度解释》（法释〔2020〕28号）	相关法律	相关司法解释	相关司法解释文件
			致。显然,这种不一致是由于该地区登记系统设置及登记规则造成的该地区的普遍现象。人民法院以合同约定认定担保物权的担保范围,是符合实际的妥当选择。二是一些省区市不动产登记系统设置与登记规则比较规范,担保物权登记范围与合同约定一致在该地区是常态或者普遍现象,人民法院在审理案件时,应当以登记的担保范围为准。
第48条 当事人申请办理抵押登记手续时,因登记机构的过错致使其不能办理抵押登记,当事人请求登记机构承担赔偿责任的,人民法院依法予以支持。	（无）	（无）	（无）
第49条 以违法的建筑物抵押的,抵押合同无效,但是一审法庭辩论终结前已经办理合法手续的除外。抵押合同无效的法律后果,依照本解释第十七条的有关规定处理。 当事人以建设用地使用权依法设立抵押,抵押人以土地上存在违法的建筑物为由主张抵押合同无效的,人民法院不予支持。	（无）	《担保法解释》第48条 以法定程序确认为违法、违章的建筑物抵押的,抵押无效。	（无）
第50条 抵押人以划拨建设用地上的建筑物抵押,当事人以该建设用地使用权不能抵押或者未办理批准手续为由主张抵押合同无效或者不	《担保法》第56条 拍卖划拨的国有土地使用权所得的价款,在依法缴纳相当于应缴纳的土地使用权出让金的款额后,抵押权人有优先受偿权。	（无）	（无）

《担保制度解释》 (法释〔2020〕28号)	相关法律	相关司法解释	相关司法解释文件
生效的,人民法院不予支持。抵押权依法实现时,拍卖、变卖建筑物所得的价款,应当优先用于补缴建设用地使用权出让金。 当事人以划拨方式取得的建设用地使用权抵押,抵押人以未办理批准手续为由主张抵押合同无效或者不生效的,人民法院不予支持。已经依法办理抵押登记,抵押权人主张行使抵押权的,人民法院应予支持。抵押权依法实现时所得的价款,参照前款有关规定处理。			
第51条 当事人仅以建设用地使用权抵押,债权人主张抵押权的效力及于土地上已有的建筑物以及正在建造的建筑物已完成部分的,人民法院应予支持。债权人主张抵押权的效力及于正在建造的建筑物的续建部分以及新增建筑物的,人民法院不予支持。 当事人以正在建造的建筑物抵押,抵押权的效力范围限于已办理抵押登记的部分。当事人按照担保合同的约定,主张抵押权的效力及于续建部分、新增建筑物以及规划中尚未建造的建筑物的,人民法院不予支持。 抵押人将建设用地使用权、土地上的建筑物或者正在建造的建筑物分别抵押给不同债权人的,人民法院应当根据抵押登记的时间先后确定清偿顺序。	(无)	(无)	《九民纪要》第61条【房地分别抵押】根据《物权法》第182条之规定,仅以建筑物设定抵押的,抵押权的效力及于占用范围内的土地;仅以建设用地使用权抵押的,抵押权的效力亦及于其上的建筑物。在房地分别抵押,即建设用地使用权抵押给一个债权人,而其上的建筑物又抵押给另一个人的情况下,可能产生两个抵押权的冲突问题。基于"房地一体"规则,此时应当将建筑物和建设用地使用权视为同一财产,从而依照《物权法》第199条的规定确定清偿顺序:登记在先的先清偿;同时登记的,按照债权比例清偿。同一天登记的,视为同时登记。应予注意的是,根据《物权法》第200

《担保制度解释》 (法释〔2020〕28号)	相关法律	相关司法解释	相关司法解释文件
			条的规定,建设用地使用权抵押后,该土地上新增的建筑物不属于抵押财产。
第52条 当事人办理抵押预告登记后,预告登记权利人请求就抵押财产优先受偿,经审查存在尚未办理建筑物所有权首次登记、预告登记的财产与办理建筑物所有权首次登记时的财产不一致、抵押预告登记已经失效等情形,导致不具备办理抵押登记条件的,人民法院不予支持;经审查已经办理建筑物所有权首次登记,且不存在预告登记失效等情形的,人民法院应予支持,并应当认定抵押权自预告登记之日起设立。 　　当事人办理了抵押预告登记,抵押人破产,经审查抵押财产属于破产财产,预告登记权利人主张就抵押财产优先受偿的,人民法院应当在受理破产申请时抵押财产的价值范围内予以支持,但是在人民法院受理破产申请前一年内,债务人对没有财产担保的债务设立抵押预告登记的除外。	(无)	(无)	(无)
(三)动产与权利担保			
第53条 当事人在动产和权利担保合同中对担保财产进行概括描述,该描述能够合理识别担保财产的,人民法院应当认定担保成立。	(无)	《担保法解释》第56条 　　抵押合同对被担保的主债权种类、抵押财产没有约定或者约定不明,根据主合同和抵押合同不能补正或者无法推定的,抵押不成立。 　　法律规定登记生效的抵押合同签订后,抵押人	(无)

《担保制度解释》（法释〔2020〕28号）	相关法律	相关司法解释	相关司法解释文件
		违背诚实信用原则拒绝办理抵押登记致使债权人受到损失的，抵押人应当承担赔偿责任。	
第54条　动产抵押合同订立后未办理抵押登记，动产抵押权的效力按照下列情形分别处理： （一）抵押人转让抵押财产，受让人占有抵押财产后，抵押权人向受让人请求行使抵押权的，人民法院不予支持，但是抵押权人能够举证证明受让人知道或者应当知道已经订立抵押合同的除外； （二）抵押人将抵押财产出租给他人并移转占有，抵押权人行使抵押权的，租赁关系不受影响，但是抵押权人能够举证证明承租人知道或者应当知道已经订立抵押合同的除外； （三）抵押人的其他债权人向人民法院申请保全或者执行抵押财产，人民法院已经作出财产保全裁定或者采取执行措施，抵押权人主张对抵押财产优先受偿的，人民法院不予支持； （四）抵押人破产，抵押权人主张对抵押财产优先受偿的，人民法院不予支持。	（无）	（无）	（无）
第55条　债权人、出质人与监管人订立三方协议，出质人以通过一定数量、品种等概括描述能够确定范围的货物为债务的履行提供担保，当事人有证据证明监管人系受债权人的委托监管并	（无）	（无）	《九民纪要》第63条【流动质押的设立与监管人的责任】在流动质押中，经常由债权人、出质人与监管人订立三方监管协议，此时应当查明监管人究竟是受债权人的委托还是受

《担保制度解释》 （法释〔2020〕28号）	相关法律	相关司法解释	相关司法解释文件
实际控制该货物的，人民法院应当认定质权于监管人实际控制货物之日起设立。监管人违反约定向出质人或者其他人放货、因保管不善导致货物毁损灭失，债权人请求监管人承担违约责任的，人民法院依法予以支持。 在前款规定情形下，当事人有证据证明监管人系受出质人委托监管该货物，或者虽然受债权人委托但是未实际履行监管职责，导致货物仍由出质人实际控制的，人民法院应当认定质权未设立。债权人可以基于质押合同的约定请求出质人承担违约责任，但是不得超过质权有效设立时出质人应当承担的责任范围。监管人未履行监管职责，债权人请求监管人承担责任的，人民法院依法予以支持。			出质人的委托监管质物，确定质物是否已经交付债权人，从而判断质权是否有效设立。如果监管人系受债权人的委托监管质物，则其是债权人的直接占有人，应当认定完成了质物交付，质权有效设立。监管人违反监管协议约定，违规向出质人放货、因保管不善导致质物毁损灭失，债权人请求监管人承担违约责任的，人民法院依法予以支持。 如果监管人系受出质人委托监管质物，表明质物并未交付债权人，应当认定质权未有效设立。尽管监管协议约定监管人系受债权人的委托监管质物，但有证据证明其并未履行监管职责，质物实际上仍由出质人管领控制的，也应当认定质物并未实际交付，质权未有效设立。此时，债权人可以基于质押合同的约定请求质押人承担违约责任，但其范围不得超过质权有效设立时质押人所应当承担的责任。监管人未履行监管职责的，债权人也可以请求监管人承担违约责任。
第56条 买受人在出卖人正常经营活动中通过支付合理对价取得已被设立担保物权的动产，担保物权人请求就该动产优先受偿的，人民法院不予支持，但是有下列	《民法典》第404条 以动产抵押的，不得对抗正常经营活动中已经支付合理价款并取得抵押财产的买受人。	（无）	（无）

《担保制度解释》 （法释〔2020〕28号）	相关法律	相关司法解释	相关司法解释文件
情形之一的除外： （一）购买商品的数量明显超过一般买受人； （二）购买出卖人的生产设备； （三）订立买卖合同的目的在于担保出卖人或者第三人履行债务； （四）买受人与出卖人存在直接或者间接的控制关系； （五）买受人应当查询抵押登记而未查询的其他情形。 前款所称出卖人正常经营活动，是指出卖人的经营活动属于其营业执照明确记载的经营范围，且出卖人持续销售同类商品。前款所称担保物权人，是指已经办理登记的抵押权人、所有权保留买卖的出卖人、融资租赁合同的出租人。			
第57条 担保人在设立动产浮动抵押并办理抵押登记后又购入或者以融资租赁方式承租新的动产，下列权利人为担保价款债权或者租金的实现而订立担保合同，并在该动产交付后十日内办理登记，主张其权利优先于在先设立的浮动抵押权的，人民法院应予支持： （一）在该动产上设立抵押权或者保留所有权的出卖人； （二）为价款支付提供融资而在该动产上设立抵押权的债权人； （三）以融资租赁方式出租该动产的出租人。	《民法典》第416条 动产抵押担保的主债权是抵押物的价款，标的物交付后十日内办理抵押登记的，该抵押权人优先于抵押物买受人的其他担保物权人受偿，但是留置权人除外。	（无）	（无）

《担保制度解释》（法释[2020]28号）	相关法律	相关司法解释	相关司法解释文件
买受人取得动产但未付清价款或者承租人以融资租赁方式占有租赁物但是未付清全部租金，又以标的物为他人设立担保物权，前款所列权利人为担保价款债权或者租金的实现而订立担保合同，并在该动产交付后十日内办理登记，主张其权利优先于买受人为他人设立的担保物权的，人民法院应予支持。 同一动产上存在多个价款优先权的，人民法院应当按照登记的时间先后确定清偿顺序。			
第58条 以汇票出质，当事人以背书记载"质押"字样并在汇票上签章，汇票已经交付质权人的，人民法院应当认定质权自汇票交付质权人时设立。	《民法典》第441条 以汇票、本票、支票、债券、存款单、仓单、提单出质的，质权自权利凭证交付质权人时设立；没有权利凭证的，质权自办理出质登记时设立。法律另有规定的，依照其规定。 《票据法》第35条 背书记载"委托收款"字样的，被背书人有权代背书人行使被委托的汇票权利。但是，被背书人不得再以背书转让汇票权利。 汇票可以设定质押；质押时应当以背书记载"质押"字样。被背书人依法实现其质权时，可以行使汇票权利。	《担保法解释》第98条 以汇票、支票、本票出质，出质人与质权人没有背书记载"质押"字样，以票据出质对抗善意第三人的，人民法院不予支持。	（无）
第59条 存货人或者仓单持有人在仓单上以背书记载"质押"字样，并经保管人签章，仓单已经交付质权人的，人民法院应当认定质权自仓单交付质权人时设立。没有权利凭证的仓单，依法可	（无）	（无）	（无）

《担保制度解释》 (法释〔2020〕28号)	相关法律	相关司法解释	相关司法解释文件
以办理出质登记的,仓单质权自办理出质登记时设立。 出质人既以仓单出质,又以仓储物设立担保,按照公示的先后确定清偿顺序;难以确定先后的,按照债权比例清偿。 保管人为同一货物签发多份仓单,出质人在多份仓单上设立多个质权,按照公示的先后确定清偿顺序;难以确定先后的,按照债权比例受偿。 存在第二款、第三款规定的情形,债权人举证证明其损失系由出质人与保管人的共同行为所致,请求出质人与保管人承担连带赔偿责任的,人民法院应予支持。			
第60条 在跟单信用证交易中,开证行与开证申请人之间约定以提单作为担保的,人民法院应当依照民法典关于质权的有关规定处理。 在跟单信用证交易中,开证行依据其与开证申请人之间的约定或者跟单信用证的惯例持有提单,开证申请人未按照约定付款赎单,开证行主张对提单项下货物优先受偿的,人民法院应予支持;开证行主张对提单项下货物享有所有权的,人民法院不予支持。 在跟单信用证交易中,开证行依据其与开证申请人之间的约定或者跟单信用证的惯例,通过转让提单或者提单项下货物取得价款,开证申请人请求返还超出债权部	(无)	(无)	(无)

《担保制度解释》（法释〔2020〕28号）	相关法律	相关司法解释	相关司法解释文件
分的，人民法院应予支持。 前三款规定不影响合法持有提单的开证行以提单持有人身份主张运输合同项下的权利。			
第61条 以现有的应收账款出质，应收账款债务人向质权人确认应收账款的真实性后，又以应收账款不存在或者已经消灭为由主张不承担责任的，人民法院不予支持。 以现有的应收账款出质，应收账款债务人未确认应收账款的真实性，质权人以应收账款债务人为被告，请求就应收账款优先受偿，能够举证证明办理出质登记时应收账款真实存在的，人民法院应予支持；质权人不能举证证明办理出质登记时应收账款真实存在，仅以已经办理出质登记为由，请求就应收账款优先受偿的，人民法院不予支持。 以现有的应收账款出质，应收账款债务人已经向应收账款债权人履行了债务，质权人请求应收账款债务人履行债务的，人民法院不予支持，但是应收账款债务人接到质权人要求向其履行的通知后，仍然向应收账款债权人履行的除外。 以基础设施和公用事业项目收益权、提供服务或者劳务产生的债权以及其他将有的应收账款出质，当事人为应收账款设立特定账户，发生法定	（无）	（无）	（无）

《担保制度解释》（法释〔2020〕28号）	相关法律	相关司法解释	相关司法解释文件
或者约定的质权实现事时,质权人请求就该特定账户内的款项优先受偿的,人民法院应予支持;特定账户内的款项不足以清偿债务或者未设立特定账户,质权人请求折价或者拍卖、变卖项目收益权等将有的应收账款,并以所得的价款优先受偿的,人民法院依法予以支持。			
第62条 债务人不履行到期债务,债权人因同一法律关系留置合法占有的第三人的动产,并主张就该留置财产优先受偿的,人民法院应予支持。第三人以该留置财产并非债务人的财产为由请求返还的,人民法院不予支持。 企业之间留置的动产与债权并非同一法律关系,债务人以该债权不属于企业持续经营中发生的债权为由请求债权人返还留置财产的,人民法院应予支持。 企业之间留置的动产与债权并非同一法律关系,债权人留置第三人的财产,第三人请求债权人返还留置财产的,人民法院应予支持。	《民法典》第447条第1款 债务人不履行到期债务,债权人可以留置已经合法占有的债务人的动产,并有权就该动产优先受偿。 《民法典》第448条 债权人留置的动产,应当与债权属于同一法律关系,但是企业之间留置的除外。	（无）	（无）
四、关于非典型担保			
第63条 债权人与担保人订立担保合同,约定以法律、行政法规尚未规定可以担保的财产权利设立担保,当事人主张合同无效的,人民法院不予支持。当事人未在法定的登记机构依法进行登	（无）	（无）	《九民纪要》第66条【担保关系的认定】当事人订立的具有担保功能的合同,不存在法定无效情形的,应当认定有效。虽然合同约定的权利义务关系不属于物权法规定的典

《担保制度解释》 (法释〔2020〕28号)	相关法律	相关司法解释	相关司法解释文件
记,主张该担保具有物权效力的,人民法院不予支持。			型担保类型,但是其担保功能应予肯定。 《九民纪要》第67条【约定担保物权的效力】债权人与担保人订立担保合同,约定以法律、行政法规未禁止抵押或者质押的财产设定以登记作为公示方法的担保,因无法定的登记机构而未能进行登记的,不具有物权效力。当事人请求按照担保合同的约定就该财产折价、变卖或者拍卖所得价款等方式清偿债务的,人民法院依法予以支持,但对其他权利人不具有对抗效力和优先性。
第64条 在所有权保留买卖中,出卖人依法有权取回标的物,但是与买受人协商不成,当事人请求参照民事诉讼法"实现担保物权案件"的有关规定,拍卖、变卖标的物的,人民法院应予准许。 出卖人请求取回标的物,符合民法典第六百四十二条规定的,人民法院应予支持;买受人以抗辩或者反诉的方式主张拍卖、变卖标的物,并在扣除买受人未支付的价款以及必要费用后返还剩余款项的,人民法院应当一并处理。	《民法典》第642条 当事人约定出卖人保留合同标的物的所有权,在标的物所有权转移前,买受人有下列情形之一,造成出卖人损害的,除当事人另有约定外,出卖人有权取回标的物: (一)未按照约定支付价款,经催告后在合理期限内仍未支付; (二)未按照约定完成特定条件; (三)将标的物出卖、出质或者作出其他不当处分。 出卖人可以与买受人协商取回标的物;协商不成的,可以参照适用担保物权的实现程序。	(无)	(无)

《担保制度解释》 (法释〔2020〕28号)	相关法律	相关司法解释	相关司法解释文件
第65条 在融资租赁合同中,承租人未按照约定支付租金,经催告后在合理期限内仍不支付,出租人请求承租人支付全部剩余租金,并以拍卖、变卖租赁物所得的价款受偿的,人民法院应予支持;当事人请求参照民事诉讼法"实现担保物权案件"的有关规定,以拍卖、变卖租赁物所得价款支付租金的,人民法院应予准许。 出租人请求解除融资租赁合同并收回租赁物,承租人以抗辩或者反诉的方式主张返还租赁物价值超过欠付租金以及其他费用的,人民法院应当一并处理。当事人对租赁物的价值有争议的,应当按照下列规则确定租赁物的价值: (一)融资租赁合同有约定的,按照其约定; (二)融资租赁合同未约定或者约定不明的,根据约定的租赁物折旧以及合同到期后租赁物的残值来确定; (三)根据前两项规定的方法仍然难以确定,或者当事人认为根据前两项规定的方法确定的价值严重偏离租赁物实际价值的,根据当事人的申请委托有资质的机构评估。	《融资租赁合同解释》 第11条 出租人依照本解释第五条的规定请求解除融资租赁合同,同时请求收回租赁物并赔偿损失的,人民法院应予支持。 前款规定的损失赔偿范围为承租人全部未付租金及其他费用与收回租赁物价值的差额。合同约定租赁期间届满后租赁物归出租人所有的,损失赔偿范围还应包括融资租赁合同到期后租赁物的残值。 《融资租赁合同解释》 第12条 诉讼期间承租人与出租人对租赁物的价值有争议的,人民法院可以按照融资租赁合同的约定确定租赁物价值;融资租赁合同未约定或者约定不明的,可以参照融资租赁合同约定的租赁物折旧以及合同到期后租赁物的残值确定租赁物价值。 承租人或者出租人认为依前款确定的价值严重偏离租赁物实际价值的,可以请求人民法院委托有资质的机构评估或者拍卖确定。	(无)	(无)

《担保制度解释》（法释〔2020〕28号）	相关法律	相关司法解释	相关司法解释文件
第66条 同一应收账款同时存在保理、应收账款质押和债权转让，当事人主张参照民法典第七百六十八条的规定确定优先顺序的，人民法院应予支持。 在有追索权的保理中，保理人以应收账款债权人或者应收账款债务人为被告提起诉讼，人民法院应予受理；保理人一并起诉应收账款债权人和应收账款债务人的，人民法院可以受理。 应收账款债权人向保理人返还保理融资款本息或者回购应收账款债权后，请求应收账款债务人向其履行应收账款债务的，人民法院应予支持。	**《民法典》第768条**　应收账款债权人就同一应收账款订立多个保理合同，致使多个保理人主张权利的，已经登记的先于未登记的取得应收账款；均已经登记的，按照登记时间的先后顺序取得应收账款；均未登记的，由最先到达应收账款债务人的转让通知中载明的保理人取得应收账款；既未登记也未通知的，按照保理融资款或者服务报酬的比例取得应收账款。	（无）	（无）
第67条 在所有权保留买卖、融资租赁等合同中，出卖人、出租人的所有权未经登记不得对抗的"善意第三人"的范围及其效力，参照本解释第五十四条的规定处理。	（无）	（无）	（无）
第68条 债务人或者第三人与债权人约定将财产形式上转移至债权人名下，债务人不履行到期债务，债权人有权对财产折价或者以拍卖、变卖该财产所得价款偿还债务的，人民法院应当认定该约定有效。当事人已经完成财产权利变动的公示，债务人不履行到期债务，债权人请求参照民法典关于担保物权的有关规定就该财产优先受偿的，人民法院应予支持。			

《担保制度解释》（法释〔2020〕28号）	相关法律	相关司法解释	相关司法解释文件
债务人或者第三人与债权人约定将财产形式上转移至债权人名下，债务人不履行到期债务，财产归债权人所有的，人民法院应当认定该约定无效，但是不影响当事人有关提供担保的意思表示的效力。当事人已经完成财产权利变动的公示，债务人不履行到期债务，债权人请求对该财产享有所有权的，人民法院不予支持；债权人请求参照民法典关于担保物权的规定对财产折价或者以拍卖、变卖该财产所得的价款优先受偿的，人民法院应予支持；债务人履行债务后请求返还财产，或者请求对财产折价或者以拍卖、变卖所得的价款清偿债务的，人民法院应予支持。 债务人与债权人约定将财产转移至债权人名下，在一定期间后再由债务人或者其指定的第三人以交易本金加上溢价款回购，债务人到期不履行回购义务，财产归债权人所有的，人民法院应当参照第二款规定处理。回购对象自始不存在的，人民法院应当依照民法典第一百四十六条第二款的规定，按照其实际构成的法律关系处理。	《民法典》第146条 行为人与相对人以虚假的意思表示实施的民事法律行为无效。以虚假的意思表示隐藏的民事法律行为的效力，依照有关法律规定处理。	（无）	《九民纪要》第71条【让与担保】债务人或者第三人与债权人订立合同，约定将财产形式上转让至债权人名下，债务人到期清偿债务，债权人将该财产返还给债务人或第三人，债务人到期没有清偿债务，债权人可以对财产拍卖、变卖、折价偿还债权的，人民法院应当认定合同有效。合同如果约定债务人到期没有清偿债务，财产归债权人所有的，人民法院应当认定该部分约定无效，但不影响合同其他部分的效力。 当事人根据上述合同约定，已经完成财产权利变动的公示方式转让至债权人名下，债务人到期没有清偿债务，债权人请求确认财产归其所有的，人民法院不予支持，但债权人请求参照法律关于担保物权的规定对财产拍卖、变卖、折价优先偿还其债权的，人民法院依法予以支持。债务人因到期没有清偿债务，请求对该财产拍卖、变卖、折价偿还所欠债权人合同项下债务的，人民法院亦应依法予以支持。
第69条 股东以将其股权转移至债权人名下的方式为债务履行提供担保，公司或者公司的债权人以股东未履行或者未全面履行出资义务、抽			

《担保制度解释》 （法释〔2020〕28号）	相关法律	相关司法解释	相关司法解释文件
逃出资等为由，请求作为名义股东的债权人与股东承担连带责任的，人民法院不予支持。	（无）	（无）	（无）
第70条 债务人或者第三人为担保债务的履行，设立专门的保证金账户并由债权人实际控制，或者将其资金存入债权人设立的保证金账户，债权人主张就账户内的款项优先受偿的，人民法院应予支持。当事人以保证金账户内的款项浮动为由，主张实际控制该账户的债权人对账户内的款项不享有优先受偿权的，人民法院不予支持。 在银行账户下设立的保证金分户，参照前款规定处理。 当事人约定的保证金并非为担保债务的履行设立，或者不符合前两款规定的情形，债权人主张就保证金优先受偿的，人民法院不予支持，但是不影响当事人依照法律的规定或者按照当事人的约定主张权利。	（无）	（无）	（无）
五、附则			
第71条 本解释自2021年1月1日起施行。	（无）	（无）	（无）

四、《合同编通则解释》关联对照表

最高人民法院关于适用《中华人民共和国民法典》合同编通则若干问题的解释	最高人民法院关于适用《中华人民共和国合同法》若干问题的解释（一） 最高人民法院关于适用《中华人民共和国合同法》若干问题的解释（二）	最高人民法院关于印发《全国法院民商事审判工作会议纪要》的通知
为正确审理合同纠纷案件以及非因合同产生的债权债务关系纠纷案件，依法保护当事人的合法权益，根据《中华人民共和国民法典》《中华人民共和国民事诉讼法》等相关法律规定，结合审判实践，制定本解释。	《合同法解释（一）》为了正确审理合同纠纷案件，根据《中华人民共和国合同法》（以下简称合同法）的规定，对人民法院适用合同法的有关问题作出如下解释： 《合同法解释（二）》为了正确审理合同纠纷案件，根据《中华人民共和国合同法》的规定，对人民法院适用合同法的有关问题作出如下解释：	
一、一般规定		
第1条 人民法院依据民法典第一百四十二条第一款、第四百六十六条第一款的规定解释合同条款时，应当以词句的通常含义为基础，结合相关条款、合同的性质和目的、习惯以及诚信原则，参考缔约背景、磋商过程、履行行为等因素确定争议条款的含义。 有证据证明当事人之间对合同条款有不同于词句的通常含义的其他共同理解，一方主张按照词句的通常含义理解合同条款的，人民法院不予支持。 对合同条款有两种以上解释，可能影响该条款效力的，人民法院应当选择有利于该条款有效的解释；属于无偿合同的，应当选择对债务人负担较轻的解释。		

最高人民法院关于适用《中华人民共和国民法典》合同编通则若干问题的解释	最高人民法院关于适用《中华人民共和国合同法》若干问题的解释(一)	最高人民法院关于印发《全国法院民商事审判工作会议纪要》的通知
	最高人民法院关于适用《中华人民共和国合同法》若干问题的解释(二)	
第2条 下列情形,不违反法律、行政法规的强制性规定且不违背公序良俗的,人民法院可以认定为民法典所称的"交易习惯": (一)当事人之间在交易活动中的惯常做法; (二)在交易行为当地或者某一领域、某一行业通常采用并为交易对方订立合同时所知道或者应当知道的做法。 对于交易习惯,由提出主张的当事人一方承担举证责任。	《合同法解释(二)》第7条 下列情形,不违反法律、行政法规强制性规定的,人民法院可以认定为合同法所称"交易习惯": (一)在交易行为当地或者某一领域、某一行业通常采用并为交易对方订立合同时所知道或者应当知道的做法; (二)当事人双方经常使用的习惯做法。 对于交易习惯,由提出主张的一方当事人承担举证责任。	
二、合同的订立		
第3条 当事人对合同是否成立存在争议,人民法院能够确定当事人姓名或者名称、标的和数量的,一般应当认定合同成立。但是,法律另有规定或者当事人另有约定的除外。 根据前款规定能够认定合同已经成立的,对合同欠缺的内容,人民法院应当依据民法典第五百一十条、第五百一十一条等规定予以确定。 当事人主张合同无效或者请求撤销、解除合同等,人民法院认为合同不成立的,应当依据《最高人民法院关于民事诉讼证据的若干规定》第五十三条的规定将合同是否成立作为焦点问题进行审理,并可以根据案件的具体情况重新指定举证期限。	《合同法解释(二)》第1条 当事人对合同是否成立存在争议,人民法院能够确定当事人名称或者姓名、标的和数量的,一般应当认定合同成立。但法律另有规定或者当事人另有约定的除外。 对合同欠缺的前款规定以外的其他内容,当事人达不成协议的,人民法院依照合同法第六十一条、第六十二条、第一百二十五条等有关规定予以确定。	
第4条 采取招标方式订立合同,当事人请求确认合同自中标通知书到达中标人时成立的,人民法院应予支持。合同成立后,当事人拒绝签订书面合同的,人民法院应当依据招标文件、投标文件和中标通知书等确定合同内容。		

最高人民法院关于适用《中华人民共和国民法典》合同编通则若干问题的解释	最高人民法院关于适用《中华人民共和国合同法》若干问题的解释(一)	最高人民法院关于印发《全国法院民商事审判工作会议纪要》的通知
	最高人民法院关于适用《中华人民共和国合同法》若干问题的解释(二)	
采取现场拍卖、网络拍卖等公开竞价方式订立合同,当事人请求确认合同自拍卖师落槌、电子交易系统确认成交时成立的,人民法院应予支持。合同成立后,当事人拒绝签订成交确认书的,人民法院应当依据拍卖公告、竞买人的报价等确定合同内容。 产权交易所等机构主持拍卖、挂牌交易,其公布的拍卖公告、交易规则等文件公开确定了合同成立需要具备的条件,当事人请求确认合同自该条件具备时成立的,人民法院应予支持。		
第5条 第三人实施欺诈、胁迫行为,使当事人在违背真实意思的情况下订立合同,受到损失的当事人请求第三人承担赔偿责任的,人民法院依法予以支持;当事人亦有违背诚信原则的行为的,人民法院应当根据各自的过错确定相应的责任。但是,法律、司法解释对当事人与第三人的民事责任另有规定的,依照其规定。		
第6条 当事人以认购书、订购书、预订书等形式约定在将来一定期限内订立合同,或者为担保在将来一定期限内订立合同交付了定金,能够确定将来所要订立合同的主体、标的等内容的,人民法院应当认定预约合同成立。 当事人通过签订意向书或者备忘录等方式,仅表达交易的意向,未约定在将来一定期限内订立合同,或者虽然有约定但是难以确定将来所要订立合同的主体、标的等内容,一方主张预约合同成立的,人民法院不予支持。 当事人订立的认购书、订购书、预订书等已就合同标的、数量、价款或者报酬等主要内容达成合意,		

最高人民法院关于适用《中华人民共和国民法典》合同编通则若干问题的解释	最高人民法院关于适用《中华人民共和国合同法》若干问题的解释(一) 最高人民法院关于适用《中华人民共和国合同法》若干问题的解释(二)	最高人民法院关于印发《全国法院民商事审判工作会议纪要》的通知
符合本解释第三条第一款规定的合同成立条件,未明确约定在将来一定期限内另行订立合同,或者虽然有约定但是当事人一方已实施履行行为且对方接受的,人民法院应当认定本约合同成立。		
第7条 预约合同生效后,当事人一方拒绝订立本约合同或者在磋商订立本约合同时违背诚信原则导致未能订立本约合同的,人民法院应当认定该当事人不履行预约合同约定的义务。 人民法院认定当事人一方在磋商订立本约合同时是否违背诚信原则,应当综合考虑该当事人在磋商时提出的条件是否明显背离预约合同约定的内容以及是否已尽合理努力进行协商等因素。		
第8条 预约合同生效后,当事人一方不履行订立本约合同的义务,对方请求其赔偿因此造成的损失的,人民法院依法予以支持。 前款规定的损失赔偿,当事人有约定的,按照约定;没有约定的,人民法院应当综合考虑预约合同在内容上的完备程度以及订立本约合同的条件的成就程度等因素酌定。		
第9条 合同条款符合民法典第四百九十六条第一款规定的情形,当事人仅以合同系依据合同示范文本制作或者双方已经明确约定合同条款不属于格式条款为由主张该条款不是格式条款的,人民法院不予支持。 从事经营活动的当事人一方仅以未实际重复使用为由主张其预先拟定且未与对方协商的合同条款不是格式条款的,人民法院不		

最高人民法院关于适用《中华人民共和国民法典》合同编通则若干问题的解释	最高人民法院关于适用《中华人民共和国合同法》若干问题的解释（一） 最高人民法院关于适用《中华人民共和国合同法》若干问题的解释（二）	最高人民法院关于印发《全国法院民商事审判工作会议纪要》的通知
予支持。但是，有证据证明该条款不是为了重复使用而预先拟定的除外。		
第10条 提供格式条款的一方在合同订立时采用通常足以引起对方注意的文字、符号、字体等明显标识，提示对方注意免除或者减轻其责任、排除或者限制对方权利等与对方有重大利害关系的异常条款的，人民法院可以认定其已经履行民法典第四百九十六条第二款规定的提示义务。 提供格式条款的一方按照对方的要求，就与对方有重大利害关系的异常条款的概念、内容及其法律后果以书面或者口头形式向对方作出通常能够理解的解释说明的，人民法院可以认定其已经履行民法典第四百九十六条第二款规定的说明义务。 提供格式条款的一方对其已经尽到提示义务或者说明义务承担举证责任。对于通过互联网等信息网络订立的电子合同，提供格式条款的一方仅以采取了设置勾选、弹窗等方式为由主张其已经履行提示义务或者说明义务的，人民法院不予支持，但是其举证符合前两款规定的除外。	《合同法解释（二）》第6条 提供格式条款的一方对格式条款中免除或者限制其责任的内容，在合同订立时采用足以引起对方注意的文字、符号、字体等特别标识，并按照对方的要求对该格式条款予以说明的，人民法院应当认定符合合同法第三十九条所称"采取合理的方式"。 提供格式条款一方对已尽合理提示及说明义务承担举证责任。 《合同法解释（二）》第9条 提供格式条款的一方当事人违反合同法第三十九条第一款关于提示和说明义务的规定，导致对方没有注意免除或者限制其责任的条款，对方当事人申请撤销该格式条款的，人民法院应当支持。	
三、合同的效力		
第11条 当事人一方是自然人，根据该当事人的年龄、智力、知识、经验并结合交易的复杂程度，能够认定其对合同的性质、合同订立的法律后果或者交易中存在的特定风险缺乏应有的认知能力的，人民法院可以认定该情形构成民法典第一百五十一条规定的"缺乏判断能力"。		

最高人民法院关于适用《中华人民共和国民法典》合同编通则若干问题的解释	最高人民法院关于适用《中华人民共和国合同法》若干问题的解释（一）	最高人民法院关于印发《全国法院民商事审判工作会议纪要》的通知
	最高人民法院关于适用《中华人民共和国合同法》若干问题的解释（二）	
第12条　合同依法成立后，负有报批义务的当事人不履行报批义务或者履行报批义务不符合合同的约定或者法律、行政法规的规定，对于请求其继续履行报批义务的，人民法院应予支持；对方主张解除合同并请求其承担违反报批义务的赔偿责任的，人民法院应予支持。 人民法院判决当事人一方履行报批义务后，其仍不履行，对方主张解除合同并参照违反合同的违约责任请求其承担赔偿责任的，人民法院应予支持。 合同获得批准前，当事人一方起诉请求对方履行合同约定的主要义务，经释明后拒绝变更诉讼请求的，人民法院应当判决驳回其诉讼请求，但是不影响其另行提起诉讼。 负有报批义务的当事人已经办理申请批准等手续或者已经履行生效判决确定的报批义务，批准机关决定不予批准，对方请求其承担赔偿责任的，人民法院不予支持。但是，因迟延履行报批义务等可归责于当事人的原因导致合同未获批准，对方请求赔偿因此受到的损失的，人民法院应当依照民法典第一百五十七条的规定处理。	《合同法解释（一）》第9条 依照合同法第四十四条第二款的规定，法律、行政法规规定合同应当办理批准手续，或者办理批准、登记等手续才生效的，在一审法庭辩论终结前当事人仍未办理批准手续的，或者仍未办理批准、登记等手续的，人民法院应当认定该合同未生效；法律、行政法规规定合同应当办理登记手续，但未规定登记后生效的，当事人未办理登记手续不影响合同的效力，合同标的物所有权及其他物权不能转移。 合同法第七十七条第二款、第八十七条、第九十六条第二款所列合同变更、转让、解除等情形，依照前款规定处理。 《合同法解释（二）》第8条 依照法律、行政法规的规定经批准或者登记才能生效的合同成立后，有义务办理申请批准或者申请登记等手续的一方当事人未按照法律规定或者合同约定办理申请批准或者未申请登记的，属于合同法第四十二条第（三）项规定的"其他违背诚实信用原则的行为"，人民法院可以根据案件的具体情况和相对人的请求，判决相对人自己办理有关手续；对方当事人对由此产生的费用和给相对人造成的实际损失，应当承担损害赔偿责任。	《九民纪要》第37条　【未经批准合同的效力】法律、行政法规规定某类合同应当办理批准手续生效的，如商业银行法、证券法、保险法等法律规定购买商业银行、证券公司、保险公司5%以上股权须经相关主管部门批准，依据《合同法》第44条第2款的规定，批准是合同的法定生效条件，未经批准的合同因欠缺法律规定的特别生效条件而未生效。实践中的一个突出问题是，把未生效合同认定为无效合同，或者虽认定为未生效，却按无效合同处理。无效合同从本质上来说是欠缺合同的有效要件，或者具有合同无效的法定事由，自始不发生法律效力。而未生效合同已具备合同的有效要件，对双方具有一定的拘束力，任何一方不得擅自撤回、解除、变更，但因欠缺法律、行政法规规定或当事人约定的特别生效条件，在该生效条件成就前，不能产生请求对方履行合同主要权利义务的法律效力。 《九民纪要》第38条　【报批义务及相关违约条款独立生效】须经行政机关批准生效的合同，对报批义务及未履行报批义务的违约责任等相关内容作出专门约定的，该约定独立生效。一方因另一方不履行报批义务，请求解除合同并请求其承担合同约定的相应违约责任的，人民法院依法予以支持。 《九民纪要》第39条　【报批义务的释明】　须经行政机关批准生效的合同，一方请求另一方履行合同主要权利义务的，人民法院应当向其释明，将诉讼请求变更为请求履行报批义务。一方变

最高人民法院关于适用《中华人民共和国民法典》合同编通则若干问题的解释	最高人民法院关于适用《中华人民共和国合同法》若干问题的解释(一) 最高人民法院关于适用《中华人民共和国合同法》若干问题的解释(二)	最高人民法院关于印发《全国法院民商事审判工作会议纪要》的通知
		更诉讼请求的,人民法院依法予以支持;经释明后当事人拒绝变更的,应当驳回其诉讼请求,但不影响其另行提起诉讼。 《九民纪要》第40条 【判决履行报批义务后的处理】 人民法院判决一方履行报批义务后,该当事人拒绝履行,经人民法院强制执行仍未履行,对方请求其承担合同违约责任的,人民法院依法予以支持。一方依据判决履行报批义务,行政机关予以批准,合同发生完全的法律效力,其请求对方履行合同的,人民法院依法予以支持;行政机关没有批准,合同不具有法律上的可履行性,一方请求解除合同的,人民法院依法予以支持。
第13条 合同存在无效或者可撤销的情形,当事人以该合同已在有关行政管理部门办理备案、已经批准机关批准或者已依据该合同办理财产权利的变更登记、移转登记等为由主张合同有效的,人民法院不予支持。		
第14条 当事人之间就同一交易订立多份合同,人民法院应当认定其中以虚假意思表示订立的合同无效。当事人为规避法律、行政法规的强制性规定,以虚假意思表示隐藏真实意思表示的,人民法院应当依据民法典第一百五十三条第一款的规定认定被隐藏合同的效力;当事人为规避法律、行政法规关于合同应当办理批准等手续的规定,以虚假意思表示隐藏真实意思表示的,人民法院应当依据民法典第五百零二条第二款的规定认定被隐藏合同的效力。		

最高人民法院关于适用《中华人民共和国民法典》合同编通则若干问题的解释	最高人民法院关于适用《中华人民共和国合同法》若干问题的解释(一) 最高人民法院关于适用《中华人民共和国合同法》若干问题的解释(二)	最高人民法院关于印发《全国法院民商事审判工作会议纪要》的通知
依据前款规定认定被隐藏合同无效或者确定不发生效力的,人民法院应当以被隐藏合同为事实基础,依据民法典第一百五十七条的规定确定当事人的民事责任。但是,法律另有规定的除外。 当事人就同一交易订立的多份合同均系真实意思表示,且不存在其他影响合同效力情形的,人民法院应当在查明各合同成立先后顺序和实际履行情况的基础上,认定合同内容是否发生变更。法律、行政法规禁止变更合同内容的,人民法院应当认定合同的相应变更无效。		
第15条 人民法院认定当事人之间的权利义务关系,不应当拘泥于合同使用的名称,而应当根据合同约定的内容。当事人主张的权利义务关系与根据合同内容认定的权利义务关系不一致的,人民法院应当结合缔约背景、交易目的、交易结构、履行行为以及当事人是否存在虚构交易标的等事实认定当事人之间的实际民事法律关系。		
第16条 合同违反法律、行政法规的强制性规定,有下列情形之一,由行为人承担行政责任或者刑事责任能够实现强制性规定的立法目的的,人民法院可以依据民法典第一百五十三条第一款关于"该强制性规定不导致该民事法律行为无效的除外"的规定认定该合同不因违反强制性规定无效: (一)强制性规定虽然旨在维护社会公共秩序,但是合同的实际履行对社会公共秩序造成的影响显著轻微,认定合同无效将导致案件处理结果有失公平公正;	《合同法解释》(二)第14条 合同法第五十二条第(五)项规定的"强制性规定",是指效力性强制性规定。	《九民纪要》第30条【强制性规定的识别】 合同法施行后,针对一些人民法院动辄以违反法律、行政法规的强制性规定为由认定合同无效,不当扩大无效合同范围的情形,合同法司法解释(二)第14条将《合同法》第52条第5项规定的"强制性规定"明确限于"效力性强制性规定"。此后,《最高人民法院关于当前形势下审理民商事合同纠纷案件若干问题的指导意见》进一步提出了"管理性强制性规定"的概念,指出违反管理性强制性规定的,人民法院应当根据具体情形认定合

最高人民法院关于适用《中华人民共和国民法典》合同编通则若干问题的解释	最高人民法院关于适用《中华人民共和国合同法》若干问题的解释(一)	最高人民法院关于印发《全国法院民事审判工作会议纪要》的通知
（二）强制性规定旨在维护政府的税收、土地出让金等国家利益或者其他民事主体的合法利益而非合同当事人的民事权益，认定合同有效不会影响该规范目的的实现； （三）强制性规定旨在要求当事人一方加强风险控制、内部管理等，对方无能力或者无义务审查合同是否违反强制性规定，认定合同无效将使其承担不利后果； （四）当事人一方虽然在订立合同时违反强制性规定，但是在合同订立后其已经具备补正违反强制性规定的条件却违背诚信原则不予补正； （五）法律、司法解释规定的其他情形。 法律、行政法规的强制性规定旨在规制合同订立后的履行行为，当事人以合同违反强制性规定为由请求认定合同无效的，人民法院不予支持。但是，合同履行必然导致违反强制性规定或者法律、司法解释另有规定的除外。 依据前两款认定合同有效，但是当事人的违法行为未经处理的，人民法院应当向有关行政管理部门提出司法建议。当事人的行为涉嫌犯罪的，应当将案件线索移送刑事侦查机关；属于刑事自诉案件的，应当告知当事人可以向有管辖权的人民法院另行提起诉讼。	最高人民法院关于适用《中华人民共和国合同法》若干问题的解释(二)	同效力。随着这一概念的提出，审判实践中又出现了另一种倾向，有的人民法院认为凡是行政管理性质的强制性规定都属于"管理性强制性规定"，不影响合同效力。这种望文生义的认定方法，应予纠正。 人民法院在审理合同纠纷案件时，要依据《民法总则》第153条第1款和合同法司法解释(二)第14条的规定慎重判断"强制性规定"的性质，特别是要在考量强制性规定所保护的法益类型、违法行为的法律后果以及交易安全保护等因素的基础上认定其性质，并在裁判文书中充分说明理由。下列强制性规定，应当认定为"效力性强制性规定"：强制性规定涉及金融安全、市场秩序、国家宏观政策等公序良俗的；交易标的禁止买卖的，如禁止人体器官、毒品、枪支等买卖；违反特许经营规定的，如场外配资合同；交易方式严重违法的，如违反招投标等竞争性缔约方式订立的合同；交易场所违法的，如在批准的交易场所之外进行期货交易。关于经营范围、交易时间、交易数量等行政管理性质的强制性规定，一般应当认定为"管理性强制性规定"。 《九民纪要》第36条【合同无效时的释明问题】　在双务合同中，原告起诉请求确认合同有效并请求继续履行合同，被告主张合同无效的，或者原告起诉请求确认合同无效并返还财产，而被告主张合同有效的，都要防止机械适用"不告不理"原则，仅就当事人的诉讼请求进行审理，而应向原告释明变更或者增加诉讼请

最高人民法院关于适用《中华人民共和国民法典》合同编通则若干问题的解释	最高人民法院关于适用《中华人民共和国合同法》若干问题的解释(一)	最高人民法院关于印发《全国法院民商事审判工作会议纪要》的通知
	最高人民法院关于适用《中华人民共和国合同法》若干问题的解释(二)	
		求,或者向被告释明提出同时履行抗辩,尽可能一次性解决纠纷。例如,基于合同有给付行为的原告请求确认合同无效,但并未提出返还原物或者折价补偿、赔偿损失等请求的,人民法院应当向其释明,告知其一并提出相应诉讼请求;原告请求确认合同无效并要求被告返还原物或者赔偿损失,被告基于合同也有给付行为的,人民法院同样应当向被告释明,告知其也可以提出返还请求;人民法院经审理认定合同无效的,除了要在判决书"本院认为"部分对同时返还作出认定外,还应当在判项中作出明确表述,避免因判令单方返还而出现不公平的结果。 第一审人民法院未予释明,第二审人民法院认为应当对合同不成立、无效或者被撤销的法律后果作出判决的,可以直接释明并改判。当然,如果返还财产或者赔偿损失的范围确实难以确定或者双方争议较大的,也可以告知当事人通过另行起诉等方式解决,并在裁判文书中予以明确。 当事人按照释明变更诉讼请求或者提出抗辩的,人民法院应当将其归纳为案件争议焦点,组织当事人充分举证、质证、辩论。
第17条 合同虽然不违反法律、行政法规的强制性规定,但是有下列情形之一,人民法院应当依据民法典第一百五十三条第二款的规定认定合同无效: (一)合同影响政治安全、经济安全、军事安全等国家安全的; (二)合同影响社会稳定、公平竞争秩序或者损害社会公共利益等违背社会公共秩序的;		《九民纪要》第31条 【违反规章的合同效力】违反规章一般情况下不影响合同效力,但该规章的内容涉及金融安全、市场秩序、国家宏观政策等公序良俗的,应当认定合同无效。人民法院在认定规章是否涉及公序良俗时,要在考察规范对象基础上,兼顾监管强度、交易安全保护以及社会影响等方面进行慎重考量,并在裁

最高人民法院关于适用《中华人民共和国民法典》合同编通则若干问题的解释	最高人民法院关于适用《中华人民共和国合同法》若干问题的解释（一） 最高人民法院关于适用《中华人民共和国合同法》若干问题的解释（二）	最高人民法院关于印发《全国法院民商事审判工作会议纪要》的通知
（三）合同背离社会公德、家庭伦理或者有损人格尊严等违背善良风俗的。 人民法院在认定合同是否违背公序良俗时,应当以社会主义核心价值观为导向,综合考虑当事人的主观动机和交易目的、政府部门的监管强度、一定期限内当事人从事类似交易的频次、行为的社会后果等因素,并在裁判文书中充分说理。当事人确因生活需要进行交易,未给社会公共秩序造成重大影响,且不影响国家安全,也不违背善良风俗的,人民法院不应当认定合同无效。		判文书中进行充分说理。
第18条 法律、行政法规的规定虽然有"应当""必须"或者"不得"等表述,但是该规定旨在限制或者赋予民事权利,行为人违反该规定将构成无权处分、无权代理、越权代表等,或者导致合同相对人、第三人因此获得撤销权、解除权等民事权利的,人民法院应当依据法律、行政法规规定的关于违反该规定的民事法律后果认定合同效力。		
第19条 以转让或者设定财产权利为目的的订立的合同,当事人或者真正权利人仅以让与人在订立合同时对标的物没有所有权或者处分权为由主张合同无效的,人民法院不予支持;因未取得真正权利人事后同意或者让与人事后未取得处分权导致合同不能履行,受让人主张解除合同并请求让与人承担违反合同的赔偿责任的,人民法院依法予以支持。 前款规定的合同被认定有效,且让与人已经将财产交付或者移转登记至受让人,真正权利	《合同法解释（二）》第15条 出卖人就同一标的物订立多重买卖合同,合同均不具有合同法第五十二条规定的无效情形,买受人因不能按照合同约定取得标的物所有权,请求追究出卖人违约责任的,人民法院应予支持。	

最高人民法院关于适用《中华人民共和国民法典》合同编通则若干问题的解释	最高人民法院关于适用《中华人民共和国合同法》若干问题的解释(一)	最高人民法院关于印发《全国法院民商事审判工作会议纪要》的通知
	最高人民法院关于适用《中华人民共和国合同法》若干问题的解释(二)	
人请求认定财产权利未发生变动或者请求返还财产的,人民法院应予支持。但是,受让人依据民法典第三百一十一条等规定善意取得财产权利的除外。		
第20条 法律、行政法规为限制法人的法定代表人或者非法人组织的负责人的代表权,规定合同所涉事项应当由法人、非法人组织的权力机构或决策机构决议,或者应当由法人、非法人组织的执行机构决定,法定代表人、负责人未取得授权而以法人、非法人组织的名义订立合同,未尽到合理审查义务的相对人主张该合同对法人、非法人组织发生效力并由其承担违约责任的,人民法院不予支持,但是法人、非法人组织有过错的,可以参照民法典第一百五十七条的规定判决其承担相应的赔偿责任。相对人已尽到合理审查义务,构成表见代表的,人民法院应当依据民法典第五百零四条的规定处理。 合同所涉事项未超越法律、行政法规规定的法定代表人或者负责人的代表权限,但是超越法人、非法人组织的章程或权力机构等对代表权的限制,相对人主张该合同对法人、非法人组织发生效力并由其承担违约责任的,人民法院依法予以支持。但是,法人、非法人组织举证证明相对人知道或者应当知道该限制的除外。 法人、非法人组织承担民事责任后,向有过错的法定代表人、负责人追偿因越权代表行为造成的损失的,人民法院依法予以支持。法律、司法解释对法定代表人、负责人的民事责任另有规定的,依照其规定。		

最高人民法院关于适用《中华人民共和国民法典》合同编通则若干问题的解释	最高人民法院关于适用《中华人民共和国合同法》若干问题的解释(一)	最高人民法院关于印发《全国法院民商事审判工作会议纪要》的通知
	最高人民法院关于适用《中华人民共和国合同法》若干问题的解释(二)	
第21条 法人、非法人组织的工作人员就超越其职权范围的事项以法人、非法人组织的名义订立合同,相对人主张该合同对法人、非法人组织发生效力并由其承担违约责任的,人民法院不予支持。但是,法人、非法人组织有过错的,人民法院可以参照民法典第一百五十七条的规定判决其承担相应的赔偿责任。前述情形,构成表见代理的,人民法院应当依据民法典第一百七十二条的规定处理。 合同所涉事项有下列情形之一的,人民法院应当认定法人、非法人组织的工作人员在订立合同时超越其职权范围: (一)依法应当由法人、非法人组织的权力机构或者决策机构决议的事项; (二)依法应当由法人、非法人组织的执行机构决定的事项; (三)依法应当由法定代表人、负责人代表法人、非法人组织实施的事项; (四)不属于通常情形下依其职权可以处理的事项。 合同所涉事项未超越依据前款确定的职权范围,但是超越法人、非法人组织对工作人员职权范围的限制,相对人主张该合同对法人、非法人组织发生效力并由其承担违约责任的,人民法院应予支持。但是,法人、非法人组织举证证明相对人知道或者应当知道该限制的除外。 法人、非法人组织承担民事责任后,向故意或者有重大过失的工作人员追偿的,人民法院依法予以支持。		

最高人民法院关于适用《中华人民共和国民法典》合同编通则若干问题的解释	最高人民法院关于适用《中华人民共和国合同法》若干问题的解释（一） 最高人民法院关于适用《中华人民共和国合同法》若干问题的解释（二）	最高人民法院关于印发《全国法院民商事审判工作会议纪要》的通知
第22条 法定代表人、负责人或者工作人员以法人、非法人组织的名义订立合同且未超越权限，法人、非法人组织仅以合同加盖的印章不是备案印章或者系伪造的印章为由主张该合同对其不发生效力的，人民法院不予支持。 　　合同系以法人、非法人组织的名义订立，但是仅有法定代表人、负责人或者工作人员签名或者按指印而未加盖法人、非法人组织的印章，相对人能够证明法定代表人、负责人或者工作人员在订立合同时未超越权限的，人民法院应当认定合同对法人、非法人组织发生效力。但是，当事人约定以加盖印章作为合同成立条件的除外。 　　合同仅加盖法人、非法人组织的印章而无人员签名或者按指印，相对人能够证明合同系法定代表人、负责人或者工作人员在其权限范围内订立的，人民法院应当认定该合同对法人、非法人组织发生效力。 　　在前三款规定的情形下，法定代表人、负责人或者工作人员在订立合同时虽然超越代表或者代理权限，但是依据民法典第五百零四条的规定构成表见代表，或者依据民法典第一百七十二条的规定构成表见代理的，人民法院应当认定合同对法人、非法人组织发生效力。		《九民纪要》第41条【**盖章行为的法律效力**】司法实践中，有些公司有意刻制两套甚至多套公章，有的法定代表人或者代理人甚至私刻公章，订立合同时恶意加盖非备案的公章或者假公章，发生纠纷后法人以加盖的是假公章为由否定合同效力的情形并不鲜见。人民法院在审理案件时，应当主要审查签约人于盖章之时有无代表权或者代理权，从而根据代表或者代理的相关规则来确定合同的效力。 　　法定代表人或者其授权之人在合同上加盖法人公章的行为，表明其是以法人名义签订合同，除《公司法》第16条等法律对其职权有特别规定的情形外，应当由法人承担相应的法律后果。法人以法定代表人事后已无代表权、加盖的是假章、所盖之章与备案公章不一致等为由否定合同效力的，人民法院不予支持。 　　代理人以被代理人名义签订合同，要取得合法授权。代理人取得合法授权后，以被代理人名义签订的合同，应当由被代理人承担责任。被代理人以代理人事后已无代理权、加盖的是假章、所盖之章与备案公章不一致等为由否定合同效力的，人民法院不予支持。
第23条 法定代表人、负责人或者代理人与相对人恶意串通，以法人、非法人组织的名义订立合同，损害法人、非法人组织的合法权益，法人、非法人组织主张不承担民事责任的，人民法院应予支持。		

最高人民法院关于适用《中华人民共和国民法典》合同编通则若干问题的解释	最高人民法院关于适用《中华人民共和国合同法》若干问题的解释(一)	最高人民法院关于印发《全国法院民商事审判工作会议纪要》的通知
	最高人民法院关于适用《中华人民共和国合同法》若干问题的解释(二)	
法人、非法人组织请求法定代表人、负责人或者代理人与相对人对因此受到的损失承担连带赔偿责任的,人民法院应予支持。 根据法人、非法人组织的举证,综合考虑当事人之间的交易习惯、合同在订立时是否显失公平、相关人员是否获取了不正当利益、合同的履行情况等因素,人民法院能够认定法定代表人、负责人或者代理人与相对人存在恶意串通的高度可能性的,可以要求前述人员就合同订立、履行的过程等相关事实作出陈述或者提供相应的证据。其无正当理由拒绝作出陈述,或者所作陈述不具合理性又不能提供相应证据的,人民法院可以认定恶意串通的事实成立。		
第 24 条 合同不成立、无效、被撤销或者确定不发生效力,当事人请求返还财产,经审查财产能够返还的,人民法院应当根据案件具体情况,单独或者合并适用返还占有的标的物、更正登记簿册记载等方式;经审查财产不能返还或者没有必要返还的,人民法院应当以认定合同不成立、无效、被撤销或者确定不发生效力之日该财产的市场价值或者以其他合理方式计算的价值为基准判决折价补偿。 除前款规定的情形外,当事人还请求赔偿损失的,人民法院应当结合财产返还或者折价补偿的情况,综合考虑财产增值收益和贬值损失、交易成本的支出等事实,按照双方当事人的过错程度及原因力大小,根据诚信原则和公平原则,合理确定损失赔偿额。		《九民纪要》第 32 条 【合同不成立、无效或者被撤销的法律后果】《合同法》第 58 条就合同无效或者被撤销时的财产返还责任和损害赔偿责任作了规定,但未规定合同不成立的法律后果。考虑到合同不成立时也可能发生财产返还和损害赔偿责任问题,故应当参照适用该条的规定。 在确定合同不成立、无效或者被撤销后财产返还或者折价补偿范围时,要根据诚实信用原则的要求,在当事人之间合理分配,不能使不诚信的当事人因合同不成立、无效或者被撤销而获益。合同不成立、无效或者被撤销情况下,当事人所承担的缔约过失责任不应超过合同履行利益。比如,依据《最高人民法院关于审理建设工程施工合同纠纷案件适用法律问题的解释》第 2 条规定,建

最高人民法院关于适用《中华人民共和国民法典》合同编通则若干问题的解释	最高人民法院关于适用《中华人民共和国合同法》若干问题的解释（一）	最高人民法院关于印发《全国法院民商事审判工作会议纪要》的通知
	最高人民法院关于适用《中华人民共和国合同法》若干问题的解释（二）	
合同不成立、无效、被撤销或者确定不发生效力，当事人的行为涉嫌违法且未经处理，可能导致一方或者双方通过违法行为获得不当利益的，人民法院应当向有关行政管理部门提出司法建议。当事人的行为涉嫌犯罪的，应当将案件线索移送刑事侦查机关；属于刑事自诉案件的，应当告知当事人可以向有管辖权的人民法院另行提起诉讼。		设工程施工合同无效，在建设工程经竣工验收合格情况下，可以参照合同约定支付工程款，但除非增加了合同约定之外新的工程项目，一般不应超出合同约定支付工程款。 《九民纪要》第33条【财产返还与折价补偿】 合同不成立、无效或者被撤销后，在确定财产返还时，要充分考虑财产增值或者贬值的因素。双务合同不成立、无效或者被撤销后，双方因该合同取得财产的，应当相互返还。应予返还的股权、房屋等财产相对于合同约定价款出现增值或者贬值的，人民法院要综合考虑市场因素、受让人的经营或者添附等行为与财产增值或者贬值之间的关联性，在当事人之间合理分配或者分担，避免一方因合同不成立、无效或者被撤销而获益。在标的物已经灭失、转售他人或者其他无法返还的情况下，当事人主张返还原物的，人民法院不予支持，但其主张折价补偿的，人民法院依法予以支持。折价时，应当以当事人交易时约定的价款为基础，同时考虑当事人在标的物灭失或者转售时的获益情况综合确定补偿标准。标的物灭失时当事人获得的保险金或者其他赔偿金，转售时取得的对价，均属于当事人因标的物而获得的利益。对获益高于或者低于价款的部分，也应当在当事人之间合理分配或者分担。 《九民纪要》第35条 【损害赔偿】 合同不成立、无效或者被撤销时，仅返还财产或者折价补偿不足以弥补损失，一方还可以向有过错的另一方请求损害赔偿。

最高人民法院关于适用《中华人民共和国民法典》合同编通则若干问题的解释	最高人民法院关于适用《中华人民共和国合同法》若干问题的解释(一) 最高人民法院关于适用《中华人民共和国合同法》若干问题的解释(二)	最高人民法院关于印发《全国法院民商事审判工作会议纪要》的通知
		在确定损害赔偿范围时,既要根据当事人的过错程度合理确定责任,又要考虑在确定财产返还范围时已经考虑过的财产增值或者贬值因素,避免双重获利或者双重受损的现象发生。
第25条 合同不成立、无效、被撤销或者确定不发生效力,有权请求返还价款或者报酬的当事人一方请求对方支付资金占用费的,人民法院应当在当事人请求的范围内按照中国人民银行授权全国银行间同业拆借中心公布的一年期贷款市场报价利率(LPR)计算。但是,占用资金的当事人对于合同不成立、无效、被撤销或者确定不发生效力没有过错的,应当以中国人民银行公布的同期同类存款基准利率计算。 双方互负返还义务,当事人主张同时履行的,人民法院应予支持;占有标的物的一方对标的物存在使用或者依法可以使用的情形,对方请求将其应支付的资金占用费与应收取的标的物使用费相互抵销的,人民法院应予支持,但是法律另有规定的除外。		《九民纪要》第34条【价款返还】 双务合同不成立、无效或者被撤销时,标的物返还与价款返还互为对待给付,双方应当同时返还。关于应否支付利息问题,只要一方对标的物有使用情形的,一般应当支付使用费,该费用可与占有价款一方应当支付的资金占用费相互抵销,故在一方返还原物前,另一方仅须支付本金,而无须支付利息。
四、合同的履行		
第26条 当事人一方未根据法律规定或者合同约定履行开具发票、提供证明文件等非主要债务,对方请求继续履行该债务并赔偿因怠于履行该债务造成的损失的,人民法院依法予以支持;对方请求解除合同的,人民法院不予支持,但是不履行该债务致使不能实现合同目的或者当事人另有约定的除外。		

最高人民法院关于适用《中华人民共和国民法典》合同编通则若干问题的解释	最高人民法院关于适用《中华人民共和国合同法》若干问题的解释（一） 最高人民法院关于适用《中华人民共和国合同法》若干问题的解释（二）	最高人民法院关于印发《全国法院民商事审判工作会议纪要》的通知
第27条 债务人或者第三人与债权人在债务履行期限届满后达成以物抵债协议，不存在影响合同效力情形的，人民法院应当认定该协议自当事人意思表示一致时生效。 债务人或者第三人履行以物抵债协议后，人民法院应当认定相应的原债务同时消灭；债务人或者第三人未按照约定履行以物抵债协议，经催告后在合理期限内仍不履行，债权人选择请求履行原债务或者以物抵债协议的，人民法院应予支持，但是法律另有规定或者当事人另有约定的除外。 前款规定的以物抵债协议经人民法院确认或者人民法院根据当事人达成的以物抵债协议制作成调解书，债权人主张财产权利自确认书、调解书生效时发生变动或者具有对抗善意第三人效力的，人民法院不予支持。 债务人或者第三人以自己不享有所有权或者处分权的财产权利订立以物抵债协议的，依据本解释第十九条的规定处理。		《九民纪要》第44条 【履行期届满后达成的以物抵债协议】当事人在债务履行期限届满后达成以物抵债协议，抵债物尚未交付债权人，债权人请求债务人交付的，人民法院要着重审查以物抵债协议是否存在恶意损害第三人合法权益等情形，避免虚假诉讼的发生。经审查，不存在以上情况，且无其他无效事由的，人民法院依法予以支持。 当事人在一审程序中因达成以物抵债协议申请撤回起诉的，人民法院可予准许。当事人在二审程序中申请撤回上诉的，人民法院应当告知其申请撤回起诉。当事人申请撤回起诉，经审查不损害国家利益、社会公共利益、他人合法权益的，人民法院可予准许。当事人不申请撤回起诉，请求人民法院出具调解书对以物抵债协议予以确认的，因债务人完全可以立即履行该协议，没有必要由人民法院出具调解书，故人民法院不应准许，同时应当继续对原债权债务关系进行审理。
第28条 债务人或者第三人与债权人在债务履行期限届满前达成以物抵债协议的，人民法院应当在审理债权债务关系的基础上认定该协议的效力。 当事人约定债务人到期没有清偿债务，债权人可以对抵债财产拍卖、变卖、折价以实现债权的，人民法院应当认定该约定有效。当事人约定债务人到期没有清偿债务，抵债财产归债权人所有的，人民法院应当认定该约定无效，但是不影响其他部分的效力；债权人请求对抵债财产拍卖、		《九民纪要》第45条 【履行期届满前达成的以物抵债协议】当事人在债务履行期限届满前达成以物抵债协议，抵债物尚未交付债权人，债权人请求债务人交付的，因此种情况不同于本纪要第71条规定的让与担保，人民法院应当向其释明，其应当根据原债权债务关系提起诉讼。经释明后当事人仍拒绝变更诉讼请求的，应当驳回其诉讼请求，但不影响其根据原债权债务关系另行提起诉讼。

最高人民法院关于适用《中华人民共和国民法典》合同编通则若干问题的解释	最高人民法院关于适用《中华人民共和国合同法》若干问题的解释（一）	最高人民法院关于印发《全国法院民商事审判工作会议纪要》的通知
	最高人民法院关于适用《中华人民共和国合同法》若干问题的解释（二）	
变卖、折价以实现债权的，人民法院应予支持。 　　当事人订立前款规定的以物抵债协议后，债务人或者第三人未将财产权利转移至债权人名下，债权人主张优先受偿的，人民法院不予支持；债务人或者第三人已将财产权利转移至债权人名下的，依据《最高人民法院关于适用〈中华人民共和国民法典〉有关担保制度的解释》第六十八条的规定处理。		
第29条　民法典第五百二十二条第二款规定的第三人请求债务人向自己履行债务的，人民法院应予支持；请求行使撤销权、解除权等民事权利的，人民法院不予支持，但是法律另有规定的除外。 　　合同依法被撤销或者被解除，债务人请求债权人返还财产的，人民法院应予支持。 　　债务人按照约定向第三人履行债务，第三人拒绝受领，债权人请求债务人向自己履行债务的，人民法院应予支持，但是债务人已经采取提存等方式消灭债务的除外。第三人拒绝受领或者受领迟延，债务人请求债权人赔偿因此造成的损失的，人民法院依法予以支持。		
第30条　下列民事主体，人民法院可以认定为民法典第五百二十四条第一款规定的对履行债务具有合法利益的第三人： 　　（一）保证人或者提供物的担保的第三人； 　　（二）担保财产的受让人、用益物权人、合法占有人；		

最高人民法院关于适用《中华人民共和国民法典》合同编通则若干问题的解释	最高人民法院关于适用《中华人民共和国合同法》若干问题的解释（一） 最高人民法院关于适用《中华人民共和国合同法》若干问题的解释（二）	最高人民法院关于印发《全国法院民商事审判工作会议纪要》的通知
（三）担保财产上的后顺位担保权人； （四）对债务人的财产享有合法权益且该权益将因财产被强制执行而丧失的第三人； （五）债务人为法人或者非法人组织的，其出资人或者设立人； （六）债务人为自然人的，其近亲属； （七）其他对履行债务具有合法利益的第三人。 第三人在其已经代为履行的范围内取得对债务人的债权，但是不得损害债权人的利益。 担保人代为履行债务取得债权后，向其他担保人主张担保权利的，依据《最高人民法院关于适用〈中华人民共和国民法典〉有关担保制度的解释》第十三条、第十四条、第十八条第二款等规定处理。		
第31条 当事人互负债务，一方以对方没有履行非主要债务为由拒绝履行自己的主要债务的，人民法院不予支持。但是，对方不履行非主要债务致使不能实现合同目的或者当事人另有约定的除外。 当事人一方起诉请求对方履行债务，被告依据民法典第五百二十五条的规定主张双方同时履行的抗辩且抗辩成立，被告未提起反诉的，人民法院应当判决被告在原告履行债务的同时履行自己的债务，并在判项中明确原告申请强制执行的，人民法院应当在原告履行自己的债务后对被告采取执行行为；被告提起反诉的，人民法院应当判决双方同时履行自己的债务，并在判项中明确任何一方申请强制执行的，人民		

最高人民法院关于适用《中华人民共和国民法典》合同编通则若干问题的解释	最高人民法院关于适用《中华人民共和国合同法》若干问题的解释(一) 最高人民法院关于适用《中华人民共和国合同法》若干问题的解释(二)	最高人民法院关于印发《全国法院民商事审判工作会议纪要》的通知
法院应当在该当事人履行自己的债务后对对方采取执行行为。 　　当事人一方起诉请求对方履行债务,被告依据民法典第五百二十六条的规定主张原告应先履行的抗辩且抗辩成立的,人民法院应当驳回原告的诉讼请求,但是不影响原告履行债务后另行提起诉讼。		
第32条　合同成立后,因政策调整或者市场供求关系异常变动等原因导致价格发生当事人在订立合同时无法预见的、不属于商业风险的涨跌,继续履行合同对于当事人一方明显不公平的,人民法院应当认定合同的基础条件发生了民法典第五百三十三条第一款规定的"重大变化"。但是,合同涉及市场属性活跃、长期以来价格波动较大的大宗商品以及股票、期货等风险投资型金融产品的除外。 　　合同的基础条件发生了民法典第五百三十三条第一款规定的重大变化,当事人请求变更合同的,人民法院不得解除合同;当事人一方请求变更合同,对方请求解除合同的,或者当事人一方请求解除合同,对方请求变更合同的,人民法院应当结合案件的实际情况,根据公平原则判决变更或者解除合同。 　　人民法院依据民法典第五百三十三条的规定判决变更或者解除合同的,应当综合考虑合同基础条件发生重大变化的时间、当事人重新协商的情况以及因合同变更或者解除给当事人造成的损失等因素,在判项中明确合同变更或者解除的时间。 　　当事人事先约定排除民法典第五百三十三条适用的,人民法院应当认定该约定无效。	《合同法解释(二)》第26条 合同成立以后客观情况发生了当事人在订立合同时无法预见的、非不可抗力造成的不属于商业风险的重大变化,继续履行合同对于一方当事人明显不公平或者不能实现合同目的,当事人请求人民法院变更或者解除合同的,人民法院应当根据公平原则,并结合案件的实际情况确定是否变更或者解除。	

最高人民法院关于适用《中华人民共和国民法典》合同编通则若干问题的解释	最高人民法院关于适用《中华人民共和国合同法》若干问题的解释(一)	最高人民法院关于印发《全国法院民商事审判工作会议纪要》的通知
	最高人民法院关于适用《中华人民共和国合同法》若干问题的解释(二)	
五、合同的保全		
第33条 债务人不履行其对债权人的到期债务,又不以诉讼或者仲裁方式向相对人主张其享有的债权或者与该债权有关的从权利,致使债权人的到期债权未能实现的,人民法院可以认定为民法典第五百三十五条规定的"债务人怠于行使其债权或者与该债权有关的从权利,影响债权人的到期债权实现"。	**《合同法解释(一)》第13条** 合同法第七十三条规定的"债务人怠于行使其到期债权,对债权人造成损害的",是指债务人不履行其对债权人的到期债务,又不以诉讼方式或者仲裁方式向其债务人主张其享有的具有金钱给付内容的到期债权,致使债权人的到期债权未能实现。 次债务人(即债务人的债务人)不认为债务人有怠于行使其到期债权情况的,应当承担举证责任。	
第34条 下列权利,人民法院可以认定为民法典第五百三十五条第一款规定的专属于债务人自身的权利: (一)抚养费、赡养费或者扶养费请求权; (二)人身损害赔偿请求权; (三)劳动报酬请求权,但是超过债务人及其所扶养家属的生活必需费用的部分除外; (四)请求支付基本养老保险金、失业保险金、最低生活保障金等保障当事人基本生活的权利; (五)其他专属于债务人自身的权利。	**《合同法解释(一)》第12条** 合同法第七十三条第一款规定的专属于债务人自身的债权,是指基于扶养关系、抚养关系、赡养关系、继承关系产生的给付请求权和劳动报酬、退休金、养老金、抚恤金、安置费、人寿保险、人身伤害赔偿请求权等权利。	
第35条 债权人依据民法典第五百三十五条的规定对债务人的相对人提起代位权诉讼的,由被告住所地人民法院管辖,但是依法应当适用专属管辖规定的除外。 债务人或者相对人以双方之间的债权债务关系订有管辖协议为由提出异议的,人民法院不予支持。	**《合同法解释(一)》第14条** 债权人依照合同法第七十三条的规定提起代位权诉讼的,由被告住所地人民法院管辖。 **《合同法解释(二)》第17条** 债权人以境外当事人为被告提起的代位权诉讼,人民法院根据《中华人民共和国民事诉讼法》第二百四十一条的规定确定管辖。	

最高人民法院关于适用《中华人民共和国民法典》合同编通则若干问题的解释	最高人民法院关于适用《中华人民共和国合同法》若干问题的解释(一)	最高人民法院关于印发《全国法院民商事审判工作会议纪要》的通知
	最高人民法院关于适用《中华人民共和国合同法》若干问题的解释(二)	
第36条 债权人提起代位权诉讼后,债务人或者相对人以双方之间的债权债务关系订有仲裁协议为由对法院主管提出异议的,人民法院不予支持。但是,债务人或者相对人在首次开庭前就债务人与相对人之间的债权债务关系申请仲裁的,人民法院可以依法中止代位权诉讼。		
第37条 债权人以债务人的相对人为被告向人民法院提起代位权诉讼,未将债务人列为第三人的,人民法院应当追加债务人为第三人。 两个以上债权人以债务人的同一相对人为被告提起代位权诉讼的,人民法院可以合并审理。债务人对相对人享有的债权不足以清偿其对两个以上债权人负担的债务的,人民法院应当按照债权人享有的债权比例确定相对人的履行份额,但是法律另有规定的除外。	《合同法解释(一)》第16条 债权人以次债务人为被告向人民法院提起代位权诉讼,未将债务人列为第三人的,人民法院可以追加债务人为第三人。 两个或者两个以上债权人以同一次债务人为被告提起代位权诉讼的,人民法院可以合并审理。	
第38条 债权人向人民法院起诉债务人后,又向同一人民法院对债务人的相对人提起代位权诉讼,属于该人民法院管辖的,可以合并审理。不属于该人民法院管辖的,应当告知其向有管辖权的人民法院另行起诉;在起诉债务人的诉讼终结前,代位权诉讼应当中止。	《合同法解释(一)》第15条 债权人向人民法院起诉债务人以后,又向同一人民法院对次债务人提起代位权诉讼,符合本解释第十四条的规定和《中华人民共和国民事诉讼法》第一百零八条规定的起诉条件的,应当立案受理;不符合本解释第十四条规定的,告知债权人向次债务人住所地人民法院另行起诉。 受理代位权诉讼的人民法院在债权人起诉债务人的诉讼裁决发生法律效力以前,应当依照《中华人民共和国民事诉讼法》第一百三十六条第(五)项的规定中止代位权诉讼。	

最高人民法院关于适用《中华人民共和国民法典》合同编通则若干问题的解释	最高人民法院关于适用《中华人民共和国合同法》若干问题的解释(一) 最高人民法院关于适用《中华人民共和国合同法》若干问题的解释(二)	最高人民法院关于印发《全国法院民商事审判工作会议纪要》的通知
第39条 在代位权诉讼中,债务人对超过债权人代位请求数额的债权部分起诉相对人,属于同一人民法院管辖的,可以合并审理。不属于同一人民法院管辖的,应当告知其向有管辖权的人民法院另行起诉;在代位权诉讼终结前,债务人对相对人的诉讼应当中止。	《合同法解释(一)》第22条 债务人在代位权诉讼中,对超过债权人代位请求数额的债权部分起诉次债务人的,人民法院应当告知其向有管辖权的人民法院另行起诉。 债务人的起诉符合法定条件的,人民法院应当受理;受理债务人起诉的人民法院在代位权诉讼裁决发生法律效力以前,应当依法中止。	
第40条 代位权诉讼中,人民法院经审理认为债权人的主张不符合代位权行使条件的,应当驳回诉讼请求,但是不影响债权人根据新的事实再次起诉。 债务人的相对人仅以债权人提起代位权诉讼时债权人与债务人之间的债权债务关系未经生效法律文书确认为由,主张债权人提起的诉讼不符合代位权行使条件的,人民法院不予支持。		
第41条 债权人提起代位权诉讼后,债务人无正当理由减免相对人的债务或者延长相对人的履行期限,相对人以此向债权人抗辩,人民法院不予支持。		
第42条 对于民法典第五百三十九条规定的"明显不合理"的低价或者高价,人民法院应当按照交易当地一般经营者的判断,并参考交易时交易地的市场交易价或者物价部门指导价予以认定。 转让价格未达到交易时交易地的市场交易价或者指导价百分之七十的,一般可以认定为"明显不合理的低价";受让价格高于交易时交易地的市场交易价或者指导价百分之三十的,一般可以认定	《合同法解释(二)》第19条 对于合同法第七十四条规定的"明显不合理的低价",人民法院应当以交易当地一般经营者的判断,并参考交易当时交易地的物价部门指导价或者市场交易价,结合其他相关因素综合考虑予以确认。 转让价格达不到交易时交易地的指导价或者市场交易价百分之七十的,一般可以视为明显不合理的低价;对转让价格高于当地指导价或者市场交易价百分之三	

最高人民法院关于适用《中华人民共和国民法典》合同编通则若干问题的解释	最高人民法院关于适用《中华人民共和国合同法》若干问题的解释(一) 最高人民法院关于适用《中华人民共和国合同法》若干问题的解释(二)	最高人民法院关于印发《全国法院民商事审判工作会议纪要》的通知
为"明显不合理的高价"。 债务人与相对人存在亲属关系、关联关系的,不受前款规定的百分之七十、百分之三十的限制。	十的,一般可以视为明显不合理的高价。 债务人以明显不合理的高价收购他人财产,人民法院可以根据债权人的申请,参照合同法第七十四条的规定予以撤销。	
第43条 债务人以明显不合理的价格,实施互易财产、以物抵债、出租或者承租财产、知识产权许可使用等行为,影响债权人的债权实现,债务人的相对人知道或者应当知道该情形,债权人请求撤销债务人的行为的,人民法院应当依据民法典第五百三十九条的规定予以支持。		
第44条 债权人依据民法典第五百三十八条、第五百三十九条的规定提起撤销权诉讼的,应当以债务人和债务人的相对人为共同被告,由债务人或者相对人的住所地人民法院管辖,但是依法应当适用专属管辖规定的除外。 两个以上债权人就债务人的同一行为提起撤销权诉讼的,人民法院可以合并审理。	**《合同法解释(一)》第23条** 债权人依照合同法第七十四条的规定提起撤销权诉讼的,由被告住所地人民法院管辖。 **《合同法解释(一)》第24条** 债权人依照合同法第七十四条的规定提起撤销权诉讼时只以债务人为被告,未将受益人或者受让人列为第三人的,人民法院可以追加该受益人或者受让人为第三人。 **《合同法解释(一)》第25条** 债权人依照合同法第七十四条的规定提起撤销权诉讼,请求人民法院撤销债务人放弃债权或转让财产的行为,人民法院应当就债权人主张的部分进行审理,依法撤销的,该行为自始无效。 两个或者两个以上债权人以同一债务人为被告,就同一标的提起撤销权诉讼的,人民法院可以合并审理。	

最高人民法院关于适用《中华人民共和国民法典》合同编通则若干问题的解释	最高人民法院关于适用《中华人民共和国合同法》若干问题的解释(一) 最高人民法院关于适用《中华人民共和国合同法》若干问题的解释(二)	最高人民法院关于印发《全国法院民商事审判工作会议纪要》的通知
第45条 在债权人撤销权诉讼中,被撤销行为的标的可分,当事人主张在受影响的债权范围内撤销债务人的行为的,人民法院应予支持;被撤销行为的标的不可分,债权人主张将债务人的行为全部撤销的,人民法院应予支持。 债权人行使撤销权所支付的合理的律师代理费、差旅费等费用,可以认定为民法典第五百四十条规定的"必要费用"。	《合同法解释(一)》第26条 债权人行使撤销权所支付的律师代理费、差旅费等必要费用,由债务人负担;第三人有过错的,应当适当分担。	
第46条 债权人在撤销权诉讼中同时请求债务人的相对人向债务人承担返还财产、折价补偿、履行到期债务等法律后果的,人民法院依法予以支持。 债权人请求受理撤销权诉讼的人民法院一并审理其与债务人之间的债权债务关系,属于该人民法院管辖的,可以合并审理。不属于该人民法院管辖的,应当告知其向有管辖权的人民法院另行起诉。 债权人依据其与债务人的诉讼、撤销权诉讼产生的生效法律文书申请强制执行的,人民法院可以就债务人对相对人享有的权利采取强制执行措施以实现债权人的债权。债权人在撤销权诉讼中,申请对相对人的财产采取保全措施的,人民法院依法予以准许。		
六、合同的变更和转让		
第47条 债权转让后,债务人向受让人主张其对让与人的抗辩的,人民法院可以追加让与人为第三人。 债务转移后,新债务人主张原债务人对债权人的抗辩的,人民	《合同法解释(一)》第27条 债权人转让合同权利后,债务人与受让人之间因履行合同发生纠纷诉至人民法院,债务人对债权人的权利提出抗辩的,可以将债权人列为第三人。	

最高人民法院关于适用《中华人民共和国民法典》合同编通则若干问题的解释	最高人民法院关于适用《中华人民共和国合同法》若干问题的解释(一) 最高人民法院关于适用《中华人民共和国合同法》若干问题的解释(二)	最高人民法院关于印发《全国法院民商事审判工作会议纪要》的通知
法院可以追加原债务人为第三人。 当事人一方将合同权利义务一并转让后,对方就合同权利义务向受让人主张抗辩或者受让人就合同权利义务向对方主张抗辩的,人民法院可以追加让与人为第三人。	《合同法解释(一)》第28条 经债权人同意,债务人转移合同义务后,受让人与债权人之间因履行合同发生纠纷诉至人民法院,受让人就债务人对债权人的权利提出抗辩的,可以将债务人列为第三人。 《合同法解释(一)》第29条 合同当事人一方经对方同意将其在合同中的权利义务一并转让给受让人,对方与受让人因履行合同发生纠纷诉至人民法院,对方就合同权利义务提出抗辩的,可以将出让方列为第三人。	
第48条 债务人在接到债权转让通知前已经向让与人履行,受让人请求债务人履行的,人民法院不予支持;债务人接到债权转让通知后仍然向让与人履行,受让人请求债务人履行的,人民法院应予支持。 让与人未通知债务人,受让人直接起诉债务人请求履行债务,人民法院经审理确认债权转让事实的,应当认定债权转让自起诉状副本送达时对债务人发生效力。债务人主张因未通知而给其增加的费用或者造成的损失从认定的债权数额中扣除的,人民法院依法予以支持。		
第49条 债务人接到债权转让通知后,让与人以债权转让合同不成立、无效、被撤销或者确定不发生效力为由请求债务人向其履行的,人民法院不予支持。但是,该债权转让通知被依法撤销的除外。 受让人基于债务人对债权真实存在的确认受让债权后,债务人又以该债权不存在为由拒绝向受		

最高人民法院关于适用《中华人民共和国民法典》合同编通则若干问题的解释	最高人民法院关于适用《中华人民共和国合同法》若干问题的解释(一) 最高人民法院关于适用《中华人民共和国合同法》若干问题的解释(二)	最高人民法院关于印发《全国法院民商事审判工作会议纪要》的通知
让人履行的,人民法院不予支持。但是,受让人知道或者应当知道该债权不存在的除外。		
第50条 让与人将同一债权转让给两个以上受让人,债务人以已经向最先通知的受让人履行为由主张其不再履行债务的,人民法院应予支持。债务人明知接受履行的受让人不是最先通知的受让人,最先通知的受让人请求债务人继续履行债务或者依据债权转让协议请求让与人承担违约责任的,人民法院应予支持;最先通知的受让人请求接受履行的受让人返还其接受的财产的,人民法院不予支持,但是接受履行的受让人明知该债权在其受让前已经转让给其他受让人的除外。 前款所称最先通知的受让人,是指最先到达债务人的转让通知中载明的受让人。当事人之间对通知到达时间有争议的,人民法院应当结合通知的方式等因素综合判断,而不能仅根据债务人认可的通知时间或者通知记载的时间予以认定。当事人采用邮寄、通讯电子系统等方式发出通知的,人民法院应当以邮戳时间或者通讯电子系统记载的时间等作为认定通知到达时间的依据。		
第51条 第三人加入债务并与债务人约定了追偿权,其履行债务后主张向债务人追偿的,人民法院应予支持;没有约定追偿权,第三人依照民法典关于不当得利等的规定,在其已经向债权人履行债务的范围内请求债务人向其履行的,人民法院应予支持,但是第三人知道或者应当知道加入债务会损害债务人利益的除外。		

最高人民法院关于适用《中华人民共和国民法典》合同编通则若干问题的解释	最高人民法院关于适用《中华人民共和国合同法》若干问题的解释(一) 最高人民法院关于适用《中华人民共和国合同法》若干问题的解释(二)	最高人民法院关于印发《全国法院民商事审判工作会议纪要》的通知
债务人就其对债权人享有的抗辩向加入债务的第三人主张的,人民法院应予支持。		
七、合同的权利义务终止		
第52条 当事人就解除合同协商一致时未对合同解除后的违约责任、结算和清理等问题作出处理,一方主张合同已经解除的,人民法院应予支持。但是,当事人另有约定的除外。 有下列情形之一的,除当事人一方另有意思表示外,人民法院可以认定合同解除: (一)当事人一方主张行使法律规定或者合同约定的解除权,经审理认为不符合解除权行使条件但是对方同意解除; (二)双方当事人均不符合解除权行使的条件但是均主张解除合同。 前两款情形下的违约责任、结算和清理等问题,人民法院应当依据民法典第五百六十六条、第五百六十七条和有关违约责任的规定处理。		
第53条 当事人一方以通知方式解除合同,并以对方未在约定的异议期限或者其他合理期限内提出异议为由主张合同已经解除的,人民法院应当对其是否享有法律规定或者合同约定的解除权进行审查。经审查,享有解除权的,合同自通知到达对方时解除;不享有解除权的,不发生合同解除的效力。	《合同法解释(二)》第24条 当事人对合同法第九十六条、第九十九条规定的合同解除或者债务抵销虽有异议,但在约定的异议期限届满后才提出异议并向人民法院起诉的,人民法院不予支持;当事人没有约定异议期间,在解除合同或者债务抵销通知到达之日起三个月以后才向人民法院起诉的,人民法院不予支持。	《九民纪要》第46条【通知解除的条件】 审判实践中,部分人民法院对合同法司法解释(二)第24条的理解存在偏差,认为不论发出解除通知的一方有无解除权,只要另一方未在异议期限内以起诉方式提出异议,就判令解除合同,这不符合合同法关于合同解除权行使的有关规定。对该条的准确理解是,只有享有法定或者约定解除权的当事人才能以通知方式解除合同。不享有解除权的一方向另一方发出解除通知,另一方即便未在异议期限内提起诉讼,也不发生合同解除的效

最高人民法院关于适用《中华人民共和国民法典》合同编通则若干问题的解释	最高人民法院关于适用《中华人民共和国合同法》若干问题的解释(一) 最高人民法院关于适用《中华人民共和国合同法》若干问题的解释(二)	最高人民法院关于印发《全国法院民商事审判工作会议纪要》的通知
		果。人民法院在审理案件时,应当审查发出解除通知的一方是否享有约定或者法定的解除权来决定合同应否解除,不能仅以受通知一方在约定或者法定的异议期限届满内未起诉这一事实就认定合同已经解除。
第54条 当事人一方未通知对方,直接以提起诉讼的方式主张解除合同,撤诉后再次起诉主张解除合同,人民法院经审理支持该主张的,合同自再次起诉的起诉状副本送达对方时解除。但是,当事人一方撤诉后又通知对方解除合同且该通知已经到达对方的除外。		
第55条 当事人一方依据民法典第五百六十八条的规定主张抵销,人民法院经审理认为抵销权成立的,应当认定通知到达对方时双方互负的主债务、利息、违约金或者损害赔偿金等债务在同等数额内消灭。		
第56条 行使抵销权的一方负担的数项债务种类相同,但是享有的债权不足以抵销全部债务,当事人因抵销的顺序发生争议的,人民法院可以参照民法典第五百六十条的规定处理。 行使抵销权的一方享有的债权不足以抵销其负担的包括主债务、利息、实现债权的有关费用在内的全部债务,当事人因抵销的顺序发生争议的,人民法院可以参照民法典第五百六十一条的规定处理。		《九民纪要》第43条【抵销】 抵销权既可以通知的方式行使,也可以提出抗辩或者提起反诉的方式行使。抵销的意思表示自到达对方时生效,抵销一经生效,其效力溯及自抵销条件成就之时,双方互负的债务在同等数额内消灭。双方互负的债务数额,是截至抵销条件成就之时各自负有的包括主债务、利息、违约金、赔偿金等在内的全部债务数额。行使抵销权一方享有的债权不足以抵销全部债务数额,当事人对抵销顺序又没有特别约定的,应当根据实现债权的费用、利息、主债务的顺序进行抵销。

最高人民法院关于适用《中华人民共和国民法典》合同编通则若干问题的解释	最高人民法院关于适用《中华人民共和国合同法》若干问题的解释(一) 最高人民法院关于适用《中华人民共和国合同法》若干问题的解释(二)	最高人民法院关于印发《全国法院民商事审判工作会议纪要》的通知
第57条 因侵害自然人人身权益,或者故意、重大过失侵害他人财产权益产生的损害赔偿债务,侵权人主张抵销的,人民法院不予支持。		
第58条 当事人互负债务,一方以其诉讼时效期间已经届满的债权通知对方主张抵销,对方提出诉讼时效抗辩的,人民法院对该抗辩应予支持。一方的债权诉讼时效期间已经届满,对方主张抵销的,人民法院应予支持。		
八、违约责任		
第59条 当事人一方依据民法典第五百八十条第二款的规定请求终止合同权利义务关系的,人民法院一般应当以起诉状副本送达对方的时间作为合同权利义务关系终止的时间。根据案件的具体情况,以其他时间作为合同权利义务关系终止的时间更加符合公平原则和诚信原则的,人民法院可以以该时间作为合同权利义务关系终止的时间,但是应当在裁判文书中充分说明理由。		《九民纪要》第48条【违约方起诉解除】 违约方不享有单方解除合同的权利。但是,在一些长期性合同如房屋租赁合同履行过程中,双方形成合同僵局,一概不允许违约方通过起诉的方式解除合同,有时对双方都不利。在此前提下,符合下列条件,违约方起诉请求解除合同的,人民法院依法予以支持: (1)违约方不存在恶意违约的情形; (2)违约方继续履行合同,对其显失公平; (3)守约方拒绝解除合同,违反诚实信用原则。 人民法院判决解除合同的,违约方应当承担的违约责任不能因解除合同而减少或者免除。
第60条 人民法院依据民法典第五百八十四条的规定确定合同履行后可以获得的利益时,可以在扣除非违约方为订立、履行合同支出的费用等合理成本后,按照非违约方能够获得的生产利润、经营利润或者转售利润等计算。		

最高人民法院关于适用《中华人民共和国民法典》合同编通则若干问题的解释	最高人民法院关于适用《中华人民共和国合同法》若干问题的解释(一)	最高人民法院关于印发《全国法院民商事审判工作会议纪要》的通知
	最高人民法院关于适用《中华人民共和国合同法》若干问题的解释(二)	
非违约方依法行使合同解除权并实施了替代交易,主张按照替代交易价格与合同价格的差额确定合同履行后可以获得的利益的,人民法院依法予以支持;替代交易价格明显偏离替代交易发生时当地的市场价格,违约方主张按照市场价格与合同价格的差额确定合同履行后可以获得的利益的,人民法院应予支持。 非违约方依法行使合同解除权但是未实施替代交易,主张按照违约行为发生后合理期间内合同履行地的市场价格与合同价格的差额确定合同履行后可以获得的利益的,人民法院应予支持。		
第61条 在以持续履行的债务为内容的定期合同中,一方不履行支付价款、租金等金钱债务,对方请求解除合同,人民法院经审理认为合同应当依法解除的,可以根据当事人的主张,参考合同主体、交易类型、市场价格变化、剩余履行期限等因素确定非违约方寻找替代交易的合理期限,并按照该期限对应的价款、租金等扣除非违约方应当支付的相应履约成本确定合同履行后可以获得的利益。 非违约方主张按照合同解除后剩余履行期限相应的价款、租金等扣除履约成本确定合同履行后可以获得的利益的,人民法院不予支持。但是,剩余履行期限少于寻找替代交易的合理期限的除外。		

最高人民法院关于适用《中华人民共和国民法典》合同编通则若干问题的解释	最高人民法院关于适用《中华人民共和国合同法》若干问题的解释（一） 最高人民法院关于适用《中华人民共和国合同法》若干问题的解释（二）	最高人民法院关于印发《全国法院民商事审判工作会议纪要》的通知
第62条　非违约方在合同履行后可以获得的利益难以根据本解释第六十条、第六十一条的规定予以确定的，人民法院可以综合考虑违约方因违约获得的利益、违约方的过错程度、其他违约情节等因素，遵循公平原则和诚信原则确定。		
第63条　在认定民法典第五百八十四条规定的"违约一方订立合同时预见到或者应当预见到的因违约可能造成的损失"时，人民法院应当根据当事人订立合同的目的，综合考虑合同主体、合同内容、交易类型、交易习惯、磋商过程等因素，按照与违约方处于相同或者类似情况的民事主体在订立合同时预见到或者应当预见到的损失予以确定。 　　除合同履行后可以获得的利益外，非违约方主张还有其向第三人承担违约责任应当支出的额外费用等其他因违约所造成的损失，并请求违约方赔偿，经审理认为该损失系违约一方订立合同时预见到或者应当预见到的，人民法院应予支持。 　　在确定违约损失赔偿额时，违约方主张扣除非违约方未采取适当措施导致的扩大损失、非违约方也有过错造成的相应损失、非违约方因违约获得的额外利益或者减少的必要支出的，人民法院依法予以支持。		
第64条　当事人一方通过反诉或者抗辩的方式，请求调整违约金的，人民法院依法予以支持。 　　违约方主张约定的违约金过分高于违约造成的损失，请求予以适	《合同法解释（二）》第27条　当事人通过反诉或者抗辩的方式，请求人民法院依照合同法第一百一十四条第二款的规定调整违约金的，人民法院应予支持。	《九民纪要》第50条【违约金过高标准及举证责任】　认定约定违约金是否过高，一般应当以《合同法》第113条规定的损失为基础进行判断，这里的损失包括合同

最高人民法院关于适用《中华人民共和国民法典》合同编通则若干问题的解释	最高人民法院关于适用《中华人民共和国合同法》若干问题的解释(一) 最高人民法院关于适用《中华人民共和国合同法》若干问题的解释(二)	最高人民法院关于印发《全国法院民商事审判工作会议纪要》的通知
当减少的,应当承担举证责任。 非违约方主张约定的违约金合理的,也应当提供相应的证据。 当事人仅以合同约定不得对违约金进行调整为由主张不予调整违约金的,人民法院不予支持。		履行后可以获得的利益。除借款合同外的双务合同,作为对价的价款或者报酬给付之债,并非借款合同项下的还款义务,不能以受法律保护的民间借贷利率上限作为判断违约金是否过高的标准,而应当兼顾合同履行情况、当事人过错程度以及预期利益等因素综合确定。主张违约金过高的违约方应当对违约金是否过高承担举证责任。
第65条 当事人主张约定的违约金过分高于违约造成的损失,请求予以适当减少的,人民法院应当以民法典第五百八十四条规定的损失为基础,兼顾合同主体、交易类型、合同的履行情况、当事人的过错程度、履约背景等因素,遵循公平原则和诚信原则进行衡量,并作出裁判。 约定的违约金超过造成损失的百分之三十的,人民法院一般可以认定为过分高于造成的损失。 恶意违约的当事人一方请求减少违约金的,人民法院一般不予支持。	《合同法解释(二)》第29条 当事人主张约定的违约金过高请求予以适当减少的,人民法院应当以实际损失为基础,兼顾合同的履行情况、当事人的过错程度以及预期利益等综合因素,根据公平原则和诚实信用原则予以衡量,并作出裁决。 当事人约定的违约金超过造成损失的百分之三十的,一般可以认定为合同法第一百一十四条第二款规定的"过分高于造成的损失"。	
第66条 当事人一方请求对方支付违约金,对方以合同不成立、无效、被撤销、确定不发生效力、不构成违约或者非违约方不存在损失等为由抗辩,未主张调整过高的违约金的,人民法院应当就若不支持该抗辩,当事人是否请求调整违约金进行释明。第一审人民法院认为抗辩成立且未予释明,第二审人民法院认为应当判决支付违约金的,可以直接释明,并根据当事人的请求,在当事人就是否应当调整违约金充分举证、质证、辩论后,依法判决适当减少违约金。		

最高人民法院关于适用《中华人民共和国民法典》合同编通则若干问题的解释	最高人民法院关于适用《中华人民共和国合同法》若干问题的解释（一）	最高人民法院关于印发《全国法院民商事审判工作会议纪要》的通知
	最高人民法院关于适用《中华人民共和国合同法》若干问题的解释（二）	
被告因客观原因在第一审程序中未到庭参加诉讼，但是在第二审程序中到庭参加诉讼并请求减少违约金的，第二审人民法院可以在当事人就是否应当调整违约金充分举证、质证、辩论后，依法判决适当减少违约金。		
第67条 当事人交付留置金、担保金、保证金、订约金、押金或者订金等，但是没有约定定金性质，一方主张适用民法典第五百八十七条规定的定金罚则的，人民法院不予支持。当事人约定了定金性质，但是未约定定金类型或者约定不明，一方主张为违约定金的，人民法院应予支持。 当事人约定以交付定金作为订立合同的担保，一方拒绝订立合同或者在磋商订立合同时违背诚信原则导致未能订立合同，对方主张适用民法典第五百八十七条规定的定金罚则的，人民法院应予支持。 当事人约定以交付定金作为合同成立或者生效条件，应当交付定金的一方未交付定金，但是合同主要义务已经履行完毕并为对方所接受的，人民法院应当认定合同在对方接受履行时已经成立或者生效。 当事人约定定金性质为解约定金，交付定金的一方主张以丧失定金为代价解除合同的，或者收受定金的一方主张以双倍返还定金为代价解除合同的，人民法院应予支持。		

最高人民法院关于适用《中华人民共和国民法典》合同编通则若干问题的解释	最高人民法院关于适用《中华人民共和国合同法》若干问题的解释(一) 最高人民法院关于适用《中华人民共和国合同法》若干问题的解释(二)	最高人民法院关于印发《全国法院民商事审判工作会议纪要》的通知
第68条 双方当事人均具有致使不能实现合同目的的违约行为,其中一方请求适用定金罚则的,人民法院不予支持。当事人一方仅有轻微违约,对方具有致使不能实现合同目的的违约行为,轻微违约方主张适用定金罚则,对方以轻微违约方也构成违约为由抗辩的,人民法院对该抗辩不予支持。 　　当事人一方已经部分履行合同,对方接受并主张按照未履行部分所占比例适用定金罚则的,人民法院应予支持。对方主张按照合同整体适用定金罚则的,人民法院不予支持,但是部分未履行致使不能实现合同目的的除外。 　　因不可抗力致使合同不能履行,非违约方主张适用定金罚则的,人民法院不予支持。		
九、附则		
第69条 本解释自2023年12月5日起施行。 　　民法典施行后的法律事实引起的民事案件,本解释施行后尚未终审的,适用本解释;本解释施行前已经终审,当事人申请再审或者按照审判监督程序决定再审的,不适用本解释。		

五、《婚姻家庭编解释（一）》新旧对照表

《婚姻家庭编解释（一）》(法释〔2020〕22号)	《婚姻法》相关司法解释
第一章　一般规定	
第1条　持续性、经常性的家庭暴力，可以认定为民法典第一千零四十二条、第一千零七十九条、第一千零九十一条所称的"虐待"。	《婚姻法解释（一）》**第1条**　婚姻法第三条、第三十二条、第四十三条、第四十五条、第四十六条所称的"家庭暴力"，是指行为人以殴打、捆绑、残害、强行限制人身自由或者其他手段，给其家庭成员的身体、精神等方面造成一定伤害后果的行为。持续性、经常性的家庭暴力，构成虐待。
第2条　民法典第一千零四十二条、第一千零七十九条、第一千零九十一条规定的"与他人同居"的情形，是指有配偶者与婚外异性，不以夫妻名义，持续、稳定地共同居住。	《婚姻法解释（一）》**第2条**　婚姻法第三条、第三十二条、第四十六条规定的"有配偶者与他人同居"的情形，是指有配偶者与婚外异性，不以夫妻名义，持续、稳定地共同居住。
第3条　当事人**提起诉讼仅**请求解除同居关系的，人民法院不予受理；**已经受理的，裁定驳回起诉**。 当事人因同居期间财产分割或者子女抚养纠纷提起诉讼的，人民法院应当受理。	《婚姻法解释（二）》**第1条**　当事人起诉请求解除同居关系的，人民法院不予受理。但当事人请求解除的同居关系，属于婚姻法第三条、第三十二条、第四十六条规定的"有配偶者与他人同居"的，人民法院应当受理并依法予以解除。 当事人因同居期间财产分割或者子女抚养纠纷提起诉讼的，人民法院应当受理。
第4条　当事人仅以**民法典第一千零四十三条**为依据提起诉讼的，人民法院不予受理；已经受理的，裁定驳回起诉。	《婚姻法解释（一）》**第3条**　当事人仅以婚姻法第四条为依据提起诉讼的，人民法院不予受理；已经受理的，裁定驳回起诉。
第5条　当事人请求返还按照习俗给付的彩礼的，如果查明属于以下情形，人民法院应当予以支持： （一）双方未办理结婚登记手续； （二）双方办理结婚登记手续但确未共同生活； （三）婚前给付并导致给付人生活困难。 适用前款**第二项、第三项**的规定，应当以双方离婚为条件。	《婚姻法解释（二）》**第10条**　当事人请求返还按照习俗给付的彩礼的，如果查明属于以下情形，人民法院应当予以支持： （一）双方未办理结婚登记手续的； （二）双方办理结婚登记手续但确未共同生活的； （三）婚前给付并导致给付人生活困难的。 适用前款第（二）、（三）项的规定，应当以双方离婚为条件。
二、结婚	
第6条　男女双方**依据民法典第一千零四十九条**规定补办结婚登记的，婚姻关系的效力从双方均符合**民法典**所规定的结婚的实质要件时起算。	《婚姻法解释（一）》**第4条**　男女双方根据婚姻法第八条规定补办结婚登记的，婚姻关系的效力从双方均符合婚姻法所规定的结婚的实质要件时起算。

《婚姻家庭编解释(一)》(法释〔2020〕22号)	《婚姻法》相关司法解释
第7条 未**依据民法典第一千零四十九条**规定办理结婚登记而以夫妻名义共同生活的男女，**提起诉讼**要求离婚的，应当区别对待： （一）1994年2月1日民政部《婚姻登记管理条例》公布实施以前，男女双方已经符合结婚实质要件的，按事实婚姻处理。 （二）1994年2月1日民政部《婚姻登记管理条例》公布实施以后，男女双方符合结婚实质要件的，人民法院应当告知其补办结婚登记。未补办结婚登记的，**依据本解释第三条规定**处理。	《婚姻法解释(一)》**第5条** 未按婚姻法第八条规定办理结婚登记而以夫妻名义共同生活的男女，起诉到人民法院要求离婚的，应当区别对待： （一）1994年2月1日民政部《婚姻登记管理条例》公布实施以前，男女双方已经符合结婚实质要件的，按事实婚姻处理。 （二）1994年2月1日民政部《婚姻登记管理条例》公布实施以后，男女双方符合结婚实质要件的，人民法院应当告知其**在案件受理前**补办结婚登记；未补办结婚登记的，按解除同居关系处理。
第8条 未**依据民法典第一千零四十九条**规定办理结婚登记而以夫妻名义共同生活的男女，一方死亡，另一方以配偶身份主张享有继承权的，**依据本解释第七条**的原则处理。	《婚姻法解释(一)》**第6条** 未按婚姻法第八条规定办理结婚登记而以夫妻名义共同生活的男女，一方死亡，另一方以配偶身份主张享有继承权的，按照本解释第五条的原则处理。
第9条 有权依据**民法典第一千零五十一条**规定向人民法院就已办理结婚登记的婚姻**请求确认**婚姻无效的主体，包括婚姻当事人及利害关系人。**其中**，利害关系人包括： （一）以重婚为由的，为当事人的近亲属及基层组织**；** （二）以未到法定婚龄为由的，为**未到**法定婚龄者的近亲属**；** （三）以有禁止结婚的亲属关系为由的，为当事人的近亲属。	《婚姻法解释(一)》**第7条** 有权依据婚姻法第十条规定向人民法院就已办理结婚登记的婚姻申请宣告婚姻无效的主体，包括婚姻当事人及利害关系人。利害关系人包括： （一）以重婚为由**申请宣告婚姻无效的**，为当事人的近亲属及基层组织。 （二）以未到法定婚龄为由**申请宣告婚姻无效**的，为未达法定婚龄者的近亲属。 （三）以有禁止结婚的亲属关系为由**申请宣告婚姻无效的**，为当事人的近亲属。 （四）以婚前患有医学上认为不应当结婚的疾病，婚后尚未治愈为由申请宣告婚姻无效的，为与患病者共同生活的近亲属。
第10条 当事人依据民法典第一千零五十一条规定向人民法院**请求确认婚姻无效**，法定的无效婚姻情形**在提起诉讼时**已经消失的，人民法院不予支持。	《婚姻法解释(一)》**第8条** 当事人依据婚姻法第十条规定向人民法院申请宣告婚姻无效的，**申请时**，法定的无效婚姻情形已经消失的，人民法院不予支持。
第11条 人民法院受理**请求确认**婚姻无效案件后，原告申请撤诉的，不予准许。 对婚姻效力的审理不适用调解，应当依法作出判决。 涉及财产分割和子女抚养的，可以调解。调解达成协议的，另行制作调解书；**未达成调解协议的，应当一并作出判决**。	《婚姻法解释(二)》**第2条** 人民法院受理申请宣告婚姻无效案件后，**经审查确属无效婚姻的，应当依法作出宣告婚姻无效的判决**。原告申请撤诉的，不予准许。 《婚姻法解释(一)》**第9条** 人民法院审理宣告婚姻无效案件，对婚姻效力的审理不适用调解，应当依法作出判决；有关婚姻效力的判决一经作出，即发生法律效力。 涉及财产分割和子女抚养的，可以调解。调解达成协议的，另行制作调解书。对财产分割和子女抚养问题的判决不服的，当事人可以上诉。 《婚姻法解释(二)》**第4条** 人民法院审理无效婚姻案件，涉及财产分割和子女抚养的，应当对婚姻效力的认定和其他纠纷的处理分别制作裁判文书。

《婚姻家庭编解释（一）》(法释〔2020〕22号)	《婚姻法》相关司法解释
第12条　人民法院受理离婚案件后，经**审理**确属无效婚姻的，应当将婚姻无效的情形告知当事人，并依法作出**确认**婚姻无效的判决。	《婚姻法解释（二）》第3条　人民法院受理离婚案件后，经审查确属无效婚姻的，应当将婚姻无效的情形告知当事人，并依法作出宣告婚姻无效的判决。
第13条　人民法院就同一婚姻关系分别受理了离婚和**请求确认**婚姻无效案件的，对于离婚案件的审理，应当待**请求确认**婚姻无效案件作出判决后进行。	《婚姻法解释（二）》第7条　人民法院就同一婚姻关系分别受理了离婚和申请宣告婚姻无效案件的，对于离婚案件的审理，应当待申请宣告婚姻无效案件作出判决后进行。 前款所指的婚姻关系被宣告无效后，涉及财产分割和子女抚养的，应当继续审理。
第14条　夫妻一方或者双方死亡后，生存一方或者利害关系人依据**民法典第一千零五十一条**的规定**请求确认**婚姻无效的，人民法院应当受理。	《婚姻法解释（二）》第5条　夫妻一方或者双方死亡后**一年内**，生存一方或者利害关系人依据婚姻法第十条的规定申请宣告婚姻无效的，人民法院应当受理。
第15条　利害关系人依据**民法典第一千零五十一条**的规定，**请求**人民法院**确认**婚姻无效的，利害关系人为**原告**，婚姻关系当事人双方为**被告**。 夫妻一方死亡的，生存一方为**被告**。	《婚姻法解释（二）》第6条　利害关系人依据婚姻法第十条的规定，申请人民法院宣告婚姻无效的，利害关系人为申请人，婚姻关系当事人双方为被申请人。 夫妻一方死亡的，生存一方为被申请人。 **夫妻双方均已死亡的，不列被申请人。**
第16条　人民法院审理重婚导致的无效婚姻案件时，涉及财产处理的，应当准许合法婚姻当事人作为有独立请求权的第三人参加诉讼。	《婚姻法解释（一）》16条 同法释〔2020〕22号第16条
第17条　当事人以**民法典第一千零五十一条规定的三种无效婚姻**以外的情形**请求确认**婚姻无效的，人民法院应当判决驳回当事人的**诉讼请求**。 当事人以结婚登记程序存在瑕疵为由提起民事诉讼，主张撤销结婚登记的，告知其可以依法申请行政复议或者提起行政诉讼。	《婚姻法解释（三）》第1条　当事人以婚姻法第十条规定以外的情形申请宣告婚姻无效的，人民法院应当判决驳回当事人的申请。 当事人以结婚登记程序存在瑕疵为由提起民事诉讼，主张撤销结婚登记的，告知其可以依法申请行政复议或者提起行政诉讼。
第18条　行为人以另一方当事人或者其近亲属的生命、**身体**、**健康**、名誉、财产等方面造成损害为要挟，迫使另一方当事人违背真实意愿结婚的，**可以认定为民法典第一千零五十二条所称的"胁迫"**。 因受胁迫而请求撤销婚姻的，只能是受胁迫一方的婚姻关系当事人本人。	《婚姻法解释（一）》第10条　婚姻法第十一条所称的"胁迫"，是指行为人以给另一方当事人或者其近亲属的生命、身体健康、名誉、财产等方面造成损害为要挟，迫使另一方当事人违背真实意愿结婚的情况。 因受胁迫而请求撤销婚姻的，只能是受胁迫一方的婚姻关系当事人本人。
第19条　民法典第一千零五十二条规定的"一年"，不适用诉讼时效中止、中断或者延长的规定。 **受胁迫或者被非法限制人身自由的当事人请求撤销婚姻的，不适用民法典第一百五十二条第二款的规定。**	《婚姻法解释（一）》第12条　婚姻法第十一条规定的"一年"，不适用诉讼时效中止、中断或者延长的规定。

《婚姻家庭编解释(一)》(法释〔2020〕22号)	《婚姻法》相关司法解释
第20条 民法典第一千零五十四条所规定的"**自始没有法律约束力**",是指无效**婚姻**或者可撤销婚姻在依法**被确认**无效或者被撤销时,才确定该婚姻自始不受法律保护。	《婚姻法解释(一)》第13条 婚姻法第十二条所规定的自始无效,是指无效或者可撤销婚姻在依法被宣告无效或被撤销时,才确定该婚姻自始不受法律保护。
第21条 人民法院根据当事人的**请求**,依法**确认**婚姻无效或者撤销婚姻的,应当收缴双方的结婚证书并将生效的判决书寄送当地婚姻登记管理机关。	《婚姻法解释(一)》第14条 人民法院根据当事人的申请,依法宣告婚姻无效或者撤销婚姻的,应当收缴双方的结婚证书并将生效的判决书寄送当地婚姻登记管理机关。
第22条 被**确认**无效或者被撤销的婚姻,当事人同居期间所得的财产,**除有证据证明为当事人一方所有的以外**,按共同共有处理。	《婚姻法解释(一)》第15条 被宣告无效或被撤销的婚姻,当事人同居期间所得的财产,按共同共有处理。但有证据证明为当事人一方所有的除外。
三、夫妻关系	
第23条 夫以妻擅自中止妊娠侵犯其生育权为由请求损害赔偿的,人民法院不予支持;夫妻双方因是否生育发生纠纷,致使感情已破裂,一方请求离婚,人民法院经调解无效,应依照**民法典第一千零七十九条第三款第五项**的规定处理。	《婚姻法解释(三)》第9条 夫以妻擅自中止妊娠侵犯其生育权为由请求损害赔偿的,人民法院不予支持;夫妻双方因是否生育发生纠纷,致使感情确已破裂,一方请求离婚的,人民法院经调解无效,应依照婚姻法第三十二条第三款第(五)项的规定处理。
第24条 民法典第一千零六十二条第一款第三项规定的"知识产权的收益",是指婚姻关系存续期间,实际取得或者已经明确可以取得的财产性收益。	《婚姻法解释(二)》第12条 婚姻法第十七条第三项规定的"知识产权的收益",是指婚姻关系存续期间,实际取得或者已经明确可以取得的财产性收益。
第25条 婚姻关系存续期间,下列财产属于**民法典第一千零六十二条**规定的"其他应当归共同所有的财产": (一)一方以个人财产投资取得的收益; (二)男女双方实际取得或者应当取得的住房补贴、住房公积金; (三)男女双方实际取得或者应当取得的**基本**养老金、破产安置补偿费。	《婚姻法解释(二)》第11条 婚姻关系存续期间,下列财产属于婚姻法第十七条规定的"其他应当归共同所有的财产": (一)一方以个人财产投资取得的收益; (二)男女双方实际取得或者应当取得的住房补贴、住房公积金; (三)男女双方实际取得或者应当取得的养老保险金、破产安置补偿费。
第26条 夫妻一方个人财产在婚后产生的收益,除孳息和自然增值外,应认定为夫妻共同财产。	《婚姻法解释(三)》第5条 同法释〔2020〕22号第26条
第27条 由一方婚前承租、婚后用共同财产购买的房屋,登记在一方名下的,应当认定为夫妻共同财产。	《婚姻法解释(二)》第19条 由一方婚前承租、婚后用共同财产购买的房屋,**房屋权属证书**登记在一方名下的,应当认定为夫妻共同财产。
第28条 一方未经另一方同意出售夫妻共同**所有**的房屋,第三人善意购买、支付合理对价并**已办理不动产登记**,另一方主张追回该房屋的,人民法院不予支持。 夫妻一方擅自处分共同**所有**的房屋造成另一方损失,离婚时另一方请求赔偿损失的,人民法院应予支持。	《婚姻法解释(三)》第11条 一方未经另一方同意出售夫妻共同共有的房屋,第三人善意购买、支付合理对价并办理产权登记手续,另一方主张追回该房屋的,人民法院不予支持。 夫妻一方擅自处分共同共有的房屋造成另一方损失,离婚时另一方请求赔偿损失的,人民法院应予支持。

《婚姻家庭编解释（一）》(法释〔2020〕22号)	《婚姻法》相关司法解释
第29条 当事人结婚前，父母为双方购置房屋出资的，该出资应当认定为对自己子女<u>个人的赠与</u>，但父母明确表示赠与双方的除外。 当事人婚后，父母为双方购置房屋出资的，<u>依照约定处理；没有约定或者约定不明确的，按照民法典第一千零六十二条第一款第四项规定的原则处理</u>。	《婚姻法解释（二）》第22条 当事人结婚前，父母为双方购置房屋出资的，该出资应当认定为对自己子女的个人赠与，但父母明确表示赠与双方的除外。 当事人结婚后，父母为双方购置房屋出资的，该出资应当认定为对夫妻双方的赠与，但父母明确表示赠与一方的除外。
第30条 军人的伤亡保险金、伤残补助金、医药生活补助费属于个人财产。	《婚姻法解释（二）》第13条 同法释〔2020〕22号第30条
第31条 <u>民法典第一千零六十三条</u>规定为夫妻一方的<u>个人财产</u>，不因婚姻关系的延续而转化为夫妻共同财产。但当事人另有约定的除外。	《婚姻法解释（一）》第19条 婚姻法第十八条规定为夫妻一方的所有的财产，不因婚姻关系的延续而转化为夫妻共同财产。但当事人另有约定的除外。
第32条 婚前或者婚姻关系存续期间，当事人约定将一方所有的房产赠与另一方<u>或者共有</u>，赠与方在赠与房产变更登记之前撤销赠与，另一方请求判令继续履行的，人民法院可以按照<u>民法典第六百五十八条</u>的规定处理。	《婚姻法解释（三）》第6条 婚前或者婚姻关系存续期间，当事人约定将一方所有的房产赠与另一方，赠与方在赠与房产变更登记之前撤销赠与，另一方请求判令继续履行的，人民法院可以按照合同法第一百八十六条的规定处理。
第33条 债权人就一方婚前所负个人债务向债务人的配偶主张权利的，人民法院不予支持。但债权人能够证明所负债务用于婚后家庭共同生活的除外。	《婚姻法解释（二）》第23条 同法释〔2020〕22号第33条
第34条 夫妻一方与第三人串通，虚构债务，第三人主张<u>该债务为夫妻共同债务的</u>，人民法院不予支持。 夫妻一方在从事赌博、吸毒等违法犯罪活动中所负债务，第三人主张<u>该债务为夫妻共同债务的</u>，人民法院不予支持。	《婚姻法解释（二）》第24条 债权人就婚姻关系存续期间夫妻一方以个人名义所负债务主张权利的，应当按夫妻共同债务处理。但夫妻一方能够证明债权人与债务人明确约定为个人债务，或者能够证明属于婚姻法第十九条第三款规定情形的除外。 《婚姻法解释（二）》(2017年修正)第二款、第三款 夫妻一方与第三人串通，虚构债务，第三人主张权利的，人民法院不予支持。 夫妻一方在从事赌博、吸毒等违法犯罪活动中所负债务，第三人主张权利的，人民法院不予支持。
第35条 当事人的离婚协议或者人民法院<u>生效判决、裁定</u>、调解书已经对夫妻财产分割问题作出处理的，债权人仍有权就夫妻共同债务向男女双方主张权利。 一方就<u>夫妻</u>共同债务承担清偿责任后，<u>主张由另一方按照离婚协议或者人民法院的法律文书承担相应债务的</u>，人民法院<u>应予</u>支持。	《婚姻法解释（二）》第25条 当事人的离婚协议或者人民法院的判决书、裁定书、调解书已经对夫妻财产分割问题作出处理的，债权人仍有权就夫妻共同债务向男女双方主张权利。 一方就共同债务承担<u>连带</u>清偿责任后，基于离婚协议或者人民法院的法律文书向另一方主张追偿的，人民法院应当支持。
第36条 夫<u>或者</u>妻一方死亡的，生存一方应当对婚姻关系存续期间的<u>夫妻</u>共同债务承担清偿责任。	《婚姻法解释（二）》第26条 夫或妻一方死亡的，生存一方应当对婚姻关系存续期间的共同债务承担<u>连带</u>清偿责任。

《婚姻家庭编解释(一)》(法释〔2020〕22号)	《婚姻法》相关司法解释
第37条 民法典第一千零六十五条第三款所称"相对人知道该约定的",夫妻一方对此负有举证责任。	《婚姻法解释(一)》第18条 婚姻法第十九条所称"第三人知道该约定的",夫妻一方对此负有举证责任。
第38条 婚姻关系存续期间,除民法典第一千零六十六条规定情形以外,夫妻一方请求分割共同财产的,人民法院不予支持。	《婚姻法解释(三)》第4条 婚姻关系存续期间,夫妻一方请求分割共同财产的,人民法院不予支持,但有下列重大理由且不损害债权人利益的除外: (一)一方有隐藏、转移、变卖、毁损、挥霍夫妻共同财产或者伪造夫妻共同债务等严重损害夫妻共同财产利益行为的; (二)一方负有法定扶养义务的人患重大疾病需要医治,另一方不同意支付相关医疗费用的。
四、父母子女关系	
第39条 父或者母向人民法院起诉请求否认亲子关系,并已提供必要证据予以证明,另一方没有相反证据又拒绝做亲子鉴定的,人民法院可以认定否认亲子关系一方的主张成立。 父或者母以及成年子女起诉请求确认亲子关系,并提供必要证据予以证明,另一方没有相反证据又拒绝做亲子鉴定的,人民法院可以认定确认亲子关系一方的主张成立。	《婚姻法解释(三)》第2条 夫妻一方向人民法院起诉请求确认亲子关系不存在,并已提供必要证据予以证明,另一方没有相反证据又拒绝做亲子鉴定的,人民法院可以推定请求确认亲子关系不存在一方的主张成立。 当事人一方起诉请求确认亲子关系,并提供必要证据予以证明,另一方没有相反证据又拒绝做亲子鉴定的,人民法院可以推定请求确认亲子关系一方的主张成立。
第40条 婚姻关系存续期间,夫妻双方一致同意进行人工授精,所生子女应视为婚生子女,父母子女间的权利义务关系适用民法典的有关规定。	《最高院关于夫妻关系存续期间以人工授精所生子女的法律地位的函》 在夫妻关系存续期间,双方一致同意进行人工授精,所生子女应视为夫妻双方的婚生子女,父母子女之间权利义务关系适用《婚姻法》的有关规定。
第41条 尚在校接受高中及其以下学历教育,或者丧失、部分丧失劳动能力等非因主观原因而无法维持正常生活的成年子女,可以认定为民法典第一千零六十七条规定的"不能独立生活的成年子女"。	《婚姻法解释(一)》第20条 婚姻法第二十一条规定的"不能独立生活的子女",是指尚在校接受高中及其以下学历教育,或者丧失或未完全丧失劳动能力等非因主观原因而无法维持正常生活的成年子女。
第42条 民法典第一千零六十七条所称"抚养费",包括子女生活费、教育费、医疗费等费用。	《婚姻法解释(一)》第21条 婚姻法第二十一条所称"抚养费",包括子女生活费、教育费、医疗费等费用。
第43条 婚姻关系存续期间,父母双方或者一方拒不履行抚养子女义务,未成年子女或者不能独立生活的成年子女请求支付抚养费的,人民法院应予支持。	《婚姻法解释(三)》第3条 婚姻关系存续期间,父母双方或者一方拒不履行抚养子女义务,未成年或者不能独立生活的子女请求支付抚养费的,人民法院应予支持。
第44条 离婚案件涉及未成年子女抚养的,对不满两周岁的子女,按照民法典第一千零八十四条第三款规定的原则处理。母亲有下列情形之一,父亲请求直接抚养的,人民法院应予支持: (一)患有久治不愈的传染性疾病或者其他严重	《离婚案件子女抚养问题意见》 1.两周岁以下的子女,一般随母方生活。母方有下列情形之一的,可随父方生活: (1)患有久治不愈的传染性疾病或其他严重疾病,子女不宜与其共同生活的;

《婚姻家庭编解释(一)》(法释〔2020〕22号)	《婚姻法》相关司法解释
疾病,子女不宜与其共同生活; (二)有抚养条件不尽抚养义务,而父亲要求子女随其生活; (三)因其他原因,子女确不宜随母亲生活。	(2)有抚养条件不尽抚养义务,而父方要求子女随其生活的:
第45条 父母双方协议不满两周岁子女由父亲直接抚养,并对子女健康成长无不利影响的,人民法院应予支持。	《离婚案件子女抚养问题意见》第2条 父母双方协议两周岁以下子女随父方生活,并对子女健康成长无不利影响的,可予准许。
第46条 对已满两周岁的未成年子女,父母均要求直接抚养,一方有下列情形之一的,可予优先考虑: (一)已做绝育手术或者因其他原因丧失生育能力; (二)子女随其生活时间较长,改变生活环境对子女健康成长明显不利; (三)无其他子女,而另一方有其他子女; (四)子女随其生活,对子女成长有利,而另一方患有久治不愈的传染性疾病或者其他严重疾病,或者有其他不利于子女身心健康的情形,不宜与子女共同生活。	《离婚案件子女抚养问题意见》第3条 对两周岁以上未成年的子女,父方和母方均要求随其生活,一方有下列情形之一的,可予优先考虑: (1)已做绝育手术或因其他原因丧失生育能力的; (2)子女随其生活时间较长,改变生活环境对子女健康成长明显不利的; (3)无其他子女,而另一方有其他子女的; (4)子女随其生活,对子女成长有利,而另一方患有久治不愈的传染性疾病或其他严重疾病,或者其他不利于子女身心健康的情形,不宜与子女共同生活的。
第47条 父母抚养子女的条件基本相同,双方要求直接抚养子女,但子女单独随祖父母或者外祖父母共同生活多年,且祖父母或者外祖父母要求并且有能力帮助子女照顾孙子女或者外孙子女的,可以作为父或者母直接抚养子女的优先条件予以考虑。	《离婚案件子女抚养问题意见》第4条 父方与母方抚养子女的条件基本相同,双方均要求子女与其共同生活,但子女单独随祖父母或外祖父母共同生活多年,且祖父母或外祖父母要求并且有能力帮助子女照顾孙子女或外孙子女的,可作为子女随父或母生活的优先条件予以考虑。
第48条 在有利于保护子女利益的前提下,父母双方协议轮流直接抚养子女的,人民法院应予支持。	《离婚案件子女抚养问题意见》第6条 在有利于保护子女利益的前提下,父母双方协议轮流抚养子女的,可予准许。
第49条 抚养费的数额,可以根据子女的实际需要、父母双方的负担能力和当地的实际生活水平确定。 有固定收入的,抚养费一般可以按其月总收入的百分之二十至三十的比例给付。负担两个以上子女抚养费的,比例可以适当提高,但一般不得超过月总收入的百分之五十。 无固定收入的,抚养费的数额可以依当年总收入或者同行业平均收入,参照上述比例确定。 有特殊情况的,可以适当提高或者降低上述比例。	《离婚案件子女抚养问题意见》第7条 子女抚育费的数额,可根据子女的实际需要、父母双方的负担能力和当地的实际生活水平确定。 有固定收入的,抚育费一般可按其月总收入的百分之二十至三十的比例给付。负担两个以上子女抚育费的,比例可适当提高,但一般不得超过月总收入的百分之五十。 无固定收入的,抚育费的数额可依当年总收入或同行业平均收入,参照上述比例确定。 有特殊情况的,可适当提高或降低上述比例。
第50条 抚养费应当定期给付,有条件的可以一次性给付。	《离婚案件子女抚养问题意见》第8条 抚育费应定期给付,有条件的可一次性给付。
第51条 父母一方无经济收入或者下落不明的,可以用其财物折抵抚养费。	《离婚案件子女抚养问题意见》第9条 对一方经济收入或者下落不明的,可用其财物折抵子女抚育费。

《婚姻家庭编解释(一)》(法释〔2020〕22号)	《婚姻法》相关司法解释
第52条 父母双方可以协议**由一方直接抚养子女**并由**直接**抚养方负担子女全部**抚养费**。但是，**直接**抚养方的抚养能力明显不能保障子女所需费用，影响子女健康成长的，**人民法院不予支持**。	《离婚案件子女抚养问题意见》第10条 父母双方可以协议子女随一方生活并由抚养方负担子女全部抚养费。但经查实，抚养方的抚养能力明显不能保障子女所需费用，影响子女健康成长的，不予准许。
第53条 抚养费的给付期限，一般至子女十八周岁为止。 十六周岁以上不满十八周岁，以其劳动收入为主要生活来源，并能维持当地一般生活水平的，父母可以停止给付**抚养费**。	《离婚案件子女抚养问题意见》第11条 抚育费的给付期限，一般至子女十八周岁为止。 十六周岁以上不满十八周岁，以其劳动收入为主要生活来源，并能维持当地一般生活水平的，父母可以停止给付抚养费。
第54条 生父与继母离婚**或者**生母与继父离婚时，对曾受其抚养教育的继子女，继父或者继母不同意继续抚养的，仍应由**生父或者生母**抚养。	《离婚案件子女抚养问题意见》第13条 生父与继母或生母与继父离婚时，对曾受其抚养教育的继子女，继父或继母不同意继续抚养的，仍应由生父或生母抚养。
第55条 离婚后，**父母**一方要求变更子女抚养关系的，或者子女要求增加**抚养费**的，**应当另行提起诉讼**。	《离婚案件子女抚养问题意见》第15条 离婚后，一方要求变更子女抚养关系的，或者子女要求增加抚养费的，应另行起诉。
第56条 具有下列情形之一，父母一方要求变更子女抚养关系的，**人民法院**应予支持： (一)与子女共同生活的一方因患严重疾病**或者**因伤残无力继续抚养子女； (二)与子女共同生活的一方不尽抚养义务或有虐待子女行为，**或者**其与子女共同生活对子女身心健康确有不利影响； (三)**已满八周岁**的子女，愿随另一方生活，该方又有抚养能力； (四)有其他正当理由需要变更。	《离婚案件子女抚养问题意见》第16条 一方要求变更子女抚养关系**有下列情形之一**的，应予支持。 (1)与子女共同生活的一方因患严重疾病或因伤残无力继续抚养子女的； (2)与子女共同生活的一方不尽抚养义务或有虐待子女行为，或其与子女共同生活对子女身心健康确有不利影响的； (3)十周岁以上未成年子女，愿随另一方生活，该方又有抚养能力的； (4)有其他正当理由需要变更的。
第57条 父母双方协议变更子女抚养关系的，**人民法院应予支持**。	《离婚案件子女抚养问题意见》第17条 父母双方协议变更子女抚养关系的，应予准许。
第58条 具有下列情形之一，子女要求有负担能力的父**或者**母增加**抚养费**的，**人民法院**应予支持： (一)原定**抚养费**数额不足以维持当地实际生活水平； (二)因子女患病、上学，实际需要已超过原定数额； (三)有其他正当理由应当增加。	《离婚案件子女抚养问题意见》第18条 子女要求增加抚育费有下列情形之一，父或母有给付能力的，应予支持。 (1)原定抚育费数额不足以维持当地实际生活水平的； (2)因子女患病、上学，实际需要已超过原定数额的； (3)有其他正当理由应当增加的。
第59条 父母不得因子女变更姓氏而拒付子女**抚养费**。**父或者母**擅自将子女姓氏改为继母或继父姓氏而引起纠纷的，**应当**责令恢复原姓氏。	《离婚案件子女抚养问题意见》第19条 父母不得因子女变更姓氏而拒付子女抚育费。父或母一方擅自将子女姓氏改为继母或继父姓氏而引起纠纷的，应责令恢复原姓氏。
第60条 在离婚诉讼期间，双方均拒绝抚养子女的，**可以**先行裁定暂由一方抚养。	《离婚案件子女抚养问题意见》第20条 在离婚诉讼期间，双方均拒绝抚养子女的，可先行裁定暂由一方抚养。

《婚姻家庭编解释(一)》(法释〔2020〕22号)	《婚姻法》相关司法解释
第61条 对拒不履行**或者**妨害他人履行生效判决、裁定、**调解书**中有关子女抚养义务的当事人或者其他人,人民法院可依照**民事诉讼法第一百一十一条**的规定采取强制措施。	《离婚案件子女抚养问题意见》第21条 对拒不履行或妨害他人履行生效判决、裁定、调解中有关子女抚养义务的当事人或者其他人,人民法院可依照《中华人民共和国民事诉讼法》第一百零二条的规定采取强制措施。
五、离婚	
第62条 无民事行为能力人的配偶有**民法典第三十六条第一款规定**行为,其他有监护资格的人可以**要求撤销其监护资格,并依法指定新的监护人**;变更后的监护人代理无民事行为能力一方提起离婚诉讼的,人民法院应予受理。	《婚姻法解释(三)》第8条 无民事行为能力人的配偶有虐待、遗弃等严重损害无民事行为能力一方的人身权利或者财产权益行为,其他有监护资格的人可以依照特别程序要求变更监护关系;变更后的监护人代理无民事行为能力一方提起离婚诉讼的,人民法院应予受理。
第63条 人民法院审理离婚案件,符合**民法典第一千零七十九条第三款**规定"**应当准予离婚**"情形的,不应当因当事人有过错而判决不准离婚。	《婚姻法解释(一)》第22条 人民法院审理离婚案件,符合第三十二条第二款规定"应准予离婚"情形的,不应当因当事人有过错而判决不准离婚。
第64条 民法典第一千零八十一条所称的"军人一方有重大过错",可以依据**民法典第一千零七十九条第三款前三项**规定及军人有其他重大过错导致夫妻感情破裂的情形予以判断。	《婚姻法解释(一)》第23条 婚姻法第三十三条所称的"军人一方有重大过错",可以依据婚姻法第三十二条第二款前三项规定及军人有其他重大过错导致夫妻感情破裂的情形予以判断。
第65条 人民法院作出的生效的离婚判决中未涉及探望权,当事人就探望权问题单独提起诉讼的,人民法院应予受理。	《婚姻法解释(一)》第24条 同法释〔2020〕22号第65条
第66条 当事人在履行生效判决、裁定或者调解书的过程中,**一方**请求中止**探望**的,人民法院在征询双方当事人意见后,认为需要中止**探望**的,依法作出裁定;中止探望的情形消失后,人民法院应当根据当事人的**请求书面**通知其恢复**探望**。	《婚姻法解释(一)》第25条 当事人在履行生效判决、裁定或者调解书的过程中,请求中止行使探望权的,人民法院在征询双方当事人意见后,认为需要中止行使探望权的,依法作出裁定。中止探望的情形消失后,人民法院应当根据当事人的申请通知其恢复探望权的行使。
第67条 未成年子女、直接抚养子女的父**或者**母以及其他对未成年子女负担抚养、教育、**保护**义务的法定监护人,有权向人民法院提出中止**探望**的请求。	《婚姻法解释(一)》第26条 未成年子女、直接抚养子女的父或母及其他对未成年子女负担抚养、教育义务的法定监护人,有权向人民法院提出中止探望权的请求。
第68条 对于拒不协助另一方行使探望权的有关个人**或者组织,可以由人民法院依法**采取拘留、罚款等强制措施,**但是**不能对子女的人身、探望行为进行强制执行。	《婚姻法解释(一)》第32条 婚姻法第四十八条关于对拒不执行有关探望子女等判决和裁定的,由**人民法院依法强制执行的规定,是**指对拒不履行协助另一方行使探望权的有关个人和单位采取拘留、罚款等强制措施,不能对子女的人身、探望行为进行强制执行。
第69条 当事人达成的以**协议**离婚或者到人民法院**调解**离婚为条件的**财产以及债务处理协议**,如果双方离婚未成,一方在离婚诉讼中反悔的,人民法院应当认定该**财产以及债务处理协议**没有生效,并	《婚姻法解释(三)》第14条 当事人达成的以登记离婚或者到人民法院**协议**离婚为条件的财产分割协议,如果双方**协议**离婚未成,一方在离婚诉讼中反悔的,人民法院应当认定该财产分割协议没有生效,

《婚姻家庭编解释(一)》(法释〔2020〕22号)	《婚姻法》相关司法解释
根据实际情况**依照民法典第一千零八十七条和第一千零八十九条的规定**判决。 **当事人依照民法典第一千零七十六条签订的**离婚协议中关于**财产以及债务处理**的条款,对男女双方具有法律约束力。**登记离婚后**当事人因履行上述协议发生纠纷提起诉讼的,人民法院应当受理。	并根据实际情况依法对夫妻共同财产进行分割。 《婚姻法解释(二)》第8条　离婚协议中关于财产分割的条款或者当事人因离婚就财产分割达成的协议,对男女双方具有法律约束力。 　　当事人因履行上述**财产分割**协议发生纠纷提起诉讼的,人民法院应当受理。
第70条　夫妻双方协议离婚后就财产分割问题反悔,请求撤销财产分割协议的,人民法院应当受理。 　　人民法院审理后,未发现订立财产分割协议时存在欺诈、胁迫等情形的,应当依法驳回当事人的诉讼请求。	《婚姻法解释(二)》第9条　男女双方协议离婚后**一年内**就财产分割问题反悔,请求**变更或者**撤销财产分割协议的,人民法院应当受理。 　　人民法院审理后,未发现订立财产分割协议时存在欺诈、胁迫等情形的,应当依法驳回当事人的诉讼请求。
第71条　人民法院审理离婚案件,涉及分割发放到军人名下的复员费、自主择业费等一次性费用的,以夫妻婚姻关系存续年限乘以年平均值,所得数额为夫妻共同财产。 　　前款所称年平均值,是指将发放到军人名下的上述费用总额按其具体年限均分得出的数额。其具体年限为人均寿命七十岁与军人入伍时实际年龄的差额。	《婚姻法解释(二)》第14条 同法释〔2020〕22号第71条
第72条　夫妻双方分割共同财产中的股票、债券、投资基金份额等有价证券以及未上市股份有限公司股份时,协商不成或者按市价分配有困难的,人民法院可以根据数量按比例分配。	《婚姻法解释(二)》第15条 同法释〔2020〕22号第72条
第73条　人民法院审理离婚案件,涉及分割夫妻共同财产中以一方名义在有限责任公司的出资额,另一方不是该公司股东的,按以下情形分别处理: 　　(一)夫妻双方协商一致将出资额部分或者全部转让给该股东的配偶,**其他股东**过半数同意,**并且**其他股东**均**明确表示放弃优先购买权的,该股东的配偶可以成为该公司股东; 　　(二)夫妻双方就出资额转让份额和转让价格等事项协商一致后,**其他股东半数以上**不同意转让,但愿意以同等**条件**购买该出资额的,人民法院可以对转让出资所得财产进行分割。**其他股东半数以上**不同意转让,也不愿意以同等条件购买该出资额的,视为其同意转让,该股东的配偶可以成为该公司股东。 　　用于证明前款规定的股东同意的证据,可以是**股东会议材料**,也可以是当事人通过其他合法途径取得的股东的书面声明材料。	《婚姻法解释(二)》第16条　人民法院审理离婚案件,涉及分割夫妻共同财产中以一方名义在有限责任公司的出资额,另一方不是该公司股东的,按以下情形分别处理: 　　(一)夫妻双方协商一致将出资额部分或者全部转让给该股东的配偶,过半数股东同意,其他股东明确表示放弃优先购买权的,该股东的配偶可以成为该公司股东; 　　(二)夫妻双方就出资额转让份额和转让价格等事项协商一致后,过半数股东不同意转让,但愿意以同等价格购买该出资额的,人民法院可以对转让出资所得财产进行分割。过半数股东不同意转让,也不愿意以同等价格购买该出资额的,视为其同意转让,该股东的配偶可以成为该公司股东。 　　用于证明前款规定的**过半数股东同意**的证据,可以是股东会决议,也可以是当事人通过其他合法途径取得的股东的书面声明材料。
第74条　人民法院审理离婚案件,涉及分割夫妻共同财产中以一方名义在合伙企业中的出资,另一方不是该企业合伙人的,当夫妻双方协商一致,将	《婚姻法解释(二)》第17条　人民法院审理离婚案件,涉及分割夫妻共同财产中以一方名义在合伙企业中的出资,另一方不是该企业合伙人的,当夫妻

《婚姻家庭编解释(一)》(法释〔2020〕22号)	《婚姻法》相关司法解释
其合伙企业中的财产份额全部或者部分转让给对方时,按以下情形分别处理: （一）其他合伙人一致同意的,该配偶依法取得合伙人地位; （二）其他合伙人不同意转让,在同等条件下行使优先购买权的,可以对转让所得的财产进行分割; （三）其他合伙人不同意转让,也不行使优先购买权,但同意该合伙人退伙或者**削减**部分财产份额的,可以对**结算后**的财产进行分割; （四）其他合伙人既不同意转让,也不行使优先购买权,又不同意该合伙人退伙或者**削减**部分财产份额的,视为全体合伙人同意转让,该配偶依法取得合伙人地位。	双方协商一致,将其合伙企业中的财产份额全部或者部分转让给对方时,按以下情形分别处理: （一）其他合伙人一致同意的,该配偶依法取得合伙人地位; （二）其他合伙人不同意转让,在同等条件下行使优先受让权的,可以对转让所得的财产进行分割; （三）其他合伙人不同意转让,也不行使优先受让权,但同意该合伙人退伙或者退还部分财产份额的,可以对退还的财产进行分割; （四）其他合伙人既不同意转让,也不行使优先受让权,又不同意该合伙人退伙或者退还部分财产份额的,视为全体合伙人同意转让,该配偶依法取得合伙人地位。
第75条 夫妻以一方名义投资设立**个人**独资企业的,人民法院分割夫妻在该**个人**独资企业中的共同财产时,应当按照以下情形分别处理: （一）一方主张经营该企业的,对企业资产进行评估后,由取得企业**资产所有权**一方给予另一方相应的补偿; （二）双方均主张经营该企业的,在双方竞价基础上,由取得企业**资产所有权**的一方给予另一方相应的补偿; （三）双方均不愿意经营该企业的,按照《中华人民共和国个人独资企业法》等有关规定办理。	《婚姻法解释(二)》第18条 夫妻以一方名义投资设立独资企业的,人民法院分割夫妻在该独资企业中的共同财产时,应当按照以下情形分别处理: （一）一方主张经营该企业的,对企业资产进行评估后,由取得企业的一方给予另一方相应的补偿; （二）双方均主张经营该企业的,在双方竞价基础上,由取得企业的一方给予另一方相应的补偿; （三）双方均不愿意经营该企业的,按照《中华人民共和国个人独资企业法》等有关规定办理。
第76条 双方对夫妻共同财产中的房屋价值及归属无法达成协议时,人民法院按以下情形分别处理: （一）双方均主张房屋所有权并且同意竞价取得的,应当准许; （二）一方主张房屋所有权的,由评估机构按市场价格对房屋作出评估,取得房屋所有权的一方应当给予另一方相应的补偿; （三）双方均不主张房屋所有权的,根据当事人的申请拍卖、**变卖**房屋,就所得价款进行分割。	《婚姻法解释(二)》第20条 双方对夫妻共同财产中的房屋价值及归属无法达成协议时,人民法院按以下情形分别处理: （一）双方均主张房屋所有权并且同意竞价取得的,应当准许; （二）一方主张房屋所有权的,由评估机构按市场价格对房屋作出评估,取得房屋所有权的一方应当给予另一方相应的补偿; （三）双方均不主张房屋所有权的,根据当事人的申请拍卖房屋,就所得价款进行分割。
第77条 离婚时双方对尚未取得所有权或者尚未取得完全所有权的房屋有争议且协商不成的,人民法院不宜判决房屋所有权的归属,**应当根据实际情况判决由当事人使用。** 当事人就前款规定的房屋取得完全所有权后,有争议的,可以另行向人民法院提起诉讼。	《婚姻法解释(二)》第21条 同法释〔2020〕22号第77条
第78条 夫妻一方婚前签订不动产买卖合同,以个人财产支付首付款并在银行贷款,婚后用夫妻共同财产还贷,不动产登记于首付款支付方名下的,离婚时该不动产由双方协议处理。 依前款规定不能达成协议的,人民法院可以判决	《婚姻法解释(三)》第10条 夫妻一方婚前签订不动产买卖合同,不动产登记于首付款支付方名下的,离婚时该不动产由双方协议处理。 依前款规定不能达成协议的,人民法院可以判决

《婚姻家庭编解释(一)》(法释〔2020〕22号)	《婚姻法》相关司法解释
该不动产归登记一方,尚未归还的贷款为**不动产**登记一方的个人债务。双方婚后共同还贷支付的款项及其相对应财产增值部分,离婚时应根据**民法典第一千零八十七条第一款**规定的原则,由**不动产**登记一方对另一方进行补偿。	该不动产归产权登记一方,尚未归还的贷款为产权登记一方的个人债务。双方婚后共同还贷支付的款项及其相对应财产增值部分,离婚时应根据婚姻法第三十九条第一款规定的原则,由产权登记一方对另一方进行补偿。
第 79 条 婚姻关系存续期间,双方用夫妻共同财产出资购买以一方父母名义参加房改的房屋,登记在一方父母名下,离婚时另一方主张按照夫妻共同财产对该房屋进行分割的,人民法院不予支持。购买该房屋时的出资,可以作为债权处理。	《婚姻法解释(三)》第 12 条 婚姻关系存续期间,双方用夫妻共同财产出资购买以一方父母名义参加房改的房屋,**产权**登记在一方父母名下,离婚时另一方主张按照夫妻共同财产对该房屋进行分割的,人民法院不予支持。购买该房屋时的出资,可以作为债权处理。
第 80 条 离婚时夫妻一方尚未退休、不符合领取**基本养老金**条件,另一方请求按照夫妻共同财产分割**基本养老金**的,人民法院不予支持;婚后以夫妻共同财产**缴纳基本养老保险费**,离婚时一方主张将养老金账户中婚姻关系存续期间个人实际**缴纳**部分**及利息**作为夫妻共同财产分割的,人民法院应予支持。	《婚姻法解释(三)》第 13 条 离婚时夫妻一方尚未退休、不符合领取养老保险金条件,另一方请求按照夫妻共同财产分割养老保险金的,人民法院不予支持;婚后以夫妻共同财产缴纳养老保险费,离婚时一方主张将养老金账户中婚姻关系存续期间个人实际缴付部分作为夫妻共同财产分割的,人民法院应予支持。
第 81 条 婚姻关系存续期间,夫妻一方作为继承人依法可以继承的遗产,在继承人之间尚未实际分割,起诉离婚时另一方请求分割的,人民法院应当告知当事人在继承人之间实际分割遗产后另行起诉。	《婚姻法解释(三)》第 15 条 同法释〔2020〕22号第81条
第 82 条 夫妻之间订立借款协议,以夫妻共同财产出借给一方从事个人经营活动**或者**用于其他个人事务的,应视为双方约定处分夫妻共同财产的行为,离婚时可以按照借款协议的约定处理。	《婚姻法解释(三)》第 16 条 夫妻之间订立借款协议,以夫妻共同财产出借给一方从事个人经营活动或用于其他个人事务的,应视为双方约定处分夫妻共同财产的行为,离婚时可按照借款协议的约定处理。
第 83 条 离婚后,一方以尚有夫妻共同财产未处理为由向人民法院起诉请求分割的,经审查该财产确属离婚时未涉及的夫妻共同财产,人民法院应当依法予以分割。	《婚姻法解释(三)》第 18 条 同法释〔2020〕22号第83条
第 84 条 当事人依据**民法典第一千零九十二条**的规定向人民法院提起诉讼,请求再次分割夫妻共同财产的诉讼时效**期间**为**三年**,从当事人**发现之日**起计算。	《婚姻法解释(一)》第 31 条 当事人依据婚姻法第四十七条的规定向人民法院提起诉讼,请求再次分割夫妻共同财产的诉讼时效为两年,从当事人发现之次日起计算。
第 85 条 夫妻一方申请对配偶的个人财产或者夫妻共同财产采取保全措施的,人民法院可以在采取保全措施可能造成损失的范围内,根据实际情况,确定合理的财产担保数额。	《婚姻法解释(二)》第 28 条 同法释〔2020〕22号第85条。
第 86 条 **民法典第一千零九十一条**规定的"损害赔偿",包括物质损害赔偿和精神损害赔偿。涉及精神损害赔偿的,适用《**最高人民法院关于确定民事侵权精神损害赔偿责任若干问题的解释**》的有关规定。	《婚姻法解释(一)》第 28 条 婚姻法第四十六条规定的"损害赔偿",包括物质损害赔偿和精神损害赔偿。涉及精神损害赔偿的,适用最高人民法院《关于确定民事侵权精神损害赔偿责任若干问题的解释》的有关规定。

《婚姻家庭编解释(一)》(法释〔2020〕22号)	《婚姻法》相关司法解释
第87条 承担**民法典第一千零九十一条**规定的损害赔偿责任的主体,为离婚诉讼当事人中无过错方的配偶。 人民法院判决不准离婚的案件,对于当事人基于**民法典第一千零九十一条**提出的损害赔偿请求,不予支持。 在婚姻关系存续期间,当事人不起诉离婚而单独依据**民法典第一千零九十一条**提起损害赔偿请求的,人民法院不予受理。	《婚姻法解释(一)》**第29条** 承担婚姻法第四十六条规定的损害赔偿责任的主体,为离婚诉讼当事人中无过错方的配偶。 人民法院判决不准离婚的案件,对于当事人基于婚姻法第四十六条提出的损害赔偿请求,不予支持。 在婚姻关系存续期间,当事人不起诉离婚而单独依据该条规定提起赔偿请求的,人民法院不予受理。
第88条 人民法院受理离婚案件时,应当将**民法典第一千零九十一条**等规定中当事人的有关权利义务,书面告知当事人。在适用**民法典第一千零九十一条**时,应当区分以下不同情况: (一)符合**民法典第一千零九十一条**规定的无过错方作为原告基于该条规定向人民法院提起损害赔偿请求的,必须在离婚诉讼的同时提出。 (二)符合**民法典第一千零九十一条**规定的无过错方作为被告的离婚诉讼案件,如果被告不同意离婚也不基于该条规定提起损害赔偿请求的,可以就此单独提起诉讼。 (三)无过错方作为被告的离婚诉讼案件,一审时被告未基于**民法典第一千零九十一条**规定提出赔偿请求,二审期间提出的,人民法院应当进行调解;调解不成的,告知当事人另行起诉。**双方当事人同意由第二审人民法院一并审理的,第二审人民法院可以一并裁判。**	《婚姻法解释(一)》**第30条** 人民法院受理离婚案件时,应当将婚姻法第四十六条等规定中当事人的有关权利义务,书面告知当事人。在适用婚姻法第四十六条时,应当区分以下不同情况: (一)符合婚姻法第四十六条规定的无过错方作为原告基于该条规定向人民法院提起损害赔偿请求的,必须在离婚诉讼的同时提出。 (二)符合婚姻法第四十六条规定的无过错方作为被告的离婚诉讼案件,如果被告不同意离婚也不基于该条规定提起损害赔偿请求的,可以在**离婚后一年内**就此单独提起诉讼。 (三)无过错方作为被告的离婚诉讼案件,一审时被告未基于婚姻法第四十六条规定提出损害赔偿请求,二审期间提出的,人民法院应当进行调解,调解不成的,告知当事人**在离婚后一年内**另行起诉。
第89条 当事人在婚姻登记机关办理离婚登记手续后,以**民法典第一千零九十一条**规定为由向人民法院提出损害赔偿请求的,人民法院应当受理。但当事人在协议离婚时已经明确表示放弃该项请求**的,人民法院**不予支持。	《婚姻法解释(二)》**第27条** 当事人在婚姻登记机关办理离婚登记手续后,以婚姻法第四十六条规定为由向人民法院提出损害赔偿请求的,人民法院应当受理。但当事人在协议离婚时已经明确表示放弃该项请求,**或者在办理离婚登记手续一年后提出**的,不予支持。
第90条 夫妻双方均有**民法典第一千零九十一条**规定的过错情形,一方或者双方向对方提出离婚损害赔偿请求的,人民法院不予支持。	《婚姻法解释(三)》**第17条** 夫妻双方均有婚姻法第四十六条规定的过错情形,一方或者双方向对方提出离婚损害赔偿请求的,人民法院不予支持。
六、附则	
第91条 本解释自2021年1月1日起施行。	

六、《继承编解释(一)》新旧对照表

《继承编解释(一)》(法释〔2020〕23号)	《继承法意见》(法(民)发〔1985〕22号)
第一章 一般规定	一、关于总则部分
第1条 继承从被继承人生理死亡**或者**被宣告死亡时开始。 宣告死亡，**根据民法典第四十八条规定确定的**死亡日期，为继承开始的时间。	**第1条** 继承从被继承人生理死亡或被宣告死亡时开始。 **失踪人被**宣告死亡的，**以法院判决中确定的失踪人的**死亡日期，为继承开始的时间。
第2条 承包人死亡时尚未取得承包收益的，**可以将**死者生前对承包所投入的资金和所付出的劳动及其增值和孳息，由发包单位或者接续承包合同的人合理折价、补偿，其价额作为遗产。	**第4条** 承包人死亡时尚未取得承包收益的，可把死者生前对承包所投入的资金和所付出的劳动及其增值和孳息，由发包单位或者接续承包合同的人合理折价、补偿，其价额作为遗产。
第3条 被继承人生前与他人订有遗赠**扶**养协议，同时又立有遗嘱的，继承开始后，如果遗赠扶养协议与遗嘱没有抵触，遗产分别按协议和遗嘱处理；如果有抵触，按协议处理，与协议抵触的遗嘱全部**或者**部分无效。	**第5条** 被继承人生前与他人订有遗赠抚养协议，同时又立有遗嘱的，继承开始后，如果遗赠抚养协议与遗嘱没有抵触，遗产分别按协议和遗嘱处理；如果有抵触，按协议处理，与协议抵触的遗嘱全部或部分无效。
第4条 遗嘱继承人依遗嘱取得遗产后，仍有权**依照民法典第一千一百三十条**的规定取得遗嘱未处分的遗产。	**第6条** 遗嘱继承人依遗嘱取得遗产后，仍有权依继承法第十三条的规定取得遗嘱未处分的遗产。
第5条 在遗产继承中，继承人之间因是否丧失继承权发生纠纷，**向人民法院提起诉讼的，**由人民法院**依据民法典第一千一百二十五条**的规定，判决确认其是否丧失继承权。	**第9条** 在遗产继承中，继承人之间因是否丧失继承权发生纠纷，诉讼到人民法院的，由人民法院根据继承法第七条的规定，判决确认其是否丧失继承权。
第6条 继承人**是否符合民法典第一千一百二十五条第一款第三项规定的"**虐待被继承人情节严重**"**，可以从实施虐待行为的时间、手段、后果和社会影响等方面认定。 虐待被继承人情节严重的，不论是否追究刑事责任，均可确认其丧失继承权。	**第10条** 继承人虐待被继承人情节是否严重，可以从实施虐待行为的时间、手段、后果和社会影响等方面认定。 虐待被继承人情节严重的，不论是否追究刑事责任，均可确认其丧失继承权。
第7条 继承人故意杀害被继承人的，不论是既遂还是未遂，均**应当**确认其丧失继承权。	**第11条** 继承人故意杀害被继承人的，不论是既遂还是未遂，均应确认其丧失继承权。
第8条 继承人有**民法典第一千一百二十五条第一款第一项或者第二项**所列之行为，而被继承人以遗嘱将遗产指定由该继承人继承的，**可以**确认遗嘱无效，**并确认该继承人丧失继承权。**	**第12条** 继承人有继承法第七条第(一)项或第(二)项所列之行为，而被继承人以遗嘱将遗产指定由该继承人继承的，可确认遗嘱无效，并按继承法第七条的规定处理。

《继承编解释(一)》(法释〔2020〕23号)	《继承法意见》(法(民)发〔1985〕22号)
第9条　继承人伪造、篡改、**隐匿**或者销毁遗嘱,侵害了缺乏劳动能力又无生活来源的继承人的利益,并造成其生活困难的,**应当认定为民法典第一千一百二十五条第一款第四项规定的"情节严重"**。	第14条　继承人伪造、篡改或者销毁遗嘱,侵害了缺乏劳动能力又无生活来源的继承人的利益,并造成其生活困难的,应认定其行为情节严重。
二、法定继承	二、关于法定继承部分
第10条　被收养人对养父母尽了赡养义务,同时又对生父母扶养较多的,除**可以依照民法典第一千一百二十七条**的规定继承养父母的遗产外,还可**以依照民法典第一千一百三十一条的规定分得生父母**适当的遗产。	第19条　被收养人对养父母尽了赡养义务,同时又对生父母扶养较多的,除可依继承法第十条的规定继承养父母的遗产外,还可依继承法第十四条的规定分得生父母**的**适当的遗产。
第11条　继子女继承了继父母遗产的,不影响其继承生父母的遗产。 继父母继承了继子女遗产的,不影响其继承子女的遗产。	第21条 同法释〔2020〕23号第11条
第12条　养子女与生子女之间,养子女与养子女之间,系养兄弟姐妹,**可以**互为第二顺序继承人。 被收养人与其亲兄弟姐妹之间的权利义务关系,因收养关系的成立而消除,不能互为第二顺序继承人。	第23条　养子女与生子女之间,养子女与养子女之间,系养兄弟姐妹,可以互为第二顺序继承人。 被收养人与其亲兄弟姐妹之间的权利义务关系,因收养关系的成立而消除,不能互为第二顺序继承人。
第13条　继兄弟姐妹之间的继承权,因继兄弟姐妹之间的**扶养**关系而发生。没有**扶养**关系的,不能互为第二顺序继承人。 继兄弟姐妹之间相互继承了遗产的,不影响其继承亲兄弟姐妹的遗产。	第24条　继兄弟姐妹之间的继承权,因继兄弟姐妹之间的扶养关系而发生。没有扶养关系的,不能互为第二顺序继承人。 继兄弟姐妹之间相互继承了遗产的,不影响其继承亲兄弟姐妹的遗产。
第14条　被继承人的孙子女、外孙子女、曾孙子女、外曾孙子女都可以代位继承,代位继承人不受辈数的限制。	第25条 同法释〔2020〕23号第14条
第15条　被继承人的养子女、已形成扶养关系的继子女的生子女**可以**代位继承;被继承人亲生子女的养子女**可以代位继承**;被继承人养子女的养子女**可以代位继承**;与被继承人已形成扶养关系的继子女的养子女也可以代位继承。	第26条　被继承人的养子女、已形成扶养关系的继子女的生子女可以代位继承;被继承人亲生子女的养子女可以代位继承;被继承人养子女的养子女可以代位继承;与被继承人已形成扶养关系的继子女的养子女也可以代位继承。
第16条　代位继承人缺乏劳动能力又没有生活来源,或者对被继承人尽过主要赡养义务的,分配遗产时,可以多分。	第27条 同法释〔2020〕23号第16条
第17条　继承人丧失继承权的,其晚辈直系血亲不得代位继承。如该代位继承人缺乏劳动能力又没有生活来源,**或者**对被继承人尽赡养义务较多的,**可以适当分给遗产**。	第28条　继承人丧失继承权的,其晚辈直系血亲不得代位继承。如该代位继承人缺乏劳动能力又没有生活来源,或对被继承人尽赡养义务较多的,可适当分给遗产。

《继承编解释(一)》(法释〔2020〕23号)	《继承法意见》(法(民)发〔1985〕22号)
第18条 丧偶儿媳对公婆、丧偶女婿对**岳父母**,无论其是否再婚,依**照民法典第一千一百二十九条**规定作为第一顺序继承人时,不影响其子女代位继承。	**第29条** 丧偶儿媳对公婆、丧偶女婿对岳父、岳母,无论其是否再婚,依继承法第十二条规定作为第一顺序继承人时,不影响其子女代位继承。
第19条 对被继承人生活提供了主要经济来源,**或者**在劳务等方面给了主要扶助的,应当认定其尽了主要赡养义务或主要扶养义务。	**第30条** 对被继承人生活提供了主要经济来源,或在劳务等方面给了主要扶助的,应当认定其尽了主要赡养义务或主要扶养义务。
第20条 **依照民法典第一千一百三十一条**规定可以分给适当遗产的人,分给他们遗产时,按具体情况**可以**多于**或者**少于继承人。	**第31条** 依继承法第十四条规定可以分给适当遗产的人,分给他们遗产时,按具体情况可多于或少于继承人。
第21条 **依照民法典第一千一百三十一条**规定可以分给适当遗产的人,在其依法取得被继承人遗产的权利受到侵犯时,本人有权以独立的诉讼主体资格向人民法院提起诉讼。	**第32条** 依继承法第十四条规定可以分给适当遗产的人,在其依法取得被继承人遗产的权利受到侵犯时,本人有权以独立的诉讼主体的资格向人民法院提起诉讼。但在遗产分割时,明知而未提出请求的,一般不予受理;不知而未提出请求,在二年以内起诉的,应予受理。
第22条 继承人有扶养能力和扶养条件,愿意尽扶养义务,但被继承人因有固定收入和劳动能力,明确表示不要求其扶养的,分配遗产时,一般不应因此而影响其继承份额。	**第33条** 同法释〔2020〕23号第22条
第23条 有扶养能力和扶养条件的继承人虽然与被继承人共同生活,但对需要扶养的被继承人不尽扶养义务,分配遗产时,可以少分或者不分。	**第34条** 同法释〔2020〕23号第23条
三、遗嘱继承和遗赠	三、关于遗嘱继承部分
第24条 继承人、受遗赠人的债权人、债务人、共同经营的合伙人,也应当视为与继承人、受遗赠人有利害关系,不能作为遗嘱的见证人。	**第36条** 同法释〔2020〕23号第24条
第25条 遗嘱人未保留缺乏劳动能力又没有生活来源的继承人的遗产份额,遗产处理时,应当为该继承人留下必要的遗产,所剩余的部分,才可参照遗嘱确定的分配原则处理。 继承人是否缺乏劳动能力又没有生活来源,**应当**按遗嘱生效时该继承人的具体情况确定。	**第37条** 遗嘱人未保留缺乏劳动能力又没有生活来源的继承人的遗产份额,遗产处理时,应当为该继承人留下必要的遗产,所剩余的部分,才可参照遗嘱确定的分配原则处理。 继承人是否缺乏劳动能力又没有生活来源,应按遗嘱生效时该继承人的具体情况确定。
第26条 遗嘱人以遗嘱处分了国家、集体**或者**他人财产**的,应当认定该部分遗嘱无效**。	**第38条** 遗嘱人以遗嘱处分了属于国家、集体或他人所有的财产,遗嘱的这部分,应认定无效。
第27条 **自然人**在遗书中涉及死后个人财产处分的内容,确为死者的真实意思表示,有本人签名并注明了年、月、日,又无相反证据的,**可以按自书遗嘱对待**。	**第40条** 公民在遗书中涉及死后个人财产处分的内容,确为死者的真实意思表示,有本人签名并注明了年、月、日,又无相反证据的,可按自书遗嘱对待。

《继承编解释(一)》(法释〔2020〕23号)	《继承法意见》(法(民)发〔1985〕22号)
第28条 遗嘱人立遗嘱时必须**具有完全民事行为能力**。**无民事行为能力人或者限制民事行为能力人**所立的遗嘱,即使本人后来**具有完全民事行为能力**,仍属无效遗嘱。遗嘱人立遗嘱时**具有完全民事行为能力**,后来成为**无民事行为能力人或者限制民事行为能力人的**,不影响遗嘱的效力。	第41条 遗嘱人立遗嘱时必须有行为能力。无行为能力人所立的遗嘱,即使本人后来有了行为能力,仍属无效遗嘱。遗嘱人立遗嘱时有行为能力,后来丧失了行为能力,不影响遗嘱的效力。
第29条 附义务的遗嘱继承**或者**遗赠,如义务能够履行,而继承人、受遗赠人无正当理由不履行,经受益人**或者**其他继承人请求,人民法院可以取消**其**接受附义务部分遗产的权利,由提出请求的继承人**或者**受益人负责按遗嘱人的意愿履行义务,接受遗产。	第43条 附义务的遗嘱继承或遗赠,如义务能够履行,而继承人、受遗赠人无正当理由不履行,经益人或其他继承人请求,人民法院可以取消他接受附义务那部分遗产的权利,由提出请求的继承人或受益人负责按遗嘱人的意愿履行义务,接受遗产。
四、遗产的处理	四、关于遗产的处理部分
第30条 人民法院在审理继承案件时,如果知道有继承人而无法通知的,分割遗产时,要保留其应继承的遗产,并确定该遗产的保管人**或者**保管单位。	第44条 人民法院在审理继承案件时,如果知道有继承人而无法通知的,分割遗产时,要保留其应继承的遗产,并确定该遗产的保管人或保管单位。
第31条 应当为胎儿保留的遗产份额没有保留的,应从继承人所继承的遗产中扣回。 为胎儿保留的遗产份额,如胎儿出生后死亡的,由其继承人继承;如胎儿**娩**出时是死体的,由被继承人的继承人继承。	第45条 应当为胎儿保留的遗产份额没有保留的应从继承人所继承的遗产中扣回。 为胎儿保留的遗产份额,如胎儿出生后死亡的,由其继承人继承;如胎儿出生时就是死体的,由被继承人的继承人继承。
第32条 继承人因放弃继承权,致其不能履行法定义务的,放弃继承权的行为无效。	第46条 同法释〔2020〕23号第32条
第33条 继承人放弃继承应当以书面形式向**遗产管理人或者**其他继承人表示。	第47条 继承人放弃继承应当以书面形式向其他继承人表示。用口头方式表示放弃继承,本人承认,或有其它充分证据证明的,也应当认定其有效。
第34条 在诉讼中,继承人向人民法院以口头方式表示放弃继承的,要制作笔录,由放弃继承的人签名。	第48条 同法释〔2020〕23号第34条
第35条 继承人放弃继承的意思表示,应当在继承开始后、遗产分割前作出。遗产分割后表示放弃的不再是继承权,而是所有权。	第49条 同法释〔2020〕23号第35条
第36条 遗产处理前**或者**在诉讼进行中,继承人对放弃继承**反悔**的,由人民法院根据其提出的具体理由,决定是否承认。遗产处理后,继承人对放弃继承**反悔**的,不予承认。	第50条 遗产处理前或诉讼进行中,继承人对放弃继承翻悔的,由人民法院根据其提出的具体理由,决定是否承认。遗产处理后,继承人对放弃继承翻悔的,不予承认。
第37条 放弃继承的效力,追溯到继承开始的时间。	第51条 同法释〔2020〕23号第37条
第38条 继承开始后,受遗赠人表示接受遗赠,并于遗产分割前死亡的,其接受遗赠的权利转移给他的继承人。	第53条 同法释〔2020〕23号第38条

《继承编解释(一)》(法释〔2020〕23号)	《继承法意见》(法(民)发〔1985〕22号)
第39条 由国家**或者**集体组织供给生活费用的烈属和享受社会救济的**自然人**,其遗产仍应准许合法继承人继承。	第54条 由国家或集体组织供给生活费用的烈属和享受社会救济的城市居民,其遗产仍应准许合法继承人继承。
第40条 **继承人以外的组织或者个人与自然人签订**遗赠扶养协议**后**,无正当理由不履行,**导致**协议解除的,不能享有受遗赠的权利,其支付的供养费用一般不予补偿;遗赠人无正当理由不履行,**导致**协议解除的,则**应当**偿还**继承人以外的组织或者个人**已支付的供养费用。	第56条 扶养人或集体组织与公民订有遗赠扶养协议,**扶养人或集体组织**无正当理由不履行,致协议解除的,不能享有受遗赠的权利,其支付的供养费用一般不予补偿;遗赠人无正当理由不履行,致协议解除的,则应偿还扶养人或集体组织已支付的供养费用。
第41条 遗产因无人继承**又无人受遗赠**归国家**或者集体所有制组织**所有时,**按照民法典第一千一百三十一条**规定可以分给适当遗产的人提出取得遗产的**诉讼请求**,人民法院**应当**视情况适当分给遗产。	第57条 遗产因无人继承收归国家或集体组织所有时,按继承法第十四条规定可以分给遗产的人提出取得遗产的要求,人民法院应视情况适当分给遗产。
第42条 人民法院在分割遗产中的房屋、生产资料和特定职业所需要的财产时,**应当**依据有利于发挥其使用效益和继承人的实际需要,兼顾各继承人的利益进行处理。	第58条 人民法院在分割遗产中的房屋、生产资料和特定职业所需要的财产时,应依据有利于发挥其使用效益和继承人的实际需要,兼顾各继承人的利益进行处理。
第43条 人民法院对故意隐匿、侵吞**或者**争抢遗产的继承人,可以酌情减少其应继承的遗产。	第59条 人民法院对故意隐匿、侵吞或争抢遗产的继承人,可以酌减少其应继承的遗产。
第44条 继承诉讼开始后,如继承人、受遗赠人中有既不愿参加诉讼,又不表示放弃实体权利的,**应当**追加为共同原告;**继承人已书面表示放弃继承、受遗赠人在知道受遗赠后六十日内表示放弃受遗赠或者到期没有表示**的,不再列为当事人。	第60条 继承诉讼开始后,如继承人、受遗赠人中有既不愿参加诉讼,又不表示放弃实体权利的,应追加为共同原告;已明确表示放弃继承的,不再列为当事人。
五、附则	五、关于附则部分
第45条 **本解释自2021年1月1日起施行。**	

七、《城镇房屋租赁合同解释》新旧对照表

《城镇房屋租赁合同解释》(法释〔2020〕17号)	《城镇房屋租赁合同解释》(法释〔2009〕11号)
为正确审理城镇房屋租赁合同纠纷案件,依法保护当事人的合法权益,根据《中华人民共和国民法典》等法律规定,结合民事审判实践,制定本解释。	为正确审理城镇房屋租赁合同纠纷案件,依法保护当事人的合法权益,根据《中华人民共和国民法通则》《中华人民共和国物权法》《中华人民共和国合同法》等法律规定,结合民事审判实践,制定本解释。
第1条 本解释所称城镇房屋,是指城市、镇规划区内的房屋。 乡、村庄规划区内的房屋租赁合同纠纷案件,可以参照本解释处理。但法律另有规定的,适用其规定。 当事人依照国家福利政策租赁公有住房、廉租住房、经济适用住房产生的纠纷案件,不适用本解释。	**第1条** 同法释〔2020〕17号第1条
第2条 出租人就未取得建设工程规划许可证或者未按照建设工程规划许可证的规定建设的房屋,与承租人订立的租赁合同无效。但在一审法庭辩论终结前取得建设工程规划许可证或者经主管部门批准建设的,人民法院应当认定有效。	**第2条** 同法释〔2020〕17号第2条
第3条 出租人就未经批准或者未按照批准内容建设的临时建筑,与承租人订立的租赁合同无效。但在一审法庭辩论终结前经主管部门批准建设的,人民法院应当认定有效。 租赁期限超过临时建筑的使用期限,超过部分无效。但在一审法庭辩论终结前经主管部门批准延长使用期限的,人民法院应当认定延长使用期限内的租赁期间有效。	**第3条** 同法释〔2020〕17号第3条
第4条 房屋租赁合同无效,当事人请求参照合同约定的租金标准支付房屋占有使用费的,人民法院一般应予支持。 当事人请求赔偿因合同无效受到的损失,人民法院依照**民法典第一百五十七条和本解释第七条、第十一条、第十二条**的规定处理。	**第5条** 房屋租赁合同无效,当事人请求参照合同约定的租金标准支付房屋占有使用费的,人民法院一般应予支持。 当事人请求赔偿因合同无效受到的损失,人民法院依照合同法的有关规定和本司法解释第九条、第十三条、第十四条的规定处理。
第5条 出租人就同一房屋订立数份租赁合同,在合同均有效的情况下,承租人均主张履行合同的,人民法院按照下列顺序确定履行合同的承租人: (一)已经合法占有租赁房屋的; (二)已经办理登记备案手续的; (三)合同成立在先的。	**第6条** 出租人就同一房屋订立数份租赁合同,在合同均有效的情况下,承租人均主张履行合同的,人民法院按照下列顺序确定履行合同的承租人: (一)已经合法占有租赁房屋的; (二)已经办理登记备案手续的; (三)合同成立在先的。

《城镇房屋租赁合同解释》(法释〔2020〕17号)	《城镇房屋租赁合同解释》(法释〔2009〕11号)
不能取得租赁房屋的承租人请求解除合同、赔偿损失的,依照民法典的有关规定处理。	不能取得租赁房屋的承租人请求解除合同、赔偿损失的,依照合同法的有关规定处理。
第6条　承租人擅自变动房屋建筑主体和承重结构或者扩建,在出租人要求的合理期限内仍不予恢复原状,出租人请求解除合同并要求赔偿损失的,人民法院依照民法典第七百一十一条的规定处理。	第7条　承租人擅自变动房屋建筑主体和承重结构或者扩建,在出租人要求的合理期限内仍不予恢复原状,出租人请求解除合同并要求赔偿损失的,人民法院依照合同法第二百一十九条的规定处理。
第7条　承租人经出租人同意装饰装修,租赁合同无效时,未形成附合的装饰装修物,出租人同意利用的,可折价归出租人所有;不同意利用的,可由承租人拆除。因拆除造成房屋毁损的,承租人应当恢复原状。 已形成附合的装饰装修物,出租人同意利用的,可折价归出租人所有;不同意利用的,由双方各自按照导致合同无效的过错分担现值损失。	第9条 同法释〔2020〕17号第7条
第8条　承租人经出租人同意装饰装修,租赁期间届满或者合同解除时,除当事人另有约定外,未形成附合的装饰装修物,可由承租人拆除。因拆除造成房屋毁损的,承租人应当恢复原状。	第10条 同法释〔2020〕17号第8条
第9条　承租人经出租人同意装饰装修,合同解除时,双方对已形成附合的装饰装修物的处理没有约定的,人民法院按照下列情形分别处理: (一)因出租人违约导致合同解除,承租人请求出租人赔偿剩余租赁期内装饰装修残值损失的,应予支持; (二)因承租人违约导致合同解除,承租人请求出租人赔偿剩余租赁期内装饰装修残值损失的,不予支持。但出租人同意利用的,应在利用价值范围内予以适当补偿; (三)因双方违约导致合同解除,剩余租赁期内的装饰装修残值损失,由双方根据各自的过错承担相应的责任; (四)因不可归责于双方的事由导致合同解除的,剩余租赁期内的装饰装修残值损失,由双方按照公平原则分担。法律另有规定的,适用其规定。	第11条 同法释〔2020〕17号第9条
第10条　承租人经出租人同意装饰装修,租赁期间届满时,承租人请求出租人补偿附合装饰装修费用的,不予支持。但当事人另有约定的除外。	第12条 同法释〔2020〕17号第10条
第11条　承租人未经出租人同意装饰装修或者扩建发生的费用,由承租人负担。出租人请求承租人恢复原状或者赔偿损失的,人民法院应予支持。	第13条 同法释〔2020〕17号第11条
第12条　承租人经出租人同意扩建,但双方对扩建费用的处理没有约定的,人民法院按照下列情形分别处理:	第14条 同法释〔2020〕17号第12条

《城镇房屋租赁合同解释》(法释〔2020〕17号)	《城镇房屋租赁合同解释》(法释〔2009〕11号)
(一)办理合法建设手续的,扩建造价费用由出租人负担; (二)未办理合法建设手续的,扩建造价费用由双方按照过错分担。	
第13条 房屋租赁合同无效、履行期限届满或者解除,出租人请求负有腾房义务的次承租人支付逾期腾房占有使用费的,人民法院应予支持。	**第18条** 同法释〔2020〕17号第13条
第14条 租赁房屋在**承租人按照租赁合同占有期限内**发生所有权变动,承租人请求房屋受让人继续履行原租赁合同的,人民法院应予支持。但租赁房屋具有下列情形或者当事人另有约定的除外: (一)房屋在出租前已设立抵押权,因抵押权人实现抵押权发生所有权变动的; (二)房屋在出租前已被人民法院依法查封的。	**第20条** 租赁房屋在租赁期间发生所有权变动,承租人请求房屋受让人继续履行原租赁合同的,人民法院应予支持。但租赁房屋具有下列情形或者当事人另有约定的除外: (一)房屋在出租前已设立抵押权,因抵押权人实现抵押权发生所有权变动的; (二)房屋在出租前已被人民法院依法查封的。
第15条 出租人与抵押权人协议折价、变卖租赁房屋偿还债务,应当在合理期限内通知承租人。承租人请求以同等条件优先购买房屋的,人民法院应予支持。	**第22条** 同法释〔2020〕17号第15条
第16条 本解释施行前已经终审,本解释施行后当事人申请再审或者按照审判监督程序决定再审的案件,不适用本解释。	**第25条** 同法释〔2020〕17号第16条

八、《道路交通事故损害赔偿解释》新旧对照表

《道路交通事故损害赔偿解释》(法释〔2020〕17号)	《道路交通事故损害赔偿解释》(法释〔2012〕19号)
为正确审理道路交通事故损害赔偿案件,根据**《中华人民共和国民法典》**《中华人民共和国道路交通安全法》《中华人民共和国保险法》《中华人民共和国民事诉讼法》等法律的规定,结合审判实践,制定本解释。	为正确审理道路交通事故损害赔偿案件,根据《中华人民共和国侵权责任法》**《中华人民共和国合同法》**《中华人民共和国道路交通安全法》《中华人民共和国保险法》《中华人民共和国民事诉讼法》等法律的规定,结合审判实践,制定本解释。
一、关于主体责任的认定	一、关于主体责任的认定
第1条 机动车发生交通事故造成损害,机动车所有人或者管理人有下列情形之一,人民法院应当认定其对损害的发生有过错,并适用**民法典第一千二百零九条**的规定确定其相应的赔偿责任: (一)知道或者应当知道机动车存在缺陷,且该缺陷是交通事故发生原因之一的; (二)知道或者应当知道驾驶人无驾驶资格或者未取得相应驾驶资格的; (三)知道或者应当知道驾驶人因饮酒、服用国家管制的精神药品或者麻醉药品,或者患有妨碍安全驾驶机动车的疾病等依法不能驾驶机动车的; (四)其他应当认定机动车所有人或者管理人有过错的。	**第1条** 机动车发生交通事故造成损害,机动车所有人或者管理人有下列情形之一,人民法院应当认定其对损害的发生有过错,并适用侵权责任法第四十九条的规定确定其相应的赔偿责任: (一)知道或者应当知道机动车存在缺陷,且该缺陷是交通事故发生原因之一的; (二)知道或者应当知道驾驶人无驾驶资格或者未取得相应驾驶资格的; (三)知道或者应当知道驾驶人因饮酒、服用国家管制的精神药品或者麻醉药品,或者患有妨碍安全驾驶机动车的疾病等依法不能驾驶机动车的; (四)其他应当认定机动车所有人或者管理人有过错的。
第2条 被多次转让但**是**未办理登记的机动车发生交通事故造成损害,属于该机动车一方责任,当事人请求由最后一次转让并交付的受让人承担赔偿责任的,人民法院应予支持。	**第4条** 被多次转让但未办理**转移**登记的机动车发生交通事故造成损害,属于该机动车一方责任,当事人请求由最后一次转让并交付的受让人承担赔偿责任的,人民法院应予支持。
第3条 套牌机动车发生交通事故造成损害,属于该机动车一方责任,当事人请求由套牌机动车的所有人或者管理人承担赔偿责任的,人民法院应予支持;被套牌机动车所有人或者管理人同意套牌的,应当与套牌机动车的所有人或者管理人承担连带责任。	**第5条** 同法释〔2020〕17号第3条
第4条 拼装车、已达到报废标准的机动车或者依法禁止行驶的其他机动车被多次转让,并发生交通事故造成损害,当事人请求由所有的转让人和受让人承担连带责任的,人民法院应予支持。	**第6条** 同法释〔2020〕17号第4条
第5条 接受机动车驾驶培训的人员,在培训活动中驾驶机动车发生交通事故造成损害,属于该机动车一方责任,当事人请求驾驶培训单位承担赔偿责任的,人民法院应予支持。	**第7条** 同法释〔2020〕17号第5条

《道路交通事故损害赔偿解释》(法释〔2020〕17号)	《道路交通事故损害赔偿解释》(法释〔2012〕19号)
第6条 机动车试乘过程中发生交通事故造成试乘人损害,当事人请求提供试乘服务者承担赔偿责任的,人民法院应予支持。试乘人有过错的,应当减轻提供试乘服务者的赔偿责任。	**第8条** 同法释〔2020〕17号第6条
第7条 因道路管理维护缺陷导致机动车发生交通事故造成损害,当事人请求道路管理者承担相应赔偿责任的,人民法院应予支持。但道路管理者能够证明已经**依照**法律、法规、规章**的规定,或者按照**国家标准、行业标准、地方标准**的要求**尽到安全防护、警示等管理维护义务的除外。 依法不得进入高速公路的车辆、行人,进入高速公路发生交通事故造成自身损害,当事人请求高速公路管理者承担赔偿责任的,适用**民法典第一千二百四十三条**的规定。	**第9条** 因道路管理维护缺陷导致机动车发生交通事故造成损害,当事人请求道路管理者承担相应赔偿责任的,人民法院应予支持,但道路管理者能够证明已按照法律、法规、规章、国家标准、行业标准或者地方标准尽到安全防护、警示等管理维护义务的除外。 依法不得进入高速公路的车辆、行人,进入高速公路发生交通事故造成自身损害,当事人请求高速公路管理者承担赔偿责任的,适用侵权责任法第七十六条的规定。
第8条 未按照法律、法规、规章或者国家标准、行业标准、地方标准的强制性规定设计、施工,致使道路存在缺陷并造成交通事故,当事人请求建设单位与施工单位承担相应赔偿责任的,人民法院应予支持。	**第11条** 同法释〔2020〕17号第8条
第9条 机动车存在产品缺陷导致交通事故造成损害,当事人请求生产者或者销售者依照**民法典第七编第四章**的规定承担赔偿责任的,人民法院应予支持。	**第12条** 机动车存在产品缺陷导致交通事故造成损害,当事人请求生产者或者销售者依照侵权责任法第五章的规定承担赔偿责任的,人民法院应予支持。
第10条 多辆机动车发生交通事故造成第三人损害,当事人请求多个侵权人承担赔偿责任的,人民法院应当区分不同情况,依照**民法典第一千一百七十条、第一千一百七十一条、第一千一百七十二条**的规定,确定侵权人承担连带责任或者按份责任。	**第13条** 多辆机动车发生交通事故造成第三人损害,当事人请求多个侵权人承担赔偿责任的,人民法院应当区分不同情况,依照侵权责任法第十条、第十一条或者第十二条的规定,确定侵权人承担连带责任或者按份责任。
二、关于赔偿范围的认定	二、关于赔偿范围的认定
第11条 道路交通安全法第七十六条规定的"人身伤亡",是指机动车发生交通事故侵害被侵权人的生命权、**身体权**、健康权等人身权益所造成的损害,包括**民法典第一千一百七十九条和第一千一百八十三条**规定的各项损害。 道路交通安全法第七十六条规定的"财产损失",是指机动车发生交通事故侵害被侵权人的财产权益所造成的损失。	**第14条** 道路交通安全法第七十六条规定的"人身伤亡",是指机动车发生交通事故侵害被侵权人的生命权、健康权等人身权益所造成的损害,包括侵权责任法第十六条和第二十二条规定的各项损害。 道路交通安全法第七十六条规定的"财产损失",是指机动车发生交通事故侵害被侵权人的财产权益所造成的损失。
第12条 因道路交通事故造成下列财产损失,当事人请求侵权人赔偿的,人民法院应予支持: (一)维修被损坏车辆所支出的费用、车辆所载物品的损失、车辆施救费用; (二)因车辆灭失或者无法修复,为购买交通事故发生时与被损坏车辆价值相当的车辆重置费用; (三)依法从事货物运输、旅客运输等经营性活动	**第15条** 同法释〔2020〕17号第12条

《道路交通事故损害赔偿解释》(法释〔2020〕17号)	《道路交通事故损害赔偿解释》(法释〔2012〕19号)
的车辆,因无法从事相应经营活动所产生的合理停运损失; (四)非经营性车辆因无法继续使用,所产生的通常替代性交通工具的合理费用。	
三、关于责任承担的认定	三、关于责任承担的认定
第13条　同时投保机动车第三者责任强制保险(以下简称交强险)和第三者责任商业保险(以下简称商业三者险)的机动车发生交通事故造成损害,当事人同时起诉侵权人和保险公司的,人民法院应当**依照民法典第一千二百一十三条的规定**,确定赔偿责任。 被侵权人或者其近亲属请求承保交强险的保险公司优先赔偿精神损害的,人民法院应予支持。	第16条　同时投保机动车第三者责任强制保险(以下简称"交强险")和第三者责任商业保险(以下简称"商业三者险")的机动车发生交通事故造成损害,当事人同时起诉侵权人和保险公司的,人民法院应当按照下列规则确定赔偿责任: (一)先由承保交强险的保险公司在责任限额范围内予以赔偿; (二)不足部分,由承保商业三者险的保险公司根据保险合同予以赔偿; (三)仍有不足的,依照道路交通安全法和侵权责任法的相关规定由侵权人予以赔偿。 被侵权人或者其近亲属请求承保交强险的保险公司优先赔偿精神损害的,人民法院应予支持。
第14条　投保人允许的驾驶人驾驶机动车致使投保人遭受损害,当事人请求承保交强险的保险公司在责任限额范围内予以赔偿的,人民法院应予支持,但投保人为本车上人员的除外。	第17条 同法释〔2020〕17号第14条
第15条　有下列情形之一导致第三人人身损害,当事人请求保险公司在交强险责任限额范围内予以赔偿,人民法院应予支持: (一)驾驶人未取得驾驶资格或者未取得相应驾驶资格的; (二)醉酒、服用国家管制的精神药品或者麻醉药品后驾驶机动车发生交通事故的; (三)驾驶人故意制造交通事故的。 保险公司在赔偿范围内向侵权人主张追偿权的,人民法院应予支持。追偿权的诉讼时效期间自保险公司实际赔偿之日起计算。	第18条 同法释〔2020〕17号第15条
第16条　未依法投保交强险的机动车发生交通事故造成损害,当事人请求投保义务人在交强险责任限额范围内予以赔偿的,人民法院应予支持。 投保义务人和侵权人不是同一人,当事人请求投保义务人和侵权人在交强险责任限额范围内承担**相应责任**的,人民法院应予支持。	第19条　未依法投保交强险的机动车发生交通事故造成损害,当事人请求投保义务人在交强险责任限额范围内予以赔偿的,人民法院应予支持。 投保义务人和侵权人不是同一人,当事人请求投保义务人和侵权人在交强险责任限额范围内承担连带责任的,人民法院应予支持。
第17条　具有从事交强险业务资格的保险公司违法拒绝承保、拖延承保或者违法解除交强险合同,投保义务人在向第三人承担赔偿责任后,请求该保险公司在交强险责任限额范围内承担相应赔偿责任的,人民法院应予支持。	第20条 同法释〔2020〕17号第17条

《道路交通事故损害赔偿解释》(法释〔2020〕17号)	《道路交通事故损害赔偿解释》(法释〔2012〕19号)
第18条 多辆机动车发生交通事故造成第三人损害,损失超出各机动车交强险责任限额之和的,由各保险公司在各自责任限额范围内承担赔偿责任;损失未超出各机动车交强险责任限额之和,当事人请求由各保险公司按照其责任限额与责任限额之和的比例承担赔偿责任的,人民法院应予支持。 依法分别投保交强险的牵引车和挂车连接使用时发生交通事故造成第三人损害,当事人请求由各保险公司在各自的责任限额范围内平均赔偿的,人民法院应予支持。 多辆机动车发生交通事故造成第三人损害,其中部分机动车未投保交强险,当事人请求先由已承保交强险的保险公司在责任限额范围内予以赔偿的,人民法院应予支持。保险公司就超出其应承担的部分向未投保交强险的投保义务人或者侵权人行使追偿权的,人民法院应予支持。	**第21条** 同法释〔2020〕17号第18条
第19条 同一交通事故的多个被侵权人同时起诉的,人民法院应当按照各被侵权人的损失比例确定交强险的赔偿数额。	**第22条** 同法释〔2020〕17号第19条
第20条 机动车所有权在交强险合同有效期内发生变动,保险公司在交通事故发生后,以该机动车未办理交强险合同变更手续为由主张免除赔偿责任的,人民法院不予支持。 机动车在交强险合同有效期内发生改装、使用性质改变等导致危险程度增加的情形,发生交通事故后,当事人请求保险公司在责任限额范围内予以赔偿的,人民法院应予支持。 前款情形下,保险公司另行起诉请求投保义务人按照重新核定后的保险费标准补足当期保险费的,人民法院应予支持。	**第23条** 同法释〔2020〕17号第20条
第21条 当事人主张交强险人身伤亡保险金请求权转让或者设定担保的行为无效的,人民法院应予支持。	**第24条** 同法释〔2020〕17号第21条
四、关于诉讼程序的规定	**四、关于诉讼程序的规定**
第22条 人民法院审理道路交通事故损害赔偿案件,应当将承保交强险的保险公司列为共同被告。但该保险公司已经在交强险责任限额范围内予以赔偿且当事人无异议的除外。 人民法院审理道路交通事故损害赔偿案件,当事人请求将承保商业三者险的保险公司列为共同被告的,人民法院应予准许。	**第25条** 同法释〔2020〕17号第22条
第23条 被侵权人因道路交通事故死亡,无近亲属或者近亲属不明,未经法律授权的机关或者有关组织向人民法院起诉主张死亡赔偿金的,人民法院	**第26条** 同法释〔2020〕17号第23条

《道路交通事故损害赔偿解释》(法释〔2020〕17号)	《道路交通事故损害赔偿解释》(法释〔2012〕19号)
不予受理。 侵权人以已向未经法律授权的机关或者有关组织支付死亡赔偿金为理由,请求保险公司在交强险责任限额范围内予以赔偿的,人民法院不予支持。 被侵权人因道路交通事故死亡,无近亲属或者近亲属不明,支付被侵权人医疗费、丧葬费等合理费用的单位或者个人,请求保险公司在交强险责任限额范围内予以赔偿的,人民法院应予支持。	
第24条 公安机关交通管理部门制作的交通事故认定书,人民法院应依法审查并确认其相应的证明力,但有相反证据推翻的除外。	**第27条** 同法释〔2020〕17号第24条
五、关于适用范围的规定	五、关于适用范围的规定
第25条 机动车在道路以外的地方通行时引发的损害赔偿案件,可以参照适用本解释的规定。	**第28条** 同法释〔2020〕17号第25条
第26条 本解释施行后尚未终审的案件,适用本解释;本解释施行前已经终审,当事人申请再审或者按照审判监督程序决定再审的案件,不适用本解释。	**第29条** 同法释〔2020〕17号第26条

九、《国有土地使用权合同解释》新旧对照表

《国有土地使用权合同解释》(法释〔2020〕17号)	《国有土地使用权合同解释》(法释〔2005〕5号)
为正确审理国有土地使用权合同纠纷案件,依法保护当事人的合法权益,根据**《中华人民共和国民法典》《中华人民共和国土地管理法》《中华人民共和国城市房地产管理法》**等法律规定,结合民事审判实践,制定本解释。	根据《中华人民共和国民法通则》《中华人民共和国合同法》《中华人民共和国土地管理法》《中华人民共和国城市房地产管理法》等法律规定,结合民事审判实践,**就审理涉及国有土地使用权合同纠纷案件适用法律的问题**,制定本解释。
一、土地使用权出让合同纠纷	一、土地使用权出让合同纠纷
第1条 本解释所称的土地使用权出让合同,是指市、县人民政府**自然资源主管部门**作为出让方将国有土地使用权在一定年限内让与受让方,受让方支付土地使用权出让金的**合同**。	第1条 本解释所称的土地使用权出让合同,是指市、县人民政府土地管理部门作为出让方将国有土地使用权在一定年限内让与受让方,受让方支付土地使用权出让金的协议。
第2条 开发区管理委员会作为出让方与受让方订立的土地使用权出让合同,应当认定无效。 本解释实施前,开发区管理委员会作为出让方与受让方订立的土地使用权出让合同,起诉前经市、县人民政府**自然资源主管部门**追认的,可以认定合同有效。	第2条 开发区管理委员会作为出让方与受让方订立的土地使用权出让合同,应当认定无效。 本解释实施前,开发区管理委员会作为出让方与受让方订立的土地使用权出让合同,起诉前经市、县人民政府土地管理部门追认的,可以认定合同有效。
第3条 经市、县人民政府批准同意以协议方式出让的土地使用权,土地使用权出让金低于订立合同时当地政府按照国家规定确定的最低价的,应当认定土地使用权出让合同约定的价格条款无效。 当事人请求按照订立合同时的市场评估价格交纳土地使用权出让金的,应予支持;受让方不同意按照市场评估价格补足,请求解除合同的,应予支持。因此造成的损失,由当事人按照过错承担责任。	第3条 同法释〔2020〕17号第3条
第4条 土地使用权出让合同的出让方因未办理土地使用权出让批准手续而不能交付土地,受让方请求解除合同的,应予支持。	第4条 同法释〔2020〕17号第4条
第5条 受让方经出让方和市、县人民政府城市规划行政主管部门同意,改变土地使用权出让合同约定的土地用途,当事人请求按照起诉时同种用途的土地出让金标准调整土地出让金的,应予支持。	第5条 同法释〔2020〕17号第5条
第6条 受让方擅自改变土地使用权出让合同约定的土地用途,出让方请求解除合同的,应予支持。	第6条 同法释〔2020〕17号第6条
二、土地使用权转让合同纠纷	二、土地使用权转让合同纠纷
第7条 本解释所称的土地使用权转让合同,是指土地使用权人作为转让方将出让土地使用权转让于受让方,受让方支付价款的**合同**。	第7条 本解释所称的土地使用权转让合同,是指土地使用权人作为转让方将出让土地使用权转让于受让方,受让方支付价款的协议。

《国有土地使用权合同解释》(法释〔2020〕17号)	《国有土地使用权合同解释》(法释〔2005〕5号)
第8条 土地使用权人作为转让方与受让方订立土地使用权转让合同后,当事人一方以双方之间未办理土地使用权变更登记手续为由,请求确认合同无效的,不予支持。	**第8条** 同法释〔2020〕17号第8条
第9条 土地使用权人作为转让方就同一出让土地使用权订立数个转让合同,在转让合同有效的情况下,受让方均要求履行合同的,按照以下情形分别处理: (一)已经办理土地使用权变更登记手续的受让方,请求转让方履行交付土地等合同义务的,应予支持; (二)均未办理土地使用权变更登记手续,已先行合法占有投资开发土地的受让方请求转让方履行土地使用权变更登记等合同义务的,应予支持; (三)均未办理土地使用权变更登记手续,又未合法占有投资开发土地,先行支付土地转让款的受让方请求转让方履行交付土地和办理土地使用权变更登记等合同义务的,应予支持; (四)合同均未履行,依法成立在先的合同受让方请求履行合同的,应予支持。 未能取得土地使用权的受让方请求解除合同、赔偿损失的,**依照民法典**的有关规定处理。	**第10条** 土地使用权人作为转让方就同一出让土地使用权订立数个转让合同,在转让合同有效的情况下,受让方均要求履行合同的,按照以下情形分别处理: (一)已经办理土地使用权变更登记手续的受让方,请求转让方履行交付土地等合同义务的,应予支持; (二)均未办理土地使用权变更登记手续,已先行合法占有投资开发土地的受让方请求转让方履行土地使用权变更登记等合同义务的,应予支持; (三)均未办理土地使用权变更登记手续,又未合法占有投资开发土地,先行支付土地转让款的受让方请求转让方履行交付土地和办理土地使用权变更登记等合同义务的,应予支持; (四)合同均未履行,依法成立在先的合同受让方请求履行合同的,应予支持。 未能取得土地使用权的受让方请求解除合同、赔偿损失的,按照《中华人民共和国合同法》的有关规定处理。
第10条 土地使用权人与受让方订立合同转让划拨土地使用权,起诉前经有批准权的人民政府同意转让,并由受让方办理土地使用权出让手续的,土地使用权人与受让方订立的合同可以按照补偿性质的合同处理。	**第12条** 同法释〔2020〕17号第10条
第11条 土地使用权人与受让方订立合同转让划拨土地使用权,起诉前经有批准权的人民政府决定不办理土地使用权出让手续,并将该划拨土地使用权直接划拨给受让方使用的,土地使用权人与受让方订立的合同可以按照补偿性质的合同处理。	**第13条** 同法释〔2020〕17号第11条
三、合作开发房地产合同纠纷	三、合作开发房地产合同纠纷
第12条 本解释所称的合作开发房地产合同,是指当事人订立的以提供出土地使用权、资金等作为共同投资,共享利润、共担风险合作开发房地产为基本内容的**合同**。	**第14条** 本解释所称的合作开发房地产合同,是指当事人订立的以提供出土地使用权、资金等作为共同投资,共享利润、共担风险合作开发房地产为基本内容的协议。
第13条 合作开发房地产合同的当事人一方备房地产开发经营资质的,应当认定合同有效。 当事人双方均不具备房地产开发经营资质的,应当认定合同无效。但起诉前当事人一方已经取得房地产开发经营资质或者已依法合作成立具有房地产开发经营资质的房地产开发企业的,应当认定合同有效。	**第15条** 同法释〔2020〕17号第13条

《国有土地使用权合同解释》(法释〔2020〕17号)	《国有土地使用权合同解释》(法释〔2005〕5号)
第 14 条 投资数额超出合作开发房地产合同的约定,对增加的投资数额的承担比例,当事人协商不成的,按照当事人的**违约情况**确定;因不可归责于当事人的事由或者当事人的**违约情况**无法确定的,按照约定的投资比例确定;没有约定投资比例的,按照约定的利润分配比例确定。	第 17 条 投资数额超出合作开发房地产合同的约定,对增加的投资数额的承担比例,当事人协商不成的,按照当事人的过错确定;因不可归责于当事人的事由或者当事人的过错无法确定的,按照约定的投资比例确定;没有约定投资比例的,按照约定的利润分配比例确定。
第 15 条 房屋实际建筑面积少于合作开发房地产合同的约定,对房屋实际建筑面积的分配比例,当事人协商不成的,按照当事人的**违约情况**确定;因不可归责于当事人的事由或者当事人**违约情况**无法确定的,按照约定的利润分配比例确定。	第 18 条 房屋实际建筑面积少于合作开发房地产合同的约定,对房屋实际建筑面积的分配比例,当事人协商不成的,按照当事人的过错确定;因不可归责于当事人的事由或者当事人过错无法确定的,按照约定的利润分配比例确定。
第 16 条 在下列情形下,合作开发房地产合同的当事人请求分配房地产项目利益的,不予受理;已经受理的,驳回起诉: (一)依法需经批准的房地产建设项目未经有批准权的人民政府主管部门批准; (二)房地产建设项目未取得建设工程规划许可证; (三)擅自变更建设工程规划。 因当事人隐瞒建设工程规划变更的事实所造成的损失,由当事人按照过错承担。	第 19 条 同法释〔2020〕17 号第 16 条
第 17 条 房屋实际建筑面积超出规划建筑面积,经有批准权的人民政府主管部门批准后,当事人对超出部分的房屋分配比例协商不成的,按照约定的利润分配比例确定。对增加的投资数额的承担比例,当事人协商不成的,按照约定的投资比例确定;没有约定投资比例的,按照约定的利润分配比例确定。	第 20 条 同法释〔2020〕17 号第 17 条
第 18 条 当事人违反规划开发建设的房屋,被有批准权的人民政府主管部门认定为违法建筑责令拆除,当事人对损失承担协商不成的,按照当事人过错确定责任;过错无法确定的,按照约定的投资比例确定责任;没有约定投资比例的,按照约定的利润分配比例确定责任。	第 21 条 同法释〔2020〕17 号第 18 条
第 19 条 合作开发房地产合同约定仅以投资数额确定利润分配比例,当事人未足额交纳出资的,按照当事人的实际投资比例分配利润。	第 22 条 同法释〔2020〕17 号第 19 条
第 20 条 合作开发房地产合同的当事人要求将房屋预售款充抵投资参与利润分配的,不予支持。	第 23 条 同法释〔2020〕17 号第 20 条
第 21 条 合作开发房地产合同约定提供土地使用权的当事人不承担经营风险,只收取固定利益的,应当认定为土地使用权转让合同。	第 24 条 同法释〔2020〕17 号第 21 条

《国有土地使用权合同解释》(法释〔2020〕17号)	《国有土地使用权合同解释》(法释〔2005〕5号)
第22条 合作开发房地产合同约定提供资金的当事人不承担经营风险,只分配固定数量房屋的,应当认定为房屋买卖合同。	**第25条** 同法释〔2020〕17号第22条
第23条 合作开发房地产合同约定提供资金的当事人不承担经营风险,只收取固定数额货币的,应当认定为借款合同。	**第26条** 同法释〔2020〕17号第23条
第24条 合作开发房地产合同约定提供资金的当事人不承担经营风险,只以租赁或者其他形式使用房屋的,应当认定为房屋租赁合同。	**第27条** 同法释〔2020〕17号第24条
四、其它	四、其它
第25条 本解释自2005年8月1日起施行;施行后受理的第一审案件适用本解释。 本解释施行前最高人民法院发布的司法解释与本解释不一致的,以本解释为准。	**第28条** 同法释〔2020〕17号第25条

十、《环境侵权责任解释》新旧对照表

《环境侵权责任解释》(法释〔2020〕17号)	《环境侵权责任解释》(法释〔2015〕12号)
为正确审理环境侵权责任纠纷案件,根据《中华人民共和国民法典》《中华人民共和国环境保护法》《中华人民共和国民事诉讼法》等法律的规定,结合审判实践,制定本解释。	为正确审理环境侵权责任纠纷案件,根据《中华人民共和国侵权责任法》《中华人民共和国环境保护法》《中华人民共和国民事诉讼法》等法律的规定,结合审判实践,制定本解释。
第1条 因污染环境、破坏生态造成他人损害,不论侵权人有无过错,侵权人应当承担侵权责任。 侵权人以排污符合国家或者地方污染物排放标准为由主张不承担责任的,人民法院不予支持。 侵权人不承担责任或者减轻责任的情形,适用海洋环境保护法、水污染防治法、大气污染防治法等环境保护单行法的规定;相关环境保护单行法没有规定的,适用民法典的规定。	第1条 因污染环境造成损害,不论污染者有无过错,污染者应当承担侵权责任。污染者以排污符合国家或者地方污染物排放标准为由主张不承担责任的,人民法院不予支持。 污染者不承担责任或者减轻责任的情形,适用海洋环境保护法、水污染防治法、大气污染防治法等环境保护单行法的规定;相关环境保护单行法没有规定的,适用侵权责任法的规定。
第2条 两个以上侵权人共同实施污染环境、破坏生态行为造成损害,被侵权人根据民法典第一千一百六十八条规定请求侵权人承担连带责任的,人民法院应予支持。	第2条 两个以上污染者共同实施污染行为造成损害,被侵权人根据侵权责任法第八条规定请求污染者承担连带责任的,人民法院应予支持。
第3条 两个以上侵权人分别实施污染环境、破坏生态行为造成同一损害,每一个侵权人的污染环境、破坏生态行为都足以造成全部损害,被侵权人根据民法典第一千一百七十一条规定请求侵权人承担连带责任的,人民法院应予支持。 两个以上侵权人分别实施污染环境、破坏生态行为造成同一损害,每一个侵权人的污染环境、破坏生态行为都不足以造成全部损害,被侵权人根据民法典第一千一百七十二条规定请求侵权人承担责任的,人民法院应予支持。 两个以上侵权人分别实施污染环境、破坏生态行为造成同一损害,部分侵权人的污染环境、破坏生态行为足以造成全部损害,部分侵权人的污染环境、破坏生态行为只造成部分损害,被侵权人根据民法典第一千一百七十一条规定请求足以造成全部损害的侵权人与其他侵权人就共同造成的损害部分承担连带责任,并对全部损害承担责任的,人民法院应予支持。	第3条 两个以上污染者分别实施污染行为造成同一损害,每一个污染者的污染行为都足以造成全部损害,被侵权人根据侵权责任法第十一条规定请求污染者承担连带责任的,人民法院应予支持。 两个以上污染者分别实施污染行为造成同一损害,每一个污染者的污染行为都不足以造成全部损害,被侵权人根据侵权责任法第十二条规定请求污染者承担责任的,人民法院应予支持。 两个以上污染者分别实施污染行为造成同一损害,部分污染者的污染行为足以造成全部损害,部分污染者的污染行为只造成部分损害,被侵权人根据侵权责任法第十一条规定请求足以造成全部损害的污染者与其他污染者就共同造成的损害部分承担连带责任,并对全部损害承担责任的,人民法院应予支持。

《环境侵权责任解释》(法释〔2020〕17号)	《环境侵权责任解释》(法释〔2015〕12号)
第4条 两个以上<u>侵权人</u>污染环境、<u>破坏生态</u>,对<u>侵权人</u>承担责任的大小,人民法院应当根据污染物的种类、<u>浓度</u>、排放量、危害性,有无排污许可证、是否超过污染物排放标准、是否超过重点污染物排放总量控制指标,<u>破坏生态的方式、范围、程度,以及行为对损害后果所起的作用</u>等因素确定。	**第4条** 两个以上污染者污染环境,对污染者承担责任的大小,人民法院应当根据污染物的种类、排放量、危害性以及有无排污许可证、是否超过污染物排放标准、是否超过重点污染物排放总量控制指标等因素确定。
第5条 被侵权人根据<u>民法典第一千二百三十三条</u>规定分别或者同时起诉<u>侵权人</u>、第三人的,人民法院应予受理。 被侵权人请求第三人承担赔偿责任的,人民法院应当根据第三人的过错程度确定其相应赔偿责任。 <u>侵权人</u>以第三人的过错污染环境、<u>破坏生态</u>造成损害为由主张不承担责任或者减轻责任的,人民法院不予支持。	**第5条** 被侵权人根据侵权责任法第六十八条规定分别或者同时起诉污染者、第三人的,人民法院应予受理。 被侵权人请求第三人承担赔偿责任的,人民法院应当根据第三人的过错程度确定其相应赔偿责任。 污染者以第三人的过错污染环境造成损害为由主张不承担责任或者减轻责任的,人民法院不予支持。
第6条 被侵权人根据<u>民法典第七编第七章</u>的规定请求赔偿的,应当提供证明以下事实的证据材料: (一)<u>侵权人</u>排放了污染物<u>或者破坏了生态</u>; (二)被侵权人的损害; (三)<u>侵权人</u>排放的污染物或者其次生污染物、<u>破坏生态行为</u>与损害之间具有关联性。	**第6条** 被侵权人根据侵权责任法第六十五条规定请求赔偿的,应当提供证明以下事实的证据材料: (一)污染者排放了污染物; (二)被侵权人的损害; (三)污染者排放的污染物或者其次生污染物与损害之间具有关联性。
第7条 <u>侵权人</u>举证证明下列情形之一的,人民法院应当认定其<u>污染环境、破坏生态行为</u>与损害之间不存在因果关系: (一)排放污染物、<u>破坏生态的行为</u>没有造成该损害可能的; (二)排放的可造成该损害的污染物未到达该损害发生地的; (三)该损害于排放污染物、<u>破坏生态行为实施</u>之前已发生的; (四)其他可以认定<u>污染环境、破坏生态行为</u>与损害之间不存在因果关系的情形。	**第7条** 污染者举证证明下列情形之一的,人民法院应当认定其污染行为与损害之间不存在因果关系: (一)排放的污染物没有造成该损害可能的; (二)排放的可造成该损害的污染物未到达该损害发生地的; (三)该损害于排放污染物之前已发生的; (四)其他可以认定污染行为与损害之间不存在因果关系的情形。
第8条 对查明环境污染、<u>生态破坏</u>案件事实的专门性问题,可以委托具备相关资格的司法鉴定机构出具鉴定意见或者由<u>负有环境资源保护监督管理职责的部门</u>推荐的机构出具检验报告、检测报告、评估报告或者监测数据。	**第8条** 对查明环境污染案件事实的专门性问题,可以委托具备相关资格的司法鉴定机构出具鉴定意见或者由国务院环境保护主管部门推荐的机构出具检验报告、检测报告、评估报告或者监测数据。
第9条 当事人申请通知一至两名具有专门知识的人出庭,就鉴定意见或者污染物认定、损害结果、因果关系、<u>修复措施</u>等专业问题提出意见的,人民法院可以准许。当事人未申请,人民法院认为有必要的,可以进行释明。 具有专门知识的人在法庭上提出的意见,经当事人质证,可以作为认定案件事实的根据。	**第9条** 当事人申请通知一至两名具有专门知识的人出庭,就鉴定意见或者污染物认定、损害结果、因果关系等专业问题提出意见的,人民法院可以准许。当事人未申请,人民法院认为有必要的,可以进行释明。 具有专门知识的人在法庭上提出的意见,经当事人质证,可以作为认定案件事实的根据。

《环境侵权责任解释》(法释〔2020〕17号)	《环境侵权责任解释》(法释〔2015〕12号)
第10条 负有环境**资源**保护监督管理职责的部门或者其委托的机构出具的环境污染、**生态破坏**事件调查报告、检验报告、检测报告、评估报告或者监测数据等,经当事人质证,可以作为认定案件事实的根据。	第10条 负有环境保护监督管理职责的部门或者其委托的机构出具的环境污染事件调查报告、检验报告、检测报告、评估报告或者监测数据等,经当事人质证,可以作为认定案件事实的根据。
第11条 对于突发性或者持续时间较短的环境污染、**生态破坏**行为,在证据可能灭失或以后难以取得的情况下,当事人或者利害关系人根据民事诉讼法第八十一条规定申请证据保全的,人民法院应当准许。	第11条 对于突发性或者持续时间较短的环境污染行为,在证据可能灭失或以后难以取得的情况下,当事人或者利害关系人根据民事诉讼法第八十一条规定申请证据保全的,人民法院应当准许。
第12条 被申请人具有环境保护法第六十三条规定情形之一,当事人或者利害关系人根据民事诉讼法第一百条或者第一百零一条规定申请保全的,人民法院可以裁定责令被申请人立即停止侵害行为或者采取防治措施。	第12条 被申请人具有环境保护法第六十三条规定情形之一,当事人或者利害关系人根据民事诉讼法第一百条或者第一百零一条规定申请保全的,人民法院可以裁定责令被申请人立即停止侵害行为或者采取**污染**防治措施。
第13条 人民法院应当根据被侵权人的诉讼请求以及具体案情,合理判定**侵权人**承担停止侵害、排除妨碍、消除危险、**修复生态环境**、赔礼道歉、赔偿损失等民事责任。	第13条 人民法院应当根据被侵权人的诉讼请求以及具体案情,合理判定污染者承担停止侵害、排除妨碍、消除危险、恢复原状、赔礼道歉、赔偿损失等民事责任。
第14条 被侵权人请求**修复生态环境**的,人民法院可以依法裁判**侵权人**承担环境修复责任,并同时确定**其**不履行环境修复义务时应当承担的环境修复费用。 **侵权人**在生效裁判确定的期限内未履行环境修复义务的,人民法院可以委托其他人进行环境修复,所需费用由**侵权人**承担。	第14条 被侵权人请求恢复原状的,人民法院可以依法裁判污染者承担环境修复责任,并同时确定被告不履行环境修复义务时应当承担的环境修复费用。 污染者在生效裁判确定的期限内未履行环境修复义务的,人民法院可以委托其他人进行环境修复,所需费用由污染者承担。
第15条 被侵权人起诉请求**侵权人**赔偿因污染**环境、破坏生态**造成的财产损失、人身损害以及为防止**损害发生和扩大**、**清除污染**、**修复生态环境**而采取必要措施所支出的合理费用的,人民法院应予支持。	第15条 被侵权人起诉请求污染者赔偿因污染造成的财产损失、人身损害以及为防止污染扩大、消除污染而采取必要措施所支出的合理费用的,人民法院应予支持。
第16条 下列情形之一,应当认定为环境保护法第六十五条规定的弄虚作假: (一)环境影响评价机构明知委托人提供的材料虚假而出具严重失实的评价文件的; (二)环境监测机构或者从事环境监测设备维护、运营的机构故意隐瞒委托人超过污染物排放标准或者超过重点污染物排放总量控制指标的事实的; (三)从事防治污染设施维护、运营的机构故意不运行或者不正常运行环境监测设备或者防治污染设施的; (四)有关机构在环境服务活动中其他弄虚作假的情形。	第16条 同法释〔2020〕17号第16条

《环境侵权责任解释》(法释〔2020〕17号)	《环境侵权责任解释》(法释〔2015〕12号)
第17条 本解释适用于审理因污染环境、破坏生态造成损害的民事案件,但法律和司法解释对环境民事公益诉讼案件另有规定的除外。 相邻污染侵害纠纷、劳动者在职业活动中因受污染损害发生的纠纷,不适用本解释。	**第18条** 同法释〔2020〕17号第17条
第18条 本解释施行后,人民法院尚未审结的一审、二审案件适用本解释规定。本解释施行前已经作出生效裁判的案件,本解释施行后依法再审的,不适用本解释。 本解释施行后,最高人民法院以前颁布的司法解释与本解释不一致的,不再适用。	**第19条** 同法释〔2020〕17号第18条

十一、《技术合同解释》新旧对照表

《技术合同解释》(法释〔2020〕19号)	《技术合同解释》(法释〔2004〕20号)
为了正确审理技术合同纠纷案件,根据**《中华人民共和国民法典》**《中华人民共和国专利法》和《中华人民共和国民事诉讼法》等法律的有关规定,结合审判实践,现就有关问题作出以下解释。	为了正确审理技术合同纠纷案件,根据**《中华人民共和国合同法》**、《中华人民共和国专利法》和《中华人民共和国民事诉讼法》等法律的有关规定,结合审判实践,现就有关问题作出以下解释。
一、一般规定	一、一般规定
第1条 技术成果,是指利用科学技术知识、信息和经验作出的涉及产品、工艺、材料及其改进等的技术方案,包括专利、专利申请、技术秘密、计算机软件、集成电路布图设计、植物新品种等。 技术秘密,是指不为公众所知悉、具有商业价值并经权利人采取**相应**保密措施的技术信息。	**第1条** 技术成果,是指利用科学技术知识、信息和经验作出的涉及产品、工艺、材料及其改进等的技术方案,包括专利、专利申请、技术秘密、计算机软件、集成电路布图设计、植物新品种等。 技术秘密,是指不为公众所知悉、具有商业价值并经权利人采取保密措施的技术信息。
第2条 **民法典第八百四十七条**第二款所称"执行法人或者**非法人**组织的工作任务",包括: (一)履行法人或者**非法人**组织的岗位职责或者承担其交付的其他技术开发任务; (二)离职后一年内继续从事与其原所在法人或者**非法人**组织的岗位职责或者交付的任务有关的技术开发工作,但法律、行政法规另有规定的除外。 法人或者**非法人**组织与其职工就职工在职期间或者离职以后所完成的技术成果的权益有约定的,人民法院应当依约定确认。	**第2条** 合同法第三百二十六条第二款所称"执行法人或者其他组织的工作任务",包括: (一)履行法人或者其他组织的岗位职责或者承担其交付的其他技术开发任务; (二)离职后一年内继续从事与其原所在法人或其他组织的岗位职责或者交付的任务有关的技术开发工作,但法律、行政法规另有规定的除外。 法人或者其他组织与其职工就职工在职期间或者离职以后所完成的技术成果的权益有约定的,人民法院应当依约定确认。
第3条 **民法典第八百四十七条**第二款所称"物质技术条件",包括资金、设备、器材、原材料、未公开的技术信息和资料等。	**第3条** 合同法第三百二十六条第二款所称"物质技术条件",包括资金、设备、器材、原材料、未公开的技术信息和资料等。
第4条 **民法典第八百四十七条**第二款所称"主要是利用法人或者**非法人**组织的物质技术条件",包括职工在技术成果的研究开发过程中,全部或者大部分利用了法人或者**非法人**组织的资金、设备、器材或者原材料等物质条件,并且这些物质条件对形成该技术成果具有实质性的影响;还包括该技术成果实质性内容是在法人或者**非法人**组织尚未公开的技术成果、阶段性技术成果基础上完成的情形。但下列情况除外: (一)对利用法人或者**非法人**组织提供的物质技术条件,约定返还资金或者交纳使用费的; (二)在技术成果完成后利用法人或者**非法人**组织的物质技术条件对技术方案进行验证、测试的。	**第4条** 合同法第三百二十六条第二款所称"主要利用法人或者其他组织的物质技术条件",包括职工在技术成果的研究开发过程中,全部或者大部分利用了法人或者其他组织的资金、设备、器材或者原材料等物质条件,并且这些物质条件对形成该技术成果具有实质性的影响;还包括该技术成果实质性内容是在法人或者其他组织尚未公开的技术成果、阶段性技术成果基础上完成的情形。但下列情况除外: (一)对利用法人或者其他组织提供的物质技术条件,约定返还资金或者交纳使用费的; (二)在技术成果完成后利用法人或者其他组织的物质技术条件对技术方案进行验证、测试的。

《技术合同解释》(法释〔2020〕19号)	《技术合同解释》(法释〔2004〕20号)
第5条 个人完成的技术成果,属于执行原所在法人或者**非法人**组织的工作任务,又主要利用了现所在法人或者**非法人**组织的物质技术条件的,应当按照该自然人原所在和现所在法人或者**非法人**组织达成的协议确认权益。不能达成协议的,根据对完成该项技术成果的贡献大小由双方合理分享。	**第5条** 个人完成的技术成果,属于执行原所在法人或者其他组织的工作任务,又主要利用了现所在法人或者其他组织的物质技术条件的,应当按照该自然人原所在和现所在法人或者其他组织达成的协议确认权益。不能达成协议的,根据对完成该项技术成果的贡献大小由双方合理分享。
第6条 **民法典第八百四十七条**所称"**职务技术成果的完成人**"、**第八百四十八条所称"完成技术成果的个人"**,包括对技术成果单独或者共同作出创造性贡献的人,也即技术成果的发明人或者设计人。人民法院在对创造性贡献进行认定时,应当分解所涉及技术成果的实质性技术构成。提出实质性技术构成并由此实现技术方案的人,是作出创造性贡献的人。 提供资金、设备、材料、试验条件,进行组织管理、协助绘制图纸、整理资料、翻译文献等人员,不属于**职务技术成果的完成人**、完成技术成果的个人。	**第6条** 合同法第三百二十六条、第三百二十七条所称完成技术成果的"个人",包括对技术成果单独或者共同作出创造性贡献的人,也即技术成果的发明人或者设计人。人民法院在对创造性贡献进行认定时,应当分解所涉及技术成果的实质性技术构成。提出实质性技术构成并由此实现技术方案的人,是作出创造性贡献的人。 提供资金、设备、材料、试验条件,进行组织管理、协助绘制图纸、整理资料、翻译文献等人员,不属于完成技术成果的个人。
第7条 不具有民事主体资格的科研组织订立的技术合同,经法人或者**非法人**组织授权或者认可的,视为法人或者**非法人**组织订立的合同,由法人或者**非法人**组织承担责任;未经法人或者**非法人**组织授权或者认可的,由该科研组织成员共同承担责任,但法人或者**非法人**组织因该合同受益的,应当在其受益范围内承担相应责任。 前款所称不具有民事主体资格的科研组织,包括法人或者**非法人**组织设立的从事技术研究开发、转让等活动的课题组、工作室等。	**第7条** 不具有民事主体资格的科研组织订立的技术合同,经法人或者其他组织授权或者认可的,视为法人或者其他组织订立的合同,由法人或者其他组织承担责任;未经法人或者其他组织授权或者认可的,由该科研组织成员共同承担责任,但法人或者其他组织因该合同受益的,应当在其受益范围内承担相应责任。 前款所称不具有民事主体资格的科研组织,包括法人或者其他组织设立的从事技术研究开发、转让等活动的课题组、工作室等。
第8条 生产产品或者提供服务依法须经有关部门审批或者取得行政许可,而未经审批或者许可的,不影响当事人订立的相关技术合同的效力。 当事人对办理前款所称审批或者许可的义务没有约定或者约定不明确的,人民法院应当判令由实施技术的一方负责办理,但法律、行政法规另有规定的除外。	**第8条** 同法释〔2020〕19号第8条
第9条 当事人一方采取欺诈手段,就其现有技术成果作为研究开发标的与他人订立委托开发合同收取研究开发费用,或者就同一研究开发课题先后与两个或者两个以上的委托人分别订立委托开发合同重复收取研究开发费用,**使对方在违背真实意思的情况下订立的合同**,受损害方依照**民法典第一百四十八条**规定请求撤销合同的,人民法院应当予以支持。	**第9条** 当事人一方采取欺诈手段,就其现有技术成果作为研究开发标的与他人订立委托开发合同收取研究开发费用,或者就同一研究开发课题先后与两个或者两个以上的委托人分别订立委托开发合同重复收取研究开发费用**的**,受损害方依照合同法第五十四条**第二款**规定请求**变更或者**撤销合同的,人民法院应当予以支持。

《技术合同解释》(法释〔2020〕19号)	《技术合同解释》(法释〔2004〕20号)
第10条　下列情形,属于**民法典第八百五十条**所称的"非法垄断技术": (一)限制当事人一方在合同标的技术基础上进行新的研究开发或者限制其使用所改进的技术,或者双方交换改进技术的条件不对等,包括要求一方将其自行改进的技术无偿提供给对方、非互惠性转让给对方、无偿独占或者共享该改进技术的知识产权; (二)限制当事人一方从其他来源获得与技术提供方类似技术或者与其竞争的技术; (三)阻碍当事人一方根据市场需求,按照合理方式充分实施合同标的技术,包括明显不合理地限制技术接受方实施合同标的技术生产产品或者提供服务的数量、品种、价格、销售渠道和出口市场; (四)要求技术接受方接受并非实施技术必不可少的附带条件,包括购买非必需的技术、原材料、产品、设备、服务以及接收非必需的人员等; (五)不合理地限制技术接受方购买原材料、零部件、产品或者设备等的渠道或者来源; (六)禁止技术接受方对合同标的技术知识产权的有效性提出异议或者对提出异议附加条件。	第10条　下列情形,属于合同法第三百二十九条所称的"非法垄断技术、**妨碍技术进步**": (一)限制当事人一方在合同标的技术基础上进行新的研究开发或者限制其使用所改进的技术,或者双方交换改进技术的条件不对等,包括要求一方将其自行改进的技术无偿提供给对方、非互惠性转让给对方、无偿独占或者共享该改进技术的知识产权; (二)限制当事人一方从其他来源获得与技术提供方类似技术或者与其竞争的技术; (三)阻碍当事人一方根据市场需求,按照合理方式充分实施合同标的技术,包括明显不合理地限制技术接受方实施合同标的技术生产产品或者提供服务的数量、品种、价格、销售渠道和出口市场; (四)要求技术接受方接受并非实施技术必不可少的附带条件,包括购买非必需的技术、原材料、产品、设备、服务以及接收非必需的人员等; (五)不合理地限制技术接受方购买原材料、零部件、产品或者设备等的渠道或者来源; (六)禁止技术接受方对合同标的技术知识产权的有效性提出异议或者对提出异议附加条件。
第11条　技术合同无效或者被撤销后,技术开发合同研究开发人、技术转让合同让与人、**技术许可合同许可人**、技术咨询合同和技术服务合同的受托人已经履行或者部分履行了约定的义务,并且造成合同无效或者被撤销的过错在对方的,对其已履行部分应当收取的研究开发经费、技术使用费、提供咨询服务的报酬,人民法院可以认定为因对方原因导致合同无效或者被撤销给其造成的损失。 技术合同无效或者被撤销后,因履行合同所完成新的技术成果或者在他人技术成果基础上完成后续改进技术成果的权利归属和利益分享,当事人不能重新协议确定的,人民法院可以判决由完成技术成果的一方享有。	第11条　技术合同无效或者被撤销后,技术开发合同研究开发人、技术转让合同让与人、技术咨询合同和技术服务合同的受托人已经履行或者部分履行了约定的义务,并且造成合同无效或者被撤销的过错在对方的,对其已履行部分应当收取的研究开发经费、技术使用费、提供咨询服务的报酬,人民法院可以认定为因对方原因导致合同无效或者被撤销给其造成的损失。 技术合同无效或者被撤销后,因履行合同所完成新的技术成果或者在他人技术成果基础上完成后续改进技术成果的权利归属和利益分享,当事人不能重新协议确定的,人民法院可以判决由完成技术成果的一方享有。
第12条　根据**民法典第八百五十条**的规定,侵害他人技术秘密的技术合同被确认无效后,除法律、行政法规另有规定的以外,善意取得该技术秘密的一方当事人可以在其取得时的范围内继续使用该技术秘密,但应当向权利人支付合理的使用费并承担保密义务。 当事人双方恶意串通或者一方知道或者应当知道另一方侵权仍与其订立或者履行合同的,属于共同侵权,人民法院应当判令侵权人承担连带赔偿责任和保密义务,因此取得技术秘密的当事人不得继续使用该技术秘密。	第12条　根据合同法第三百二十九条的规定,侵害他人技术秘密的技术合同被确认无效后,除法律、行政法规另有规定的以外,善意取得该技术秘密的一方当事人可以在其取得时的范围内继续使用该技术秘密,但应当向权利人支付合理的使用费并承担保密义务。 当事人双方恶意串通或者一方知道或者应当知道另一方侵权仍与其订立或者履行合同的,属于共同侵权,人民法院应当判令侵权人承担连带赔偿责任和保密义务,因此取得技术秘密的当事人不得继续使用该技术秘密。

《技术合同解释》(法释〔2020〕19号)	《技术合同解释》(法释〔2004〕20号)
第13条 依照前条第一款规定可以继续使用技术秘密的人与权利人就使用费支付发生纠纷的,当事人任何一方都可以请求人民法院予以处理。继续使用技术秘密但又拒不支付使用费的,人民法院可以根据权利人的请求判令使用人停止使用。 人民法院在确定使用费时,可以根据权利人通常对外许可该技术秘密的使用费或者使用人取得该技术秘密所支付的使用费,并考虑该技术秘密的研究开发成本、成果转化和应用程度以及使用人的使用规模、经济效益等因素合理确定。 不论使用人是否继续使用技术秘密,人民法院均应当判令其向权利人支付已使用期间的使用费。使用人已向无效合同的让与人**或者许可人**支付的使用费应当由让与人**或者许可人**负责返还。	第13条 依照前条第一款规定可以继续使用技术秘密的人与权利人就使用费支付发生纠纷的,当事人任何一方都可以请求人民法院予以处理。继续使用技术秘密但又拒不支付使用费的,人民法院可以根据权利人的请求判令使用人停止使用。 人民法院在确定使用费时,可以根据权利人通常对外许可该技术秘密的使用费或者使用人取得该技术秘密所支付的使用费,并考虑该技术秘密的研究开发成本、成果转化和应用程度以及使用人的使用规模、经济效益等因素合理确定。 不论使用人是否继续使用技术秘密,人民法院均应当判令其向权利人支付已使用期间的使用费。使用人已向无效合同的让与人支付的使用费应当由让与人负责返还。
第14条 对技术合同的价款、报酬和使用费,当事人没有约定或者约定不明确的,人民法院可以按照以下原则处理: (一)对于技术开发合同和技术转让合同、**技术许可合同**,根据有关技术成果的研究开发成本、先进性、实施转化和应用的程度,当事人享有的权益和承担的责任,以及技术成果的经济效益等合理确定; (二)对于技术咨询合同和技术服务合同,根据有关咨询服务工作的技术含量、质量和数量,以及已经产生和预期产生的经济效益等合理确定。 技术合同价款、报酬、使用费中包含非技术性款项的,应当分项计算。	第14条 对技术合同的价款、报酬和使用费,当事人没有约定或者约定不明确的,人民法院可以按照以下原则处理: (一)对于技术开发合同和技术转让合同,根据有关技术成果的研究开发成本、先进性、实施转化和应用的程度,当事人享有的权益和承担的责任,以及技术成果的经济效益等合理确定; (二)对于技术咨询合同和技术服务合同,根据有关咨询服务工作的技术含量、质量和数量,以及已经产生和预期产生的经济效益等合理确定。 技术合同价款、报酬、使用费中包含非技术性款项的,应当分项计算。
第15条 技术合同当事人一方迟延履行主要债务,经催告后在30日内仍未履行,另一方依据**民法典第五百六十三条第一款**第(三)项的规定主张解除合同的,人民法院应当予以支持。 当事人在催告通知中附有履行期限且该期限超过30日的,人民法院应当认定该履行期限为**民法典第五百六十三条第一款**第(三)项规定的合理期限。	第15条 技术合同当事人一方迟延履行主要债务,经催告后在30日内仍未履行,另一方依据合同法第九十四条第(三)项的规定主张解除合同的,人民法院应当予以支持。 当事人在催告通知中附有履行期限且该期限超过30日的,人民法院应当认定该履行期限为合同法第九十四条第(三)项规定的合理期限。
第16条 当事人以技术成果向企业出资但未明确约定权属,接受出资的企业主张该技术成果归其享有的,人民法院一般应当予以支持,但是该技术成果价值与该技术成果所占出资额比例明显不合理损害出资人利益的除外。 当事人对技术成果的权属约定有比例的,视为共同所有,其权利使用和利益分配,按共有技术成果的有关规定处理,但当事人另有约定的,从其约定。 当事人对技术成果的使用权约定有比例的,人民法院可以视为当事人对实施该项技术成果所获收益的分配比例,但当事人另有约定的,从其约定。	第16条 同法释〔2020〕19号第16条

《技术合同解释》(法释〔2020〕19号)	《技术合同解释》(法释〔2004〕20号)
二、技术开发合同	二、技术开发合同
第17条 民法典第八百五十一条第一款所称"新技术、新产品、新工艺、**新品种或者**新材料及其系统",包括当事人在订立技术合同时尚未掌握的产品、工艺、材料及其系统等技术方案,但对技术上没有创新的现有产品的改型、工艺变更、材料配方调整以及对技术成果的验证、测试和使用除外。	第17条 合同法第三百三十条所称"新技术、新产品、新工艺、新材料及其系统",包括当事人在订立技术合同时尚未掌握的产品、工艺、材料及其系统等技术方案,但对技术上没有创新的现有产品的改型、工艺变更、材料配方调整以及对技术成果的验证、测试和使用除外。
第18条 民法典第八百五十一条第四款规定的"当事人之间就具有**实用**价值的科技成果实施转化订立的"技术转化合同,是指当事人之间就具有实用价值但尚未实现工业化应用的科技成果包括阶段性技术成果,以实现该科技成果工业化应用为目标,约定后续试验、开发和应用等内容的合同。	第18条 合同法第三百三十条第四款规定的"当事人之间就具有产业应用价值的科技成果实施转化订立的"技术转化合同,是指当事人之间就具有实用价值但尚未实现工业化应用的科技成果包括阶段性技术成果,以实现该科技成果工业化应用为目标,约定后续试验、开发和应用等内容的合同。
第19条 民法典第八百五十五条所称"分工参与研究开发工作",包括当事人按照约定的计划和分工,共同或者分别承担设计、工艺、试验、试制等工作。 技术开发合同当事人一方仅提供资金、设备、材料等物质条件或者承担辅助协作事项,另一方进行研究开发工作的,属于委托开发合同。	第19条 合同法第三百三十五条所称"分工参与研究开发工作",包括当事人按照约定的计划和分工,共同或者分别承担设计、工艺、试验、试制等工作。 技术开发合同当事人一方仅提供资金、设备、材料等物质条件或者承担辅助协作事项,另一方进行研究开发工作的,属于委托开发合同。
第20条 民法典第八百六十一条所称"当事人均有使用和转让的权利",包括当事人均有不经对方同意而自己使用或者以普通使用许可的方式许可他人使用技术秘密,并独占由此所获利益的权利。当事人一方将技术秘密成果的转让权让与他人,或者以独占或者排他使用许可的方式许可他人使用技术秘密,未经对方当事人同意或者追认的,应当认定该让与或者许可行为无效。	第20条 合同法第三百四十一条所称"当事人均有使用和转让的权利",包括当事人均有不经对方同意而自己使用或者以普通使用许可的方式许可他人使用技术秘密,并独占由此所获利益的权利。当事人一方将技术秘密成果的转让权让与他人,或者以独占或者排他使用许可的方式许可他人使用技术秘密,未经对方当事人同意或者追认的,应当认定该让与或者许可行为无效。
第21条 技术开发合同当事人依照**民法典**的规定或者约定自行实施专利或使用技术秘密,但因其不具备独立实施专利或者使用技术秘密的条件,以一个普通许可方式许可他人实施或者使用的,可以准许。	第21条 技术开发合同当事人依照合同法的规定或者约定自行实施专利或使用技术秘密,但因其不具备独立实施专利或者使用技术秘密的条件,以一个普通许可方式许可他人实施或者使用的,可以准许。
三、技术转让合同**和技术许可合同**	三、技术转让合同
第22条 就尚待研究开发的技术成果或者不涉及专利、专利申请或者技术秘密的知识、技术、经验和信息所订立的合同,**不属于民法典第八百六十二条规定的技术转让合同或者技术许可合同**。 技术转让合同中关于让与人向受让人提供实施技术的专用设备、原材料或者提供有关的技术咨询、技术服务的约定,属于技术转让合同的组成部分。因此发生的纠纷,按照技术转让合同处理。	第22条 合同法第三百四十二条规定的"**技术转让合同**",是指合法拥有技术的权利人,包括其他有权对外转让技术的人,将现有特定的专利、专利申请、技术秘密的相关权让与他人,或者许可他人实施、使用所订立的合同。但就尚待研究开发的技术成果或者不涉及专利、专利申请或者技术秘密的知识、技术、经验和信息所订立的合同**除外**。

《技术合同解释》(法释〔2020〕19号)	《技术合同解释》(法释〔2004〕20号)
当事人以技术入股方式订立联营合同,但技术入股人不参与联营体的经营管理,并且以保底条款形式约定联营体或者联营对方支付其技术价款或者使用费的,视为技术转让合同**或者技术许可合同**。	技术转让合同中关于让与人向受让人提供实施技术的专用设备、原材料或者提供有关的技术咨询、技术服务的约定,属于技术转让合同的组成部分。因此发生的纠纷,按照技术转让合同处理。 当事人以技术入股方式订立联营合同,但技术入股人不参与联营体的经营管理,并且以保底条款形式约定联营体或者联营对方支付其技术价款或者使用费的,视为技术转让合同。
第23条 专利申请权转让合同当事人以专利申请被驳回或者被视为撤回为由请求解除合同,该事实发生在依照专利法第十条第三款的规定办理专利申请权转让登记之前的,人民法院应当予以支持;发生在转让登记之后的,不予支持,但当事人另有约定的除外。 专利申请因专利申请权转让合同成立时即存在尚未公开的同样发明创造的在先专利申请被驳回,当事人依据**民法典第五百六十三条**第一款**(四)**项的规定请求**解除**合同的,人民法院应当予以支持。	**第23条** 专利申请权转让合同当事人以专利申请被驳回或者被视为撤回为由请求解除合同,该事实发生在依照专利法第十条第三款的规定办理专利申请权转让登记之前的,人民法院应当予以支持;发生在转让登记之后的,不予支持,但当事人另有约定的除外。 专利申请因专利申请权转让合同成立时即存在尚未公开的同样发明创造的在先专利申请被驳回,当事人依据合同法第五十四条第一款第(二)项的规定请求予以变更或者撤销合同的,人民法院应当予以支持。
第24条 订立专利权转让合同或者专利申请权转让合同前,让与人自己已经实施发明创造,在合同生效后,受让人要求让与人停止实施的,人民法院应当予以支持,但当事人另有约定的除外。 让与人与受让人订立的专利权、专利申请权转让合同,不影响在合同成立前让与人与他人订立的相关专利实施许可合同或者技术秘密转让合同的效力。	**第24条** 同法释〔2020〕19号第24条
第25条 专利实施许可包括以下方式: (一)独占实施许可,是指**许可**人在约定许可实施专利的范围内,将该专利仅许可一**个被许可**人实施,**许可**人依约定不得实施该专利; (二)排他实施许可,是指**许可**人在约定许可实施专利的范围内,将该专利仅许可一**个被许可**人实施,但**许可**人依约定可以自行实施该专利; (三)普通实施许可,是指**许可**人在约定许可实施专利的范围内许可他人实施该专利,并且可以自行实施该专利。 当事人对专利实施许可方式没有约定或者约定不明确的,认定为普通实施许可。专利实施许可合同约定**被许可**人可以再许可他人实施专利的,认定该再许可为普通实施许可,但当事人另有约定的除外。 技术秘密的许可使用方式,参照本条第一、二款的规定确定。	**第25条** 专利实施许可包括以下方式: (一)独占实施许可,是指让与人在约定许可实施专利的范围内,将该专利仅许可一个受让人实施,让与人依约定不得实施该专利; (二)排他实施许可,是指让与人在约定许可实施专利的范围内,将该专利仅许可一个受让人实施,但让与人依约定可以自行实施该专利; (三)普通实施许可,是指让与人在约定许可实施专利的范围内许可他人实施该专利,并且可以自行实施该专利。 当事人对专利实施许可方式没有约定或者约定不明确的,认定为普通实施许可。专利实施许可合同约定受让人可以再许可他人实施专利的,认定该再许可为普通实施许可,但当事人另有约定的除外。 技术秘密的许可使用方式,参照本条第一、二款的规定确定。

《技术合同解释》(法释〔2020〕19号)	《技术合同解释》(法释〔2004〕20号)
第26条 专利实施许可合同**许可**人负有在合同有效期内维持专利权有效的义务,包括依法缴纳专利年费和积极应对他人提出宣告专利权无效的请求,但当事人另有约定的除外。	第26条 专利实施许可合同让与人负有在合同有效期内维持专利权有效的义务,包括依法缴纳专利年费和积极应对他人提出宣告专利权无效的请求,但当事人另有约定的除外。
第27条 排他实施许可合同**许可**人不具备独立实施其专利的条件,以一个普通许可的方式许可他人实施专利的,人民法院可以认定为**许可**人自己实施专利,但当事人另有约定的除外。	第27条 排他实施许可合同让与人不具备独立实施其专利的条件,以一个普通许可的方式许可他人实施专利的,人民法院可以认定为让与人自己实施专利,但当事人另有约定的除外。
第28条 **民法典第八百六十四条**所称"实施专利或者使用技术秘密的范围",包括实施专利或者使用技术秘密的期限、地域、方式以及接触技术秘密的人员等。 当事人对实施专利或者使用技术秘密的期限没有约定或者约定不明确的,受让人、**被许可人**实施专利或者使用技术秘密不受期限限制。	第28条 合同法第三百四十三条所称"实施专利或者使用技术秘密的范围",包括实施专利或者使用技术秘密的期限、地域、方式以及接触技术秘密的人员等。 当事人对实施专利或者使用技术秘密的期限没有约定或者约定不明确的,受让人实施专利或者使用技术秘密不受期限限制。
第29条 当事人之间就申请专利的技术成果所订立的许可使用合同,专利申请公开以前,适用技术秘密**许可**合同的有关规定;发明专利申请公开以后、授权以前,参照适用专利实施许可合同的有关规定;授权以后,原合同即为专利实施许可合同,适用专利实施许可合同的有关规定。 人民法院不以当事人就已经申请专利但尚未授权的技术订立专利实施许可合同为由,认定合同无效。	第29条 合同法第三百四十七条规定技术秘密转让合同让与人承担的"保密义务",不限制其申请专利,但当事人约定让与人不得申请专利的除外。 当事人之间就申请专利的技术成果所订立的许可使用合同,专利申请公开以前,适用技术秘密转让合同的有关规定;发明专利申请公开以后、授权以前,参照适用专利实施许可合同的有关规定;授权以后,原合同即为专利实施许可合同,适用专利实施许可合同的有关规定。 人民法院不以当事人就已经申请专利但尚未授权的技术订立专利实施许可合同为由,认定合同无效。
四、技术咨询合同和技术服务合同	四、技术咨询合同和技术服务合同
第30条 **民法典第八百七十八条**第一款所称"特定技术项目",包括有关科学技术与经济社会协调发展的软科学研究项目,促进科技进步和管理现代化、提高经济效益和社会效益等运用科学知识和技术手段进行调查、分析、论证、评价、预测的专业性技术项目。	第30条 合同法第三百五十六条第一款所称"特定技术项目",包括有关科学技术与经济社会协调发展的软科学研究项目,促进科技进步和管理现代化、提高经济效益和社会效益等运用科学知识和技术手段进行调查、分析、论证、评价、预测的专业性技术项目。
第31条 当事人对技术咨询合同委托人提供的技术资料和数据或者受托人提出的咨询报告和意见未约定保密义务,当事人一方引用、发表或者向第三人提供的,不认定为违约行为,但侵害对方当事人对此享有的合法权益的,应当依法承担民事责任。	第31条 **当事人对技术咨询合同受托人进行调查研究、分析论证、试验测定等所需费用的负担没有约定或者约定不明确的,由受托人承担。** 当事人对技术咨询合同委托人提供的技术资料和数据或者受托人提出的咨询报告和意见未约定保密义务,当事人一方引用、发表或者向第三人提供的,不认定为违约行为,但侵害对方当事人对此享有的合法权益的,应当依法承担民事责任。

《技术合同解释》(法释〔2020〕19号)	《技术合同解释》(法释〔2004〕20号)
第32条　技术咨询合同受托人发现委托人提供的资料、数据等有明显错误或者缺陷，未在合理期限内通知委托人的，视为其对委托人提供的技术资料、数据等予以认可。委托人在接到受托人的补正通知后未在合理期限内答复并予补正的，发生的损失由委托人承担。	第32条　同法释〔2020〕19号第32条
第33条　民法典第八百七十八条第二款所称"特定技术问题"，包括需要运用专业技术知识、经验和信息解决的有关改进产品结构、改良工艺流程、提高产品质量、降低产品成本、节约资源能耗、保护资源环境、实现安全操作、提高经济效益和社会效益等专业技术问题。	第33条　合同法第三百五十六条第二款所称"特定技术问题"，包括需要运用专业技术知识、经验和信息解决的有关改进产品结构、改良工艺流程、提高产品质量、降低产品成本、节约资源能耗、保护资源环境、实现安全操作、提高经济效益和社会效益等专业技术问题。
第34条　当事人一方以技术转让**或者技术许可**的名义提供已进入公有领域的技术，或者在技术转让合同、**技术许可合同**履行过程中合同标的技术进入公有领域，但是技术提供方进行技术指导、传授技术知识，为对方解决特定技术问题符合约定条件的，按照技术服务合同处理，约定的技术转让费、**使用费**可以视为提供技术服务的报酬和费用，但是法律、行政法规另有规定的除外。 依照前款规定，技术转让费**或者使用费**视为提供技术服务的报酬和费用明显不合理的，人民法院可以根据当事人的请求合理确定。	第34条　当事人一方以技术转让的名义提供已进入公有领域的技术，或者在技术转让合同履行过程中合同标的技术进入公有领域，但是技术提供方进行技术指导、传授技术知识，为对方解决特定技术问题符合约定条件的，按照技术服务合同处理，约定的技术转让费可以视为提供技术服务的报酬和费用，但是法律、行政法规另有规定的除外。 依照前款规定，技术转让费视为提供技术服务的报酬和费用明显不合理的，人民法院可以根据当事人的请求合理确定。
第35条　技术服务合同受托人发现委托人提供的资料、数据、样品、材料、场地等工作条件不符合约定，未在合理期限内通知委托人的，视为其对委托人提供的工作条件予以认可。委托人在接到受托人的补正通知后未在合理期限内答复并予补正的，发生的损失由委托人承担。	第35条　当事人对技术服务合同受托人提供服务所需费用的负担没有约定或者约定不明确的，由受托人承担。 技术服务合同受托人发现委托人提供的资料、数据、样品、材料、场地等工作条件不符合约定，未在合理期限内通知委托人的，视为其对委托人提供的工作条件予以认可。委托人在接到受托人的补正通知后未在合理期限内答复并予补正的，发生的损失由委托人承担。
第36条　民法典第八百八十七条规定的"技术培训合同"，是指当事人一方委托另一方对指定的学员进行特定项目的专业技术训练和技术指导所订立的合同，不包括职业培训、文化学习和按照行业、法人或者**非法人**组织的计划进行的职工业余教育。	第36条　合同法第三百六十四条规定的"技术培训合同"，是指当事人一方委托另一方对指定的学员进行特定项目的专业技术训练和技术指导所订立的合同，不包括职业培训、文化学习和按照行业、法人或者其他组织的计划进行的职工业余教育。
第37条　当事人对技术培训必需的场地、设施和试验条件等工作条件的提供和管理责任没有约定或者约定不明确的，由委托人负责提供和管理。 技术培训合同委托人派出的学员不符合约定条件，影响培训质量的，由委托人按照约定支付报酬。 受托人配备的教员不符合约定条件，影响培训质量，或者受托人未按照计划和项目进行培训，导致不	第37条　同法释〔2020〕19号第37条

《技术合同解释》(法释〔2020〕19号)	《技术合同解释》(法释〔2004〕20号)
能实现约定培训目标的,应当减收或者免收报酬。 　　受托人发现学员不符合约定条件或者委托人发现教员不符合约定条件,未在合理期限内通知对方,或者接到通知的一方未在合理期限内按约定改派的,应当由负有履行义务的当事人承担相应的民事责任。	
第38条　民法典第八百八十七条规定的"技术中介合同",是指当事人一方以知识、技术、经验和信息为另一方与第三人订立技术合同进行联系、介绍以及对履行合同提供专门服务所订立的合同。	**第38条**　合同法第三百六十四条规定的"技术中介合同",是指当事人一方以知识、技术、经验和信息为另一方与第三人订立技术合同进行联系、介绍以及对履行合同提供专门服务所订立的合同。
第39条　中介人从事中介活动的费用,是指中介人在委托人和第三人订立技术合同前,进行联系、介绍活动所支出的通信、交通和必要的调查研究等费用。中介人的报酬,是指中介人为委托人与第三人订立技术合同以及对履行该合同提供服务应当得到的收益。 　　当事人对中介人从事中介活动的费用负担没有约定或者约定不明确的,由中介人承担。当事人约定该费用由委托人承担但未约定具体数额或者计算方法的,由委托人支付中介人从事中介活动支出的必要费用。 　　当事人对中介人的报酬数额没有约定或者约定不明确的,应当根据中介人所进行的劳务合理确定,并由委托人承担。仅在委托人与第三人订立的技术合同中约定中介条款,但未约定给付中介人报酬或者约定不明确的,应当支付的报酬由委托人和第三人平均承担。	**第39条** 同法释〔2020〕19号第39条
第40条　中介人未促成委托人与第三人之间的技术合同成立的,其要求支付报酬的请求,人民法院不予支持;其要求委托人支付其从事中介活动必要费用的请求,应当予以支持,但当事人另有约定的除外。 　　中介人隐瞒与订立技术合同有关的重要事实或者提供虚假情况,侵害委托人利益的,应当根据情况免收报酬并承担赔偿责任。	**第40条** 同法释〔2020〕19号第40条
第41条　中介人对造成委托人与第三人之间的技术合同的无效或者被撤销没有过错,并且该技术合同的无效或者被撤销不影响有关中介条款或者技术中介合同继续有效,中介人要求按照约定或者本解释的有关规定给付从事中介活动的费用和报酬的,人民法院应当予以支持。 　　中介人收取从事中介活动的费用和报酬不应当被视为委托人与第三人之间的技术合同纠纷中一方当事人的损失。	**第41条** 同法释〔2020〕19号第41条

《技术合同解释》(法释〔2020〕19号)	《技术合同解释》(法释〔2004〕20号)
五、与审理技术合同纠纷有关的程序问题	五、与审理技术合同纠纷有关的程序问题
第42条 当事人将技术合同和其他合同内容或者将不同类型的技术合同内容订立在一个合同中的,应当根据当事人争议的权利义务内容,确定案件的性质和案由。 技术合同名称与约定的权利义务关系不一致的,应当按照约定的权利义务内容,确定合同的类型和案由。 技术转让合同**或者技术许可合同**中约定让与人**或者许可人**负责包销或者回购受让人、**被许可人**实施合同标的技术制造的产品,仅因让与人**或者许可人**不履行或者不能全部履行包销或者回购义务引起纠纷,不涉及技术问题的,应当按照包销或者回购条款约定的权利义务内容确定案由。	**第42条** 当事人将技术合同和其他合同内容或者将不同类型的技术合同内容订立在一个合同中的,应当根据当事人争议的权利义务内容,确定案件的性质和案由。 技术合同名称与约定的权利义务关系不一致的,应当按照约定的权利义务内容,确定合同的类型和案由。 技术转让合同中约定让与人负责包销或者回购受让人实施合同标的技术制造的产品,仅因让与人不履行或者不能全部履行包销或者回购义务引起纠纷,不涉及技术问题的,应当按照包销或者回购条款约定的权利义务内容确定案由。
第43条 技术合同纠纷案件一般由中级以上人民法院管辖。 各高级人民法院根据本辖区的实际情况并报经最高人民法院批准,可以指定若干基层人民法院管辖第一审技术合同纠纷案件。 其他司法解释对技术合同纠纷案件管辖另有规定的,从其规定。 合同中既有技术合同内容,又有其他合同内容,当事人就技术合同内容和其他合同内容均发生争议的,由具有技术合同纠纷案件管辖权的人民法院受理。	**第43条** 同法释〔2020〕19号第43条
第44条 一方当事人以诉讼争议的技术合同侵害他人技术成果为由请求确认合同无效,或者人民法院在审理技术合同纠纷中发现可能存在该无效事由的,人民法院应当依法通知有关利害关系人,其可以作为有独立请求权的第三人参加诉讼或者依法向有管辖权的人民法院另行起诉。 利害关系人在接到通知后15日内不提起诉讼的,不影响人民法院对案件的审理。	**第44条** 同法释〔2020〕19号第44条
第45条 第三人向受理技术合同纠纷案件的人民法院就合同标的技术提出权属或者侵权请求时,受诉人民法院对此也有管辖权的,可以将权属或者侵权纠纷与合同纠纷合并审理;受诉人民法院对此没有管辖权的,应当告知其向有管辖权的人民法院另行起诉或者将已经受理的权属或者侵权纠纷案件移送有管辖权的人民法院。权属或者侵权纠纷另案受理后,合同纠纷应当中止诉讼。 专利实施许可合同诉讼中,**被许可人**或者第三人向**国家知识产权局**请求宣告专利权无效的,人民法院可以不中止诉讼。在案件审理过程中专利权被宣	**第45条** 第三人向受理技术合同纠纷案件的人民法院就合同标的技术提出权属或者侵权请求时,受诉人民法院对此也有管辖权的,可以将权属或者侵权纠纷与合同纠纷合并审理;受诉人民法院对此没有管辖权的,应当告知其向有管辖权的人民法院另行起诉或者将已经受理的权属或者侵权纠纷案件移送有管辖权的人民法院。权属或者侵权纠纷另案受理后,合同纠纷应当中止诉讼。 专利实施许可合同诉讼中,受让人或者第三人向专利复审委员会请求宣告专利权无效的,人民法院可以不中止诉讼。在案件审理过程中专利权被宣

《技术合同解释》(法释〔2020〕19号)	《技术合同解释》(法释〔2004〕20号)
告无效的,按照专利法第四十七条第二款和第三款的规定处理。	无效的,按照专利法第四十七条第二款和第三款的规定处理。
六、其他	六、其他
第46条 计算机软件开发等合同争议,著作权法以及其他法律、行政法规另有规定的,依照其规定;没有规定的,适用**民法典第三编第一分编**的规定,并可以参照**民法典第三编第二分编第二十章**和本解释的有关规定处理。	**第46条** 集成电路布图设计、植物新品种许可使用和转让等合同争议,相关行政法规另有规定的,适用其规定;没有规定的,适用合同法总则的规定,并可以参照合同法第十八章和本解释的有关规定处理。 计算机软件开发、**许可使用和转让**等合同争议,著作权法以及其他法律、行政法规另有规定的,依照其规定;没有规定的,适用合同法总则的规定,并可以参照合同法第十八章和本解释的有关规定处理。
第47条 本解释自2005年1月1日起施行。	**第47条** 同法释〔2020〕19号第47条

十二、《建设工程施工合同解释（一）》新旧对照表

《建设工程施工合同解释（一）》(法释〔2020〕25号)	建设工程施工合同相关司法解释
第1条 建设工程施工合同具有下列情形之一的，应当**依据民法典第一百五十三条第一款**的规定，认定无效： （一）承包人未取得**建筑业企业资质**或者超越资质等级的； （二）没有资质的实际施工人借用有资质的建筑施工企业名义的； （三）建设工程必须进行招标而未招标或者中标无效的。 承包人**因转包**、违法分包建设工程与他人签订的建设工程施工合同，**应当依据民法典第一百五十三条第一款及第七百九十一条第二款、第三款的规定，认定无效。**	《建设工程施工合同解释》第1条 建设工程施工合同具有下列情形之一的，应当根据合同法第五十二条第(五)项的规定，认定无效： （一）承包人未取得建筑施工企业资质或者超越资质等级的； （二）没有资质的实际施工人借用有资质的建筑施工企业名义的； （三）建设工程必须进行招标而未招标或者中标无效的。 《建设工程施工合同解释》第4条 承包人非法转包、违法分包建设工程或者没有资质的实际施工人借用有资质的建筑施工企业名义与他人签订建设工程施工合同的行为无效。人民法院可以根据民法通则第一百三十四条规定，收缴当事人已经取得的非法所得。
第2条 招标人和中标人另行签订的建设工程施工合同约定的工程范围、建设工期、工程质量、工程价款等实质性内容，与中标合同不一致，一方当事人请求按照中标合同确定权利义务的，人民法院应予支持。 招标人和中标人在中标合同之外就明显高于市场价格购买承建房产、无偿建设住房配套设施、让利、向建设单位捐赠财物等另行签订合同，变相降低工程价款，一方当事人以该合同背离中标合同实质性内容为由请求确认无效的，人民法院应予支持。	《建设工程施工合同解释（二）》第1条 同法释〔2020〕25号第2条
第3条 当事人以发包人未取得建设工程规划许可证等规划审批手续为由，请求确认建设工程施工合同无效的，人民法院应予支持，但发包人在起诉前取得建设工程规划许可证等规划审批手续的除外。 发包人能够办理审批手续而未办理，并以未办理审批手续为由请求确认建设工程施工合同无效的，人民法院不予支持。	《建设工程施工合同解释（二）》第2条 同法释〔2020〕25号第3条
第4条 承包人超越资质等级许可的业务范围签订建设工程施工合同，在建设工程竣工前取得相应资质等级，当事人请求按照无效合同处理的，**人民法院**不予支持。	《建设工程施工合同解释》第5条 承包人超越资质等级许可的业务范围签订建设工程施工合同，在建设工程竣工前取得相应资质等级，当事人请求按照无效合同处理的，不予支持。

《建设工程施工合同解释(一)》(法释〔2020〕25号)	建设工程施工合同相关司法解释
第5条 具有劳务作业法定资质的承包人与总承包人、分包人签订的劳务分包合同，当事人请求确认无效的，**人民法院依法**不予支持。	《建设工程施工合同解释》第7条 具有劳务作业法定资质的承包人与总承包人、分包人签订的劳务分包合同，当事人**以转包建设工程违反法律规定为**由请求确认无效的，不予支持。
第6条 建设工程施工合同无效，一方当事人请求对方赔偿损失的，应当就对方过错、损失大小、过错与损失之间的因果关系承担举证责任。 损失大小无法确定，一方当事人请求参照合同约定的质量标准、建设工期、工程价款支付时间等内容确定损失大小的，人民法院可以结合双方过错程度、过错与损失之间的因果关系等因素作出裁判。	《建设工程施工合同解释(二)》第3条 同法释〔2020〕25号第6条
第7条 缺乏资质的单位或者个人借用有资质的建筑施工企业名义签订建设工程施工合同，发包人请求出借方与借用方对建设工程质量不合格等因出借资质造成的损失承担连带赔偿责任的，人民法院应予支持。	《建设工程施工合同解释(二)》第4条 同法释〔2020〕25号第7条
第8条 当事人对建设工程开工日期有争议的，人民法院应当分别按照以下情形予以认定： (一)开工日期为发包人或者监理人发出的开工通知载明的开工日期；开工通知发出后，尚不具备开工条件的，以开工条件具备的时间为开工日期；因承包人原因导致开工时间推迟的，以开工通知载明的时间为开工日期。 (二)承包人经发包人同意已经实际进场施工的，以实际进场施工时间为开工日期。 (三)发包人或者监理人未发出开工通知，亦无相关证据证明实际开工日期的，应当综合考虑开工报告、合同、施工许可证、竣工验收报告或者竣工验收备案表等载明的时间，并结合是否具备开工条件的事实，认定开工日期。	《建设工程施工合同解释(二)》第5条 同法释〔2020〕25号第8条
第9条 当事人对建设工程实际竣工日期有争议的，**人民法院应当分别**按照以下情形**予以认定**： (一)建设工程经竣工验收合格的，以竣工验收合格之日为竣工日期； (二)承包人已经提交竣工验收报告，发包人拖延验收的，以承包人提交验收报告之日为竣工日期； (三)建设工程未经竣工验收，发包人擅自使用的，以转移占有建设工程之日为竣工日期。	《建设工程施工合同解释》第14条 当事人对建设工程实际竣工日期有争议的，按照以下情形分别处理： (一)建设工程经竣工验收合格的，以竣工验收合格之日为竣工日期； (二)承包人已经提交竣工验收报告，发包人拖延验收的，以承包人提交验收报告之日为竣工日期； (三)建设工程未经竣工验收，发包人擅自使用的，以转移占有建设工程之日为竣工日期。
第10条 当事人约定顺延工期应当经发包人或者监理人签证等方式确认，承包人虽未取得工期顺延的确认，但能够证明在合同约定的期限内向发包人或者监理人申请过工期顺延且顺延事由符合合同约定，承包人以此为由主张工期顺延的，人民法院应	《建设工程施工合同解释(二)》第6条 同法释〔2020〕25号第10条

《建设工程施工合同解释(一)》(法释〔2020〕25号)	建设工程施工合同相关司法解释
予支持。 当事人约定承包人未在约定期限内提出工期顺延申请视为工期不顺延的,按照约定处理,但发包人在约定期限后同意工期顺延或者承包人提出合理抗辩的除外。	
第11条 建设工程竣工前,当事人对工程质量发生争议,工程质量经鉴定合格的,鉴定期间为顺延工期期间。	《建设工程施工合同解释》第15条 同法释〔2020〕25号第11条
第12条 因承包人的<u>原因</u>造成建设工程质量不符合约定,承包人拒绝修理、返工或者改建,发包人请求减少支付工程价款的,<u>人民法院</u>应予支持。	《建设工程施工合同解释》第11条 因承包人的过错造成建设工程质量不符合约定,承包人拒绝修理、返工或者改建,发包人请求减少支付工程价款的,应予支持。
第13条 发包人具有下列情形之一,造成建设工程质量缺陷,应当承担过错责任: (一)提供的设计有缺陷; (二)提供或者指定购买的建筑材料、建筑构配件、设备不符合强制性标准; (三)直接指定分包人分包专业工程。 承包人有过错的,也应当承担相应的过错责任。	《建设工程施工合同解释》第12条 同法释〔2020〕25号第13条
第14条 建设工程未经竣工验收,发包人擅自使用后,又以使用部分质量不符合约定为由主张权利的,<u>人民法院</u>不予支持;但是承包人应当在建设工程的合理使用寿命内对地基基础工程和主体结构质量承担民事责任。	《建设工程施工合同解释》第13条 建设工程未经竣工验收,发包人擅自使用后,又以使用部分质量不符合约定为由主张权利的,不予支持;但是承包人应当在建设工程的合理使用寿命内对地基基础工程和主体结构质量承担民事责任。
第15条 因建设工程质量发生争议的,发包人可以以总承包人、分包人和实际施工人为共同被告提起诉讼。	《建设工程施工合同解释》第25条 同法释〔2020〕25号第15条
第16条 发包人在承包人提起的建设工程施工合同纠纷案件中,以建设工程质量不符合合同约定或者法律规定为由,就承包人支付违约金或者赔偿修理、返工、改建的合理费用等损失提出反诉的,人民法院可以合并审理。	《建设工程施工合同解释(二)》第7条 同法释〔2020〕25号第16条
第17条 有下列情形之一,承包人请求发包人返还工程质量保证金的,人民法院应予支持: (一)当事人约定的工程质量保证金返还期限届满; (二)当事人未约定工程质量保证金返还期限的,自建设工程通过竣工验收之日起满二年; (三)因发包人原因建设工程未按约定期限进行竣工验收的,自承包人提交工程竣工验收报告九十日后当事人约定的工程质量保证金返还期限届满;当事人未约定工程质量保证金返还期限的,自承包人提交工程竣工验收报告九十日后起满二年。	《建设工程施工合同解释(二)》第8条 同法释〔2020〕25号第17条

《建设工程施工合同解释(一)》(法释[2020]25号)	建设工程施工合同相关司法解释
发包人返还工程质量保证金后,不影响承包人根据合同约定或者法律规定履行工程保修义务。	
第18条 因保修人未及时履行保修义务,导致建筑物毁损或者造成**人身损害、财产损失**的,保修人应当承担赔偿责任。 保修人与建筑物所有人或者发包人对建筑物毁损均有过错的,各自承担相应的责任。	《建设工程施工合同解释》第27条 因保修人未及时履行保修义务,导致建筑物毁损或者造成人身、财产损害的,保修人应当承担赔偿责任。 保修人与建筑物所有人或者发包人对建筑物毁损均有过错的,各自承担相应的责任。
第19条 当事人对建设工程的计价标准或者计价方法有约定的,按照约定结算工程价款。 因设计变更导致建设工程的工程量或者质量标准发生变化,当事人对该部分工程价款不能协商一致的,可以参照签订建设工程施工合同时当地建设行政主管部门发布的计价方法或者计价标准结算工程价款。 建设工程施工合同有效,但建设工程经竣工验收不合格的,**依照民法典第五百七十七条规定处理**。	《建设工程施工合同解释》第16条 当事人对建设工程的计价标准或者计价方法有约定的,按照约定结算工程价款。 因设计变更导致建设工程的工程量或者质量标准发生变化,当事人对该部分工程价款不能协商一致的,可以参照签订建设工程施工合同时当地建设行政主管部门发布的计价方法或者计价标准结算工程价款。 建设工程施工合同有效,但建设工程经竣工验收不合格的,工程价款结算参照本解释第三条规定处理。
第20条 当事人对工程量有争议的,按照施工过程中形成的签证等书面文件确认。承包人能够证明发包人同意其施工,但未能提供签证文件证明工程量发生的,可以按照当事人提供的其他证据确认实际发生的工程量。	《建设工程施工合同解释》第19条 同法释[2020]25号第20条
第21条 当事人约定,发包人收到竣工结算文件后,在约定期限内不予答复,视为认可竣工结算文件的,按照约定处理。承包人请求按照竣工结算文件结算工程价款的,**人民法院**应予支持。	《建设工程施工合同解释》第20条 当事人约定,发包人收到竣工结算文件后,在约定期限内不予答复,视为认可竣工结算文件的,按照约定处理。承包人请求按照竣工结算文件结算工程价款的,应予支持。
第22条 当事人签订的建设工程施工合同与招标文件、投标文件、中标通知书载明的工程范围、建设工期、工程质量、工程价款不一致,一方当事人请求将招标文件、投标文件、中标通知书作为结算工程价款的依据的,人民法院应予支持。	《建设工程施工合同解释(二)》第10条 同法释[2020]25号第22条
第23条 发包人将依法不属于必须招标的建设工程进行招标后,与承包人另行订立的建设工程施工合同背离中标合同的实质性内容,当事人请求以中标合同作为结算建设工程价款依据的,人民法院应予支持,但发包人与承包人因客观情况发生了在招标投标时难以预见的变化而另行订立建设工程施工合同的除外。	《建设工程施工合同解释(二)》第9条 同法释[2020]25号第23条
第24条 当事人就同一建设工程订立的数份建设工程施工合同均无效,但建设工程质量合格,一方当事人请求参照实际履行的合同关于**工程价款的约定折价补偿承包人的**,人民法院应予支持。	《建设工程施工合同解释(二)》第11条 当事人就同一建设工程订立的数份建设工程施工合同均无效,但建设工程质量合格,一方当事人请求参照实际履行的合同结算建设工程价款的,人民法院应予支持。

《建设工程施工合同解释(一)》(法释〔2020〕25 号)	建设工程施工合同相关司法解释
实际履行的合同难以确定,当事人请求参照最后签订的合同关于<u>工程价款的约定折价补偿承包人的</u>,人民法院应予支持。	实际履行的合同难以确定,当事人请求参照最后签订的合同结算建设工程价款的,人民法院应予支持。
第 25 条 当事人对垫资和垫资利息有约定,承包人请求按照约定返还垫资及其利息的,<u>人民法院</u>应予支持,但是约定的利息计算标准高于<u>垫资时的同类贷款利率或者同期贷款市场报价利率</u>的部分除外。 当事人对垫资没有约定的,按照工程欠款处理。 当事人对垫资利息没有约定,承包人请求支付利息的,<u>人民法院</u>不予支持。	《建设工程施工合同解释》第 6 条 当事人对垫资和垫资利息有约定,承包人请求按照约定返还垫资及其利息的,应予支持,但是约定的利息计算标准高于中国人民银行发布的同期同类贷款利率的部分除外。 当事人对垫资没有约定的,按照工程欠款处理。 当事人对垫资利息没有约定,承包人请求支付利息的,不予支持。
第 26 条 当事人对欠付工程价款利息计付标准有约定的,按照约定处理。没有约定的,<u>按照同期同类贷款利率或者同期贷款市场报价利率计息</u>。	《建设工程施工合同解释》第 17 条 当事人对欠付工程价款利息计付标准有约定的,按照约定处理;没有约定的,按照中国人民银行发布的同期同类贷款利率计息。
第 27 条 利息从应付工程价款之日开始计付。当事人对付款时间没有约定或者约定不明的,下列时间视为应付款时间: (一)建设工程已实际交付的,为交付之日; (二)建设工程没有交付的,为提交竣工结算文件之日; (三)建设工程未交付,工程价款也未结算的,为当事人起诉之日。	《建设工程施工合同解释》第 18 条 同法释〔2020〕25 号第 27 条
第 28 条 当事人约定按照固定价结算工程价款,一方当事人请求对建设工程造价进行鉴定的,<u>人民法院</u>不予支持。	《建设工程施工合同解释》第 22 条 当事人约定按照固定价结算工程价款,一方当事人请求对建设工程造价进行鉴定的,不予支持。
第 29 条 当事人在诉讼前已经对建设工程价款结算达成协议,诉讼中一方当事人申请对工程造价进行鉴定的,人民法院不予准许。	《建设工程施工合同解释(二)》第 12 条 同法释〔2020〕25 号第 29 条
第 30 条 当事人在诉讼前共同委托有关机构、人员对建设工程造价出具咨询意见,诉讼中一方当事人不认可该咨询意见申请鉴定的,人民法院应予准许,但双方当事人明确表示受该咨询意见约束的除外。	《建设工程施工合同解释(二)》第 13 条 同法释〔2020〕25 号第 30 条
第 31 条 当事人对部分案件事实有争议的,仅对有争议的事实进行鉴定,但争议事实范围不能确定,或者双方当事人请求对全部事实鉴定的除外。	《建设工程施工合同解释》第 23 条 同法释〔2020〕25 号第 31 条
第 32 条 当事人对工程造价、质量、修复费用等专门性问题有争议,人民法院认为需要鉴定的,应当向负有举证责任的当事人释明。当事人经释明未申请鉴定,虽申请鉴定但未支付鉴定费用或者拒不提供相关材料的,应当承担举证不能的法律后果。	《建设工程施工合同解释(二)》第 14 条 同法释〔2020〕25 号第 32 条

《建设工程施工合同解释(一)》(法释〔2020〕25号)	建设工程施工合同相关司法解释
一审诉讼中负有举证责任的当事人未申请鉴定,虽申请鉴定但未支付鉴定费用或者拒不提供相关材料,二审诉讼中申请鉴定,人民法院认为确有必要的,应当依照民事诉讼法第一百七十条第一款第三项的规定处理。	
第33条 人民法院准许当事人的鉴定申请后,应当根据当事人申请及查明案件事实的需要,确定委托鉴定的事项、范围、鉴定期限等,并组织当事人对争议的鉴定材料进行质证。	《建设工程施工合同解释(二)》第15条 人民法院准许当事人的鉴定申请后,应当根据当事人申请及查明案件事实的需要,确定委托鉴定的事项、范围、鉴定期限等,并组织**双方**当事人对争议的鉴定材料进行质证。
第34条 人民法院应当组织当事人对鉴定意见进行质证。鉴定人将当事人有争议且未经质证的材料作为鉴定依据的,人民法院应当组织当事人就该部分材料进行质证。经质证认为不能作为鉴定依据的,根据该材料作出的鉴定意见不得作为认定案件事实的依据。	《建设工程施工合同解释(二)》第16条 同法释〔2020〕25号第34条
第35条 与发包人订立建设工程施工合同的承包人,**依据民法典第八百零七条**的规定请求其承建工程的价款就工程折价或者拍卖的价款优先受偿的,人民法院应予支持。	《建设工程施工合同解释(二)》第17条 与发包人订立建设工程施工合同的承包人,根据合同法第二百八十六条规定请求其承建工程的价款就工程折价或者拍卖的价款优先受偿的,人民法院应予支持。
第36条 承包人根据民法典第八百零七条规定享有的**建设工程价款**优先受偿权优于抵押权和其他债权。	《最高人民法院关于建设工程价款优先受偿权问题的批复》第1条 人民法院在审理房地产纠纷案件和办理执行案件中,应当依照《中华人民共和国合同法》第二百八十六条的规定,认定建筑工程的承包人的优先受偿权优于抵押权和其他债权。
第37条 装饰装修工程具备折价或者拍卖条**件**,装饰装修工程的承包人请求工程价款就该装饰装修工程折价或者拍卖的价款优先受偿的,人民法院应予支持。	《建设工程施工合同解释(二)》第18条 装饰装修工程的承包人,请求**装饰装修**工程价款就该装饰装修工程折价或者拍卖的价款优先受偿的,人民法院应予支持,**但装饰装修工程的发包人不是该建筑物的所有权人的除外。**
第38条 建设工程质量合格,承包人请求其承建工程的价款就工程折价或者拍卖的价款优先受偿的,人民法院应予支持。	《建设工程施工合同解释(二)》第19条 同法释〔2020〕25号第38条
第39条 未竣工的建设工程质量合格,承包人请求其承建工程的价款就其承建工程部分折价或者拍卖的价款优先受偿的,人民法院应予支持。	《建设工程施工合同解释(二)》第20条 同法释〔2020〕25号第39条
第40条 承包人建设工程价款优先受偿的范围依照国务院有关行政主管部门关于建设工程价款范围的规定确定。 承包人就逾期支付建设工程价款的利息、违约金、损害赔偿金等主张优先受偿的,人民法院不予支持。	《建设工程施工合同解释(二)》第21条 同法释〔2020〕25号第40条

《建设工程施工合同解释(一)》(法释〔2020〕25号)	建设工程施工合同相关司法解释
第41条 承包人应当在合理期限内行使建设工程价款优先受偿权,但最长不得超过十八个月,自发包人应当给付建设工程价款之日起算。	《建设工程施工合同解释(二)》**第22条** 承包人行使建设工程价款优先受偿权的期限为六个月,自发包人应当给付建设工程价款之日起算。
第42条 发包人与承包人约定放弃或者限制建设工程价款优先受偿权,损害建筑工人利益,发包人根据该约定主张承包人不享有建设工程价款优先受偿权的,人民法院不予支持。	《建设工程施工合同解释(二)》**第23条** 同法释〔2020〕25号第42条
第43条 实际施工人以转包人、违法分包人为被告起诉的,人民法院应当依法受理。 　　实际施工人以发包人为被告主张权利的,人民法院应当追加转包人或者违法分包人为本案第三人,在查明发包人欠付转包人或者违法分包人建设工程价款的数额后,判决发包人在欠付建设工程价款范围内对实际施工人承担责任。	《建设工程施工合同解释》**第26条** 实际施工人以转包人、违法分包人为被告起诉的,人民法院应当依法受理。 　　**实际施工人以发包人为被告主张权利的,人民法院可以追加转包人或者违法分包人为本案当事人。发包人只在欠付工程价款范围内对实际施工人承担责任。** 　　《建设工程施工合同解释(二)》**第24条** 实际施工人以发包人为被告主张权利的,人民法院应当追加转包人或者违法分包人为本案第三人,在查明发包人欠付转包人或者违法分包人建设工程价款的数额后,判决发包人在欠付建设工程价款范围内对实际施工人承担责任。
第44条 实际施工人**依据民法典第五百三十五条**规定,以转包人或者违法分包人怠于向发包人行使到期债权**或者与该债权有关的从权利,影响其到期债权实现**,提起代位权诉讼的,人民法院应予支持。	《建设工程施工合同解释(二)》**第25条** 实际施工人根据合同法第七十三条规定,以转包人或者违法分包人怠于向发包人行使到期债权,对其造成损害为由,提起代位权诉讼的,人民法院应予支持。
第45条 本解释自2021年1月1日起施行。	《建设工程施工合同解释》**第28条** 本解释自2005年1月1日起施行。 　　施行后受理的第一审案件适用本解释。 　　施行前最高人民法院发布的司法解释与本解释相抵触的,以本解释为准。 　　《建设工程施工合同解释(二)》**第26条** 本解释自2019年2月1日起施行。 　　本解释施行后尚未审结的一审、二审案件,适用本解释。 　　本解释施行前已经终审、施行后当事人申请再审或者按照审判监督程序决定再审的案件,不适用本解释。 　　最高人民法院以前发布的司法解释与本解释不一致的,不再适用。

十三、《建筑物区分所有权纠纷解释》新旧对照表

《建筑物区分所有权纠纷解释》(法释〔2020〕17号)	《建筑物区分所有权纠纷解释》(法释〔2009〕7号)
为正确审理建筑物区分所有权纠纷案件,依法保护当事人的合法权益,根据**《中华人民共和国民法典》**等法律的规定,结合民事审判实践,制定本解释。	为正确审理建筑物区分所有权纠纷案件,依法保护当事人的合法权益,根据《中华人民共和国物权法》等法律的规定,结合民事审判实践,制定本解释。
第1条 依法登记取得或者**依据民法典第二百二十九条至第二百三十一条**规定取得建筑物专有部分所有权的人,应当认定为**民法典第二编第六章**所称的业主。 基于与建设单位之间的商品房买卖民事法律行为,已经合法占有建筑物专有部分,但尚未依法办理所有权登记的人,可以认定为**民法典第二编第六章**所称的业主。	**第1条** 依法登记取得或者根据物权法第二章第三节规定取得建筑物专有部分所有权的人,应当认定为物权法第六章所称的业主。 基于与建设单位之间的商品房买卖民事法律行为,已经合法占有建筑物专有部分,但尚未依法办理所有权登记的人,可以认定为物权法第六章所称的业主。
第2条 建筑区划内符合下列条件的房屋,以及车位、摊位等特定空间,应当认定为**民法典第二编第六章**所称的专有部分: (一)具有构造上的独立性,能够明确区分; (二)具有利用上的独立性,可以排他使用; (三)能够登记成为特定业主所有权的客体。 规划上专属于特定房屋,且建设单位销售时已经根据规划列入该特定房屋买卖合同中的露台等,应当认定为**前款所称的**专有部分的组成部分。 本条第一款所称房屋,包括整栋建筑物。	**第2条** 建筑区划内符合下列条件的房屋,以及车位、摊位等特定空间,应当认定为物权法第六章所称的专有部分: (一)具有构造上的独立性,能够明确区分; (二)具有利用上的独立性,可以排他使用; (三)能够登记成为特定业主所有权的客体。 规划上专属于特定房屋,且建设单位销售时已经根据规划列入该特定房屋买卖合同中的露台等,应当认定为物权法第六章所称专有部分的组成部分。 本条第一款所称房屋,包括整栋建筑物。
第3条 除法律、行政法规规定的共有部分外,建筑区划内的以下部分,也应当认定为**民法典第二编第六章**所称的共有部分: (一)建筑物的基础、承重结构、外墙、屋顶等基本结构部分,通道、楼梯、大堂等公共通行部分,消防、公共照明等附属设施、设备,避难层、设备层或者设备间等结构部分; (二)其他不属于业主专有部分,也不属于市政公用部分或者其他权利人所有的场所及设施等。 建筑区划内的土地,依法由业主共同享有建设用地使用权,但属于业主专有的整栋建筑物的规划占地或者城镇公共道路、绿地占地除外。	**第3条** 除法律、行政法规规定的共有部分外,建筑区划内的以下部分,也应当认定为物权法第六章所称的共有部分: (一)建筑物的基础、承重结构、外墙、屋顶等基本结构部分,通道、楼梯、大堂等公共通行部分,消防、公共照明等附属设施、设备,避难层、设备层或者设备间等结构部分; (二)其他不属于业主专有部分,也不属于市政公用部分或者其他权利人所有的场所及设施等。 建筑区划内的土地,依法由业主共同享有建设用地使用权,但属于业主专有的整栋建筑物的规划占地或者城镇公共道路、绿地占地除外。
第4条 业主基于对住宅、经营性用房等专有部分特定使用功能的合理需要,无偿利用屋顶以及与其专有部分相对应的外墙面等共有部分的,不应认	**第4条** 同法释〔2020〕17号第4条

《建筑物区分所有权纠纷解释》(法释〔2020〕17号)	《建筑物区分所有权纠纷解释》(法释〔2009〕7号)
定为侵权。但违反法律、法规、管理规约,损害他人合法权益的除外。	
第5条 建设单位按照配置比例将车位、车库,以出售、附赠或者出租等方式处分给业主的,应当认定其行为符合**民法典第二百七十六条**有关"应当首先满足业主的需要"的规定。 前款所称配置比例是指规划确定的建筑区划内规划用于停放汽车的车位、车库与房屋套数的比例。	**第5条** 建设单位按照配置比例将车位、车库,以出售、附赠或者出租等方式处分给业主的,应当认定其行为符合物权法第七十四条第一款有关"应当首先满足业主的需要"的规定。 前款所称配置比例是指规划确定的建筑区划内规划用于停放汽车的车位、车库与房屋套数的比例。
第6条 建筑区划内在规划用于停放汽车的车位之外,占用业主共有道路或者其他场地增设的车位,应当认定为**民法典第二百七十五条第二款**所称的车位。	**第6条** 建筑区划内在规划用于停放汽车的车位之外,占用业主共有道路或者其他场地增设的车位,应当认定为物权法第七十四条第三款所称的车位。
第7条 处分共有部分,以及业主大会依法决定或者管理规约依法确定应由业主共同决定的事项,应当认定为**民法典第二百七十八条第一款第(九)项**规定的有关共有和共同管理权利的"其他重大事项"。	**第7条** **改变共有部分的用途、利用共有部分从事经营性活动**、处分共有部分,以及业主大会依法决定或者管理规约依法确定应由业主共同决定的事项,应当认定为物权法第七十六条第一款第(七)项规定的有关共有和共同管理权利的"其他重大事项"。
第8条 民法典第二百七十八条第二款和第二百八十三条规定的专有部分面积可以按照不动产登记簿记载的面积计算;尚未进行物权登记的,暂按测绘机构的实测面积计算;尚未进行实测的,暂按房屋买卖合同记载的面积计算。	**第8条** 物权法第七十六条第二款和第八十条规定的专有部分面积和**建筑物总面积**,可以按照下列方法认定: (一)**专有部分面积**,按照不动产登记簿记载的面积计算;尚未进行物权登记的,暂按测绘机构的实测面积计算;尚未进行实测的,暂按房屋买卖合同记载的面积计算; (二)**建筑物总面积**,按照前项的统计总和计算。
第9条 民法典第二百七十八条第二款规定的业主人数可以按照专有部分的数量计算,一个专有部分按一人计算。但建设单位尚未出售和虽已出售但尚未交付的部分,以及同一买受人拥有一个以上专有部分的,按一人计算。	**第9条** 物权法第七十六条第二款规定的业主人数**和总人数**,可以**按照下列方法认定:** (一)**业主人数**,按照专有部分的数量计算,一个专有部分按一人计算。但建设单位尚未出售和虽已出售但尚未交付的部分,以及同一买受人拥有一个以上专有部分的,按一人计算; (二)**总人数**,按照前项的统计总和计算。
第10条 业主将住宅改变为经营性用房,未**依据民法典第二百七十九条**的规定经有利害关系的业主**一致**同意,有利害关系的业主请求排除妨害、消除危险、恢复原状或者赔偿损失的,人民法院应予支持。 将住宅改变为经营性用房的业主以多数有利害关系的业主同意其行为进行抗辩的,人民法院不予支持。	**第10条** 业主将住宅改变为经营性用房,未按照物权法第七十七条的规定经有利害关系的业主同意,有利害关系的业主请求排除妨害、消除危险、恢复原状或者赔偿损失的,人民法院应予支持。 将住宅改变为经营性用房的业主以多数有利害关系的业主同意其行为进行抗辩的,人民法院不予支持。
第11条 业主将住宅改变为经营性用房,本栋建筑物内的其他业主,应当认定为**民法典第二百七十九条**所称"有利害关系的业主"。建筑区划内,本	**第11条** 业主将住宅改变为经营性用房,本栋建筑物内的其他业主,应当认定为物权法第七十七条所称"有利害关系的业主"。建筑区划内,本栋建筑

《建筑物区分所有权纠纷解释》(法释〔2020〕17号)	《建筑物区分所有权纠纷解释》(法释〔2009〕7号)
栋建筑物之外的业主,主张与自己有利害关系的,应证明其房屋价值、生活质量受到或者可能受到不利影响。	物之外的业主,主张与自己有利害关系的,应证明其房屋价值、生活质量受到或者可能受到不利影响。
第12条　业主以业主大会或者业主委员会作出的决定侵害其合法权益或者违反了法律规定的程序为由,依据**民法典第二百八十条第二款**的规定请求人民法院撤销该决定的,应当在知道或者应当知道业主大会或者业主委员会作出决定之日起一年内行使。	第12条　业主以业主大会或者业主委员会作出的决定侵害其合法权益或者违反了法律规定的程序为由,依据物权法第七十八条第二款的规定请求人民法院撤销该决定的,应当在知道或者应当知道业主大会或者业主委员会作出决定之日起一年内行使。
第13条　业主请求公布、查阅下列应当向业主公开的情况和资料的,人民法院应予支持: (一)建筑物及其附属设施的维修资金的筹集、使用情况; (二)管理规约、业主大会议事规则,以及业主大会或者业委员会的决定及会议记录; (三)物业服务合同、共有部分的使用和收益情况; (四)建筑区划内规划用于停放汽车的车位、车库的处分情况; (五)其他应当向业主公开的情况和资料。	第13条 同法释〔2020〕17号第13条
第14条　**建设单位、物业服务企业或者其他管理人等**擅自占用、处分业主共有部分,改变其使用功能或者进行经营性活动,权利人请求排除妨害、恢复原状、确认处分行为无效或者赔偿损失的,人民法院予支持。 属于前款所称擅自进行经营性活动的情形,权利人请求**建设单位、物业服务企业或者其他管理人等**将扣除合理成本之后的收益用于补充专项维修资金或者业主共同决定的其他用途的,人民法院应予支持。行为人对成本的支出及其合理性承担举证责任。	第14条　建设单位或者其他行为人擅自占用、处分业主共有部分,改变其使用功能或者进行经营性活动,权利人请求排除妨害、恢复原状、确认处分行为无效或者赔偿损失的,人民法院应予支持。 属于前款所称擅自进行经营性活动的情形,权利人请求行为人将扣除合理成本之后的收益用于补充专项维修资金或者业主共同决定的其他用途的,人民法院应予支持。行为人对成本的支出及其合理性承担举证责任。
第15条　业主或者其他行为人违反法律、法规、国家相关强制性标准、管理规约,或者违反业主大会、业主委员会依法作出的决定,实施下列行为的,可以认定为**民法典第二百八十六条第二款**所称的其他"损害他人合法权益的行为": (一)损害房屋承重结构,损害或者违反使用电力、燃气、消防设施,在建筑物内放置危险、放射性物品等危及建筑物安全或者妨碍建筑物正常使用; (二)违反规定破坏、改变建筑物外墙面的形状、颜色等损害建筑物外观; (三)违反规定进行房屋装饰装修; (四)违反加建、改建,侵占、挖掘公共通道、道路、场地或者其他共有部分。	第15条　业主或者其他行为人违反法律、法规、国家相关强制性标准、管理规约,或者违反业主大会、业主委员会依法作出的决定,实施下列行为的,可以认定为物权法第八十三条第二款所称的其他"损害他人合法权益的行为": (一)损害房屋承重结构,损害或者违反使用电力、燃气、消防设施,在建筑物内放置危险、放射性物品等危及建筑物安全或者妨碍建筑物正常使用; (二)违反规定破坏、改变建筑物外墙面的形状、颜色等损害建筑物外观; (三)违反规定进行房屋装饰装修; (四)违反加建、改建,侵占、挖掘公共通道、道路、场地或者其他共有部分。

《建筑物区分所有权纠纷解释》(法释〔2020〕17号)	《建筑物区分所有权纠纷解释》(法释〔2009〕7号)
第16条 建筑物区分所有权纠纷涉及专有部分的承租人、借用人等物业使用人的,参照本解释处理。 专有部分的承租人、借用人等物业使用人,根据法律、法规、管理规约、业主大会或者业主委员会依法作出的决定,以及其与业主的约定,享有相应权利,承担相应义务。	**第16条** 同法释〔2020〕17号第16条
第17条 本解释所称建设单位,包括包销期满,按照包销合同约定的包销价格购买尚未销售的物业后,以自己名义对外销售的包销人。	**第17条** 同法释〔2020〕17号第17条
第18条 人民法院审理建筑物区分所有权案件中,涉及有关物权归属争议的,应当以法律、行政法规为依据。	**第18条** 同法释〔2020〕17号第18条
第19条 本解释自2009年10月1日起施行。 因物权法施行后实施的行为引起的建筑物区分所有权纠纷案件,适用本解释。 本解释施行前已经终审,本解释施行后当事人申请再审或者按照审判监督程序决定再审的案件,不适用本解释。	**第19条** 同法释〔2020〕17号第19条

十四、《精神损害赔偿解释》新旧对照表

《精神损害赔偿解释》(法释〔2020〕17号)	《精神损害赔偿解释》(法释〔2001〕7号)
为在审理民事侵权案件中正确确定精神损害赔偿责任,根据《**中华人民共和国民法典**》等有关法律规定,结合审判实践,**制定本解释。**	为在审理民事侵权案件中正确确定精神损害赔偿责任,根据《中华人民共和国民法通则》等有关法律规定,结合审判实践**经验**,对有关问题作如下解释:
第1条 **因人身权益或者具有人身意义的特定物受到侵害,自然人或者其近亲属向人民法院提起诉讼请求精神损害赔偿的,人民法院应当依法予以受理。**	第1条 自然人因下列人格权利遭受非法侵害,向人民法院起诉请求赔偿精神损害的,人民法院应当依法予以受理: (一)生命权、健康权、身体权; (二)姓名权、肖像权、名誉权、荣誉权; (三)人格尊严权、人身自由权。 违反社会公共利益、社会公德侵害他人隐私或者其他人格利益,受害人以侵权为由向人民法院起诉请求赔偿精神损害的,人民法院应当依法予以受理。
第2条 非法使被监护人脱离监护,导致亲子关系或者近亲属间的亲属关系遭受严重损害,监护人向人民法院起诉请求赔偿精神损害的,人民法院应当依法予以受理。	第2条 同法释〔2020〕17号第2条
第3条 死者的姓名、肖像、名誉、荣誉、隐私、遗体、遗骨等受到侵害,其近亲属向人民法院提起诉讼请求精神损害赔偿的,人民法院应当依法予以支持。	第3条 自然人死亡后,其近亲属因下列侵权行为遭受精神痛苦,向人民法院起诉请求赔偿精神损害的,人民法院应当依法予以受理: (一)以侮辱、诽谤、贬损、丑化或者违反社会公共利益、社会公德的其他方式,侵害死者姓名、肖像、名誉、荣誉; (二)非法披露、利用死者隐私,或者以违反社会公共利益、社会公德的其他方式侵害死者隐私; (三)非法利用、损害遗体、遗骨,或者以违反社会公共利益、社会公德的其他方式侵害遗体、遗骨。
第4条 法人或者**非法人组织**以**名誉权、荣誉权、名称权**遭受侵害为由,向人民法院起诉请求**精神损害赔偿**的,人民法院不予**支持。**	第5条 法人或者其他组织以人格权利遭受侵害为由,向人民法院起诉请求赔偿精神损害的,人民法院不予受理。
第5条 精神损害的赔偿数额根据以下因素确定: (一)侵权人的过错程度,**但是**法律另有规定的除外; (二)**侵权行为的目的、方式、**场合等具体情节; (三)侵权行为所造成的后果;	第10条 精神损害的赔偿数额根据以下因素确定: (一)侵权人的过错程度,法律另有规定的除外; (二)侵害的**手段**、场合、**行为方式**等具体情节; (三)侵权行为所造成的后果; (四)侵权人的获利情况;

《精神损害赔偿解释》(法释〔2020〕17号)	《精神损害赔偿解释》(法释〔2001〕7号)
(四)侵权人的获利情况; (五)侵权人承担责任的经济能力; (六)<u>受理诉讼</u>法院所在地<u>的</u>平均生活水平。	(五)侵权人承担责任的经济能力; (六)受诉法院所在地平均生活水平。 **法律、行政法规对残疾赔偿金、死亡赔偿金等有明确规定的,适用法律、行政法规的规定。**
第6条 在本解释公布施行之前已经生效施行的司法解释,其内容有与本解释不一致的,以本解释为准。	**第12条** 同法释〔2020〕17号第6条

十五、《矿业权纠纷解释》新旧对照表

《矿业权纠纷解释》(法释〔2020〕17号)	《矿业权纠纷解释》(法释〔2017〕12号)
为正确审理矿业权纠纷案件,依法保护当事人的合法权益,根据《**中华人民共和国民法典**》《中华人民共和国矿产资源法》《中华人民共和国环境保护法》等法律法规的规定,结合审判实践,制定本解释。	为正确审理矿业权纠纷案件,依法保护当事人的合法权益,根据《中华人民共和国物权法》《中华人民共和国合同法》《中华人民共和国矿产资源法》《中华人民共和国环境保护法》等法律法规的规定,结合审判实践,制定本解释。
第1条 人民法院审理探矿权、采矿权等矿业权纠纷案件,应当依法保护矿业权流转,维护市场秩序和交易安全,保障矿产资源合理开发利用,促进资源节约与环境保护。	**第1条** 同法释〔2020〕17号第1条
第2条 县级以上人民政府**自然**资源主管部门作为出让人与受让人签订的矿业权出让合同,除法律、行政法规另有规定的情形外,当事人请求确认自依法成立之日起生效的,人民法院应予支持。	**第2条** 县级以上人民政府国土资源主管部门作为出让人与受让人签订的矿业权出让合同,除法律、行政法规另有规定的情形外,当事人请求确认自依法成立之日起生效的,人民法院应予支持。
第3条 受让人请求自矿产资源勘查许可证、采矿许可证载明的有效期起始日确认其探矿权、采矿权的,人民法院应予支持。 矿业权出让合同生效后,矿产资源勘查许可证或者采矿许可证颁发前,第三人越界或者以其他方式非法勘查开采,经出让人同意已实际占有勘查作业区或者矿区的受让人,请求第三人承担停止侵害、排除妨碍、赔偿损失等侵权责任的,人民法院应予支持。	**第3条** 同法释〔2020〕17号第3条
第4条 出让人未按照出让合同的约定移交勘查作业区或者矿区、颁发矿产资源勘查许可证或者采矿许可证,受让人请求解除出让合同的,人民法院应予支持。 受让人勘查开采矿产资源未达到**自然**资源主管部门批准的矿山地质环境保护与**土地复垦**方案要求,在**自然**资源主管部门规定的期限内拒不改正,或者因违反法律法规被吊销矿产资源勘查许可证、采矿许可证,或者未按照出让合同的约定支付矿业权出让价款,出让人解除出让合同的,人民法院应予支持。	**第4条** 出让人未按照出让合同的约定移交勘查作业区或者矿区、颁发矿产资源勘查许可证或者采矿许可证,受让人请求解除出让合同的,人民法院应予支持。 受让人勘查开采矿产资源未达到国土资源主管部门批准的矿山地质环境保护与治理恢复方案要求,在国土资源主管部门规定的期限内拒不改正,或者因违反法律法规被吊销矿产资源勘查许可证、采矿许可证,或者未按照出让合同的约定支付矿业权出让价款,出让人**请求**解除出让合同的,人民法院应予支持。
第5条 未取得矿产资源勘查许可证、采矿许可证,签订合同将矿产资源交由他人勘查开采的,人民法院应依法认定合同无效。	**第5条** 同法释〔2020〕17号第5条

《矿业权纠纷解释》(法释〔2020〕17号)	《矿业权纠纷解释》(法释〔2017〕12号)
第6条 矿业权转让合同自依法成立之日起具有法律约束力。矿业权转让申请未经**自然**资源主管部门批准,受让人请求转让人办理矿业权变更登记手续的,人民法院不予支持。 当事人仅以矿业权转让申请未经**自然**资源主管部门批准为由请求确认转让合同无效的,人民法院不予支持。	**第6条** 矿业权转让合同自依法成立之日起具有法律约束力。矿业权转让申请未经国土资源主管部门批准,受让人请求转让人办理矿业权变更登记手续的,人民法院不予支持。 当事人仅以矿业权转让申请未经国土资源主管部门批准为由请求确认转让合同无效的,人民法院不予支持。
第7条 矿业权转让合同依法成立后,在不具有法定无效情形下,受让人请求转让人履行报批义务或者转让人请求受让人履行协助报批义务的,人民法院应予支持,但法律上或者事实上不具备履行条件的除外。 人民法院可以依据案件事实和受让人的请求,判决受让人代为办理报批手续,转让人应当履行协助义务,并承担由此产生的费用。	**第7条** 同法释〔2020〕17号第7条
第8条 矿业权转让合同依法成立后,转让人无正当理由拒不履行报批义务,受让人请求解除合同、返还已付转让款及利息,并由转让人承担违约责任的,人民法院应予支持。	**第8条** 同法释〔2020〕17号第8条
第9条 矿业权转让合同约定受让人支付全部或者部分转让款后办理报批手续,转让人在办理报批手续前请求受让人先履行付款义务的,人民法院应予支持,但受让人有确切证据证明存在转让人将同一矿业权转让给第三人、矿业权人将被兼并重组等符合**民法典第五百二十七条**规定情形的除外。	**第9条** 矿业权转让合同约定受让人支付全部或者部分转让款后办理报批手续,转让人在办理报批手续前请求受让人先履行付款义务的,人民法院应予支持,但受让人有确切证据证明存在转让人将同一矿业权转让给第三人、矿业权人将被兼并重组等符合合同法第六十八条规定情形的除外。
第10条 **自然**资源主管部门不予批准矿业权转让申请致使矿业权转让合同被解除,受让人请求返还已付转让款及利息,采矿权人请求受让人返还获得的矿产品及收益,或者探矿权人请求受让人返还勘查资料和勘查中回收的矿产品及收益的,人民法院应予支持,但受让人可请求扣除相关的成本费用。 当事人一方对矿业权转让申请未获批准有过错的,应赔偿对方因此受到的损失;双方均有过错的,应当各自承担相应的责任。	**第10条** 国土资源主管部门不予批准矿业权转让申请致使矿业权转让合同被解除,受让人请求返还已付转让款及利息,采矿权人请求受让人返还获得的矿产品及收益,或者探矿权人请求受让人返还勘查资料和勘查中回收的矿产品及收益的,人民法院应予支持,但受让人可请求扣除相关的成本费用。 当事人一方对矿业权转让申请未获批准有过错的,应赔偿对方因此受到的损失;双方均有过错的,应当各自承担相应的责任。
第11条 矿业权转让合同依法成立后,**自然**资源主管部门批准前,矿业权人又将矿业权转让给第三人并经**自然**资源主管部门批准、登记,受让人请求解除转让合同、返还已付转让款及利息,并由矿业权人承担违约责任的,人民法院应予支持。	**第11条** 矿业权转让合同依法成立后,国土资源主管部门批准前,矿业权人又将矿业权转让给第三人并经国土资源主管部门批准、登记,受让人请求解除转让合同、返还已付转让款及利息,并由矿业权人承担违约责任的,人民法院应予支持。
第12条 当事人请求确认矿业权租赁、承包合同自依法成立之日生效的,人民法院应予支持。 矿业权租赁、承包合同约定矿业权人仅收取租金、承包费,放弃矿山管理,不履行安全生产、生态环境	**第12条** 同法释〔2020〕17号第12条

《矿业权纠纷解释》(法释〔2020〕17号)	《矿业权纠纷解释》(法释〔2017〕12号)
修复等法定义务,不承担相应法律责任的,人民法院应依法认定合同无效。	
第13条 矿业权人与他人合作进行矿产资源勘查开采所签订的合同,当事人请求确认自依法成立之日起生效的,人民法院应予支持。 合同中有关矿业权转让的条款适用本解释关于矿业权转让合同的规定。	**第13条** 同法释〔2020〕17号第13条
第14条 矿业权人为担保自己或者他人债务的履行,将矿业权抵押给债权人的,抵押合同自依法成立之日起生效,但法律、行政法规规定不得抵押的除外。 当事人仅以未经主管部门批准或者登记、备案为由请求确认抵押合同无效的,人民法院不予支持。	**第14条** 同法释〔2020〕17号第14条
第15条 当事人请求确认矿业权之抵押权自依法登记时设立的,人民法院应予支持。 颁发矿产资源勘查许可证或者采矿许可证的<u>自然</u>资源主管部门根据相关规定办理的矿业权抵押备案手续,视为前款规定的登记。	**第15条** 当事人请求确认矿业权之抵押权自依法登记时设立的,人民法院应予支持。 颁发矿产资源勘查许可证或者采矿许可证的国土资源主管部门根据相关规定办理的矿业权抵押备案手续,视为前款规定的登记。
第16条 债务人不履行到期债务或者发生当事人约定的实现抵押权的情形,抵押权人依据民事诉讼法第一百九十六条、第一百九十七条规定申请实现抵押权的,人民法院可以拍卖、变卖矿业权或者裁定以矿业权抵债,但矿业权竞买人、受让人应具备相应的资质条件。	**第16条** 同法释〔2020〕17号第16条
第17条 矿业权抵押期间因抵押人被兼并重组或者矿床被压覆等原因导致矿业权全部或者部分灭失,抵押权人请求就抵押人因此获得的保险金、赔偿金或者补偿金等款项优先受偿或者将该款项予以提存的,人民法院应予支持。	**第17条** 同法释〔2020〕17号第17条
第18条 当事人约定在自然保护区、风景名胜区、重点生态功能区、生态环境敏感区和脆弱区等区域内勘查开采矿产资源,违反法律、行政法规的强制性规定或者损害环境公共利益的,人民法院应依法认定合同无效。	**第18条** 同法释〔2020〕17号第18条
第19条 因越界勘查开采矿产资源引发的侵权责任纠纷,涉及<u>自然</u>资源主管部门批准的勘查开采范围重复或者界限不清的,人民法院应告知当事人先向<u>自然</u>资源主管部门申请解决。	**第19条** 因越界勘查开采矿产资源引发的侵权责任纠纷,涉及国土资源主管部门批准的勘查开采范围重复或者界限不清的,人民法院应告知当事人先向国土资源主管部门申请解决。
第20条 因他人越界勘查开采矿产资源,矿业权人请求侵权人承担停止侵害、排除妨碍、返还财产、赔偿损失等侵权责任的,人民法院应予支持,但探矿权人请求侵权人返还越界开采的矿产品及收益的除外。	**第20条** 同法释〔2020〕17号第20条

《矿业权纠纷解释》(法释〔2020〕17号)	《矿业权纠纷解释》(法释〔2017〕12号)
第21条　勘查开采矿产资源造成环境污染，或者导致地质灾害、植被毁损等生态破坏，**国家规定的机关或者法律规定的组织**提起环境公益诉讼的，人民法院应依法予以受理。 **国家规定的机关或者法律规定的组织**为保护国家利益、环境公共利益提起诉讼的，不影响因同一勘查开采行为受到人身、财产损害的自然人、法人和**非法人组织**依据民事诉讼法第一百一十九条的规定提起诉讼。	第21条　勘查开采矿产资源造成环境污染，或者导致地质灾害、植被毁损等生态破坏，法律规定的机关和有关组织提起环境公益诉讼的，人民法院应依法予以受理。 法律规定的机关和有关组织提起环境公益诉讼的，不影响因同一勘查开采行为受到人身、财产损害的自然人、法人和其他组织依据民事诉讼法第一百一十九条的规定提起诉讼。
第22条　人民法院在审理案件中，发现无证勘查开采、勘查资质、地质资料造假，或者勘查开采未履行生态环境修复义务等违法情形的，可以向有关行政主管部门提出司法建议，由其依法处理；涉嫌犯罪的，依法移送侦查机关处理。	第22条 同法释〔2020〕17号第22条
第23条　本解释施行后，人民法院尚未审结的一审、二审案件适用本解释规定。本解释施行前已经作出生效裁判的案件，本解释施行后依法再审的，不适用本解释。	第23条 同法释〔2020〕17号第23条

十六、《旅游纠纷解释》新旧对照表

《旅游纠纷解释》(法释〔2020〕17号)	《旅游纠纷解释》(法释〔2010〕13号)
为正确审理旅游纠纷案件,依法保护当事人合法权益,根据**《中华人民共和国民法典》**《中华人民共和国消费者权益保护法》**《中华人民共和国旅游法》**《中华人民共和国民事诉讼法》等有关法律规定,结合民事审判实践,制定本规定。	为正确审理旅游纠纷案件,依法保护当事人合法权益,根据《中华人民共和国民法通则》、《中华人民共和国合同法》、《中华人民共和国消费者权益保护法》、《中华人民共和国侵权责任法》和《中华人民共和国民事诉讼法》等有关法律规定,结合民事审判实践,制定本规定。
第1条 本规定所称的旅游纠纷,是指旅游者与旅游经营者、旅游辅助服务者之间因旅游发生的合同纠纷或者侵权纠纷。 "旅游经营者"是指以自己的名义经营旅游业务,向公众提供旅游服务的人。 "旅游辅助服务者"是指与旅游经营者存在合同关系,协助旅游经营者履行旅游合同义务,实际提供交通、游览、住宿、餐饮、娱乐等旅游服务的人。 旅游者在自行旅游过程中与旅游景点经营者因旅游发生的纠纷,参照适用本规定。	**第1条** 同法释〔2020〕17号第1条
第2条 以单位、家庭等集体形式与旅游经营者订立旅游合同,在履行过程中发生纠纷,除集体以合同一方当事人名义起诉外,旅游者个人提起旅游合同纠纷诉讼的,人民法院应予受理。	**第2条** 同法释〔2020〕17号第2条
第3条 因旅游经营者方面的同一原因造成旅游者人身损害、财产损失,旅游者选择**请求**旅游经营者承担违约责任或者侵权责任的,人民法院应当根据当事人选择的案由进行审理。	**第3条** 因旅游经营者方面的同一原因造成旅游者人身损害、财产损失,旅游者选择要求旅游经营者承担违约责任或者侵权责任的,人民法院应当根据当事人选择的案由进行审理。
第4条 因旅游辅助服务者的原因导致旅游经营者违约,旅游者仅起诉旅游经营者的,人民法院可以将旅游辅助服务者追加为第三人。	**第4条** 同法释〔2020〕17号第4条
第5条 旅游经营者已投保责任险,旅游者因保险责任事故仅起诉旅游经营者的,人民法院可以应当事人的请求将保险公司列为第三人。	**第5条** 同法释〔2020〕17号第5条
第6条 旅游经营者以格式**条款**、通知、声明、**店堂告示**等方式作出**排除或者限制旅游者权利**、**减轻或者免除旅游经营者责任**、**加重旅游者责任等**对旅游者不公平、不合理的规定,旅游者依据消费者权益保护法**第二十六条**的规定**请求**认定该内容无效的,人民法院应予支持。	**第6条** 旅游经营者以格式合同、通知、声明、告示等方式作出对旅游者不公平、不合理的规定,或者减轻、免除其损害旅游者合法权益的责任,旅游者请求依据消费者权益保护法第二十四条的规定认定该内容无效的,人民法院应予支持。

《旅游纠纷解释》(法释〔2020〕17号)	《旅游纠纷解释》(法释〔2010〕13号)
第7条 旅游经营者、旅游辅助服务者未尽到安全保障义务，造成旅游者人身损害、财产损失，旅游者请求旅游经营者、旅游辅助服务者承担责任的，人民法院应予支持。 因第三人的行为造成旅游者人身损害、财产损失，由第三人承担责任；旅游经营者、旅游辅助服务者未尽安全保障义务，旅游者请求其承担相应补充责任的，人民法院应予支持。	**第7条** 同法释〔2020〕17号第7条
第8条 旅游经营者、旅游辅助服务者对可能危及旅游者人身、财产安全的旅游项目未履行告知、警示义务，造成旅游者人身损害、财产损失，旅游者请求旅游经营者、旅游辅助服务者承担责任的，人民法院应予支持。 旅游者未按旅游经营者、旅游辅助服务者的要求提供与旅游活动相关的个人健康信息并履行如实告知义务，或者不听从旅游经营者、旅游辅助服务者的告知、警示，参加不适合自身条件的旅游活动，导致旅游过程中出现人身损害、财产损失，旅游者请求旅游经营者、旅游辅助服务者承担责任的，人民法院不予支持。	**第8条** 同法释〔2020〕17号第8条
第9条 旅游经营者、旅游辅助服务者**以非法收集、存储、使用、加工、传输、买卖、提供、公开等方式处理旅游者个人信息**，旅游者请求其承担相应责任的，人民法院应予支持。	**第9条** 旅游经营者、旅游辅助服务者泄露旅游者个人信息或者未经旅游者同意公开其个人信息，旅游者请求其承担相应责任的，人民法院应予支持。
第10条 旅游经营者将旅游业务转让给其他旅游经营者，旅游者不同意转让，请求解除旅游合同、追究旅游经营者违约责任的，人民法院应予支持。 旅游经营者擅自将其旅游业务转让给其他旅游经营者，旅游者在旅游过程中遭受损害，请求与其签订旅游合同的旅游经营者和实际提供旅游服务的旅游经营者承担连带责任的，人民法院应予支持。	**第10条** 同法释〔2020〕17号第10条
第11条 除合同性质不宜转让或者合同另有约定之外，在旅游行程开始前的合理期间内，旅游者将其在旅游合同中的权利义务转让给第三人，请求确认转让合同效力的，人民法院应予支持。 因前款所述原因，旅游经营者请求旅游者、第三人给付增加的费用或者旅游者请求旅游经营者退还减少的费用的，人民法院应予支持。	**第11条** 同法释〔2020〕17号第11条
第12条 旅游行程开始前或者进行中，因旅游者单方解除合同，旅游者请求旅游经营者退还尚未实际发生的费用，或者旅游经营者请求旅游者支付合理费用的，人民法院应予支持。	**第12条** 同法释〔2020〕17号第12条

《旅游纠纷解释》(法释〔2020〕17号)	《旅游纠纷解释》(法释〔2010〕13号)
第13条 签订旅游合同的旅游经营者将其部分旅游业务委托旅游目的地的旅游经营者,因受托方未尽旅游合同义务,旅游者在旅游过程中受到损害,要求作出委托的旅游经营者承担赔偿责任的,人民法院应予支持。 旅游经营者委托除前款规定以外的人从事旅游业务,发生旅游纠纷,旅游者起诉旅游经营者的,人民法院应予受理。	第15条 同法释〔2020〕17号第13条
第14条 旅游经营者准许他人挂靠其名下从事旅游业务,造成旅游者人身损害、财产损失,旅游者**依据民法典第一千一百六十八条的规定**请求旅游经营者与挂靠人承担连带责任的,人民法院应予支持。	第16条 旅游经营者准许他人挂靠其名下从事旅游业务,造成旅游者人身损害、财产损失,旅游者请求旅游经营者与挂靠人承担连带责任的,人民法院应予支持。
第15条 旅游经营者违反合同约定,有擅自改变旅游行程、遗漏旅游景点、减少旅游服务项目、降低旅游服务标准等行为,旅游者请求旅游经营者赔偿未完成约定旅游服务项目等合理费用的,人民法院应予支持。 旅游经营者提供服务时有欺诈行为,旅游者**依据消费者权益保护法第五十五条第一款规定**请求旅游经营者**承担惩罚性赔偿责任的**,人民法院应予支持。	第17条 旅游经营者违反合同约定,有擅自改变旅游行程、遗漏旅游景点、减少旅游服务项目、降低旅游服务标准等行为,旅游者请求旅游经营者赔偿未完成约定旅游服务项目等合理费用的,人民法院应予支持。 旅游经营者提供服务时有欺诈行为,旅游者请求旅游经营者双倍赔偿其遭受的损失的,人民法院应予支持。
第16条 因飞机、火车、班轮、城际客运班车等公共客运交通工具延误,导致合同不能按照约定履行,旅游者请求旅游经营者退还未实际发生的费用的,人民法院应予支持。合同另有约定的除外。	第18条 同法释〔2020〕17号第16条
第17条 旅游者在自行安排活动期间遭受人身损害、财产损失,旅游经营者未尽到必要的提示义务、救助义务,旅游者请求旅游经营者承担相应责任的,人民法院应予支持。 前款规定的自行安排活动期间,包括旅游经营者安排的在旅游行程中独立的自由活动期间、旅游者不参加旅游行程的活动期间以及旅游者经导游或者领队同意暂时离队的个人活动期间等。	第19条 同法释〔2020〕17号第17条
第18条 旅游者在旅游行程中未经导游或者领队许可,故意脱离团队,遭受人身损害、财产损失,请求旅游经营者赔偿损失的,人民法院不予支持。	第20条 同法释〔2020〕17号第18条
第19条 旅游经营者或者旅游辅助服务者为旅游者代管的行李物品损毁、灭失,旅游者请求赔偿损失的,人民法院应予支持,但下列情形除外: (一)损失是由于旅游者未听从旅游经营者或者旅游辅助服务者的事先声明或者提示,未将现金、有价证券、贵重物品由其随身携带而造成的; (二)损失是由于不可抗力造成的;	第22条 旅游经营者或者旅游辅助服务者为旅游者代管的行李物品损毁、灭失,旅游者请求赔偿损失的,人民法院应予支持,但下列情形除外: (一)损失是由于旅游者未听从旅游经营者或者旅游辅助服务者的事先声明或者提示,未将现金、有价证券、贵重物品由其随身携带而造成的; (二)损失是由于不可抗力、**意外事件**造成的;

《旅游纠纷解释》(法释〔2020〕17号)	《旅游纠纷解释》(法释〔2010〕13号)
(三)损失是由于旅游者的过错造成的; (四)损失是由于物品的自然属性造成的。	(三)损失是由于旅游者的过错造成的; (四)损失是由于物品的自然属性造成的。
第20条 旅游者要求旅游经营者返还下列费用的,人民法院应予支持: (一)因拒绝旅游经营者安排的购物活动或者另行付费的项目被增收的费用; (二)在同一旅游行程中,旅游经营者提供相同服务,因旅游者的年龄、职业等差异而增收的费用。	第23条 同法释〔2020〕17号第20条
第21条 旅游经营者因过错致其代办的手续、证件存在瑕疵,或者未尽妥善保管义务而遗失、毁损,旅游者请求旅游经营者补办或者协助补办相关手续、证件并承担相应费用的,人民法院应予支持。 因上述行为影响旅游行程,旅游者请求旅游经营者退还尚未发生的费用、赔偿损失的,人民法院应予支持。	第24条 同法释〔2020〕17号第21条
第22条 旅游经营者事先设计,并以确定的总价提供交通、住宿、游览等一项或者多项服务,不提供导游和领队服务,由旅游者自行安排游览行程的旅游过程中,旅游经营者提供的服务不符合合同约定,侵害旅游者合法权益,旅游者请求旅游经营者承担相应责任的,人民法院应予支持。	**第25条** 旅游经营者事先设计,并以确定的总价提供交通、住宿、游览等一项或者多项服务,不提供导游和领队服务,由旅游者自行安排游览行程的旅游过程中,旅游经营者提供的服务不符合合同约定,侵害旅游者合法权益,旅游者请求旅游经营者承担相应责任的,人民法院应予支持。 **旅游者在自行安排的旅游活动中合法权益受到侵害,请求旅游经营者、旅游辅助服务者承担责任的,人民法院不予支持。**
第23条 本规定施行前已经终审,本规定施行后当事人申请再审或者按照审判监督程序决定再审的案件,不适用本规定。	第26条 同法释〔2020〕17号第23条

十七、《买卖合同解释》新旧对照表

《买卖合同解释》(法释〔2020〕17号)	《买卖合同解释》(法释〔2012〕8号)
为正确审理买卖合同纠纷案件,根据《中华人民共和国民法典》《中华人民共和国民事诉讼法》等法律的规定,结合审判实践,制定本解释。	为正确审理买卖合同纠纷案件,根据《中华人民共和国民法通则》、《中华人民共和国合同法》、《中华人民共和国物权法》、《中华人民共和国民事诉讼法》等法律的规定,结合审判实践,制定本解释。
一、买卖合同的成立	一、买卖合同的成立及效力
第1条 当事人之间没有书面合同,一方以送货单、收货单、结算单、发票等主张存在买卖合同关系的,人民法院应当结合当事人之间的交易方式、交易习惯以及其他相关证据,对买卖合同是否成立作出认定。 对账确认函、债权确认书等函件、凭证没有记载债权人名称,买卖合同当事人一方以此证明存在买卖合同关系的,人民法院应当支持,但有相反证据足以推翻的除外。	第1条 同法释〔2020〕17号第1条
二、标的物交付和所有权转移	二、标的物交付和所有权转移
第2条 标的物为无需以有形载体交付的电子信息产品,当事人对交付方式约定不明确,且依照民法典第五百一十条的规定仍不能确定的,买受人收到约定的电子信息产品或者权利凭证即为交付。	第5条 标的物为无需以有形载体交付的电子信息产品,当事人对交付方式约定不明确,且依照合同法第六十一条的规定仍不能确定的,买受人收到约定的电子信息产品或者权利凭证即为交付。
第3条 根据民法典第六百二十九条的规定,买受人拒绝接收多交部分标的物的,可以代为保管多交部分标的物。买受人主张出卖人负担代为保管期间的合理费用的,人民法院应当支持。 买受人主张出卖人承担代为保管期间非因买受人故意或者重大过失造成的损失的,人民法院应予支持。	第6条 根据合同法第一百六十二条的规定,买受人拒绝接收多交部分标的物的,可以代为保管多交部分标的物。买受人主张出卖人负担代为保管期间的合理费用的,人民法院应予支持。 买受人主张出卖人承担代为保管期间非因买受人故意或者重大过失造成的损失的,人民法院应予支持。
第4条 民法典第五百九十九条规定的"提取标的物单证以外的有关单证和资料",主要应当包括保险单、保修单、普通发票、增值税专用发票、产品合格证、质量保证书、质量鉴定书、品质检验证书、产品进出口检疫书、原产地证明书、使用说明书、装箱单等。	第7条 合同法第一百三十六条规定的"提取标的物单证以外的有关单证和资料",主要应当包括保险单、保修单、普通发票、增值税专用发票、产品合格证、质量保证书、质量鉴定书、品质检验证书、产品进出口检疫书、原产地证明书、使用说明书、装箱单等。
第5条 出卖人仅以增值税专用发票及税款抵扣资料证明其已履行交付标的物义务,买受人不认可的,出卖人应当提供其他证据证明交付标的物的事实。	第8条 同法释〔2020〕17号第5条

《买卖合同解释》(法释〔2020〕17号)	《买卖合同解释》(法释〔2012〕8号)
合同约定或者当事人之间习惯以普通发票作为付款凭证,买受人以普通发票证明已经履行付款义务的,人民法院应予支持,但有相反证据足以推翻的除外。	
第6条 出卖人就同一普通动产订立多重买卖合同,在买卖合同均有效的情况下,买受人均要求实际履行合同的,应当按照以下情形分别处理: (一)先行受领交付的买受人请求确认所有权已经转移的,人民法院应予支持; (二)均未受领交付,先行支付价款的买受人请求出卖人履行交付标的物等合同义务的,人民法院应予支持; (三)均未受领交付,也未支付价款,依法成立在先合同的买受人请求出卖人履行交付标的物等合同义务的,人民法院应予支持。	第9条 同法释〔2020〕17号第6条
第7条 出卖人就同一船舶、航空器、机动车等特殊动产订立多重买卖合同,在买卖合同均有效的情况下,买受人均要求实际履行合同的,应当按照以下情形分别处理: (一)先行受领交付的买受人请求出卖人履行办理所有权转移登记手续等合同义务的,人民法院应予支持; (二)均未受领交付,先行办理所有权转移登记手续的买受人请求出卖人履行交付标的物等合同义务的,人民法院应予支持; (三)均未受领交付,也未办理所有权转移登记手续,依法成立在先合同的买受人请求出卖人履行交付标的物和办理所有权转移登记手续等合同义务的,人民法院应予支持; (四)出卖人将标的物交付给买受人之一,又为其他买受人办理所有权转移登记,已受领交付的买受人请求将标的物所有权登记在自己名下的,人民法院应予支持。	第10条 同法释〔2020〕17号第7条
三、标的物风险负担	三、标的物风险负担
第8条 民法典第六百三条第二款第一项规定的"标的物需要运输的",是指标的物由出卖人负责办理托运,承运人系独立于买卖合同当事人之外的运输业者的情形。标的物毁损、灭失的风险负担,按照**民法典第六百零七条第二款**的规定处理。	第11条 合同法第一百四十一条第二款第(一)项规定的"标的物需要运输的",是指标的物由出卖人负责办理托运,承运人系独立于买卖合同当事人之外的运输业者的情形。标的物毁损、灭失的风险负担,按照合同法第一百四十五条的规定处理。
第9条 出卖人根据合同约定将标的物运送至买受人指定地点并交付给承运人后,标的物毁损、灭失的风险由买受人负担,但当事人另有约定的除外。	第12条 同法释〔2020〕17号第9条

《买卖合同解释》(法释〔2020〕17号)	《买卖合同解释》(法释〔2012〕8号)
第10条 出卖人出卖交由承运人运输的在途标的物,在合同成立时知道或者应当知道标的物已经毁损、灭失却未告知买受人,买受人主张出卖人负担标的物毁损、灭失的风险的,人民法院应予支持。	第13条 同法释〔2020〕17号第10条
第11条 当事人对风险负担没有约定,标的物为种类物,出卖人未以装运单据、加盖标记、通知买受人等可识别的方式清楚地将标的物特定于买卖合同,买受人主张不负担标的物毁损、灭失的风险的,人民法院应予支持。	第14条 同法释〔2020〕17号第11条
四、标的物检验	四、标的物检验
第12条 人民法院具体认定**民法典第六百二十一条第二款**规定的"合理**期限**"时,应当综合当事人之间的交易性质、交易目的、交易方式、交易习惯、标的物的种类、数量、性质、安装和使用情况、瑕疵的性质、买受人应尽的合理注意义务、检验方法和难易程度、买受人或者检验人所处的具体环境、自身技能以及其他合理因素,依据诚实信用原则进行判断。 **民法典第六百二十一条第二款**规定的"**二年**"是最长的合理**期限**。该**期限**为不变期间,不适用诉讼时效中止、中断或者延长的规定。	第17条 人民法院具体认定合同法第一百五十八条第二款规定的"合理期间"时,应当综合当事人之间的交易性质、交易目的、交易方式、交易习惯、标的物的种类、数量、性质、安装和使用情况、瑕疵的性质、买受人应尽的合理注意义务、检验方法和难易程度、买受人或者检验人所处的具体环境、自身技能以及其他合理因素,依据诚实信用原则进行判断。 合同法第一百五十八条第二款规定的"两年"是最长的合理期间。该期间为不变期间,不适用诉讼时效中止、中断或者延长的规定。
第13条 买受人在合理**期限**内提出异议,出卖人以买受人已经支付价款、确认欠款数额、使用标的物等为由,主张买受人放弃异议的,人民法院不予支持,但当事人另有约定的除外。	第19条 买受人在合理期间内提出异议,出卖人以买受人已经支付价款、确认欠款数额、使用标的物等为由,主张买受人放弃异议的,人民法院不予支持,但当事人另有约定的除外。
第14条 民法典第六百二十一条规定的检验**期限**、合理**期限**、**二年期限**经过后,买受人主张标的物的数量或者质量不符合约定的,人民法院不予支持。 出卖人自愿承担违约责任后,又以上述**期限**经过为由翻悔的,人民法院不予支持。	第20条 合同法第一百五十八条规定的检验期间、合理期间、两年期间经过后,买受人主张标的物的数量或者质量不符合约定的,人民法院不予支持。 出卖人自愿承担违约责任后,又以上述期间经过为由翻悔的,人民法院不予支持。
五、违约责任	五、违约责任
第15条 买受人依约保留部分价款作为质量保证金,出卖人在质量保证**期**未及时解决质量问题而影响标的物的价值或者使用效果,出卖人主张支付该部分价款的,人民法院不予支持。	第21条 买受人依约保留部分价款作为质量保证金,出卖人在质量保证期间未及时解决质量问题而影响标的物的价值或者使用效果,出卖人主张支付该部分价款的,人民法院不予支持。
第16条 买受人在检验**期限**、质量保证**期**、合理**期限**内提出质量异议,出卖人未按要求予以修理或者因情况紧急,买受人自行或者通过第三人修理标的物后,主张出卖人负担因此发生的合理费用的,人民法院应予支持。	第22条 买受人在检验期间、质量保证期间、合理期间内提出质量异议,出卖人未按要求予以修理或者因情况紧急,买受人自行或者通过第三人修理标的物后,主张出卖人负担因此发生的合理费用的,人民法院应予支持。
第17条 标的物质量不符合约定,买受人依照**民法典第五百八十二条**的规定要求减少价款的,人民法院应予支持。当事人主张以符合约定的标的物和实际交付的标的物按交付时的市场价值计算差价的,	第23条 标的物质量不符合约定,买受人依照合同法第一百一十一条的规定要求减少价款的,人民法院应予支持。当事人主张以符合约定的标的物和实际交付的标的物按交付时的市场价值计算差价的,

《买卖合同解释》(法释〔2020〕17号)	《买卖合同解释》(法释〔2012〕8号)
人民法院应予支持。 价款已经支付,买受人主张返还减价后多出部分价款的,人民法院应予支持。	人民法院应予支持。 价款已经支付,买受人主张返还减价后多出部分价款的,人民法院应予支持。
第18条 买卖合同对付款期限作出的变更,不影响当事人关于逾期付款违约金的约定,但该违约金的起算点应当随之变更。 买卖合同约定逾期付款违约金,买受人以出卖人接受价款时未主张逾期付款违约金为由拒绝支付该违约金的,人民法院不予支持。 买卖合同约定逾期付款违约金,但对账单、还款协议等未涉及逾期付款责任,出卖人根据对账单、还款协议等主张欠款时请求买受人依约支付逾期付款违约金的,人民法院应予支持,但对账单、还款协议等明确载有本金及逾期付款利息数额或者已经变更买卖合同中关于本金、利息等约定内容的除外。 买卖合同没有约定逾期付款违约金或者该违约金的计算方法,出卖人以买受人违约为由主张赔偿逾期付款损失,**违约行为发生在2019年8月19日之前的**,人民法院可以中国人民银行同期同类人民币贷款基准利率为基础,参照逾期罚息利率标准计算;**违约行为发生在2019年8月20日之后的,人民法院可以违约行为发生时中国人民银行授权全国银行间同业拆借中心公布的一年期贷款市场报价利率(LPR)标准为基础,加计30—50%计算逾期付款损失。**	第24条 买卖合同对付款期限作出的变更,不影响当事人关于逾期付款违约金的约定,但该违约金的起算点应当随之变更。 买卖合同约定逾期付款违约金,买受人以出卖人接受价款时未主张逾期付款违约金为由拒绝支付该违约金的,人民法院不予支持。 买卖合同约定逾期付款违约金,但对账单、还款协议等未涉及逾期付款责任,出卖人根据对账单、还款协议等主张欠款时请求买受人依约支付逾期付款违约金的,人民法院应予支持,但对账单、还款协议等明确载有本金及逾期付款利息数额或者已经变更买卖合同中关于本金、利息等约定内容的除外。 买卖合同没有约定逾期付款违约金或者该违约金的计算方法,出卖人以买受人违约为由主张赔偿逾期付款损失的,人民法院可以中国人民银行同期同类人民币贷款基准利率为基础,参照逾期罚息利率标准计算。
第19条 出卖人没有履行或者不当履行从给付义务,致使买受人不能实现合同目的,买受人主张解除合同的,人民法院应当根据**民法典第五百六十三条第一款第四项**的规定,予以支持。	第25条 出卖人没有履行或者不当履行从给付义务,致使买受人不能实现合同目的,买受人主张解除合同的,人民法院应当根据合同法第九十四条第(四)项的规定,予以支持。
第20条 买卖合同因违约而解除后,守约方主张继续适用违约金条款的,人民法院应予支持;但约定的违约金过分高于造成的损失的,人民法院可以参照**民法典第五百八十五条第二款**的规定处理。	第26条 买卖合同因违约而解除后,守约方主张继续适用违约金条款的,人民法院应予支持;但约定的违约金过分高于造成的损失的,人民法院可以参照合同法第一百一十四条第二款的规定处理。
第21条 买卖合同当事人一方以对方违约为由主张支付违约金,对方以合同不成立、合同未生效、合同无效或者不构成违约等为由进行免责抗辩而未主张调整过高的违约金的,人民法院应就法院若不支持免责抗辩,当事人是否需要主张调整违约金进行释明。 一审法院认为免责抗辩成立且未予释明,二审法院认为应当判决支付违约金的,可以直接释明并改判。	第27条 同法释〔2020〕17号第21条

《买卖合同解释》(法释〔2020〕17号)	《买卖合同解释》(法释〔2012〕8号)
第22条　买卖合同当事人一方违约造成对方损失,对方主张赔偿可得利益损失的,人民法院**在确定违约责任范围时**,应当根据当事人的主张,依据**民法典第五百八十四条、第五百九十一条、第五百九十二条、本解释第二十三条**等规定进行认定。	第29条　买卖合同当事人一方违约造成对方损失,对方主张赔偿可得利益损失的,人民法院应当根据当事人的主张,依据合同法第一百一十三条、第一百一十九条、本解释第三十条、第三十一条等规定进行认定。
第23条　买卖合同当事人一方因对方违约而获有利益,违约方主张从损失赔偿额中扣除该部分利益的,人民法院应予支持。	第31条 同法释〔2020〕17号第23条
第24条　买受人在缔约时知道或者应当知道标的物质量存在瑕疵,主张出卖人承担瑕疵担保责任的,人民法院不予支持,但买受人在缔约时不知道该瑕疵会导致标的物的基本效用显著降低的除外。	第33条 同法释〔2020〕17号第24条
六、所有权保留	六、所有权保留
第25条　买卖合同当事人主张**民法典第六百四十一条**关于标的物所有权保留的规定适用于不动产的,人民法院不予支持。	第34条　买卖合同当事人主张合同法第一百三十四条关于标的物所有权保留的规定适用于不动产的,人民法院不予支持。
第26条　买受人已经支付标的物总价款的百分之七十五以上,出卖人主张取回标的物的,人民法院不予支持。 在民法典第六百四十二条第一款第三项情形下,第三人依据**民法典第三百一十一条**的规定已经善意取得标的物所有权或者其他物权,出卖人主张取回标的物的,人民法院不予支持。	第36条　买受人已经支付标的物总价款的百分之七十五以上,出卖人主张取回标的物的,人民法院不予支持。 在本解释第三十五条第一款第(三)项情形下,第三人依据物权法第一百零六条的规定已经善意取得标的物所有权或者其他物权,出卖人主张取回标的物的,人民法院不予支持。
七、特种买卖	七、特种买卖
第27条　**民法典第六百三十四条第一款**规定的"分期付款",系指买受人将应付的总价款在一定**期限**内至少分三次向出卖人支付。 分期付款买卖合同的约定违反**民法典第六百三十四条第一款**的规定,损害买受人利益,买受人主张该约定无效的,人民法院应予支持。	第38条　合同法第一百六十七条第一款规定的"分期付款",系指买受人将应付的总价款在一定期间内至少分三次向出卖人支付。 分期付款买卖合同的约定违反合同法第一百六十七条第一款的规定,损害买受人利益,买受人主张该约定无效的,人民法院应予支持。
第28条　分期付款买卖合同约定出卖人在解除合同时可以扣留已受领价金,出卖人扣留的金额超过标的物使用费以及标的物受损赔偿费,买受人请求返还超过部分的,人民法院应予支持。 当事人对标的物的使用费没有约定的,人民法院可以参照当地同类标的物的租金标准确定。	第39条 同法释〔2020〕17号第28条
第29条　合同约定的样品质量与文字说明不一致且发生纠纷时当事人不能达成合意,样品封存后外观和内在品质没有发生变化,人民法院应当以样品为准;外观和内在品质发生变化,或者当事人对是否发生变化有争议而又无法查明的,人民法院应当以文字说明为准。	第40条 同法释〔2020〕17号第29条

《买卖合同解释》(法释〔2020〕17号)	《买卖合同解释》(法释〔2012〕8号)
第30条 买卖合同存在下列约定内容之一的,不属于试用买卖。买受人主张属于试用买卖的,人民法院不予支持: (一)约定标的物经过试用或者检验符合一定要求时,买受人应当购买标的物; (二)约定第三人经试验对标的物认可时,买受人应当购买标的物; (三)约定买受人在一定**期限**内可以调换标的物; (四)约定买受人在一定**期限**内可以退还标的物。	**第42条** 买卖合同存在下列约定内容之一的,不属于试用买卖。买受人主张属于试用买卖的,人民法院不予支持: (一)约定标的物经过试用或者检验符合一定要求时,买受人应当购买标的物; (二)约定第三人经试验对标的物认可时,买受人应当购买标的物; (三)约定买受人在一定期间内可以调换标的物; (四)约定买受人在一定期间内可以退还标的物。
八、其他问题	**八、其他问题**
第31条 出卖人履行交付义务后诉请买受人支付价款,买受人以出卖人违约在先为由提出异议的,人民法院应当按照下列情况分别处理: (一)买受人拒绝支付违约金、拒绝赔偿损失或者主张出卖人应当采取减少价款等补救措施的,属于提出抗辩; (二)买受人主张出卖人应支付违约金、赔偿损失或者要求解除合同的,应当提起反诉。	**第44条** 同法释〔2020〕17号第31条
第32条 法律或者行政法规对债权转让、股权转让等权利转让合同有规定的,依照其规定;没有规定的,人民法院可以根据**民法典第四百六十七条和第六百四十六条**的规定,参照适用买卖合同的有关规定。 权利转让或者其他有偿合同参照适用买卖合同的有关规定的,人民法院应当首先引用**民法典第六百四十六条**的规定,再引用买卖合同的有关规定。	**第45条** 法律或者行政法规对债权转让、股权转让等权利转让合同有规定的,依照其规定;没有规定的,人民法院可以根据合同法第一百二十四条和第一百七十四条的规定,参照适用买卖合同的有关规定。 权利转让或者其他有偿合同参照适用买卖合同的有关规定的,人民法院应当首先引用合同法第一百七十四条的规定,再引用买卖合同的有关规定。
第33条 本解释施行前本院发布的有关购销合同、销售合同等有偿转移标的物所有权的合同的规定,与本解释抵触的,自本解释施行之日起不再适用。 本解释施行后尚未终审的买卖合同纠纷案件,适用本解释;本解释施行前已经终审,当事人申请再审或者按照审判监督程序决定再审的,不适用本解释。	**第46条** 同法释〔2020〕17号第33条

十八、《民间借贷规定》新旧对照表

《民间借贷规定》（法释〔2020〕17号）	《民间借贷规定》（法释〔2020〕6号）	《民间借贷规定》（法释〔2015〕18号）
为正确审理民间借贷纠纷案件，根据《中华人民共和国民法典》《中华人民共和国民事诉讼法》《中华人民共和国刑事诉讼法》等相关法律之规定，结合审判实践，制定本规定。	为正确审理民间借贷纠纷案件，根据《中华人民共和国民法通则》《中华人民共和国物权法》《中华人民共和国担保法》《中华人民共和国合同法》《中华人民共和国民事诉讼法》《中华人民共和国刑事诉讼法》等相关法律之规定，结合审判实践，制定本规定。	同法释〔2020〕6号
第1条 本规定所称的民间借贷，是指自然人、法人和非法人组织之间进行资金融通的行为。 经金融监管部门批准设立的从事贷款业务的金融机构及其分支机构，因发放贷款等相关金融业务引发的纠纷，不适用本规定。	第1条 本规定所称的民间借贷，是指自然人、法人和非法人组织之间进行资金融通的行为。 经金融监管部门批准设立的从事贷款业务的金融机构及其分支机构，因发放贷款等相关金融业务引发的纠纷，不适用本规定。	第1条 本规定所称的民间借贷，是指自然人、法人、其他组织之间及其相互之间进行资金融通的行为。 经金融监管部门批准设立的从事贷款业务的金融机构及其分支机构，因发放贷款等相关金融业务引发的纠纷，不适用本规定。
第2条 出借人向人民法院提起民间借贷诉讼时，应当提供借据、收据、欠条等债权凭证以及其他能够证明借贷法律关系存在的证据。 当事人持有的借据、收据、欠条等债权凭证没有载明债权人，持有债权凭证的当事人提起民间借贷诉讼的，人民法院应予受理。被告对原告的债权人资格提出有事实依据的抗辩，人民法院经审查认为原告不具有债权人资格的，裁定驳回起诉。	第2条 出借人向人民法院提起民间借贷诉讼时，应当提供借据、收据、欠条等债权凭证以及其他能够证明借贷法律关系存在的证据。 当事人持有的借据、收据、欠条等债权凭证没有载明债权人，持有债权凭证的当事人提起民间借贷诉讼的，人民法院应予受理。被告对原告的债权人资格提出有事实依据的抗辩，人民法院经审查认为原告不具有债权人资格的，裁定驳回起诉。	第2条 出借人向人民法院起诉时，应当提供借据、收据、欠条等债权凭证以及其他能够证明借贷法律关系存在的证据。 当事人持有的借据、收据、欠条等债权凭证没有载明债权人，持有债权凭证的当事人提起民间借贷诉讼的，人民法院应予受理。被告对原告的债权人资格提出有事实依据的抗辩，人民法院经审理认为原告不具有债权人资格的，裁定驳回起诉。
第3条 借贷双方就合同履行地未约定或者约定不明确，事后未达成补充协议，按照合同相关条款或者交易习惯仍不能确定的，以接受货币一方所在地为合同履行地。	第3条 借贷双方就合同履行地未约定或者约定不明确，事后未达成补充协议，按照合同相关条款或者交易习惯仍不能确定的，以接受货币一方所在地为合同履行地。	第3条 借贷双方就合同履行地未约定或者约定不明确，事后未达成补充协议，按照合同有关条款或者交易习惯仍不能确定的，以接受货币一方所在地为合同履行地。

《民间借贷规定》 (法释〔2020〕17号)	《民间借贷规定》 (法释〔2020〕6号)	《民间借贷规定》 (法释〔2015〕18号)
第4条 保证人为借款人提供连带责任保证,出借人仅起诉借款人的,人民法院可以不追加保证人为共同被告;出借人仅起诉保证人的,人民法院可以追加借款人为共同被告。 保证人为借款人提供一般保证,出借人仅起诉保证人的,人民法院应当追加借款人为共同被告;出借人仅起诉借款人的,人民法院可以不追加保证人为共同被告。	**第4条** 同法释〔2020〕17号第4条	**第4条** 同法释〔2020〕17号第4条
第5条 人民法院立案后,发现民间借贷行为本身涉嫌非法集资等犯罪的,应当裁定驳回起诉,并将涉嫌非法集资等犯罪的线索、材料移送公安或者检察机关。 公安或者检察机关不予立案,或者立案侦查后撤销案件,或者检察机关作出不起诉决定,或者经人民法院生效判决认定不构成非法集资等犯罪,当事人又以同一事实向人民法院提起诉讼的,人民法院应予受理。	**第5条** 人民法院立案后,发现民间借贷行为本身涉嫌非法集资等犯罪的,应当裁定驳回起诉,并将涉嫌非法集资等犯罪的线索、材料移送公安或者检察机关。 公安或者检察机关不予立案,或者立案侦查后撤销案件,或者检察机关作出不起诉决定,或者经人民法院生效判决认定不构成非法集资等犯罪,当事人又以同一事实向人民法院提起诉讼的,人民法院应予受理。	**第5条** 人民法院立案后,发现民间借贷行为本身涉嫌非法集资犯罪的,应当裁定驳回起诉,并将涉嫌非法集资犯罪的线索、材料移送公安或者检察机关。 公安或者检察机关不予立案,或者立案侦查后撤销案件,或者检察机关作出不起诉决定,或者经人民法院生效判决认定不构成非法集资犯罪,当事人又以同一事实向人民法院提起诉讼的,人民法院应予受理。
第6条 人民法院立案后,发现与民间借贷纠纷案件虽有关联但不是同一事实的涉嫌非法集资等犯罪的线索、材料的,人民法院应当继续审理民间借贷纠纷案件,并将涉嫌非法集资等犯罪的线索、材料移送公安或者检察机关。	**第6条** 同法释〔2020〕17号第6条	**第6条** 同法释〔2020〕17号第6条
第7条 民间借贷纠纷的基本案件事实必须以刑事案件的审理结果为依据,而该刑事案件尚未审结的,人民法院应当裁定中止诉讼。	**第7条** 民间借贷纠纷的基本案件事实必须以刑事案件的审理结果为依据,而该刑事案件尚未审结的,人民法院应当裁定中止诉讼。	**第7条** 民间借贷的基本案件事实必须以刑事案件审理结果为依据,而该刑事案件尚未审结的,人民法院应当裁定中止诉讼。
第8条 借款人涉嫌犯罪或者生效判决认定其有罪,出借人起诉请求担保人承担民事责任的,人民法院应予受理。	**第8条** 同法释〔2020〕17号第8条	**第8条** 同法释〔2020〕17号第8条

《民间借贷规定》（法释〔2020〕17号）	《民间借贷规定》（法释〔2020〕6号）	《民间借贷规定》（法释〔2015〕18号）
第9条 自然人之间的借款合同有下列情形之一的，可以视为合同成立： （一）以现金支付的，自借款人收到借款时； （二）以银行转账、网上电子汇款等形式支付的，自资金到达借款人账户时； （三）以票据交付的，自借款人依法取得票据权利时； （四）出借人将特定资金账户支配权授权给借款人的，自借款人取得对该账户实际支配权时； （五）出借人以与借款人约定的其他方式提供借款并实际履行完成时。	第9条 自然人之间的**借款**合同**具有**下列情形之一**的，可以视为合同成立**： （一）以现金支付的，自借款人收到借款时； （二）以银行转账、网上电子汇款等形式支付的，自资金到达借款人账户时； （三）以票据交付的，自借款人依法取得票据权利时； （四）出借人将特定资金账户支配权授权给借款人的，自借款人取得对该账户实际支配权时； （五）出借人以与借款人约定的其他方式提供借款并实际履行完成时。	第9条 具有下列情形之一，可以视为具备合同法第二百一十条关于自然人之间借款合同的生效要件： （一）以现金支付的，自借款人收到借款时； （二）以银行转账、网上电子汇款**或者通过网络贷款平台**等形式支付的，自资金到达借款人账户时； （三）以票据交付的，自借款人依法取得票据权利时； （四）出借人将特定资金账户支配权授权给借款人的，自借款人取得对该账户实际支配权时； （五）出借人以与借款人约定的其他方式提供借款并实际履行完成时。
第10条 法人之间、非法人组织之间以及它们相互之间为生产、经营需要订立的民间借贷合同，除存在**民法典第一百四十六条、第一百五十三条、第一百五十四条以及本规定第十三条**规定的情形外，当事人主张民间借贷合同有效的，人民法院应予支持。	第11条 法人之间、**非法人组织**之间以及它们相互之间为生产、经营需要订立的民间借贷合同，除存在**《中华人民共和国合同法》第五十二条**以及本规定第十四条规定的情形外，当事人主张民间借贷合同有效的，人民法院应予支持。	第11条 法人之间、其他组织之间以及它们相互之间为生产、经营需要订立的民间借贷合同，除存在合同法第五十二条、本规定第十四条规定的情形外，当事人主张民间借贷合同有效的，人民法院应予支持。
第11条 法人或者非法人组织在本单位内部通过借款形式向职工筹集资金，用于本单位生产、经营，且不存在**民法典第一百四十四条、第一百四十六条、第一百五十三条、第一百五十四条以及本规定第十三条**规定的情形，当事人主张民间借贷合同有效的，人民法院应予支持。	第12条 法人或者**非法人组织**在本单位内部通过借款形式向职工筹集资金，用于本单位生产、经营，且不存在**《中华人民共和国合同法》第五十二条以及**本规定第十四条规定的情形，当事人主张民间借贷合同有效的，人民法院应予支持。	第12条 法人或者其他组织在本单位内部通过借款形式向职工筹集资金，用于本单位生产、经营，且不存在合同法第五十二条、本规定第十四条规定的情形，当事人主张民间借贷合同有效的，人民法院应予支持。
第12条 借款人或者出借人的借贷行为涉嫌犯罪，或者已经生效的裁判认定构成犯罪，当事人提起民事诉讼的，民间借贷合同并不当然无效。人民法院应当依据**民法典第一百四十四条、第一百四十六条、第一百五十三条、第一百五十四条以及本规定第十**	第13条 借款人或者出借人的借贷行为涉嫌犯罪，或者已经生效的**裁判**认定构成犯罪，当事人提起民事诉讼的，民间借贷合同并不当然无效。人民法院应当依据**《中华人民共和国合同法》第五十二条以及**本规定第十四条之规定，认定民间借贷合同的效力。	第13条 借款人或者出借人的借贷行为涉嫌犯罪，或者已经生效的判决认定构成犯罪，当事人提起民事诉讼的，民间借贷合同并不当然无效。人民法院应当根据合同法第五十二条、本规定第十四条之规定，认定民间借贷合同的效力。

《民间借贷规定》（法释〔2020〕17号）	《民间借贷规定》（法释〔2020〕6号）	《民间借贷规定》（法释〔2015〕18号）
三条之规定，认定民间借贷合同的效力。 担保人以借款人或者出借人的借贷行为涉嫌犯罪或者已经生效的裁判认定构成犯罪为由，主张不承担民事责任的，人民法院应当依据民间借贷合同与担保合同的效力、当事人的过错程度，依法确定担保人的民事责任。	担保人以借款人或者出借人的借贷行为涉嫌犯罪或者已经生效的**裁判**认定构成犯罪为由，主张不承担民事责任的，人民法院应当依据民间借贷合同与担保合同的效力、当事人的过错程度，依法确定担保人的民事责任。	担保人以借款人或者出借人的借贷行为涉嫌犯罪或者已经生效的判决认定构成犯罪为由，主张不承担民事责任的，人民法院应当依据民间借贷合同与担保合同的效力、当事人的过错程度，依法确定担保人的民事责任。
第13条　具有下列情形之一的，人民法院应当认定民间借贷合同无效： （一）套取金融机构贷款转贷的； （二）以向其他营利法人借贷、向本单位职工集资，或者以向公众非法吸收存款等方式取得的资金转贷的； （三）未依法取得放贷资格的出借人，以营利为目的向社会不特定对象提供借款的； （四）出借人事先知道或者应当知道借款人借款用于违法犯罪活动仍然提供借款的； （五）违反法律、行政法规强制性规定的； （六）违背公序良俗的。	第14条　具有下列情形之一的，人民法院应当认定民间借贷合同无效： （一）套取金融机构**贷款转贷**的； （二）以向其他**营利法人**借贷、向本单位职工集资，**或者以向公众非法吸收存款等方式取得的资金转贷的**； **（三）未依法取得放贷资格的出借人，以营利为目的向社会不特定对象提供借款的**； （四）出借人事先知道或者应当知道借款人借款用于违法犯罪活动仍然提供借款的； （五）违反法律、行政法规强制性规定的； **（六）**违背公序良俗的。	第14条　具有下列情形之一的，人民法院应当认定民间借贷合同无效： （一）套取金融机构信贷资金又**高利转贷给借款人，且借款人事先知道或者应当知道的**； （二）以向其他企业借贷**或者**向本单位职工集资**取得的资金又转贷给借款人牟利，且借款人事先知道或者应当知道的**； （三）出借人事先知道或者应当知道借款人借款用于违法犯罪活动仍然提供借款的； **（四）违背社会公序良俗的**； （五）其他违反法律、行政法规效力性强制性规定的。
第14条　原告以借据、收据、欠条等债权凭证为依据提起民间借贷诉讼，被告依据基础法律关系提出抗辩或者反诉，并提供证据证明债权纠纷非民间借贷行为引起的，人民法院应当依据查明的案件事实，按照基础法律关系审理。 当事人通过调解、和解或者清算达成的债权债务协议，不适用前款规定。	第15条 同法释〔2020〕17号第14条	第15条 同法释〔2020〕17号第14条
第15条　原告仅依据借据、收据、欠条等债权凭证提起民间借贷诉讼，被告抗辩已经偿还借款的，被告应当对其主张提供证据证明。被告提供相应证据证明其主张后，原告仍应就借贷关系的	第16条　原告仅依据借据、收据、欠条等债权凭证提起民间借贷诉讼，被告抗辩已经偿还借款的，被告应当对其主张提供证据证明。被告提供相应证据证明其主张后，原告仍应就借贷关系的	第16条　原告仅依据借据、收据、欠条等债权凭证提起民间借贷诉讼，被告抗辩已经偿还借款的，被告应当对其主张提供证据证明。被告提供相应证据证明其主张后，原告仍应就借贷关系的成

《民间借贷规定》 （法释〔2020〕17号）	《民间借贷规定》 （法释〔2020〕6号）	《民间借贷规定》 （法释〔2015〕18号）
存续承担举证责任。 　被告抗辩借贷行为尚未实际发生并能作出合理说明的，人民法院应当结合借贷金额、款项交付、当事人的经济能力、当地或者当事人之间的交易方式、交易习惯、当事人财产变动情况以及证人证言等事实和因素，综合判断查证借贷事实是否发生。	<u>存续</u>承担举证责任。 　被告抗辩借贷行为尚未实际发生并能作出合理说明<u>的</u>，人民法院应当结合借贷金额、款项交付、当事人的经济能力、当地或者当事人之间的交易方式、交易习惯、当事人财产变动情况以及证人证言等事实和因素，综合判断查证借贷事实是否发生。	立承担举证**证明**责任。 　被告抗辩借贷行为尚未实际发生并能作出合理说明，人民法院应当结合借贷金额、款项交付、当事人的经济能力、当地或者当事人之间的交易方式、交易习惯、当事人财产变动情况以及证人证言等事实和因素，综合判断查证借贷事实是否发生。
第16条　原告仅依据金融机构的转账凭证提起民间借贷诉讼，被告抗辩转账系偿还双方之前借款或者其他债务的，被告应当对其主张提供证据证明。被告提供相应证据证明其主张后，原告仍应就借贷关系的成立承担举证责任。	**第17条**　原告仅依据金融机构的转账凭证提起民间借贷诉讼，被告抗辩转账系偿还双方之前借款<u>或者</u>其他债务<u>的</u>，被告应当对其主张提供证据证明。被告提供相应证据证明其主张后，原告仍应就借贷关系的成立承担举证责任。	**第17条**　原告仅依据金融机构的转账凭证提起民间借贷诉讼，被告抗辩转账系偿还双方之前借款或其他债务，被告应当对其主张提供证据证明。被告提供相应证据证明其主张后，原告仍应就借贷关系的成立承担举证**证明**责任。
第17条　依据《最高人民法院关于适用〈中华人民共和国民事诉讼法〉的解释》第一百七十四条第二款之规定，负有举证责任的原告无正当理由拒不到庭，经审查现有证据无法确认借贷行为、借贷金额、支付方式等案件主要事实的，人民法院对原告主张的事实不予认定。	**第18条**　依据<u>《最高人民法院关于适用〈中华人民共和国民事诉讼法〉的解释》</u>第一百七十四条第二款之规定，负有举证责任的原告无正当理由拒不到庭，经审查现有证据无法确认借贷行为、借贷金额、支付方式等案件主要事实<u>的</u>，人民法院对<u>原告</u>主张的事实不予认定。	**第18条**　根据《关于适用〈中华人民共和国民事诉讼法〉的解释》第一百七十四条第二款之规定，负有举证**证明**责任的原告无正当理由拒不到庭，经审查现有证据无法确认借贷行为、借贷金额、支付方式等案件主要事实，人民法院对其主张的事实不予认定。
第18条　人民法院审理民间借贷纠纷案件时发现有下列情形之一的，应当严格审查借贷发生的原因、时间、地点、款项来源、交付方式、款项流向以及借贷双方的关系、经济状况等事实，综合判断是否属于虚假民事诉讼： 　（一）出借人明显不具备出借能力； 　（二）出借人起诉所依据的事实和理由明显不符合常理； 　（三）出借人不能提交债权凭证或者提交的债权凭证存在伪造的可能； 　（四）当事人双方在一定限内多次参加民间借贷诉讼；	**第19条**　人民法院审理民间借贷纠纷案件时发现有下列情形<u>之一的</u>，应当严格审查借贷发生的原因、时间、地点、款项来源、交付方式、款项流向以及借贷双方的关系、经济状况等事实，综合判断是否属于虚假民事诉讼： 　（一）出借人明显不具备出借能力； 　（二）出借人起诉所依据的事实和理由明显不符合常理； 　（三）出借人不能提交债权凭证或者提交的债权凭证存在伪造的可能； 　（四）当事人双方在一定期限内多次参加民间借贷诉讼；	**第19条**　人民法院审理民间借贷纠纷案件时发现有下列情形，应当严格审查借贷发生的原因、时间、地点、款项来源、交付方式、款项流向以及借贷双方的关系、经济状况等事实，综合判断是否属于虚假民事诉讼： 　（一）出借人明显不具备出借能力； 　（二）出借人起诉所依据的事实和理由明显不符合常理； 　（三）出借人不能提交债权凭证或者提交的债权凭证存在伪造的可能； 　（四）当事人双方在一定期间内多次参加民间借贷诉讼；

《民间借贷规定》 （法释〔2020〕17号）	《民间借贷规定》 （法释〔2020〕6号）	《民间借贷规定》 （法释〔2015〕18号）
（五）当事人无正当理由拒不到庭参加诉讼，委托代理人对借贷事实陈述不清或者陈述前后矛盾； （六）当事人双方对借贷事实的发生没有任何争议或者诉辩明显不符合常理； （七）借款人的配偶或者合伙人、案外人的其他债权人提出有事实依据的异议； （八）当事人在其他纠纷中存在低价转让财产的情形； （九）当事人不正当放弃权利； （十）其他可能存在虚假民间借贷诉讼的情形。	（五）当事人无正当理由拒不到庭参加诉讼，委托代理人对借贷事实陈述不清或者陈述前后矛盾； （六）当事人双方对借贷事实的发生没有任何争议或者诉辩明显不符合常理； （七）借款人的配偶或者合伙人、案外人的其他债权人提出有事实依据的异议； （八）当事人在其他纠纷中存在低价转让财产的情形； （九）当事人不正当放弃权利； （十）其他可能存在虚假民间借贷诉讼的情形。	（五）当事人**一方或者双方**无正当理由拒不到庭参加诉讼，委托代理人对借贷事实陈述不清或者陈述前后矛盾； （六）当事人双方对借贷事实的发生没有任何争议或者诉辩明显不符合常理； （七）借款人的配偶或合伙人、案外人的其他债权人提出有事实依据的异议； （八）当事人在其他纠纷中存在低价转让财产的情形； （九）当事人不正当放弃权利； （十）其他可能存在虚假民间借贷诉讼的情形。
第19条 经查明属于虚假民间借贷诉讼，原告申请撤诉的，人民法院不予准许，并应当依据民事诉讼法第一百一十二条之规定，判决驳回其请求。 诉讼参与人或者其他人恶意制造、参与虚假诉讼，人民法院应当依据民事诉讼法第一百一十一条、第一百一十二条和第一百一十三条之规定，依法予以罚款、拘留；构成犯罪的，应当移送有管辖权的司法机关追究刑事责任。 单位恶意制造、参与虚假诉讼的，人民法院应当对该单位进行罚款，并可以对其主要负责人或者直接责任人员予以罚款、拘留；构成犯罪的，应当移送有管辖权的司法机关追究刑事责任。	**第20条** 经查明属于虚假民间借贷诉讼，原告申请撤诉的，人民法院不予准许，并应当依据**《中华人民共和国民事诉讼法》**第一百一十二条之规定，判决驳回其请求。 诉讼参与人或者其他人恶意制造、参与虚假诉讼，人民法院应当依据**《中华人民共和国民事诉讼法》**第一百一十一条、第一百一十二条和第一百一十三条之规定，依法予以罚款、拘留；构成犯罪的，应当移送有管辖权的司法机关追究刑事责任。 单位恶意制造、参与虚假诉讼的，人民法院应当对该单位进行罚款，并可以对其主要负责人或者直接责任人员予以罚款、拘留；构成犯罪的，应当移送有管辖权的司法机关追究刑事责任。	**第20条** 经查明属于虚假民间借贷诉讼，原告申请撤诉的，人民法院不予准许，并应当根据民事诉讼法第一百一十二条之规定，判决驳回其请求。 诉讼参与人或者其他人恶意制造、参与虚假诉讼，人民法院应当依照民事诉讼法第一百一十一条、第一百一十二条和第一百一十三条之规定，依法予以罚款、拘留；构成犯罪的，应当移送有管辖权的司法机关追究刑事责任。 单位恶意制造、参与虚假诉讼的，人民法院应当对该单位进行罚款，并可以对其主要负责人或者直接责任人员予以罚款、拘留；构成犯罪的，应当移送有管辖权的司法机关追究刑事责任。
第20条 他人在借据、收据、欠条等债权凭证或者借款合同上签名或者盖章，但是未表明其保证人身份或者承担保证责任，或者通过其他事实不能推定其为保证人，出借人请求其承担保证责任的，人民法院不予支持。	**第21条** 他人在借据、收据、欠条等债权凭证或者借款合同上**签名**或者盖章，但是未表明其保证人身份或者承担保证责任，或者通过其他事实不能推定其为保证人，出借人请求其承担保证责任的，人民法院不予支持。	**第21条** 他人在借据、收据、欠条等债权凭证或者借款合同上签字或者盖章，但未表明其保证人身份或者承担保证责任，或者通过其他事实不能推定其为保证人，出借人请求其承担保证责任的，人民法院不予支持。

《民间借贷规定》（法释[2020]17号）	《民间借贷规定》（法释[2020]6号）	《民间借贷规定》（法释[2015]18号）
第21条 借贷双方通过网络贷款平台形成借贷关系，网络贷款平台的提供者仅提供媒介服务，当事人请求其承担担保责任的，人民法院不予支持。 网络贷款平台的提供者通过网页、广告或者其他媒介明示或者有其他证据证明其为借贷提供担保，出借人请求网络贷款平台的提供者承担担保责任的，人民法院应予支持。	**第22条** 同法释[2020]17号第21条	**第22条** 同法释[2020]17号第21条
第22条 法人的法定代表人或者非法人组织的负责人以单位名义与出借人签订民间借贷合同，有证据证明所借款项系法定代表人或者负责人个人使用，出借人请求将法定代表人或者负责人列为共同被告或者第三人的，人民法院应予准许。 法人的法定代表人或者非法人组织的负责人以个人名义与出借人订立民间借贷合同，所借款项用于单位生产经营，出借人请求单位与个人共同承担责任的，人民法院应予支持。	**第23条** 法人的法定代表人**或者非法人组织的负责人以单位**名义与出借人签订民间借贷合同，**有证据证明所借款项系**法定代表人或者负责人个人使用，出借人请求将法定代表人**或者**负责人列为共同被告或者第三人的，人民法院应予准许。 法人的法定代表人**或者非法人组织的**负责人以个人名义与出借人**订立**民间借贷合同，所借款项用于**单位**生产经营，出借人请求**单位**与个人共同承担责任的，人民法院应予支持。	**第23条** 企业法定代表人或负责人以企业名义与出借人签订民间借贷合同，出借人、企业或者其股东能够证明所借款项用于企业法定代表人或负责人个人使用，出借人请求将**企业**法定代表人或负责人列为共同被告或者第三人的，人民法院应予准许。 企业法定代表人或负责人以个人名义与出借人签订民间借贷合同，所借款项用于企业生产经营，出借人请求企业与个人共同承担责任的，人民法院应予支持。
第23条 当事人以订立买卖合同作为民间借贷合同的担保，借款到期后借款人不能还款，出借人请求履行买卖合同的，人民法院应当按照民间借贷法律关系审理。当事人根据法庭审理情况变更诉讼请求的，人民法院应当准许。 按照民间借贷法律关系审理作出的判决生效后，借款人不履行生效判决确定的金钱债务，出借人可以申请拍卖买卖合同标的物，以偿还债务。就拍卖所得的价款与应偿还借款本息之间的差额，借款人或者出借人有权主张返还或者补偿。	**第24条** 当事人以**订立**买卖合同作为民间借贷合同的担保，借款到期后借款人不能还款，出借人请求履行买卖合同的，人民法院应当按照民间借贷法律关系审理。**当事人根据法庭审理情况变更诉讼请求的，人民法院应当准许。** 按照民间借贷法律关系审理作出的判决生效后，借款人不履行生效判决确定的金钱债务，出借人可以申请拍卖买卖合同标的物，以偿还债务。就拍卖所得的价款与应偿还借款本息之间的差额，借款人或者出借人有权主张返还或者补偿。	**第24条** 当事人以签订买卖合同作为民间借贷合同的担保，借款到期后借款人不能还款，出借人请求履行买卖合同的，人民法院应当按照民间借贷法律关系审理，并向当事人释明变更诉讼请求。当事人拒绝变更的，人民法院裁定驳回起诉。 按照民间借贷法律关系审理作出的判决生效后，借款人不履行生效判决确定的金钱债务，出借人可以申请拍卖买卖合同标的物，以偿还债务。就拍卖所得的价款与应偿还借款本息之间的差额，借款人或者出借人有权主张返还或者补偿。

《民间借贷规定》（法释〔2020〕17号）	《民间借贷规定》（法释〔2020〕6号）	《民间借贷规定》（法释〔2015〕18号）
第24条 借贷双方没有约定利息，出借人主张支付利息的，人民法院不予支持。 自然人之间借贷对利息约定不明，出借人主张支付利息的，人民法院不予支持。除自然人之间借贷的外，借贷双方对借贷利息约定不明，出借人主张利息的，人民法院应当结合民间借贷合同的内容，并根据当地或者当事人的交易方式、交易习惯、市场报价利率等因素确定利息。	**第25条** 借贷双方没有约定利息，出借人主张支付利息的，人民法院不予支持。 自然人之间借贷对利息约定不明，出借人主张支付利息的，人民法院不予支持。除自然人之间借贷的外，借贷双方对借贷利息约定不明，出借人主张利息的，人民法院应当结合民间借贷合同的内容，并根据当地或者当事人的交易方式、交易习惯、市场<u>报价</u>利率等因素确定利息。	**第25条** 借贷双方没有约定利息，出借人主张支付<u>借期内</u>利息的，人民法院不予支持。 自然人之间借贷对利息约定不明，出借人主张支付利息的，人民法院不予支持。除自然人之间借贷的外，借贷双方对借贷利息约定不明，出借人主张利息的，人民法院应当结合民间借贷合同的内容，并根据当地或者当事人的交易方式、交易习惯、市场利率等因素确定利息。
第25条 出借人请求借款人按照合同约定利率支付利息的，人民法院应予支持，但是双方约定的利率超过合同成立时一年期贷款市场报价利率四倍的除外。 前款所称"一年期贷款市场报价利率"，是指中国人民银行授权全国银行间同业拆借中心自2019年8月20日起每月发布的一年期贷款市场报价利率。	**第26条** <u>出借人请求借款人按照合同约定利率</u>支付利息的，人民法院应予支持，<u>但是双方约定的利率超过合同成立时一年期贷款市场报价利率四倍的除外。</u> <u>前款所称"一年期贷款市场报价利率"，是指中国人民银行授权全国银行间同业拆借中心自2019年8月20日起每月发布的一年期贷款市场报价利率。</u>	**第26条** 借贷双方约定的利率未超过年利率24%，出借人请求借款人按约定的利率支付利息的，人民法院应予支持。 借贷双方约定的利率超过年利率36%，超过部分的利息约定无效。借款人请求出借人返还已支付的超过年利率36%部分的利息的，人民法院应予支持。
第26条 借据、收据、欠条等债权凭证载明的借款金额，一般认定为本金。预先在本金中扣除利息的，人民法院应当将实际出借的金额认定为本金。	**第27条** 同法释〔2020〕17号第26条	**第27条** 同法释〔2020〕17号第26条
第27条 借贷双方对前期借款本息结算后将利息计入后期借款本金并重新出具债权凭证，如果前期利率没有超过合同成立时一年期贷款市场报价利率四倍，重新出具的债权凭证载明的金额可认定为后期借款本金。超过部分的利息，不应认定为后期借款本金。 按前款计算，借款人在借款期间届满后应当支付的本息之和，超过以最初借款本金与以最初借款本金为基数、以合同成立时一年期贷款市场报价利率四倍计算的整个借款期间的利息之和的，人民法院不予支持。	**第28条** 借贷双方对前期借款本息结算后将利息计入后期借款本金并重新出具债权凭证，如果前期利率没有<u>超过合同成立时一年期贷款市场报价利率四倍</u>，重新出具的债权凭证载明的金额可认定为后期借款本金。超过部分的利息，<u>不应认定为</u>后期借款本金。 按前款计算，借款人在借款期间届满后应当支付的本息之和，超过<u>以最初借款本金为基数、以合同成立时一年期贷款市场报价利率四倍</u>计算的整个借款期间的利息之和的，人民法院不予支持。	**第28条** 借贷双方对前期借款本息结算后将利息计入后期借款本金并重新出具债权凭证，如果前期利率没有超过年利率24%，重新出具的债权凭证载明的金额可认定为后期借款本金；超过部分的利息不能计入后期借款本金。<u>约定的利率超过年利率24%，当事人主张超过部分的利息不能计入后期借款本金的，人民法院应予支持。</u> 按前款计算，借款人在借款期间届满后应当支付的本息之和，<u>不能</u>超过最初借款本金与以最初借款本金为基数，以年利率24%计算的整个借款期间的利息之和。<u>出借人请求借款人支付超过部分的，</u>人民法院不予支持。

《民间借贷规定》（法释〔2020〕17号）	《民间借贷规定》（法释〔2020〕6号）	《民间借贷规定》（法释〔2015〕18号）
第28条　借贷双方对逾期利率有约定的，从其约定，但是以不超过合同成立时一年期贷款市场报价利率四倍为限。 未约定逾期利率或者约定不明的，人民法院可以区分不同情况处理： （一）既未约定借期内利率，也未约定逾期利率，出借人主张借款人自逾期还款之日起**参照当时一年期贷款市场报价利率标准计算的利息**承担逾期还款违约责任的，人民法院应予支持； （二）约定了借期内利率但是未约定逾期利率，出借人主张借款人自逾期还款之日起按照借期内利率支付资金占用期间利息的，人民法院应予支持。	第29条　借贷双方对逾期利率有约定的，从其约定，但**是**以**不超过合同成立时一年期贷款市场报价利率四倍**为限。 未约定逾期利率或者约定不明的，人民法院可以区分不同情况处理： （一）既未约定借期内利率，也未约定逾期利率，出借人主张借款人自逾期还款之日**承担逾期还款违约责任的**，人民法院应予支持； （二）约定了借期内利率但是未约定逾期利率，出借人主张借款人自逾期还款之日起按照借期内利率支付资金占用期间利息的，人民法院应予支持。	第29条　借贷双方对逾期利率有约定的，从其约定，但以不超过年利率24%为限。 未约定逾期利率或者约定不明的，人民法院可以区分不同情况处理： （一）既未约定借期内的利率，也未约定逾期利率，出借人主张借款人自逾期还款之日起按照年利率6%支付资金占用期间利息的，人民法院应予支持； （二）约定了借期内的利率但未约定逾期利率，出借人主张借款人自逾期还款之日起按照借期内的利率支付资金占用期间利息的，人民法院应予支持。
第29条　出借人与借款人既约定了逾期利率，又约定了违约金或者其他费用，出借人可以选择主张逾期利息、违约金或者其他费用，也可以一并主张，但是总计超过合同成立时一年期贷款市场报价利率四倍的部分，人民法院不予支持。	第30条　出借人与借款人既约定了逾期利率，又约定了违约金或者其他费用，出借人可以选择主张逾期利息、违约金或者其他费用，也可以一并主张，但是总计超过**合同成立时一年期贷款市场报价利率四倍的**部分，人民法院不予支持。	第30条　出借人与借款人既约定了逾期利率，又约定了违约金或者其他费用，出借人可以选择主张逾期利息、违约金或者其他费用，也可以一并主张，但总计超过年利率24%的部分，人民法院不予支持。
第30条　借款人可以提前偿还借款，但是当事人另有约定的除外。 借款人提前偿还借款并主张按照实际借款期限计算利息的，人民法院应予支持。	第31条　借款人可以提前偿还借款，**但是**当事人另有约定的除外。 借款人提前偿还借款并主张按照实际借款期限计算利息的，人民法院应予支持。	第32条　借款人可以提前偿还借款，但当事人另有约定的除外。 借款人提前偿还借款并主张按照实际借款期间计算利息的，人民法院应予支持。
第31条　本规定施行后，人民法院新受理的一审民间借贷纠纷案件，适用本规定。 2020年8月20日之后新受理的一审民间借贷案件，借贷合同成立于2020年8月20日之前，当事人请求适用当时的司法解释计算自合同成立到2020年8月19日的利息部分的，人民法院应予支持；对于自2020年8月20日到借款返还之日的利息部分，适用起诉时本规定的利率保护标准计算。 本规定施行后，最高人民法院以前作出的相关司法解释与本规定不一致的，以本**规定**为准。	第32条　本规定施行后，人民法院**新受理的一审民间借贷纠纷案件，适用本规定。** 借贷行为发生在2019年8月20日之前的，可参照原告起诉时一年期贷款市场报价利率四倍确定受保护的利率上限。 本规定施行后，最高人民法院以前**作出的相关司法解释与本解释**不一致的，**以本解释为准。**	第33条　本规定**公布**施行后，最高人民法院于1991年8月13日发布的《关于人民法院审理借贷案件的若干意见》同时废止；最高人民法院以前发布的司法解释与本规定不一致的，不再适用。

十九、《农村土地承包纠纷解释》新旧对照表

《农村土地承包纠纷解释》(法释〔2020〕17号)	《农村土地承包纠纷解释》(法释〔2005〕6号)
为正确审理农村土地承包纠纷案件,依法保护当事人的合法权益,根据**《中华人民共和国民法典》**《中华人民共和国农村土地承包法》《中华人民共和国土地管理法》《中华人民共和国民事诉讼法》等法律的规定,结合民事审判实践,**制定本解释。**	根据《中华人民共和国民法通则》、《中华人民共和国合同法》、《中华人民共和国民事诉讼法》、《中华人民共和国农村土地承包法》、《中华人民共和国土地管理法》等法律的规定,结合民事审判实践,对审理涉及农村土地承包纠纷案件适用法律的若干问题解释如下:
一、受理与诉讼主体	**一、受理与诉讼主体**
第1条 下列涉及农村土地承包民事纠纷,人民法院应当依法受理: (一)承包合同纠纷; (二)承包经营权侵权纠纷; (三)**土地经营权侵权纠纷;** (四)**承包经营权互换、转让纠纷;** (五)**土地经营权流转纠纷;** (六)承包地征收补偿费用分配纠纷; (七)承包经营权继承纠纷; (八)**土地经营权继承纠纷。** **农村**集体经济组织成员因未实际取得土地承包经营权提起民事诉讼的,人民法院应当告知其向有关行政主管部门申请解决。 **农村**集体经济组织成员就用于分配的土地补偿费数额提起民事诉讼的,人民法院不予受理。	**第1条** 下列涉及农村土地承包民事纠纷,人民法院应当依法受理: (一)承包合同纠纷; (二)承包经营权侵权纠纷; (三)承包经营权流转纠纷; (四)承包地征收补偿费用分配纠纷; (五)承包经营权继承纠纷。 集体经济组织成员因未实际取得土地承包经营权提起民事诉讼的,人民法院应当告知其向有关行政主管部门申请解决。 集体经济组织成员就用于分配的土地补偿费数额提起民事诉讼的,人民法院不予受理。
第2条 当事人自愿达成书面仲裁协议的,受诉人民法院应当参照**《最高人民法院关于适用〈中华人民共和国民事诉讼法〉的解释》第二百一十五条、第二百一十六条**的规定处理。 当事人未达成书面仲裁协议,一方当事人向农村土地承包仲裁机构申请仲裁,另一方当事人提起诉讼的,人民法院应予受理,并书面通知仲裁机构。但另一方当事人接受仲裁管辖后又起诉的,人民法院不予受理。 当事人对仲裁裁决不服并在收到裁决书之日起三十日内提起诉讼的,人民法院应予受理。	**第2条** 当事人自愿达成书面仲裁协议的,受诉人民法院应当参照最高人民法院《关于适用〈中华人民共和国民事诉讼法〉若干问题的意见》第145条至第148条的规定处理。 当事人未达成书面仲裁协议,一方当事人向农村土地承包仲裁机构申请仲裁,另一方当事人提起诉讼的,人民法院应予受理,并书面通知仲裁机构。但另一方当事人接受仲裁管辖后又起诉的,人民法院不予受理。 当事人对仲裁裁决不服并在收到裁决书之日起三十日内提起诉讼的,人民法院应予受理。
第3条 承包合同纠纷,以发包方和承包方为当事人。 前款所称承包方是指以家庭承包方式承包本集体经济组织农村土地的农户,以及以其他方式承包农村土地的**组织**或者个人。	**第3条** 承包合同纠纷,以发包方和承包方为当事人。 前款所称承包方是指以家庭承包方式承包本集体经济组织农村土地的农户,以及以其他方式承包农村土地的单位或者个人。

《农村土地承包纠纷解释》(法释〔2020〕17号)	《农村土地承包纠纷解释》(法释〔2005〕6号)
第4条 农户成员为多人的,由其代表人进行诉讼。 农户代表人按照下列情形确定: (一)土地承包经营权证等证书上记载的人; (二)未依法登记取得土地承包经营权证等证书的,为在承包合同上**签名**的人; (三)前两项规定的人死亡、丧失民事行为能力或者因其他原因无法进行诉讼的,为农户成员推选的人。	**第4条** 农户成员为多人的,由其代表人进行诉讼。 农户代表人按照下列情形确定: (一)土地承包经营权证等证书上记载的人; (二)未依法登记取得土地承包经营权证等证书的,为在承包合同上签字的人; (三)前两项规定的人死亡、丧失民事行为能力或者因其他原因无法进行诉讼的,为农户成员推选的人。
二、家庭承包纠纷案件的处理	**二、家庭承包纠纷案件的处理**
第5条 承包合同中有关收回、调整承包地的约定违反农村土地承包法第二十七条、**第二十八条、第三十一条**规定的,应当认定该约定无效。	**第5条** 承包合同中有关收回、调整承包地的约定违反农村土地承包法**第二十六条、第二十七条、第三十条、第三十五条**规定的,应当认定该约定无效。
第6条 因发包方违法收回、调整承包地,或者因发包方收回承包方弃耕、撂荒的承包地产生的纠纷,按照下列情形,分别处理: (一)发包方未将承包地另行发包,承包方请求返还承包地的,应予支持; (二)发包方已将承包地另行发包给第三人,承包方以发包方和第三人为共同被告,请求确认其所签订的承包合同无效、返还承包地并赔偿损失的,应予支持。但属于承包方弃耕、撂荒情形的,对其赔偿损失的诉讼请求,不予支持。 前款第(二)项所称的第三人,请求受益方补偿其在承包地上的合理投入的,应予支持。	**第6条** 同法释〔2020〕17号第6条
第7条 承包合同约定或者土地承包经营权证等证书记载的承包期限短于农村土地承包法规定的期限,承包方请求延长的,应予支持。	**第7条** 同法释〔2020〕17号第7条
第8条 承包方违反农村土地承包法**第十八条**规定,**未经依法批准**将承包地用于非农建设或者对承包地造成永久性损害,发包方请求承包方停止侵害、恢复原状或者赔偿损失的,应予支持。	**第8条** 承包方违反农村土地承包法第十七条规定,将承包地用于非农建设或者对承包地造成永久性损害,发包方请求承包方停止侵害、恢复原状或者赔偿损失的,应予支持。
第9条 发包方根据农村土地承包法**第二十七条**规定收回承包地前,承包方已经以出租、**入股或者其他**形式将**土地经营权**流转给第三人,且流转期限尚未届满,因流转价款收取产生的纠纷,按照下列情形,分别处理: (一)承包方已经一次性收取了流转价款,发包方请求承包方返还剩余流转期限的流转价款的,应予支持; (二)流转价款为分期支付,发包方请求第三人按照流转合同的约定支付流转价款的,应予支持。	**第9条** 发包方根据农村土地承包法第二十六条规定收回承包地前,承包方已经以转包、出租等形式将其土地承包经营权流转给第三人,且流转期限尚未届满,因流转价款收取产生的纠纷,按照下列情形,分别处理: (一)承包方已经一次性收取了流转价款,发包方请求承包方返还剩余流转期限的流转价款的,应予支持; (二)流转价款为分期支付,发包方请求第三人按照流转合同的约定支付流转价款的,应予支持。
第10条 承包方交回承包地不符合农村土地承包法**第三十条**规定程序的,不得认定其为自愿交回。	**第10条** 承包方交回承包地不符合农村土地承包法第二十九条规定程序的,不得认定其为自愿交回。

《农村土地承包纠纷解释》(法释〔2020〕17号)	《农村土地承包纠纷解释》(法释〔2005〕6号)
第11条 **土地经营权**流转中,本集体经济组织成员在流转价款、流转期限等主要内容相同的条件下主张优先权的,应予支持。但下列情形除外: (一)在书面公示的合理期限内未提出优先权主张的; (二)未经书面公示,在本集体经济组织以外的人开始使用承包地两个月内未提出优先权主张的。	**第11条** 土地承包经营权流转中,本集体经济组织成员在流转价款、流转期限等主要内容相同的条件下主张优先权的,应予支持。但下列情形除外: (一)在书面公示的合理期限内未提出优先权主张的; (二)未经书面公示,在本集体经济组织以外的人开始使用承包地两个月内未提出优先权主张的。
第12条 发包方**胁迫**承包方将**土地经营权**流转给第三人,承包方请求**撤销**其与第三人签订的流转合同的,应予支持。 发包方阻碍承包方依法流转**土地经营权**,承包方请求排除妨碍、赔偿损失的,应予支持。	**第12条** 发包方强迫承包方将土地承包经营权流转给第三人,承包方请求确认其与第三人签订的流转合同**无效**的,应予支持。 发包方阻碍承包方依法流转土地承包经营权,承包方请求排除妨碍、赔偿损失的,应予支持。
第13条 承包方未经发包方同意,**转让其土地承包经营权的**,转让合同无效。但发包方无法定理由不同意或者拖延表态的除外。	**第13条** 承包方未经发包方同意,采取转让方式流转其土地承包经营权的,转让合同无效。但发包方无法定理由不同意或者拖延表态的除外。
第14条 承包方依法采取出租、**入股**或者其他方式流转**土地经营权**,发包方仅以该**土地经营权**流转合同未其报备案为由,请求确认合同无效的,不予支持。	**第14条** 承包方依法采取**转包**、出租、**互换**或者其他方式流转土地承包经营权,发包方仅以该土地承包经营权流转合同未其报备案为由,请求确认合同无效的,不予支持。
第15条 因承包方不收取流转价款或者向对方支付费用的约定产生纠纷,当事人协商变更无法达成一致,且继续履行又显失公平,人民法院可以根据发生变更的客观情况,按照公平原则处理。	**第16条** 同法释〔2020〕17号第15条
第16条 当事人对出租地流转期限没有约定或者约定不明的,参照**民法典第七百三十条**规定处理。除当事人另有约定或者属于林地承包经营外,承包地交回的时间应当在农作物收获期结束后或者下一耕种期开始前。 对提高土地生产能力的投入,对方当事人请求包方给予相应补偿的,应予支持。	**第17条** 当事人对**转包**、出租地流转期限没有约定或者约定不明的,参照合同法第二百三十二条规定处理。除当事人另有约定或者属于林地承包经营外,承包地交回的时间应当在农作物收获期结束后或者下一耕种期开始前。 对提高土地生产能力的投入,对方当事人请求包方给予相应补偿的,应予支持。
第17条 发包方或者其他组织、个人擅自截留、扣缴承包收益或者**土地经营权**流转收益,承包方请求返还的,应予支持。 发包方或者其他组织、个人主张抵销的,不予支持。	**第18条** 发包方或者其他组织、个人擅自截留、扣缴承包收益或者土地承包经营权流转收益,承包方请求返还的,应予支持。 发包方或者其他组织、个人主张抵销的,不予支持。
三、其他方式承包纠纷的处理	三、其他方式承包纠纷的处理
第18条 本集体经济组织成员在承包费、承包期限等主要内容相同的条件下主张优先承包的,应予支持。但在发包方将农村土地发包给本集体经济组织以外的**组织**或者个人,已经法律规定的民主议定程序通过,并由乡(镇)人民政府批准后主张优先承包的,不予支持。	**第19条** 本集体经济组织成员在承包费、承包期限等主要内容相同的条件下主张优先承包**权**的,应予支持。但在发包方将农村土地发包给本集体经济组织以外的单位或者个人,已经法律规定的民主议定程序通过,并由乡(镇)人民政府批准后主张优先承包**权**的,不予支持。

《农村土地承包纠纷解释》(法释〔2020〕17号)	《农村土地承包纠纷解释》(法释〔2005〕6号)
第19条 发包方就同一土地签订两个以上承包合同,承包方均主张取得**土地经营权**的,按照下列情形,分别处理: (一)已经依法登记的承包方,取得**土地经营权**; (二)均未依法登记的,生效在先合同的承包方取得**土地经营权**; (三)依前两项规定无法确定的,已经根据承包合同合法占有使用承包地的人取得**土地经营权**,但争议发生后一方强行先占承包地的行为和事实,不得作为确定**土地经营权**的依据。	第20条 发包方就同一土地签订两个以上承包合同,承包方均主张取得土地承包经营权的,按照下列情形,分别处理: (一)已经依法登记的承包方,取得土地承包经营权; (二)均未依法登记的,生效在先合同的承包方取得土地承包经营权; (三)依前两项规定无法确定的,已经根据承包合同合法占有使用承包地的人取得土地承包经营权,但争议发生后一方强行先占承包地的行为和事实,不得作为确定土地承包经营权的依据。
四、土地征收补偿费用分配及 土地承包经营权继承纠纷的处理	**四、土地征收补偿费用分配及 土地承包经营权继承纠纷的处理**
第20条 承包地被依法征收,承包方请求发包方给付已经收到的地上附着物和青苗的补偿费的,应予支持。 承包方已将**土地经营权**以出租、**入股或者其他**方式流转给第三人的,除当事人另有约定外,青苗补偿费归实际投入人所有,地上附着物补偿费归附着物所有人所有。	第22条 承包地被依法征收,承包方请求发包方给付已经收到的地上附着物和青苗的补偿费的,应予支持。 承包方已将土地承包经营权以**转包**、出租等方式流转给第三人的,除当事人另有约定外,青苗补偿费归实际投入人所有,地上附着物补偿费归附着物所有人所有。
第21条 承包地被依法征收,放弃统一安置的家庭承包方,请求发包方给付已经收到的安置补助费的,应予支持。	第23条 同法释〔2020〕17号第15条
第22条 农村集体经济组织或者村民委员会、村民小组,可以依照法律规定的民主议定程序,决定在本集体经济组织内部分配已经收到的土地补偿费。征地补偿安置方案确定时已经具有本集体经济组织成员资格的人,请求支付相应份额的,应予支持。但已报全国人大常委会、国务院备案的地方性法规、自治条例和单行条例、地方政府规章对土地补偿费在农村集体经济组织内部的分配办法另有规定的除外。	第24条 同法释〔2020〕17号第22条
第23条 林地家庭承包中,承包方的继承人请求在承包期内继续承包的,应予支持。 其他方式承包中,承包方的继承人或者权利义务承受者请求在承包期内继续承包的,应予支持。	第25条 同法释〔2020〕17号第23条
五、其他规定	**五、其他规定**
第24条 人民法院在审理涉及本解释第五条、第六条第一款第(二)项及第二款、**第十五条**的纠纷案件时,**应当**着重进行调解。必要时可以委托人民调解组织进行调解。	第26条 人民法院在审理涉及本解释第五条、第六条第一款第(二)项及第二款、第十六条的纠纷案件时,应当着重进行调解。必要时可以委托人民调解组织进行调解。
第25条 本解释自2005年9月1日起施行。施行后受理的第一审案件,适用本解释的规定。 施行前已经生效的司法解释与本解释不一致的,以本解释为准。	第27条 同法释〔2020〕17号第25条

二十、《人身损害赔偿解释》新旧对照表

《人身损害赔偿解释》(法释〔2020〕17号)	《人身损害赔偿解释》(法释〔2003〕20号)
为正确审理人身损害赔偿案件,依法保护当事人的合法权益,根据**《中华人民共和国民法典》《中华人民共和国民事诉讼法》**等有关法律规定,结合审判实践,**制定本解释。**	为正确审理人身损害赔偿案件,依法保护当事人的合法权益,根据《中华人民共和国民法通则》以下简称民法通则、《中华人民共和国民事诉讼法》**以下简称民事诉讼法**等有关法律规定,结合审判实践,就有关适用法律的问题作如下解释:
第1条 因生命、身体、健康遭受侵害,赔偿权利人起诉请求赔偿义务人赔偿**物质损害**和精神损害的,人民法院应予受理。 本条所称"赔偿权利人",是指因侵权行为或者其他致害原因直接遭受人身损害的受害人以及死亡受害人的近亲属。 本条所称"赔偿义务人",是指因自己或者他人的侵权行为以及其他致害原因依法应当承担民事责任的自然人、法人或者**非法人组织**。	**第1条** 因生命、健康、身体遭受侵害,赔偿权利人起诉请求赔偿义务人赔偿财产损失和精神损害的,人民法院应予受理。 本条所称"赔偿权利人",是指因侵权行为或者其他致害原因直接遭受人身损害的受害人、**依法由受害人承担扶养义务的被扶养人**以及死亡受害人的近亲属。 本条所称"赔偿义务人",是指因自己或者他人的侵权行为以及其他致害原因依法应当承担民事责任的自然人、法人或者其他组织。
第2条 赔偿权利人起诉部分共同侵权人的,人民法院应当追加其他共同侵权人作为共同被告。赔偿权利人在诉讼中放弃对部分共同侵权人的诉讼请求的,其他共同侵权人对被放弃诉讼请求的被告应当承担的赔偿份额不承担连带责任。责任范围难以确定的,推定各共同侵权人承担同等责任。 人民法院应当将放弃诉讼请求的法律后果告知赔偿权利人,并将放弃诉讼请求的情况在法律文书中叙明。	**第5条** 同法释〔2020〕17号第2条
第3条 依法应当参加工伤保险统筹的用人单位的劳动者,因工伤事故遭受人身损害,劳动者或者其近亲属向人民法院起诉请求用人单位承担民事赔偿责任的,告知其按《工伤保险条例》的规定处理。 因用人单位以外的第三人侵权造成劳动者人身损害,赔偿权利人请求第三人承担民事赔偿责任的,人民法院应予支持。	**第12条** 同法释〔2020〕17号第3条
第4条 无偿提供劳务的帮工人,在从事帮工活动中致人损害的,被帮工人应当承担赔偿责任。**被帮工人承担赔偿责任后向有故意或者重大过失的帮工人追偿的,人民法院应予支持。**被帮工人明确拒绝帮工的,不承担赔偿责任。	**第13条** 为他人无偿提供劳务的帮工人,在从事帮工活动中致人损害的,被帮工人应当承担赔偿责任。被帮工人明确拒绝帮工的,不承担赔偿责任。**帮工人存在故意或者重大过失,赔偿权利人请求帮工人和被帮工人承担连带责任的,人民法院应予支持。**

《人身损害赔偿解释》(法释〔2020〕17号)	《人身损害赔偿解释》(法释〔2003〕20号)
第5条 无偿提供劳务的帮工人因帮工活动遭受人身损害的，**根据帮工人和被帮工人各自的过错承担相应的责任**；被帮工人明确拒绝帮工的，**被帮工人**不承担赔偿责任，但可以在受益范围内予以适当补偿。 帮工人**在帮工活动中因第三人的行为遭受人身损害的，有权请求第三人承担赔偿责任，也有权请求被帮工人予以适当补偿。被帮工人补偿后，可以向第三人追偿。**	**第14条** 帮工人因帮工活动遭受人身损害的，被**帮工人应当承担赔偿责任**。被帮工人明确拒绝帮工的，不承担赔偿责任；但可以在受益范围内予以适当补偿。 帮工人因第三人侵权遭受人身损害的，由第三人承担赔偿责任。第三人不能确定或者没有赔偿能力的，可以由被帮工人予以适当补偿。
第6条 医疗费根据医疗机构出具的医药费、住院费等收款凭证，结合病历和诊断证明等相关证据确定。赔偿义务人对治疗的必要性和合理性有异议的，应当承担相应的举证责任。 医疗费的赔偿数额，按照一审法庭辩论终结前实际发生的数额确定。器官功能恢复训练所必要的康复费、适当的整容费以及其他后续治疗费，赔偿权利人可以待实际发生后另行起诉。但根据医疗证明或者鉴定结论确定必然发生的费用，可以与已经发生的医疗费一并予以赔偿。	**第19条** 同法释〔2020〕17号第6条
第7条 误工费根据受害人的误工时间和收入状况确定。 误工时间根据受害人接受治疗的医疗机构出具的证明确定。受害人因伤致残持续误工的，误工时间可以计算至定残日前一天。 受害人有固定收入的，误工费按照实际减少的收入计算。受害人无固定收入的，按照其最近三年的平均收入计算；受害人不能举证证明其最近三年的平均收入状况的，可以参照受诉法院所在地相同或者相近行业上一年度职工的平均工资计算。	**第20条** 同法释〔2020〕17号第7条
第8条 护理费根据护理人员的收入状况和护理人数、护理期限确定。 护理人员有收入的，参照误工费的规定计算；护理人员没有收入或者雇佣护工的，参照当地护工从事同等级别护理的劳务报酬标准计算。护理人员原则上为一人，但医疗机构或者鉴定机构有明确意见的，可以参照确定护理人员人数。 护理期限应计算至受害人恢复生活自理能力时止。受害人因残疾不能恢复生活自理能力的，可以根据其年龄、健康状况等因素确定合理的护理期限，但最长不超过二十年。 受害人定残后的护理，应当根据其护理依赖程度并结合配制残疾辅助器具的情况确定护理级别。	**第21条** 同法释〔2020〕17号第8条
第9条 交通费根据受害人及其必要的陪护人员因就医或者转院治疗实际发生的费用计算。交通费应以以正式票据为凭；有关凭据应当与就医地点、时间、人数、次数相符合。	**第22条** 同法释〔2020〕17号第9条

《人身损害赔偿解释》(法释〔2020〕17号)	《人身损害赔偿解释》(法释〔2003〕20号)
第10条 住院伙食补助费可以参照当地国家机关一般工作人员的出差伙食补助标准予以确定。 受害人确有必要到外地治疗,因客观原因不能住院,受害人本人及其陪护人员实际发生的住宿费和伙食费,其合理部分应予赔偿。	**第23条** 同法释〔2020〕17号第10条
第11条 营养费根据受害人伤残情况参照医疗机构的意见确定。	**第24条** 同法释〔2020〕17号第11条
第12条 残疾赔偿金根据受害人丧失劳动能力程度或者伤残等级,按照受诉法院所在地上一年度城镇居民人均可支配收入或者农村居民人均纯收入标准,自定残之日起按二十年计算。但六十周岁以上的,年龄每增加一岁减少一年;七十五周岁以上的,按五年计算。 受害人因伤致残但实际收入没有减少,或者伤残等级较轻但造成职业妨害严重影响其劳动就业的,可以对残疾赔偿金作相应调整。	**第25条** 同法释〔2020〕17号第12条
第13条 残疾辅助器具费按照普通适用器具的合理费用标准计算。伤情有特殊需要的,可以参照辅助器具配制机构的意见确定相应的合理费用标准。 辅助器具的更换周期和赔偿期限参照配制机构的意见确定。	**第26条** 同法释〔2020〕17号第13条
第14条 丧葬费按照受诉法院所在地上一年度职工月平均工资标准,以六个月总额计算。	**第27条** 同法释〔2020〕17号第14条
第15条 死亡赔偿金按照受诉法院所在地上一年度城镇居民人均可支配收入或者农村居民人均纯收入标准,按二十年计算。但六十周岁以上的,年龄每增加一岁减少一年;七十五周岁以上的,按五年计算。	**第29条** 同法释〔2020〕17号第15条
第16条 **被扶养人生活费计入残疾赔偿金或者死亡赔偿金。**	(无)
第17条 被扶养人生活费根据扶养人丧失劳动能力程度,按照受诉法院所在地上一年度城镇居民人均消费性支出和农村居民人均年生活消费支出标准计算。被扶养人为未成年人的,计算至十八周岁;被扶养人无劳动能力又无其他生活来源的,计算二十年。但六十周岁以上的,年龄每增加一岁减少一年;七十五周岁以上的,按五年计算。 被扶养人是指受害人依法应当承担扶养义务的未成年人或者丧失劳动能力又无其他生活来源的成年近亲属。被扶养人还有其他扶养人的,赔偿义务人只赔偿受害人依法应当负担的部分。被扶养人有数人的,年赔偿总额累计不超过上一年度城镇居民人均消费性支出额或者农村居民人均年生活消费支出额。	**第28条** 同法释〔2020〕17号第17条

《人身损害赔偿解释》（法释〔2020〕17号）	《人身损害赔偿解释》（法释〔2003〕20号）
第18条 赔偿权利人举证证明其住所地或者经常居住地城镇居民人均可支配收入或者农村居民人均纯收入高于受诉法院所在地标准的，残疾赔偿金或者死亡赔偿金可以按照其住所地或者经常居住地的相关标准计算。 被扶养人生活费的相关计算标准，依照前款原则确定。	**第30条** 同法释〔2020〕17号第18条
第19条 超过确定的护理期限、辅助器具费给付年限或者残疾赔偿金给付年限，赔偿权利人向人民法院起诉请求继续给付护理费、辅助器具费或者残疾赔偿金的，人民法院应予受理。赔偿权利人确需继续护理、配制辅助器具，或者没有劳动能力和生活来源的，人民法院应当判令赔偿义务人继续给付相关费用五至十年。	**第32条** 同法释〔2020〕17号第19条
第20条 赔偿义务人请求以定期金方式给付残疾赔偿金、辅助器具费的，应当提供相应的担保。人民法院可以根据赔偿义务人的给付能力和提供担保的情况，确定以定期金方式给付相关费用。**但是，**一审法庭辩论终结前已经发生的费用、死亡赔偿金以及精神损害抚慰金，应当一次性给付。	**第33条** 赔偿义务人请求以定期金方式给付残疾赔偿金、**被扶养人生活费**、残疾辅助器具费的，应当提供相应的担保。人民法院可以根据赔偿义务人的给付能力和提供担保的情况，确定以定期金方式给付相关费用。但一审法庭辩论终结前已经发生的费用、死亡赔偿金以及精神损害抚慰金，应当一次性给付。
第21条 人民法院应当在法律文书中明确定期金的给付时间、方式以及每期给付标准。执行期间有关统计数据发生变化的，给付金额应当适时进行相应调整。 定期金按照赔偿权利人的实际生存年限给付，不受本解释有关赔偿期限的限制。	**第34条** 同法释〔2020〕17号第21条
第22条 本解释所称"城镇居民人均可支配收入""农村居民人均纯收入""城镇居民人均消费性支出""农村居民人均年生活消费支出""职工平均工资"，按照政府统计部门公布的各省、自治区、直辖市以及经济特区和计划单列市上一年度相关统计数据确定。 "上一年度"，是指一审法庭辩论终结时的上一统计年度。	**第35条** 同法释〔2020〕17号第22条
第23条 精神损害抚慰金适用《最高人民法院关于确定民事侵权精神损害赔偿责任若干问题的解释》予以确定。	（无）
第24条 本解释自2004年5月1日起施行。2004年5月1日后新受理的一审人身损害赔偿案件，适用本解释的规定。已经作出生效裁判的人身损害赔偿案件依法再审的，不适用本解释的规定。 在本解释公布施行之前已经生效施行的司法解释，其内容与本解释不一致的，以本解释为准。	**第36条** 同法释〔2020〕17号第24条

二十一、《融资租赁合同解释》新旧对照表

《融资租赁合同解释》(法释〔2020〕17号)	《融资租赁合同解释》(法释〔2014〕3号)
为正确审理融资租赁合同纠纷案件,根据《中华人民共和国民法典》《中华人民共和国民事诉讼法》等法律的规定,结合审判实践,制定本解释。	为正确审理融资租赁合同纠纷案件,根据《中华人民共和国合同法》《中华人民共和国物权法》《中华人民共和国民事诉讼法》等法律的规定,结合审判实践,制定本解释。
一、融资租赁合同的认定	一、融资租赁合同的认定及效力
第1条 人民法院应当根据**民法典第七百三十五条**的规定,结合标的物的性质、价值、租金的构成以及当事人的合同权利和义务,对是否构成融资租赁法律关系作出认定。 对名为融资租赁合同,但实际不构成融资租赁法律关系的,人民法院应按照其实际构成的法律关系处理。	**第1条** 人民法院应当根据合同法第二百三十七条的规定,结合标的物的性质、价值、租金的构成以及当事人的合同权利和义务,对是否构成融资租赁法律关系作出认定。 对名为融资租赁合同,但实际不构成融资租赁法律关系的,人民法院应按照其实际构成的法律关系处理。
第2条 承租人将其自有物出卖给出租人,再通过融资租赁合同将租赁物从出租人处租回的,人民法院不应仅以承租人和出卖人系同一人为由认定不构成融资租赁法律关系。	**第2条** 同法释〔2020〕17号第2条
二、合同的履行和租赁物的公示	二、合同的履行和租赁物的公示
第3条 承租人拒绝受领租赁物,未及时通知出租人,或者无正当理由拒绝受领租赁物,造成出租人损失,出租人向承租人主张损害赔偿的,人民法院应予支持。	**第5条** 出卖人违反合同约定的向承租人交付标的物的义务,承租人因下列情形之一拒绝受领租赁物的,人民法院应予支持: (一)租赁物严重不符合约定的; (二)出卖人未在约定的交付期间或者合理期间内交付租赁物,经承租人或者出租人催告,在催告期满后仍未交付的。 承租人拒绝受领租赁物,未及时通知出租人,或者无正当理由拒绝受领租赁物,造成出租人损失,出租人向承租人主张损害赔偿的,人民法院应予支持。
第4条 出租人转让其在融资租赁合同项下的部分或者全部权利,受让方以此为由请求解除或者变更融资租赁合同的,人民法院不予支持。	**第8条** 同法释〔2020〕17号第4条
三、合同的解除	三、合同的解除
第5条 有下列情形之一,出租人请求解除融资租赁合同的,人民法院应予支持: (一)承租人未按照合同约定的期限和数额支付租金,符合合同约定的解除条件,经出租人催告后在合理期限内仍不支付的;	**第12条** 有下列情形之一,出租人请求解除融资租赁合同的,人民法院应予支持: (一)承租人未经出租人同意,将租赁物转让、转租、抵押、质押、投资入股或者以其他方式处分租赁物的;

《融资租赁合同解释》(法释〔2020〕17号)	《融资租赁合同解释》(法释〔2014〕3号)
(二)合同对于欠付租金解除合同的情形没有明确约定,但承租人欠付租金达到两期以上,或者数额达到全部租金百分之十五以上,经出租人催告后在合理期限内仍不支付的; (三)承租人违反合同约定,致使合同目的不能实现的其他情形。	(二)承租人未按照合同约定的期限和数额支付租金,符合合同约定的解除条件,经出租人催告后在合理期限内仍不支付的; (三)合同对于欠付租金解除合同的情形没有明确约定,但承租人欠付租金达到两期以上,或者数额达到全部租金百分之十五以上,经出租人催告后在合理期限内仍不支付的; (四)承租人违反合同约定,致使合同目的不能实现的其他情形。
第6条 因出租人的原因致使承租人无法占有、使用租赁物,承租人请求解除融资租赁合同的,人民法院应予支持。	第13条 同法释〔2020〕17号第6条
第7条 当事人在一审诉讼中仅请求解除融资租赁合同,未对租赁物的归属及损失赔偿提出主张的,人民法院可以向当事人进行释明。	第14条 同法释〔2020〕17号第7条
四、违约责任	四、违约责任
第8条 租赁物不符合融资租赁合同的约定且出租人实施了下列行为之一,承租人依照**民法典第七百四十四条、第七百四十七条**的规定,要求出租人承担相应责任的,人民法院应予支持: (一)出租人在承租人选择出卖人、租赁物时,对租赁物的选定起决定作用的; (二)出租人干预或者要求承租人按照出租人意愿选择出卖人或者租赁物的; (三)出租人擅自变更承租人已经选定的出卖人或者租赁物的。 承租人主张其系依赖出租人的技能确定租赁物或者出租人干预选择租赁物的,对上述事实承担举证责任。	第19条 租赁物不符合融资租赁合同的约定且出租人实施了下列行为之一,承租人依照合同法第二百四十一条、第二百四十四条的规定,要求出租人承担相应责任的,人民法院应予支持: (一)出租人在承租人选择出卖人、租赁物时,对租赁物的选定起决定作用的; (二)出租人干预或者要求承租人按照出租人意愿选择出卖人或者租赁物的; (三)出租人擅自变更承租人已经选定的出卖人或者租赁物的。 承租人主张其系依赖出租人的技能确定租赁物或者出租人干预选择租赁物的,对上述事实承担举证责任。
第9条 承租人逾期履行支付租金义务或者迟延履行其他付款义务,出租人按照融资租赁合同的约定要求承租人支付逾期利息、相应违约金的,人民法院应予支持。	第20条 同法释〔2020〕17号第9条
第10条 出租人既请求承租人支付合同约定的全部未付租金又请求解除融资租赁合同的,人民法院应告知其依照**民法典第七百五十二条**的规定作出选择。 出租人请求承租人支付合同约定的全部未付租金,人民法院判决后承租人未予履行,出租人再行起诉请求解除融资租赁合同、收回租赁物的,人民法院应予受理。	第21条 出租人既请求承租人支付合同约定的全部未付租金又请求解除融资租赁合同的,人民法院应告知其依照合同法第二百四十八条的规定作出选择。 出租人请求承租人支付合同约定的全部未付租金,人民法院判决后承租人未予履行,出租人再行起诉请求解除融资租赁合同、收回租赁物的,人民法院应予受理。

《融资租赁合同解释》(法释〔2020〕17号)	《融资租赁合同解释》(法释〔2014〕3号)
第11条 出租人依照本解释第**五**条的规定请求解除融资租赁合同,同时请求收回租赁物并赔偿损失的,人民法院应予支持。 前款规定的损失赔偿范围为承租人全部未付租金及其他费用与收回租赁物价值的差额。合同约定租赁期间届满后租赁物归出租人所有的,损失赔偿范围还应包括融资租赁合同到期后租赁物的残值。	**第22条** 出租人依照本解释第十二条的规定请求解除融资租赁合同,同时请求收回租赁物并赔偿损失的,人民法院应予支持。 前款规定的损失赔偿范围为承租人全部未付租金及其他费用与收回租赁物价值的差额。合同约定租赁期间届满后租赁物归出租人所有的,损失赔偿范围还应包括融资租赁合同到期后租赁物的残值。
第12条 诉讼期间承租人与出租人对租赁物的价值有争议的,人民法院可以按照融资租赁合同的约定确定租赁物价值;融资租赁合同未约定或者约定不明的,可以参照融资租赁合同约定的租赁物折旧以及合同到期后租赁物的残值确定租赁物价值。 承租人或者出租人认为依前款确定的价值严重偏离租赁物实际价值的,可以请求人民法院委托有资质的机构评估或者拍卖确定。	**第23条** 同法释〔2020〕17号第12条
五、其他规定	五、其他规定
第13条 出卖人与买受人因买卖合同发生纠纷,或者出租人与承租人因融资租赁合同发生纠纷,当事人仅对其中一个合同关系提起诉讼,人民法院经审查后认为另一合同关系的当事人与案件处理结果有法律上的利害关系的,可以通知其作为第三人参加诉讼。 承租人与租赁物的实际使用人不一致,融资租赁合同当事人未对租赁物的实际使用人提起诉讼,人民法院经审查后认为租赁物的实际使用人与案件处理结果有法律上的利害关系的,可以通知其作为第三人参加诉讼。 承租人基于买卖合同和融资租赁合同直接向出卖人主张受领租赁物、索赔等买卖合同权利的,人民法院应通知出租人作为第三人参加诉讼。	**第24条** 同法释〔2020〕17号第13条
第14条 当事人因融资租赁合同租金欠付争议向人民法院请求保护其权利的诉讼时效期间为**三年**,自租赁期限届满之日起计算。	**第25条** 当事人因融资租赁合同租金欠付争议向人民法院请求保护其权利的诉讼时效期间为两年,自租赁期限届满之日起计算。
第15条 本解释自2014年3月1日起施行。《最高人民法院关于审理融资租赁合同纠纷案件若干问题的规定》(法发〔1996〕19号)同时废止。 本解释施行后尚未终审的融资租赁合同纠纷案件,适用本解释;本解释施行前已经终审,当事人申请再审或者按照审判监督程序决定再审的,不适用本解释。	**第26条** 同法释〔2020〕17号第15条

二十二、《商品房买卖合同解释》新旧对照表

《商品房买卖合同解释》(法释〔2020〕17号)	《商品房买卖合同解释》(法释〔2003〕7号)
为正确、及时审理商品房买卖合同纠纷案件,根据《**中华人民共和国民法典**》《中华人民共和国城市房地产管理法》等相关法律,结合民事审判实践,制定本解释。	为正确、及时审理商品房买卖合同纠纷案件,根据《中华人民共和国民法通则》《中华人民共和国合同法》《中华人民共和国城市房地产管理法》《中华人民共和国担保法》等相关法律,结合民事审判实践,制定本解释。
第1条 本解释所称的商品房买卖合同,是指房地产开发企业(以下统称为出卖人)将尚未建成或者已竣工的房屋向社会销售并转移房屋所有权于买受人,买受人支付价款的合同。	**第1条** 同法释〔2020〕17号第1条
第2条 出卖人未取得商品房预售许可证明,与买受人订立的商品房预售合同,应当认定无效,但是在起诉前取得商品房预售许可证明的,可以认定有效。	**第2条** 同法释〔2020〕17号第2条
第3条 商品房的销售广告和宣传资料为要约邀请,但是出卖人就商品房开发规划范围内的房屋及相关设施所作的说明和允诺具体确定,并对商品房买卖合同的订立以及房屋价格的确定有重大影响的,**构成要约**。该说明和允诺即使未载入商品房买卖合同,亦应当**为**合同内容,当事人违反的,应当承担违约责任。	**第3条** 商品房的销售广告和宣传资料为要约邀请,但是出卖人就商品房开发规划范围内的房屋及相关设施所作的说明和允诺具体确定,并对商品房买卖合同的订立以及房屋价格的确定有重大影响的,应当视为要约。该说明和允诺即使未载入商品房买卖合同,亦应当视为合同内容,当事人违反的,应当承担违约责任。
第4条 出卖人通过认购、订购、预订等方式向买受人收受定金作为订立商品房买卖合同担保的,如果因当事人一方原因未能订立商品房买卖合同,应当按照法律关于定金的规定处理;因不可归责于当事人双方的事由,导致商品房买卖合同未能订立的,出卖人应当将定金返还买受人。	**第4条** 同法释〔2020〕17号第4条
第5条 商品房的认购、订购、预订等协议具备《商品房销售管理办法》第十六条规定的商品房买卖合同的主要内容,并且出卖人已经按照约定收受购房款的,该协议应当认定为商品房买卖合同。	**第5条** 同法释〔2020〕17号第5条
第6条 当事人以商品房预售合同未按照法律、行政法规规定办理登记备案手续为由,请求确认合同无效的,不予支持。 当事人约定以办理登记备案手续为商品房预售合同生效条件的,从其约定,但当事人一方已经履行主要义务,对方接受的除外。	**第6条** 同法释〔2020〕17号第6条

《商品房买卖合同解释》(法释〔2020〕17号)	《商品房买卖合同解释》(法释〔2003〕7号)
第7条 买受人以出卖人与第三人恶意串通，另行订立商品房买卖合同并将房屋交付使用，导致其无法取得房屋为由，请求确认出卖人与第三人订立的商品房买卖合同无效的，应予支持。	**第10条** 同法释〔2020〕17号第7条
第8条 对房屋的转移占有，视为房屋的交付使用，但当事人另有约定的除外。 房屋毁损、灭失的风险，在交付使用前由出卖人承担，交付使用后由买受人承担；买受人接到出卖人的书面交房通知，无正当理由拒绝接收的，房屋毁损、灭失的风险自书面交房通知确定的交付使用之日起由买受人承担，但法律另有规定或者当事人另有约定的除外。	**第11条** 同法释〔2020〕17号第8条
第9条 因房屋主体结构质量不合格不能交付使用，或者房屋交付使用后，房屋主体结构质量经核验确属不合格，买受人请求解除合同和赔偿损失的，应予支持。	**第12条** 同法释〔2020〕17号第9条
第10条 因房屋质量问题严重影响正常居住使用，买受人请求解除合同和赔偿损失的，应予支持。 交付使用的房屋存在质量问题，在保修期内，出卖人应当承担修复责任；出卖人拒绝修复或者在合理期限内拖延修复的，买受人可以自行或者委托他人修复。修复费用及修复期间造成的其他损失由出卖人承担。	**第13条** 同法释〔2020〕17号第10条
第11条 根据**民法典第五百六十三条**的规定，出卖人迟延交付房屋或者买受人迟延支付购房款，经催告后在三个月的合理期限内仍未履行，**解除权人**请求解除合同的，应予支持，但当事人另有约定的除外。 法律没有规定或者当事人没有约定，经对方当事人催告后，解除权行使的合理期限为三个月。对方当事人没有催告的，**解除权人自知道或者应当知道解除事由之日**起一年内行使。逾期不行使的，解除权消灭。	**第15条** 根据《合同法》第九十四条的规定，出卖人迟延交付房屋或者买受人迟延支付购房款，经催告后在三个月的合理期限内仍未履行，当事人一方请求解除合同的，应予支持，但当事人另有约定的除外。 法律没有规定或者当事人没有约定，经对方当事人催告后，解除权行使的合理期限为三个月。对方当事人没有催告的，解除权应当在解除权发生之日起一年内行使；逾期不行使的，解除权消灭。
第12条 当事人以约定的违约金过高为由请求减少的，应当以违约金超过造成的损失30%为标准适当减少；当事人以约定的违约金低于造成的损失为由请求增加的，应当以违约造成的损失确定违约金数额。	**第16条** 同法释〔2020〕17号第12条
第13条 商品房买卖合同没有约定违约金数额或者损失赔偿额计算方法，违约金数额或者损失赔偿额可以参照以下标准确定： 逾期付款的，按照未付购房款总额，参照中国人民银行规定的金融机构计收逾期贷款利息的标准计算。	**第17条** 同法释〔2020〕17号第13条

《商品房买卖合同解释》(法释〔2020〕17号)	《商品房买卖合同解释》(法释〔2003〕7号)
逾期交付使用房屋的,按照逾期交付使用房屋期间有关主管部门公布或者有资格的房地产评估机构评定的同地段同类房屋租金标准确定。	
第14条 由于出卖人的原因,买受人在下列期限届满未能取得**不动产权属证书**的,除当事人有特殊约定外,出卖人应当承担违约责任: (一)商品房买卖合同约定的办理**不动产登记**的期限; (二)商品房买卖合同的标的物为尚未建成房屋的,自房屋交付使用之日起90日; (三)商品房买卖合同的标的物为已竣工房屋的,自合同订立之日起90日。 合同没有约定违约金或者损失数额难以确定的,可以按照已付购房款总额,参照中国人民银行规定的金融机构计收逾期贷款利息的标准计算。	第18条 由于出卖人的原因,买受人在下列期限届满未能取得房屋权属证书的,除当事人有特殊约定外,出卖人应当承担违约责任: (一)商品房买卖合同约定的办理房屋所有权登记的期限; (二)商品房买卖合同的标的物为尚未建成房屋的,自房屋交付使用之日起90日; (三)商品房买卖合同的标的物为已竣工房屋的,自合同订立之日起90日。 合同没有约定违约金或者损失数额难以确定的,可以按照已付购房款总额,参照中国人民银行规定的金融机构计收逾期贷款利息的标准计算。
第15条 商品房买卖合同约定或者《**城市房地产开发经营管理条例**》**第三十二条**规定的办理**不动产登记**的期限届满后超过一年,由于出卖人的原因,导致买受人无法办理**不动产登记**,买受人请求解除合同和赔偿损失的,应予支持。	第19条 商品房买卖合同约定或者《城市房地产开发经营管理条例》第三十三条规定的办理房屋所有权登记的期限届满后超过一年,由于出卖人的原因,导致买受人无法办理房屋所有权登记,买受人请求解除合同和赔偿损失的,应予支持。
第16条 出卖人与包销人订立商品房包销合同,约定出卖人将其开发建设的房屋交由包销人以出卖人的名义销售,包销期满未销售的房屋,由包销人按照合同约定的包销价格购买,但当事人另有约定的除外。	第20条 同法释〔2020〕17号第16条
第17条 出卖人自行销售已经约定由包销人包销的房屋,包销人请求出卖人赔偿损失的,应予支持,但当事人另有约定的除外。	第21条 同法释〔2020〕17号第17条
第18条 对于买受人因商品房买卖合同与出卖人发生的纠纷,人民法院应当通知包销人参加诉讼;出卖人、包销人和买受人对各自的权利义务有明确约定的,按照约定的内容确定各方的诉讼地位。	第22条 同法释〔2020〕17号第18条
第19条 商品房买卖合同约定,买受人以担保贷款方式付款,因当事人一方原因未能订立商品房担保贷款合同并导致商品房买卖合同不能继续履行的,对方当事人可以请求解除合同和赔偿损失。因不可归责于当事人双方的事由未能订立商品房担保贷款合同并导致商品房买卖合同不能继续履行的,当事人可以请求解除合同,出卖人应当将收受的购房款本金及其利息或者定金返还买受人。	第23条 同法释〔2020〕17号第19条
第20条 因商品房买卖合同被确认无效或者被撤销、解除,致使商品房担保贷款合同的目的无法实现,当事人请求解除商品房担保贷款合同的,应予支持。	第24条 同法释〔2020〕17号第20条

《商品房买卖合同解释》(法释〔2020〕17号)	《商品房买卖合同解释》(法释〔2003〕7号)
第21条 以担保贷款为付款方式的商品房买卖合同的当事人一方请求确认商品房买卖合同无效或者撤销、解除合同的,如果担保权人作为有独立请求权第三人提出诉讼请求,应当与商品房担保贷款合同纠纷合并审理;未提出诉讼请求的,仅处理商品房买卖合同纠纷。担保权人就商品房担保贷款合同纠纷另行起诉的,可以与商品房买卖合同纠纷合并审理。 商品房买卖合同被确认无效或者被撤销、解除后,商品房担保贷款合同也被解除的,出卖人应当将收受的购房贷款和购房款的本金及利息分别返还担保权人和买受人。	**第25条** 同法释〔2020〕17号第21条
第22条 买受人未按照商品房担保贷款合同的约定偿还贷款,亦未与担保权人办理**不动产**抵押登记手续,担保权人起诉买受人,请求处分商品房买卖合同项下买受人合同权利的,应当通知出卖人参加诉讼;担保权人同时起诉出卖人时,如果出卖人为商品房担保贷款合同提供保证的,应当列为共同被告。	**第26条** 买受人未按照商品房担保贷款合同的约定偿还贷款,亦未与担保权人办理商品房抵押登记手续,担保权人起诉买受人,请求处分商品房买卖合同项下买受人合同权利的,应当通知出卖人参加诉讼;担保权人同时起诉出卖人时,如果出卖人为商品房担保贷款合同提供保证的,应当列为共同被告。
第23条 买受人未按照商品房担保贷款合同的约定偿还贷款,但是已经取得**不动产权属证书**并与担保权人办理了**不动产**抵押登记手续,抵押权人请求买受人偿还贷款或者就抵押的房屋优先受偿的,不应当追加出卖人为当事人,但出卖人提供保证的除外。	**第27条** 买受人未按照商品房担保贷款合同的约定偿还贷款,但是已经取得房屋权属证书并与担保权人办理了商品房抵押登记手续,抵押权人请求买受人偿还贷款或者就抵押的房屋优先受偿的,不应当追加出卖人为当事人,但出卖人提供保证的除外。
第24条 本解释自2003年6月1日起施行。 《中华人民共和国城市房地产管理法》施行后订立的商品房买卖合同发生的纠纷案件,本解释公布施行后尚在一审、二审阶段的,适用本解释。 《中华人民共和国城市房地产管理法》施行后订立的商品房买卖合同发生的纠纷案件,在本解释公布施行前已经终审,当事人申请再审或者按照审判监督程序决定再审的,不适用本解释。 《中华人民共和国城市房地产管理法》施行前发生的商品房买卖行为,适用当时的法律、法规和《最高人民法院关于审理房地产管理法施行前房地产开发经营案件若干问题的解答》。	**第28条** 同法释〔2020〕17号第24条

二十三、《生态环境损害赔偿规定》新旧对照表

《生态环境损害赔偿规定》(法释〔2020〕17号)	《生态环境损害赔偿规定》(法释〔2019〕8号)
为正确审理生态环境损害赔偿案件,严格保护生态环境,依法追究损害生态环境责任者的赔偿责任,依据《中华人民共和国民法典》《中华人民共和国环境保护法》《中华人民共和国民事诉讼法》等法律的规定,结合审判工作实际,制定本规定。	为正确审理生态环境损害赔偿案件,严格保护生态环境,依法追究损害生态环境责任者的赔偿责任,依据《中华人民共和国环境保护法》《中华人民共和国民事诉讼法》等法律的规定,结合审判工作实际,制定本规定。
第1条 具有下列情形之一,省级、市地级人民政府及其指定的相关部门、机构,或者受国务院委托行使全民所有自然资源资产所有权的部门,因与造成生态环境损害的自然人、法人或者其他组织经磋商未达成一致或者无法进行磋商的,可以作为原告提起生态环境损害赔偿诉讼: (一)发生较大、重大、特别重大突发环境事件的; (二)在国家和省级主体功能区规划中划定的重点生态功能区、禁止开发区发生环境污染、生态破坏事件的; (三)发生其他严重影响生态环境后果的。 前款规定的市地级人民政府包括设区的市,自治州、盟、地区,不设区的地级市,直辖市的区、县人民政府。	**第1条** 同法释〔2020〕17号第1条
第2条 下列情形不适用本规定: (一)因污染环境、破坏生态造成人身损害、个人和集体财产损失要求赔偿的; (二)因海洋生态环境损害要求赔偿的。	**第2条** 下列情形不适用本规定: (一)因污染环境、破坏生态造成人身损害、个人和集体财产损失要求赔偿的,**适用侵权责任法等法律规定**; (二)因海洋生态环境损害要求赔偿的,**适用海洋环境保护法等法律及相关规定**。
第3条 第一审生态环境损害赔偿诉讼案件由生态环境损害行为实施地、损害结果发生地或者被告住所地的中级以上人民法院管辖。 经最高人民法院批准,高级人民法院可以在辖区内确定部分中级人民法院集中管辖第一审生态环境损害赔偿诉讼案件。 中级人民法院认为确有必要的,可以在报请高级人民法院批准后,裁定将本院管辖的第一审生态环境损害赔偿诉讼案件交由具备审理条件的基层人民法院审理。 生态环境损害赔偿诉讼案件由人民法院环境资源审判庭或者指定的专门法庭审理。	**第3条** 同法释〔2020〕17号第3条

《生态环境损害赔偿规定》(法释〔2020〕17号)	《生态环境损害赔偿规定》(法释〔2019〕8号)
第4条 人民法院审理第一审生态环境损害赔偿诉讼案件,应当由法官和人民陪审员组成合议庭进行。	**第4条** 同法释〔2020〕17号第4条
第5条 原告提起生态环境损害赔偿诉讼,符合民事诉讼法和本规定并提交下列材料的,人民法院应当登记立案: (一)证明具备提起生态环境损害赔偿诉讼原告资格的材料; (二)符合本规定第一条规定情形之一的证明材料; (三)与被告进行磋商但未达成一致或者因客观原因无法与被告进行磋商的说明; (四)符合法律规定的起诉状,并按照被告人数提出副本。	**第5条** 同法释〔2020〕17号第5条
第6条 原告主张被告承担生态环境损害赔偿责任的,应当就以下事实承担举证责任: (一)被告实施了污染环境、破坏生态的行为或者具有其他应当依法承担责任的情形; (二)生态环境受到损害,以及所需修复费用、损害赔偿等具体数额; (三)被告污染环境、破坏生态的行为与生态环境损害之间具有关联性。	**第6条** 同法释〔2020〕17号第6条
第7条 被告反驳原告主张的,应当提供证据加以证明。被告主张具有法律规定的不承担责任或者减轻责任情形的,应当承担举证责任。	**第7条** 同法释〔2020〕17号第7条
第8条 已为发生法律效力的刑事裁判所确认的事实,当事人在生态环境损害赔偿诉讼案件中无须举证证明,但有相反证据足以推翻的除外。 对刑事裁判未予确认的事实,当事人提供的证据达到民事诉讼证明标准的,人民法院应当予以认定。	**第8条** 同法释〔2020〕17号第8条
第9条 负有相关环境资源保护监督管理职责的部门或者其委托的机构在行政执法过程中形成的事件调查报告、检验报告、检测报告、评估报告、监测数据等,经当事人质证并符合证据标准的,可以作为认定案件事实的根据。	**第9条** 同法释〔2020〕17号第9条
第10条 当事人在诉前委托具备环境司法鉴定资质的鉴定机构出具的鉴定意见,以及委托国务院环境资源保护监督管理相关主管部门推荐的机构出具的检验报告、检测报告、评估报告、监测数据等,经当事人质证并符合证据标准的,可以作为认定案件事实的根据。	**第10条** 同法释〔2020〕17号第10条
第11条 被告违反**国家规定造成生态环境损害**的,人民法院应当根据原告的诉讼请求以及具体案情,合理判决被告承担修复生态环境、赔偿损失、停止侵害、排除妨碍、消除危险、赔礼道歉等民事责任。	**第11条** 被告违反法律法规污染环境、破坏生态的,人民法院应当根据原告的诉讼请求以及具体案情,合理判决被告承担修复生态环境、赔偿损失、停止侵害、排除妨碍、消除危险、赔礼道歉等民事责任。

《生态环境损害赔偿规定》(法释〔2020〕17号)	《生态环境损害赔偿规定》(法释〔2019〕8号)
第12条 受损生态环境能够修复的,人民法院应当依法判决被告承担修复责任,并同时确定被告不履行修复义务时应承担的生态环境修复费用。 生态环境修复费用包括制定、实施修复方案的费用,修复期间的监测、监管费用,以及修复完成后的验收费用、修复效果后评估费用等。 原告请求被告赔偿生态环境受到损害至修复完成期间服务功能损失的,人民法院根据具体案情予以判决。	第12条 同法释〔2020〕17号第12条
第13条 受损生态环境无法修复或者无法完全修复,原告请求被告赔偿生态环境功能永久性损害造成的损失的,人民法院根据具体案情予以判决。	第13条 同法释〔2020〕17号第13条
第14条 原告请求被告承担下列费用的,人民法院根据具体案情予以判决: (一)实施应急方案、**清除污染以及为防止损害的发生和扩大所支出的合理费用**; (二)为生态环境损害赔偿磋商和诉讼支出的调查、检验、鉴定、评估等费用; (三)合理的律师费以及其他为诉讼支出的合理费用。	第14条 原告请求被告承担下列费用的,人民法院根据具体案情予以判决: (一)实施应急方案以及为防止生态环境损害的发生和扩大采取合理预防、处置措施发生的应急处置费用; (二)为生态环境损害赔偿磋商和诉讼支出的调查、检验、鉴定、评估等费用; (三)合理的律师费以及其他为诉讼支出的合理费用。
第15条 人民法院判决被告承担的生态环境服务功能损失赔偿资金、生态环境功能永久性损害造成的损失赔偿资金,以及被告不履行生态环境修复义务时所应承担的修复费用,**应当依照法律、法规、规章予以缴纳、管理和使用**。	第15条 同法释〔2020〕17号第15条
第16条 在生态环境损害赔偿诉讼案件审理过程中,同一损害生态环境行为又被提起民事公益诉讼,符合起诉条件的,应当由受理生态环境损害赔偿诉讼案件的人民法院受理并由同一审判组织审理。	第16条 同法释〔2020〕17号第16条
第17条 人民法院受理因同一损害生态环境行为提起的生态环境损害赔偿诉讼案件和民事公益诉讼案件,应先中止民事公益诉讼案件的审理,待生态环境损害赔偿诉讼案件审理完毕后,就民事公益诉讼案件未被涵盖的诉讼请求依法作出裁判。	第17条 同法释〔2020〕17号第17条
第18条 生态环境损害赔偿诉讼案件的裁判生效后,有权提起民事公益诉讼的**国家规定的机关**或**者法律规定的组织**就同一损害生态环境行为有证据证明存在前案审理时未发现的损害,并提起民事公益诉讼的,人民法院应予受理。 民事公益诉讼案件的裁判生效后,有权提起生态环境损害赔偿诉讼的主体就同一损害生态环境行为有证据证明存在前案审理时未发现的损害,并提起生态环境损害赔偿诉讼的,人民法院应予受理。	第18条 生态环境损害赔偿诉讼案件的裁判生效后,有权提起民事公益诉讼的机关或者社会组织就同一损害生态环境行为有证据证明存在前案审理时未发现的损害,并提起民事公益诉讼的,人民法院应予受理。 民事公益诉讼案件的裁判生效后,有权提起生态环境损害赔偿诉讼的主体就同一损害生态环境行为有证据证明存在前案审理时未发现的损害,并提起生态环境损害赔偿诉讼的,人民法院应予受理。

《生态环境损害赔偿规定》(法释〔2020〕17号)	《生态环境损害赔偿规定》(法释〔2019〕8号)
第19条 实际支出应急处置费用的机关提起诉讼主张该费用的,人民法院应予受理,但人民法院已经受理就同一损害生态环境行为提起的生态环境损害赔偿诉讼案件且该案原告已经主张应急处置费用的除外。 生态环境损害赔偿诉讼案件原告未主张应急处置费用,因同一损害生态环境行为实际支出应急处置费用的机关提起诉讼主张该费用的,由受理生态环境损害赔偿诉讼案件的人民法院受理并由同一审判组织审理。	**第19条** 同法释〔2020〕17号第19条
第20条 经磋商达成生态环境损害赔偿协议的,当事人可以向人民法院申请司法确认。 人民法院受理申请后,应当公告协议内容,公告期间不少于三十日。公告期满后,人民法院经审查认为协议的内容不违反法律法规强制性规定且不损害国家利益、社会公共利益的,裁定确认协议有效。裁定书应当写明案件的基本事实和协议内容,并向社会公开。	**第20条** 同法释〔2020〕17号第20条
第21条 一方当事人**在期限内未履行或者**未全部履行发生法律效力的生态环境损害赔偿诉讼案件裁判或者经司法确认的生态环境损害赔偿协议的,对方当事人可以向人民法院申请强制执行。需要修复生态环境的,依法由省级、市地级人民政府及其指定的相关部门、机构组织实施。	**第21条** 一方当事人拒绝履行、未全部履行发生法律效力的生态环境损害赔偿诉讼案件裁判或者经司法确认的生态环境损害赔偿协议的,对方当事人可以向人民法院申请强制执行。需要修复生态环境的,依法由省级、市地级人民政府及其指定的相关部门、机构组织实施。
第22条 人民法院审理生态环境损害赔偿案件,本规定没有规定的,参照适用《最高人民法院关于审理环境民事公益诉讼案件适用法律若干问题的解释》《最高人民法院关于审理环境侵权责任纠纷案件适用法律若干问题的解释》等相关司法解释的规定。	**第22条** 同法释〔2020〕17号第22条
第23条 本规定自2019年6月5日起施行。	**第23条** 同法释〔2020〕17号第23条

二十四、《食品药品纠纷规定》新旧对照表

《食品药品纠纷规定》(法释〔2020〕17号)	《食品药品纠纷规定》(法释〔2013〕28号)
为正确审理食品药品纠纷案件,根据《**中华人民共和国民法典**》《中华人民共和国消费者权益保护法》《中华人民共和国食品安全法》《**中华人民共和国药品管理法**》《中华人民共和国民事诉讼法》等法律的规定,结合审判实践,制定本规定。	为正确审理食品药品纠纷案件,根据《中华人民共和国侵权责任法》《中华人民共和国合同法》《中华人民共和国消费者权益保护法》《中华人民共和国食品安全法》《中华人民共和国民事诉讼法》等法律的规定,结合审判实践,制定本规定。
第1条 消费者因食品、药品纠纷提起民事诉讼,符合民事诉讼法规定受理条件的,人民法院应予受理。	**第1条** 同法释〔2020〕17号第1条
第2条 因食品、药品存在质量问题造成消费者损害,消费者可以分别起诉或同时起诉销售者和生产者。 消费者仅起诉销售者或者生产者的,必要时人民法院可以追加相关当事人参加诉讼。	**第2条** 同法释〔2020〕17号第2条
第3条 因食品、药品质量问题发生纠纷,购买者向生产者、销售者主张权利,生产者、销售者以购买者明知食品、药品存在质量问题而仍然购买为由进行抗辩的,人民法院不予支持。	**第3条** 同法释〔2020〕17号第3条
第4条 食品、药品生产者、销售者提供给消费者的食品或者药品的赠品发生质量安全问题,造成消费者损害,消费者主张权利,生产者、销售者以消费者未对赠品支付对价为由进行免责抗辩的,人民法院不予支持。	**第4条** 同法释〔2020〕17号第4条
第5条 消费者举证证明所购买食品、药品的事实以及所购食品、药品不符合合同的约定,主张食品、药品的生产者、销售者承担违约责任的,人民法院应予支持。 消费者举证证明因食用食品或者使用药品受到损害,初步证明损害与食用食品或者使用药品存在因果关系,并请求食品、药品的生产者、销售者承担侵权责任的,人民法院应予支持,但食品、药品的生产者、销售者能证明损害不是因产品不符合质量标准造成的除外。	**第5条** 同法释〔2020〕17号第5条
第6条 食品的生产者与销售者应当对于食品符合质量标准承担举证责任。认定食品是否安全,应当以国家标准为依据;**对地方特色食品**,没有国家标	**第6条** 食品的生产者与销售者应当对于食品符合质量标准承担举证责任。认定食品是否合格,应当以国家标准为依据;没有国家标准的,应当以地方

《食品药品纠纷规定》(法释〔2020〕17号)	《食品药品纠纷规定》(法释〔2013〕28号)
准的,应当以地方标准为依据。没有前述标准的,应当以食品安全法的相关规定为依据。	标准为依据;**没有国家标准、地方标准的,应当以企业标准为依据。食品的生产者采用的标准高于国家标准、地方标准的,应当以企业标准为依据。**没有前述标准的,应当以食品安全法的相关规定为依据。
第7条 食品、药品虽在销售前取得检验合格证明,且食用或者使用时尚在保质期内,但经检验确认产品不合格,生产者或者销售者以该食品、药品具有检验合格证明为由进行抗辩的,人民法院不予支持。	**第7条** 同法释〔2020〕17号第7条
第8条 集中交易市场的开办者、柜台出租者、展销会举办者未履行食品安全法规定的审查、检查、**报告**等义务,使消费者**的合法权益受到损害的**,消费者请求集中交易市场的开办者、柜台出租者、展销会举办者承担连带责任的,人民法院应予支持。	**第8条** 集中交易市场的开办者、柜台出租者、展销会举办者未履行食品安全法规定的审查、检查、管理等义务,**发生食品安全事故,致**使消费者遭受人身损害,消费者请求集中交易市场的开办者、柜台出租者、展销会举办者承担连带责任的,人民法院应予支持。
第9条 消费者通过网络交易**第三方**平台购买食品、药品遭受损害,网络交易**第三方**平台提供者不能提供食品、药品的生产者或者销售者的真实名称、地址与有效联系方式,消费者请求网络交易**第三方**平台提供者承担责任的,人民法院**应予**支持。 网络交易**第三方**平台提供者承担赔偿责任后,向生产者或者销售者行使追偿权的,人民法院应予支持。 网络交易**第三方**平台提供者知道或者应当知道食品、药品的生产者、销售者利用其平台侵害消费者合法权益,未采取必要措施,给消费者造成损害,消费者要求其与生产者、销售者承担连带责任的,人民法院应予支持。	**第9条** 消费者通过网络交易平台购买食品、药品遭受损害,网络交易平台提供者不能提供食品、药品的生产者或者销售者的真实名称、地址与有效联系方式,消费者请求网络交易平台提供者承担责任的,人民法院应予支持。 网络交易平台提供者承担赔偿责任后,向生产者或者销售者行使追偿权的,人民法院应予支持。 网络交易平台提供者知道或者应当知道食品、药品的生产者、销售者利用其平台侵害消费者合法权益,未采取必要措施,给消费者造成损害,消费者要求其与生产者、销售者承担连带责任的,人民法院应予支持。
第10条 未取得食品生产资质与销售资质的**民事主体**,挂靠具有相应资质的生产者与销售者,生产、销售食品,造成消费者损害,消费者请求挂靠者与被挂靠者承担连带责任的,人民法院应予支持。 消费者仅起诉挂靠者或者被挂靠者的,必要时人民法院可以追加相关当事人参加诉讼。	**第10条** 未取得食品生产资质与销售资质的个人、企业或者其他组织,挂靠具有相应资质的生产者与销售者,生产、销售食品,造成消费者损害,消费者请求挂靠者与被挂靠者承担连带责任的,人民法院应予支持。 消费者仅起诉挂靠者或者被挂靠者的,必要时人民法院可以追加相关当事人参加诉讼。
第11条 消费者因虚假广告推荐的食品、药品存在质量问题遭受损害,依据消费者权益保护法等法律相关规定请求广告经营者、广告发布者承担连带责任的,人民法院应予支持。 **其他民事主体**在虚假广告中向消费者推荐食品、药品,使消费者遭受损害,消费者依据消费者权益保护法等法律相关规定请求其与食品、药品的生产者、销售者承担连带责任的,人民法院应予支持。	**第11条** 消费者因虚假广告推荐的食品、药品存在质量问题遭受损害,依据消费者权益保护法等法律相关规定请求广告经营者、广告发布者承担连带责任的,人民法院应予支持。 社会团体或者其他组织、个人,在虚假广告中向消费者推荐食品、药品,使消费者遭受损害,消费者依据消费者权益保护法等法律相关规定请求其与食品、药品的生产者、销售者承担连带责任的,人民法院应予支持。

《食品药品纠纷规定》(法释〔2020〕17号)	《食品药品纠纷规定》(法释〔2013〕28号)
第12条 食品、药品检验机构故意出具虚假检验报告,造成消费者损害,消费者请求其承担连带责任的,人民法院应予支持。 食品、药品检验机构因过失出具不实检验报告,造成消费者损害,消费者请求其承担相应责任的,人民法院应予支持。	第12条 同法释〔2020〕17号第12条
第13条 食品认证机构故意出具虚假认证,造成消费者损害,消费者请求其承担连带责任的,人民法院应予支持。 食品认证机构因过失出具不实认证,造成消费者损害,消费者请求其承担相应责任的,人民法院应予支持。	第13条 同法释〔2020〕17号第13条
第14条 生产、销售的食品、药品存在质量问题,生产者与销售者需同时承担民事责任、行政责任和刑事责任,其财产不足以支付,当事人依照**民法典**等有关法律规定,请求食品、药品的生产者、销售者首先承担民事责任的,人民法院应予支持。	第14条 生产、销售的食品、药品存在质量问题,生产者与销售者需同时承担民事责任、行政责任和刑事责任,其财产不足以支付,当事人依照侵权责任法等有关法律规定,请求食品、药品的生产者、销售者首先承担民事责任的,人民法院应予支持。
第15条 生产不符合安全标准的食品或者销售明知是不符合安全标准的食品,消费者除要求赔偿损失外,**依据食品安全法等法律规定**向生产者、销售者主张**赔偿金的**,人民法院应予支持。 **生产假药、劣药或者明知是假药、劣药仍然销售、使用的,受害人或者其近亲属请求赔偿损失外,依据药品管理法等法律规定向生产者、销售者主张赔偿金的,人民法院应予支持。**	第15条 生产不符合安全标准的食品或者销售明知是不符合安全标准的食品,消费者除要求赔偿损失外,向生产者、销售者主张支付价款十倍赔偿金或者依照法律规定的其他赔偿标准要求赔偿的,人民法院应予支持。
第16条 食品、药品的生产者与销售者以格式合同、通知、声明、告示等方式作出排除或者限制消费者权利,减轻或者免除经营者责任、加重消费者责任等对消费者不公平、不合理的规定,消费者依法请求认定该内容无效的,人民法院应予支持。	第16条 同法释〔2020〕17号第16条
第17条 消费者与化妆品、保健**食品**等产品的生产者、销售者、广告经营者、广告发布者、推荐者、检验机构等主体之间的纠纷,参照适用本规定。 **法律规定的机关和有关组织**依法提起公益诉讼的,参照适用本规定。	第17条 消费者与化妆品、保健品等产品的生产者、销售者、广告经营者、广告发布者、推荐者、检验机构等主体之间的纠纷,参照适用本规定。 消费者协会依法提起公益诉讼的,参照适用本规定。
第18条 **本规定所称的"药品的生产者"包括药品上市许可持有人和药品生产企业,"药品的销售者"包括药品经营企业和医疗机构。**	(无)
第19条 本规定施行后人民法院正在审理的一审、二审案件适用本规定。 本规定施行前已经终审,本规定施行后当事人申请再审或者按照审判监督程序决定再审的案件,不适用本规定。	第18条 本规定施行后人民法院正在审理的一审、二审案件适用本规定。 本规定施行前已经终审,本规定施行后当事人申请再审或者按照审判监督程序决定再审的案件,不适用本规定。

二十五、《诉讼时效制度规定》新旧对比表

《诉讼时效制度规定》(法释〔2020〕17号)	《诉讼时效制度规定》(法释〔2008〕11号)
为正确适用法律关于诉讼时效制度的规定,保护当事人的合法权益,依照**《中华人民共和国民法典》《中华人民共和国民事诉讼法》**等法律的规定,结合审判实践,制定本规定。	为正确适用法律关于诉讼时效制度的规定,保护当事人的合法权益,依照《中华人民共和国民法通则》、《中华人民共和国物权法》、《中华人民共和国合同法》、《中华人民共和国民事诉讼法》等法律的规定,结合审判实践,制定本规定。
第1条 当事人可以对债权请求权提出诉讼时效抗辩,但对下列债权请求权提出诉讼时效抗辩的,人民法院不予支持: (一)支付存款本金及利息请求权; (二)兑付国债、金融债券以及向不特定对象发行的企业债券本息请求权; (三)基于投资关系产生的缴付出资请求权; (四)其他依法不适用诉讼时效规定的债权请求权。	**第1条** 同法释〔2020〕17号第1条
第2条 当事人未提出诉讼时效抗辩,人民法院不应对诉讼时效问题进行释明。	**第3条** 当事人未提出诉讼时效抗辩,人民法院不应对诉讼时效问题进行释明**及主动适用诉讼时效的规定进行裁判**。
第3条 当事人在一审期间未提出诉讼时效抗辩,在二审期间提出的,人民法院不予支持,但其基于新的证据能够证明对方当事人的请求权已过诉讼时效期间的情形除外。 当事人未按照前款规定提出诉讼时效抗辩,以诉讼时效期间届满为由申请再审或者提出再审抗辩的,人民法院不予支持。	**第4条** 同法释〔2020〕17号第3条
第4条 未约定履行期限的合同,依照**民法典第五百一十条、第五百一十一条**的规定,可以确定履行期限的,诉讼时效期间从履行期限届满之日起计算;不能确定履行期限的,诉讼时效期间从债权人要求债务人履行义务的宽限期届满之日起计算,但债务人在债权人第一次向其主张权利之时明确表示不履行义务的,诉讼时效期间从债务人明确表示不履行义务之日起计算。	**第6条** 未约定履行期限的合同,依照合同法第六十一条、第六十二条的规定,可以确定履行期限的,诉讼时效期间从履行期限届满之日起计算;不能确定履行期限的,诉讼时效期间从债权人要求债务人履行义务的宽限期届满之日起计算,但债务人在债权人第一次向其主张权利之时明确表示不履行义务的,诉讼时效期间从债务人明确表示不履行义务之日起计算。
第5条 享有撤销权的当事人一方请求撤销合同的,应适用**民法典关于除斥期间**的规定。对方当事人对撤销合同请求权提出诉讼时效抗辩的,人民法院不予支持。	**第7条** 享有撤销权的当事人一方请求撤销合同的,应适用合同法第五十五条关于一年除斥期间的规定。对方当事人对撤销合同请求权提出诉讼时效抗辩的,人民法院不予支持。

《诉讼时效制度规定》(法释〔2020〕17号)	《诉讼时效制度规定》(法释〔2008〕11号)
合同被撤销,返还财产、赔偿损失请求权的诉讼时效期间从合同被撤销之日起计算。	合同被撤销,返还财产、赔偿损失请求权的诉讼时效期间从合同被撤销之日起计算。
第6条 返还不当得利请求权的诉讼时效期间,从当事人一方知道或者应当知道不当得利事实及对方当事人之日起计算。	第8条 同法释〔2020〕17号第6条
第7条 管理人因无因管理行为产生的给付必要管理费用、赔偿损失请求权的诉讼时效期间,从无因管理行为结束并且管理人知道或者应当知道本人之日起计算。 本人因不当无因管理行为产生的赔偿损失请求权的诉讼时效期间,从其知道或者应当知道管理人及损害事实之日起计算。	第9条 同法释〔2020〕17号第7条
第8条 具有下列情形之一的,应当认定为<u>民法典第一百九十五条规定的"权利人向义务人提出履行请求"</u>,产生诉讼时效中断的效力: (一)当事人一方直接向对方当事人送交主张权利文书,对方当事人在文书上<u>签名</u>、盖章、<u>按指印</u>或者<u>虽未签名</u>、盖章、<u>按指印</u>但能够以其他方式证明该文书到达对方当事人的; (二)当事人一方以发送信件或者数据电文方式主张权利,信件或者数据电文到达或者应当到达对方当事人的; (三)当事人一方为金融机构,依照法律规定或者当事人约定从对方当事人账户中扣收欠款本息的; (四)当事人一方下落不明,对方当事人在国家级或者下落不明的当事人一方住所地的省级有影响的媒体上刊登具有主张权利内容的公告的,但法律和司法解释另有特别规定的,适用其规定。 前款第(一)项情形中,对方当事人为法人或者其他组织的,签收人可以是其法定代表人、主要负责人、负责收发信件的部门或者被授权主体;对方当事人为自然人的,签收人可以是自然人本人、同住的具有完全行为能力的亲属或者被授权主体。	第10条 具有下列情形之一的,应当认定为民法通则第一百四十条规定的"当事人一方提出要求",产生诉讼时效中断的效力: (一)当事人一方直接向对方当事人送交主张权利文书,对方当事人在文书上签字、盖章或者虽未签字、盖章但能够以其他方式证明该文书到达对方当事人的; (二)当事人一方以发送信件或者数据电文方式主张权利,信件或者数据电文到达或者应当到达对方当事人的; (三)当事人一方为金融机构,依照法律规定或者当事人约定从对方当事人账户中扣收欠款本息的; (四)当事人一方下落不明,对方当事人在国家级或者下落不明的当事人一方住所地的省级有影响的媒体上刊登具有主张权利内容的公告的,但法律和司法解释另有特别规定的,适用其规定。 前款第(一)项情形中,对方当事人为法人或者其他组织的,签收人可以是其法定代表人、主要负责人、负责收发信件的部门或者被授权主体;对方当事人为自然人的,签收人可以是自然人本人、同住的具有完全行为能力的亲属或者被授权主体。
第9条 权利人对同一债权中的部分债权主张权利,诉讼时效中断的效力及于剩余债权,但权利人明确表示放弃剩余债权的情形除外。	第11条 同法释〔2020〕17号第9条
第10条 当事人一方向人民法院提交起诉状或者口头起诉的,诉讼时效从提交起诉状或者口头起诉之日起中断。	第12条 同法释〔2020〕17号第10条
第11条 下列事项之一,人民法院应当认定与提起诉讼具有同等诉讼时效中断的效力: (一)<u>申请支付令</u>; (二)<u>申请破产、申报破产债权</u>; (三)<u>为主张权利而申请宣告义务人失踪或死亡</u>;	第13条 下列事项之一,人民法院应当认定与提起诉讼具有同等诉讼时效中断的效力: (一)<u>申请仲裁</u>; (二)申请支付令; (三)申请破产、申报破产债权;

《诉讼时效制度规定》(法释〔2020〕17号)	《诉讼时效制度规定》(法释〔2008〕11号)
(四)申请诉前财产保全、诉前临时禁令等诉前措施； (五)申请强制执行； (六)申请追加当事人或者被通知参加诉讼； (七)在诉讼中主张抵销； (八)其他与提起诉讼具有同等诉讼时效中断效力的事项。	(四)为主张权利而申请宣告义务人失踪或死亡； (五)申请诉前财产保全、诉前临时禁令等诉前措施； (六)申请强制执行； (七)申请追加当事人或者被通知参加诉讼； (八)在诉讼中主张抵销； (九)其他与提起诉讼具有同等诉讼时效中断效力的事项。
第12条 权利人向人民调解委员会以及其他依法有权解决相关民事纠纷的国家机关、事业单位、社会团体等社会组织提出保护相应民事权利的请求,诉讼时效从提出请求之日起中断。	第14条 同法释〔2020〕17号第12条
第13条 权利人向公安机关、人民检察院、人民法院报案或者控告,请求保护其民事权利的,诉讼时效从其报案或者控告之日起中断。 上述机关决定不立案、撤销案件、不起诉的,诉讼时效期间从权利人知道或者应当知道不立案、撤销案件或者不起诉之日起重新计算;刑事案件进入审理阶段,诉讼时效期间从刑事裁判文书生效之日起重新计算。	第15条 同法释〔2020〕17号第13条
第14条 义务人作出分期履行、部分履行、提供担保、请求延期履行、制定清偿债务计划等承诺或者行为的,应当认定为**民法典第一百九十五条**规定的"**义务人同意履行义务**"。	第16条 义务人作出分期履行、部分履行、提供担保、请求延期履行、制定清偿债务计划等承诺或者行为的,应当认定为民法通则第一百四十条规定的当事人一方"同意履行义务。"
第15条 对于连带债权人中的一人发生诉讼时效中断效力的事由,应当认定对其他连带债权人也发生诉讼时效中断的效力。 对于连带债务人中的一人发生诉讼时效中断效力的事由,应当认定对其他连带债务人也发生诉讼时效中断的效力。	第17条 同法释〔2020〕17号第15条
第16条 债权人提起代位权诉讼的,应当认定债权人的债权和债务人的债权均发生诉讼时效中断的效力。	第18条 同法释〔2020〕17号第16条
第17条 债权转让的,应当认定诉讼时效从债权转让通知到达债务人之日起中断。 债务承担情形下,构成原债务人对债务承认的,应当认定诉讼时效从债务承担意思表示到达债权人之日起中断。	第19条 同法释〔2020〕17号第17条
第18条 主债务诉讼时效期间届满,保证人享有主债务人的诉讼时效抗辩权。 保证人未主张前述诉讼时效抗辩权,承担保证责任后向主债务人行使追偿权的,人民法院不予支持,但主债务人同意给付的情形除外。	第21条 同法释〔2020〕17号第18条

《诉讼时效制度规定》(法释〔2020〕17号)	《诉讼时效制度规定》(法释〔2008〕11号)
第19条 诉讼时效期间届满,当事人一方向对方当事人作出同意履行义务的意思表示或者自愿履行义务后,又以诉讼时效期间届满为由进行抗辩的,人民法院不予支持。 当事人双方就原债务达成新的协议,债权人主张义务人放弃诉讼时效抗辩权的,人民法院应予支持。 超过诉讼时效期间,贷款人向借款人发出催收到期贷款通知单,债务人在通知单上签字或者盖章,能够认定借款人同意履行诉讼时效期间已经届满的义务的,对于贷款人关于借款人放弃诉讼时效抗辩权的主张,人民法院应予支持。	**第22条** 诉讼时效期间届满,当事人一方向对方当事人作出同意履行义务的意思表示或者自愿履行义务后,又以诉讼时效期间届满为由进行抗辩的,人民法院不予支持。
第20条 本规定施行后,案件尚在一审或者二审阶段的,适用本规定;本规定施行前已经终审的案件,人民法院进行再审时,不适用本规定。	**第23条** 同法释〔2020〕17号第20条
第21条 本规定施行前本院作出的有关司法解释与本规定相抵触的,以本规定为准。	**第24条** 同法释〔2020〕17号第21条

二十六、《铁路运输损害赔偿解释》新旧对照表

《铁路运输损害赔偿解释》(法释〔2020〕17号)	《铁路运输损害赔偿解释》(法释〔1994〕25号)
为了正确、及时地审理铁路运输损害赔偿案件,现就审判工作中遇到的一些问题,根据《中华人民共和国铁路法》(以下简称铁路法)和有关的法律规定,结合审判实践,作出如下解释,供在审判工作中执行。	同法释〔2020〕17号
第1条[实际损失的赔偿范围] 铁路法第十七条中的"实际损失",是指因灭失、短少、变质、污染、损坏导致货物、包裹、行李实价价值的损失。 铁路运输企业按照实际损失赔偿时,对灭失、短少的货物、包裹、行李,按照其实际价值赔偿;对变质、污染、损坏降低原有价值的货物、包裹、行李,可按照其受损前后实际价值的差额或者加工、修复费用赔偿。 货物、包裹、行李的赔偿价值按照托运时的实际价值计算。实际价值中未包含已支付的铁路运杂费、包装费、保险费、短途搬运等费用的,按照损失部分的比例加算。	**第1条** 同法释〔2020〕17号第1条
第2条[铁路运输企业的重大过失] 铁路法第十七条中的"重大过失"是指铁路运输企业或者其受雇人、代理人对承运的货物、包裹、行李明知可能造成损失而轻率地作为或者不作为。	**第2条** 同法释〔2020〕17号第2条
第3条[保价货物损失的赔偿] 铁路法第十七条第一款(一)项中规定的"按照实际损失赔偿,但最高不超过保价额。"是指保价运输的货物、包裹、行李在运输中发生损失,无论托运人在办理保价运输时,保价额是否与货物、包裹、行李的实际价值相符,均应在保价额内按照损失部分的实际价值赔偿,实际损失超过保价额的部分不予赔偿。 如果损失是因铁路运输企业的故意或者重大过失造成的,比照铁路法第十七条第一款(二)项的规定,不受保价额的限制,按照实际损失赔偿。	**第3条** 同法释〔2020〕17号第3条
第4条[保险货物损失的赔偿] 投保货物运输险的货物在运输中发生损失,对不属于铁路运输企业免责范围的,适用铁路法第十七条第一款(二)项的规定,由铁路运输企业承担赔偿责任。	**第4条** 同法释〔2020〕17号第4条

《铁路运输损害赔偿解释》(法释〔2020〕17号)	《铁路运输损害赔偿解释》(法释〔1994〕25号)
保险公司按照保险合同的约定向托运人或收货人先行赔付后,对于铁路运输企业应按货物实际损失承担赔偿责任的,保险公司按照支付的保险金额向铁路运输企业追偿,因不足额保险产生的实际损失与保险金的差额部分,由铁路运输企业赔偿;对于铁路运输企业应按限额承担赔偿责任的,在足额保险的情况下,保险公司向铁路运输企业的追偿额为铁路运输企业的赔偿限额,在不足额保险的情况下,保险公司向铁路运输企业的追偿额在铁路运输企业的赔偿限额内按照投保金额与货物实际价值的比例计算,因不足额保险产生的铁路运输企业的赔偿限额与保险公司在限额内追偿额的差额部分,由铁路运输企业赔偿。	
第5条[保险保价货物损失的赔偿] 既保险又保价的货物在运输中发生损失,不属于铁路运输企业免责范围的,适用铁路法第十七条第一款(一)项的规定由铁路运输企业承担赔偿责任。对于保险公司先行赔付的,比照本解释第四条对保险货物损失的赔偿处理。	第5条 同法释〔2020〕17号第5条
第6条[保险补偿制度的适用] 《铁路货物运输实行保险与负责运输相结合的补偿制度的规定(试行)》(简称保险补偿制度),适用于1991年5月1日铁路法实施以前已投保货物运输险的案件。铁路法实施后投保货物运输险的案件,适用铁路法第十七条第一款的规定,保险补偿制度中有关保险补偿的规定不再适用。	第6条 同法释〔2020〕17号第6条
第7条[逾期交付的责任] 货物、包裹、行李逾期交付,如果是因铁路逾期运到造成的,由铁路运输企业支付逾期违约金;如果是因收货人或旅客逾期领取造成的,由收货人或旅客支付保管费;既因逾期运到又因收货人或旅客逾期领取造成的,由双方各自承担相应的责任。 铁路逾期运到并且发生损失时,铁路运输企业除支付逾期违约金外,还应当赔偿损失。对收货人或者旅客逾期领取,铁路运输企业在代保管期间因保管不当造成损失的,由铁路运输企业赔偿。	第7条 同法释〔2020〕17号第7条
第8条[误交付的责任] 货物、包裹、行李误交付(包括被第三者冒领造成的误交付),铁路运输企业查找超过运到期限的,由铁路运输企业支付逾期违约金。不能交付的,或者交付时有损失的,由铁路运输企业赔偿。铁路运输企业赔付后,再向有责任的第三者追偿。	第8条 同法释〔2020〕17号第8条

《铁路运输损害赔偿解释》(法释〔2020〕17号)	《铁路运输损害赔偿解释》(法释〔1994〕25号)
第9条[赔偿后又找回原物的处理] 铁路运输企业赔付后又找回丢失、被盗、冒领、逾期等按灭失处理的货物、包裹、行李的,在通知托运人、收货人或旅客退还赔款领回原物的期限届满后仍无人领取的,适用铁路法第二十二条按无主货物的规定处理。铁路运输企业未通知托运人、收货人或者旅客而自行处理找回的货物、包裹、行李的,由铁路运输企业赔偿实际损失与已付赔款差额。	第9条 同法释〔2020〕17号第9条
第10条[代办运输货物损失的赔偿] 代办运输的货物在铁路运输中发生损失,对代办运输企业接受托运人的委托以自己的名义与铁路运输企业签订运输合同托运或领取货物的,如委托人依据委托合同要求代办运输企业向铁路运输企业索赔的,应予支持。对代办运输企业未及时索赔而超过运输合同索赔时效的,代办运输企业应当赔偿。	第10条 同法释〔2020〕17号第10条
第11条[铁路旅客运送责任期间] 铁路运输企业对旅客运送的责任期间自旅客持有效车票进站时起到旅客出站或者应当出站时止。不包括旅客在候车室内的期间。	第12条 同法释〔2020〕17号第11条
第12条[第三者责任造成旅客伤亡的赔偿] 在铁路旅客运送期间因第三者责任造成旅客伤亡,旅客或者其继承人要求铁路运输企业先予赔偿的,应予支持。铁路运输企业赔付后,有权向有责任的第三者追偿。	第14条 同法释〔2020〕17号第12条

二十七、《铁路运输人身损害赔偿解释》新旧对照表

《铁路运输人身损害赔偿解释》(法释〔2020〕17号)	《铁路运输人身损害赔偿解释》(法释〔2010〕5号)
为正确审理铁路运输人身损害赔偿纠纷案件,依法维护各方当事人的合法权益,根据**《中华人民共和国民法典》**《中华人民共和国铁路法》《中华人民共和国民事诉讼法》等法律的规定,结合审判实践,就有关适用法律问题作如下解释:	为正确审理铁路运输人身损害赔偿纠纷案件,依法维护各方当事人的合法权益,根据《中华人民共和国民法通则》《中华人民共和国铁路法》《中华人民共和国民事诉讼法》等法律的规定,结合审判实践,就有关适用法律问题作如下解释:
第1条 人民法院审理铁路行车事故及其他铁路运营事故造成的铁路运输人身损害赔偿纠纷案件,适用本解释。 与铁路运输企业建立劳动合同关系或者形成劳动关系的铁路职工在执行职务中发生的人身损害,依照有关调整劳动关系的法律规定及其他相关法律规定处理。	**第1条** 同法释〔2020〕17号第1条
第2条 铁路运输人身损害的受害人、依法由受害人承担扶养义务的被扶养人以及死亡受害人的近亲属为赔偿权利人,有权请求赔偿。	**第2条** 同法释〔2020〕17号第2条
第3条 赔偿权利人要求对方当事人承担侵权责任的,由事故发生地、列车最先到达地或者被告住所地铁路运输法院管辖;赔偿权利人依照**民法典第三编**要求承运人承担违约责任予以人身损害赔偿的,由运输始发地、目的地或者被告住所地铁路运输法院管辖。	**第3条** 赔偿权利人要求对方当事人承担侵权责任的,由事故发生地、列车最先到达地或者被告住所地铁路运输法院管辖;赔偿权利人依照合同法要求承运人承担违约责任予以人身损害赔偿的,由运输始发地、目的地或者被告住所地铁路运输法院管辖。
第4条 铁路运输造成人身损害的,铁路运输企业应当承担赔偿责任;法律另有规定的,依照其规定。	**第4条** 同法释〔2020〕17号第4条
第5条 铁路运输中发生人身损害,铁路运输企业举证证明有下列情形之一的,不承担赔偿责任: (一)不可抗力造成的; (二)受害人故意以卧轨、碰撞等方式造成的。	**第5条** 同法释〔2020〕17号第5条
第6条 因受害人翻越、穿越、损毁、移动铁路线路两侧防护围墙、栅栏或者其他防护设施穿越铁路线路,偷乘货车,攀附行进中的列车,在未设置人行通道的铁路桥梁、隧道内通行,攀爬高架铁路线路,以及其他未经许可进入铁路线路、车站、货场等铁路作业区域的过错行为,造成人身损害的,应当根据受害人的过错程度适当减轻铁路运输企业的赔偿责任,并按照以下情形分别处理:	**第6条** 同法释〔2020〕17号第6条

《铁路运输人身损害赔偿解释》(法释〔2020〕17号)	《铁路运输人身损害赔偿解释》(法释〔2010〕5号)
(一)铁路运输企业未充分履行安全防护、警示等义务,受害人有上述过错行为的,铁路运输企业应当在全部损失的百分之八十至百分之二十之间承担赔偿责任; (二)铁路运输企业已充分履行安全防护、警示等义务,受害人仍施以上述过错行为的,铁路运输企业应当在全部损失的百分之二十至百分之十之间承担赔偿责任。	
第7条 受害人横向穿越未封闭的铁路线路时存在过错,造成人身损害的,按照前条规定处理。 受害人不听从值守人员劝阻或者无视禁行警示信号、标志硬行通过铁路平交道口、人行通道,或者沿铁路线路纵向行走,或者在铁路线路上坐卧,造成人身损害,铁路运输企业举证证明已充分履行安全防护、警示等义务的,不承担赔偿责任。	第7条 同法释〔2020〕17号第7条
第8条 铁路运输造成无民事行为能力人人身损害的,铁路运输企业应当承担赔偿责任;监护人有过错的,按照过错程度减轻铁路运输企业的赔偿责任,但铁路运输企业承担的赔偿责任应当不低于全部损失的百分之五十。 铁路运输造成限制民事行为能力人人身损害的,铁路运输企业应当承担赔偿责任;监护人及受害人自身有过错的,按照过错程度减轻铁路运输企业的赔偿责任,但铁路运输企业承担的赔偿责任应当不低于全部损失的百分之四十。	第8条 同法释〔2020〕17号第8条
第9条 铁路机车车辆与机动车发生碰撞造成机动车驾驶人员以外的人人身损害的,由铁路运输企业与机动车一方对受害人承担连带赔偿责任。铁路运输企业与机动车一方之间,按照各自的过错分担责任;双方均无过错的,按照公平原则分担责任。对受害人实际承担赔偿责任超出应当承担份额的一方,有权向另一方追偿。 铁路机车车辆与机动车发生碰撞造成机动车驾驶人员人身损害的,按照本解释第四条至第七条的规定处理。	第9条 同法释〔2020〕17号第9条
第10条 在非铁路运输企业实行监护的铁路无人看守道口发生事故造成人身损害的,由铁路运输企业按照本解释的有关规定承担赔偿责任。道口管理单位有过错的,铁路运输企业对赔偿权利人承担赔偿责任后,有权向道口管理单位追偿。	第10条 同法释〔2020〕17号第10条
第11条 对于铁路桥梁、涵洞等设施负有管理、维护等职责的单位,因未尽职责使该铁路桥梁、涵洞等设施不能正常使用,导致行人、车辆穿越铁路线路造成人身损害的,铁路运输企业按照本解释有关规定承担赔偿责任后,有权向该单位追偿。	第11条 同法释〔2020〕17号第11条

《铁路运输人身损害赔偿解释》(法释〔2020〕17号)	《铁路运输人身损害赔偿解释》(法释〔2010〕5号)
第12条 铁路旅客运送期间发生旅客人身损害,赔偿权利人要求铁路运输企业承担违约责任的,人民法院应当依照**民法典第八百一十一条、第八百二十二条、第八百二十三条**等规定,确定铁路运输企业是否承担责任及责任的大小;赔偿权利人要求铁路运输企业承担侵权赔偿责任的,人民法院应当依照有关侵权责任的法律规定,确定铁路运输企业是否承担赔偿责任及责任的大小。	**第12条** 铁路旅客运送期间发生旅客人身损害,赔偿权利人要求铁路运输企业承担违约责任的,人民法院应当依照《中华人民共和国合同法》第二百九十条、第三百零一条、第三百零二条等规定,确定铁路运输企业是否承担责任及责任的大小;赔偿权利人要求铁路运输企业承担侵权赔偿责任的,人民法院应当依照有关侵权责任的法律规定,确定铁路运输企业是否承担赔偿责任及责任的大小。
第13条 铁路旅客运送期间因第三人侵权造成旅客人身损害的,由实施侵权行为的第三人承担赔偿责任。铁路运输企业有过错的,应当在能够防止或者制止损害的范围内承担相应的补充赔偿责任。铁路运输企业承担赔偿责任后,有权向第三人追偿。 车外第三人投掷石块等击打列车造成车内旅客人身损害,赔偿权利人要求铁路运输企业先予赔偿的,人民法院应当予以支持。铁路运输企业赔付后,有权向第三人追偿。	**第13条** 同法释〔2020〕17号第13条
第14条 有权作出事故认定的组织依照《铁路交通事故应急救援和调查处理条例》等有关规定制作的事故认定书,经庭审质证,对于事故认定书所认定的事实,当事人没有相反证据和理由足以推翻的,人民法院应当作为认定事实的根据。	**第14条** 同法释〔2020〕17号第14条
第15条 在专用铁路及铁路专用线上因运输造成人身损害,依法应当由肇事工具或者设备的所有人、使用人或者管理人承担赔偿责任的,适用本解释。	**第15条** 同法释〔2020〕17号第15条
第16条 本院以前发布的司法解释与本解释不一致的,以本解释为准。 本解释施行前已经终审,本解释施行后当事人申请再审或者按照审判监督程序决定再审的案件,不适用本解释。	**第16条** 同法释〔2020〕17号第16条

二十八、《网络侵害人身权益规定》新旧对照表

《网络侵害人身权益规定》(法释〔2020〕17号)	《网络侵害人身权益规定》(法释〔2014〕11号)
为正确审理利用信息网络侵害人身权益民事纠纷案件,根据**《中华人民共和国民法典》**《全国人民代表大会常务委员会关于加强网络信息保护的决定》《中华人民共和国民事诉讼法》等法律的规定,结合审判实践,制定本规定。	为正确审理利用信息网络侵害人身权益民事纠纷案件,根据《中华人民共和国民法通则》**《中华人民共和国侵权责任法》**《全国人民代表大会常务委员会关于加强网络信息保护的决定》《中华人民共和国民事诉讼法》等法律的规定,结合审判实践,制定本规定。
第1条 本规定所称的利用信息网络侵害人身权益民事纠纷案件,是指利用信息网络侵害他人姓名权、名称权、名誉权、荣誉权、肖像权、隐私权等人身权益引起的纠纷案件。	**第1条** 同法释〔2020〕17号第1条
第2条 原告依据**民法典第一千一百九十五条、第一千一百九十七条**的规定起诉网络用户或者网络服务提供者的,人民法院应予受理。 原告仅起诉网络用户,网络用户请求追加涉嫌侵权的网络服务提供者为共同被告或者第三人的,人民法院应予准许。 原告仅起诉网络服务提供者,网络服务提供者请求追加可以确定的网络用户为共同被告或者第三人的,人民法院应予准许。	**第3条** 原告依据侵权责任法第三十六条第二款、第三款的规定起诉网络用户或者网络服务提供者的,人民法院应予受理。 原告仅起诉网络用户,网络用户请求追加涉嫌侵权的网络服务提供者为共同被告或者第三人的,人民法院应予准许。 原告仅起诉网络服务提供者,网络服务提供者请求追加可以确定的网络用户为共同被告或者第三人的,人民法院应予准许。
第3条 原告起诉网络服务提供者,网络服务提供者以涉嫌侵权的信息系网络用户发布为由抗辩的,人民法院可以根据原告的请求及案件的具体情况,责令网络服务提供者向人民法院提供能够确定涉嫌侵权的网络用户的姓名(名称)、联系方式、网络地址等信息。 网络服务提供者无正当理由拒不提供的,人民法院可以依据民事诉讼法第一百一十四条的规定对网络服务提供者采取处罚等措施。 原告根据网络服务提供者提供的信息请求追加网络用户为被告的,人民法院应予准许。	**第4条** 同法释〔2020〕17号第3条
第4条 人民法院适用**民法典第一千一百九十五条第二款**的规定,认定网络服务提供者采取的删除、屏蔽、断开链接等必要措施是否及时,应当根据网络服务的**类型和**性质、有效通知的形式和准确程度、网络信息侵害权益的类型和程度等因素综合判断。	**第6条** 人民法院适用侵权责任法第三十六条第二款的规定,认定网络服务提供者采取的删除、屏蔽、断开链接等必要措施是否及时,应当根据网络服务的性质、有效通知的形式和准确程度、网络信息侵害权益的类型和程度等因素综合判断。

《网络侵害人身权益规定》(法释〔2020〕17号)	《网络侵害人身权益规定》(法释〔2014〕11号)
第5条 其发布的信息被采取删除、屏蔽、断开链接等措施的网络用户,主张网络服务提供者承担违约责任或者侵权责任,网络服务提供者以收到**民法典第一千一百九十五条第一款规定的有效通知**为由抗辩的,人民法院应予支持。	第7条 其发布的信息被采取删除、屏蔽、断开链接等措施的网络用户,主张网络服务提供者承担违约责任或者侵权责任,网络服务提供者以收到通知为由抗辩的,人民法院应予支持。 **被采取删除、屏蔽、断开链接等措施的网络用户,请求网络服务提供者提供通知内容的,人民法院应予支持。**
第6条 人民法院依据**民法典第一千一百九十七条**认定网络服务提供者是否"知道**或者应当知道**",应当综合考虑下列因素: (一)网络服务提供者是否以人工或者自动方式对侵权网络信息以推荐、排名、选择、编辑、整理、修改等方式作出处理; (二)网络服务提供者应当具备的管理信息的能力,以及所提供服务的性质、方式及其引发侵权的可能性大小; (三)该网络信息侵害人身权益的类型及明显程度; (四)该网络信息的社会影响程度或者一定时间内的浏览量; (五)网络服务提供者采取预防侵权措施的技术可能性及其是否采取了相应的合理措施; (六)网络服务提供者是否针对同一网络用户的重复侵权行为或者同一侵权信息采取了相应的合理措施; (七)与本案相关的其他因素。	第9条 人民法院依据侵权责任法第三十六条第三款认定网络服务提供者是否"知道",应当综合考虑下列因素: (一)网络服务提供者是否以人工或者自动方式对侵权网络信息以推荐、排名、选择、编辑、整理、修改等方式作出处理; (二)网络服务提供者应当具备的管理信息的能力,以及所提供服务的性质、方式及其引发侵权的可能性大小; (三)该网络信息侵害人身权益的类型及明显程度; (四)该网络信息的社会影响程度或者一定时间内的浏览量; (五)网络服务提供者采取预防侵权措施的技术可能性及其是否采取了相应的合理措施; (六)网络服务提供者是否针对同一网络用户的重复侵权行为或者同一侵权信息采取了相应的合理措施; (七)与本案相关的其他因素。
第7条 人民法院认定网络用户或者网络服务提供者转载网络信息行为的过错及其程度,应当综合以下因素: (一)转载主体所承担的与其性质、影响范围相适应的注意义务; (二)所转载信息侵害他人人身权益的明显程度; (三)对所转载信息是否作出实质性修改,是否添加或者修改文章标题,导致其与内容严重不符以及误导公众的可能性。	第10条 同法释〔2020〕17号第7条
第8条 网络用户或者网络服务提供者采取诽谤、诋毁等手段,损害公众对经营主体的信赖,降低其产品或者服务的社会评价,经营主体请求网络用户或者网络服务提供者承担侵权责任的,人民法院应依法予以支持。	第11条 同法释〔2020〕17号第8条
第9条 网络用户或者网络服务提供者,根据国家机关依职权制作的文书和公开实施的职权行为等信息来源所发布的信息,有下列情形之一,侵害他人人身权益,被侵权人请求侵权人承担侵权责任的,人民法院应予支持:	第13条 同法释〔2020〕17号第9条

《网络侵害人身权益规定》(法释〔2020〕17号)	《网络侵害人身权益规定》(法释〔2014〕11号)
（一）网络用户或者网络服务提供者发布的信息与前述信息来源内容不符的； （二）网络用户或者网络服务提供者以添加侮辱性内容、诽谤性信息、不当标题或者通过增删信息、调整结构、改变顺序等方式致人误解的； （三）前述信息来源已被公开更正，但网络用户拒绝更正或者网络服务提供者不予更正的； （四）前述信息来源已被公开更正，网络用户或者网络服务提供者仍然发布更正之前的信息。	
第10条 被侵权人与构成侵权的网络用户或者网络服务提供者达成一方支付报酬，另一方提供删除、屏蔽、断开链接等服务的协议，人民法院应认定为无效。 擅自篡改、删除、屏蔽特定网络信息或者以断开链接的方式阻止他人获取网络信息，发布该信息的网络用户或者网络服务提供者请求侵权人承担侵权责任的，人民法院应予支持。接受他人委托实施该行为的，委托人与受托人承担连带责任。	**第14条** 同法释〔2020〕17号第10条
第11条 网络用户或者网络服务提供者侵害他人人身权益，造成财产损失或者严重精神损害，被侵权人依据**民法典第一千一百八十二条和第一千一百八十三条**的规定，请求其承担赔偿责任的，人民法院应予支持。	**第17条** 网络用户或者网络服务提供者侵害他人人身权益，造成财产损失或者严重精神损害，被侵权人依据侵权责任法第二十条和第二十二条的规定请求其承担赔偿责任的，人民法院应予支持。
第12条 被侵权人为制止侵权行为所支付的合理开支，可以认定为**民法典第一千一百八十二条**规定的财产损失。合理开支包括被侵权人或者委托代理人对侵权行为进行调查、取证的合理费用。人民法院根据当事人的请求和具体案情，可以将符合国家有关部门规定的律师费用计算在赔偿范围内。 被侵权人因人身权益受侵害造成的财产损失**以及**侵权人因此获得的利益难以确定的，人民法院可以根据具体案情在50万元以下的范围内确定赔偿数额。	**第18条** 被侵权人为制止侵权行为所支付的合理开支，可以认定为侵权责任法第二十条规定的财产损失。合理开支包括被侵权人或者委托代理人对侵权行为进行调查、取证的合理费用。人民法院根据当事人的请求和具体案情，可以将符合国家有关部门规定的律师费用计算在赔偿范围内。 被侵权人因人身权益受侵害造成的财产损失或者侵权人因此获得的利益无法确定的，人民法院可以根据具体案情在50万元以下的范围内确定赔偿数额。 **精神损害的赔偿数额，依据《最高人民法院关于确定民事侵权精神损害赔偿责任若干问题的解释》第十条的规定予以确定。**
第13条 本规定施行后人民法院正在审理的一审、二审案件适用本规定。 本规定施行前已经终审，本规定施行后当事人申请再审或者按照审判监督程序决定再审的案件，不适用本规定。	**第19条** 同法释〔2020〕17号第13条

二十九、《物业服务纠纷解释》新旧对照表

《物业服务纠纷解释》(法释〔2020〕17号)	《物业服务纠纷解释》(法释〔2009〕8号)
为正确审理物业服务纠纷案件,依法保护当事人的合法权益,根据**《中华人民共和国民法典》**等法律规定,结合民事审判实践,制定本解释。	为正确审理物业服务纠纷案件,依法保护当事人的合法权益,根据《中华人民共和国民法通则》、《中华人民共和国物权法》、《中华人民共和国合同法》等法律规定,结合民事审判实践,制定本解释。
第1条 业主违反物业服务合同或者法律、法规、管理规约,实施妨碍物业服务与管理的行为,**物业服务人**请求业主承担**停止侵害、排除妨碍、恢复原状**等相应民事责任的,人民法院应予支持。	**第4条** 业主违反物业服务合同或者法律、法规、管理规约,实施妨害物业服务与管理的行为,物业服务企业请求业主承担恢复原状、停止侵害、排除妨害等相应民事责任的,人民法院应予支持。
第2条 **物业服务人**违反物业服务合同约定或者法律、法规、部门规章规定,擅自扩大收费范围、提高收费标准或者重复收费,业主以违规收费为由提出抗辩的,人民法院应予支持。 业主请求**物业服务人**退还其**已经**收取的违规费用的,人民法院应予支持。	**第5条** 物业服务企业违反物业服务合同约定或者法律、法规、部门规章规定,擅自扩大收费范围、提高收费标准或者重复收费,业主以违规收费为由提出抗辩的,人民法院应予支持。 业主请求物业服务企业退还其已收取的违规费用的,人民法院应予支持。
第3条 物业服务合同的权利义务终止后,业主请求**物业服务人**退还已经预收,但尚未提供物业服务期间的物业费的,人民法院应予支持。	**第9条** 物业服务合同的权利义务终止后,业主请求物业服务企业退还已经预收,但尚未提供物业服务期间的物业费的,人民法院应予支持。 **物业服务企业请求业主支付拖欠的物业费的,按照本解释第六条规定处理。**
第4条 因物业的承租人、借用人或者其他物业使用人实施违反物业服务合同,以及法律、法规或者管理规约的行为引起的物业服务纠纷,人民法院**可以**参照关于业主的规定处理。	**第12条** 因物业的承租人、借用人或者其他物业使用人实施违反物业服务合同,以及法律、法规或者管理规约的行为引起的物业服务纠纷,人民法院应当参照**本解释**关于业主的规定处理。
第5条 本解释自2009年10月1日起施行。 本解释施行前已经终审,本解释施行后当事人申请再审或者按照审判监督程序决定再审的案件,不适用本解释。	**第13条** 同法释〔2020〕17号第5条

三十、《医疗损害责任解释》新旧对照表

《医疗损害责任解释》(法释〔2020〕17号)	《医疗损害责任解释》(法释〔2017〕20号)
为正确审理医疗损害责任纠纷案件,依法维护当事人的合法权益,推动构建和谐医患关系,促进卫生健康事业发展,根据**《中华人民共和国民法典》**《中华人民共和国民事诉讼法》等法律规定,结合审判实践,制定本解释。	为正确审理医疗损害责任纠纷案件,依法维护当事人的合法权益,推动构建和谐医患关系,促进卫生健康事业发展,根据《中华人民共和国侵权责任法》《中华人民共和国民事诉讼法》等法律规定,结合审判实践,制定本解释。
第1条 患者以在诊疗活动中受到人身或者财产损害为由请求医疗机构、医疗产品的生产者、销售者、**药品上市许可持有人**或者血液提供机构承担侵权责任的案件,适用本解释。 患者以在美容医疗机构或者开设医疗美容科室的医疗机构实施的医疗美容活动中受到人身或者财产损害为由提起的侵权纠纷案件,适用本解释。 当事人提起的医疗服务合同纠纷案件,不适用本解释。	**第1条** 患者以在诊疗活动中受到人身或者财产损害为由请求医疗机构、医疗产品的生产者、销售者或者血液提供机构承担侵权责任的案件,适用本解释。 患者以在美容医疗机构或者开设医疗美容科室的医疗机构实施的医疗美容活动中受到人身或者财产损害为由提起的侵权纠纷案件,适用本解释。 当事人提起的医疗服务合同纠纷案件,不适用本解释。
第2条 患者因同一伤病在多个医疗机构接受诊疗受到损害,起诉部分或者全部就诊的医疗机构的,应予受理。 患者起诉部分就诊的医疗机构后,当事人依法申请追加其他就诊的医疗机构为共同被告或者第三人的,应予准许。必要时,人民法院可以依法追加相关当事人参加诉讼。	**第2条** 同法释〔2020〕17号第2条
第3条 患者因缺陷医疗产品受到损害,起诉部分或者全部医疗产品的生产者、销售者、**药品上市许可持有人**和医疗机构的,应予受理。 患者仅起诉医疗产品的生产者、销售者、**药品上市许可持有人**、医疗机构中部分主体,当事人依法申请追加其他主体为共同被告或者第三人的,应予准许。必要时,人民法院可以依法追加相关当事人参加诉讼。 患者因输入不合格的血液受到损害提起侵权诉讼的,参照适用前两款规定。	**第3条** 患者因缺陷医疗产品受到损害,起诉部分或者全部医疗产品的生产者、销售者和医疗机构的,应予受理。 患者仅起诉医疗产品的生产者、销售者、医疗机构中部分主体,当事人依法申请追加其他主体为共同被告或者第三人的,应予准许。必要时,人民法院可以依法追加相关当事人参加诉讼。 患者因输入不合格的血液受到损害提起侵权诉讼的,参照适用前两款规定。
第4条 患者依据**民法典第一千二百一十八条**规定主张医疗机构承担赔偿责任的,应当提交到该医疗机构就诊、受到损害的证据。 患者无法提交医疗机构或者其医务人员有过错、诊疗行为与损害之间具有因果关系的证据,依法提出医疗损害鉴定申请的,人民法院应予准许。	**第4条** 患者依据侵权责任法第五十四条规定主张医疗机构承担赔偿责任的,应当提交到该医疗机构就诊、受到损害的证据。 患者无法提交医疗机构及其医务人员有过错、诊疗行为与损害之间具有因果关系的证据,依法提出医疗损害鉴定申请的,人民法院应予准许。

《医疗损害责任解释》(法释〔2020〕17号)	《医疗损害责任解释》(法释〔2017〕20号)
医疗机构主张不承担责任的,应当就**民法典第一千二百二十四条**第一款规定情形等抗辩事由承担举证证明责任。	医疗机构主张不承担责任的,应当就侵权责任法第六十条第一款规定情形等抗辩事由承担举证证明责任。
第5条 患者依据**民法典第一千二百一十九条**规定主张医疗机构承担赔偿责任的,应当按照前条第一款规定提交证据。 实施手术、特殊检查、特殊治疗的,医疗机构应当承担说明义务并取得患者或者患者近亲属**明确同意**,但属于**民法典第一千二百二十**条规定情形的除外。医疗机构提交患者或者患者近亲属**明确同意**证据的,人民法院可以认定医疗机构尽到说明义务,但患者有相反证据足以反驳的除外。	**第5条** 患者依据侵权责任法第五十五条规定主张医疗机构承担赔偿责任的,应当按照前条第一款规定提交证据。 实施手术、特殊检查、特殊治疗的,医疗机构应当承担说明义务并取得患者或者患者近亲属书面同意,但属于侵权责任法第五十六条规定情形的除外。医疗机构提交患者或者患者近亲属书面同意证据的,人民法院可以认定医疗机构尽到说明义务,但患者有相反证据足以反驳的除外。
第6条 民法典第一千二百二十二条规定的病历资料包括医疗机构保管的门诊病历、住院志、体温单、医嘱单、检验报告、医学影像检查资料、特殊检查(治疗)同意书、手术同意书、手术及麻醉记录、病理资料、护理记录、出院记录以及国务院卫生行政主管部门规定的其他病历资料。 患者依法向人民法院申请医疗机构提交由其保管的与纠纷有关的病历资料等,医疗机构未在人民法院指定期限内提交的,人民法院可以依照**民法典第一千二百二十二条第二项**规定推定医疗机构有过错,但是因不可抗力等客观原因无法提交的除外。	**第6条** 侵权责任法第五十八条规定的病历资料包括医疗机构保管的门诊病历、住院志、体温单、医嘱单、检验报告、医学影像检查资料、特殊检查(治疗)同意书、手术同意书、手术及麻醉记录、病理资料、护理记录、**医疗费用**、出院记录以及国务院卫生行政主管部门规定的其他病历资料。 患者依法向人民法院申请医疗机构提交由其保管的与纠纷有关的病历资料等,医疗机构未在人民法院指定期限内提交的,人民法院可以依照侵权责任法第五十八条第二项规定推定医疗机构有过错,但是因不可抗力等客观原因无法提交的除外。
第7条 患者依据**民法典第一千二百二十三条**规定请求赔偿的,应当提交使用医疗产品或者输入血液、受到损害的证据。 患者无法提交使用医疗产品或者输入血液与损害之间具有因果关系的证据,依法申请鉴定的,人民法院应予准许。 医疗机构、医疗产品的生产者、销售者、**药品上市许可持有人**或者血液提供机构主张不承担责任的,应当对医疗产品不存在缺陷或者血液合格等抗辩事由承担举证证明责任。	**第7条** 患者依据侵权责任法第五十九条规定请求赔偿的,应当提交使用医疗产品或者输入血液、受到损害的证据。 患者无法提交使用医疗产品或者输入血液与损害之间具有因果关系的证据,依法申请鉴定的,人民法院应予准许。 医疗机构、医疗产品的生产者、销售者或者血液提供机构主张不承担责任的,应当对医疗产品不存在缺陷或者血液合格等抗辩事由承担举证证明责任。
第8条 当事人依法申请对医疗损害责任纠纷中的专门性问题进行鉴定的,人民法院应予准许。 当事人未申请鉴定,人民法院对前款规定的专门性问题认为需要鉴定的,应当依职权委托鉴定。	**第8条** 同法释〔2020〕17号第8条
第9条 当事人申请医疗损害鉴定的,由双方当事人协商确定鉴定人。 当事人就鉴定人无法达成一致意见,人民法院提出确定鉴定人的方法,当事人同意的,按照该方法确定;当事人不同意的,由人民法院指定。 鉴定人应当从具备相应鉴定能力、符合鉴定要求的专家中确定。	**第9条** 同法释〔2020〕17号第9条

《医疗损害责任解释》(法释〔2020〕17号)	《医疗损害责任解释》(法释〔2017〕20号)
第10条 委托医疗损害鉴定的,当事人应当按照要求提交真实、完整、充分的鉴定材料。提交的鉴定材料不符合要求的,人民法院应当通知当事人更换或者补充相应材料。 在委托鉴定前,人民法院应当组织当事人对鉴定材料进行质证。	**第10条** 同法释〔2020〕17号第10条
第11条 委托鉴定书,应当有明确的鉴定事项和鉴定要求。鉴定人应当按照委托鉴定的事项和要求进行鉴定。 下列专门性问题可以作为申请医疗损害鉴定的事项: (一)实施诊疗行为有无过错; (二)诊疗行为与损害后果之间是否存在因果关系以及原因力大小; (三)医疗机构是否尽到了说明义务、取得患者或者患者近亲属**明确同意**的义务; (四)医疗产品是否有缺陷、该缺陷与损害后果之间是否存在因果关系以及原因力的大小; (五)患者损伤残疾程度; (六)患者的护理期、休息期、营养期; (七)其他专门性问题。 鉴定要求包括鉴定人的资质、鉴定人的组成、鉴定程序、鉴定意见、鉴定期限等。	**第11条** 委托鉴定书,应当有明确的鉴定事项和鉴定要求。鉴定人应当按照委托鉴定的事项和要求进行鉴定。 下列专门性问题可以作为申请医疗损害鉴定的事项: (一)实施诊疗行为有无过错; (二)诊疗行为与损害后果之间是否存在因果关系以及原因力大小; (三)医疗机构是否尽到了说明义务、取得患者或者患者近亲属书面同意的义务; (四)医疗产品是否有缺陷、该缺陷与损害后果之间是否存在因果关系以及原因力的大小; (五)患者损伤残疾程度; (六)患者的护理期、休息期、营养期; (七)其他专门性问题。 鉴定要求包括鉴定人的资质、鉴定人的组成、鉴定程序、鉴定意见、鉴定期限等。
第12条 鉴定意见可以按照导致患者损害的全部原因、主要原因、同等原因、次要原因、轻微原因或与患者损害无因果关系,表述诊疗行为或者医疗产品等造成患者损害的原因力大小。	**第12条** 同法释〔2020〕17号第12条
第13条 鉴定意见应当经当事人质证。 当事人申请鉴定人出庭作证,经人民法院审查同意,或者人民法院认为鉴定人有必要出庭的,应当通知鉴定人出庭作证。双方当事人同意鉴定人通过书面说明、视听传输技术或者视听资料等方式作证的,可以准许。 鉴定人因健康原因、自然灾害等不可抗力或者其他正当理由不能按期出庭的,可以延期开庭;经人民法院许可,也可以通过书面说明、视听传输技术或者视听资料等方式作证。 无前款规定理由,鉴定人拒绝出庭作证,当事人对鉴定意见又不认可的,对该鉴定意见不予采信。	**第13条** 同法释〔2020〕17号第13条
第14条 当事人申请通知一至二名具有医学专门知识的人出庭,对鉴定意见或者案件的其他专门性事实问题提出意见,人民法院准许的,应当通知具有医学专门知识的人出庭。	**第14条** 同法释〔2020〕17号第14条

《医疗损害责任解释》(法释〔2020〕17号)	《医疗损害责任解释》(法释〔2017〕20号)
前款规定的具有医学专门知识的人提出的意见,视为当事人的陈述,经质证可以作为认定案件事实的根据。	
第15条 当事人自行委托鉴定人作出的医疗损害鉴定意见,其他当事人认可的,可予采信。 当事人共同委托鉴定人作出的医疗损害鉴定意见,一方当事人不认可的,应当提出明确的异议内容和理由。经审查,有证据足以证明异议成立的,对鉴定意见不予采信;异议不成立的,应予采信。	**第15条** 同法释〔2020〕17号第15条
第16条 对医疗机构<u>或者</u>其医务人员的过错,应当依据法律、行政法规、规章以及其他有关诊疗规范进行认定,可以综合考虑患者病情的紧急程度、患者个体差异、当地的医疗水平、医疗机构与医务人员资质等因素。	**第16条** 对医疗机构及其医务人员的过错,应当依据法律、行政法规、规章以及其他有关诊疗规范进行认定,可以综合考虑患者病情的紧急程度、患者个体差异、当地的医疗水平、医疗机构与医务人员资质等因素。
第17条 医务人员违反<u>民法典第一千二百一十九条第一款</u>规定义务,但未造成患者人身损害,患者请求医疗机构承担损害赔偿责任的,不予支持。	**第17条** 医务人员违反侵权责任法第五十五条第一款规定义务,但未造成患者人身损害,患者请求医疗机构承担损害赔偿责任的,不予支持。
第18条 因抢救生命垂危的患者等紧急情况且不能取得患者意见时,下列情形可以认定为<u>民法典第一千二百二十条</u>规定的不能取得患者近亲属意见: (一)近亲属不明的; (二)不能及时联系到近亲属的; (三)近亲属拒绝发表意见的; (四)近亲属达不成一致意见的; (五)法律、法规规定的其他情形。 前款情形,医务人员经医疗机构负责人或者授权的负责人批准立即实施相应医疗措施,患者因此请求医疗机构承担赔偿责任的,不予支持;医疗机构及其医务人员怠于实施相应医疗措施造成损害,患者请求医疗机构承担赔偿责任的,应予支持。	**第18条** 因抢救生命垂危的患者等紧急情况且不能取得患者意见时,下列情形可以认定为侵权责任法第五十六条规定的不能取得患者近亲属意见: (一)近亲属不明的; (二)不能及时联系到近亲属的; (三)近亲属拒绝发表意见的; (四)近亲属达不成一致意见的; (五)法律、法规规定的其他情形。 前款情形,医务人员经医疗机构负责人或者授权的负责人批准立即实施相应医疗措施,患者因此请求医疗机构承担赔偿责任的,不予支持;医疗机构及其医务人员怠于实施相应医疗措施造成损害,患者请求医疗机构承担赔偿责任的,应予支持。
第19条 两个以上医疗机构的诊疗行为造成患者同一损害,患者请求医疗机构承担赔偿责任的,应当区分不同情况,依照<u>民法典第一千一百六十八条、第一千一百七十一条或者第一千一百七十二条</u>的规定,确定各医疗机构承担的赔偿责任。	**第19条** 两个以上医疗机构的诊疗行为造成患者同一损害,患者请求医疗机构承担赔偿责任的,应当区分不同情况,依照侵权责任法第八条、第十一条或者第十二条的规定,确定各医疗机构承担的赔偿责任。
第20条 医疗机构邀请本单位以外的医务人员对患者进行诊疗,因受邀医务人员的过错造成患者损害的,由邀请医疗机构承担赔偿责任。	**第20条** 同法释〔2020〕17号第20条
第21条 因医疗产品的缺陷或者输入不合格血液受到损害,患者请求医疗机构、缺陷医疗产品的生产者、销售者、<u>药品上市许可持有人</u>或者血液提供机构承担赔偿责任的,应予支持。	**第21条** 因医疗产品的缺陷或者输入不合格血液受到损害,患者请求医疗机构、缺陷医疗产品的生产者、销售者或者血液提供机构承担赔偿责任的,应予支持。

《医疗损害责任解释》(法释〔2020〕17号)	《医疗损害责任解释》(法释〔2017〕20号)
医疗机构承担赔偿责任后,向缺陷医疗产品的生产者、销售者、**药品上市许可持有人**或者血液提供机构追偿的,应予支持。 因医疗机构的过错使医疗产品存在缺陷或者血液不合格,医疗产品的生产者、销售者、**药品上市许可持有人**或者血液提供机构承担赔偿责任后,向医疗机构追偿的,应予支持。	医疗机构承担赔偿责任后,向缺陷医疗产品的生产者、销售者或者血液提供机构追偿的,应予支持。 因医疗机构的过错使医疗产品存在缺陷或者血液不合格,医疗产品的生产者、销售者或者血液提供机构承担赔偿责任后,向医疗机构追偿的,应予支持。
第22条 缺陷医疗产品与医疗机构的过错诊疗行为共同造成患者同一损害,患者请求医疗机构与医疗产品的生产者、销售者、**药品上市许可持有人**承担连带责任的,应予支持。 医疗机构或者医疗产品的生产者、销售者、**药品上市许可持有人**承担赔偿责任后,向其他责任主体追偿的,应当根据诊疗行为与缺陷医疗产品造成患者损害的原因力大小确定相应的数额。 输入不合格血液与医疗机构的过错诊疗行为共同造成患者同一损害的,参照适用前两款规定。	**第22条** 缺陷医疗产品与医疗机构的过错诊疗行为共同造成患者同一损害,患者请求医疗机构与医疗产品的生产者或者销售者承担连带责任的,应予支持。 医疗机构或者医疗产品的生产者、销售者承担赔偿责任后,向其他责任主体追偿的,应当根据诊疗行为与缺陷医疗产品造成患者损害的原因力大小确定相应的数额。 输入不合格血液与医疗机构的过错诊疗行为共同造成患者同一损害的,参照适用前两款规定。
第23条 医疗产品的生产者、销售者、**药品上市许可持有人**明知医疗产品存在缺陷仍然生产、销售,造成患者死亡或者健康严重损害,被侵权人请求生产者、销售者、**药品上市许可持有人**赔偿损失及二倍以下惩罚性赔偿的,人民法院应予支持。	**第23条** 医疗产品的生产者、销售者明知医疗产品存在缺陷仍然生产、销售,造成患者死亡或者健康严重损害,被侵权人请求生产者、销售者赔偿损失及二倍以下惩罚性赔偿的,人民法院应予支持。
第24条 被侵权人同时起诉两个以上医疗机构承担赔偿责任,人民法院经审理,受诉法院所在地的医疗机构依法不承担赔偿责任,其他医疗机构承担赔偿责任的,残疾赔偿金、死亡赔偿金的计算,按下列情形分别处理: (一)一个医疗机构承担责任的,按照该医疗机构所在地的赔偿标准执行; (二)两个以上医疗机构均承担责任的,可以按照其中赔偿标准较高的医疗机构所在地标准执行。	**第24条** 同法释〔2020〕17号第24条
第25条 患者死亡后,其近亲属请求医疗损害赔偿的,适用本解释;支付患者医疗费、丧葬费等合理费用的人请求赔偿该费用的,适用本解释。 本解释所称的"医疗产品"包括药品、**消毒产品**、医疗器械等。	**第25条** 患者死亡后,其近亲属请求医疗损害赔偿的,适用本解释;支付患者医疗费、丧葬费等合理费用的人请求赔偿该费用的,适用本解释。 本解释所称的"医疗产品"包括药品、消毒药剂、医疗器械等。
第26条 本院以前发布的司法解释与本解释不一致的,以本解释为准。 本解释施行后尚未终审的案件,适用本解释;本解释施行前已经终审,当事人申请再审或者按照审判监督程序决定再审的案件,不适用本解释。	**第26条** 同法释〔2020〕17号第26条

第三部分

既有民事法律
与《中华人民共和国民法典》对照表

一、《民法通则》《民法总则》与《民法典》对照表

《民法通则》	《民法总则》	《民法典》
《民法通则》	《民法总则》	《民法典》
第1条	第1条	第1条
第2条	第2条	第2条
第3条	第4条	第4条
第4条	第5条	第5条
	第6条	第6条
	第7条	第7条
第5条	第3条	第33条
第6条	第8条	第8条
第7条	第8条	第8条
第8条	第12条	第12条
第9条	第13条	第13条
第10条	第14条	第14条
第11条	第17条	第17条
	第18条	第18条
第12条	第19条	第19条
第13条	第21条	第21条
	第22条	第22条
第14条	第23条	第23条
第15条	第25条	第25条
第16条	第27条	第27条
第17条	第28条	第28条
第18条	第34条	第34条
	第35条	第35条
	第36条	第36条
第19条	第24条	第24条
第20条	第40条	第40条
	第41条	第41条
第21条	第42条	第42条
	第43条	第43条
第22条	第45条	第45条
第23条	第46条	第46条
第24条	第49条	第49条
第25条	第53条	第53条
第26条	第54条	第54条

《民法通则》	《民法总则》	《民法典》
第27条	第55条	第55条
第28条	（删除）	（删除）
第29条	第56条	第56条
第30条	（删除）	第967条
第31条	（删除）	（删除）
第32条	（删除）	第969条
第33条	（删除）	（删除）
第34条	（删除）	第970条
第35条	（删除）	第972条
		第973条
第36条	第57条	第57条
	第59条	第59条
第37条	第58条	第58条
	第60条	第60条
第38条	第61条	第61条
第39条	第63条	第63条
第40条	第72条	第72条
第41条	第76条	第76条
	第77条	第77条
第42条	（删除）	（删除）
第43条	第62条	第62条
第44条	第67条	第67条
第45条	第68条	第68条
	第69条	第69条
第46条	第72条	第72条
第47条	第70条	第70条
第48条	（删除）	（删除）
第49条	（删除）	（删除）
第50条	第88条	第88条
	第90条	第90条
第51条	（删除）	（删除）
第52条	（删除）	（删除）
第53条	（删除）	（删除）
第54条	第133条	第133条
第55条	第143条	第143条
第56条	第135条	第135条
第57条	第136条	第136条

《民法通则》	《民法总则》	《民法典》
第 58 条	第 144 条	第 144 条
	第 145 条	第 145 条
	第 146 条	第 146 条
	第 148 条	第 148 条
	第 150 条	第 150 条
	第 151 条	第 151 条
	第 152 条	第 152 条
	第 153 条	第 153 条
	第 154 条	第 154 条
	第 155 条	第 155 条
第 59 条	第 147 条	第 147 条
第 60 条	第 156 条	第 156 条
第 61 条	第 157 条	第 157 条
第 62 条	第 158 条	第 158 条
第 63 条	第 161 条	第 161 条
	第 162 条	的 162 条
第 64 条	第 163 条	第 163 条
第 65 条	第 165 条	第 165 条
第 66 条	第 164 条	第 164 条
	第 171 条	第 171 条
第 67 条	第 167 条	第 167 条
第 68 条	第 169 条	第 169 条
第 69 条	第 173 条	第 173 条
第 70 条	第 175 条	第 175 条
第 71 条	（删除）	（删除）
第 72 条	（删除）	（删除）
第 73 条	（删除）	（删除）
第 74 条	（删除）	（删除）
第 75 条	（删除）	（删除）
第 76 条	第 124 条	第 124 条
第 77 条	（删除）	（删除）
第 78 条	第 93 条	第 297 条
	第 101 条	第 305 条
第 79 条	（删除）	第 319 条
第 80 条	（删除）	（删除）
第 81 条	（删除）	（删除）
第 82 条	（删除）	（删除）
第 83 条	第 84 条	第 288 条
第 84 条	（删除）	（删除）
第 85 条	（删除）	第 465 条
第 86 条	（删除）	第 517 条
第 87 条	（删除）	第 518 条

《民法通则》	《民法总则》	《民法典》
第88条	（删除）	第509条
第89条	（删除）	（删除）
第90条	（删除）	（删除）
第91条	（删除）	第555条
第92条	（删除）	第985条
第93条	（删除）	第979条
第94条	第123条	第123条
第95条	（删除）	（删除）
第96条	（删除）	（删除）
第97条	（删除）	（删除）
第98条	第110条	第110条
第99条		
第100条		
第101条		
第102条		
第103条		
第104条	第128条	第128条
第105条	（删除）	（删除）
第106条	第176条	第176条
第107条	第180条	第180条
第108条	（删除）	（删除）
第109条	第183条	第183条
第110条	（删除）	（删除）
第111条	（删除）	第566条
第112条	（删除）	第585条
第113条	（删除）	第592条
第114条	（删除）	第591条
第115条	（删除）	第566条
第116条	（删除）	（删除）
第117条	（删除）	（删除）
第118条	（删除）	（删除）
第119条	（删除）	第1179条
第120条	（删除）	第995条
第121条	（删除）	第1191条
第122条	（删除）	第1202条
第123条	（删除）	第1240条
第124条	（删除）	第1229条
第125条	（删除）	第1258条
第126条	（删除）	第1253条
第127条	（删除）	第1245条
第128条	（删除）	第181条
第129条	（删除）	第182条

《民法通则》	《民法总则》	《民法典》
第130条	（删除）	第1168条
第131条	（删除）	第1173条
第132条	（删除）	第1186条
第133条	（删除）	第1188条
第134条	第179条	第179条
第135条	第188条	第188条
第136条	（删除）	（删除）
第137条	第188条	第188条
第138条	第192条	第192条
第139条	第193条	第193条
第140条	第195条	第195条
第141条	第188条	第188条
第142条	（删除）	（删除）
第143条	（删除）	（删除）
第144条	（删除）	（删除）
第145条	（删除）	（删除）
第146条	（删除）	（删除）
第147条	（删除）	（删除）
第148条	（删除）	（删除）
第149条	（删除）	（删除）
第150条	（删除）	（删除）
第151条	（删除）	（删除）
第152条	（删除）	（删除）
第153条	第180条	第180条
第154条	第200条	第200条
	第201条	第201条
	第202条	第202条
	第203条	第203条
	第204条	第204条
第155条	第205条	（删除）
第156条	第206条	（删除）

二、《物权法》与《民法典》对照表

《物权法》	《民法典》
第1条	（删除）
第2条	第205条
第3条	第206条
第4条	第207条
第5条	第116条
第6条	第208条
第7条	（删除）
第8条	（删除）
第9条	第209条
第10条	第210条
第11条	第211条
第12条	第212条
第13条	第213条
第14条	第214条
第15条	第215条
第16条	第216条
第17条	第217条
第18条	第218条
第19条	第220条
第20条	第221条
第21条	第222条
第22条	第223条
第23条	第224条
第24条	第225条
第25条	第226条
第26条	第227条
第27条	第228条
第28条	第229条
第29条	第230条
第30条	第231条
第31条	第232条
第32条	第233条
第33条	第234条
第34条	第235条
第35条	第236条
第36条	第237条
第37条	第238条
第38条	第239条
第39条	第240条

《物权法》	《民法典》
第40条	第241条
第41条	第242条
第42条	第243条
第43条	第244条
第44条	第245条
第45条	第246条
第46条	第247条
第47条	第249条
第48条	第250条
第49条	第251条
第50条	第252条
第51条	第253条
第52条	第254条
第53条	第255条
第54条	第256条
第55条	第257条
第56条	第258条
第57条	第259条
第58条	第260条
第59条	第261条
第60条	第262条
第61条	第263条
第62条	第264条
第63条	第265条
第64条	第266条
第65条	（删除）
第66条	第267条
第67条	第268条
第68条	第269条
第69条	第270条
第70条	第271条
第71条	第272条
第72条	第273条
第73条	第274条
第74条	第276条
	第275条
第75条	第277条
第76条	第278条
第77条	第279条

《物权法》	《民法典》	《物权法》	《民法典》
第 78 条	第 280 条	第 123 条	第 329 条
第 79 条	第 281 条	第 124 条	第 330 条
第 80 条	第 283 条	第 125 条	第 331 条
第 81 条	第 284 条	第 126 条	第 332 条
第 82 条	第 285 条	第 127 条	第 333 条
第 83 条	第 286 条	第 128 条	第 334 条
第 84 条	第 288 条	第 129 条	第 335 条
第 85 条	第 289 条	第 130 条	第 336 条
第 86 条	第 290 条	第 131 条	第 337 条
第 87 条	第 291 条	第 132 条	第 338 条
第 88 条	第 292 条	第 133 条	第 342 条
第 89 条	第 293 条	第 134 条	第 343 条
第 90 条	第 294 条	第 135 条	第 344 条
第 91 条	第 295 条	第 136 条	第 345 条
第 92 条	第 296 条	第 137 条	第 347 条
第 93 条	第 297 条	第 138 条	第 348 条
第 94 条	第 298 条	第 139 条	第 349 条
第 95 条	第 299 条	第 140 条	第 350 条
第 96 条	第 300 条	第 141 条	第 351 条
第 97 条	第 301 条	第 142 条	第 352 条
第 98 条	第 302 条	第 143 条	第 353 条
第 99 条	第 303 条	第 144 条	第 354 条
第 100 条	第 304 条	第 145 条	第 355 条
第 101 条	第 305 条	第 146 条	第 356 条
第 102 条	第 307 条	第 147 条	第 357 条
第 103 条	第 308 条	第 148 条	第 358 条
第 104 条	第 309 条	第 149 条	第 359 条
第 105 条	第 310 条	第 150 条	第 360 条
第 106 条	第 311 条	第 151 条	第 361 条
第 107 条	第 312 条	第 152 条	第 362 条
第 108 条	第 313 条	第 153 条	第 363 条
第 109 条	第 314 条	第 154 条	第 364 条
第 110 条	第 315 条	第 155 条	第 365 条
第 111 条	第 316 条	第 156 条	第 372 条
第 112 条	第 317 条	第 157 条	第 373 条
第 113 条	第 318 条	第 158 条	第 374 条
第 114 条	第 319 条	第 159 条	第 375 条
第 115 条	第 320 条	第 160 条	第 376 条
第 116 条	第 321 条	第 161 条	第 377 条
第 117 条	第 323 条	第 162 条	第 378 条
第 118 条	第 324 条	第 163 条	第 379 条
第 119 条	第 325 条	第 164 条	第 380 条
第 120 条	第 326 条	第 165 条	第 381 条
第 121 条	第 327 条	第 166 条	第 382 条
第 122 条	第 328 条	第 167 条	第 383 条

《物权法》	《民法典》	《物权法》	《民法典》
第168条	第384条	第209条	第426条
第169条	第385条	第210条	第427条
第170条	第386条	第211条	第428条
第171条	第387条	第212条	第429条
第172条	第388条	第213条	第430条
第173条	第389条	第214条	第431条
第174条	第390条	第215条	第432条
第175条	第391条	第216条	第433条
第176条	第392条	第217条	第434条
第177条	第393条	第218条	第435条
第178条	（删除）	第219条	第436条
第179条	第394条	第220条	第437条
第180条	第395条	第221条	第438条
第181条	第396条	第222条	第225条
第182条	第397条	第223条	第440条
第183条	第398条	第224条	第441条
第184条	第399条	第225条	第442条
第185条	第400条	第226条	第443条
第186条	第401条	第227条	第444条
第187条	第402条	第228条	第445条
第188条	第403条	第229条	第446条
第189条第1款		第230条	第447条
第189条第2款	第404条	第231条	第448条
第190条	第405条	第232条	第449条
第191条	第406条	第233条	第450条
第192条	第407条	第234条	第451条
第193条	第408条	第235条	第452条
第194条	第409条	第236条	第453条
第195条	第410条	第237条	第454条
第196条	第411条	第238条	第455条
第197条	第412条	第239条	第456条
第198条	第413条	第240条	第457条
第199条	第414条	第241条	第458条
第200条	第417条	第242条	第459条
第201条	第418条	第243条	第460条
第202条	第419条	第244条	第461条
第203条	第420条	第245条	第462条
第204条	第421条	第246条	（删除）
第205条	第422条	第247条	（删除）
第206条	第423条		
第207条	第424条		
第208条	第425条		

三、《合同法》与《民法典》对照表

《合同法》	《民法典》
第 1 条	第 463 条
第 2 条	第 464 条
第 3 条	（删除）
第 4 条	第 5 条
第 5 条	（删除）
第 6 条	（删除）
第 7 条	（删除）
第 8 条	第 465 条
第 9 条	（删除）
第 10 条	第 469 条
第 11 条	
第 12 条	第 470 条
第 13 条	第 471 条
第 14 条	第 472 条
第 15 条	第 473 条
第 16 条	第 474 条
第 17 条	第 475 条
第 18 条	第 476 条
第 19 条	第 477 条
第 20 条	第 478 条
第 21 条	第 479 条
第 22 条	第 480 条
第 23 条	第 481 条
第 24 条	第 482 条
第 25 条	第 483 条
第 26 条	第 484 条
第 27 条	第 485 条
第 28 条	第 486 条
第 29 条	第 487 条
第 30 条	第 488 条
第 31 条	第 489 条
第 32 条	第 490 条
第 33 条	第 491 条
第 34 条	第 492 条
第 35 条	第 493 条
第 36 条	第 490 条
第 37 条	
第 38 条	第 494 条
第 39 条	第 496 条

《合同法》	《民法典》
第 40 条	第 497 条
第 41 条	第 498 条
第 42 条	第 500 条
第 43 条	第 501 条
第 44 条	第 502 条
第 45 条	第 158 条
	第 159 条
第 46 条	第 160 条
第 47 条	第 19 条
第 48 条	第 171 条
第 49 条	（删除）
第 50 条	第 504 条
第 51 条	（删除）
第 52 条	第 146 条
	第 153 条
	第 154 条
第 53 条	第 506 条
第 54 条	第 152 条
第 55 条	
第 56 条	第 155 条
第 57 条	第 507 条
第 58 条	第 157 条
第 59 条	（删除）
第 60 条	第 509 条
第 61 条	第 510 条
第 62 条	第 511 条
第 63 条	第 512 条
第 64 条	第 522 条
第 65 条	第 523 条
第 66 条	第 525 条
第 67 条	第 526 条
第 68 条	第 527 条
第 69 条	第 528 条
第 70 条	第 529 条
第 71 条	第 530 条
第 72 条	第 531 条
第 73 条	第 535 条

《合同法》	《民法典》	《合同法》	《民法典》
第 74 条	第 538 条	第 119 条	第 591 条
	第 539 条	第 120 条	第 592 条
	第 540 条	第 121 条	第 593 条
第 75 条	第 541 条	第 122 条	第 186 条
第 76 条	第 532 条	第 123 条	（删除）
第 77 条	第 543 条	第 124 条	（删除）
第 78 条	第 544 条	第 125 条	第 466 条
第 79 条	第 545 条	第 126 条	（删除）
第 80 条	第 546 条	第 127 条	（删除）
第 81 条	第 547 条	第 128 条	（删除）
第 82 条	第 548 条	第 129 条	第 594 条
第 83 条	第 549 条	第 130 条	第 595 条
第 84 条	第 551 条	第 131 条	第 596 条
第 85 条	第 553 条	第 132 条	第 597 条
第 86 条	第 554 条	第 133 条	（删除）
第 87 条	（删除）	第 134 条	第 641 条
第 88 条	第 555 条	第 135 条	第 598 条
第 89 条	第 556 条	第 136 条	第 599 条
第 90 条	第 67 条	第 137 条	第 600 条
第 91 条	第 557 条	第 138 条	第 601 条
第 92 条	第 558 条	第 139 条	第 602 条
第 93 条	第 562 条	第 140 条	（删除）
第 94 条	第 563 条	第 141 条	第 603 条
第 95 条	第 564 条	第 142 条	第 604 条
第 96 条	第 565 条	第 143 条	第 605 条
第 97 条	第 566 条	第 144 条	第 606 条
第 98 条	第 567 条	第 145 条	第 607 条
第 99 条	第 568 条	第 146 条	第 608 条
第 100 条	第 569 条	第 147 条	第 609 条
第 101 条	第 570 条	第 148 条	第 610 条
第 102 条	第 572 条	第 149 条	第 611 条
第 103 条	第 573 条	第 150 条	第 612 条
第 104 条	第 574 条	第 151 条	第 613 条
第 105 条	第 575 条	第 152 条	第 614 条
第 106 条	第 576 条	第 153 条	第 615 条
第 107 条	第 577 条	第 154 条	第 616 条
第 108 条	第 578 条	第 155 条	第 617 条
第 109 条	第 579 条	第 156 条	第 619 条
第 110 条	第 580 条	第 157 条	第 620 条
第 111 条	第 582 条	第 158 条	第 621 条
第 112 条	第 583 条	第 159 条	第 626 条
第 113 条	第 584 条	第 160 条	第 627 条
第 114 条	第 585 条	第 161 条	第 628 条
第 115 条	第 586 条	第 162 条	第 629 条
第 116 条	第 588 条	第 163 条	第 630 条
第 117 条	第 590 条	第 164 条	第 631 条
第 118 条		第 165 条	第 632 条

《合同法》	《民法典》	《合同法》	《民法典》
第 166 条	第 633 条	第 213 条	第 704 条
第 167 条	第 634 条	第 214 条	第 705 条
第 168 条	第 635 条	第 215 条	第 707 条
第 169 条	第 636 条	第 216 条	第 708 条
第 170 条	第 637 条	第 217 条	第 709 条
第 171 条	第 638 条	第 218 条	第 710 条
第 172 条	第 644 条	第 219 条	第 711 条
第 173 条	第 645 条	第 220 条	第 712 条
第 174 条	第 646 条	第 221 条	第 713 条
第 175 条	第 647 条	第 222 条	第 714 条
第 176 条	第 648 条	第 223 条	第 715 条
第 177 条	第 649 条	第 224 条	第 716 条
第 178 条	第 650 条	第 225 条	第 720 条
第 179 条	第 651 条	第 226 条	第 721 条
第 180 条	第 652 条	第 227 条	第 722 条
第 181 条	第 653 条	第 228 条	第 723 条
第 182 条	第 654 条	第 229 条	第 725 条
第 183 条	第 655 条	第 230 条	第 726 条
第 184 条	第 656 条	第 231 条	第 729 条
第 185 条	第 657 条	第 232 条	第 730 条
第 186 条	第 658 条	第 233 条	第 731 条
第 187 条	第 659 条	第 234 条	第 732 条
第 188 条	第 660 条	第 235 条	第 733 条
第 189 条		第 236 条	第 734 条
第 190 条	第 661 条	第 237 条	第 735 条
第 191 条	第 662 条	第 238 条	第 736 条
第 192 条	第 663 条	第 239 条	第 739 条
第 193 条	第 664 条	第 240 条	第 741 条
第 194 条	第 665 条	第 241 条	第 744 条
第 195 条	第 666 条	第 242 条	第 745 条
第 196 条	第 667 条	第 243 条	第 746 条
第 197 条	第 668 条	第 244 条	第 747 条
第 198 条	（删除）	第 245 条	第 748 条
第 199 条	第 669 条	第 246 条	第 749 条
第 200 条	第 670 条	第 247 条	第 750 条
第 201 条	第 671 条	第 248 条	第 752 条
第 202 条	第 672 条	第 249 条	第 758 条
第 203 条	第 673 条	第 250 条	第 757 条
第 204 条	（删除）	第 251 条	第 770 条
第 205 条	第 674 条	第 252 条	第 771 条
第 206 条	第 675 条	第 253 条	第 772 条
第 207 条	第 676 条	第 254 条	第 773 条
第 208 条	第 677 条	第 255 条	第 774 条
第 209 条	第 678 条	第 256 条	第 775 条
第 210 条	第 679 条	第 257 条	第 776 条
第 211 条	第 680 条	第 258 条	第 777 条
第 212 条	第 703 条	第 259 条	第 778 条

《合同法》	《民法典》	《合同法》	《民法典》
第260条	第779条	第307条	第828条
第261条	第780条	第308条	第829条
第262条	第781条	第309条	第830条
第263条	第782条	第310条	第831条
第264条	第783条	第311条	第832条
第265条	第784条	第312条	第833条
第266条	第785条	第313条	第834条
第267条	第786条	第314条	第835条
第268条	第787条	第315条	第836条
第269条	第788条	第316条	第837条
第270条	第789条	第317条	第838条
第271条	第790条	第318条	第839条
第272条	第791条	第319条	第840条
第273条	第792条	第320条	第841条
第274条	第794条	第321条	第842条
第275条	第795条	第322条	第843条
第276条	第796条	第323条	第844条
第277条	第797条	第324条	第845条
第278条	第798条	第325条	第846条
第279条	第799条	第326条	第847条
第280条	第800条	第327条	第848条
第281条	第801条	第328条	第849条
第282条	第802条	第329条	第850条
第283条	第803条	第330条	第851条
第284条	第804条	第331条	第852条
第285条	第805条	第332条	第853条
第286条	第807条	第333条	第854条
第287条	第808条	第334条	（删除）
第288条	第809条	第335条	第855条
第289条	第810条	第336条	第856条
第290条	第811条	第337条	第857条
第291条	第812条	第338条	第858条
第292条	第813条	第339条	第417条
第293条	第814条	第340条	第860条
第294条	第815条	第341条	第861条
第295条	第816条	第342条	第862条
第296条	第817条		第863条
第297条	第818条	第343条	第864条
第298条	第819条	第344条	第865条
第299条	第820条	第345条	第866条
第300条	第821条	第346条	第867条
第301条	第822条	第347条	第868条
第302条	第823条	第348条	第869条
第303条	第824条	第349条	第870条
第304条	第825条	第350条	第871条
第305条	第826条	第351条	第872条
第306条	第827条	第352条	第873条

《合同法》	《民法典》	《合同法》	《民法典》
第353条	第874条	第400条	第923条
第354条	第875条	第401条	第924条
第355条	第877条	第402条	第925条
第356条	第878条	第403条	第926条
第357条	第879条	第404条	第927条
第358条	第880条	第405条	第928条
第359条	第881条	第406条	第929条
第360条	第882条	第407条	第930条
第361条	第883条	第408条	第931条
第362条	第884条	第409条	第932条
第363条	第885条	第410条	第933条
第364条	第887条	第411条	第934条
第365条	第888条	第412条	第935条
第366条	第889条	第413条	第936条
第367条	第890条	第414条	第951条
第368条	第891条	第415条	第952条
第369条	第892条	第416条	第953条
第370条	第893条	第417条	第954条
第371条	第894条	第418条	第955条
第372条	第895条	第419条	第956条
第373条	第896条	第420条	第957条
第374条	第897条	第421条	第958条
第375条	第898条	第422条	第959条
第376条	第899条	第423条	第423条
第377条	第900条	第424条	第961条
第378条	第901条	第425条	第962条
第379条	第902条	第426条	第963条
第380条	第903条	第427条	第964条
第381条	第904条	第428条	（删除）
第382条	第905条		
第383条	第906条		
第384条	第907条		
第385条	第908条		
第386条	第909条		
第387条	第910条		
第388条	第911条		
第389条	第912条		
第390条	第913条		
第391条	第914条		
第392条	第915条		
第393条	第916条		
第394条	第917条		
第395条	第918条		
第396条	第919条		
第397条	第920条		
第398条	第921条		
第399条	第922条		

四、《婚姻法》与《民法典》对照表

《婚姻法》	《民法典》
第1条	第1040条
第2条	第1041条
第3条	第1042条
第4条	第1043条
第5条	第1046条
第6条	第1047条
第7条	第1048条
第8条	第1049条
第9条	第1050条
第10条	第1051条
第11条	第1052条
第12条	第1054条
第13条	第1055条
第14条	第1056条
第15条	第1057条
第16条	（删除）
第17条	第1062条
第18条	第1063条
第19条	第1065条
第20条	第1059条
第21条	第1067条
第22条	第1015条
第23条	第1068条
第24条	第1061条
第24条	第1070条
第25条	第1071条
第26条	（删除）
第27条	第1072条
第28条	第1074条
第29条	第1075条
第30条	第1069条
第31条	第1076条
第31条	第1078条
第32条	第1079条
第33条	第1081条
第34条	第1082条
第35条	第1083条
第36条	第1084条
第37条	第1085条
第38条	第1086条
第39条	第1087条
第40条	第1088条
第41条	第1089条
第42条	第1090条
第43条	（删除）
第44条	（删除）
第45条	（删除）
第46条	第1091条
第47条	第1092条
第48条	（删除）
第49条	（删除）
第50条	（删除）

五、《收养法》与《民法典》对照表

《收养法》	《民法典》
第 1 条	（删除）
第 2 条	（删除）
第 3 条	（删除）
第 4 条	第 1093 条
第 5 条	第 1094 条
第 6 条	第 1098 条
第 7 条	第 1099 条
第 8 条	第 1100 条
第 9 条	第 1102 条
第 10 条	第 1097 条
	第 1101 条
第 11 条	第 1104 条
第 12 条	第 1095 条
第 13 条	第 1096 条
第 14 条	第 1103 条
第 15 条	第 1105 条
第 16 条	第 1106 条
第 17 条	第 1107 条

《收养法》	《民法典》
第 18 条	第 1108 条
第 19 条	（删除）
第 20 条	（删除）
第 21 条	第 1109 条
第 22 条	第 1110 条
第 23 条	第 1111 条
第 24 条	第 1112 条
第 25 条	第 1113 条
第 26 条	第 1114 条
第 27 条	第 1115 条
第 28 条	第 1116 条
第 29 条	第 1117 条
第 30 条	第 1118 条
第 31 条	（删除）

六、《继承法》与《民法典》对照表

《继承法》	《民法典》	《继承法》	《民法典》
第1条	第1119条	第18条	第1140条
第2条	第1121条	第19条	第1141条
第3条	第1122条	第20条	第1142条
第4条	（删除）	第21条	第1144条
第5条	第1123条	第22条	第1143条
第6条	（删除）	第23条	第1150条
第7条	第1125条	第24条	第1151条
第8条	（删除）	第25条	（删除）
第9条	第1126条	第26条	第1153条
第10条	第1127条	第27条	第1154条
第11条	第1128条	第28条	第1155条
第12条	第1129条	第29条	第1156条
第13条	第1130条	第30条	第1157条
第14条	第1131条	第31条	第1158条
第15条	第1132条	第32条	第1160条
第16条	第1133条	第33条	第1161条
第17条	第1134条	第34条	第1162条
	第1135条	第35条	（删除）
	第1136条	第36条	（删除）
	第1137条	第37条	（删除）
	第1138条		
	第1139条		

七、《侵权责任法》与《民法典》对照表

《侵权责任法》	《民法典》
第1条	（删除）
第2条	第1164条
第3条	第120条
第4条	第187条
第5条	（删除）
第6条	第1165条
第7条	第1166条
第8条	第1168条
第9条	第1169条
第10条	第1170条
第11条	第1171条
第12条	第1172条
第13条	第178条第1款
第14条	第178条第2款
第15条	第179条
第16条	第1179条
第17条	第1180条
第18条	第1181条
第19条	第1184条
第20条	第1182条
第21条	第1167条
第22条	第1183条

《侵权责任法》	《民法典》
第23条	第183条
第24条	第1186条
第25条	第1187条
第26条	第1173条
第27条	第1174条
第28条	第1175条
第29条	第180条
第30条	第181条
第31条	第182条
第32条	第1188条
第33条	第1190条
第34条	第1191条
第35条	第1192条
第36条	第1194条
	第1195条
	第1197条
第37条	第1198条
第38条	第1199条
第39条	第1200条
第40条	第1201条
第41条	第1202条
第42条	删除

《侵权责任法》	《民法典》	《侵权责任法》	《民法典》
第43条	第1203条	第69条	第1236条
第44条	第1204条	第70条	第1237条
第45条	第1205条	第71条	第1238条
第46条	第1206条	第72条	第1239条
第47条	第1207条	第73条	第1240条
第48条	第1208条	第74条	第1241条
第49条	第1209条	第75条	第1242条
第50条	第1210条	第76条	第1243条
第51条	第1214条	第77条	第1044条
第52条	第1215条	第78条	第1245条
第53条	第1216条	第79条	第1246条
第54条	第1218条	第80条	第1247条
第55条	第1219条	第81条	第1248条
第56条	第1220条	第82条	第1249条
第57条	第1221条	第83条	第1250条
第58条	第1222条	第84条	第1251条
第59条	第1223条	第85条	第1253条
第60条	第1224条	第86条	第1252条
第61条	第1225条	第87条	第1254条
第62条	第1226条	第88条	第1255条
第63条	第1227条	第89条	第1256条
第64条	第1228条	第90条	第1257条
第65条	第1229条	第91条	第1258条
第66条	第1230条		
第67条	第1231条		
第68条	第1233条		

八、《担保法》与《民法典》对照表

《担保法》	《民法典》
第1条	（删除）
第2条	第387条第1款
第3条	（删除）
第4条	第387条第2款
	第689条
第5条	第388条
	第682条
第6条	第681条
第7条	（删除）
第8条	第683条
第9条	
第10条	
第11条	（删除）
第12条	第699条
第13条	第681条
第14条	第690条
第15条	第684条
第16条	第686条第1款
第17条	第687条
第18条	第688条
第19条	第686条第2款
第20条	第701条
第21条	第389条
	第691条
第22条	第696条

《担保法》	《民法典》
第23条	第391条
	第697条
第24条	第695条
第25条	第692条第2款
	第693条第1款
	第694条第1款
第26条	第692条第2款
	第693条第2款
	第694条第2款
第27条	（删除）
第28条	第392条
第29条	（删除）
第30条	（删除）
第31条	第700条
第32条	（删除）
第33条	第394条
第34条	第395条
第35条	（删除）
第36条	第397条
	第398条
第37条	第399条
第38条	第400条第1款
第39条	第400条第2款
第40条	第401条
第41条	第402条
第42条	（删除）

《担保法》	《民法典》	《担保法》	《民法典》
第43条	第403条	第71条	第436条
第44条	（删除）	第72条	（删除）
第45条	（删除）	第73条	第393条
第46条	第389条	第74条	第393条
第47条	第412条	第75条	第440条
第48条	第405条	第76条	第441条
第49条	第406条	第77条	第442条
第50条	第407条	第78条	第443条
第51条	第408条	第79条	第444条
第52条	第393条	第80条	
第53条	第410条	第81条	第446条
	第413条	第82条	第447条
第54条	第414条	第83条	第389条
第55条	第417条	第84条	第449条
	第418条	第85条	（删除）
第56条	（删除）	第86条	第451条
第57条	（删除）	第87条	第453条
第58条	第393条		第455条
第59条	第420条	第88条	第457条
第60条	（删除）	第89条	第586条
第61条	（删除）		第587条
第62条	第424条	第90条	第586条
第63条	第425条	第91条	第586条
第64条	第427条第1款	第92条	（删除）
第65条	第427条第2款	第93条	第388条
第66条	第428条	第94条	第410条第3款
第67条	第389条		第436条第3款
第68条	第430条		第453条第3款
第69条	第432条	第95条	（删除）
第70条	第433条	第96条	（删除）

第四部分

重要民事司法解释旧新对照表

一、《民通意见》旧新对照表

《民通意见》 (法(办)发[1988]6号)	《民法通则》 关联条文	《民法典》 关联条文	《贯彻实施民法典纪要》 (法[2021]94号)	总则编解释 (法释[2022]6号)
第1条	第9条	第15条	(无)	(删除)
第2条	第11条	第18条	(无)	(删除)
第3条	第12条	第22条	(无)	第5条
第4条	第13条	第22条	(无)	第5条
第5条	第13条	第21、22条	(无)	(删除)
第6条	第12、13条	第19条	(无)	(删除)
第7条	(无)	(无)	(无)	(删除)
第8条	(无)	第24条	(无)	(删除)
第9条	第15条	第25条	(无)	(删除)
第10条	第18条	第34条	(无)	(删除)
第11条	第16条	第27、28条	(无)	第6条
第12条	第16、17条	第27、28条	(无)	(删除)
第13条	第16条	(无)	(无)	(删除)
第14条	第16、17条	第31条	(无)	第9条
第15条	(无)	第30条	(无)	(删除)
第16条	第16、17条	第31条	(无)	(删除)
第17条	第16、17条	(无)	(无)	第10条
第18条	(无)	第31条	(无)	(删除)
第19条	(无)	(无)	(无)	第10条
第20条	第18条	第36条	(无)	(删除)
第21条	第18条	第36条	(无)	(删除)
第22条	第18条	第1189条	(无)	第13条
第23条	(无)	(无)	(无)	(删除)
第24条	第20条	第40条	第1条	第14条
第25条	第23条	(无)	(无)	第16条
第26条	第20条	第41条	(无)	(删除)
第27条	第20条	第41条	(无)	第17条

《民通意见》(法(办)发〔1988〕6号)	《民法通则》关联条文	《民法典》关联条文	《贯彻实施民法典纪要》(法〔2021〕94号)	总则编解释(法释〔2022〕6号)
第28条	第20条	第41条	（无）	第17条
第29条	第23条	第47条	第1条	（删除）
第30条	第21条	第42条	（无）	（删除）
第31条	第21条	第43条	（无）	（删除）
第32条	第21条	（无）	（无）	第15条
第33条	第21条	（无）	（无）	（删除）
第34条	第21条	（无）	（无）	（删除）
第35条	第21条	第44条	（无）	（删除）
第36条	第23条	第48、49条	（无）	（删除）
第37条	（无）	第51条	（无）	（删除）
第38条	（无）	第52条	（无）	（删除）
第39条	第25条	第53条	（无）	（删除）
第40条	第25条	第53条	（无）	（删除）
第41条	第26条	（无）	（无）	（删除）
第42条	第29条	第56条	（无）	（删除）
第43条	第29条	第1062条	（无）	（删除）
第44条	第29条	（无）	（无）	（删除）
第45条	第33条	（无）	（无）	（删除）
第46条	第30条	（无）	（无）	（删除）
第47条	第35条	第972条、第973条	（无）	（删除）
第48条	第35条	第972条	（无）	（删除）
第49条	（无）	（无）	（无）	（删除）
第50条	第30条	第970条	（无）	（删除）
第51条	第31条	第970条	（无）	（删除）
第52条	第31条	（无）	（无）	（删除）
第53条	第31、35条	（无）	（无）	（删除）
第54条	第31条	（无）	（无）	（删除）
第55条	第31条	（无）	（无）	（删除）
第56条	第35条	（无）	（无）	（删除）
第57条	第35条	（无）	（无）	（删除）
第58条	第43条	第62条	（无）	（删除）
第59条	第47条	第70条	（无）	（删除）

《民通意见》 (法(办)发[1988]6号)	《民法通则》 关联条文	《民法典》 关联条文	《贯彻实施民法典纪要》 (法[2021]94号)	总则编解释 (法释[2022]6号)
第60条	第47条	(无)	(无)	(删除)
第61条	第49条	(无)	(无)	(删除)
第62条	第49条	(无)	(无)	(删除)
第63条	第49条	(无)	(无)	(删除)
第64条	第52条	(无)	(无)	(删除)
第65条	第55条	第143条	(无)	第18条
第66条	第56条	第140条	(无)	第18条
第67条	第58条	第144条	(无)	(删除)
第68条	第58条	第148条	第3条	第21条
第69条	第58条	第150条	第4条	第22条
第70条	第58条	第151条	(无)	(删除)
第71条	第59条	第147条	第2条	第19条
第72条	第59条	第151条	(无)	(删除)
第73条	第59条	第147、151、152条	(无)	第19条
第74条	第61条	第154、157条	(无)	(删除)
第75条	第62条	第158条	(无)	第24条
第76条	(无)	第160条	(无)	(删除)
第77条	(无)	(无)	(无)	第20条
第78条	第63条	第161条	(无)	(删除)
第79条	(无)	第166条	(无)	第25条
第80条	第68条	第169条	(无)	第26条
第81条	第65条	(无)	(无)	(删除)
第82条	第70条	第174条	(无)	(删除)
第83条	(无)	第167条	(无)	(删除)
第84条	第72条	第641条	(无)	(删除)
第85条	第72条	第577条	(无)	(删除)
第86条	(无)	第322条	(无)	(删除)
第87条	(无)	第320条	(无)	(删除)
第88条	第78条	第308条	(无)	(删除)
第89条	第78条	第299、300、311条	(无)	(删除)
第90条	第78条	第303、304条	(无)	(删除)

《民通意见》(法(办)发[1988]6号)	《民法通则》关联条文	《民法典》关联条文	《贯彻实施民法典纪要》(法[2021]94号)	总则编解释(法释[2022]6号)
第91条	第78条	第304条	(无)	(删除)
第92条	第78条	第305条	(无)	(删除)
第93条	第79条	第319条	(无)	(删除)
第94条	第79条	第316条	(无)	(删除)
第95条	第81条	第330、334条	(无)	(删除)
第96条	第81条	(无)	(无)	(删除)
第97条	第83条	(无)	(无)	(删除)
第98条	第83条	第290条	(无)	(删除)
第99条	第83条	第290条	(无)	(删除)
第100条	第83条	第291条	(无)	(删除)
第101条	第83条	(无)	(无)	(删除)
第102条	第83条	(无)	(无)	(删除)
第103条	第83条	(无)	(无)	(删除)
第104条	(无)	第570-574条	(无)	(删除)
第105条	第88条	第511条	(无)	(删除)
第106条	第89条	第683条	(无)	(删除)
第107条	第89条	(无)	(无)	(删除)
第108条	第89条	第685条	(无)	(删除)
第109条	第89条	第695条	(无)	(删除)
第110条	第89条	第686条	(无)	(删除)
第111条	第89条	(无)	(无)	(删除)
第112条	第89条	第400条	(无)	(删除)
第113条	第89条	(无)	(无)	(删除)
第114条	第89条	第390条	(无)	(删除)
第115条	第89条	第406、414条	(无)	(删除)
第116条	第89条	第394条	(无)	(删除)
第117条	第89条	第447-457条	(无)	(删除)
第118条	(无)	第726条	(无)	(删除)
第119条	(无)	第730、732条	(无)	(删除)
第120条	(无)	(无)	(无)	(删除)
第121条	第90条	第675条	(无)	(删除)
第122条	第90条	(无)	(无)	(删除)
第123条	第90条	(无)	(无)	(删除)

《民通意见》 (法(办)发〔1988〕6号)	《民法通则》 关联条文	《民法典》 关联条文	《贯彻实施民法典纪要》 (法〔2021〕94号)	总则编解释 (法释〔2022〕6号)
第124条	第90条	(无)	(无)	(删除)
第125条	第90条	第670条	(无)	(删除)
第126条	(无)	(无)	(无)	(删除)
第127条	(无)	(无)	(无)	(删除)
第128条	(无)	第659条	(无)	(删除)
第129条	(无)	(无)	(无)	(删除)
第130条	(无)	(无)	(无)	(删除)
第131条	第92条	(无)	(无)	(删除)
第132条	第93条	第979条	(无)	(删除)
第133条	第94条	(无)	(无)	(删除)
第134条	第94条	(无)	(无)	(删除)
第135条	第94条	(无)	(无)	(删除)
第136条	第94条	(无)	(无)	(删除)
第137条	第95条	(无)	(无)	(删除)
第138条	第96条	(无)	(无)	(删除)
第139条	第100条	(无)	(无)	(删除)
第140条	第101条	第1024条	(无)	(删除)
第141条	第99条	第1014条	(无)	(删除)
第142条	第109条	第183条	(无)	第34条
第143条	第119条	第1179条	(无)	(删除)
第144条	第119条	第1179条	(无)	(删除)
第145条	第119条	第1179条	(无)	(删除)
第146条	第119条	第1179条	(无)	(删除)
第147条	第119条	第1179条	(无)	(删除)
第148条	第130条	第1169条	(无)	(删除)
第149条	第101、120条	第1014条	(无)	(删除)
第150条	第120条	第998条	(无)	(删除)
第151条	第120条	(无)	(无)	(删除)
第152条	第121条	(无)	(无)	(删除)
第153条	第122条	第1203、1204条	(无)	(删除)
第154条	第123条	第1236条	(无)	(删除)
第155条	第126条	(无)	(无)	(删除)
第156条	第129条	第182条	(无)	(删除)

《民通意见》(法(办)发〔1988〕6号)	《民法通则》关联条文	《民法典》关联条文	《贯彻实施民法典纪要》(法〔2021〕94号)	总则编解释(法释〔2022〕6号)
第157条	第132条	第979条	（无）	（删除）
第158条	第133条	第1188条	（无）	（删除）
第159条	第133条	第1188条	（无）	（删除）
第160条	第133条	第1199条	（无）	（删除）
第161条	第133条	（无）	（无）	（删除）
第162条	第134条	（无）	（无）	（删除）
第163条	第134条	（无）	（无）	（删除）
第164条	第134条	（无）	（无）	（删除）
第165条	第135、136条	（无）	（无）	（删除）
第166条	第135、136条	（无）	（无）	（删除）
第167条	第135、136条	第188条	（无）	（删除）
第168条	第136条	（无）	（无）	（删除）
第169条	第137条	（无）	（无）	（删除）
第170条	第141条	（无）	（无）	（删除）
第171条	第138条	（无）	（无）	（删除）
第172条	第139条	第194条	（无）	（删除）
第173条	第140条	第195条	第5条第2款	第38条
第174条	第140条	第195条	（无）	第38条
第175条	第139、140条	（无）	第5条第1款	第35条
第176条	第141条	（无）	（无）	（删除）
第177条	第141条	（无）	（无）	（删除）
第178条	第142条	（无）	（无）	（删除）
第179条	第143条	（无）	（无）	（删除）
第180条	（无）	（无）	（无）	（删除）
第181条	（无）	（无）	（无）	（删除）
第182条	（无）	（无）	（无）	（删除）
第183条	第15条	（无）	（无）	（删除）
第184条	（无）	（无）	（无）	（删除）
第185条	（无）	（无）	（无）	（删除）
第186条	第144条	（无）	（无）	（删除）
第187条	第146条	（无）	（无）	（删除）
第188条	第147条	（无）	（无）	（删除）
第189条	第148条	（无）	（无）	（删除）

《民通意见》 (法(办)发[1988]6号)	《民法通则》 关联条文	《民法典》 关联条文	《贯彻实施民法典纪要》 (法[2021]94号)	总则编解释 (法释[2022]6号)
第190条	（无）	（无）	（无）	（删除）
第191条	第149条	（无）	（无）	（删除）
第192条	（无）	（无）	（无）	（删除）
第193条	（无）	（无）	（无）	（删除）
第194条	（无）	（无）	（无）	（删除）
第195条	（无）	（无）	（无）	（删除）
第196条	第156条	（无）	（无）	（删除）
第197条	（无）	（无）	（无）	第39条
第198条	第154条	（无）	（无）	（删除）
第199条	第154条	（无）	（无）	（删除）
第200条	（无）	（无）	（无）	（删除）

二、物权编解释(一)旧新对照表

《物权法解释(一)》 (法释〔2016〕5号)	《物权编解释(一)》 (法释〔2020〕24号)
第1条	第1条
第2条	第2条
第3条	第3条
第4条	第4条
第5条	第5条
第6条	第6条
第7条	第7条
第8条	第8条
第9条	第9条
第10条	第10条
第11条	第11条
第12条	第12条
第13条	第13条
第14条	(删除)
第15条	第14条
第16条	第15条
第17条	第16条
第18条	第17条
第19条	第18条
第20条	第19条
第21条	第20条
第22条	第21条

三、《担保法解释》旧新对照表

《担保法解释》 (法释〔2000〕44号)	《民法典》关联条文	《担保制度解释》 (法释〔2020〕28号)
第1条	第387条第1款	(删除)
第2条	第387条第2款	(删除)
第3条	(无)	第5条、第6条
第4条	(无)	第8条
第5条	(无)	(删除)
第6条	(无)	(删除)
第7条	(无)	第3条第1款
第8条	第388条第1款	第3条第1款
第9条	第388条第2款	第3条第2款
第10条	第388条第1款	第3条第1款
第11条	(无)	第7条
第12条	(无)	(删除)
第13条	(无)	(删除)
第14条	(无)	(删除)
第15条	(无)	(删除)
第16条	第683条	(删除)
第17条	(无)	第11条
第18条	(无)	(删除)
第19条	第699条	(删除)
第20条	第699条	第29条
第21条	(无)	第29条
第22条	第685条第2款	(删除)
第23条	第690条	第30条
第24条	第698条	(删除)
第25条	第687条第2款	(删除)
第26条	(无)	(删除)
第27条	(无)	(删除)

《担保法解释》 (法释〔2000〕44号)	《民法典》关联条文	《担保制度解释》 (法释〔2020〕28号)
第28条	第696条	(删除)
第29条	第697条	(删除)
第30条	第695条	(删除)
第31条	第692条第1款	(删除)
第32条	第692条第2款	第32条
第33条	第692条第3款	(删除)
第34条	第694条	第28条
第35条	（无）	(删除)
第36条	（无）	(删除)
第37条	（无）	第30条
第38条	第392条、第698条	第18条
第39条	（无）	第16条
第40条	（无）	(删除)
第41条	（无）	(删除)
第42条	第700条	第35条
第43条	（无）	(删除)
第44条	（无）	第22条
第45条	（无）	第24条
第46条	（无）	(删除)
第47条	第395条	第51条
第48条	（无）	第49条
第49条	第402条、第403条	第37条
第50条	（无）	(删除)
第51条	（无）	(删除)
第52条	（无）	(删除)
第53条	第399条	(删除)
第54条	（无）	第39条
第55条	（无）	第54条
第56条	（无）	第53条、第46条、第54条、第55条
第57条	第401条	(删除)
第58条	（无）	(删除)
第59条	第410条	第48条
第60条	（无）	(删除)

《担保法解释》 (法释〔2000〕44号)	《民法典》关联条文	《担保制度解释》 (法释〔2020〕28号)
第61条	(无)	第47条
第62条	(无)	第41条
第63条	(无)	第40条
第64条	第412条	(删除)
第65条	第405条	第54条
第66条	第405条	第54条
第67条	第406条	第43条、第46条、第54条
第68条	第406条第1款	第41条、第43条、第54条
第69条	第154条	(删除)
第70条	第408条	(删除)
第71条	(无)	第38条
第72条	(无)	第39条
第73条	第413条	(删除)
第74条	第561条	(删除)
第75条	第392条	第13条、第14条
第76条	第414条	(删除)
第77条	第414条	(删除)
第78条	第414条	(删除)
第79条	第415条、第456条	(删除)
第80条	第390条	第42条
第81条	(无)	第15条
第82条	第422条	(删除)
第83条	第420条	(删除)
第84条	第311条第3款	(删除)
第85条	(无)	第70条
第86条	(无)	(删除)
第87条	(无)	第55条
第88条	第227条	(删除)
第89条	(无)	(删除)
第90条	(无)	(删除)
第91条	(无)	第40条第1款
第92条	第573条	(删除)
第93条	第431条	(删除)

《担保法解释》 (法释〔2000〕44号)	《民法典》关联条文	《担保制度解释》 (法释〔2020〕28号)
第94条	第434条	(删除)
第95条	第436条	(删除)
第96条	(无)	(删除)
第97条	第445条	第61条
第98条	第441条	(删除)
第99条	第441条	(删除)
第100条	(无)	(删除)
第101条	(无)	(删除)
第102条	第442条	(删除)
第103条	第443条	(删除)
第104条	第430条	(删除)
第105条	第431条	(删除)
第106条	(无)	第66条
第107条	第449条	(删除)
第108条	(无)	第62条
第109条	第448条	(删除)
第110条	第450条	(删除)
第111条	(无)	(删除)
第112条	第447条	(删除)
第113条	第453条	(删除)
第114条	(无)	(删除)
第115条	第586条、第587条	(删除)
第116条	第483条、第502条	(删除)
第117条	(无)	(删除)
第118条	(无)	(删除)
第119条	第586条第1款	(删除)
第120条	第587条	(删除)
第121条	第586条第2款	(删除)
第122条	第590条、第593条	(删除)
第123条	第409条第2款、第435条	(删除)
第124条	(无)	第11条
第125条	(无)	第26条
第126条	(无)	(删除)

《担保法解释》 (法释〔2000〕44号)	《民法典》关联条文	《担保制度解释》 (法释〔2020〕28号)
第127条	(无)	(删除)
第128条	(无)	第45条第3款
第129条	(无)	第21条
第130条	(无)	(删除)
第131条	(无)	(删除)
第132条	(无)	(删除)
第133条	第1260条	第71条
第134条	第1260条	第71条

四、《合同法解释（一）》旧新对照表

《合同法解释(一)》	《民法典》	《全国法院贯彻实施民法典工作会议纪要》	《合同编通则解释》
第1条	（无）	（无）	（删除）
第2条	（无）	（无）	（删除）
第3条	（无）	（无）	（删除）
第4条	（无）	（无）	（删除）
第5条	（无）	（无）	（删除）
第6条	（无）	（无）	（删除）
第7条	（无）	（无）	（删除）
第8条	（无）	（无）	（删除）
第9条	第502条第2、3款	（无）	第12条
第10条	第505条	（无）	（删除）
第11条	第535条第1款	（无）	（删除）
第12条	第535条第1款	（无）	第34条
第13条	第535条第1款	第8条	第33条
第14条	（无）	（无）	第35条
第15条	（无）	（无）	第38条
第16条	（无）	（无）	第37条
第17条	（无）	（无）	（删除）
第18条	第535条第3款	（无）	（删除）
第19条	（无）	（无）	（删除）
第20条	第537条	（无）	（删除）
第21条	（无）	（无）	（删除）
第22条	（无）	（无）	第39条
第23条	（无）	（无）	第44条
第24条	（无）	（无）	第44条

《合同法解释(一)》	《民法典》	《全国法院贯彻实施民法典工作会议纪要》	《合同编通则解释》
第25条	第542条	(无)	第44条
第26条	第540条	(无)	第45条
第27条	(无)	(无)	第47条
第28条	(无)	(无)	第47条
第29条	(无)	(无)	第47条
第30条	(无)	(无)	(删除)

五、《合同法解释（二）》旧新对照表

《合同法解释(二)》	《民法典》	《全国法院贯彻实施民法典工作会议纪要》	《合同编通则解释》
第1条	（无）	第6条	第3条
第2条	（无）	（无）	（删除）
第3条	第499条	（无）	（删除）
第4条	（无）	（无）	（删除）
第5条	（无）	（无）	（删除）
第6条	（无）	第7条	第10条
第7条	（无）	（无）	第2条
第8条	第502条第1款	（无）	第12条
第9条	第496条	（无）	第10条
第10条	第497条	（无）	（删除）
第11条	（无）	（无）	（删除）
第12条	第503条	（无）	（删除）
第13条	（无）	（无）	（删除）
第14条	第153条	（无）	第16条
第15条	（无）	（无）	第19条
第16条	（无）	（无）	（删除）
第17条	（无）	（无）	第35条
第18条	第538条	（无）	（删除）
第19条	（无）	第9条	第42条
第20条	第560条	（无）	（删除）
第21条	第561条	（无）	（删除）
第22条	（无）	第10条	（删除）
第23条	第568条	（无）	（删除）
第24条	（无）	（无）	第53条

《合同法解释(二)》	《民法典》	《全国法院贯彻实施民法典工作会议纪要》	《合同编通则解释》
第 25 条	第 570 条	（无）	（删除）
第 26 条	第 533 条	（无）	第 32 条
第 27 条	（无）	（无）	第 64 条
第 28 条	（无）	第 11 条	（删除）
第 29 条	（无）	第 11 条	第 65 条
第 30 条	（无）	（无）	（删除）

六、《婚姻家庭编解释（一）》旧新对照表

《婚姻法解释（一）》（法释〔2001〕30号）	《婚姻家庭编解释（一）》（法释〔2020〕22号）	《婚姻法解释（一）》（法释〔2001〕30号）	《婚姻家庭编解释（一）》（法释〔2020〕22号）
第1条	第1条	第21条	第42条
第2条	第2条	第22条	第63条
第3条	第4条	第23条	第64条
第4条	第6条	第24条	第65条
第5条	第7条	第25条	第66条
第6条	第8条	第26条	第67条
第7条	第9条	第27条	（删除）
第8条	第10条	第28条	第86条
第9条	第11条	第29条	第87条
第10条	第18条	第30条	第88条
第11条	（删除）	第31条	第84条
第12条	第19条	第32条	第68条
第13条	第20条	第33条	（删除）
第14条	第21条	第34条	（删除）
第15条	第22条	《婚姻法解释（二）》（法释〔2017〕6号）	《婚姻家庭编的解释（一）》（法释〔2020〕22号）
第16条	第16条	第1条	第3条
第17条	民法典第1060条	第2条	第11条
第18条	第37条	第3条	第12条
第19条	第31条	第4条	第11条
第20条	第41条		

《婚姻法解释(二)》(法释〔2017〕6号)	《婚姻家庭编的解释(一)》(法释〔2020〕22号)	《婚姻法解释(二)》(法释〔2017〕6号)	《婚姻家庭编的解释(一)》(法释〔2020〕22号)
第5条	第14条	第29条	(删除)
第6条	第15条	《婚姻法解释(三)》(法释〔2011〕18号)	《婚姻家庭编解释(一)》(法释〔2020〕22号)
第7条	第13条	第1条	第17条
第8条	第69条	第2条	第39条
第9条	第70条	第3条	第43条
第10条	第5条	第4条	第38条;民法典第1066条
第11条	第25条	第5条	第26条
第12条	第24条	第6条	第32条
第13条	第30条	第7条	民法典第1063条
第14条	第71条	第8条	第62条
第15条	第72条	第9条	第23条
第16条	第73条	第10条	第78条
第17条	第74条	第11条	第28条
第18条	第75条	第12条	第79条
第19条	第27条	第13条	第80条
第20条	第76条	第14条	第69条
第21条	第77条	第15条	第81条
第22条	第29条	第16条	第82条
第23条	第33条	第17条	第90条
第24条	第34条	第18条	第83条
第25条	第35条	第19条	(删除)
第26条	第36条		
第27条	第89条		
第28条	第85条		

七、《继承编解释（一）》旧新对照表

《继承法意见》(法(民)发[1985]22号)	《继承编解释(一)》(法释[2020]23号)	《继承法意见》(法(民)发[1985]22号)	《继承编解释(一)》(法释[2020]23号)
第1条	第1条	第34条	第23条
第2条	民法典第1121条	第35条	民法典第1132条
第3条	民法典第1122条	第36条	第24条
第4条	第2条	第37条	第25条
第5条	第3条	第38条	第26条
第6条	第4条	第39条	第27条
第7条	民法典第20条	第40条	民法典第1134条
第8条	民法典第164条	第41条	第28条
第9条	第5条	第42条	民法典第1142条
第10条	第6条	第43条	第29条
第11条	第7条	第44条	第30条
第12条	第8条	第45条	第31条
第13条	民法典第1125条	第46条	第32条
第14条	第9条	第47条	第33条
第15条	民法典第194条	第48条	第34条
第16条		第49条	第35条
第17条	民法典第195条	第50条	第36条
第18条	民法典第188条	第51条	第37条
第19条	第10条	第52条	民法典第1152条
第20条	民法典第1127条	第53条	第38条
第21条	第11条	第54条	第39条
第22条	民法典第1127条	第55条	（删除）
第23条	第12条	第56条	第40条
第24条	第13条	第57条	第41条
第25条	第14条	第58条	第42条
第26条	第15条	第59条	第43条
第27条	第16条	第60条	第44条
第28条	第17条	第61条	民法典第1159条
第29条	第18条	第62条	民法典第1163条
第30条	第19条	第63条	（删除）
第31条	第20条	第64条	（删除）
第32条	第21条		
第33条	第22条		

八、《城镇房屋租赁合同解释》旧新对照表

《城镇房屋租赁合同解释》(法释〔2009〕11号)	《城镇房屋租赁合同解释》(法释〔2020〕17号)
第1条	第1条
第2条	第2条
第3条	第3条
第4条	(删除)
第5条	第4条
第6条	第5条
第7条	第6条
第8条	《民法典》第724条
第9条	第7条
第10条	第8条
第11条	第9条
第12条	第10条
第13条	第11条
第14条	第12条
第15条	《民法典》第717条
第16条	《民法典》第718条
第17条	《民法典》第719条
第18条	第13条
第19条	(删除)
第20条	第14条
第21条	《民法典》第728条
第22条	第15条
第23条	《民法典》第727条
第24条	《民法典》第726条
第25条	第16条

九、《道路交通事故损害赔偿解释》旧新对照表

《道路交通事故损害赔偿解释》（法释[2012]19号）	《道路交通事故损害赔偿解释》（法释[2020]17号）	《道路交通事故损害赔偿解释》（法释[2012]19号）	《道路交通事故损害赔偿解释》（法释[2020]17号）
第1条	第1条	第19条	第16条
第2条	《民法典》第1212条	第20条	第17条
第3条	《民法典》第1211条	第21条	第18条
第4条	第2条	第22条	第19条
第5条	第3条	第23条	第20条
第6条	第4条	第24条	第21条
第7条	第5条	第25条	第22条
第8条	第6条	第26条	第23条
第9条	第7条	第27条	第24条
第10条	《民法典》第1256条	第28条	第25条
第11条	第8条	第29条	第26条
第12条	第9条		
第13条	第10条		
第14条	第11条		
第15条	第12条		
第16条	第13条		
第17条	第14条		
第18条	第15条		

十、《国有土地使用权合同解释》旧新对照表

《国有土地使用权合同解释》(法释〔2005〕5号)	《国有土地使用权合同解释》(法释〔2020〕17号)	《国有土地使用权合同解释》(法释〔2005〕5号)	《国有土地使用权合同解释》(法释〔2020〕17号)
第1条	第1条	第19条	第16条
第2条	第2条	第20条	第17条
第3条	第3条	第21条	第18条
第4条	第4条	第22条	第19条
第5条	第5条	第23条	第20条
第6条	第6条	第24条	第21条
第7条	第7条	第25条	第22条
第8条	第8条	第26条	第23条
第9条	（删除）	第27条	第24条
第10条	第9条	第28条	第25条
第11条	（删除）		
第12条	第10条		
第13条	第11条		
第14条	第12条		
第15条	第13条		
第16条	（删除）		
第17条	第14条		
第18条	第15条		

十一、《环境侵权责任解释》旧新对照表

《环境侵权责任解释》 (法释〔2015〕12号)	《环境侵权责任解释》 (法释〔2020〕17号)
第1条	第1条
第2条	第2条
第3条	第3条
第4条	第4条
第5条	第5条
第6条	第6条
第7条	第7条
第8条	第8条
第9条	第9条
第10条	第10条
第11条	第11条
第12条	第12条
第13条	第13条
第14条	第14条
第15条	第15条
第16条	第16条
第17条	《民法典》第196条
第18条	第17条
第19条	第18条

十二、《技术合同解释》旧新对照表

《技术合同解释》(法释〔2004〕20号)	《技术合同解释》(法释〔2020〕19号)	《技术合同解释》(法释〔2004〕20号)	《技术合同解释》(法释〔2020〕19号)
第1条	第1条	第25条	第25条
第2条	第2条	第26条	第26条
第3条	第3条	第27条	第27条
第4条	第4条	第28条	第28条
第5条	第5条	第29条	第29条
第6条	第6条	第30条	第30条
第7条	第7条	第31条	第31条
第8条	第8条	第32条	第32条
第9条	第9条	第33条	第33条
第10条	第10条	第34条	第34条
第11条	第11条	第35条	第35条
第12条	第12条	第36条	第36条
第13条	第13条	第37条	第37条
第14条	第14条	第38条	第38条
第15条	第15条	第39条	第39条
第16条	第16条	第40条	第40条
第17条	第17条	第41条	第41条
第18条	第18条	第42条	第42条
第19条	第19条	第43条	第43条
第20条	第20条	第44条	第44条
第21条	第21条	第45条	第45条
第22条	第22条	第46条	第46条
第23条	第23条	第47条	第47条
第24条	第24条		

十三、《建设工程施工合同解释（一）》旧新对比表

《建设工程施工合同解释》（法释〔2004〕14号）	《建设工程施工合同解释（一）》法释〔2020〕25号	《建设工程施工合同解释(二)》（法释〔2018〕20号）	《建设工程施工合同解释（一）》法释〔2020〕25号
第1条	第1条	第1条	第2条
第2条	民法典第793条	第2条	第3条
第3条	（删除）	第3条	第6条
第4条	第1条	第4条	第7条
第5条	第4条	第5条	第8条
第6条	第25条	第6条	第10条
第7条	第5条	第7条	第16条
第8条	民法典第806条	第8条	第17条
第9条	（删除）	第9条	第23条
第10条	（删除）	第10条	第22条
第11条	第12条	第11条	第24条
第12条	第13条	第12条	第29条
第13条	第14条	第13条	第30条
第14条	第9条	第14条	第32条
第15条	第11条	第15条	第33条
第16条	第19条	第16条	第34条
第17条	第26条	第17条	第35条
第18条	第27条	第18条	第37条
第19条	第20条	第19条	第38条
第20条	第21条	第20条	第39条
第21条	（删除）	第21条	第40条
第22条	第28条	第22条	第41条
第23条	第31条	第23条	第42条
第24条	（删除）	第24条	第43条
第25条	第15条	第25条	第44条
第26条	第43条	第26条	第45条
第27条	第18条		
第28条	第45条		

十四、《建筑物区分所有权纠纷解释》旧新对照表

《建筑物区分所有权纠纷解释》 (法释〔2009〕7号)	《建筑物区分所有权纠纷解释》 (法释〔2020〕17号)
第1条	第1条
第2条	第2条
第3条	第3条
第4条	第4条
第5条	第5条
第6条	第6条
第7条	第7条
第8条	第8条
第9条	第9条
第10条	第10条
第11条	第11条
第12条	第12条
第13条	第13条
第14条	第14条
第15条	第15条
第16条	第16条
第17条	第17条
第18条	第18条
第19条	第19条

十五、《精神损害赔偿解释》旧新对照表

《精神损害赔偿解释》 (法释〔2001〕7号)	《精神损害赔偿责任解释》 (法释〔2020〕17号)
第1条	第1条
第2条	第2条
第3条	第3条
第4条	《民法典》第1183条第2款
第5条	第4条
第6条	(删除)
第7条	《民法典》第994条
第8条	《民法典》第1183条第1款
第9条	(删除)
第10条	第5条
第11条	《民法典》第1173条
第12条	第6条

十六、《矿业权纠纷解释》旧新对照表

《矿业权纠纷解释》 (法释〔2017〕12号)	《矿业权纠纷解释》 (法释〔2020〕17号)
第1条	第1条
第2条	第2条
第3条	第3条
第4条	第4条
第5条	第5条
第6条	第6条
第7条	第7条
第8条	第8条
第9条	第9条
第10条	第10条
第11条	第11条
第12条	第12条
第13条	第13条
第14条	第14条
第15条	第15条
第16条	第16条
第17条	第17条
第18条	第18条
第19条	第19条
第20条	第20条
第21条	第21条
第22条	第22条
第23条	第23条

十七、《旅游纠纷解释》旧新对照表

《旅游纠纷解释》 （法释〔2010〕13号）	《旅游纠纷解释》 （法释〔2020〕17号）
第1条	第1条
第2条	第2条
第3条	第3条
第4条	第4条
第5条	第5条
第6条	第6条
第7条	第7条
第8条	第8条
第9条	第9条
第10条	第10条
第11条	第11条
第12条	第12条
第13条	（删除）
第14条	（删除）
第15条	第13条
第16条	第14条
第17条	第15条
第18条	第16条
第19条	第17条
第20条	第18条
第21条	（删除）
第22条	第19条
第23条	第20条
第24条	第21条
第25条	第22条
第26条	第23条

十八、《买卖合同解释》旧新对照表

《买卖合同解释》(法释〔2012〕8号)	《买卖合同解释》(法释〔2020〕17号)	《买卖合同解释》(法释〔2012〕8号)	《买卖合同解释》(法释〔2020〕17号)
第1条	第1条	第24条	第18条
第2条	《民法典》第495条	第25条	第19条
第3条	《民法典》第597条	第26条	第20条
第4条	（删除）	第27条	第21条
第5条	第2条	第28条	《民法典》第588条
第6条	第3条	第29条	第22条
第7条	第4条	第30条	《民法典》第592条
第8条	第5条	第31条	第23条
第9条	第6条	第32条	《民法典》第618条
第10条	第7条	第33条	第24条
第11条	第8条	第34条	第25条
第12条	第9条	第35条	《民法典》第642条
第13条	第10条	第36条	第26条
第14条	第11条	第37条	《民法典》第643条
第15条	《民法典》第623条	第38条	第27条
第16条	《民法典》第624条	第39条	第28条
第17条	第12条	第40条	第29条
第18条	《民法典》第622条	第41条	《民法典》第638条
第19条	第13条	第42条	第30条
第20条	第14条	第43条	《民法典》第639条
第21条	第15条	第44条	第31条
第22条	第16条	第45条	第32条
第23条	第17条	第46条	第33条

十九、《民间借贷规定》旧新对照表

《民间借贷规定》 (法释[2015]18号)	《民间借贷规定》 (法释[2020]6号)	《民间借贷规定》 (法释[2020]17号)
第1条	第1条	第1条
第2条	第2条	第2条
第3条	第3条	第3条
第4条	第4条	第4条
第5条	第5条	第5条
第6条	第6条	第6条
第7条	第7条	第7条
第8条	第8条	第8条
第9条	第9条	第9条
第10条	第10条	(删除)
第11条	第11条	第10条
第12条	第12条	第11条
第13条	第13条	第12条
第14条	第14条	第13条
第15条	第15条	第14条
第16条	第16条	第15条
第17条	第17条	第16条
第18条	第18条	第17条
第19条	第19条	第18条
第20条	第20条	第19条
第21条	第21条	第20条
第22条	第22条	第21条
第23条	第23条	第22条
第24条	第24条	第23条
第25条	第25条	第24条
第26条	第26条	第25条
第27条	第27条	第26条
第28条	第28条	第27条
第29条	第29条	第28条
第30条	第30条	第29条
第31条	(删除)	(删除)
第32条	第31条	第30条
第33条	第32条	第31条

二十、《农村土地承包纠纷解释》旧新对照表

《农村土地承包纠纷解释》 (法释〔2005〕6号)	《农村土地承包纠纷解释》 (法释〔2020〕17号)
第1条	第1条
第2条	第2条
第3条	第3条
第4条	第4条
第5条	第5条
第6条	第6条
第7条	第7条
第8条	第8条
第9条	第9条
第10条	第10条
第11条	第11条
第12条	第12条
第13条	第13条
第14条	第14条
第15条	(删除)
第16条	第15条
第17条	第16条
第18条	第17条
第19条	第18条
第20条	第19条
第21条	(删除)
第22条	第20条
第23条	第21条
第24条	第22条
第25条	第23条
第26条	第24条
第27条	第25条

二十一、《人身损害赔偿解释》旧新对照表

《人身损害赔偿解释》 (法释〔2003〕20号)	《人身损害赔偿解释》 (法释〔2020〕17号)
第1条	第1条
第2条	(删除)
第3条	《民法典》第1168、1172条
第4条	《民法典》第1170条
第5条	第2条
第6条	《民法典》第1198条
第7条	《民法典》第1199、1200、1201条
第8条	《民法典》第1191条第1款
第9条	《民法典》第1192条
第10条	《民法典》第1193条
第11条	《民法典》第1192条
第12条	第3条
第13条	第4条
第14条	第5条
第15条	(删除)
第16条	《民法典》第1252、1255、1257条
第17条	《民法典》第1179条
第18条	(删除)
第19条	第6条
第20条	第7条
第21条	第8条
第22条	第9条
第23条	第10条
第24条	第11条
第25条	第12条
第26条	第13条
第27条	第14条
第28条	第17条
第29条	第15条
第30条	第18条
第31条	(删除)
第32条	第19条
第33条	第20条
第34条	第21条
第35条	第22条
第36条	第24条

二十二、《融资租赁合同解释》旧新对照表

《融资租赁合同解释》 (法释〔2014〕3号)	《融资租赁合同解释》 (法释〔2020〕17号)
第1条	第1条
第2条	第2条
第3条	《民法典》第738条
第4条	《民法典》第760条
第5条	第3条
第6条	《民法典》第742条
第7条	《民法典》第751条
第8条	第4条
第9条	(删除)
第10条	《民法典》第758条
第11条	《民法典》第754条
第12条	第5条
第13条	第6条
第14条	第7条
第15条	《民法典》第756条
第16条	《民法典》第755条
第17条	《民法典》第748条
第18条	《民法典》第743条
第19条	第8条
第20条	第9条
第21条	第10条
第22条	第11条
第23条	第12条
第24条	第13条
第25条	第14条
第26条	第15条

二十三、《商品房买卖合同解释》旧新对照表

《商品房买卖合同解释》 （法释〔2003〕7号）	《商品房买卖合同解释》 （法释〔2020〕17号）
第1条	第1条
第2条	第2条
第3条	第3条
第4条	第4条
第5条	第5条
第6条	第6条
第7条	（删除）
第8条	（删除）
第9条	（删除）
第10条	第7条
第11条	第8条
第12条	第9条
第13条	第10条
第14条	（删除）
第15条	第11条
第16条	第12条
第17条	第13条
第18条	第14条
第19条	第15条
第20条	第16条
第21条	第17条
第22条	第18条
第23条	第19条
第24条	第20条
第25条	第21条
第26条	第22条
第27条	第23条
第28条	第24条

二十四、《生态环境损害赔偿规定》旧新对照表

《生态环境损害赔偿规定》 (法释[2019]8号)	《生态环境损害赔偿规定》 (法释[2020]17号)
第1条	第1条
第2条	第2条
第3条	第3条
第4条	第4条
第5条	第5条
第6条	第6条
第7条	第7条
第8条	第8条
第9条	第9条
第10条	第10条
第11条	第11条
第12条	第12条
第13条	第13条
第14条	第14条
第15条	第15条
第16条	第16条
第17条	第17条
第18条	第18条
第19条	第19条
第20条	第20条
第21条	第21条
第22条	第22条
第23条	第23条

二十五、《食品药品纠纷规定》旧新对照表

《食品药品纠纷规定》 （法释〔2013〕28号）	《食品药品纠纷规定》 （法释〔2020〕17号）
第1条	第1条
第2条	第2条
第3条	第3条
第4条	第4条
第5条	第5条
第6条	第6条
第7条	第7条
第8条	第8条
第9条	第9条
第10条	第10条
第11条	第11条
第12条	第12条
第13条	第13条
第14条	第14条
第15条	第15条
第16条	第16条
第17条	第17条
第18条	第19条

二十六、《诉讼时效规定》旧新对照表

《诉讼时效规定》 (法释〔2008〕11号)	《诉讼时效规定》 (法释〔2020〕17号)
第1条	第1条
第2条	《民法典》第197条
第3条	第2条
第4条	第3条
第5条	(删除)
第6条	第4条
第7条	第5条
第8条	第6条
第9条	第7条
第10条	第8条
第11条	第9条
第12条	第10条
第13条	第11条
第14条	第12条
第15条	第13条
第16条	第14条
第17条	第15条
第18条	第16条
第19条	第17条
第20条	(删除)
第21条	第18条
第22条	第19条
第23条	第20条
第24条	第21条

二十七、《铁路运输损害赔偿解释》旧新对照表

《铁路运输损害赔偿解释》 (法释〔1994〕25号)	《铁路运输损害赔偿解释》 (法释〔2020〕17号)
第1条	第1条
第2条	第2条
第3条	第3条
第4条	第4条
第5条	第5条
第6条	第6条
第7条	第7条
第8条	第8条
第9条	第9条
第10条	第10条
第11条	(删除)
第12条	第11条
第13条	(删除)
第14条	第12条
第15条	(删除)

二十八、《铁路运输人身损害赔偿解释》旧新对照表

《铁路运输人身损害赔偿解释》 （法释〔2010〕5号）	《铁路运输人身损害赔偿解释》 （法释〔2020〕17号）
第1条	第1条
第2条	第2条
第3条	第3条
第4条	第4条
第5条	第5条
第6条	第6条
第7条	第7条
第8条	第8条
第9条	第9条
第10条	第10条
第11条	第11条
第12条	第12条
第13条	第13条
第14条	第14条
第15条	第15条
第16条	第16条

二十九、《网络侵害人身权益规定》旧新对照表

《网络侵害人身权益规定》 (法释〔2014〕11号)	《网络侵害人身权益规定》 (法释〔2020〕7号)
第1条	第1条
(删除)	第2条
第2条	第3条
第3条	第4条
(删除)	第5条
第4条	第6条
第5条	第7条
《民法典》第1195条第3款	第8条
第6条	第9条
第7条	第10条
第8条	第11条
(删除)	第12条
第9条	第13条
第10条	第14条
《民法典》第1169条	第15条
《民法典》第1000条	第16条
第11条	第17条
第12条	第18条
第13条	第19条

三十、《物业服务纠纷解释》旧新对照表

《物业服务纠纷解释》 (法释〔2009〕8号)	《物业服务纠纷解释》 (法释〔2020〕17号)
第1条	《民法典》第939条
第2条	(删除)
第3条	(删除)
第4条	第1条
第5条	第2条
第6条	《民法典》第944条
第7条	(删除)
第8条	(删除)
第9条	第3条
第10条	《民法典》第949条
第11条	(删除)
第12条	第4条
第13条	第5条

三十一、《医疗损害责任解释》旧新对照表

《医疗损害责任解释》 (法释〔2017〕20号)	《医疗损害责任解释》 (法释〔2020〕17号)
第1条	第1条
第2条	第2条
第3条	第3条
第4条	第4条
第5条	第5条
第6条	第6条
第7条	第7条
第8条	第8条
第9条	第9条
第10条	第10条
第11条	第11条
第12条	第12条
第13条	第13条
第14条	第14条
第15条	第15条
第16条	第16条
第17条	第17条
第18条	第18条
第19条	第19条
第20条	第20条
第21条	第21条
第22条	第22条
第23条	第23条
第24条	第24条
第25条	第25条
第26条	第26条

附录：相关规范性法律文件缩略语表

注：本表按规范性法律文件效力状态分类，同类规范性法律文件按效力级别与缩略语首字母升序排列

缩略语	全称	发文字号	实施日期	发布部门	效力状态	效力级别
《宪法》	中华人民共和国宪法（2018修正）	全国人民代表大会公告	1982.12.04	全国人民代表大会	已修正	法律
		全国人民代表大会公告第1号	2018.03.11 修正		现行有效	
《慈善法》	中华人民共和国慈善法（2023修订）	中华人民共和国主席令第43号	2016.09.01	全国人民代表大会	已修订	法律
		中华人民共和国主席令第16号	2024.09.05 修正案施行	全国人大常委会修正	现行有效	
《妇女权益保障法》	中华人民共和国妇女权益保障法（2018修正）	中华人民共和国主席令第58号	1992.10.01	全国人民代表大会	已修正	法律
		中华人民共和国主席令第16号	2018.10.26 修正	全国人大常委会修正	现行有效	

缩略语	全称	发文字号	实施日期	发布部门	效力状态	效力级别
《公司法》	中华人民共和国公司法（2023修订）	中华人民共和国主席令第16号	1994.07.01	全国人民代表大会	已修正	法律
		中华人民共和国主席令第15号	2018.10.26修正	全国人大常委会修正	已修订	
		中华人民共和国主席令第15号	2024.07.01修正案实施	全国人大常委会修正	现行有效	
《民事诉讼法》	中华人民共和国民事诉讼法（2023修正）	中华人民共和国主席令第44号	1991.04.09	全国人民代表大会	已修正	法律
		中华人民共和国主席令第71号	2017.07.01修正案施行	全国人大常委会修正	已修正	
		中华人民共和国主席令第106号	2022.01.01修正案施行	全国人大常委会修正	已修正	
		中华人民共和国主席令第11号	2024.01.01修正案施行	全国人大常委会修正	现行有效	
《产品质量法》	中华人民共和国产品质量法（2018修正）	中华人民共和国主席令第71号	1993.09.01	全国人大常委会	已修正	法律
		中华人民共和国主席令第22号	2018.12.29修正		现行有效	
《道路交通安全法》	中华人民共和国道路交通安全法（2011修正）	中华人民共和国主席令第8号	2004.05.01	全国人大常委会	已修正	法律
		中华人民共和国主席令第47号	2011.05.01修正案施行		现行有效	

缩略语	全称	发文字号	实施日期	发布部门	效力状态	效力级别
《电子商务法》	中华人民共和国电子商务法	中华人民共和国主席令第7号	2019.01.01	全国人大常委会	现行有效	法律
《反不正当竞争法》	中华人民共和国反不正当竞争法（2019修正）	中华人民共和国主席令第10号	1993.12.01 2019.04.23修正	全国人大常委会	已修正 现行有效	法律
《海岛保护法》	中华人民共和国海岛保护法	中华人民共和国主席令第22号	2010.03.01	全国人大常委会	现行有效	法律
《航空法》	中华人民共和国民用航空法（2018修正）	中华人民共和国主席令第56号	1996.03.01 2018.12.29修正	全国人大常委会	已修正 现行有效	法律
《合伙企业法》	中华人民共和国合伙企业法（2006修正）	中华人民共和国主席令第82号	1997.08.01 2007.06.01修正案施行	全国人大常委会	已修正 现行有效	法律
《农村土地承包法》	中华人民共和国农村土地承包法（2018修正）	中华人民共和国主席令第73号 中华人民共和国主席令第17号	2003.03.01 2019.01.01修正案施行	全国人大常委会	已修正 现行有效	法律

缩略语	全称	发文字号	实施日期	发布部门	效力状态	效力级别
《商标法》	中华人民共和国商标法（2019修正）	中华人民共和国第五届全国人民代表大会常务委员会令第10号	1983.03.01	全国人大常委会	已修正	法律
		中华人民共和国主席令第29号	2019.11.01修正案施行		现行有效	
《土地管理法》	中华人民共和国土地管理法（2019修正）	中华人民共和国主席令第41号	1987.01.01	全国人大常委会	已修正	法律
		中华人民共和国主席令第32号	2020.01.01修正案施行		现行有效	
《破产法》	中华人民共和国企业破产法（2015修正）	中华人民共和国主席令第54号	2007.06.01	全国人大常委会	现行有效	法律
《铁路法》	中华人民共和国铁路法（2015修正）	中华人民共和国主席令第32号	1991.05.01	全国人大常委会	已修正	法律
		中华人民共和国主席令第25号	2015.04.24		现行有效	
《网络安全法》	中华人民共和国网络安全法	中华人民共和国主席令第53号	2017.06.01	全国人大常委会	现行有效	法律
《消费者权益保护法》	中华人民共和国消费者权益保护法（2013修正）	中华人民共和国主席令第11号	1994.01.01	全国人大常委会	已修正	法律
		中华人民共和国主席令第7号	2014.03.15修正案施行		现行有效	

附录:相关规范性法律文件缩略语表 655

缩略语	全称	发文字号	实施日期	发布部门	效力状态	效力级别
《著作权法》	中华人民共和国著作权法（2020修正）	中华人民共和国主席令第31号	1991.06.01	全国人大常委会	已修正	法律
		中华人民共和国主席令第62号	2021.06.01修正案施行		尚未生效	
《专利法》	中华人民共和国专利法（2020修正）	中华人民共和国主席令第11号	1985.04.01	全国人大常委会	已修正	法律
		中华人民共和国主席令第55号	2021.06.01修正案施行		尚未生效	
《城镇房屋租赁合同解释》	最高人民法院关于审理城镇房屋租赁合同纠纷案件适用法律问题的解释（2020修正）	法释〔2009〕11号	2009.09.01	最高人民法院	已修正	司法解释
《担保制度解释》	最高人民法院关于适用《中华人民共和国民法典》有关担保制度的解释	法释〔2020〕28号	2021.01.01	最高人民法院	现行有效	司法解释
《道路交通事故损害赔偿解释》	最高人民法院关于审理道路交通事故损害赔偿案件适用法律若干问题的解释（2020修正）	法释〔2012〕19号	2012.12.21	最高人民法院	已修正	司法解释
		法释〔2020〕17号	2021.01.01	最高人民法院	现行有效	司法解释
《公司法解释（二）》	最高人民法院关于适用《中华人民共和国公司法》若干问题的规定（二）（2020修正）	法释〔2014〕2号	2014.03.01	最高人民法院	已修正	司法解释
		法释〔2020〕18号	2021.01.01	最高人民法院	现行有效	司法解释
《公司法解释（三）》	最高人民法院关于适用《中华人民共和国公司法》若干问题的规定（三）（2020修正）	法释〔2014〕2号	2014.03.01	最高人民法院	已修正	司法解释
		法释〔2020〕18号	2021.01.01	最高人民法院	现行有效	司法解释

缩略语	全称	发文字号	实施日期	发布部门	效力状态	效力级别
《公司法解释(四)》	最高人民法院关于适用《中华人民共和国公司法》若干问题的规定(四)(2020修正)	法释〔2017〕16号	2017.09.01	最高人民法院	已修正	司法解释
		法释〔2020〕18号	2021.01.01	最高人民法院	现行有效	
《公司法解释(五)》	最高人民法院关于适用《中华人民共和国公司法》若干问题的规定(五)(2020修正)	法释〔2019〕7号	2019.04.29	最高人民法院	已修正	司法解释
		法释〔2020〕18号	2021.01.01	最高人民法院	现行有效	
《国有土地使用权合同解释》	最高人民法院关于审理涉及国有土地使用权合同纠纷案件适用法律问题的解释(2020修正)	法释〔2005〕5号	2005.08.01	最高人民法院	已修正	司法解释
		法释〔2020〕17号	2021.01.01	最高人民法院	现行有效	
《合同编通则解释》	最高人民法院关于适用《中华人民共和国民法典》合同编通则若干问题的解释	法释〔2023〕13号	2023.12.05	最高人民法院	现行有效	司法解释
《环境侵权责任解释》	最高人民法院关于审理环境侵权责任纠纷案件适用法律若干问题的解释(2020修正)	法释〔2015〕12号	2015.06.03	最高人民法院	已修正	司法解释
		法释〔2020〕17号	2021.01.01	最高人民法院	现行有效	
《婚姻家庭编解释(一)》	最高人民法院关于适用《中华人民共和国民法典》婚姻家庭编的解释(一)	法释〔2020〕22号	2021.01.01	最高人民法院	现行有效	司法解释
《继承编解释(一)》	最高人民法院关于适用《中华人民共和国民法典》继承编的解释(一)	法释〔2020〕23号	2021.01.01	最高人民法院	现行有效	司法解释
《技术合同解释》	最高人民法院关于审理技术合同纠纷案件适用法律若干问题的解释	法释〔2004〕20号	2005.01.01	最高人民法院	已修正	司法解释
		法释〔2020〕19号	2021.01.01	最高人民法院	现行有效	

附录：相关规范性法律文件缩略语表 657

缩略语	全称	发文字号	实施日期	发布部门	效力状态	效力级别
《建设工程施工合同解释（一）》	最高人民法院关于审理建设工程施工合同纠纷案件适用法律问题的解释（一）	法释[2020]25号	2021.01.01	最高人民法院	现行有效	司法解释
《建筑物区分所有权纠纷解释》	最高人民法院关于审理建筑物区分所有权纠纷案件具体应用法律若干问题的解释	法释[2009]7号	2009.10.01	最高人民法院	已修正	司法解释
	最高人民法院关于审理建筑物区分所有权纠纷案件适用法律若干问题的解释（2020修正）	法释[2020]17号	2021.01.01		现行有效	
《精神损害赔偿解释》	最高人民法院关于确定民事侵权精神损害赔偿责任若干问题的解释（2020修正）	法释[2001]7号	2001.03.10	最高人民法院	已修正	司法解释
		法释[2020]17号	2021.01.01		现行有效	
《矿业权纠纷解释》	最高人民法院关于审理矿业权纠纷案件适用法律若干问题的解释（2020修正）	法释[2017]12号	2017.07.27	最高人民法院	已修正	司法解释
		法释[2020]17号	2021.01.01		现行有效	
《旅游纠纷解释》	最高人民法院关于审理旅游纠纷案件适用法律若干问题的规定（2020修正）	法释[2010]13号	2010.11.01	最高人民法院	已修正	司法解释
		法释[2020]17号	2021.01.01		现行有效	
《买卖合同解释》	最高人民法院关于审理买卖合同纠纷案件适用法律问题的解释（2020修正）	法释[2012]8号	2012.07.01	最高人民法院	已修正	司法解释
		法释[2020]17号	2021.01.01		现行有效	
《民间借贷规定》	最高人民法院关于审理民间借贷案件适用法律若干问题的规定（2020第二次修正）	法释[2015]18号	2015.09.01	最高人民法院	已修正	司法解释
		法释[2020]6号	2020.08.20		现行有效	
《民间借贷解释批复》	最高人民法院关于新民间借贷司法解释适用范围问题的批复	法释[2020]27号	2021.01.01	最高人民法院	现行有效	司法解释

缩略语	全称	发文字号	实施日期	发布部门	效力状态	效力级别
《民法典时间效力规定》	最高人民法院关于适用《中华人民共和国民法典》时间效力的若干规定	法释〔2020〕15号	2021.01.01	最高人民法院	现行有效	司法解释
《民诉解释》	最高人民法院关于适用《中华人民共和国民事诉讼法》的解释（2022修正）	法释〔2015〕5号	2015.02.04	最高人民法院	已修正	司法解释
		法释〔2020〕20号	2021.01.01		已修正	
		法释〔2022〕11号	2022.04.10		现行有效	
《农村土地承包纠纷解释》	最高人民法院关于审理涉及农村土地承包纠纷案件适用法律问题的解释（2020解释）	法释〔2005〕6号	2005.09.01	最高人民法院	已修正	司法解释
		法释〔2020〕17号	2021.01.01		现行有效	
《侵犯专利权解释》	最高人民法院关于审理侵犯专利权纠纷案件应用法律若干问题的解释	法释〔2009〕21号	2010.01.01	最高人民法院	现行有效	司法解释
《侵犯专利权解释（二）》	最高人民法院关于审理侵犯专利权纠纷案件适用法律若干问题的解释（二）（2020修正）	法释〔2016〕1号	2016.04.01	最高人民法院	已修正	司法解释
		法释〔2020〕19号	2021.01.01		现行有效	
《侵害信息网络传播权解释》	最高人民法院关于审理侵害信息网络传播权民事纠纷案件适用法律若干问题的规定（2020修正）	法释〔2012〕20号	2013.01.01	最高人民法院	已修正	司法解释
		法释〔2020〕19号	2021.01.01		现行有效	
《侵害知识产权惩罚性赔偿解释》	最高人民法院关于审理侵害知识产权民事案件适用惩罚性赔偿的解释	法释〔2021〕4号	2021.03.03	最高人民法院	现行有效	司法解释
《人身损害赔偿解释》	最高人民法院关于审理人身损害赔偿案件适用法律若干问题的解释（2020修正）	法释〔2003〕20号	2004.05.01	最高人民法院	已修正	司法解释
		法释〔2020〕17号	2021.01.01		已修正	
		法释〔2022〕14号	2022.05.01		现行有效	

缩略语	全称	发文字号	实施日期	发布部门	效力状态	效力级别
《融资租赁合同解释》	最高人民法院关于审理融资租赁合同纠纷案件适用法律问题的解释（2020修正）	法释〔2014〕3号	2014.03.01	最高人民法院	已修正	司法解释
		法释〔2020〕17号	2021.01.01		现行有效	
《商标纠纷解释》	最高人民法院关于审理商标民事纠纷案件适用法律若干问题的解释（2020修正）	法释〔2002〕32号	2002.10.16	最高人民法院	已修正	司法解释
		法释〔2020〕19号	2021.01.01		现行有效	
《商品房买卖合同解释》	最高人民法院关于审理商品房买卖合同纠纷案件适用法律若干问题的解释（2020修正）	法释〔2003〕7号	2003.06.01	最高人民法院	已修正	司法解释
		法释〔2020〕17号	2021.01.01		现行有效	
《涉彩礼纠纷解释》	最高人民法院关于审理涉彩礼纠纷案件适用法律若干问题的规定	法释〔2024〕1号	2024.02.01	最高人民法院	现行有效	司法解释
《生态环境损害赔偿规定》	最高人民法院关于审理生态环境损害赔偿案件的若干规定（试行）（2020修正）	法释〔2019〕8号	2019.06.05	最高人民法院	已修正	司法解释
		法释〔2020〕17号	2021.01.01		现行有效	
《生态环境侵权禁止令解释》	最高人民法院关于生态环境侵权案件适用禁止令保全措施的若干规定	法释〔2021〕22号	2022.01.01	最高人民法院	现行有效	司法解释
《食品药品纠纷规定》	最高人民法院关于审理食品药品纠纷案件适用法律若干问题的规定（2020修正）	法释〔2013〕28号	2014.03.15	最高人民法院	已修正	司法解释
		法释〔2020〕17号	2021.01.01		现行有效	
《诉讼时效规定》	最高人民法院关于审理民事案件适用诉讼时效制度若干问题的规定（2020修正）	法释〔2008〕11号	2008.09.01	最高人民法院	已修正	司法解释
		法释〔2020〕17号	2021.01.01		现行有效	
《铁路运输损害赔偿解释》	最高人民法院关于审理铁路运输损害赔偿案件若干问题的解释（2020修正）	法发〔1994〕25号	1994.10.27	最高人民法院	已修正	司法解释
		法释〔2020〕17号	2021.01.01		现行有效	

缩略语	全称	发文字号	实施日期	发布部门	效力状态	效力级别
《铁路运输人身损害赔偿解释》	最高人民法院关于审理铁路运输人身损害赔偿纠纷案件适用法律若干问题的解释（2021修正）	法释〔2010〕5号	2010.03.16	最高人民法院	已修正	司法解释
		法释〔2020〕17号	2021.01.01		已修正	
		法释〔2021〕19号	2022.01.01		现行有效	
《网络侵害人身权益规定》	最高人民法院关于审理利用信息网络侵害人身权益民事纠纷案件适用法律若干问题的规定（2020修正）	法释〔2014〕11号	2014.10.10	最高人民法院	已修正	司法解释
		法释〔2020〕17号	2021.01.01		现行有效	
《物权编解释（一）》	最高人民法院关于适用《中华人民共和国民法典》物权编的解释（一）	法释〔2020〕24号	2021.01.01	最高人民法院	现行有效	司法解释
《物业服务纠纷解释》	最高人民法院关于审理物业服务纠纷案件具体应用法律若干问题的解释（2020修正）	法释〔2009〕8号	2009.10.01	最高人民法院	已修正	司法解释
		法释〔2020〕17号	2021.01.01		现行有效	
《医疗损害责任解释》	最高人民法院关于审理医疗损害责任纠纷案件适用法律若干问题的解释（2020修正）	法释〔2017〕20号	2017.12.14	最高人民法院	已修正	司法解释
		法释〔2020〕17号	2021.01.01		现行有效	
《执行和解规定》	最高人民法院关于执行和解若干问题的规定（2020修正）	法释〔2018〕3号	2018.03.01	最高人民法院	已修正	司法解释
		法释〔2020〕21号	2021.01.01		现行有效	
《执行异议与复议规定》	最高人民法院关于人民法院办理执行异议和复议案件若干问题的规定（2020修正）	法释〔2015〕10号	2015.05.05	最高人民法院	已修正	司法解释
		法释〔2020〕21号	2021.01.01		现行有效	

附录:相关规范性法律文件缩略语表

缩略语	全称	发文字号	实施日期	发布部门	效力状态	效力级别
《著作权纠纷解释》	最高人民法院关于审理著作权民事纠纷案件适用法律若干问题的解释(2020修正)	法释〔2002〕31号	2002.10.15	最高人民法院	已修正	司法解释
《总则编解释》	最高人民法院关于适用《中华人民共和国民法典》总则编若干问题的解释	法释〔2020〕19号	2021.01.01	最高人民法院	现行有效	司法解释
《九民纪要》	最高人民法院关于印发《全国法院民商事审判工作会议纪要》的通知	法释〔2022〕6号	2022.03.01	最高人民法院	现行有效	司法解释性质文件
《贯彻实施民法典纪要》	最高人民法院关于印发《全国法院贯彻实施民法典工作会议纪要》的通知	法〔2019〕254号	2019.11.08	最高人民法院	现行有效	司法解释性质文件
《高空抛物意见》	最高人民法院关于依法妥善审理高空抛物、坠物案件的意见	法〔2021〕94号	2021.04.06	最高人民法院	现行有效	司法解释性质文件
《不动产登记暂行条例》	不动产登记暂行条例(2019修正)	法发〔2019〕25号	2019.10.21	最高人民法院	现行有效	司法解释性质文件
《国有土地上房屋征收与补偿条例》	国有土地上房屋征收与补偿条例	中华人民共和国国务院令第656号	2015.03.01	国务院	已修正	行政法规
《婚姻登记条例》	婚姻登记条例	中华人民共和国国务院令第710号	2019.03.24	国务院	现行有效	行政法规
《人体器官移植条例》	人体器官移植条例	中华人民共和国国务院令第590号	2011.01.21	国务院	现行有效	行政法规
		中华人民共和国国务院令第387号	2003.10.01	国务院	现行有效	行政法规
		中华人民共和国国务院令第491号	2007.05.01	国务院	现行有效	行政法规

缩略语	全称	发文字号	实施日期	发布部门	效力状态	效力级别
《土地管理法实施条例》	《中华人民共和国土地管理法实施条例（2021修订）》	中华人民共和国国务院令第73号	1991.02.01	国务院	已修正	
		中华人民共和国国务院令第256号	1999.01.01		已修正	
		中华人民共和国国务院令第588号	2011.01.08		已修正	行政法规
		中华人民共和国国务院令第653号	2014.07.29		已修正	
		中华人民共和国国务院令第743号	2021.09.01		现行有效	
《物业管理条例》	物业管理条例（2018修正）	中华人民共和国国务院令第379号	2003.09.01	国务院	已修正	
		中华人民共和国国务院令第504号	2007.10.01		已修正	行政法规
		中华人民共和国国务院令第666号	2016.02.06		已修正	
		中华人民共和国国务院令第698号	2018.03.19		现行有效	
《征信业管理条例》	征信业管理条例	中华人民共和国国务院令第631号	2013.3.15	国务院	现行有效	行政法规
《动产和权利担保统一登记决定》	国务院关于实施动产和权利担保统一登记的决定	国发〔2020〕18号	2021.01.01	国务院	现行有效	国务院规范性文件

附录:相关规范性法律文件缩略语表　663

缩略语	全称	发文字号	实施日期	发布部门	效力状态	效力级别
《动产和权利担保统一登记办法》	动产和权利担保统一登记办法	中国人民银行令〔2021〕第7号	2022.02.01	中国人民银行	现行有效	部门规章
《不动产登记暂行条例实施细则》	不动产登记暂行条例实施细则(2019修正)	中华人民共和国自然资源部令第5号	2019.07.24	自然资源部	现行有效	部门规章
《城市房地产抵押管理办法》	《城市房地产抵押管理办法(2021修正)》	中华人民共和国建设部令第56号	1997.06.01	建设部(已撤销)	已修正	
		中华人民共和国建设部令第98号	2001.08.15	建设部(已撤销)	已修正	部门规章
		中华人民共和国住房和城乡建设部令第52号	2021.03.30	住房和城乡建设部	现行有效	
《股权出质登记办法》	股权出质登记办法(2020第二次修正)(原《工商行政管理机关股权出质登记办法》)	中华人民共和国国家工商行政管理总局令第86号	2016.04.29	国家市场监督管理总局	现行有效	部门规章
		国家市场监督管理总局令第34号	2021.01.01			
《农村土地经营权流转管理办法》	《农村土地经营权流转管理办法》	中华人民共和国农业农村部令2021年第1号	2021.03.01	中华人民共和国农业农村部	现行有效	部门规章
《提存公证规则》	提存公证规则	中华人民共和国司法部令第38号	1995.06.02	司法部	现行有效	部门规章
《四类动产抵押登记有关过渡安排公告》	关于生产设备、原材料、半成品、产品等四类动产抵押登记有关过渡安排公告	中国人民银行、国家市场监督管理总局公告〔2020〕第23号	2021.01.01	中国人民银行、国家市场监督管理总局	现行有效	中国人民银行、国家市场监督管理总局规范性文件

已废止的规范性法律文件

缩略语	全称	发文字号	实施日期	发布部门	效力状态	效力级别
《担保法》	中华人民共和国担保法	中华人民共和国主席令第50号	1995.10.01	全国人大常委会	失效	法律
《合同法》	中华人民共和国合同法	中华人民共和国主席令第15号	1999.10.01	全国人民代表大会	失效	法律
《婚姻法》	中华人民共和国婚姻法（2001修正）	全国人民代表大会常务委员会委员长令第九号	1980.1.1	全国人民代表大会	失效	法律
		中华人民共和国主席令第51号	2001.04.28 修正	全国人大常委会修正	失效	法律
《继承法》	中华人民共和国继承法	中华人民共和国主席令第24号	1985.10.01	全国人民代表大会	失效	法律
《民法通则》	中华人民共和国民法通则（2009修正）	中华人民共和国主席令第37号	1987.01.01	全国人大	失效	法律
		中华人民共和国主席令第18号	2009.08.27 修正	全国人大常委会修正	失效	法律
《民法总则》	中华人民共和国民法总则	中华人民共和国主席令第66号	2017.10.01	全国人民代表大会	失效	法律
《侵权责任法》	中华人民共和国侵权责任法	中华人民共和国主席令第21号	2010.07.01	全国人大常委会	失效	法律
《收养法》	中华人民共和国收养法（1998修正）	中华人民共和国主席令第54号	1992.04.01	全国人民代表大会	失效	法律
		中华人民共和国主席令第10号	1999.04.01 修正案施行	全国人大常委会	失效	法律

附录:相关规范性法律文件缩略语表

缩略语	全称	发文字号	实施日期	发布部门	效力状态	效力级别
《物权法》	中华人民共和国物权法	中华人民共和国主席令第62号	2007.10.01	全国人民代表大会	失效	法律
《姓名权解释》	全国人民代表大会常务委员会关于《中华人民共和国民法通则》第九十九条第一款、《中华人民共和国婚姻法》第二十二条的解释	（无）	2014.11.01	全国人大常委会	失效	法律解释
《担保法解释》	最高人民法院关于适用《中华人民共和国担保法》若干问题的解释	法释〔2000〕44号	2000.12.13	最高人民法院	失效	司法解释
《夫妻债务纠纷解释》	最高人民法院关于审理涉及夫妻债务纠纷案件适用法律有关问题的解释	法释〔2018〕2号	2018.01.18	最高人民法院	失效	司法解释
《合同法解释（一）》	最高人民法院关于适用《中华人民共和国合同法》若干问题的解释（一）	法释〔1999〕19号	1999.12.29	最高人民法院	失效	司法解释
《合同法解释（二）》	最高人民法院关于适用《中华人民共和国合同法》若干问题的解释（二）	法释〔2009〕5号	2009.05.13	最高人民法院	失效	司法解释
《婚姻法解释（一）》	最高人民法院关于适用《中华人民共和国婚姻法》若干问题的解释（一）	法释〔2001〕30号	2001.12.27	最高人民法院	失效	司法解释
《婚姻法解释（二）》	最高人民法院关于适用《中华人民共和国婚姻法》若干问题的解释（二）（2017修正）	法释〔2017〕6号	2017.03.01	最高人民法院	失效	司法解释
《婚姻法解释（三）》	最高人民法院关于适用《中华人民共和国婚姻法》若干问题的解释（三）	法释〔2011〕18号	2011.08.13	最高人民法院	失效	司法解释
《继承法意见》	最高人民法院印发《关于贯彻执行〈中华人民共和国继承法〉若干问题的意见》的通知	法（民）发〔1985〕22号	1985.09.11	最高人民法院	失效	司法解释

缩略语	全称	发文字号	实施日期	发布部门	效力状态	效力级别
《建设工程施工合同解释》	最高人民法院关于审理建设工程施工合同纠纷案件适用法律问题的解释	法释〔2004〕14号	2005.01.01	最高人民法院	失效	司法解释
《建设工程施工合同解释（二）》	最高人民法院关于审理建设工程施工合同纠纷案件适用法律问题的解释（二）	法释〔2018〕20号	2019.02.01	最高人民法院	失效	司法解释
《离婚案件子女抚养问题意见》	最高人民法院关于人民法院审理离婚案件处理子女抚养问题的若干具体意见	法发〔1993〕30号	1993.11.03	最高人民法院	失效	司法解释性质文件
《民通意见》	最高人民法院关于贯彻执行《中华人民共和国民法通则》若干问题的意见（试行）	法（办）发〔1988〕6号	1988.04.02	最高人民法院	失效	司法解释
《名誉权解释》	最高人民法院关于审理名誉权案件若干问题的解释	法释〔1998〕26号	1998.09.15	最高人民法院	失效	司法解释
《名誉权解答》	最高人民法院关于审理名誉权案件若干问题的解答	法发〔1993〕15号	1993.08.07	最高人民法院	失效	司法解释性质文件
《物权法解释（一）》	最高人民法院关于适用《中华人民共和国物权法》若干问题的解释（一）	法释〔2016〕5号	2016.03.01	最高人民法院	失效	司法解释
《动产抵押登记办法》	《动产抵押登记办法》（2019第二次修正）	国家工商行政管理总局令第30号	2007.10.12	国家市场监督管理总局	失效	部门规章
		国家市场监督管理总局令第5号	2019.04.20			
《应收账款质押登记办法》	应收账款质押登记办法（2019）	中国人民银行令〔2019〕第4号	2020.01.01	中国人民银行	失效	部门规章